中國經典應用管理學

从国学经典和中华优秀传统文化中汲取现代企业管理智慧，开创中国本土应用管理学

王宇新◎著
张本义◎主审

Chinese Classic Application Management

中国财政经济出版社

图书在版编目（CIP）数据

中国经典应用管理学/王宇新著．—北京：中国财政经济出版社，2014.7
ISBN 978-7-5095-5523-1

Ⅰ.①中… Ⅱ.①王… Ⅲ.①管理学-中国 Ⅳ.①C93

中国版本图书馆CIP数据核字（2014）第150551号

责任编辑：周桂元　卢关平　　责任印制：张健
　　　　　林治滨　牛婧丽
封面设计：楠竹文化　　版式设计：楠竹文化

中国财政经济出版社 出版
URL：http：//www.cfeph.com
E-mail：cfeph@drc.gov.cn

社址：北京市海淀区阜成路甲28号　邮政编码：100142
发行处电话：88190406　财经书店电话：64033436
北京富生印刷厂印刷　各地新华书店经销
787×1092毫米　16开　29印张　511 000字
2014年10月第1版　2014年10月北京第1次印刷
定价：59.80元
ISBN 978-7-5095-5523-1/F・4466
（图书出现印装问题，本社负责调换）
本社质量投诉电话：010-88190744

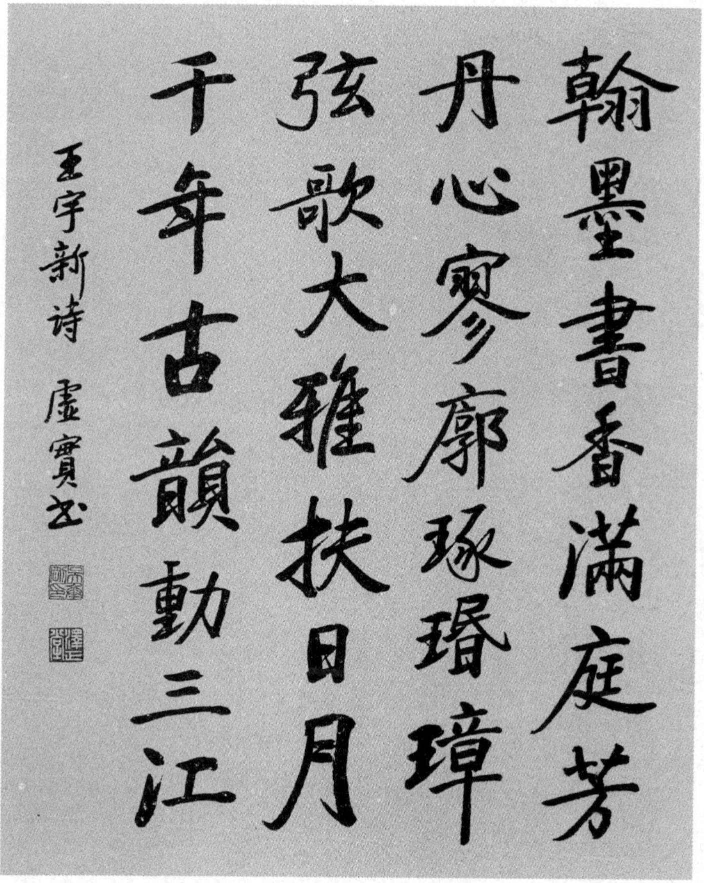

作者自题

翰墨书香满庭芳，丹心寥廓琢珉璋。

弦歌大雅扶日月，千年古韵动三江。

中國經典應用管理學

本書傳承中華五千年文化和諸子百家經典的智慧將儒釋道聖賢的思想全息理論和現代企業管理融匯貫通實現中學爲體西學爲用的管理學著作開創并構建中國本土管理學的理論體系中國本土管理學的核心是文治德化的人性管理人性管理的最高境界就是理事無礙事事無礙這是當今企業管理走向和諧發展和基業常青的必由之路也是究竟圓滿的管理心法

中国经典应用管理学

本书传承中华五千年文化和诸子百家经典的智慧，将儒释道圣贤的思想、全息理论和现代企业管理融汇贯通，实现中学为体、西学为用的管理学著作，开创并构建中国本土管理学的理论体系。中国本土管理学的核心是文治德化的人性管理，人性管理的最高境界就是“理事无碍，事事无碍”。这是当今企业管理走向和谐发展和基业常青的必由之路，也是究竟圆满的管理心法。

序

管理学是因应现代社会体制及企业运作而产生的学问，历史不长，还算是个新学科，但已屡遭了“典范转移”式的革命。

早期之管理学，号称科学管理，后来进而号称管理科学，以数学模型和经济计量分析为主要方法。在我读大学时，几乎没有一所企业管理研究机构不是如此，整个管理学界都自称“管科”，犹如政治经济社会等社会学科都把自己归类到社会科学领域那样，附丽科学以为高。

但逐渐地，管理学界也开始讲马斯洛人本主义心理学了、讲韦伯官僚组织理论了、讲基于人性善恶不同预设而生的 X 理论、Y 理论、Z 理论了。风气由社会蔓延至校园，企业管理学界才渐渐由数学系的分支机构变得较有人味，也就是较具有人文性了。

接着则是日本企管学界带来了新的冲击，管理学界开始大谈“你在哈佛学不到的企管知识”。因为日本企业读《论语》《孙子兵法》《贞观政要》等久成传统；又熟于自中日史事中选材，利用《十八史略》及德川家康、织田信长诸幕府争霸事迹来敷说管理原理，正好填补了现代企管学缺乏历史性的先天缺陷，故一时风靡，几夺欧美企管理论之席，半分天下。

遭遇到这种挑战的欧美管理学界，乃亦起而发展“经典管理”，于八十年代蔚为时尚。将苏格拉底、柏拉图、莎士比亚与管理学结合起来谈。台湾于八十年代末形成的“中国式管理”，即属此一流脉，如今仍在大陆电视台宣讲《周易》等经典的曾仕强先生等皆为此中健者。

但经典管理是对经典进行管理学诠释，时有强古人以就我、削足适履之嫌。面对具体从事企业的经营者来说，许多史例固然发人深省、许多古先圣哲之格言慧语固然浸润身心，但也常有不知该怎样具体结合运用的问题。以致讲佛、讲禅、讲易经、讲兵法、讲故事，团花簇锦，终究不知归趣为何，中国式管理之整体面貌及内在肌理也仍不清晰。

王宇新《中国经典应用管理学》，我相信即是为了解决这个疑难而作。作者本人也与管理学一样，有个由理科逐渐转向人文思考的历程。而他对经典管理学的处理，也不是用现代管理学去解读或去套传统典籍，而是倒过来，梳理一个中国本土管理思想的脉络，以健全现代管理学，促进其发展、提升其格局。这种处理，是经典管理、中国式管理在这个新时代当时当机的演进，极具价值；事实上也是对现代管理学的典范转移之作。其中最主要的，是引进全息理论讲天人合一思想和建筑风水，以及引入人才学、行政管理学以济企业管理之穷，而蕲渐达于企业文化建设，理事无碍、事事无碍。这些论议，皆足供今日覃思管理精义者参考。

* 龚鹏程于北京大学
二〇一四年五月二十六日

---

* 龚鹏程，祖籍江西吉安，1956 年生于台北。台湾师范大学国文研究所研究生毕业，获博士学位。历任淡江大学文学院院长，台湾南华大学、佛光大学首任校长，美国欧亚大学校长等职。现为北京大学中文系特聘教授、北京大学文化资源研究中心主任。

自序

管理学的最高境界
——理事无碍　事事无碍

随着科技与社会经济的迅速发展，企业在市场经济的大潮中如一叶小舟起起落落，今天春风得意马蹄轻，也许明天顷刻间变得樯橹灰飞烟灭。作为企业领导者鹤立鸡群、独舞清风并非易事，其中滋味如人饮水冷暖自知。企业拥有高新技术和领军人才的同时，更需要具有远见卓识的智慧。当前国内外企业出现的一些问题令人百思不得其解时，尤其世界金融危机导致很多企业相继倒闭，相关专家们试图用现代经济学和管理学理论解读和拯救现代企业危机往往并不能获得满意答案，可见西方经济理论和管理学也并非是万能的。如何让现代企业经营管理走向良性可持续发展道路？在经济理论和企业管理研究方面，大部分专家学者和企业家还是从现代企业管理制度和经济学理论出发寻找解决问题的出路，眼前的困惑象歧路亡羊一样找到正确途径与方向并不容易，管理学和经济学理论也总是在社会波浪式发展过程中不断地加以研究和修正，但是永远达不到完美无缺的地步。西方的管理学和经济学发展到今天，发现并不能解决当前社会经济发展中遇到的所有问题，面对全球范围内爆发的金融危机和经济危机，让经济学家和管理学家们已经变得茫然不知所措，找不到应对和化解危机的办法。

大部分人普遍认为现代经济学和管理学起源于西方欧美国家，中国的企业管理模式只是在最近几十年学习欧美企业构建起来的，在此之前，没有管理学的概念，更没有关于管理学的定义与系统地论述。其实并非如此，一是，在中国历史上虽然经历了春秋战国 500 多年的诸侯国战乱分裂的时期，但是公元前 221 年秦始皇统一了中国以后，在政治、经济和文化方面从来没有丧失她的整体性。古往今来，中国的封建帝王和诸多王侯将相都是治理国家、政权管理、团队建设和经营财富的高手，即便作为一名封建年代的七品知县，不但是饱学之士，而且放到今天也一定能成为经营管理企业的优秀领军者，其管理水平与现代企业家相比可能还要高明。二是，中国不同历史时期的古圣先贤们已经提出了经营管理的思想以及拯救当前企业危机的有效方法。无论是现代企业管理还是西方经济学理论早已经在不少国学经典中阐述过，由于很多企业管理者把国学经典中的思想看做过时落后的封建糟粕，只重视现代管理学与经济理论应用，很少关注我们中国传统经典管理学和经济学思想，更没有对此进行系统地归纳总结。中国封建社会的统治阶级不仅强调政权稳固，也特别重视社会经济、人文和科学技术等方面的发展，尽管商业经营活动被封建统治者们所轻视，但是在中国社会经济发展历程中，商业经营始终贯穿于其中。世界上最早从事商业经营活动的是中国人，在黄帝时代就有“日中于市”和尧舜时期的“贩于顿丘”等商业活动的记载，那时的西方国家还处于混沌未开的野蛮状态。被称为中国商人始祖王亥，出生于公元前18世纪，河南商丘人，是契的后代和冥的长子，后来作为商部落族的第七任首领。当时，王亥是一位有魄力、有思想和有作为的好青年，他不仅帮助父亲冥治理水患，而且通过驯牛拉车发明了牛车，牛车的发明促进了商部落农牧业的迅速发展，使商部落实力逐渐强大。王亥除了在商丘驯服牛马发展生产外，还亲自赶着牛车拉着货物，到其他部落去做以物换物的交易，由此成为中国商业贸易活动的开山祖师。王亥最后一次商业交易活动是带着弟弟王恒到外族部落有易国，有易国人抢了他的牛车和货物，王亥也被他们杀害。随着时间推移，商部落开展贸易活动也越来越频繁，人们就把从事交易活动的商部落人都统称为“商人”，在商业活动中相互交换的物品叫“商品”，将专门做贸易活动的职业叫“商业”，这些名词一直沿用至今。王亥也被后人尊奉为商人的鼻祖，数千年来被历代商人们奉若神明，以至于在历史上商人曾经为了祭祀王亥而杀掉五百头牛。

几乎所有的现代企业是以西方管理学和经济学为主导，却忽略了中国传统经典中所蕴含的管理学与经济学的思想。经济学和管理学是人类长期以来从劳动实践中总结的理论体系，从生产力不发达的原始部落到现代科技发达的社会，人类通过劳动创造财富，对财富的追求从来没有放弃过。现代企业同样也以追求利润最大化为终极目标，在利益的驱动下，某些机构运用西方的金融学和经济理论千方百计地进行所谓的资本投资炒作、杠杆交易和类似传销等方式实现一夜暴富的梦想，结果金融危机和经济危机在西方国家越来越频繁的发生。试想企业不以生产劳动为基础怎么能创造财富和获取利润生存呢？真正懂得经济学并发现正确的经济运行规律和社会财富创造方法的还是我们中国人。财富之道在中国古代早就有详细解读，在《大学》中云："是故君子先慎乎德，有德此有人，有人此有土，有土此有财，有财此有用，德者本也，财者末也。""仁者以财发身，不仁者以身发财。"古代一直推崇"君子爱财，取之有道"的财富论，这些重德轻财的思想与我们国家领导人提出的以德治国、以德治企的思想完全契合。目前现代企业管理学研究与应用仍然停留在像西方欧几里德几何学一样的模式，研究重点更多地放在管理学理论方面，在不同企业管理体制和架构上提供了几乎相同的模式与规范。所以走进现代企业，从组织机构、管理模式、生产管理和某些建筑格局几乎都是大同小异的。这里并不是要否定西方管理学和经济学，这些理论也是众多学者从生产实践中创立的学说，包含着企业管理和经济发展实际可行的科学思想，只是被某些"聪明人"作为迅速发财投机取巧的工具而不见其中大道。现代企业管理不仅需要西方的管理学和经济学理论，也同样更需要注入中国传统经典的智慧，西方管理学为企业提供了规范有形的架构方案，中国传统经典中的管理思想是在为现代企业注入灵魂和活力，并且作为现代企业管理体制中的隐藏秩序（或者称为企业 DNA 序列），企业 DNA 序列所产生的全息效应决定着企业的生命力和能否实现可持续发展。任何事物发展都是一个无往不复、物极必反的过程，现代科学、管理学和经济学理论发展的方向必然要回归到传统，需要从传统经典中汲取思想，突破现有的障碍，让理论和学术提升到新的高度。因此，作为企业管理者们应该多读读中国传统经典，从中感悟企业管理心法和管理智慧，为建立和谐稳定的企业 DNA 序列注入正能量，这也是本书全息管理模型的基本思想。向古人学习并非是复古，而是将古代优秀思想与智慧在现代社会重新复兴，实现"执古之道，以御今之有"，将中国传统文化和儒释道经典与西方管理学对接融合，构建中国本土管理学体系。西方管理学是形而下谓之器，表现在企业管理的具体行为上，中国本土管理学重视形而上谓之道，以"中学为体，西学为用"作为中国企业的主要管理模式，实现这一点的关键首先要明理，只有理上无碍，事上才能无碍，最终达到"理事无碍，事事无碍"，这也是现代企业管理的最高境界和引领企业走向基业常青的必由之路。

当今社会传媒发达，知识传播途径众多，现代人很少有大块时间读书，对终日忙碌的企业高层管理者更是难得有一个轻松的读书时间。假如能在忙碌的现代生活里闹中取静，花点时间读一读国学经典和五千年的中国文化，相信可以感悟出更高层次的管理智慧。如果理解了孔子天下归仁的儒家智慧，孔子便走进你的企业；如果拥有老子无为而治的胸怀，老子就便走进你的企业；如果能体悟释迦牟尼佛无上正等正觉的境界，佛陀便走进你的企业。每一位企业家都应该进行这样境界的修炼，改变固有的思维方式和心智模式，顿悟企业管理心法和智慧，这样不仅能提升企业管理水平和经济效益，而且也会实现富则兼济天下的崇高理想，由此带来正能量以及产生的全息效应必然能够推动社会经济稳定可持续发展。本书旨在推广中国传统经典理论和思想在企业管理中的实践应用，让读者从经典中领悟企业管理智慧，并真正地落实在企业管理以及生产活动中，为降低生产成本、提高工作效率和管理水平提供优化方案。对于本书内容的评价，各人所见不一定求同，千江有水千江月，惟愿中国传统经典的智慧能在企业中得以推广和力行，同时也融入我们日常的生活工作当中。读书学习本来就是快乐的事情，正如《论语》所云："学而时习之不亦说乎"，希冀读者通过阅读本书能获得发自内心的喜悦，如果能从中有所收益，对于本书作者来说也是一种幸福！

王宇新于大连理工大学

二〇一四年仲夏

目录

第一章

导论：中国本土管理学源远流长

现代企业管理学始于近代20世纪初西方欧美国家的理论研究体系，时间不过一百多年，然而中国本土管理学则是从远古中走来，只是我们始终将中国古代冠以落后封建，以至于忽视了中国古人的博大精深的管理思想和管理智慧。在三皇五帝治理天下时期，从黄帝氏族部落制到尧舜禹部落联盟的禅让制对统领社会大众都是一种有效管理模式。随着社会分工细化，生产力和经济水平也得以提高，尤其是私有制出现以后，国家政权统治出现了层次结构分明的阶级化模式。在先秦时期的夏朝实行王位继承制，商朝和周朝是以宗族世袭分封制为主，此时的国君称为王，古代中国王朝的政权体制形式在先秦时期的历史进程中不断变化。秦始皇统一中国之后，全国实行中央集权的三公九卿制，统一度量衡，书同文、车同轨，从中央到地方建立起了严谨有序的政权管理和官员任用体系，并且制定了各种比较完善的法律法规作为治国安邦的准则，为后来两千多年的封建王朝政权统治缔造了样板。尽管古人没有提出管理学的概念，但是没有高明的管理智慧不可能统治中国这么久远。现代企业有必要从一味地复制西方管理体制转向学习中国古人优秀的管理思想。学习古人并不是要照搬复古，而是学习管理的艺术，从孔子、老子和庄子等诸子百家经典中觉悟管理心法和管理智慧。让古人的管理思想在今天得以升华应用，从而为开创中国自己的本土管理学体系提出完善的可行性方案。

第一节 中国本土管理学已经有五千年历史

一、什么是管理学？

管理学在一些教科书中的定义是："管理学是一门综合系统性的交叉学科，是适应现代社会化大生产的需要产生的，研究在现有的条件下，如何通过合理地组织和配置人、财、物等各种因素，达到提高生产力水平的目的。"① 大多数人认为现代企业管理学来自于西方欧美国家，现代企业的组织结构和经营运作都以西方管理模式为标准。难道中国没有自己本土的管理学吗？其实不然，中国不但有自己本土的管理学，而且中国本土管理学源远流长，其中思想和内涵博大精深，大可以用于治国安邦、统领天下，中可以治理一方，小可以治家经商。在古代帝王将相作为政权统治的核心人物，创造了令世界各国瞩目的东方帝国，世界各国争相来中国朝觐进贡、参学中国文化或者请求通婚等，怎么能说这些统治者不懂管理国家？作为封建社会的郡县地方官员大多数是经过严格的科举考试选拔的饱学诗书之士，为官清廉者都能将地方治理得井井有条，百姓安居乐业，这难道不是地方官员卓越的管理才能吗？在古代家族里，族长具有很高的权威和地位，在历史上家族兴旺几代不衰的有很多，像宋代文学家范仲淹的家族子孙兴旺，读书做官者众多，这种情况一直延续了九代不衰，这与范氏家族治家有方分不开。因此，即便是一位古代家族的族长也具备不同寻常的管理能力，如果被今天的企业聘用，相信他都能成为一名优秀的总经理。中国古代的本土管理学始终贯穿于中华上下五千年的社会历史发展进程当中，无论现代西方管理学还是中国本土管理学都重在一个"理"字，只有首先明理才能行为处事，否则理上不通，事上很难执行。中国本土管理学的"理"并不是直接表现出来，而是隐藏于内在的道德仁义修炼和诸子百家的经典思想当中，以理具象，以象喻理，由此形成的"理"成为治国治家的法宝。所以，中国本土管理学是大道隐于无形的心法，重视内外兼修的知行合一，是内证与实证合一的结果。《易经·坤卦》六五爻的爻辞曰："黄裳元吉"，该爻的文言解释曰："君子黄中通理，正位居体，美在其中，而畅于四支，发于事业，美之至也。""黄"代表大地的坤德，一个人具有贞洁纯正的美德，则在理上从内到外畅于四支而无所不通，"发于事业，美之至也"就是将这样的才德用于治国安邦的话，可以达到完美无缺的

① 罗珉：《管理学范式理论研究》，四川人民出版社2003年版。

境界了。中国本土应用管理学是形而上重道不重器，有道才有理，有理才有器，器就是外在的形式，称之为术，国家和地方的管理更重视内化于心的自我约束和自我管理，而并非完全地依靠国家所颁布的各种法令制度的术，这也是中国古人为什么没有明确提出管理学这一定义的原因。中国本土管理学核心是内证的心法，人们的行为和活动都是以此作为自我规范的准则，各种法律制度也是由心法产生的结果，无论世事如何变迁，本土管理学都是社会发展道路上的一盏心灯。

西方经典管理学理论创立于20世纪初，以被誉为“科学管理之父”的美国温斯洛·泰勒为代表的科学管理学派和以法国的亨利·法约尔为代表的管理组织学派，标志着管理学以一门系统科学被推出和经典管理学时代的到来。泰勒的科学管理学派的核心是如何提高效率，法约尔则是针对管理过程，特别是管理职能的划分和管理原则的制定，为现代管理学奠定了基础。随着世界工业革命的迅速发展，从20世纪30年代以后进入了现代管理学发展的时代，各种新的管理学派和管理学说层出不穷，从人际关系学说、管理科学、行为科学、权变理论、决策论到如今的现代管理学工程越来越被细化，涉及生产管理、技术管理、人事管理、财务管理、营销管理、团队管理、设备管理等。西方管理学的重点在于术，每一管理学派都有各自的范式，具有可复制性和迅速推行实施的特点，企业或其他组织机构的行为按照既定的规范制度执行。所以，西方管理学的定义也不尽相同，或者称为管理学术更适合。西方管理学的思想是“重器不重道”，基于自然科学和所谓严谨的理论模型，从规则和方法上构建各种管理学体系。随着现代工业生产规模的扩大和世界经济的快速发展，西方管理学的理论总是在不断地发展完善，各种新的管理学说和理论方法相继被提出，某些过去的管理学说和理论也因为不适应现代社会生产而被淘汰，因为以现代经济和科技发展为主体的国际环境每天都发生着日新月异的变化，所以西方管理学体系将处于永无止境的研究探索当中。

二、中国没有自己的本土管理学吗？

正如前面内容所述，西方管理学是“以物易心的‘术’”，中国本土管理学是“以心易物的‘道’”。既然中国本土管理学如此精深玄妙，已经有了五千多年的历史，为什么资讯发达、知识丰富的现代人不知道或者妄加否定中国自己的本土管理学呢？导致这样观念形成的主要原因来自于以下三方面：

1. 封建社会长期闭关锁国

从秦始皇统一中国到清朝灭亡两千多年的封建社会里，中国基本保持着人口众多、物产丰富、社会生产力和经济稳定发展的状态，统治者实行高度的中央集权制，皇家事务和天下臣民的事务都由皇帝一个人决策。古代中国始终保持着国际领导者地位，是世界上最先进、最发达的国家，曾经一直是以天朝帝国自居，中国是天下的中心，只能接受其他外国使节的朝拜进贡。贵为天子的皇帝也自认为是天下老大，从来不知道也不会关注其他国家和地区的发展状况。封建政权统治长期循规蹈矩，几千年来在政令制度几乎没有什么变革创新，与外界很少有主动的交往，仅限于西汉时期张骞出使西域、唐朝文成公主与松赞干布的联姻、玄奘西游印度取经、明朝郑和下西洋等为数不多的几次，而且大部分活动都是以天朝大国为荣，带着傲慢心来安抚这些国家，以让他们不发生叛乱为目的。由于长期的闭关锁国使得统治者的眼界、胸怀和思维非常有限，两千多年来一直遵循祖制，食旧德，以自给自足的农业经济为主和皇帝独揽中央大权的封建体制也没有发生过大的变动，封建体制禁锢了人们的头脑而且根深蒂固，使得人们安于现状不思改革创新。尽管在中国历史上也发生过商鞅变法、王安石变法、戊戌变法等几次变法维新运动，但以失败告终的占多数。封建帝王统治下的科学技术、手工业与商品经济发展缓慢。最让现代人骄傲的中国古代成就似乎只有四大发明。18 世纪中叶，当西方资本主义工业革命已经开始逐渐发展到繁荣时，工业技术和社会经济也日趋强大起来，意味着西方工业文明的时代已经到来。然而当时中国的封建皇帝和大臣们对此却一无所知，仍然沉睡在天朝大国永不衰落的春秋大梦中。清朝末期，西方列强用坚船利炮打开了中国的国门，特别是 1840 年第一次鸦片战争以后，列强相继入侵，中国主权遭受严重的破坏，各种不平等条约的签订导致割地赔款、开放口岸和划分租界，中国从此进入了半封建半殖民地社会，也使清朝统治者们终于惊醒天朝帝国已经是红日西坠。由于清政府腐败无能，在慈禧太后垂帘听政下岌岌可危的朝廷让人们对封建政权统治者失去了信心，同时也错误地认为是封建政权体制和儒家懦弱保守的思想桎梏了社会发展，导致了中国走向沦陷。岂不知儒家思想、传统文化以及古圣先贤的智慧与思想并非如此，这种闭关锁国和封建政权的腐化堕落绝对不是优秀的中华传统文化和儒家思想造成的，而是由于封建统治者的人心末落与思想僵化的缘故，以儒释道为根本的中国本土管理学的思想和智慧如同明月被重重乌云遮蔽而不见其光，虎兕出于柙，龟玉毁于椟中，孰之过欤?

2. 传统文化遭遇破坏与断灭

中国从上古时代到现代经历了五千多年，虽然中华传统文化在社会发展进程中波浪式进步，但是她始终贯穿于历朝历代的兴衰更替之中，并作为一种软实力推动着历史的车轮滚滚向前。在三皇五帝时代，中华传统文化的核心是符合自然与人性的道德观，推举氏族部落联盟的首领以道德修养为标准，尤其禅让制是把继承者的品德放在首位。舜老了禅让给大禹，然而，大禹却废除了禅让制，将首领之位直接传给了儿子启，启建立了中国第一个奴隶制王朝——夏朝，从夏朝以后都实行王位世袭制。取消禅让制是与道德相违背的行为，同时也是对上古时代人们以道德为准绳的思想一次破坏。虽然在夏、商、周三个朝代有几位开明的君主励精图治，但是像周朝的开国君主和周家三太以德治国毕竟不多见，终究是为了维护统治阶级自身的利益，在天下开始出现纷乱的春秋末年，像孔子、孟子、老子和庄子等一大批圣贤的出现可以说是时势需要和人心感召的结果，此时是大量儒家和道家经典著作问世集成的时代。孔子游走各诸侯国的目的就是宣传儒家思想和呼吁君主恢复周礼，让国家政权统治回归到以道德仁义为主的层面上来。当中国走进从秦始皇到清朝宣统皇帝为止的两千多年封建社会时，不同朝代和历史时期的各类精英如文学家、政治家、理学家和诗人层出不穷，但是，再也没有出现过像孔子和孟子这样的圣贤大德。在半封建半殖民地的清朝末期，清政府统治下的中国，儒家思想和传统文化几乎是名存实亡，政权统治已经到了摇摇欲坠的地步，许多官员的行为不但与五伦八德相去甚远，而且是严重的腐化堕落。1911 年辛亥革命推翻了清王朝，结束了两千多年的封建帝制，成立了中华民国。自从闭关锁国的清朝被西方列强打败以后，西方资本主义思想和文化已经在中国传播兴起，1919 年五四运动前后，中国开始了轰轰烈烈的新文化运动。所谓的新文化运动是胡适、蔡元培、陈独秀、鲁迅、钱玄同一些受过西方教育的新生派学者发起的一次“反对传统、反对孔教、反对文言”的思想文化革新运动。新中国成立前，在陈伯达等人的推动下又进一步认可了“打倒孔家店”的说法，使得中华传统文化和儒家思想受到重创，西方的民主、共和与科学颠覆动摇了人们过去固有的思想观念，当著名学者辜鸿铭站出来为孔子辩驳时，陈独秀在旁边冷笑地称他这是诡辩。中华人民共和国成立以后，实现了人民当家作主。新中国成立初期经济建设和生产力得到迅速发展，然而 1966 年开始的“文化大革命”，在“批林批孔”和“砸四旧”的浪潮中，中华传统文化与儒释道思想被彻底从人们的思想中清除。当十年浩劫结束以后，中国走改革开放的道路，引进西方先进的管理思想和科学技术，国民经济和社会生产力迅速发展，在人们的头脑中自然认为管理学来自于西方，中国本土管理学的思想与概念没有谁提出也就十分正常了。

3. 思想意识形态和价值观发生根本性转变

中国本土管理学或者为人处世的理念以及价值观好比是打太极拳，一招一式讲究刚柔并济的儒雅风范。现代西方管理学的核心思想与价值观则是竞技型拳击，比赛规则相对固定，追求主动出击和以重拳将对方击败于片刻之间。中国太极拳模式的儒家思想已经传承了两千多年，尤其是西方资本主义工业革命的兴起和腐败无能的清朝走向灭亡以后，使得人们的观念意识发生了根本性转变，甚至有些受西方教育或者现代教育的学者认为孔子治国治家的思想是迂腐过时的糟粕，几千年的封建礼教是约束社会生产关系和生产力发展的沉重枷锁。传统文化经历几次毁灭性打击以后，让人们丧失了数千年培育起来的民族自信心，对中国本土管理学的思想和价值观产生很深的质疑或者彻底抛弃了传统文化。中国在 1977 年恢复了高考制度，特别是实行改革开放政策以后，人们的思想获得很大解放，从长期缺乏信仰的无所畏惧和文化饥饿状态中逐渐走了出来，此时中西方的各种思想、文化和价值观交织在一起，随着改革的春风吹拂着神州大地，并熏染着人们的头脑。生活越来越富裕起来的中国人以及国有和民营企业家们都把经济发展作为追求的第一目标，西方管理体制和现代企业制度在中国的确促进了国民经济持续高速增长。当某些现代经济学家和管理学家研究中国古代社会经济发展史时，片面地认为是儒家思想和封建政权体制束缚了社会生产力和经济的发展，不可能形成适应现代企业的系统高效的管理学体系，只有西方管理学和管理体制才能推动社会经济高速发展。尽管中国已经走进经济繁荣的 21 世纪，传统文化开始在国内复苏和各行业中传播，但是形成中国本土管理学的理论体系，并在企业中实施应用还有很长的一段路程要走，也许几十年甚至更长的时间才能实现，这是因为现代人长期以来所形成的一些固有思想意识和价值观需要重新梳理归零。

总而言之，随着社会生产力发展和经济的快速增长，逐渐富裕起来的现代中国人却与传统文化渐行渐远，对于物欲的贪婪与执著使得一些管理学家和企业家们看不到也不知道本土管理学思想及其智慧的光芒。尽管不得不承认一个事实，的确是西方经济学和管理学在推动现代工业和科技的发展起到了很大作用，但是当科学技术和世界经济高速发展时，尤其在西方更高更快更强的竞争意识的推动下将提高经济增长率作为主要目标时，由此伴随出现的道德危机、经济危机、贫富不均以及因欲望膨胀所导致的一系列负面问题，就像一列向前高速飞驰的火车，当速度达到一定程度时，车体和铁轨会发生扭曲变形，甚至脱离轨道。如今社会看起来经济繁荣，物质产品非常丰富，可是有谁知道在这种所谓的繁荣背后却隐藏着深层次的危机，就是——形势大好，人心渐坏。这并不是西方经济学和管理学的罪过，而是人们在享受科技和经济高速发展所带来的物质财富过程中，人们的欲望日益膨胀，精神世界也越来越空虚，在花团锦簇的盛景和到处是美轮美奂的摩天大厦的城市里却缺少了人性和灵魂。如何面对和走出目前出现的各种危机呢？也许最好的答案是从净化心灵和拯救人性开始，只有古圣先贤的智慧或者以中华传统文化和中国经典为核心的本土管理学才能让人性回归到清净本善的状态。虽然很多人对此还心存质疑或者不可置信，但是过去和现在一些不争的事实足以证明本土管理思想中蕴藏着无穷的能量。众所周知，世界上最难与其他民族融合的民族就是犹太族，在过去该民族人口中有一部分人由于各种原因流落到中国，在中华传统文化和各种经典思想的耳濡目染下他们却能在中国安居乐业，这样一个顽强智慧的民族在中国文化的熏陶下被彻底同化。还有，当国外的各种宗教学说和西方国家的思想文化传入到中国以后，只要是符合人性和自然规律，都被发扬光大，这充分说明中华传统文化不仅是多元文化并存的体系，而且具有开放、包容的博大胸怀。儒家、道家文化和佛教的教理教义传播到韩国和日本以后，也同样受到重视并广泛盛行，甚至成为他们国民的核心价值观，韩国、日本的经济腾飞与儒家文化治国治企的理念是分不开的。当前中国汉文化以孔子学院作为教学载体已经从亚洲走向世界各国，影响并改变人们的各种价值观，为恢复人性本善以及世界和平发展发挥着积极的作用。这些事实都说明了中国传统文化的魅力和具有放之四海皆准的普世性特点。如果毫无根据地盲目认为中国没有自己的本土管理学，那么这只不过是世人五千多年来的误会，难道不是吗？

第二节　中国本土管理学的宗旨

一、无法即法：本土管理学的微妙玄通

唐朝的武则天做了中国一代女皇之后，想要请高僧大德到皇宫里作为国师讲经说法，于是神秀禅师推荐他的同门师弟六祖慧能，武则天派人三次到广东岭南的曹溪宝林寺礼请，都被六祖慧能禅师婉拒，众位大臣都以为皇帝会因此发怒降罪，令大臣们出乎意料，武则天却说了一句悟道的禅语："不来即来，无法即法，朕受教了！"无法不是抛弃或者没有法度约束，而是称作无为法或者心法。中国从上古时期就开始追求以道德、儒家思想和传统文化作为治理天下的纲要，并成为百姓日用而不知的行为规范，这是"无法即法"的形式之一，也是"太上不知有之"的境界。不同朝代制定或颁布了各种法典政令，但是执行起来存在很大的主观性、变通性和随意性，实际上君主的金口玉言或者地方官员自己的说法就是法令，对于开明的君主和廉洁的官员大部分还是依据伦常道德来行使权力和政令，江山稳固、天下太平全在于帝王与各级官员的德行。此外，在中国历史上更多地是推崇无为而无不为的无为法，中国古代很多经典，例如《庄子》和《道德经》都追求无为法，无为并不是无所作为，而是为了更好地有所作为，无为法是以身教和具象的方式来表法而行不言之教，达到道法自然的境地。中国古代君主教化和管理天下

臣民一般不直接讲法，现代的国家法律制度可以通过媒体很快地在全国范围公布执行，然而在科技不发达的古代很难实现这一点，所以要通过各种实物或者造像来将文化和法令内化其中，然后再传递给大众。在封建社会中，铜钱是国家流通钱币的一种，外观是圆形，中间是方孔，世人戏称为孔方兄，外圆内方的形状取自于《易经》中“天圆地方”的思想，天代表道，地代表德，这是告诉天下人“君子爱财取之以道”，无论赚钱还是消费都要讲究以道德为先。人们在春节或者其他重要节日都经常相互祝愿生活万事如意，但是没有谁能够真正的事事如意，人生十有八九不如意，古人送给新婚夫妇的礼物就有玉如意，玉如意顶端一定要设计一个回弯，回弯代表的是回头反思和返观内视的意思，有的人之所以痛苦是因为不知道回头，执著向前深陷其中，所以经常说“苦海无边回头是岸”，玉如意是在讲述只有懂得回头才能如意的道理。古人待客喝茶时，一般喝茶端起茶杯饮用时都要衬垫一个小托盘，这也是表法，托盘表明父母健在，我还有所依托。如果喝茶时不用托盘，表明家中父母过世了，作为子女无所依托，不用直接告诉客人就知道家中老人是否健在。再看古代为官者，进了衙门以后，正对大门的中堂悬挂着“明镜高悬”四个大字，官员上堂审案穿上朝服，头戴乌纱帽，乌纱帽前低后高，前半部分隆起像山，后半部分高耸如峰，样式如同步步登高的阶梯，还是在表法，一是警示官员要公正廉明才能步步高升，二是前面代表自己，后面代表下一代，希望后生超过自己，戴上乌纱帽提醒自己要爱护人才和为国选拔贤能，可见古代官员巍巍如山象征权势的乌纱帽是如此的意境深远。还有，当我们走进佛教寺院时，可以看见天王殿里供奉着四大天王，其表法意义更是具有深刻的内涵：东方持国天王（“持”是保持，国是指国家），代表负责任，帝王主持国家政务、企业家经营企业和个人主持家事都要尽职尽责和敢于担当；南方增长天王代表精进增长，在德行、智慧、学问等方面要天天增长进步，对于国家或者企业来说，时时刻刻都在精进，百姓们的生活水平才能不断提高；西方广目天王和北方多闻天王代表多看多听、广学多闻，读万卷书不如行万里路，行万里路不如名师指路，多向圣贤学习和吸取别人的优点，每天都会进步。中国古人治理国家不需要过多的政令，因为以见像思意的形式处处在为大众表法和说法。

目前，国家政策和法律条文确实是越来越趋向于细化。现代企业管理制度也是如此，为什么规章制度这么多，还在不断地修订补充甚至永远没有结束的时候呢？因为法规制度越多意味着问题也越多，当发现新的问题和漏洞时总要通过完善制度来解决，就像计算机杀病毒软件一样，一定是先有病毒才有杀毒软件，杀毒软件每天都在更新，说明每天都有新的病毒出现，如果没有病毒的话，杀毒软件也就没有开发的意义了。因此，古人治国治家不是完全依靠法制，更多地是充分运用无法即法的微妙玄通的智慧，并由此推动着中华民族走过五千年风风雨雨，突破各种艰难险阻，生生不息地向前发展。现在一些企业生产的家庭日用品以及其他装饰品，虽然看起来美观，做工也精细，但是缺少了文化内涵和表法的作用。因此，未来的企业经营和社会管理必然要走上“无法即法”之路。

二、本土管理学的最高境界：理事无碍，事事无碍

《华严经》云：“理事无碍，事事无碍。”华严宗把法界分为事法界、理法界、理事无碍法界和事事无碍法界，代表人们认识觉悟的不同层次和境界。“事”是指宇宙空间、自然万物的外观与运动形态以及所显示的现象。“理”有两种含义：一是指道理，是所有事物存在的根本；二是指万物万象的本体与自性，与“事”对称，也是体与用的关系；恍兮惚兮之“理”是无法用语言文字来描述，只有用心体会。“理”是宇宙万物运转变化的核心本质。“理”与“事”的关系如同水与波，平等之理有千差万别的事相，“理”与“事”本是不可分离的一体。“法”是指万物变化的法则和规律。“界”是差别区分的界限。事法界是普通凡人的层次，其余三种法界是智者境界，通过长时熏修的内证与实证达到理事无碍和事事无碍境界。华严宗的四种境界也是指一个人修学的不同阶段以及所具足能量的大小，具体解释如下：

“事法界”是指世间万事万物的差别之相，各自有着不同特征，即我们所见所知的现象世界，是有生有灭有差别的现象，无论是精神还是物质都属于事法界范畴。宇宙万象都是因缘和合而生，在事相上是不可混淆的千差万别。这些差别来自于人的分别心，一个人掌握的科学和文化知识越多，分别心往往会越严重，因为一个普通人在“事法界”时，有不同的心识便有不同的分别，这也是识别的本义和根源。

“理法界”是真如平等无差别的理，是万物万法所依所存的本体自性，在外观事相上虽然有差别，但万法总归于一理，这是无差别的宇宙真理。关于理的诠释，庄子曰：“天地有大美而不言，四时有明法而不议，万物有成理而不说。圣人者，原天地之美而达万物之理。”所以说“理法界”是体，“事法界”是用，理事圆融则是体用合一。

“理事无碍法界”是指本体“理”与外在“事相”的关系，“事相”即为本体的“理”，本体的“理”也即是“事相”。两者是没有差别以及圆融的不二关系，理融于事，事彻于理，宇宙万物一切有差别的“事相”都是本体的“理”随因缘所变现，而“理”又通过“事相”来表现具象，觉悟到这一点便是理事圆融无碍，达到“见象知意，得意忘象”的境界，也正如王弼所说：“义苟于健，何必曰马。义苟于顺，何必曰牛。”

“事事无碍法界”是说一切有差别的万物，在事相上看虽然有分别，但是一切所见并非实相，而是虚妄的假象，本质都是一，不是有差别的二，即本性圆融相通，没有大小高下，也没有时间空间的限制与差别，最终达到心、事、物、理之间形成一体的全息网络，彼此没有任何的障碍，万事万物不会因时间、空间或事相的差别和分隔而丧失一体化关系，无古无今、无上无下，理事不二相融相通而离一切相，从而达到事事无碍的至高境界。

孔子曰：“吾十五而志与学，三十而立，四十不惑，五十而天命，六十耳顺，七十而从心所欲不逾矩”达到“从心所欲不逾矩”的境界时，所有日常言行不会有任何过失并且都是在道中行，这也是理事无碍与事事无碍境界的体现。企业管理不仅仅是依据企业规章制度管人、管钱、管物，更重要的是如何认识“理”与“事”的关系以及圆融无碍的奥妙。“管”有通达之义，“管理”就是通达一切事物的情理。对于企业领导者来说，不断加强自身道德素养的修炼以通人情、达事物之理，才能成为优秀的企业家，这也是企业管理的实质和根本所在。欲善其事必先明其理，无论做任何事必须要理在事先，没有革命的理论就没有革命的实践，通常我们都是以理论来指导实践，以实践来验证理论。然而很多时候理上非常透彻，但是事上行不通。例如，企业制定的管理制度似乎很完美，但是执行落实起来却层层障碍；产品也许可以设计得很完美，但是由于材料、技术、工艺或者装备等各种限制却不能制造出合格产品。企业管理也是如此，同样需要历事练心。现代企业组织设置理事或者董事的职务，要能做到“理事无碍，事事无碍”才是真正的理事和董事。

第三节　本土管理学与西方管理学比较分析

一、本土管理学与西方管理学有什么区别

中国本土管理学已经走过了五千多年的历史，儒释道思想和诸子百家的经典都是非常宝贵的财富，这些经典并不能直接应用于现代企业管理，因为还需要有一个渐悟实证的过程，通过在工作生活中的修学实践，觉悟出管理智慧和管理心法，不同企业的经营环境和不同人所悟出的“理法界”和“事法界”也是各有千秋，没有可复制性和可比性，所以对于每一位企业家或者领导者来说在他们的心中都有一本属于自己的本土管理学。关于国学经典在企业管理中如何应用，有人曾经提出过这样的观点：《墨子》的“非攻兼爱”和《论语》的“仁者爱人”适合普通员工的学习或者开展结合岗位实际的员

工内部培训；老子《道德经》的“无为法”适合中上层管理者修炼；《易经》的变易哲学与佛教经典的修心适合高层领导者和企业家觉悟智慧；这只能说是对中国国学经典的初步认识或者是以分别心来学习，诸子百家经典法法平等，无有高下，能否觉悟获益全在于各人的根性、契机或者因缘，都是直指人心的智慧。中国本土管理学讲究的是内外兼修和刚柔并济的太极文化，造就含章晦美的优雅和内圣外王的格局，内在以儒释道思想作为提升自身境界的能动力，外在则真修实证具体落实在企业中干事业。

现代企业管理学始于近代20世纪初西方欧美国家的理论研究体系，从出现到现在只有100多年的历史。管理学是大批学者和实业家在过去工业革命和现代企业发展过程中总结出的管理理论与方法，以此来指导各种生产管理实践，逐渐形成系统化的科学管理体系，并对企业存在的问题提出可行性解决方案。在特定环境情况下，企业管理是通过制定周密的方案和计划构建相应的组织机构形式，然后配置人、财、物等各项资源，从而实现预期目标的过程。因此，西方管理学注重具体方法和原理来解决问题，还是处于形而下“术”的层面，即重器不重道，研究方法具有相对固定的范式，构建可复制的基本理论框架。随着产业规模的日益扩大，劳动分工变得更加专业化，为了适应社会化大生产的要求，管理方案就显得更加重要了。现代管理学作为一个系统工程学科与时俱进，在不断地探索中发展完善，并且形成不同种类的专业理论体系。中国本土管理学与西方管理学既有相通之处，在很多思想理念上与传统文化和儒释道思想有不谋而合之处，可以实现二者的融汇贯通。总体来说本土管理学重视内在的道或者心法的觉悟，西方管理学重视外在术的应用，提供具体实施方法和解决方案。两者由于地理环境、思维模式、价值观的差异和社会经济发展模式的不同而存在着很大的区别，这些区别主要表现在以下几方面：

1. 系统模糊性与局部精确性

本土管理学是站在一定高度上，以全局的模糊性来思考最优的系统性管理智慧。西方管理学立足本位，关注自身的细节和具体组织实施方案的计划性和精确性，偏重管理制度的细化。本土管理学可以形象地比喻为中国围棋的思维模式，在下棋子和布局上具有很大的不确定性和模糊性；西方管理学则比喻为国际象棋的思维模式，每走一步都按规则行动，有固定的走法和棋路。因此，国际象棋高手与计算机对弈失败的几率很高，因为高性能计算机能分析出国际象棋的各种走法。但是围棋对弈算法和黑白棋子的走法具有太大的模糊性，以至于目前计算机还无法对围棋的各种棋路实现准确的判断预测，所以即使最先进的美国计算机系统要想战胜一位中国围棋九段高手其几率还是非常低的。

2. 事前预防与事后控制

《礼记·中庸》云："凡事豫则立，不豫则废。言前定则不跲（jiá），事前定则不困，行前定则不疚，道前定则不穷。"这是本土管理学的重要思想之一。中国古代皇帝治理天下以"不治已乱治未乱，不治已病治未病"的方式对各种问题进行预先干预调控，将问题和矛盾解决在未表现症候的萌芽状态。西方管理学本身的理论体系决定了很难对遁藏于系统整体当中的问题作出评测和预防，过去全球范围内或者欧美国家所发生的多次经济危机让现代经济学家和管理学家措手不及，也是西方经济学和管理学理论显得如此无能为力的时候，面对经济危机只能作出事后控制和调整。既然如此，为什么西方管理学成为全球企业主要管理模式？中国古代有这样一则典故可以回答这个问题。

魏文王曾经向名医扁鹊请教："你们家兄弟三人都医术精湛，为什么只有你的医术被人们认为是最好的呢？"扁鹊说道："其实我大哥的医术最好，二哥稍差一些，我是三兄弟当中最差的一个。"魏王不解地问："为什么呢？"扁鹊解释说："大哥为人治病是在病情未发作时，大哥就已经开药铲除了病根，此时病人还不觉得自己有病，使他的医术难以被人认可，所以没有名气，只是在我们家中被推崇备至。二哥治病是在病初见端倪之时，症状尚不十分明显，病人也没有觉得痛苦，他就能准确诊断并药到病除，这让人们都认为二哥只是治小病很灵。我治病都是在病情十分严重的情况下，病人痛苦万分，病人家属心急如焚。此时，他们看到我用针砭在经脉上穿刺放血，或在患处敷以毒药以毒攻毒，或动大手术直指病灶，使重病人病情得到缓解或很快治愈，所以我名闻天下。"魏王听完之后豁然大悟。

相比而言，西方管理学与本土管理学就像西医与中医治病的理念，西医治病在全世界范围内远远超过中医，虽然西医的事后控制不如中医的事中控制和事前预防调理，但是西医治病似乎见效快，中医需要更长时间的调理。所以绝大多数企业领导者体会不到本土管理学的优势，为了追求眼前的利益，运用的理论当然是西方的经济学和管理学理论了，即便因为决策失误或者技术出现问题而发生了重大损失，首先想到的是从西方管理学中寻求解决方案。

3. 化解理顺与遏制清除

在处理矛盾问题或者各种关系时，中国本土管理学本着化解和理顺的思想，使得组织机构内外的各方因素达到平衡和谐的运转状态，从根本上得以解决。西方管理学则是根据问题类型制定相应的管理制度或者法规加以遏制，为了保护债权人和债务人的合法利益，对不可解决的矛盾和棘手问题干脆采用直接清除消灭的方式，这也是国家出台企业破产法的缘故。这一点也与中西医治病的方法相似，中医治病讲解毒即化敌为友，西医采用消毒或者手术，彻底消灭病灶，究竟哪一种管理模式更科学就不言而喻了。

4. 人性化管理与制度化管理

在人力资源管理方面，尤其是制定用人、留人和薪酬等各种人事管理制度时，本土管理学汲取古人的思想和智慧形成符合人的自然本性和社会伦理关系的管理模式。有人认为古代帝王的统治形式和儒家思想是缺乏人性和迂腐僵化的，其实是后人的误解。本土管理学不仅灵活变通，而且非常讲人性自然和伦理道德。《孟子·离娄上》有一段淳于髡与孟子的对话："淳于髡（kūn）曰：'男女授受不亲，礼与？'孟子曰：'礼也。'曰：'嫂溺，则援之以手乎？'曰：'嫂溺不援，是豺狼也。男女授受不亲，礼也；嫂溺援之以手者，权也。'"男女授受不亲是古代礼制，但是嫂子溺水还要遵循礼制不施以援手就是豺狼，这是在特殊情况下的变通。还有古代一直奉行的"丁忧"制度，当父母过世，子女按礼须持丧三年，其间不得行婚嫁之事，不得举办吉庆之典，任官者必须报请离职三年回家奔丧，如果官员隐匿父母丧事不报请，一经查出将受到严厉惩处。这是封建社会从汉朝开始一直到清朝都实行的制度，非常符合中国人的亲情伦理关系，怎么可以认为是落后的封建礼教呢？再看西方管理模式下的现代企业，在各项看似完善的管理制度中，有多少是符合伦理和人性，或者有多少制度是全体员工愿意从心里接受的呢？上班规定必须准时，员工考勤采取电子打卡，甚至使用科技含量更高的指纹识别技术打卡，迟到、早退以及旷工则按照规定扣发工资。这还远远不够，在企业园区、生产车间和办公室等各处安装上摄像头，实时监控所有员工的一举一动，这是现代企业常见的西方制度化管理模式。然而中国古人不需要这么多手段和制度的约束，每一个人的心里都安放着一个探头，那就是符合社会伦理和道德准则的人性。

5. 以德为本与以利益本

本土管理学的核心精神是以德为本，"德者本也，财者末也"的千年古训是中国人的价值观，儒家的"君子喻于义，小人喻于利"说明了中国人面对利益的最朴素价值观——仁义足矣，在仁义与利益面前当以仁义为先，不会为了利益而背信弃义。西方管理学在企业中推行的目标是获取利润最大化，对于现代欧美企业来说，只有永恒的利益，没有永恒的友谊。为了各自利益违背道德良知的事情时有发生。例如，现代企业之间或者自然人之间在签订合同协议时，不仅要签字、盖公章、按指纹，为了保险起见还要有担保人或者抵押物作为履行合同的保障。在西方管理体系下，人不相信人，彼此的交往以利益为先，缺少情意和安全感。

二、本土管理学与西方管理学是不二法门

从过去几十年中国企业经营管理的实践来看，西方的管理模式并不完全适合中国企业，一味地采用西方企业管理体制并没有让某些企业走向辉煌，还曾经发生过大批中小企业破产倒闭的现象。因此，西方企业管理模式并不是万能的，甚至对那些濒临死亡的中国企业来说显得无能为力。企业领导者需要重新思考和改变过去长期依赖的西方管理体制，应该用中国人的思维方式和智慧来构建一种新的管理模式，即把本土管理学与西方管理学融合贯通，开创中国经典应用管理学。本土管理学历经五千多年，其中也包含了西方管理学的思想，同时随着理论研究的不断发展推进，西方管理学也包含了本土管理学的智慧，一些致力于国学应用研究的学者全盘否定西方管理学在企业经营中所发挥的作用和价值，这是不理性和不客观的，也是民族虚无主义的狭隘表现。不得不承认正是西方管理模式和经济学理论促进了现代企业管理的有序化和社会经济快速增长。如果将西方管理体制比喻为一部机器，那么中国本土管理学就是为机器提供源动力和能量供给，彼此成为相互融合的一体。本土管理学是先天之体，西方管理学则是后天之用，两者本来是没有分别的不二法门，虽然这种分别源自中国人与西方人在思维模式和价值观上的不同，但是西方管理学发展的趋势和最高境界必然会走向人性化的智慧层面，所以本土管理学与西方管理学相比没有高下差别，只是从不同角度来诠释管理学的内涵，这也是融汇中西方优秀管理学思想的中国经典应用管理学的精髓所在。那么，为什么说本土管理学与西方管理学是"先天为体，后天为用"的不二法门呢？因为现代西方企业管理模式和管理制度都能在中国古代政权体制和民间组织形式中找到近似的原型，以下举几个例子：

（1）企业董事会。现代企业董事会是依照有关法律，按照企业章程或者公司法设立并由全体董事组成的各项业务的执行机关，负责企业经营活动的指挥与管理。董事会与古代封建帝王政权组阁有很多类似之处，君主相当于董事长，宰相相当于总经理CEO，其他六部相当于企业副总经理职能。

（2）企业合伙人。现代企业经营大部分采用股份制或者合伙人形式，这种组织形式早在封建社会民间就已经存在了，中国古代有自立旗号的山寨王聚集了一些人马，像《水浒传》里的宋江带领108位兄弟打着"替天行道"的口号劫富济贫，获取的财物回到忠义堂按功劳大小进行分配，这种民间组织模式与现代企业经营合伙人制度类似，只不过山寨王在中国古代属于非法组织，现代合伙人制度是国家合法的组织形式，依照法规运行管理。

（3）合同协议。现代企业开展技术合作或者买卖营销需要签订合同，合同在中国古代最早称为契，汉朝刘熙在《释名·释书契》中说："契，刻也，

刻识其数也。”因为当双方订立契约关系时，数目多少是最重要的，也是最容易引起争端的因素。于是古代人们用契刻的方法将约定数目用线条作符号刻在竹片或木片上，以此作为双方的“契约”。虽然古代契约比现代合同要简单得多，但是却具有现代合同所无法比拟的约束效力。

当然还有中国古代其他一些先进的理念和管理模式，同样可以在现代企业管理和国家政治体制中借鉴采用。例如，企业或者官员的薪酬可以借鉴古代官员的俸禄发放制度；政府官员实行古代官邸制能有效地促进廉政建设。还有人力资源管理、市场经营、用人之道等多方面，都有必要向中国古人学习，中华传统文化和古圣先贤的智慧是不可思议的，不仅能带给现代人丰厚的福祉，更多地是像一盏明灯为人类指明未来的发展方向。因此，无论东方还是西方，也无论古代与现代，人类智慧总是息息相通的，在过去全球范围内发生多次经济危机和金融危机，与管理学理论和采用的管理体制无关，根本原因在于人的贪欲导致的道德危机和人性危机。通过以上分析可知，现代企业的组织机构和管理方案在中国古代都有其类似的原型，所以说作为先天之体的本土管理学与后天之用的西方管理学本来就是一体的，都是源自西方不同时期先哲和中国历代圣贤的智慧结晶。人们之所以存在中西方差异主要源于两方面，首先是中西方观察分析对象的出发点和视角不同，用苏轼一首诗来比喻更为贴切：“横看成岭侧成峰，远近高低各不同；不识庐山真面目，只缘身在此山中。”当我们的思维方式跳出自己分别执着的小我时，以“中学为体，西学为用”作为企业管理的一种管理模式，大好河山的无限美景将尽收眼底。其次是解决问题方式和对治目标不同，佛教经典开辟了八万四千法门，所有法门没有高下都是平等的，主要是为了教化不同根性的人而设立的。因此，西方管理学适合西方企业的根性，本土管理学适合中国企业的根性，融汇贯通了西方管理学和古圣先贤智慧的中国经典应用管理学更适合现代中国企业经营管理的需要。

第四节　中国经典应用管理学的基本观点

一、万物一体观

中国经典应用管理学是基于中华传统文化和古圣先贤的智慧，同时融合了西方管理学和现代物理学的全息理论所创立的一种管理学体系。由物理学的全息理论可知，宇宙空间、自然万物和人类等一切事物看似没有关联的对象，实际上都是不可分离的一体，而且彼此之间存在某种无形的关联和作用力。现代企业经营管理同样满足这个全息理论，中国经典应用管理学也是全息管理学，企业全息管理的核心是全息元，其次是构建企业和谐稳定的隐藏秩序，最后是全息元的复制与传播。全息元用中国传统文化来表述就是“道”，全息元自我复制演化过程完全由系统内部的隐藏秩序所决定，也就是《道德经》所说的：“道生一，一生二，二生三，三生万物。”作为全息元的“道”是本体，“一”为用，即事物内在的隐藏秩序或者运转规律，经过“二”与“三”等各种外界因缘和合之后形成了具有全息效应的大千世界。也许有人会提出一个疑问：“为什么是三生万物，不是三生四、四生五或者更多生万物?”这个问题确实问得有水平，用传统哲学思想很难作出恰当的回答，如果用现代数学理论诠释其中奥妙可能会更直观和令人信服。道本归于无，无并非是没有，而是真空妙有的太极点或者全息元，姑且用数字 0 表示，“一、二、三”并非是简单的数列，而是代表了事物演化的三个阶段性过程，用数字“1、2、3”表示，在演化过程中，无论经历多少次，一定存在着“有正有负，有阴有阳”二元的对立统一关系，这种二元关系是恒常不变的。所以，将事物阴阳变化两种属性用基数 2 来表示，“道”作为缘起的零点，经过 1、2、3 的逐级演化，这三个数字作为描述阴阳二元变化的基数的幂指数，由此形成了 $2^0=1$、$2^1=2$、$2^2=4$、$2^3=8$ 的数学计算形式，其结果分别等于“1、2、4、8”，这四个计算数字与《易经》“太极生两仪，两仪生四象，四象生八卦，八卦定乾坤”的思想完全一致，到了 8 以后，已经可以囊括自然万物的千变万化了，所以经过三次的推演变化便造就了丰富多彩的大千世界。众所周知，计算机存储单位是字节，每个字节由 8 个二进制位构成，无论计算机操作系统和硬件如何升级扩展，字节的位数没有发生任何变化，始终保持 8 个二进制位，但是计算机的性能确实在不断提升。因此，老子说“三生万物”从数学推演的结果来看还是有道理的。这里顺便说一下，想要更好地理解全息理论和老子《道德经》的思想，并领悟其中智慧，熟读《易经》是至关重要的，因为《道德经》里引用了大量《易经》中的哲理。老子曾经任周朝的守藏室官员（相当于现在的图书馆馆长），对包括《易经》在内的各种经典应该是非常熟悉的，也可以这样说《道德经》是对《易经》高度地总结应用。从中国封建王朝的政权组织形式来看，正是以中国传统经典的思想（大多数君主都以儒家思想治国）为施政治国的核心，即以传统经典思想作为全息元，全息元复制与传播通过政令或者日常生产生活等其他方式实现，首先从君主到各级官员不断地演化推行，然后再逐渐广泛地传播推行到天下黎民百姓，从而达到政通人和百姓安居乐业的目的。所以，中国历史上开明的君主和廉洁公正的官员都是管理专家。在封建社会，中国经典管理模式是君主以道莅天下，全息元或者道从一至三不断地演化复制，生生不息化育天下万物和黎民百姓。毫不夸张地说，众多的中国古代帝王将相如果走进现代企业将会是一流的管理专家，西方的企业管理学发展不过一百多年历史，从思想与心智层面看，根本无法与中国古人的管理智慧相提并论。从三皇五帝走向夏商周，历经秦皇汉武一直到中国历史上政绩最突出和国力最雄厚的盛世大唐，创造了万邦朝贡的大国风范，这些中国的帝王将相虽然没有明确提出经典管理学以及全息理论的概念，但是治国安邦的智慧却是当今企业领导者学习的典范。古人在治理国家重视全局整体性，除了法制外，更重视以德、以礼为治国之要，君王在上，体察民情，施行德教，君王贵为天子号令天下，政令犹如风行大地，天下黎民百姓如旷野绿草随风而倾，这就是君主在治国安邦过程中所形成的全息效应。中华民族辉煌灿烂的文明从远古走向今天仍然保持着永不磨灭的光辉，作为优秀的企业管理者有必要向中国古代帝王学习管理真经，构建和谐高效的企业全息管理模式。

老子说："治大国如烹小鲜"。企业经营管理也是如此，企业的全息元、构建的隐藏秩序以及各种内外因素所产生的全息效应在经营管理中起着决定性作用。对于企业内外环境、整体规划布局、管理制度、经营业绩以及员工的举止行为都是全息网络的一个节点，彼此相互影响着。而且，即便是一草一木、每一件产品和每一位员工与企业整体状态之间都存在着"你中有我，我中有你"浑然一体的全息效应，企业整体运营状态也直接或间接地影响着员工的工作效率、产品质量，企业里的人与物哪怕是细微之处也同样会影响企业的整体发展态势，通过企业内外方方面面以及员工的言谈举止，甚至企业园区内的花草树木都可以感知到企业经营管理状况，管中窥豹便可见一斑，企业所体现的全息效应确实不可言说，需要用心体会才能理解其中奥妙所在。笔者曾经应邀到某民营企业参访交流，被问及该企业在经营管理方面存在哪些问题，笔者根据对企业内外的一些表象的观察，直接指出该企业的主要问题是人浮于事，工作效率低下，企业缺少生机活力。为什么能得出这样结论？因为这是一种不可思议的全息效应，根本不用考察企业的生产车间，也不用翻看厚厚的企业规章制度和财务报表，直接通过该企业的内外环境和员工的精神状态就可以得出准确的判断：一是在企业管理办公区域到处积满了灰尘，员工缺少精气神；二是在楼道和办公室内的花草植物显得一副垂头丧气的样子。如果企业缺少生机活力，衰落的气场往往动植物最先感知，诸如火山爆发、地震、海啸和其他不可抗拒的天灾发生之前，人类即使通过先进的科学仪器也很少能及时准确地预测，动物却能提前感知到，有古诗为证："春江水暖鸭先知"，这就是全息效应在自然界和现实生活中的具体体现。无论你是否承认企业存在着全息效应，它始终隐藏于企业员工的言谈举止、产品的品牌形象和企业各项经营管理活动中，甚至是小到花花草草，无时无刻不在发生全息效应。基于全息理论，本书为构建企业全息管理模式提供了一种新的理念和可行性方案，全息管理模型作为中国经典应用管理学的具体形式，融合了儒释道经典智慧和现代物理学的全息理论，将生态环境、人力资源优化和中华传统文化与现代企业管理制度对接，开创和谐有序的中国本土管理模式。让企业走向稳定、健康、和谐的可持续发展道路，更重要的是通过建立企业全息元提升企业的管理智慧和管理水平，将中国古代的先进思想导入到现代企业管理中，从过去长期一味地向西方国家学习企业管理经验和管理体制的范式中解放出来，打造具有中国特色的企业家道、家风和家业，中国经典应用管理学是让企业管理从心开始，由此形成的全息效应不断演化传播，最终达到内圣外王（wàng）的高度。

二、环境全息观

古人重道不重器，现代人重器不重道，随着社会经济快速发展和时代文明的进步，人们对自然环境、家居环境、商业卖场和企业建筑环境规划的重要性越来越有深入正确的认识。中国人最能理解居住环境与人之间的宜人性与和谐性的关系，几乎所有的建筑选址和宅院规划都要以符合自然之道的天人合一思想作为准则，包括开工、封顶和搬迁都要以达到“天时、地利、人和”的目的来安排流程。例如，选址、定向、规划布局、选良辰吉日等，有些已经成为中国民众特有的习俗一直沿袭至今。科学合理的生态环境规划不仅能改善区域的气场，而且有利于人们的身心健康。除此之外，对于企业和商业经营管理的显性秩序（例如，规章制度）以及隐藏秩序的正向推动与改善具有重要意义。例如，几家企业生产同样的产品，在相似的管理模式和硬件条件下，发现不同企业员工的工作效率和某些可变动成本却有高有低，其中重要的原因之一就是车间的环境规划模式和作业流水线的布局不尽相同，环境规划并非只局限于总体格局、建筑造型和景观绿化等大方面，其中还包括：企业园区选址、地块选择、企业建筑群落整体优化布局、功能区域划分，然后到细观的生产车间流水线布局、物流路线、人员流动路线等多方面的优化设计。在企业环境规划和生产作业优化布局方案中，可以汲取中国古人的智慧，融入古人传统环境规划思想中科学合理的部分，为企业生产效率的提升、一些潜在成本的降低以及节能减排等方面提供可操作的优化方案。同时，和谐宜人的工作环境也能使得企业员工在顺风顺水的祥和氛围中安心工作，每个人内在环境与外在环境是相互感应的，员工身心和谐，企业和家庭自然和谐，企业和家庭和谐，社会也同样能实现和谐有序的发展状态，这是从内及外、个体到整体的环境全息效应。因此，中国经典应用管理学将环境规划理论以及全息效应作为重要内容加以阐述。

三、法由心生观

任何生物体都是从种子或者受精卵开始发育的，在不断地成长直到生命消亡的过程中，生物体形态特征都要受到各自 DNA（deoxyribonucleic acid，缩写 DNA）基因序列的决定和控制。将树木的种子或者白菜的种子放在温度湿度适宜的土壤里发芽分别长成为大树和白菜，绝对不会长出玉米或者其他东西，即使外界施加各种辅助因素，控制种子生长发育的基因序列也都不会发生根本性质的改变，哪怕基因序列在射线的作用使得基因发生局部性的变异，也只能让生物个体发育的外观发生变化，但基因变异并不会影响生物体的本质特征，一切生物体的外观特征均取决于本身的基因序列。对于一家企业来说，它的创立以及成长发展过程与生物体类似，也同样存在着某种无形 DNA 基因序列，决定着企业经营管理模式和未来发展的态势。然而，管理体制、规章制度、生产技术、市场营销和发展战略等都不能称为企业的 DNA 基因序列，这些因素就像种子发芽所必需的土壤、水分和阳光一样，并不是起着决定性和控制性的作用。企业的 DNA 基因序列是什么？其实是构建并融入企业人、财、物等有形元素和管理制度、生产技术、人力资源等无形元素的某种隐藏秩序，企业的隐藏秩序往往无法用语言来表述，只有用心才能领悟和体会其中的巨大能量。企业的隐藏秩序是无影无形的内外相应的耦合关系，它取决于企业领导者的思想和智慧以及其他各种因缘共同形成的一种相对稳定的管理心法，或者称为管理法门。管理心法决定着企业的经营管理模式、管理制度建设、企业文化、产品质量以及通过产品和服务传递给消费者的企业思想理念。企业领导者们以正心正念开创的隐藏秩序称为正法，其能量是积极正向的，推动企业经营管理走向稳定发展的道路，反之，企业领导者们以贪心妄念或者邪思邪见构建的隐藏秩序称为邪法，其能量是消极负向的，当邪法妄念贯穿于企业经营管理和员工们的头脑中，如果加上各种因缘不利于企业发展，再强大的企业也必将走向衰败，甚至倒闭破产。作为企业 DNA 的隐藏秩序，它的健壮性和稳定性与企业领导者的智慧、德行和经营思想有很大关系，管理体制、员工素质和生产技术是有助于隐藏秩序的传播与复制的外部因缘。一家企业构建了哪一种隐藏秩序（或者称管理心法）全在于领导者的修行与觉悟的境界。因此，企业管理的核心不是理论学术，更多的是一种心法或智慧的修炼，一位成功的企业家往往是在经营管理中修行，在修行中经营管理企业，像一位修行的禅者那样带领员工们去共同体悟和实践。由中国传统经典和全息理论模型可知，一切法皆由心想生，有什么样的心念便有什么样的隐藏秩序，企业管理体制和规章制度都是从心所生，而且任何规章制度都无法替代企业领导者带领员工们所觉悟出的管理心法。企业管理心法是一种隐藏秩序或者企业DNA基因序列，它产生的能量以及全息效应都表现在企业经营管理模式、员工的言行举止和产品的品质当中，同时员工的身心健康和思想意识都会受到影响，甚至企业园区内的花草树木都能有所感应。在隐藏秩序控制作用下，企业全息元经过演化复制，像生物DNA基因序列一样决定着企业未来的命运，当企业的隐藏秩序受到某一微小因素的作用或者在外界因素的干扰下发生变异时，都会影响或者改变全息元复制演化过程以及最终结果，这种全息效应也许不会马上表现出来，但是随着时间推移，正向或者负向的全息效应从量变到质变在无声无息中改变着企业未来走势。所以，任何一切所见的事相都是由心想生，心生万法，境随心转！

四、文教德化观

《易经·观卦》象曰："风行地上观，先王以省方，观民设教。"对于圣贤来说，根据具体情况来教化民众是至关重要的事情，古代君王非常重视对天下民众的文教德化。企业不仅是经营实体机构，还应该是教育培训和文化传播的机构，企业没有教育就不会有文化气息，这样的企业及其产品服务也不会有多高的品质。企业文教德化不是贴在墙上的标语和口号，也不是各种CIS企业形象设计，而是企业内在精神和外在形象魅力的升华。一家企业是否有文化品位与员工学历高低没有关系，即使员工全部拥有博士、硕士学位，该企业也不一定有文化气息。企业文化要融入经营管理当中，并形成一种企业的习惯和良好的氛围，员工的形象、言谈举止、工作态度和产品质量等都是体现企业品牌文化的最直观展示；企业全息环境规划与形象设计也是企业文教德化的另外一种表现，让环境布局处处体现企业的精神，同时让企业生产经营的产品和对外服务的形象也成为彰显企业文化和思想的载体。企业文教德化作为正能量和软实力的积聚，需要构建一个正向导入过程，这个正向导入过程就是融入企业经营管理活动中的各种形式教学。《礼记·学记》云："建国君民，教学为先"。古代君主建设国家和统治天下，最优先、最重要的任务是教育，企业要成就一番事业，同样离不开对员工的教育培训，只有通过教育培训才能将企业文化和企业精神有效地传递给每一位员工，落实到各自的工作岗位中。开展企业员工的教育培训要因材施教，根据员工的学历层次和岗位特点设置具有针对性的培训课程，而且要将岗位技术培训与中华传统文化与国学经典思想对接，通过文理兼修的教育培训模式开启人才队伍的创新意识，重点放在学以致用，以此提升员工的道德与文化层次，让企业文教德化成为企业经营管理的正能量和持续稳定发展的助推剂。企业未来的竞争不仅是人才竞争、技术竞争、市场竞争，还是文化软实力的竞争，企业经营发展离不开道德文化的滋养，企业生产的产品实际就是在表现和传播企业的品质、文化和精神。所以，未来企业发展趋势必然走向文化经济的道路，没有教育和文化的企业不可能走得远，更不用说实现基业常青的梦想了。

以上阐述了中国经典应用管理学的四个基本观点和企业全息管理模式的基本特征，同时也概要地说明了全息理论以及由隐藏秩序所形成的全息效应，这对于企业能否良性发展至关重要。只有深入地理解中国经典应用管理学的全息性，才能领会万物一体观、环境全息观、法由心生观和文教德化观的思想及其妙用所在。

第五节　寄语读者和阅读本书的建议

古人云："书读百遍，其义自见。"作为国学经典集大成著作《四库全书》包括经、史、子、集四部分，是中国历代古圣先贤智慧与思想的结集，不但是万古千秋永不熄灭的华夏文明之光，还是世界上其他任何国家民族所不可企及的思想巅峰。中华传统文化和诸子百家经典走过了五千年的历史长河，在一切以物质利益和社会经济高速增长为目标的今天，这些典籍不但被束之高阁很久了，而且有些著作和文字已经失传或者濒临灭失。在充满西方价值观和科学知识的现代人眼中，中华传统文化和国学经典都是封建落后的思想和不符合时代发展的历史"糟粕"。为什么会出现这样的误解和全盘否定呢？因为当一门理论或者典籍不能够被广泛地教学推广，根本不知道如何在日常生活工作中应用时，最后就变成了图书馆和博物馆永久收藏的文物了。中华传统文化和古圣先贤的智慧是无用之用实乃大用，只是我们很多人与其失之交臂很久了，更不懂得如何学以致用。当我们有些"科学斗士"口诛笔伐并公开撰写文章批判中国古代圣贤的思想和教育方式时，在国外却被各界人士当做珍宝一样来研究，例如《易经》以及传统环境规划学在韩国、日本和美国却被作为一门科学研究和应用得风生水起。17 世纪德国数学家、哲学家莱布尼兹读了中国的《易经》以后发明了计算机二进制；欧美等国的科学家在微观量子力学实验中发现了人的思想意识可以改变和影响基本粒子的运动状态，这个结论在两千多年前，与中国古代圣贤所提出的"相由心生，境随心转"是一致的，而我们却认为外国科学家的研究太高明了；爱因斯坦曾经研读中国的大乘佛教，他从中受到启发提出："空间、时间和物质，是人类认识的错觉。"这与《金刚经》"凡所有相皆为虚妄，若见诸相非相即见如来"的思想是完全一致的；韩国、日本两国除了很多政府官员熟读中国的儒释道典籍外，有不少企业家、大学教授也对此进行研究并应用，从中汲取执政思想以及企业管理智慧。

本书的目的是从五千年传统文化和国学经典中汲取现代企业管理智慧，并把实现本土管理学与西方管理学的融汇贯通作为中国经典应用管理学的宗旨，虽然认识的深度和领悟的层次还有待进一步提升，书中也仅仅提出了一些个人浅薄的体会和不成熟的见解，但是愿以此作为契机和阶梯与各位读者共同走进尘封已久的古圣先贤殿堂，旨在回溯源头、认祖归宗，重新认识优秀的中华传统文化，挖掘典籍中的精华和智慧，让中国古圣先贤的智慧之光在科学技术发达的今天得以复兴，更重要的是能够广泛地传播应用，成为现代企业、家庭和人们日常工作生活的必要资粮。为了让不同领域、不同行业和不同层次的人群能够达到学以致用的目的，本书内容把“理事无碍，事事无碍”作为撰写的基本原则，重点放在“理”和“事”这两方面，“理”即为明理，对古人的智慧和思想从理上讲清楚，针对某一观点或者题目通过自然科学、人文科学和各家经典相互印证，而且用具体典故和实例将复杂的理论简单化，在理上讲得通才能做到理无碍，俗话说：“有理走遍天下，无理寸步难行”。“事”就是具体实践应用，如果一个理论模型不能很好地落地应用，那么只是空中楼阁，或者是谈玄说妙的哲学话题。理是事之体，事为理之用，理和事是内外兼修的两个阶段。换而言之，从理论到实际应用还有很长一段路要走，除了自身心智境界的修炼外，要实现“理事无碍，事事无碍”，须善根、福德、因缘具足才行，善根是放下贪、嗔、痴、慢、疑和摒弃自私自利的心理，全心全意为大众谋利和服务的思想意识，善根还只是伏藏在内心的种子，种子发芽生长需要自身综合能力或者福报的积聚，福德不光是指人拥有良好的经济条件、很高的社会地位和权势，还要有深厚的德行，没有福德则自身正能量不够，善根得不到滋养，种子就不可能开花结果，也谈不上为大众服务。因缘包括“因”与“缘”两部分，“因”是自身的内因或隐藏秩序，“缘”是让因得以成长的外在条件。一切事物都是因缘和合所生，只有因，不能生果，只有缘，也不能生果，必须因缘和合才能生果。例如，种子为内因，还需要土壤、阳光、雨露为助缘，这样才能开花结果。有善根与福德的人还需广结善缘，三者不可或缺，藉此无论走到哪里从事什么行业都会通达无碍，否则很难获得成功。为什么当今不少人感到追求成功的路上有重重困难障碍？要反思自己在善根、福德和因缘哪一方面欠缺，若有不足之处，则不断地积功累德，相信未来的人生道路将会越走越宽，事业也会蒸蒸日上。为此，在阅读本书开篇之际，笔者提出的三点个人体会和建议，仅供各位读者参考。

一、信为道源功德母

《华严经》云：“信为道源功德母，长养一切诸善根。”这句话的含义是：信为一切悟道和成就功德的本源，也是让一个人的善根得以长养的助缘和增上缘。

对于学习和研究中国国学与传统文化的各位读者，最重要的是要对古圣先贤的智慧与思想生起信心和欢喜心，并将正信正念植入内心成为信根。信根坚定者像建筑大厦的基础要牢固，以此鞭策自己精进研读经典，必定能如同大树根深叶茂，只有信才能生起依止和愿求心。有了愿求心才会对圣贤经典的智慧和大用不夹杂、不怀疑，从中汲取丰富的营养，让信根得到滋润和升华。中国人读书讲究一门深入，儒释道无论修学哪一门，只要深信切愿并肯勤奋钻研，将来就会学到家，熟读精研儒家经典的五伦八德，就到了孔子的家，通晓道家经典的无为法，就走到了老子和庄子的家，领悟了佛教经典无上微妙的智慧，就到了佛家的华严殿堂，所以某一学派的学问到家，首先要具足信心和愿心，没有信心和愿心就成不了专家；有了愿求心才懂得尊师重道生起至诚的恭敬心，一分诚敬方得一分利益，以这样的心态学习古圣先贤的典籍必定能获得真实的利益，过去求学以入门拜师和口耳相传为主，一般前三年都是服侍师父的生活起居，这也是考验弟子求学的信心有多大，有成就的徒弟往往都是那些有信心、有愿力的人，尽管这种师徒口传心授的方式在现代社会已经没有了，但是在学校和企业里尊师重道还是非常必要的；有了愿求心，才能让身心安定，不为各种欲望所动，过去人读书学习是把心思安住在经典里，古代大儒们不会轻易动摇改变求学的信心，读书能否改变命运全在于求学的信心，宋朝真宗皇帝赵恒曾经作过一首《劝学诗》（又称《励学篇》），在历代学子中流传千百年经久不衰：

富家不用买良田，书中自有千钟粟。
安居不用架高楼，书中自有黄金屋。
娶妻莫恨无良媒，书中自有颜如玉。
出门莫恨无人随，书中车马多如簇。
男儿欲遂平生志，六经勤向窗前读。

有些人自恃学历高、知识渊博，用怀疑的眼光阅读中国古代典籍，以现代科学理论和贡高我慢心研究国学经典，不是为了学习和改变自己命运，而是专门为了找毛病和表明个人论点，以此挑战历代圣贤和标新立异，岂不知这是无知者无畏的表现。所以，对中华优秀传统文化和圣贤教育的深信不疑是恢复中华民族自信心的开始，不仅可以净化人心，推动国家精神文明建设，而且还能直接或者间接地促进社会经济的稳步发展，当每一位中国人都对国家民族和党的领导充满信心时，为中国的重新崛起努力工作、努力学习，东方这头睡狮在中华民族自信心的回归中必将苏醒。

二、做圣贤的私淑弟子

中国历代的圣贤大德们都已经作古，传承留下来的只有经典文字和令后人高山仰止的思想，那么没有向圣贤大德请教的缘分，在今天如何拜师学习呢？最好的学习方法也是最容易见成效的形式就是做圣贤的私淑弟子。什么是私淑弟子呢？在《孟子·离娄上》中有“予未得为孔子徒也，予私淑诸人也。”孟子是儒家思想的继承者和发扬光大者，被后人称为亚圣，孟子出生于战国时期，在孔子过世一百年左右。虽然孟子未能亲身拜师受业于孔子的门下，但是他以弟子身份就学于孔子，得闻孔子之德行，仰慕有加，励志与发扬儒家之思想大成，在《孟子·尽心上》中云：“君子之所以教者五，有如时雨化之者，有成德者，有达财者，有答问者，有私淑艾者。”《四书集注》对私淑艾者的注解是：“私，窃也。淑，善也。艾，治也。人或不能及门受业，但闻君子之道于人，而窃以善治其身，是亦君子教诲之所及。”因此，私淑弟子是指没有得到某位圣贤的亲身传授，而且敬仰他的德行与学问并尊其作为老师，以其经典为师，精进研修他的著作文字。作为私淑弟子要具备两个基本条件：一是私淑的老师是受到仰慕尊敬的学者或者圣贤，无须互相见面，而且没有时间和空间限制；二是私下自认作为私淑弟子并没有得到老师的亲自授业，完全是依靠个人的悟性和勤奋来修学老师的学问。这是古人读书学习的一种方法，我们现代人要想做孔子的私淑弟子，那就应该以诚敬心拜孔子为师学经典，至少要精通四书五经等最基本的儒家经典，而且当翻阅孔子的经典著作时，就如同老师在身旁指导传授一样，努力修学并能够有所成就。否则，随便地对外宣称自己是孔子的私淑弟子，最起码的儒家经典《论语》都不通晓或者根本就不曾读过，这只不过徒有虚名，为了沽名钓誉罢了。本书内容除了一些西方管理学的思想外，还涉及儒释道以及其他圣贤的的经典文字，如果读者能有所悟，并愿意就某一家经典继续深入研究，可以作这些圣贤的私淑弟子。

三、解行相应，知行合一

中国圣贤经典所辐射的智光犹如夜晚天上的明月，毫光照大千，无古亦无今，月影映千江，千江有水千江月，人生如同江河东逝水，在每个人的江河中都有属于自己的月亮，明暗圆缺全在于个人心境，对于明月般的圣贤经典，不同人的所见所知所感是各有千秋。因此，学习经典可以从三方面入门：首先，要读古人著作的原文原典，其他历代学者的解释毕竟是水中月，我们感受这如诗如画的月光，是看天上月还是水中月，哪个月亮更能印染于心呢？答案是不言自明的。其次，解读经典还要从汉字的训诂开始着手，训诂就是正确解释古代语言文字的本义，这也是研究古代经典有效的研究方法——训诂学，训诂包括形训、音训和义训，汉字训诂研究得透彻，对于正确理解经典至关重要。例如，《论语·乡党第十》云：“虽蔬食菜羹，瓜祭，必齐如也。”“瓜”字应该训诂为“必”，古代的“必”字形与“瓜”字形非常相似，否则这段话的解释就不对了。最后，文字读音要正确，现代普通话与古代字的读音相差甚远，吟诵和解读古文经典必须搞清楚字的读音，即对汉字的入声、叶（xié）音和破读要精通，例如《论语·子罕第九》云：“子见齐衰者，冕衣裳与瞽者，见之，虽少必作，过之必趋。”这句话意思是，孔子看见穿孝服、着士大夫服装和失明的人，即使他们年龄比自己小，坐着时要避席起立，走路时，必然低头弯腰快步疾行，以示尊重。“齐衰”必须破读为 zī cuī，统指孝服。所以，解行相应的第一步要正确理解圣贤经典的本义，然后才能觉悟其中智慧，如果解的都不对，一意孤行下去便使得个人的邪见日深。同时，正确的见解还要通过实践来验证，而且很多正确的见解也是从实践中获得的。解与行譬如鸟的双翼和车的轮毂与辐条，两者缺一不可，依解而起行，依行而实解。中国经典应用管理学的中心思想也是如此，企业经营管理要建立在正确见解的基础上，没有正确的见解怎么可能有正确的行动呢。反之，只有在生产实践中才能让见解得以应用，同时也能从实践中获得更深层次的智解，这是解行相应、解行和合的境界，也是人们所追求的知行合一。

最后，寄语各位读者，愿您能每天拿出一点时间阅读《中国经典应用管理学》这本书，相信会开卷有益。

如果您是政府官员，希冀能从中国经典应用管理学中领悟为官之道：“吏不畏吾严而畏吾廉，民不畏吾能而服吾公，公则民不敢慢，廉则吏不敢欺，公生明，廉生威。”发愿做一位真正为人民服务的公仆。

如果您是企业家和高层管理者，愿能从中国经典应用管理学中汲取企业经营管理的智慧和树立达则兼济天下的财富观，带领企业员工走向共同富裕的道路，绘制经邦济世的宏伟蓝图。

如果您是学校的教师，作为一位人类灵魂教育的光明使者，阅读中国经典应用管理学除了有益于广学多闻外，还要以传承弘扬中华优秀传统文化为使命，点亮圣贤的智慧之光，并世世代代薪火相传。

如果您是科研工作者，相信能从中国经典应用管理学中开启智慧之门，激发内心的灵感和提升科技创新能力。

如果您是在校大学生和研究生，请仔细研读中国经典应用管理学的每一章节内容，通过多闻多思和内证与实证合一，对于思考未来人生的方向和职业生涯的选择都是一本有价值的参考书。

如果您是赋闲在家人士，希望中国经典应用管理学能带给您一缕温馨明媚的阳光和身心愉悦的精神食粮，做一位福慧双全的中国人！

第二章

中国经典应用管理学的全息论

一粒沙里有一个世界，一朵花里有一个天堂，物物皆太极，这是对全息理论的最好诠释。企业的软硬环境、经营模式、管理体制、文化理念、产品和员工等构成了一体化的全息网络，小到产品包装都是构成全息网络的一个节点，其中蕴藏着企业经营管理的思想以及未来发展趋势，这是全息效应的一种具体表现形式。在全息管理模型中，企业的思想是全息网络的核心，也是企业的隐藏秩序，或者称为企业DNA序列，由此产生的全息效应作用于所有关联的网格节点。没有智慧、没有思想的企业走不远，企业DNA序列和全息网格状态取决于企业管理者的思想和智慧。作为一名有远见卓识的领导者，如何才能理解企业管理中全息效应和构建稳定平衡的全息网络，需要从中国传统经典中觉悟，在诸子百家的经典中领悟现代企业管理心法和智慧，从孔孟之道中学习儒商的艺术，从老子和庄子中感悟领导者的格局与领袖的魅力，从佛家经典中觉悟“穷则独善其身，富则兼济天下”胸怀与境界。

第一节　宇宙万物皆为一体的全息观

一、全息理论模型的自然科学解析

也许很多人对全息理论的概念和思想并不是十分清楚，尤其是对人文和管理学科专业出身的人来说，全息理论似乎比较陌生，在人文学和管理学教材中也没有提及过全息理论。那么什么是全息呢？虽然全息理论模型最初来源于生命科学和物理学，但是全息效应却存在于任何事物和体系当中，现代企业管理学作为一个系统工程，同样具有全息性，为了深入地理解现代企业管理学的全息性，这里首先介绍全息理论的概念和基本思想。全息理论的研究历史可以追溯到 1948 年，是由英国物理学家盖伯发现并定义的①。在 20 世纪 60 年代初，当激光技术问世以后，科学家们不仅利用激光技术进行通讯、材料切割、拍摄各种物体清晰的三维立体影像等，而且通过激光还可以拍摄彩色全息照片以及使用白光再现全息影像等一系列新技术。全息照片不是使用普通相机能实现的，而是一种用激光技术拍摄的三维立体摄影相片，它在显示和储存影像信息方面具有普通照相技术所不具备的独特优势，全息照片获得的影像并不是物体真实的几何图形图像，而是物体的光波成像或者说储存的是一种能量。如果这个拍摄的物体已经不存在了，然而只要照亮这个全息照片，就能使原始物体的三维形象得以还原和再现。激光全息照片储存着大量的信息，除了具有影像的三维立体感外，更令人惊讶的是，用激光技术拍摄全息照片的玻璃板如果破裂成无数个小碎片时，每一小部分碎片都包含着整个照片的全部影像。换而言之，如果把一个人拍摄为全息照片，然后把包含照片的玻璃板分割成两半，会看到每一半都有整个人物的影像。如果继续把这一半再分为两半，如此不断地分割下去，每一分割的小块中都会包含着一个与原来人像完全相同的整体影像。因此，一张全息照片价值和所包含的信息相当于 1000 张普通照片。

20 世纪 80 年代，我国生物学家张颖清教授经过大量的观察和实验研究，首次提出了生物全息理论，受到国际科学界的关注和认同。他提出的生物全息律表明："生物体从微小的细胞到宏观整体之间普遍存在着内在统一性联系，或者说任何一个生物的局部（即便是一个细胞）都是整体的缩影。"全息生物学理论与中国中医经典学说完全一致，中医的把脉诊病、阴阳五行理论、

① 王存臻、严春友：《宇宙全息统一论》，山东人民出版社 1988 年版。

人体经络学说等都是全息理论的具体应用。在生物医学领域的最新研究成果中，特别是生物胚胎学、生物基因检测技术和动物克隆（Clone）技术等也是对全息理论最好的证明。像克隆技术是从动物身体提取一个干细胞，然后经过实验室培育以后，就可以复制出与母体完全相同新动物个体，因为一个干细胞包含了与母体相同的生物信息。各种科学实验和理论研究成果表明，生物学全息理论模型在人类、动物和植物等各种生命体研究中都同样成立。由此延伸到客观世界的所有物质对象，随着当今自然科学的高速发展，全息理论模型的正确性越来越被广泛地被验证并应用在各个领域。

要理解全息理论以及宇宙空间和自然万物的全息效应，首先要了解物质的真相。在科学研究领域里，关于物质微观和宏观世界的探索从来就没有停止过，引得无数世界顶级科学家痴迷其中，甚至穷尽一生的时间，可谓是“衣带渐宽终不悔”。到目前为止，科学界不仅对物质微观结构研究还没有获得太多的突破，而且在宇宙宏观下的万物运行规律仍然有很多不解之谜，也许人类对物质世界的科学探索永无止境。在茫茫宇宙空间，从太阳系、银河系到外太空，即使应用世界最先进的天文望远镜也还是无法观测到宇宙的终止边界在哪里。在天文学和物理学界，关于宇宙以太学说和大爆炸理论假设都不能完美解释宇宙的起源与未来，宇宙是否无限至今仍然是一个未知的谜。与宇宙太空的探索类似，物质微观世界的研究也是一个没有终点命题。从希腊科学家提出物质是由原子组成的理论以后，经典物理学认为：不同物质由不同分子构成，分子是由原子构成的，原子被认为是组成物质不可分割的最小粒子，这种观点一直持续到了20世纪30年代。1932年，物理学家经过深入研究证实：原子不是最小的粒子，它是由带负电荷的电子、带正电荷质子和中子组成的。科学家们把电子、质子和中子这一尺度粒子统称为物质微观结构的基本粒子。物理学家们通过实验观测到一个不可思议的现象：如果将任一个物体分割或者粉碎到电子和质子尺度时，它们好像不具有宏观尺度物质的特性，用经典物理学的牛顿运动定律根本无法描述和解释微观粒子的运动规律。电子被认为应该是微小的圆球，其实这是误解或者个人的臆断，人类对于自然科学的研究范围实在是太有限了。当我们观察电子运动时，它的运动行为非常像一种极小的粒子，但是它们更多的时候更像是一团能量云，以一定频率和速度围绕原子核运转。随着科学高速发展和电子显微镜观测尺度级别的提高，发现电子、质子和中子也并非是最小粒子，它们是由一种更微小的粒子构成，物理学家称之为夸克或者层子，夸克作为更小的基本粒子虽然被实验证明存在，但是孤立的夸克粒子却很难被捕捉，因为它的状态极其不稳定，从诞生到消失的时间为纳秒级，甚至更短时间，生存周期不过是瞬间即逝，即便使用目前最先进的观测仪器也很难探知。目前科学家们发现基本粒子大约有300多种，大部分基本粒子生存周期非常短，然而我们赖以生存的物质世界就是由这些瞬间消逝的基本粒子组成，基本粒子能否再继续分割下去呢？如果继续分割会是怎样的情景呢？这些问题令人百思不得其解，困扰着现代科学家们，一直也找不到终极答案。

在20世纪后期，物理学的理论研究迎来了新的突破——弦理论。弦理论突破了经典物理学思想，认为物质的微观世界并不是电子、中子和夸克之类粒子构成的，而是由看起来像粒子，尺度非常微小的弦组成的闭合圈，称为闭合弦。闭合弦按照不同频率振动和运动就产生了各种不同的基本粒子，基本粒子再进一步分割时就变成没有实体存在的无形闭合弦了，其实闭合弦就是一种波动的能量场，像振动的琴弦一样发出美妙的音符，这些音符便是基本粒子。弦理论改变了经典物理学认为物质由实体构成的思想，这也使我们对物质和宇宙空间认识有了一个全新的思考模式。弦理论可以描述宇宙万有引力和基本粒子，基本粒子以及彼此之间的相互作用都是闭合弦按照不同频率振动形成的，闭合弦也被称为宇宙的琴弦①。正如小提琴上琴弦一样，不同频率、不同模式的宇宙琴弦振动所产生的音符与音阶对应着不同的质量和能量，如果把宇宙空间看作是由宇宙琴弦组成的大海，基本粒子可以比作海里的水泡，它们不断地产生，也不断地破灭。其实整个物质世界就是宇宙琴弦在演奏一首壮美的交响乐，而且这首交响乐是弥漫在整个空间相互交织影响着，并由此衍生出了大千世界和各种宇宙空间的幻象。由此可知，物质应该是不同能量的闭合弦按照一定波动频率构成的物质波。我们观察客观世界内的物质实体，大到太阳系、银河系、各种天体、日月星辰，以及地球上的山河大地，小到微观世界的原子和基本粒子，只不过是带有能量的闭合弦连续不断波动的相续相或者持续相，随着波动频率的改变和能量耗散，物质结合强度、物理特征、化学性质都会随着时间推移发生从量变到质变的变化，观察到的物质形态只是外在假象，并不是真正存在的实体。从某种程度上说，由于大多数人执着于物质实体相，所以人们的感觉往往是一种错觉。宇宙弦理论已经越来越接近物质世界的真相，但科学探索仍然没有穷尽，还有很多未知答案，以人类目前的能力恐怕难以探知宇宙最深邃的奥秘，当今世界最著名的物理学家英国剑桥大学教授霍金也不得不提出放弃宇宙终极理论的追求。因为从目前对宇宙和微观世界的研究成果看，现代科学对宇宙万物的探索似乎永远没有止境，宇宙空间和物质世界本来就是大至无外、小至无内，一切都是无始无终的，也许根本就没有起点和终点，《吕氏春秋·博志》云："物极必反，无往不复"，事物发展运动始终处于一个

① B．格林：《宇宙的琴弦》，湖南科学技术出版社2011年版。

往复循环无尽的曲面上，佛教经典说："此岸即是彼岸"，起点与终点本没有差别，就在此时此刻的当下位置。

二、全息理论模型的中国经典解析

当现代科学理论发展到极致时，自然科学与人文哲学的必然发生碰撞与重合，二者本来就是不可分割的一体，从来也没有分开过，只是我们研究的途径和观察的角度不同，人为地区分了理学与人文。随着未来自然科学研究的不断深入一定会走向人文哲学的领域，科学不能解决的问题也许要借助于中国经典哲学和传统文化，科学家们研究得出的成果和理论模型在3000多年前我们中国古人就已经给出了与其一致的答案，当这些为了探索真理而殚精竭虑的科学家们历尽千辛万苦攀登到顶峰时，发现佛家、道家和儒家的三位大师已经在此饮茶品茗、谈笑风生等候多时了。为什么这样说？让我们看看当今自然科学的研究结论与2500年前的古圣先贤们的思想是多么惊人的一致。中国古代中医经典学说与全息生物学、物理学和生物医学是彼此相互认证的理论体系，得出的结论也是完全一致的，国内某些科学家公开反对和否定中医理论，实在是无知者无畏的妄言。其实，物理学发现的全息理论只不过几十年光景，中国古人在几千年前早已经提出来了，就是中国经典里的天人合一（或者称天人本一）、天人同构和天人感应的思想。就拿前面物理学的弦理论来说，闭合弦振动能够产生各种瞬间即逝的音符，即基本粒子的初始能量场，基本粒子的能量场总是变化出各种难以琢磨的形式，有的存在时间与空间太短暂了，以至于用世界上最顶级的科学仪器也无法捕捉，这种时间和空间效应与《金刚经》中所说的"一切有为法，如梦幻泡影，如露亦如电，应作如是观。"是完全契合的。无论宇宙天体还是地球上的山河大地以及草木丛林，都不是真正实体，一切本缘于空，但空不等于没有，而是真空妙有，真空妙有没有具体形态，甚至无法用任何理论和语言来描述，因为即使科学发达的今天，我们看到的一切仍然不过是物质的表相和假相。老子说："反者道之动，弱者道之用。天下万物生于有，有生于无。道之为物，惟恍惟惚。惚兮恍兮，其中有象。恍兮惚兮，其中有物。"道生于真空妙有，这不就是对宇宙万物内在本质与运行规律的最精准论述吗？佛家讲四大皆空，不仅是指出家人看破了尘世间的名闻利养，遁入空门到寺院去修行，还指宇宙万物和包括人类、动植物在内所有生命体都是由四大"地、水、火、风"在不同因缘下和合而成，四大聚合是新物质和新生命诞生的因缘，四大分离则是走向衰老死亡的状态，四大本质皆为妄相和空相，最终归于空寂状态。永嘉大师证道歌说得好："梦里明明有六趣，觉后空空无大千"，这是对万物皆空而本无实体的体悟和证悟。在中国经典哲学和传统文化智慧的开示下，现代物理学研究也由此走入“自性本空”和“缘起性空”的境界了①。到此有人还会存在很大困惑，物理学已经提出了物质世界是由看不见的闭合弦振动所谱写的交响乐曲，那么闭合弦应该是组成物质的最基本单元，这种观点并不准确。宇宙闭合弦不是粒子形态，而是真空妙有的能量场，构成物质世界的基本单元是闭合弦处于不同频率的波动态，不是闭合弦本身，就像音乐家使用钢琴演奏时琴弦产生的每一个音符，并不是乐器本身，音符没有具体形态和尺度，完全融于广袤无垠的虚空里，这也如同大脑中思想意识不可能独立存在一样，而是融和弥漫于大脑细胞的任何地方，没见过哪位医生通过做开颅手术时来了解一个人的思想意识是什么样的。所以老子说：“载营魄抱一能无离乎”，物质与精神是不能分离的，闭合弦与其振动产生的音符不也是如此吗？当我们听音乐时，无论在哪个位置听到音符和韵律都是一样的，所有客观对象和空间都融合了这个音符信息，像墨汁滴入一杯清水中完全交融为一体，无法区分何为墨汁何为清水。一粒在显微镜下才能看到的微尘，同样也包含了宇宙全部信息。一即是多，多即是一，一和多在本质上是没有什么差别的，一滴水与大海是相融的，雷鸣电闪包含着亘古永恒，今夜明月涵盖着万古风情，“一多互摄”也是这个道理。如果全息理论和全息效应不成立的话，生物学克隆技术就不可能实现，生命的孕育与遗传也不可能延续下去，宇宙空间中太阳系、银河系内行星也不可能稳定平衡地在各自轨道运行。

随着宇宙弦理论研究与探索，改变了经典物理学的思维模式，开辟了意识与物质完全统一的思想，也是全息理论模型和物物皆太极全息效应的正确性基础，并以此认证了“心物一体”和《般若波罗密多心经》中“色不异空，空不异色，色即是空，空即是色”的智慧之语。如果宇宙万物一切皆空，那么是不是没有任何实实在在的东西呢？其实唯有一个真实存在的就是客观对象之间因果关系，与佛家讲“万法皆空，因果不空”的意思类似，看不见和难以明了的因果关系是不生不灭的因缘，并且始终与物质形态以及外在的具象保持着相互交融、相互影响的全息效应，这种因缘关系便是物质的隐藏秩序。像音乐家在演奏乐曲前，谱写的乐谱是一种隐藏秩序，有什么样的乐谱，乐器就会演奏出什么样的乐曲。因此，物质的组成或者世界形态都是由这个乐谱决定的，即隐藏秩序决定了客观世界的存在，演奏所产生的不同音符共同构成了物质的基本序列，而且不同物质对象都缘于看似虚无却真空妙有的宇宙弦。大至宇宙星球小至微尘都不可能摆脱隐藏秩序的束缚，从而造就了“一粒沙里有一个世界，一朵花里有一个天堂”丰富多彩的世界，它们各有属

① 朱清时：《物理学步入禅境：缘起性空》，第二届世界佛教论坛文集“佛教与科学”分册，2009年，第34—41页。

于自己的乐谱，随着因缘和合造就并呈现着不同物像。天地有大美而不言，宇宙空间并不空虚寂静，而是有大美大雅，不同星系就像众多的音乐家在一起默契地配合，共同演绎着优美的旋律，形成了如梦如幻般的交响乐。不同类别物质和各种生命的诞生、成长、衰落与消失都只有在各种因缘和合条件下才能发生，缺少一个因素也不会形成。例如，小麦和稻谷种子的组分大致相同，由蛋白质和碳水化合物构成，它们的生物基因序列不同，都有自己本有的乐谱或隐藏秩序，种下小麦种子绝对不会长出稻谷来，隐藏秩序（基因序列）不同，即内在因缘关系不同，未来结果必定不同。种子是因，只有因还不能长出庄稼，还需要各种外缘相合才能收获粮食这个果，种子必须在松软的土壤、水分、肥料、温度和阳光等外缘条件满足才能发芽长出小苗来，放到粮仓里不可能发芽。宇宙万物与生命体精确的和谐关系构成了一系列因缘，因缘分为善缘和恶缘。善缘有助于其自身隐藏秩序趋向和谐并完美再现，就像种子在肥沃的土壤里播种，又遇到风调雨顺的年景，当然能获得好收成，这就是因缘和合。恶缘可能会破坏或干扰本有的隐藏秩序，使得结果完全偏离或者消失，种子播种发芽长成小苗以后，恰逢天气干旱，小苗最终枯萎死亡，这便是恶缘让因缘相违而散。再比如同样一首乐谱被不同的音乐家在不同场合使用品质相同的乐器，演奏出的乐曲质量也不尽相同，音乐家除了演奏技术外，还有对乐谱的理解与心灵的融合才能演绎出完美乐章。所以因缘和合则生，因缘散尽则灭，只要稍微偏离或者扰乱了本有的隐藏秩序都可能导致宇宙万物出现不和谐的结果，甚至一切消失得无影无踪。如果物质微观结构的中子不比原子核内质子重，那么太阳和其他恒星生命期就将缩短到几百年。电子所携带的电荷和质子的所携带电荷没有达到精确平衡，那么物质所有构型会成为一个不稳定结构，宇宙及物质将处于惟恍惟惚的混沌状态，变成仅由辐射和相对均匀的混合气体组成。但是在宇宙空间中物质质量和空间分布以及彼此之间平衡是如此精确地和谐，恰好使天体和生命能够在宇宙中稳定和谐的运动着。如果把这个精确的和谐状态使用一个物理参数来表示的话，则称为宇宙和谐系数或者和谐常数，宇宙空间以及万事万物无不是由这个因缘和合的和谐常数所造就演化。宇宙和谐常数的思想与中国古圣先贤提出的“道”和“道法自然”观点非常相似，老子说：“大道泛兮，其可左右。万物恃之以生而不辞，功成而不名有。”宇宙万物只有处于“道法自然”的和谐平衡状态，才会使得万物走向生生不息。

三、万物一体的全息网络模型

在中国经典和传统文化中有“万法归一，物物一太极，物物一世界”的说法，这是对全息理论以具象形式作出的最好解答。当人们在夜晚观看天上的星星时，无论你走到哪里，站在任何地方，无论是在室内，还是在室外，看到星星的影像是相同的，甚至通过一个小孔看到的星空璀璨景象也是没有差别的。古人常常喜欢把酒邀明月，吟咏诗歌以书胸臆，唐朝大诗人张若虚在《春江花月夜》的诗中写道："春江潮水连海平，海上明月共潮生，滟滟随波千万里，何处春江无月明。"千江有水千江月，月亮始终是一个月亮，不会因为时间空间的变化发生变化，无论在哪条江河，我们看到的都是月亮的影像。如果将一根磁铁棒切割成任意几段，每一段磁铁的南北极特性依然保持不变，每一段磁铁都是它原来整根磁铁的全息缩影，在尺度上只是整根磁铁的按照比例缩小罢了。再如，一面镜子破碎了以后，每一面小的镜片碎片仍然能够被当成一个独立的镜子使用，每一块镜子碎片也可以看成整面镜子的全息缩影。这种"整体包含于部分当中，微观囊括了宏观全部信息"的观点突破了我们平常人的思考范围。我们眼睛所看到的只不过是事物的影像或者说是假象，研究对象和目标是把事物和现象分解开来，只关注它们每个局部的组成部分。用有所分别的眼光割裂了事物之间内在关联，得出的结论也不可能是正确的，所以眼见不一定为实，眼睛看到的一切是我们用分别心观察事物所造成的错觉。全息理论模型在揭示这样一个真理：任何对象的部分都可以得到这个完整的整体信息和影像。这种"整体包含部分，部分包含整体"的理论颇具研究价值，一直以来，当我们要研究和探索任何事物的本体和现象时，无论是一粒大米，还是一片稻田，总是习惯把它们分解开来，从它们每个组成部分入手单独进行研究。然而，全息理论给我们展示并开辟了另外一条新的途径和思维模式，如果把与全息照片结构类似的对象进行单元分解的时候，我们得到的不是部分，而是较小的整体，这个较小的整体可以包含研究对象的全部信息，部分即是整体，整体也是部分，二者本质上都是一样的。在物质世界中，全息效应像电磁波一样无处不在，生活在地球上的每个人，动物世界中的各种生灵，家里的电视机、旅行乘坐的飞机、出门搭乘的汽车、桌子上的灯、门前郁郁葱葱的大树、滚滚长江水等不同事物，你中有我，我中有你。尽管在形状、外观、空间和距离上存在差异，但是实际上你就是他，他就是我，所有对象都是一体的，处于不可分离的一张关系网中。或许你不能理解这些毫无关联的东西怎么可能是一体的，但是事实确是如此，宇宙星宿和自然万物处于一张巨大的全息网络上，正如一棵参天大树长出很多枝干、树叶、开花、结果，所有这一切都是不可分割的整体，每一部分都会受到整体状态制约，单个网络节点的变化又影响着整体状态。由此可以想象，在这个广袤无垠的全息网络里，动物、植物、人类、海洋以及夜空中闪亮的星星，都是全息网络上的一个节点，这些节点保持着直接或者间接关联，彼此之间相互影响、相互作用，当全息网络在某种因素干扰下发生变化，所有网络单元节点也随之发生不同变化（见图 2.1）。

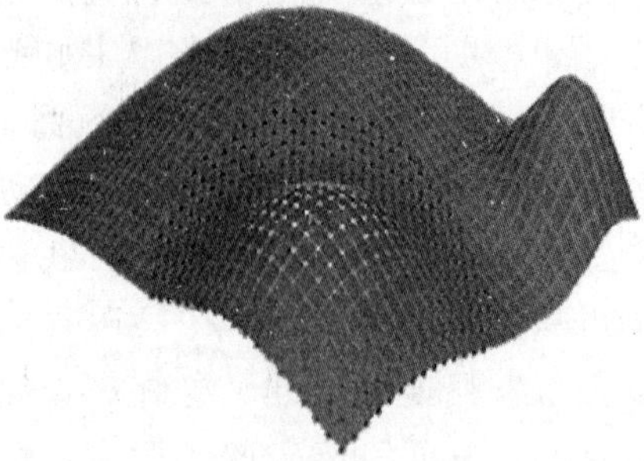

图 2.1　宇宙万物节点变化的全息网络模型

如果有一个网格单元节点的位置、大小或者其他物理属性发生改变，都会或多或少地影响着全息网络的其他节点。然而现代科学包括管理科学在内，最普遍的思维方式是将某一系统的整体性看作由若干个部分组成，分门别类进行研究，忽略了内在的关联性。因此，经典科学理论的正确性和适用性总是在有限范围和特定条件下才能成立。

全息理论展示给我们："一花一世界，一物一太极。"如果把讨论的系统和范围缩小，将目标转向企业或者其他组织机构，企业管理涉及员工、财物、技术、设备和外部多方面因素，它们相互关联形成一张无形的全息网，这张网同样遵循着内在的隐藏秩序并产生全息效应。不同人员、组织机构和各种财物看起来是彼此独立的个体，实际这些独立个体构成了这张网的单元节点，节点之间相互连接关系以及紧密程度取决于内在的隐藏秩序以及各种外在因素的影响，全息网形态也由此决定。对于每个网格节点无论是自身变化还是来自外界的干扰都会对整体产生波动效应，形成有利或者不利影响，距离该扰动节点越近和关系越密切的那些邻近节点受到影响也就越大，其他远处网格节点受到的影响程度则相对较小①。只要任何一个网格节点的行为和属性发生变化，整个系统内所有节点对象都会随之产生或大或小的波动，有的波动会产生正面积极作用，有的波动则产生负面消极作用，所有网格节点的行为属性和波动效应决定着整个系统的运行状态。当企业系统受到宏观大环境整体性干扰时，所有网格节点都会随之发生变化，这也是为什么 2008 年国际金融危机风暴来临时，全球范围内很多企业受到了前所未有的重创，导致大批企业破产倒闭。因此，企业经营管理绝不是仅仅依靠技术研发、生产和销售这几个环节，而是由宏观和微观多种因素共同决定了企业状态。宏观因素包括国家政策、经济发展态势、国内外市场环境和国际金融秩序等；微观因素

① 王宇新：《企业环境规划与形象设计》，经济管理出版社 2012 年版，第 4 页。

包括企业管理模式、技术实力、广告营销、企业文化、企业形象、生态环境以及小到员工们的言谈举止等多方面因素。这些因素形成具有全息效应的网络，产生的共同作用直接或者间接地影响企业发展。有些节点也许看起来似乎微不足道，但是节点变化产生的累积全息效应同样会影响企业整体性发展，有时一句话都可能形成千里之堤溃于蚁穴的“蝴蝶效应”，这决不是夸大其词的危言耸听。鲁定公问政于孔子：“一言而可以兴邦，有诸?”孔子回答：“为君难，为臣不易。如知为君之难也，不几乎一言而兴邦乎?”鲁定公接着又问道：“一言而丧邦，有诸?”孔子回答：“予无乐乎为君，唯其言而莫予违也。如其善而莫之违也，不亦善乎？如不善而莫之违也，不几乎一言而丧邦乎?”治国与治企有相似之处，“一言兴邦，一言丧邦”的历史事件屡见不鲜，唐太宗李世民登上皇帝宝位不久，文武官员上书举办封禅大典，只有魏徵力谏反对：“户口未复，仓廪尚虚，不应崇虚名而受实害”。唐太宗听了以后便作罢，唐太宗与身边良臣开创了一个万邦来朝的中国盛世。秦始皇同样也听信身边大臣李斯的建议：“禁私学，焚烧列国史籍，敢偶语《诗》《书》者弃市。”李斯一句谏言使得中国文化受到了前所未有的毁灭，使秦朝很快亡国，自己也被诛杀灭门。企业兴衰与历史朝代的起落沉浮规律相似，都不过是在只言片语中演绎着，有时言语虽小，但产生的全息效应却是巨大的。《易经》坤卦初六爻辞曰：“履霜坚冰至”和风泽中孚卦爻辞曰：“鹤鸣在阴，其子和之”，都是说明微小变化会引起不同程度地全局性变化，与时间和距离远近无关。所以，企业领导者有必要了解全息理论及其全息效应，不仅要关注企业内外宏观全局性因素，还要重视看似微不足道的细观方面，不利因素要化解以防微杜渐，有利因素的正向作用要善于放大和传播。因此，正己修身，亲贤者，远小人，广结善缘才能为企业导入并建立和谐稳定的隐藏秩序，实现企业内外良好的管理秩序、生产秩序和市场营销秩序等多方面耦合，企业和谐常数的能量值会得到增强，企业全息网格每个单元节点的稳定性和健壮性也随之提高，任由外界环境变化仍然保持稳定平衡发展。

第二节　天人合一思想的实证与应用

一、天人合一的思想内涵

中华民族五千年文明有着深厚的文化底蕴，从远古走向现代始终闪耀着魅力智慧之光，这是西方文明所不具备的。她是不同时期古圣先贤智慧的结晶，是中华民族取之不尽、用之不竭的源动力和正能量。天人合一是中国古代重要的哲学思想，历朝历代古圣先贤对天人合一的思想都推崇有加，封建社会统治阶级也藉此作为治国安邦之道。《庄子·齐物论》云：“天地与我并生，万物与我为一。”追根溯源，古人提出“天人合一”思想和意义是什么？深入理解“天人合一”的内涵，要从这四个汉字的本义说起。《说文解字》对“天”的解释：“颠也，至高无上，从一从大。”甲骨文字形是一个正面的人形，上面是人头部图形，为会意字，小篆字体变成了一横。“天”看不见摸不着，没有合适的语言文字来描述其具体形态，只能用心来体会其义，古人在创造“天”这个汉字时，本义是用人的头顶来表示至高无上的意义，什么是至高无上，就是“一”，孔子曰：“参乎，吾道一以贯之。”一即是道，下面的“大”字，在《道德经》中“道大，天大，地大，人亦大，域中有四大，而人居其一焉”，“大”的本义还是道的意思。所以，天的根本意义就是道，人类活动只有按道行事才有天，否则，反其道而行之就是暗无天日的世界。

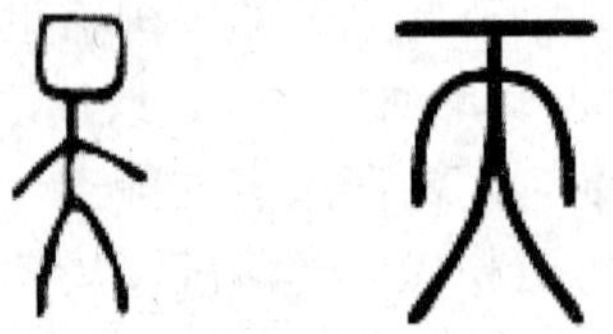

“天”在中国传统文化中是一个核心，人们对“天”有着无比敬畏的心理，并形成了中国人对“天”有根深蒂固的情节和不同的认知方式，不同人对天的理解各有千秋，在中国人心里都有一尊属于自己至高无上的天神，这也是中国多元文化的体现。纵观古今，“天”包括四种含义：一是物理属性的天，是指代宇宙空间的概念，相对于大地而言，古诗词中有“天苍苍，野茫茫，风吹草低见牛羊”描述的就是物理属性的天；二是自然属性的天，即天道，万物内在的隐藏秩序以及运转变化规律，《易经》云：“乾道变化，各正性命”，庄子说：“知天之所为，知人之所为者，至矣。”这个“天”常常与人相照应，与敬天爱人的天是一个意思；三是命运属性的天，即我们常说的“乐知天命”；四是宗教信仰的天，西方基督教把耶和华神作为天，伊斯兰教把真主作为天，中国古代道家经典认为天有三十三层，分别代表不同维次空间和不同悟道境界。

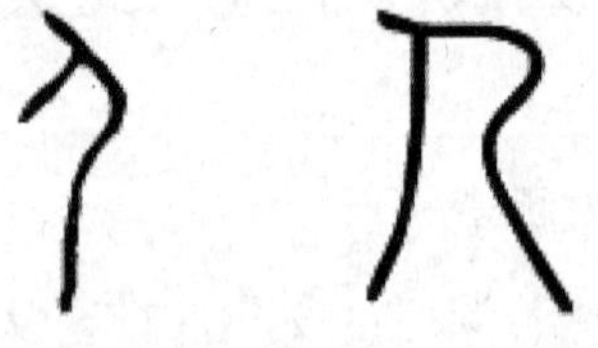

在中国古代不同经典论述中，对于“人”的理解各有千秋，甲骨文和小篆字形像侧面站立的人。“人”在汉语辞典中定义：“能制造工具用来改造自

然并具有语言表达能力的高等动物。”《说文解字》的解释：“天地之性最贵者也。”此籀文像臂胫之形，凡人之属皆从人，认为人的地位处于天地万物最为高贵的位置。《列子·黄帝》从生理角度出发描述了人的基本特征：“有七尺之骸、手足之异，戴发含齿，倚而食者，谓之人。”《礼记·礼运》对人给予了更高地评价：“故人者，天地之德，阴阳之交，鬼神之会，五行之秀气也。故人者，天地之心也，五行之端也，食味，别声，被色，而生者也。”无论从哪方面阐述人的意义，都诠释了人是因缘和合而生，有自己独特的隐藏秩序，并由此形成了具有共同生理特征与不同思想意识形态的人类社会。

“合”在《说文解字》中解释：“合口也。从亼（读音为jí，古代同“集”）从口。”“亼”字为“从人一”，象征三合之形一致不相违背，是一事物与另一事物相应或相符。根据全息理论及其全息效应可知，不同客观事物之间内在隐藏秩序相同或者相近时，会产生谐振共鸣效应，自然科学理论对相合的根本原因作了初步解答。两家企业因为某一项目达成协议的书面文件称为合同，当两家企业认识和想法一致时，才会签订合同，合同是在项目开展形式、技术交流以及利益分配等多方面有共同点时才能相互搭接。尤其是内在的隐藏秩序相同或者相生相合（即因缘和合）才能长久合作。

尽管“一”字笔画简单，但是对于“一”中国古人给予了最高级别的肯定。在《说文解字》中阐述并道出了其不同寻常的智慧：“惟初太始，道立于一，造分天地，化成万物，凡一之属皆从一；一画开天地，道从一而生。”《道德经》中云：“天得一以清，地得一以宁，神得一以灵，谷得一以盈，万物得一以生，侯王得一以为天下正。”天地万物无论怎样变幻始终不离这个“一”，所以孔子说：“吾道一以贯之”。这些智慧之语揭示了宇宙万物的最初本源，万法归于一，一可生万法，因为有了“一”才创造了类似西方矛盾对立统一的哲学思想——阴阳，由此形成了天地、男女、黑白、上下、内外、前后、长短等种种既对立又统一的区分，有了“一”的存在，人的“识”也就产生了，识与智慧的最大差别是对客观世界是否有分别心，没有分别心是净而不染的智慧，有了分别心便产生了“识”。“识别”一词也说明了这一点，有认识就有区别，大学里设置不同专业和研究方向都是“识”的体现，还有我们经常说两家企业就某一领域合作达成了共识，其实有了共识已经是意味着分离的开始。“识”是矛盾对立统一的缘起，矛盾双方相互碰撞产生了强大源动力，在这种力量推动下，造就了丰富多彩的多元化大千世界。正如《华严经》里所说：“唯心所现，唯识所变”，这确实不可思议，而且是直指人心的智慧之语。

以上用说文解字的方式简要地叙述了“天人合一”四个字的内涵及其延伸意义。在中国传统文化中，天人合一的核心思想是强调天与人、物与人和三者之间紧密相联的关系，并由此衍生出天人同构的天人感应和思想来。尽管万物表象和结构千变万化，但是从它们各自时间和空间的最核心本质来看都是相同的一，而不是有差别的二，这就是天人同构。宇宙万物本来就是一体的，在这个一体化的全息网络上彼此相互影响着和相互作用着，这就是天人感应。在中国经典和传统文化中对天人合一的思想都有不同的阐述和解释，中国最古老的哲学著作《易经》云："与天地合其德，与日月合其明，与四时合其序，与鬼神合其吉凶。"人的命运、企业命运和国家命运与思想意识及其行为方式密切相关，只有顺应天地、日月、四季以及鬼神，并与之和谐相处才能趋吉避凶。儒家非常重视敬天爱人的思想，孔子提出："克己复礼，天下归仁"和"仁者爱人"，"仁者"意味着人与天地为三才一体，是相互依存的关系，"爱人"是指不仅爱自己的家人和朋友，也要爱普天下其他人。《弟子规》云："凡是人，皆须爱，天同覆，地同载。"《礼记・中庸》云："诚者天之道也，诚之者，人之道也"。心存诚敬者就是天道，按照天道行事便是人之道。提出"罢黜百家，独尊儒术"的汉代大儒董仲舒在《春秋繁露》中明确提出了天人合一的思想："天人之际，合而为一。"道家代表人物老子在《道德经》提出："人法地，地法天，天法道，道法自然。"人要效法天地之道行为处事才能获得道法自然的结果，老子主张："无为而无不为"，即无为而治，无为而治的思想是天人合一与道法自然的升华。钱穆先生曾经指出："中国文化过去最伟大的成就是对天、地、人关系的研究。"国学大师季羡林提出："天人合一非常值得发扬光大，关系到人类发展的前途。"读到此处，也许对天人合一的思想还没有足够深入地理解，那么下面从自然科学、现代管理学和中国经典的哲理出发来进一步诠释天人合一思想，并阐述天人同构、天人感应在企业经营管理和日常生活中的具体应用。

二、天人同构：生产作业时间优化管理

全息理论思想之一就是天人同构，古人提出的天人同构思想绝对不是凭空捏造的臆断，而是在长期探索改造自然界所获得的智慧，具有超前的科学性，可以用来指导现代的企业生产、员工时间管理和日常生活方式等多方面。有一些西方人或者长期留学归来的中国人经常听见他们抱怨说："中国人没有时间观念，做事情不守时，国内企业的时间管理也不如国外企业管理严格。"面对国内目前出现的一些现象，发表这样言论也属正常，的确存在时间观念不强的情况，然而不仅很多现代中国人没有时间观念，欧美等西方发达国家也没有真正的符合自然规律的时间管理模式。为什么这样讲？不得不承认西方人的时间观念是做事力求精确准时，但追求准时并不等于是最优的时间管理，最懂得时间管理和最讲究时间观念的还是我们古代中国人，古代中国人

做任何事情以“得时”为标准。所谓”得时”是指：在合适时间里做应该做的事情，如果时间不对，则不能轻举妄动，如果违背时间规律可能就错过了预期目标或者得不到最佳的结果。在过去，古人行军打仗、祭奠仪式都要安排在黄道吉日吉时；皇帝的衣食住行也会随着时间、季节变化做出相应改变。据史料记载，从殷商时期开始实行天子坐明堂制，皇帝要随着时令变化更换居住房间和穿戴不同衣服；为了下一代健康成长，中国古代夫妇受孕的月份一定要避开农历子午月，即农历五月和十一月，也要回避每月初一、十五和雨天打雷的时候；封建社会官府处决罪犯一般要在立秋以后，因为在秋天时节，万物呈现一派肃杀之相，也称秋后问斩，春天和夏天是万物生长季节，此时杀生破坏了生气，也是对天地自然的不敬；一直到近代，农民种植庄稼蔬菜是按照季节农时来确定播种和收割的时间。虽然现代人似乎比古人更加重视时间观念，认为时间就是财富，但是大多数时间安排不符合自然规律。随着农业科技发展，众多反季蔬菜、水果使得一年四季饮食变得更加丰富，各种肉食家禽和畜类快速养殖；跨国集团公司在不同国家地区设立分公司，根据地区时差分别交接工作，实现 24 小时工作业务连续运转。只要能更快、更多地创造利润，在任何时间里都可以付诸行动。不少年轻人白天睡觉，晚上夜生活丰富，完全颠倒了正常人的生活作息时间，古人从来不会像现代人这样安排时间。现代人的生活方式与生产劳动根本不懂“得时”的微妙，更不用说敬天爱人了，以至于在科技与经济快速发展过程中，社会、企业和家庭以及个人难免出现各种负面问题。时间管理除了以准时作为基本标准外，更要注重遵循自然之道的“得时”，这也是顺天而行，也称依天时而动。中国古人的时间管理观念决不是没有根据的妄想，而是按照天人同构的思想以及宇宙万物运转的自然规律来制定的。

在宏观世界里，宇宙空间无边无际，除了观测到太阳系和银河系外，还有其他人类未知的星系和天体。在微观世界中，对于构成物质的基本粒子探索研究也始终没有尽头，小到使用目前放大倍数最高的扫描电子显微镜也无法识别其最终结构。无论宏观宇宙天体还是微观尺度的基本粒子，尽管表相和结构不同，但是在本质上运行规律和最基本能量状态应该是相同的。例如，在宇宙空间的星云以及太阳系内行星运动轨道与原子核外电子的运动轨道有很多相似之处，宏观包括了微观，同样微观也包含着宏观。地球上任何事物和生命体都与宇宙空间结构的运行规律保持着一致的同步性。以我们人体生理结构为例，同样是整个宇宙的全息映像与缩影，五脏六腑以及人体经络活动状态与太阳系行星运行规律相对应着。在太阳系中，八大行星在各自轨道以太阳为中心旋转，不同行星按照相应时间周期和运动规律围绕太阳作周期性旋转运动，木星围绕太阳公转周期为 11.86 年，相对近日点位置，木星与地球的会合周期大约等于 12 年。在这 12 年当中，地球、太阳和木星在各自旋转轨道上处于不同的位置和运动状态，中国历法根据这个规律定义了黄道十二宫。众所周知，公历和中国农历都将一年分为十二个月份，春夏秋冬四季分明，农作物与天时同步形成了生长收藏的规律。《黄帝内经》详细地论述了人体所包含的十二条经络的走向和作用，并被中医用于诊病治病的重要依据，人体十二条经络不但与天上的黄道十二宫（太阳在天空中穿行的视路径形成的大圆）相对应，而且一天有十二时辰，每一时辰为两个小时，分别对应着一条经络和相关的脏腑，这与黄道十二宫以及木星的运转状态保持一致。黄道十二宫与人的生命周期也有相应之处，古人提出人一生可以分为 12 个阶段："长生、沐浴、冠带、临官、帝旺、衰、病、死、墓、绝、胎、养"，每阶段时间长度为 10 年。此外，土星体积仅次于木星，土星绕太阳的公转周期是 30 年，每经过 20 年，木星与土星相会一次，木星与土星每次相会都对地球产生非常巨大的影响，而且土星公转周期与木星、土星相会周期的最小公倍数为 60，这又与中国农历六十年为一甲子相吻合。中国有一个习俗，结婚、建房封顶、商业店铺开业或者其他庆典等重要活动都要请人选择黄道吉日，主要为了图个吉利，至今还有不少人沿袭，当然也有人对此嗤之以鼻，认为这是为了寻求心理安慰的封建迷信。其实并非都是迷信，古人懂得按天道行事，在黄道十二宫不同时间和位置产生的磁场和引力场对地球以及人类活动有很大影响，在黄道吉日太空磁场和引力场对人类活动形成正向有益的作用，所以举办重要活动按照中国历法选择黄道吉日还是有一定科学意义。

宇宙天体运行和整个银河系运动轨迹是螺旋形的，中国古人早就通过观察星相发现了太阳系和银河系是按照顺时针旋转规律，并得出了"天道左旋，地道右旋"的结论。因为人站在大地上仰望天空看到的天体是左旋，低头俯瞰大地就是右旋，如果站在宇宙制高点向下看时，二者都是顺时针旋转。再观察我们人类一些活动，在藏传佛教喇嘛手中转经轮是顺时针方向旋转，到寺院绕塔必须按照顺时针方向走，《药师琉璃光如来本愿功德经》云："于一切有情，起利益安乐慈悲喜舍平等之心，鼓乐歌赞，右绕佛像"，"右绕佛像"是指出家人在大殿绕佛念经时也是顺时针方向行走，不可以逆时针旋转，其中的奥妙不能不说是依天道和地道行为处事方能身心安稳自在。这一规律可以应用在企业自动化生产线的布局优化，即生产线运转尽可能设计为相对于人顺时针方向，以便有利于工人右手操作和集中注意力。1912 年，国际田联规定赛跑方向统一定为以左手为内侧，即按照逆时针方向跑，当初制定这项比赛规则时主要是考虑心脏处在身体左侧，有利于运动员跑步在转弯过程中发力，但是这个规则与顺时针的地道右旋规律正好相反，虽然可以大大地激发运动员身体左侧动力和心脏潜能，但是违背自然规律的跑步形式对运动员心脏和身体都会造成极大伤害，所以不少田径运动员一旦退役以后，身体已经是伤痕累累了。因此，在日常晨练绕着公园或者操场慢跑时，以顺时针方向行进更有利于身心健康。从现代生命科学和基因研究成果可知：我们身体里面的每一个细胞都是整个身体的全息映像。人的受精卵与它发育为身体器官的各种细胞相比较，其 DNA 序列和结构是相同的。人体每一个细胞都包含了这个人全部遗传信息，所以生物克隆技术才可以利用一个干细胞复制出完全相同的人来。基于生命遗传科学的研究结果表明，构成人体氨基酸的碱基对分别为“U、C、A、G”四种，遗传密码中三个碱基对组合就决定一种氨基酸，总共组成六十四种不同类型氨基酸[①]。我们中国古代圣贤们在《易经》中论述了宇宙天地和万物的构成是：“太极生两仪，两仪生四象，四象生八卦，八卦定乾坤”八卦重叠构成六十四中卦象，四象对应四种碱基对，六十四卦对应六十四种类型氨基酸，难道这是一种巧合，当然不会是偶然巧合，而是天人同构的全息效应。另外，人类经过亿万年时间进化在人体内脏以及外部皮肤所留下的痕迹都是螺旋的，诸如皮纹、指纹、掌纹和毛发、海洋贝壳纹理等按照螺旋形式生长分布，这些都是宇宙星系旋转运动信息的一种表现形式，也是天人同构中全息性的具体体现。

太阳系中行星与地球和人类的关系非常密切，存在着很多令人难以置信的巧合，这些规律都是偶然巧合吗？当然不是，任何偶然并非小概率性质的偶然，所谓不同客观对象之间偶然的巧合，其中一定蕴藏着必然的规律，必然的规律就是太阳系与地球和人类按照隐藏秩序在运转，彼此之间形成全息性的相互映射作用。当我们理解了宇宙空间与地球及其人类之间存在着天人同构的全息效应以后，作为个人日常生活或者企业管理者在员工时间管理和生产进度安排等方面可以藉此作为借鉴。在最近几年中，网络媒体曝光某知名高科技企业出现多名员工连续跳楼事件，企业被不断的跳楼伤亡事件所困扰，但是从记者深入企业生产一线的反馈可以了解员工跳楼的直接原因是由于每天 24 小时不间歇的流水线生产模式，加上严格的管理制度和高强度密集式劳动，工人在流水生产线操作时，重复着枯燥的动作，想获得休息片刻的间隙都很难，必须保持高度亢奋和紧张的心理状态，使得一线生产工人们的身心处于非常疲惫状态，导致情绪低落、焦虑和暴躁等心理，发生员工跳楼事件就不足为奇了。该企业出现跳楼事件根源在于生产时间管理不符合人性化和自然之道，为了追求企业生产效率和产品良率，在员工工作时间管理和生产进度安排方面比较无序化，必须清楚认识工人不是机器，只有在企业时间管理、生产管理和制度管理方面以天人合一作为基本原则，符合人性自然

① 刘正：《中国易学预测学》，红旗出版社 1991 年版，第 228 页。

的时间优化，才能真正地提高企业生产效率和产品良率。在此，运用中医经典思想简要地阐述人体在每天12时辰内经络与五脏六腑的活动状态，对于个人如何在日常生活工作中安排作息时间以及企业生产时间管理优化提供一些有益参考。

（1）23—1点为子时，与胆经对应，中医认为："凡十一脏皆取于胆，肝之余气，泄于明胆，聚而成精。"胆虽然是身体内部不大器官，却起着非常重要的作用。经常称赞某个人有胆量、有胆识，与胆的状态有很大关系，胆汁清则头脑清。此外，胆汁还具有排毒代谢的功能，如果工作到23点以后还不睡觉往往很难再入睡，而且对于从事科学研究的脑力劳动者，在阴气至极和阳气初发时刻，为了让身体和大脑得以充分休息，并在第二天气色红润、精力旺盛地投入工作，推荐在23点之前入睡。

（2）1—3点为丑时，与肝经对应，肝经是主身体内阳气开始释放的枢纽，此时最宜静心养气。如果丑时继续熬夜工作或者进行其他饮酒娱乐的夜生活，则肝脏的新陈代谢功能将大幅度降低，不利于养肝养血，长此以往，易生肝病，导致面色晦暗而滋生肝斑，情志怠慢而躁，也容易导致偏头疼和肝功能受到损伤。为什么一些企业高层管理者在工作生活中容易发怒，出现焦虑症或者抑郁症，除了与工作压力大有关外，还与夜晚作息时间安排不合理导致肝气郁滞或者肝火过剩、胃脾运化功能受到克制有很大关系。

（3）3—5点为寅时，与肺经对应，主阳气下降，肝胆将血液净化之后，肺朝百脉为五脏六腑分配气血，肺经五行属性为太阴，此时气血静极复动，即由相对平静逐渐开始加速运转。一年之计在于春，春天建寅，即农历一月份为寅月，同理寅时是我们身体一天真正开始的时刻。此时应该是睡眠最沉的时候，随着年龄增加，老人容易在这个时间醒了睡不着，就是因为气血推动的能量不足了，如果有心脏病也是最容易发作的时间。因此，对于有心脑血管疾病的员工以及年龄较大的老员工不宜在此时坚守工作岗位，以免影响身体健康，或者发生其他不可预料的意外事故。

（4）5—7点为卯时，与大肠经对应，并与肺经互为表里。此时相当于天门开放，是身体排毒和吐故纳新的最佳时刻，早晨5点钟身体器官开始变得活跃，起床洗漱以后，一定要养成固定时间去洗手间排便的好习惯，同时可以在气候适宜条件下，到户外绿树成荫、环境优雅的地方做吐纳深呼吸运动，排出肺里的浊气，吸纳新鲜氧气。对于企业环境卫生与人体有类似的同步性，清理企业内外环境的保洁工作可以选择在这个时间为好，整洁干净的工作环境有益于员工在上班时保持心情放松。

（5）7—9点为辰时，与胃经相对应，红日初升，阳气不断释放，由于胃口里的食物经过一夜全部消化清空，气血分配完成，肠道内垃圾也得以清除，应该是补充营养的时候了，所以早晨一定吃好，以易消化营养丰富的食物为主，有利于唤醒全身的脏腑功能，激活胃消化的动力。如果企业有条件的话，建议开办职工食堂，尽管增加了一些成本，但为了保障员工的身心健康还是值得的，而且可以提升员工在上午期间的工作状态。

(6) 9—11 点为巳时，与脾经对应，脾主运化造血功能，具有把水谷化为精微的营养物质并输送到各个脏器和全身的作用。因此，上午巳时作为企业运营和员工工作效率最高的时候，应该避免闲谈嬉闹，员工可以集中精力全身心地投入到工作中，企业与客户之间沟通交流、签订合同，解决技术难题等都可以在这段时间处理，中间 10 点左右还可以召集员工做广播体操或者其他有氧运动，劳逸结合才能有利于身体健康，心情愉悦。

(7) 11—13 点为午时，与心经对应，阳气达到极致，阴气始生，午时是中午吃饭时间，午餐要营养丰富，尽可能多吃。此时，还是安神养精蓄锐的最佳时刻，为了安养心神，饭后可以安排半小时左右小憩一会，有助于下午以充沛精力投入工作中，午时与子时是两个最重要的时刻，是天地阴阳二气相互转换的枢机。因此，人体十二经络图也称为子午流注图。

(8) 13—15 点为未时，清浊分明之际，与小肠经对应，小肠主养分吸收，然后分配给各个脏器，未时为日昃（太阳西坠）之际，也是食物消化吸收时刻，头脑容易发生昏沉，为了改善身体慵懒乏力状态，企业可以安排 10 几分钟时间带领员工做舒缓的健身操或者太极拳，同时喝一杯茶水以降虚火。

(9) 15—17 点为申时，与膀胱经对应，大部分营养被身体吸收后津液充足，是滋阴养颜的好时机，而且膀胱经从足跟出发沿着小腿经过脊柱中间两侧一直与大脑相连，古人说："朝而受业，夕而习复。"这是一天当中学习和工作效率最高的时刻，企业高层管理者召开重要的决策会议或者研究讨论难以解决的问题时，会议安排在申时有助于大家集思广益，提高思考力、决策力和凝聚力。

(10) 17—19 时为酉时，与肾经对应，也是吃晚饭时间，以清淡饮食为好，少吃为佳，在寺院里晚饭常以粥为主，称为药食，有的僧人为了清心寡欲提升修行境界，也有持日中一食（过午不食，到了晚上不过斋，不再吃任何食物）的出家人。肾主收藏，肾精盈满才能荣华五脏六腑，此时不适合大量喝茶饮水，宜静不宜动，也是肾虚者补肾的最好时机。儿童肾气充足自然精力充沛并且志向高远，老年人到了一定年龄因为肾气衰减精力有限，应该避免像年轻人一样继续竞争，从工作岗位退休回家休养有利身体健康，古人说："老怕帝旺少怕衰"的道理也在于此。有的生产企业全天 24 小时运转，在酉时应该安排工人吃好晚饭，而且要留出适当的休息时间，这样对晚间安全生产是有益的。

（11）19—21点为戌时，与心包经对应，心包乃心之外膜，心包经从手掌沿着两臂内侧与心脏连接，气血通行之道，邪气不能相容，心包经主“喜乐出焉”，此时可以适当参与娱乐活动，回到家里与亲人交流保持欢畅的心情。企业招待重要客户也可以选择这段时间，造就融洽欢乐的氛围，为双方建立良好的沟通机制创造一个良好的条件，有利于合同或订单签约。

（12）21—23点为亥时，与三焦经对应，亥时百脉通达，是生命重新孕育的时刻，为了恢复白天身体消耗的能量，此时应该上床休息，尽可能在23点之前入睡，让身体气血和能量处于收藏状态，有利于第二天重新恢复精力旺盛的状态。有些企业由于生产任务紧迫安排员工全天24小时三班制工作，为了安全生产和工作效率的提高，企业必须保证夜间坚守岗位的员工在白天有充足的休息时间，不能安排白班员工在夜间连续工作，要执行有计划的夜班轮换制。否则，长年累月值守夜班，不仅对员工身心健康不利，而且因为夜班工作导致所有五脏六腑还处于兴奋状态得不到充分休养，长时间身心疲惫会影响工作质量和工作效率，甚至发生安全生产事故。

综上所述，宇宙空间的银河系、太阳系以及其他天体、有形和无形的物质都分别与地球上的山河大地、花草树木、人体的五脏六腑、血脉、经络、皮肤和毛发等无不是与之相互映射。尽管大千世界内的芸芸众生是千姿百态，但其实都是异相同构的一体。日常生活饮食起居根据天人同构的思想制定有效的时间管理方案，即按照宇宙空间的自然规律安排企业各项经营管理活动，不但有利于员工们身心健康，还能有效地降低潜在的各种负面干扰因素，并提高工作效率和生产流程有序化。企业发展离不开人，企业领导者除了关心自己的健康养生外，还要善养员工的身心，员工的身心健康是企业生存发展的基础。因此，企业要构建最优化的时间管理模式，可以通过贯彻天人合一的思想，按照天体运行和自然规律所产生的全息效应来经营管理企业，制定企业生产计划和工作时间，不仅有利于改善员工们的身心健康，还可以有效地激发员工的感恩心和爱心，提高他们的工作积极性，从而实现企业和谐。企业和谐意味着上下级、各部门之间凝聚力加强，在无形中能有效地降低企业人力资源管理和其他各项成本，企业内部也会形成一团和气，有和气必有愉色，有愉色必有婉容，常言道：“和气生财”，当企业经济效益获得稳定增长时，企业领导者和员工们自然就会有愉色婉容。

三、天人感应：意识行为的感召作用原理

天人感应是包括人类在内的宇宙万物彼此相互感应、相互影响的自然现象，也是人与自然全息效应的体现。《易经·系辞》云：“天尊地卑，乾坤定矣。卑高以陈，贵贱位矣。动静有常，刚柔断矣。方以类聚，物以群分，吉

凶生矣。在天成象，在地成形，变化见矣。是故刚柔相摩，八卦相荡，鼓之以雷霆，润之以风雨，日月运行，一寒一暑，乾道成男，坤道成女。乾知大始，坤作成物。”这段文字除了展现天地之壮美，也深刻地说明了“天地感而万物化生”以及“天地不交而万物不兴”的全息效应。在过去皇权时代，天人感应思想一方面对君权至上进行了限制，同时也是上至皇帝大臣，下至黎民百姓都要遵循的准则，为维持国家和社会稳定发展提供了有力的思想准则。中医学理论注重强调人与自然、天人感应的相互作用，最古老的中医经典著作《黄帝内经》应用阴阳五行学说提出天地运行、人体心理和病理的变化作了系统性论述，提出了人与天地相参，与日月运行相应的观点。大家都知道女人怀孕在古代称为“身怀六甲”，“六甲”是什么意思呢？原来古代夫妇非常重视受孕时间，一般怀孕时机选择农历日期的天干地支为“甲子、甲寅、甲辰、甲午、甲申和甲戌”，在这六个甲日内不但相对容易受孕，而且胎儿能健康成长，这是古人生活中利用天人感应的实例。《灵枢·岁落》还特别强调：人体内部五脏结构和人体经络运行是自然界阴阳二气相互作用形成的。因此，治疗疾病的药方和病理要从大自然中寻找。疾病是人体受到自然界外在的六淫（风、寒、暑、湿、燥、火）和人内在的七情（喜、怒、哀、乐、惊、恐、悲）侵害所导致的，如果能让身体回归到自然状态达到五脏六腑的阴阳平衡，疾病也自然会好起来。所以，中医采用的中草药来自于大自然，中草药生长与季节、地理方位、采摘时间甚至喝药的时间都有详细明确的说法，在中国东西南北不同区域，同样一种草药，其药性和疗效不一定相同，而且有经验的中药师特别强调草药采摘时间，随着季节变化，即使在一天不同时间，中草药的效用和品质也不同。当人生病时，通过饮用熬制中草药的药汁来调理身体五脏六腑平衡，有经验的中医根据脉象、病症和病灶规定患者某些药的服用时间。例如，肾脏疾病要求在晚上 5—7 点，正好是肾经当令的时候，此时服药，药味入肾经，有利于病情加速好转。实际上服用中草药汁液也是让身体内脏器官与药性相应，是间接地实现亲近自然、融和自然、回归自然的天人感应，从而达到治疗疾病的目的。著有《春秋繁露》的董仲舒是中国汉代著名哲学家和儒家学派代表人物，提出了“罢黜百家，独尊儒术”，他在阐述“天人感应”思想时，曾经提出了“天人同类”的观点，他认为：“天有阴阳，人亦有阴阳，天地之阴气起，而人之阴气应之而起，人之阴气起，而天之阴气亦宜应之而起，其道一也。”董仲舒认为天和人同类相通，相互感应，天能干预人事，人亦能感应上天。把天视为至上人格的神，认为天子违背了天意，不仁不义，天就会出现灾异进行谴责和警告，如果政通人和，天就会降下祥瑞与之相感应。因此，封建社会大部分君主对天人感应的思想深信不疑，如果遇到干旱的灾荒年头，皇帝带领文武群臣祭祀求雨，至诚祈求上天带来风调雨顺的好年景。现代自然科学已经证实，宇宙天地和地球的自然环境不仅直接或者间接地影响着人类的生产生活，还会与人的身心健康和心理活动相互感应。反之，人也同样会影响宇宙万物的运行秩序，人类各项生产活动以及对自然界开发在很大程度上干扰破坏了自然界本有的隐藏秩序，隐藏秩序的改变将引起一系列的连锁反应，尽管人体所散发的能量辐射或者称为生物场非常微弱，但却能引起类似的蝴蝶效应，即使在极遥远的宇宙外太空，这种能量和辐射场仍然会存在，人体辐射场与宇宙中的所有物质都存在电磁切割反应，并随时反馈给人体，下面以两个物理学基本原理解释天人感应的正确性和可知性。

一是力学平衡的作用力与反作用力。在物理学中，施力者与受力者的作用是成对出现的，两者受力方向相反，大小完全相等，形成作用力与反作用力的关系。例如，当人以一定推力作用在墙壁上，墙壁以完全大小相同方向相反的力作用于人。这条物理学定理同样适用于宇宙万物以及各种思想意识的相互作用，人类的任何行为都会受到或好或坏与其相对应的反馈作用，作用力与反作用力总是对称相等的，双方互为因果关系。马克思主义哲学在阐述客观世界的因果关系时指出："有因必有果，有果必有因，没有无因之果，没有无果之因。"种豆得豆，种瓜得瓜，人类对大自然的过度开发和对环境造成的严重污染，导致了一系列负面反作用，大自然施加反作用力于我们人类所形成的是温室效应、沙尘暴、海啸、火山爆发、地震等各种自然灾害，这都是人与自然之间的作用力和反作用力的结果。对于企业经营活动来说，如果企业为国家和社会大众作出贡献和创造正效益时，必然能得到好的回报，企业经营利润不求自然来。相反，如果为了谋取个人利益不择手段，那么绞尽脑汁想出的各种营销手段，从别人那里获取来的利润属于巧取豪夺，不仅终究不能保有，而且这样的企业也必然走不远，看看过去多少制造假冒伪劣产品的企业最终倒闭，有的甚至还是国内外知名大型企业，因为经营管理活动以及生产的产品不符合自然之道怎么会长久呢？作用力与反作用力是丝毫不爽的自然规律，对于我们个人来说，每天以"存好心、说好话、行好事、做好人"作为处事准则，相信命运会变得越来越和谐，以前总听人谈起："我为人人，人人为我"，这句话虽然简单，但是寓意深刻，当我们个人或者企业团体无私帮助别人时，即使没有获得相应的物质回报，大众心存感激的力量是不可思议的，尤其一个人的所作所为能让更多人受益，众人心生喜悦和感恩的心念也会像电磁波一样无形地反作用于他，这要比任何广告宣传都有力度，其生命价值和幸福感必将得到提升。《易经》云："积善之家必有馀庆，积不善之家必有馀殃。"一个家族德行日积月累不断长养，后世子孙必能受此荫护，积德行善无人见，存心自有天知，作用力与反作用力像一面无暇的镜子，不同心境照见不同境界。所以，作用力与反作用力是天人感应的对称性表现，也是客观世界不变的因果律。

二是物理学振动的谐振效应。正如前文所述，任何形式物质的最基本构成都是能量波以不同频率波动的连续相，谐振效应是物理学研究物体振动时发现的规律，当一个物体的固有频率（本振频率）与外界振动源的频率相同时，就会产生谐振效应。在生活中，我们会经常遇到这样的物理现象，当汽车行驶通过马路时，房间内的桌子有时会随之一起产生振动，这是因为汽车行驶过程中振动频率与房间内桌子的固有频率一致，两者相互感应形成了谐振效应。宇宙天体以及万物所有的运动变化无不存在着波动效应，宇宙中某些天体运动还会与人体器官对应而带来同频谐振式的感应，每一种物质都存在着固有的隐藏秩序和本有的能量波动频率，有的物质利于人类的生存发展以及身心健康，有的物质则适得其反起到干扰破坏的作用，这都是人与自然界的一种谐振效应，而且人的生理和心理状态变化也会或多或少地与时间空间的运转发生谐振效应，你是否有这样的感觉，每个月有几天情绪比较低落，容易烦躁发脾气。俗话说："月有阴晴圆缺"，正常的女人每个月都有月经的生理现象，《黄帝内经》曰："女子七岁，肾气盛，岁更发长，二七而天癸至，月事以时下，故有子[①]。"唐朝医学家王冰注释曰："所以谓之月事者，平和之气，常以三旬而一见也。"李时珍在《本草纲目》中明确地论述了女人月经："其血上应太阴（月亮），下应海潮，月事一月一行，与之相符，故谓之月水、月信、月经。经者，常候也。[②]"月球朔望周期是 29.53 天，女人月经周期也是 28 天到 30 天，这是最显而易见的女人生理周期与月球潮汐天人合一的谐振效应。四川汶川和雅安地区分别在 2008 年和 2013 年发生破坏性地震，当地灾区人员和财产遭受巨大损失，在地震来临之前发生诸如天空出现条状地震云、动物活动反常和气温异常等一些现象，不能不说是这些现象与地壳活动所产生的谐振效应，这种谐振效应是上天垂象提前发出的先兆，在不同对象那里引起不同的感应，为什么低等的动物却能比人类最先感知地震的先兆呢？其实并不奇怪，越是低等简单的动物在生理感官方面越容易与外界频率变化产生谐振效应。我们人类每天忙于各种事务，有高度发达的大脑，思想意识活跃很难有片刻内心清净，常言道："心如止水鉴常明"，内心不清净很难引起谐振共鸣，怎么可能感知到这些在自然界地质灾害来临之前所发出的各种前兆呢？人与人个体之间同样存在谐振效应，我们经常说："英雄所见略同"、"彼此心照不宣"等等都是人与人之间的谐振效应。例如，有一句俗语：

① 《黄帝内经》，时代文艺出版社 2009 年版，第 3 页。
② 李时珍：《本草纲目·52 卷·人之一》，北京燕山出版社 2007 年版。

"说曹操，曹操到"，当几个人在日常闲谈中正在提及某个人的话题时，经常会出现说谁来谁的现象，这个人恰好就在此时不期而至，好像是偶然性的机缘巧合，其实这种偶然里所包含的必然规律是一种人与人相互感应的谐振现象。古人云："倾盖如故，白头如新。"当两个人一见面感觉是似曾相识的老朋友，有的人相处了一辈子，即使到了满头白发的老年，在一起仍然感觉情同陌路。有的人走遍世界各地处处有知心朋友，而有的人活了一辈子也没什么朋友，其中的原因很简单：当两个人的思想认识或者内在生物场信息相似才能有交流并产生共鸣成为朋友。喜欢打牌的人，经常聚会的都是牌友；爱好赌博的人经常出入赌场，有人为此倾家荡产；喜欢美食的人，感召酒山肉海爱吃喝的朋友；喜欢音乐的人，周围朋友也大多有这样爱好；心胸宽广的人，他的朋友也会很多，而且都是大气有格局的人；心胸狭隘的人总是遇到狭隘的人和不顺心的事，心地善良经常布施财物的人，他的周围总会有善知识和贵人相助。这就好比电视台发射不同频率的节目信号，想看哪些节目取决于观众将电视调到相应的频道上。对于企业来说，一位成功的企业家除了先天素养和后天努力外，并不是单枪匹马成就事业或者自己想做什么就一定能成功，而是感召各种因缘具足才行，在多方面共同推动与维护下方能实现个人的理想和追求的事业。所以，人与天地自然、人与社会团体、人与人之间的相互感应产生了各种错综复杂的谐振效应，这便是因缘谐振效应的相互感召作用。因缘有善缘和恶缘之分，善缘是有利于身心和谐和事业向前发展的正能量，恶缘则是阻碍和破坏前进道路上的负能量，这一切取决于客观对象本有的隐藏秩序（对于人来说就是德行和思想意识）。

天人合一思想在中国古代曾经占据了极其重要的统治地位，以此为基础形成了中国最有智慧和最朴素的哲学思想体系。随着现代科技发展和经济快速增长，当今市场竞争激烈，虽然机会和机遇很多，但是能够抓住机会和机遇的企业并不是太多，其中一个重要原因是企业不善于把握或者不懂得天人感应所隐藏的内在秩序，成功的企业离不开有智慧的领导者和管理者，他们总是在正确的时间、正确的地点遇见正确的人并做出正确的抉择与行动，这就是天时、地利、人和等多种因素的因缘和合，否则很难实现企业预期目标与愿望。纵观中国上下五千年文化发展历程，在现代科学发达的今天，我们的头脑更需要重新归零，吸纳中国古人为后世炎黄子孙留下来的宝贵财富，汲取不同时期各家各派的优秀思想与核心价值观，有选择地将中国传统文化中的人生价值观、自然价值观、道德价值观、知识价值观和经济价值观融入企业的管理体制中，最终在企业中建立一种人与企业、企业与社会、人与自然相贯通的"因缘和合"价值体系。虽然天人合一的思想被古代君王倍加推崇，在封建社会非常盛行并广泛地流传，但是这不代表它已经过时和应该被淘汰。天人合一的思想不管我们是否愿意相信，或者被某些人认为是封建迷信，无论如何作为一种无形的自然规律，它始终贯穿于我们生活的物质世界和每个人的心里。尤其随着现代物理学、宇宙探索、微观基本粒子和全息理论研究的深入，通过不同途径都有效地证明了中国传统文化天人合一思想的正确性与科学性，如果能够与企业管理制度有机融合，则是古人智慧在当今科技时代的激活与复兴，并且在推动企业不断发展的历程中，会产生“随风潜入夜，润物细无声”的正面全息效应。对于一家企业来说，企业领导者与员工、员工与员工以及所处的企业环境或者与外界环境之间存在着某种复杂而现实的相互作用、相互约束、相互影响、相互感应和相互转化的全息性映射关系，这就是天人合一的全息效应。企业领导者根据自己的企业规模、行业特点和员工素质在机缘成熟的时候将天人合一的思想理念注入企业管理或者企业文化中，并成为内在的软实力与源动力时，相信一定能引领企业走向和谐幸福的康庄大道。

第三节　念力的作用及其全息效应

一、念力的量子力学效应

什么是念力？首先要从这两个字的本义进行分析。“念”在《说文解字》里的解释：“黏也，常思也”，是心里黏着某事物难以舍弃的意思。《六书精蕴》的解释是：“人当念所当念者，故从今”，即人当下时刻的念头和想法。“力”字的本义：“筋也，象人筋之形。治功曰力，能圉（圉同御）大灾。”在物理学中，力是指物体之间相互作用引起运动加速或变形。由以上两个字本义的解释可知：念力的场效应与其他宏观物体之间的相互作用类似，人们每时每刻产生的意识与念头存在着无形的场效应，这种场在人与自然和人与人之间或者吸引着或者排斥着，而且念力场效应的形成和传播无论多远不需要时间即时到达，这与微观粒子世界的量子纠缠效应相同。1982 年，法国物理学家艾伦·爱斯派克特和他的课题组成功地用实验证实了微观粒子“量子纠缠”现象的存在，打破了科学界一直认为宇宙构成个体的相互独立性和它们之间的相互作用受到时空限制的经典理论。① 量子纠缠也证实了爱因斯坦的幽灵——超距作用的存在，它证实了任何两种物质之间，不管距离多远，都有

① Alain Aspect，et al. Experimental tests of bell's inequalities using time-varying analyzers，Physics Review Letters，1982，Vol49，1804－1807.

可能相互影响，不受四维时空的约束，是与时间无关非局域的，宇宙万物在冥冥之中存在着某种看不见的内在联系。在量子物理世界中，只要一个粒子的状态发生改变，另一个粒子也会立刻发生相同的改变，并且这种改变是不需要时间的，现代科学技术不能检测到两个粒子之间发生了任何信号传输，两个粒子之间靠什么建立联系，至今没有科学实验能证明。在2008年8月，瑞士5位科学家在《自然》杂志公布了他们的最新研究成果，一个物体可以同时存在于多个处所，可以同时发生完全相同的运动变化，这种现象就是量子物理学中量子纠缠现象[①]。量子物理学认为，所有的事物之间都存着某种隐藏关系，某一物体出现的任何变化都可能同时对其他物体产生影响，不管物体之间距离有多远，都能即时感知和影响对方的状态。爱因斯坦坚决反对"量子纠缠"理论，认为这是遥远的鬼魅幽灵行为。无论科学界是赞同，还是反对，量子纠缠现象确实存在。在日常生活中，同样存在着量子纠缠的能量效应，也许有人对此表示疑惑，举一个生活中简单常见的例子，当有人从背后一直盯着你看时，即使你没有回头，有时候能感觉到有人在盯着你，这是因为目光随着念头集中在你身上，存在着无形的量子能量场效应。原中国科技大学校长朱清时院士在《物理学进入禅境：缘起性空》的学术报告中引用了《入楞伽经》的智慧之语——"譬如巨海浪，斯由猛风起，洪流鼓冥壑，无有断绝时，藏识海常住，境界风所动，种种诸识浪，腾跃而转生。"这是对念力作用的精辟解释，物质世界的形成就是由念力的风缘吹奏宇宙琴弦所产生的交响乐，因为念力风缘的吹荡，使原来清净的本体不再平静而变得潮起潮落，在波涛滚滚和奔腾澎湃的涌动作用下，随风缘变化转生为各种境界，便有了境由心生。心里有什么样的念头就会有什么样的境界产生，念力的作用以及产生的量子能量效应不仅时刻影响周围的环境，而且始终贯穿于我们自身和生活工作中。人们的念头总是变化无常，一切事物的状态之所以不确定，主要还是缘于我们思想念头的不确定，而念头的作用则是一种生物场效应，生物场与弥漫在空中的无线电波类似，其能量和作用力非常微小，即使一个人念头全部集中在某个目标上，也不可能发生立竿见影的变化。在20世纪90年代出现一批具有特异功能的气功师运用念力搬运物体、药片穿越封闭的药瓶以及控制人和物的状态，受到不少人追捧，甚至受到某些高校和科研单位的邀请组织带功报告和表演各种超人的特异功能，可以肯定地说都是魔术和伪科学。否定这些伪科学现象并不是全盘否定人的念头没有任何作用，虽然一个人念头的能量微不足道，但是再微小的能量也有它的作用，全球所

① Daniel Salart, et al. Testing the speed of 'spooky action at a distance, Nature, 2008, Vol 454, 861－864.

有人的各种念头意识持续地生起并传播着，日积月累对自然环境和社会秩序还是会形成巨大的影响。念力的作用及其形成的场效应有正有负，可以左右一个人的发展方向和命运变化。在同样行业领域以及相同的外部条件下，投入资本和精力也差不多的情况下，为什么有的人获得成功，而有的人却失败呢？成功者当然感到欣慰快乐，认为是天时、地利、人和加上后天努力勤奋的结果，失败者慨叹命运不公。虽然要实现一个既定目标需要资金、人员、技术等多方面的因缘和合，但是能否实现因缘和合的境界大部分取决于我们的思想意识，以正心、正念和至诚心朝着目标迈进，随着念力场作用的增强，不确定性也随之降低，从而朝向目标的正向能量和动力也不断加强，如果信心不坚定，遇到各种境界时，念头此起彼伏的上下波动，使得各种不同念头的作用相互干扰交织在一起，导致念力场趋向目标的不确定性也变得越来越大。因此，当我们在前进路上遇到重重障碍时，要想到这些障碍大多数是来自于我们自己的内心，改变心态就能改变命运，一个人的念力作用和信心的能量决定着未来的发展方向和能否走向成功。下面是一则关于念力作用的典故：

古代有一位秀才屡试不第，已经是第三次进京赶考。为了省钱，秀才住在了一家禅院内。在进考场的前一天晚上连续做了三个梦，第一个梦是自己在墙头上种白菜，第二个梦是在一个下雨天，他走在雨中既戴着斗笠又打着伞，第三个梦是自己竟然背靠着墙躺着。

大考在即，本不应该分心，可是这三个梦着实让秀才心里不舒服，为了求得心理安慰，找了一位江湖算命先生为其解梦。算命先生听完以后，不住地摇头："我奉劝你还是早日回家别考了，这三个梦都是凶兆之象，实在不吉利，墙上种白菜预示着白忙活，戴斗笠打伞预示着你参加考试也是多此一举，背靠墙壁躺着意味着你的运气比较背，好事不成。"

秀才听完算命先生讲解以后，垂头丧气地回到了禅院，没想到自己第三次赶考竟然是这样不吉利的预兆，实在令人悲观失望，正准备收拾包裹行李回家时，禅院内的老方丈看到秀才还没参加考试就想收拾行李回家，他非常疑惑地问秀才："还没考取功名，为什么突然要走啊？"秀才将自己的三个梦境和算命先生的讲解告诉了方丈。

方丈听完以后，笑着说："你的梦境意味着大吉大利啊，这次考试肯定会功成名就，墙头上种白菜，不是寓意着百分之百的高中吗？下雨天戴着斗笠打伞意味着这次考试有备无患，上了双保险，背靠墙壁躺着，那是预示着你马上就要翻身的时刻到了。"秀才听完方丈的讲解之后内心为之一振，精神抖擞起来，带着十足的信心走进考场。等到发榜的时候，果不出方丈所料，秀才高中进士二甲前三名。

从这则典故可知，当我们遇到各种困境和不如意地时侯，信心与念力是非常关键的，念力的确可以改变命运，也决定了一个人可以走多远。心态不好的人即使黄金在脚下也会视而不见，坚定的信心加上勤奋努力，往往朝着既定目标不断趋近，不确定性的程度在缩小，这也是心想事成的原因。罹患重病或者面临困境的人想着自己完了，那真的就完了，要是不把自己想得那么糟糕，事情将会随心念所转，此谓境随心转。在西方教堂里，有一些患有癌症的教徒们每天在神父的引领下，真诚地向上帝忏悔祈祷，心里总想着自己的疾病会好起来的，结果不少教徒的健康状况确实有所好转，甚至有的人完全康复，这不能不说是上帝的力量，但是上帝在哪里呢？上帝不在天上，就在这些教徒们的心里，心念清净专一必定能获得不可思议的加持力。根据医院临床观察的病例，在许多疾病治疗过程中，中西医都提出要注重心态的调整，保持好心情才有利于疾病恢复，若病人心情焦虑和情绪波动强烈，都会使得病情加重或急剧恶化。例如，有心血管病史的患者，暴怒会使得肝阳上亢，血压可以迅速升高，发生眩晕或者突然间昏厥。住院治疗的肿瘤病人被医生宣布生命只有几个月时间，当该病人得知自己寿命时日不多以后，便毅然放弃了西医治疗，开始调整心态作为主要治疗方式，放下身体罹患疾病的念头，过了一段时间到医院检查肿瘤竟然奇迹般地消失了。这样的事例在现实生活中很多，我国著名的文化学者、吟咏学家、红学家文怀沙先生在文化大革命早期患上了晚期癌症，当时被定为现行反革命，不仅行动失去了自由，而且重病在身，然而文老先生依然保持乐观心态，早就看淡了生死，认为生死是自然规律，万物有始必有终，一切终将尘归尘、土归土。他天天都会拿着一把扫帚清扫卫生，除此以外，每天还要吟诵《离骚》两遍，始终保持着舒畅乐观的心情。最后，文老先生的癌症竟然奇迹般地好了，在这期间，他不但对《离骚》有了更深入地理解，而且对生命也有了新的感悟。正如老子所说："吾所以有大患者，为吾有身，及吾无身，吾有何患。"人之所以得病是因为不能放下自己的妄想分别和执著的心态，当自己对名利财富等都能看破放下时，心地清净，没有妄心妄念，烦恼也就没有了，人的疾患自然就会好转。某市电视台曾经报道：一位母亲在楼下见到年幼的儿子从自己家五楼的窗户坠落，在这千钧一发之际，母亲急速跑过去正好伸手接住了坠落的孩子，当时经历只不过几秒钟，按照奔跑的距离和孩子跌落过程经历的时间计算，这位母亲的速度比当今世界百米冠军的速度还要快，在记者采访时她说："当时心里只有一个念头就是一定要接住儿子，至于怎么跑过去的，自己都不清楚。"这不得不说母爱太伟大了，爱的力量可以超越任何障碍。

美国著名的心理学家罗森塔尔教授曾经设计了这样一个实验：一群小白鼠随机地分成两组：A 组和 B 组，然后告诉饲养员，A 组老鼠非常聪明，B

组老鼠智力很一般。经过几个月以后，在迷宫出口放置老鼠喜欢的食物，对这两组老鼠进行穿越迷宫实验测试，A 组老鼠的测试结果竟然最先找到迷宫出口，真的比 B 组老鼠聪明。基于该实验的启发，罗森塔尔教授思考这种效应能不能发生在普通人身上呢？在 1968 年的一天，他和助手们来到一所小学说是要进行一项所谓的“未来发展趋势测验”。他们从一至六年级各选了 3 个班，总计 18 个班的学生经过这项测验之后，罗森塔尔教授以肯定的口吻将一份“最有发展前途者”的名单交给了校长和班主任老师，并嘱咐老师们务必要保密，以免影响实验的正确性。实际上罗森塔尔编制了一个“权威性谎言”，名单上最有发展前途的学生原本就是随便挑选出来的。经过 8 个月以后，罗森塔尔对那些学生进行核实，结果发现：在名单上学生的成绩有了很大进步，自信心增强，善于与老师和同学沟通，学习效率显著提高。罗森塔尔的“权威性谎言”发挥了作用，潜在的心理暗示作用直接对老师产生了影响，老师又将这种心理效应通过自己的行为、语言和情感传染给学生，这种心理暗示作用实质是与学生们建立了量子通讯，念力所产生的场由于存在着量子纠缠效应潜移默化地影响着这些学生，使得他们的心态不自觉地发生转变，学生们更加自信，意志力和思考力增强，从而获得了不同寻常的进步，后来人们把这种心理暗示的作用称为“罗森塔尔效应”。以上这些事例难道不是有力地证明了信心和念力的能量和强大的作用吗？因此，一个人拥有乐观友善的心境，无论处在顺境还是逆境都保持十足的信心，念力的正效应会让我们的生活和工作充满阳光。念力的量子能量效应看似微不足道，但如果将其正向导入家庭，家庭会和谐；在社会大众中借助各种媒体机构的广泛传播，社会将走向和谐；通过企业文化、团队建设、人力资源优化等多方面导入到企业经营管理中，企业会和谐，并且念力的感召作用能让企业发生不可思议的变化，除了推动企业经营管理走上有序化道路外，还能实现多方面的因缘和合，从而达到共同提高的目的，促进企业稳定发展和经济效益的自然提升。

美国作家琳恩·麦塔格特出版了《念力的秘密》，书中内容以当今世界各地顶级科学家的实验研究和发现作为理论依据，提出了宇宙是由浩瀚无垠的量子能量场构成的。[①] 由于量子纠缠，意识念头的场作用实时影响着宇宙中的一切，念力的能量及其作用无处不在且弥漫在宇宙空间里，持续不断地相互影响着。认识念力的作用不仅能改变我们的生活质量，而且众缘和合足以改变世界。该书还证明了人的念头可以影响客观世界，念力被应用于疾病医疗、改变客观事物的物理过程，我们的念力在日常生活中不知不觉地影响着周围的一切。此外，人的念头与基本粒子行为相似具有量子效应，量子效应是物

① 琳恩·麦塔格特：《念力的秘密——释放你的内在力量》，华夏出版社 2012 版。

理学家研究物质微观尺度下基本粒子的力学行为，与念力的作用形式有很多相似之处。

二、念力的波动性及不确定性原理

在宏观尺度下，科学实验可以做到全部过程不受外界显著的干扰，但是到了微观量子世界里，即使实验设计的再精巧也没有办法找到一种合适的方案将扰动完全减小到零，这样的扰动在量子实验中是无法忽略的。基于物质微观量子力学行为，德国著名物理学家海森堡在 1927 年提出了不确定性原理（也称测不准原理），为了测量微观粒子的某些物理量，例如，粒子的坐标和动量、时间和能量，两个物理量不可能同时获得确定的数值，其中一个物理量越是被精确的确定，另一个物理量的不确定性程度就越大。假设在同时测量基本粒子的空间位置 X 和动量 P（质量与速度的乘积）过程中，总是存在着不确定的偏差 ΔX 和 ΔP，如果希望精确地测量粒子的空间位置，那么这种执著位置精确性的行为干扰了对粒子动量测量精度，使得动量的不确定性变得越来越大。反之，要想获得粒子更精确的动量，不可避免地增大了粒子空间位置测量的不确定性。这两个物理量的不确定性偏差乘积等于一个近似常数，称为普朗克常数[①]：

$$\Delta X \times \Delta P \approx H$$

海森堡不确定原理指明了两个不确定的物理量不可能同时精确获得，鱼与熊掌二者不可得兼，或者舍鱼取熊掌，或者舍熊掌取鱼。这并非像当时有的物理学家评论不确定原理所说的“这是上帝在掷骰子”，而是与《易经》阴阳理论以及中医思想非常接近，即知其白才能守其黑，两个不确定物理量类似阴阳二气相互转换，昼夜更替是阳进阴退或阴长阳消的变化过程并保持能量守恒。任何客观事物总是一分为二，有进有退，有生有灭，这是恒常不变的道理，如果精确地了解了事物的一方面，另一方面就变得模糊不清，当越是努力追求既定的目标时，其准确度和不确定性越大。这种不确定性究其原因是由于我们的念头无时无刻不是风起云涌般在头脑中闪现，各种干扰因素使得目标定位难以精确，干扰因素越多不确定性程度也越高。例如，企业召开会议，如果会议时间定在某一天，规定只要在开会当天的任何时间参会都可以，那么参加会议人员确认能按时到达会场的准确度就很高，当进一步规定会议时间范围在上午 9—11 点，参会人员的不确定性便开始增加了，有的人可能由于公务繁忙或者其他原因不能准时参加。如果规定进入会议室的时

① 安东尼·黑，帕特里克·沃尔特斯：《新量子世界》，湖南科学技术出版社 2005 年版，第 20 页。

间精确到在几点几分甚至几秒时，这样高精度就会导致参会人员的不确定性极大增强，即使通过各种奖励或惩罚措施也不一定保证所有人按照规定时间参会。相信通过现实工作中实例，对海森堡的不确定原理有了比较初步的理解，物理学之所以称为物理学，实质就是研究探索宇宙万物运行变化规律，从而揭示或者逼近其真相的理论。从物理学的不确定原理转向我们的念头，每个人的念头如同大海中的水泡即时而生，即时而灭，一弹指刹那间有几百、几千次念头的生灭，虽然念头本来源自于自己的思想意识，但是念头变化经常受到外界多种因素的干扰。例如，宏观尺度下的过山车在谷底可以屏蔽外界干扰因素，实现在谷底的零点位置保持静止不动的平衡状态，然而我们的念头与微观尺度下粒子的不确定状态相似，念头所产生的量子效应就像是在无摩擦理想条件下一辆处于零点平衡位置的过山车，在零点位置的左右作永不停息地来回振荡运动，永远不会稳定静止下来（见图 2.2）。所以，念头无时无刻不在生灭之中，人的心念很难得到片刻的安定。

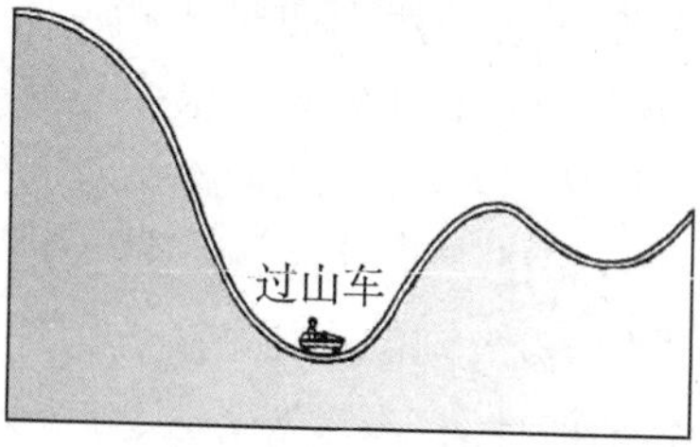

图 2.2　不确定原理的过山车模型

当我们成年以后，要想集中全部精力坐在课堂上听课学习或者一门心思地做某一件事情实在不容易。回想在花季般的少儿时代，那时恰同学少年意气风发，理想远大并且对未来充满信心，学习也勤奋认真，非常听老师和父母的话。然而，随着年龄和阅历的增加，当初儿时美好的理想恐怕早已经烟消云散了，此起彼伏的念头使人不可能静下心来将某一件事情做得尽善尽美，做事成功几率与念头多少大都成反比，尤其负面念头越多，实现目标的不确定性就越大，消耗身体内在的能量也越多。有经验的老中医在看病时，首先用眼睛观察病人的身体外观，身体偏瘦的人一般心思比较多，用中医的话讲是："长计不长肉"，忧思过虑伤脾胃，食物能量被过度的思虑和纷杂的念头所消耗，脾胃的运化吸收能力下降，大部分思想单纯的人常常是心宽体胖。如何让自己念头的"过山车"有所收敛或者最终定位在零点平衡位置不动呢？只有像寺院里出家的禅师那样通过静坐参禅可以达到心止念绝不生出一个念头的状态，即达到了止观禅定的最高层次，此时已经进入"不生不灭，不增不减，不垢不净"清净无染的无上正等正觉境界。中国禅宗初祖达摩在嵩山少林寺面壁整整九年，一直处于禅定的状态，在禅定的境界当中，心里如静谧的湖水没有一丝波动，有着他人无法感受到的法喜充满，所以饮食吃的也很少，甚至可以长时间辟谷，常人难以理解人不吃饭怎么可能生存呢？对一位悟道的禅者来说无挂无碍身心安住，是以意为食，即“禅悦为食”。物理学与中国古圣先贤的经典智慧有很多相通之处，海森堡不确定原理也进一步说明：物质即精神、精神即物质，物质与精神是一体的两面，它们是不可分割并且必定是成对出现、同时存在的，物质与精神同样遵守不确定性原理。当社会经济高速发展，人们对物质财富的追求越来越强烈，精神财富以及道德水准往往被忽视，以至于社会家庭的伦理秩序发生错乱，当今社会的人际关系、婚姻关系、劳资关系和朋友关系等不确定性在增加。中国古人重道不重器，重视文化与道德的追求，国家、社会和家庭和谐有序，也相对比较稳定。以历代古圣先贤的智慧与德能来看，如果想发展科学技术和商品经济并非难事，之所以不重视科学技术和商品经济，因为他们懂得人类只有按道或者自然规律行事才能使社会在稳定平衡中前进，没有道德和文化的滋养，仅仅依靠科技和经济的推动，人类社会必然走向野蛮和没落。与西方国家相比，尽管古代科学技术和社会经济发展相对缓慢，但中华民族五千年文化底蕴为炎黄子孙的繁衍生息奠定了稳固基础。因此，作为企业家和高层管理者在投入大量精力和资本追求企业利润最大化的时候，是否想过在获取物质财富的同时也要为社会道德与文明的进步作出贡献呢？作为法人机构的现代企业，在创造经济效益的同时，企业领导者应该心存正念，肩负起为国家和社会大众服务的责任，不但善于将财富取之于社会，用于社会，还要以一个禅者的心境把“一切从人民利益出发，全心全意为人民服务”作为企业宗旨，方能体悟到禅者法喜充满的意境，企业经营发展的不确定性才会逐渐减小。

在当今时代，有的企业经济效益越好发展速度越快，企业领导者感觉到压力也越大，更有因此患上了焦虑症或抑郁症等心理疾病。有的企业在一段时期创造了良好的经济效益，也积累了丰厚的物质财富，由于抵御各种风险能力不强，很难保持稳定可持续增长，甚至一旦市场、资金链等出现问题很可能走向破产倒闭。根据相关媒体报道，一些国内外知名企业曾经一度辉煌，没有几年光景迅速衰落或者倒闭的不在少数。这是为什么？一理通百事，从物理学不确定性原理出发能很好地解释这种现象，也很容易找到企业出现问题的根源和解决方案。当某些企业领导者将获取的财富用于个人物质生活享受时，虽然获得了短暂的心理满足，但是随着物欲的增加，内心精神世界却缺少了依托，思想念头变得越来越飘忽不定，为了填补内心空虚，拼命赚钱的同时又大肆挥霍，越是从物质财富中寻找寄托的时候，思想和念头波动所产生的负能量效应也越强大，不但使心里念头的不确定性和无序性增强，而且也会直接影响着企业运转的隐藏秩序，当波动超过稳定平衡点一定程度时，内部无形的隐藏秩序将受到严重干扰和破坏，就像基因序列发生突变一样，处于不稳定的乱序状态，这就需要企业对各方面因素加以梳理才能重新回归到稳定平衡状态。

三、企业多元化经营的不确定性原理分析

企业多元化经营是指企业在多个相关或不相关的产业领域中同时投资经营的战略模式。企业发展到一定规模为了达到市场竞争地位更高、实力更强、发展更快的目标，多元化经营就成为企业实现这个目标的必由之路。多元化和产业集团化是企业当前热衷的经营发展模式，有相当部分的企业资本积累到一定程度时，对利润最大化追求的欲望日益膨胀，不满足当前的发展现状，开始搞多元产业经营，认为企业规模越大，经营产业越广，获取的利润也会越高。某些企业看房地产赚钱快就搞房地产，见高新技术领域利润率高，便开始投资高新技术产业，美其名曰企业集团化、多元化经营。但是企业多元化经营模式除了打造具有核心竞争力的某项产业外，还需要构建多元产业化的全息元——企业隐藏秩序（管理思想与智慧）以及匹配的管理机制，只有构建能量强大的全息元才能使多项产业成为一个整体，并且这个整体要占据同行业领域的主导地位。所以不管企业构建了哪一种形式的多元化经营，做好主营产业和构建具备正能量的全息元是非常关键的，其他产业与主营产业要形成一多互摄的关系。多项产业除了具有核心竞争力外，还要构建相互支援、紧密衔接的循环产业链，真正地创建主营产业辐射其他产业，产生多元化产业之间的高凝聚力和相互映射的全息效应，使得多元产业即是一个产业，有智慧的企业家绝不是为了扩大经营规模和利润最大化盲目地走多元化经营道路。联想集团总裁柳传志曾经发表企业多元化的观点："很难想象，一个企业既做电脑，又做房地产，还做投资，然后用同一套体系去进行人事建设和激励。让这样的企业与高度专业化的企业竞争，想在同行业中取胜是非常困难的。"且看国内知名企业"太阳神"曾经推行多元化产业的发展历程。①

在20世纪90年代初，作为保健品行业领军者"太眼神"企业创造了大规模生产和广告营销的战略，企业最经典的广告语："当太阳升起的时候，我们的爱天长地久"。现在的中老年人也许还能记得起这句广告语。"太阳神"是中国第一家从事保健品产业化生产的企业，通过投入巨额资金做广告营销走上了品牌化经营的发展道路。从企业1988年创建之初经过两年销售额就达到2.4亿元，到了1992年企业资产总值突破7亿元，占据国内保健品市场份额的60%以上，这不能不说是"太阳神"企业经营发展的奇迹。

① 朱先春：《企业成长问题诊断》，中华工商联合出版社2008年版，第38—41页。

“太眼神”企业一直采取“以纵向发展为主，以横向发展为辅”的经营战略，即保健品为主，多元化经营为辅。但是从1993年开始，随着对利润追求欲望的膨胀，企业战略转变为“纵向发展与横向发展齐头并进”，企业投入巨额资金向房地产、化妆品、石油、计算机、外贸、酒店服务等多个产业，兴师动众搞集团化经营，在全国不同省市相继成立了“经济发展总公司”，开始大规模的投资并购。然而“太阳神”企业集团化经营并没有一直保持红日初升的势头，在红遍大江南北的6年之后，自从1995年12月“太阳神”股票在香港上市就一路下滑，认购率只不过22%，至此，企业开始走下坡路，经历10年的辉煌终于日落西山而陨落了，其中失败原因除了“太阳神”缺少产品技术创新和自己的市场核心竞争力外，最重要的原因就是多元产业化经营，好大喜功和更高更强的经营理念给企业带来了不可挽回的损失。企业资本和领导者精力的分散使得“太阳神”在主业保健品上的投入和关注度直线下降，过去几年苦心经营获得的市场份额全部丧失，而且此时其他保健品企业已经异军突起，“太阳神”企业独领风骚的局面已经被打破，企业集团投资的20多个产业几乎全部负债经营，当初企业的巨额投资没几年便灰飞烟灭，最终“太阳神”因为经营业绩一路下滑和全面亏损导致企业元气大伤，也宣告了“太阳神”企业集团的多元化经营战略全面失败。

如今的“太阳神”企业确立开展现代养生产业战略，以传承五千年中华养生文化精髓，结合现代技术手段提供科学有效的养生之道和养生文化的传播，构建文化与产品融合为一体的产业平台，走上文化经济之路，这是“太阳神”企业正确的抉择，随着企业战略和经营理念的转变，“太阳神”企业还会重新走向如日中天的辉煌吗？随着时间的流逝，答案完全在“太阳神”企业自己手里，让我们拭目以待。

基于海森堡的不确定性原理，对“太阳神”企业多元化经营必定走向失败的原因和教训进行简要分析。在企业经营过程中，经济效益和发展态势当然与管理体制、资金链、生产技术和市场前景等多种因素息息相关，然而涉及的因素越多就意味着趋向既定目标的不确定性程度在增加，对于企业走多元产业集团化的经营模式更是如此。多元产业经营意味着多种思想和念头交织在一起，尤其是跨区域的集团化经营，要比单一产业经营涉及更多的不确定因素，企业多元化经营成败的关键取决于在主营产业能否做到念力集中以及实现与其他诸多方面因素的因缘和合。“太阳神”企业的领导者忽略了多元化产业经营的核心，导致了主业的竞争力不突出。此外，无论集中了多少产业，主业与其他产业之间应该形成互相支援、密切关联的一体化经营模式，即多元化经营要建立企业全息元，以此为核心形成一多互摄的局面，“太阳神”恰恰在企业发展势头良好的关键阶段忽略了主打保健品的技术研发与创新，集合了太多不相关的产业，产业之间紧密性又比较差，很难形成“一多互摄”的多元化产业链。如果仅仅在形式上为实现企业多元化经营而进行大举投资和不同行业的企业兼并，这绝对不是明智之举，就连在乡村生活的老农民都懂得“大归堆不会好”的道理。经营企业与学习知识相似，做到术业有专攻，然而当今不少企业领导者却一味地追求在规模上做大，导致各种不确定性因素和多样化的思想理念相互碰撞和彼此制约，甚至出现相互掣肘的状况。多元化产业意味着多种念力交织缠绕，各种因素如千丝万缕般剪不断理还乱，尤其在繁杂多角度的念力作用下，使得企业经营发展总是处于起伏动荡和更多不确定的方向，企业领导者也是被预期既定的利益所驱使而作茧自缚。因此，现代企业是否适合构建多元化经营模式，要善于以旁观者的角度反观自己的企业，如果实力和因缘不具足，莫不如带领员工集中精力只做好一个产业。这样的话，不管外部环境和经济走势怎样变化，企业总能比较容易地构建一个自我平衡的隐藏秩序，实现企业和谐稳步的发展态势。像我们国内同仁堂、瑞蚨祥、王致和、内联升等一批知名的中华老字号企业已经有上百年历史，即使融合了现代企业管理制度并以股份制形式经营企业，企业领导者们也没有或者很少涉足其他行业，正是因为念力集中，只追求做好一件事情才有这些老字号的百年家业不衰，尽管在物质财富积累和企业经营利润没有达到最大化，但企业的思想和文化已经深入人心，并惠泽世世代代的子孙，这种无形的资产价值是难以用金钱来衡量的。所以，无论是经营企业，还是从事其他工作，在人的一生中能成功地做好一件事情就非常可贵和值得欣慰了。

四、一切法皆由心想生

正如前文所述，构成物质的最基本粒子单元实际是一种高频波动的能量场，人们视觉看到和肢体感觉到的物质外观只不过是相对稳定的持续相，基于量子物理学的研究，人的思想意识始终都在对周围的世界发生作用，每个人的心念与思想活动像一座无线信号发射塔一样，不仅对自身所有的细胞产生影响，还对周围一切事物产生同步的全息效应，这是常规经典物理学无法解答的问题。人类如何对待和改变大自然，大自然也会反过来同样对待我们，这不但形成了作用力与反作用力的关系，而且人与万物之间本来是不可分割的一体，每时每刻都在相互影响着。研究过辩证唯物主义的学者可能认为这样的说法是唯心的，然而又何来唯心与唯物的区分，唯心与唯物是本无差别的一体，无非是观察事物的两种不同角度，就像在北京手指向月亮，在上海也用手指向月亮，不管身处北京还是上海，总不能说这是北京月亮，那是上海月亮，只是我们人为地进行了区别，物质与精神本来就是不可分割的一体的两个方面。既然物质与精神是一体的，那么每个人的心念所产生的作用以及量子效应是否能在人与人、人与自然环境和人与万物之间发生作用呢？也许有人还会提出一个大多数人都疑惑不解的问题：山川河流、草木沙石、稻麻竹苇、高楼大厦、工厂生产的产品以及每天吃的食物和日用品等，这些没有生命和感情色彩的东西与人会不会有信息交流？相信大部分人的回答是不可能存在信息交流，这也是人们长久以来普遍的认知，但是基于微观量子物理的研究结论，答案却是肯定的。人的意识和心念作用的确可以与宇宙万物发生信息交换并在持续不断地改变着我们周围的世界，社会伦理秩序、环境变化、金融危机甚至各种自然灾害的爆发都与人们的思想意识变化有相当密切的关系。经常听到这样的说法："某贵客光临，令寒舍蓬荜生辉"，来访贵客确实能改变房宅内的气场，有人认为这只不过是心理作用，其实不仅仅是心理作用的缘故，举个简单例子，过去古代皇帝出访停留过的一些建筑宅院以及题写的文字至今被保存下来，房宅的文化价值被后人们所认可，房宅是因为贵人到访而千古流芳。所以，不可否认人的心念和德行的气场（或者生物场）不断地影响着周围环境的变化。根据史料记载："邹衍在燕，燕有谷，地美而寒，不生五穀。邹子居之，吹律而温气至，而黐生，今名黍谷。"这是记述了阴阳家邹衍来到燕国渔阳郡的情形，他看到虽然该地已经是春季，但寒气太盛，草木不生，五谷不长，老百姓生活非常艰苦，邹衍登上了郡城南边不远的一座小山上，吹起了律管演奏春之曲，一连吹了三天三夜，大地开始回暖，阳光明媚，冰雪消融，农民开始耕地播种，到了秋天庄稼收成特别好。这是史料记载人与自然界信息交换的典型事例。"邹衍吹律"的典故可能被大部分人认为是传说，然而现代科学家们经过深入研究和开展一系列的实验之后，得出了与大众截然不同的结论——宇宙万物与人一样都是有情有识的。例如，植物被认为是没有情感的生命，似乎与外界不会有像人一样的沟通交流，现代农业科技专家正在大力推广音乐蔬菜种植技术，在种植蔬菜的大棚内全天播放各种好听的轻音乐，根据蔬菜品种类型，一天 24 小时给蔬菜播放不同音乐或者中国传统经典吟诵的录音，发现它们可以"听"得懂音乐旋律和经典吟诵的韵律，蔬菜叶片的气孔呼吸变得顺利，光合作用效率得到提高，与普通种植方式相比，蔬菜的生长速度、重量和抗病虫害的能力大幅度提高。蔬菜都能"听"，相信其他诸如花草树木一类的植物和自然界的高山流水也会产生同样的感受和变化。

走在都市街头，各种造型的高楼大厦美轮美奂，有哪一栋建筑不是按照设计师们的思想建造的呢？根据设计方案，最终要由施工单位按照蓝图完成实体建筑物的建设。企业生产加工产品或者提供商业服务，产品和服务的质量取决于人的思想念头，随着高科技产品不断地推陈出新，有哪一个产品不是技术人员和工人们思想的汇聚呢？设计理念尽管需要经过生产加工诸多中间环节才能实现，但无论是建筑物还是产品，都会表现出与设计者思想意识相一致的气质和神韵。如果为了提高产品质量，让更多的消费者受益，每时每刻善的念头总是由心而生，这种善念犹如山谷中流淌着的清泉水，不仅对自身是一种涤荡，而且附加在产品上所蕴含的正向信息会让更多的消费者受益，消费者因为产品受益心生感恩，与生产企业形成正向闭环能量反馈，这远远超过任何电视台和媒体发布产品广告所带来的传播效应。相反，为了获取眼前更多的利益，不择手段地生产假冒伪劣产品或服务，每天都是在想怎样赚取消费者钱财，产品被赋予了贪婪和虚伪的信息，那么通过产品传递给消费者的也都是负面和狡诈的信息。即使包装得再好和广告做得再响，也都是金玉其外败絮其中的伪劣产品。古人说："不义之财，非吾有也"，"不义之财富且贵，于我如浮云。"多行不义必自毙的因果规律不可能被打破的。消费者一旦发现上当受骗，这样的企业总有一天会走向破产倒闭。因此，作为高瞻远瞩的企业领导者应该认识到人与自然、人与万物、人与人之间都在时刻发生着不同的信息交换，宇宙万物本来就是和谐一体的，现代科学实验获得的结论与两千多年前中国老子所讲的完全一致："天地与我同根，万物与我一体。"只有构建了和谐稳定的隐藏秩序，才能造就这个多姿多彩的有情世界。对企业自身来说，企业内的领导者、员工、产品以及各种机器设备等，虽然它们是彼此独立的个体，但是企业要实现和谐有序的一体化经营管理模式，那就要看企业领导者的思想意识是否能将诸多因素整合，从而形成具有正向推动作用的全息管理模式。如果将思考格局和占据的高度进一步扩展放大到全球范围，企业的任何生产活动、技术创新、销售的产品或者提供的服务都应该走向有利于世界和谐的有序化发展道路，距离天下大同以及万物和谐的理想就不远了。随着科学技术和社会经济高速发展，有哪一样不是唯心所造，还有多少区域保持原生态的天然环境呢？在科技发达的今天，我们人类的思想念头已经到了应该重新归零洗牌的时候，有必要构建与天地人自然之道一致的新经济秩序。否则，各种天灾人祸以及波及全球的金融危机还会越来越频繁地重复出现。

五、贪欲感召金融危机

"贪"是会意字，在《说文解字》中的注解是："欲物也。"字形上面是"今"，下面是"贝"，意义是只顾今天眼前的利益，不管明天如何，所以贪婪的人没有明天，目光短浅贪婪的人经营企业是不可能走远做大的。据有关数据统计，在2006年我国注册民营企业有15万户，当年就有10万户企业倒闭，面对"飞流直下三千尺"的倒闭破产浊流，有人一夜间愁白了头发，有人转型另立门户，也有人从此一蹶不振，几家欢乐几家愁。这些倒闭的企业不都是因为产品质量、缺少技术和人才，一个比较重要的原因是思维方式和智慧的不足。企业在创建之初，企业人数不多运营还算灵活，市场开发与营销、人员分工的调配、资金运转等都能够一帆风顺，毕竟企业船小好调头。随着企业诞生、成长、发展和规模不断壮大以后，企业遇到的困惑和问题就多了起来，甚至有些问题成为不可逾越的障碍。企业在谋求解决方法的过程中，大部分人在“术”的层面上寻找，诸如现代企业管理制度改革、技术创新以及引入各种企业管理的标准认证体系等，这些“术”并不能完全解决企业面临的困难。从当前的国际经济发展格局来看，虽然各种金融政策和避免全球经济发展不平衡的措施在不断地完善，但还是不能改变全球企业发生金融危机的事实。在最近几十年里，当今世界发生的经济危机频率和次数明显要比一百年前多，尤其是2008年爆发的国际金融危机，包括中国在内的全世界企业都受到了前所未有的严重冲击，不少企业抗风险能力明显不足，不仅一些规模不大的民营企业在危机来临时手无缚鸡之力，而且国内外破产倒闭的大中型企业也不在少数。例如，雷曼兄弟银行、华盛顿互助银行、安然公司等闻名遐迩的企业无不是在人们的一片惊诧和质疑声中倒闭消失或者申请破产保护。一些权威经济专家认为，这一现象的原因在于世界经济发展极度不平衡、监管制度又不够健全以及经济发展两级分化等。这些分析似乎没有疑义，出了问题往往事后诸葛亮。金融危机也好，两极分化也罢，出现这些问题与诸多因素相关，但最深层次的根本原因是什么？温家宝总理一针见血地指出了金融危机根本原因是人性危机和道德危机。下面是一则关于金融投资的趣味典故：

一天傍晚，有一位其貌不扬的男士挎着一名漂亮女孩，走进了市内一家国际大品牌路易威登（简称LV）皮具专卖店，男士精心帮这位女士选了一款价值65000元的LV女士包，这价格可是相当于普通工人家庭差不多两年的收入。在结账付款时，这位男士掏出了支票本，十分潇洒地签了一张支票递给店员。店员见是用支票买单，感觉有些为难，众所周知，支票需要到银行落账才知道能否兑现，眼前的两人是第一次来店里购物，不了解两人的信用度如何，要是空头支票就麻烦了，小心驶得万年船也是经商的要诀之一，作为商人在经营方面谨慎行事还是无比正确的。

店员接过支票以后：“先生，你看现在银行都已经下班了，这支票……”

这位男士看穿了店员的心思，十分冷静地对店员说：“小姐，你担心这张支票是不能入账的空头支票，对吗？”

“先生，我们初次打交道，公司规定使用支票必须到银行先落账才行”，店员带着满脸歉意地说。

“我知道现在已经是下班时间，银行已经关门了，但是不要紧，我建议你先把这张支票和包都留下，等到明天早晨上班时，你到银行把这张支票兑现之后，再麻烦你们把这款皮包送到这位小姐的住所，你看可以吗？”

听到这里，店员放下心来，非常欣然地接受了这个建议，并且高兴的承诺，送LV包的费用由店里承担，她本人将会亲自把事情给办理妥当。到了第二天上班时间，店员拿着支票到银行入账，心里自然高兴，因为又可以拿到数额可观的销售业绩奖金了，谁知这张支票交给银行柜员核验时，却是一张空头支票！

店员愤怒地打电话给那位男士：“你为什么不守信用骗人呢？”很多时候骗人其实是不需要理由的，也没有理由。

“小姐，这没有什么要紧啊！你和我都没有任何损失啊，而且昨天晚上我已经同那位漂亮的女士共度良宵，还得感谢你的合作呢！”

这位美女的命运让人感到有点悲凉，在现实生活中却有人不断上演着类似的情节，如果天上掉馅饼，不是砖头就是陷阱。这个小典故揭示了企业经营出现危机的一个重要原因——贪婪。假如你作为企业当家人对未来的投资项目充满着美好的期望，并且认为方案是经过深思熟虑万无一失的，实现预定目标收益应该不费吹灰之力，由于贪欲过分追求利润最大化，企业经营并不完全按照经济发展规律运作，低估了其中蕴藏的风险。拿着空头支票的男士相当于项目合作或者投资理财机构，LV皮包相当于未来的收益，故事中美女相当于企业投资者，由于对眼前利益的贪心，忽略了螳螂捕蝉黄雀在后的风险，这种情形发生在国内外企业以及我们个人身上不在少数，企业为了获取利润，只关注市场营销忽视产品质量者有之，一部分人抱着一夜暴富的美梦，投身于股票市场、杠杆交易或者博彩赌博行业，最后落得血本无归者屡见不鲜，还有一些所谓专家学者对社会经济发展形势的评论分析在欲望膨胀的投资市场中起到了推波助澜的作用，面对眼前利益能保持头脑清醒的人又有多少呢？在各种诱惑和复杂的经济环境中，还是佛家讲得好：“息灭贪嗔痴，勤修戒定慧”，但作一位壁立千仞无欲则刚的企业管理者谈何容易。企业管理者的智慧除了自身思想境界的修炼还要放下贪欲和对名利的过分执着，无论个人还是企业，在贪婪的全息负效应侵蚀作用下，走向末路穷途的案例比比皆是。都说好奇害死猫，贪心同样也会害死猫，不少企业走向危机的原因除了本身技术实力不足和管理不善以外，追根溯源还是人性贪婪造成的，贪心不足蛇吞象，贪婪的欲望如同洪水猛兽一样，即使猫有90条命也难逃厄运，而且贪婪的全息效应的自我复制和传播速度远比具有正能量的慈善公益活动所产生的正效应要迅速得多。以下是对一家国际知名企业命运变化的过程加以分析，正是由于高层管理者们的贪婪最终使得企业从辉煌走向没落。

在国际金融界提起美国雷曼兄弟（Lehman Brothers Holdings）几乎无人不知，这可是为全球大公司、政府和投资者提供金融服务的一家全方位、多元化投资银行，拥有像戴尔、富士、IBM、英特尔、美国强生、美国在线时代华纳、摩托罗拉、NEC、百事、沃尔玛等众多国际知名公司的客户群。雷曼兄弟银行创建于1850年，总部在美国纽约市，曾经被《财富》认定为世界500强公司之一，在这里工作当然是非常值得骄傲的事情。然而这样一家实力雄厚的金融帝国连上帝也不会相信她竟然在2008年9月15日宣布破产了。在雷曼兄弟公司总部门口，西装革履的银行精英们垂头丧气地步出这座曾经令世人瞩目的美国第四大投资银行，他们手中拿着纸箱、文件袋、艺术品、雨伞等物品，几乎都无一例外地印着"Lehman Brothers"的标识。为了防止员工出现骚乱，警车上警灯在街边闪烁，临街大道簇拥着新闻记者和围观的人群，同情、失落、嘲讽弥漫在空气中。人们在门口相互道别、拥抱，眼中含着泪花，面对媒体记者的提问置若罔闻。其中一位突然变得气愤起来，冲着围观的人们大喊道："有什么好看的？你们觉得很有趣吗？"这是美联社记者目击当时场景所描述的文字。无论怎样，美国明天的太阳照样升起，华尔街上从此再无"雷曼兄弟"。曾子说："人之将死其言也善，鸟之将亡其鸣也哀"，其情可怜，其境可悲！雷曼兄弟破产归结与金融次贷危机，实际上另有隐情，这就是贪婪的欲望让企业走向破产。雷曼兄弟银行在全球48座城市设立了办事处，组成了紧密相连的国际巨大资本市场。自从创立以来，已在全球范围内不断创造新颖产品和构建最新的融资方式，为客户提供了最优质的服务获得了良好声誉，但是次贷危机来了，什么是次贷危机呢？

美国金融业发达，民众贷款非常普遍，尤其买房子很少有全额付款者，通常都是长时间按揭贷款，一些收入并不稳定甚至根本没有收入的人，买房因为信用等级低，被定义为次级信用贷款者（简称次级贷款者），不少像生活不富有美国老太太这样的次级信用贷款者到死都还不清贷款。次级抵押贷款是向信用等级较差和收入不高的借款人提供的贷款，这是一个高风险、高收益的行业。那些因信用记录不好或偿还能力较弱而被银行拒绝提供优质抵押贷款的人，会申请次级抵押贷款购买住房。美国商业银行不愿意承担贷款资金风险，把贷出去的款项重新以债券的形式卖给了投资银行，这种债务被分化为小额的债券进行转卖，美国这种专门收购商业银行、房产抵押贷款债券的二级资本市场很多，像美林公司和雷曼兄弟银行等投资机构等。商业银行把钱赚到了，风险又不用承担，全部抛给了投资银行。可是投资银行拿到这些债券之后也不想承担风险，他们做了包装，将债券分解成证券的形式出售，客户是谁？当然是美国的老百姓，终点又回到起点，商业银行的风险经过次级投资机构的重新分配又回到老百姓的手里，真是倒霉透顶了，又把风险重新移嫁到老百姓身上，美国那些为生活奔波的穷苦老百姓哪懂这些玩法啊，一方面贷款买房子，一方面又掏钱买房屋贷款经过包装的证券，在这场资本炒作的游戏中，美国经济拮据的底层老百姓始终处于被掠夺的受害者地位，自己被卖了还得帮人家点钱。

美国政府为了拉动刺激消费，银行利率很低，在利率很低的时候老百姓贷款所支付的利息很少，还能支付起房屋抵押贷款的利息和本金，所以暂时平安无事。但是在2006年以后美国政府提升了银行利率，这是一个致命的动作，那些收入低、信用度比较差的美国老百姓就被推向苦海里了，导致他们根本还不起贷款的本息，这条贷款的循环链条就出现了次级贷款的危机——次贷危机。因为房地产用来抵押贷款，投资银行要收回债务不得不变卖这些房地产，迫于资金回笼压力，房地产市场的价格大跌，房地产泡沫破裂导致整个实体经济的衰退。对于美国金融危机发生的原因，经济学家的看法普遍认为，这场危机主要是金融监管制度缺失造成的，这不过是冠冕堂皇的官方语言，美国的金融法规制度是世界上最完善的，根本原因是华尔街投机者缺乏诚信和贪婪的欲望，贪心不足蛇吞象，弄虚作假欺骗了美国老百姓。华尔街的投资银行还幻想美国政府能伸出援手弥补地产相关证券的巨额损失，在这个过程中，雷曼兄弟就是一直在苦苦寻找买家，然而美国联邦政府官员表示拒绝提供融资支持雷曼兄弟，雷曼兄弟终于倒下了。

作为美国第四大投资银行，雷曼兄弟亏损严重本来可以不死，当时有一个救命机会被错失了。当它亏损20亿美元的时候，英国巴克莱银行曾经愿意出资17亿美元收购雷曼兄弟，可是雷曼兄弟的8名高级主管却研究起了美国金融法和公司法，找到一条“金色降落伞条款（golden parachute)”，条款规定按照聘用合同中公司控制权变动对高层管理人员进行补偿，“金色”意味补偿要丰厚，“降落伞”是指高管可规避公司控制权变动带来的冲击而实现平稳过渡。这种让收购者“大出血”的策略，属于美国政府为了反收购制定的“毒丸计划”之一，其原理可扩展适用到经营者因为各种原因的离职补偿。雷曼兄弟的8位高层管理者竟然要求巴克莱银行支付给他们25亿美元的补偿，公司亏损20亿美元都快要倒闭了，巴克莱银行愿意出17亿美元来救助，这些贪婪的家伙却张开血盆大口跟人家要25亿补偿金以保证个人的平安无事，试想这样苛刻的条件有谁愿意伸出援手呢。结果在一片怒骂声中，雷曼兄弟与巴克莱银行的收购谈判失败了，雷曼兄弟也走向了没落。此前雷曼兄弟银行总裁理查德·富德刚刚度过了他的62岁生日，还没有任何退休的打算，他坚信凭借强大的企业凝聚力和深厚的客户关系，雷曼兄弟可以不惧任何大风大浪。在美国华尔街曾经有一个说法，称理查德·富德所带领的雷曼兄弟就像一条有着19条命的猫一样面对任何风险都不会死掉的。俱往矣，风流总被雨打风吹去，雷曼兄弟在华尔街辉煌的传奇像美国世贸中心大厦一样成为永远的回忆，雷曼兄弟已经成为历史，158 年的家业随风而逝，一切都如同浮云散去了，别了理查德·富德，别了雷曼兄弟！

如果说贪婪是导致金融危机的根源，那么缺乏信用的投机就是打开潘多拉魔盒的黑手。这场波及全球的国际金融危机实质是人性危机、道德危机和诚信危机，归根结底是由于人们对于金钱财富的过分贪婪和自私自利所导致的。被誉为现代经济学之父的亚当·斯密在《国富论》中指出："当每一个人企图尽可能地使用他的资本去支持本国工业，从而引导那种工业使它的产品可能有最大的价值时，每一个人必然要为使社会的每年收入尽可能大而劳动。的确他一般既无心要去促进公共利益，也不知道他对此促进了多少，他宁愿支持本国工业也不支持外国工业，只是想确保他自己的安全，他指导这种工业去使其产品能具有最大的价值，他这样做只是为了他自己的利益，也像在许多其他场合一样，他这样做只是被一只看不见的手引导着，去促进一个并不是出自他本心的目的[①]。"看不见的手是什么？很显然就是人们自私自利的贪欲和道德的缺失，也正是这只看不见的手是导致金融危机的一个深层次原因，为满足个人的贪欲而见利忘义，损害公众利益，丧失了道德底线。如果社会劳动创造的财富不能真正地被大众分享，这必然会导致经济发展失衡的风险，而且注定要威胁社会稳定。企业要承担社会责任，企业家身上要流淌着道德的血液，这也是拯救金融危机的唯一选择。

六、痴心妄念感召邪风邪气

"痴"是形声字和会意字，繁体字的写法是"癡"[②]。在《说文解字》中注释为"不慧也"，从字形看其意义为"所知所见不正确，对客观对象的认知是一种病态的见解"，也称为愚痴。在传统经典中，"痴"是众生"贪、瞋、痴、慢、疑"五毒之一，梵语 moha，也译作"无明"，是指愚昧无知和不能明了如实之事理。"妄"是形声会意字，《说文解字》注释："乱也。"《春秋繁露》云："施妄者，乱之始也。""妄"为上下结构，由"亡"＋"女"，如果直接解释为家里亡失了女人就乱了也尚可。"女"在《易经·坤卦》中代表坤德或君子的德行，所以"妄"字的更深层含义应该是："缺失了德行，人和事就乱了"。

人是否愚痴与学历高低关系不大，有知识、有学历不一定有智慧，所谓"上上等"的专家学者或者社会名流也有被蒙蔽双眼的时候，"下下等"的人

---

① 亚当·斯密：《国富论》，世界图书出版公司 2009 年版，第 456 页。

② 王力：《王力古汉语字典》，中华书局 2000 年版，第 766 页。

心性简单却有不同寻常的智慧，一位目不识丁的农民在表达对事物的看法时，同样可以提出非同寻常的见解，像禅宗六祖慧能大师虽然不识字，但却能明心见性而顿悟无上菩提的智慧。高级知识分子或者大学教授在自己的研究领域可能是专家，但是在其他方面可能就有短板，如果对错误的偏见执著不改变就是愚痴。“痴”不仅成为认识世界的障碍，而且痴心念头往往感召的也都是邪知邪见的因缘，以至于心理健康和思维方式出现了问题，一部分抑郁症患者与对事物愚痴的见解和执拗的追求有很大关系，当这种歪风邪气在社会或者企业团体中一旦泛滥形成气候时，其能量可与飓风相比，必然将企业吹向非正常发展的邪路上来。有一家企业曾经在国内一度辉煌，由于高层领导者们缺乏智慧和正知正见，加上对与企业技术与管理无关的“大师”们的顶礼膜拜，使得企业最后走向了没落。

在20世纪80年代末，一根会“跳舞”的火腿肠广告在中央电视台首先播出，此后这根小小的火腿肠红遍大江南北，产品供不应求，这就是洛阳春都集团。来自全国各地的订货商纷至沓来，一时间春都门庭若市，甚至东北一家订货商为了拿到货竟然在洛阳等了一个月。都说洛阳牡丹甲天下，与春都火腿的舞动神州的名气相比要稍逊一筹，春都就这么火了！这一切都归功于春都掌门人高凤来的胆识和魄力，在改革开放的政策大好形势下，他敢于突破创新，带领员工克服重重困难将规模很小洛阳肉联厂缔造成为中国火腿肠行业的开创者，为中国人带来了一种全新的肉食品口味，并迅速形成了强大的产业群体优势，高凤来也被称为中国火腿肠之父。当时人们的生活水平一般，火腿肠还是一个新生事物，春都的领导者恐怕做梦也没想到生产火腿肠在如此短时间内带来了丰厚的企业效益，销售额从最初的2亿多元猛增到20多亿元，年创利润2亿多元。在中国改革开放初期，国内有如此骄人业绩的企业不多。中央电视台、《人民日报》,《光明日报》各大媒体记者不断涌入春都竞相采访，各种荣誉和褒奖接踵而至。

如果成功来太快、太容易反倒不是一件好事情。企业经营红红火火，效益好得简直令人发晕，春都高层管理者们开始春风得意飘飘然了，“暖风吹得游人醉，直把杭州作汴州”这句诗非常符合当时高层管理者的心境，当地领导也要求春都尽快做大做强，为洛阳作出更大的贡献。未经科学论证，春都在较短的时间内投巨资增加了医药、饮料、房地产等多个经营项目，并跨地区、跨行业收购兼并了洛阳旋宫大厦、平顶山肉联厂、万州食品公司等17家严重亏损的企业，涉及生猪屠宰加工、肉制品加工、饮料、医药、酒店、房地产、木材加工、商业等产业，春都用其不够硬朗的身躯拖着沉重的负担走上了集团多元化经营道路，企业集团多元化并不等同于简单地将各种经营项目的拼凑形成规模化生产经营。由于企业经营项目繁杂、相关管理人才缺乏，投资过于集中使得资金在短期内很难收回，虽然春都资产由1987年的3950万元迅速膨胀到29.69亿元，但是这种急剧的扩张让企业危机四伏，春都兼并和收购的企业有半数以上亏损，还有近半数以上关门停产，这时候作为企业掌门人本应该立即采取正确的应对措施，不仅要进行企业股份制改造，还应该在技术创新、生产经营和投资决策方面做出正确的选择才有转机。随着春都业绩下滑，火腿肠中原来80%的精肉到最后只剩下10%，其余都充斥着淀粉，火腿肠几乎成了“面棍”，5元钱可以买一堆，可想而知这样的产品还有谁愿意销售呢。在《企业环境规划与形象设计》书中阐述了企业环境的全息效应，当企业走向衰败的时候，其内部的气场和环境氛围也随之走向破落。有一家媒体记者采访时说道：“走在曾经名噪一时的洛阳市春都路上，深秋的寒风裹挟着风沙，使春都曾经锃亮的金字招牌上蒙上了厚厚的一层尘土，这里早已没有了昔日车水马龙、门庭若市的景象，人们所谈所想也早已不是春都如何‘百尺竿头，更进一步’，生存已成为摆在春都人面前的一道坎，在这条春都路上充斥着沙尘，更遗失了曾经兴旺的人气与人脉。”

墙倒众人推，屋漏逢阴雨，就在这个时候算命大师们隆重出场了。随着企业经营效益不断提升，春都决策者把全国那些“可上天入地，能预测生死”的算命大师们请进了企业，从此打开了“痴”心的大门，企业投资、管理和各种决策全部依赖大师的指点，从投资17家亏损企业的重大决策到公司岗位人事安排都要请教大师。1997年，一位来自海南的“灵鸽”算命大师被迎请到春都，春都集团一系列人事任免全部依靠“灵鸽”大师的钦点。除了“灵鸽”这位大师，春都还请来了北京的“曹大师”。这位曹大师来头也不小，命理学、风水规划等据说是无一不通，有远程预测的本事，他人在北京便可知道洛阳发生的一切，而且据他本人说，他还曾经“大闹”美国赌城拉斯维加斯，在赌博机面前，他随意报出的号码全和中奖号码完全一致，他的“惊人之举”令赌场老板恐慌，最后经过交涉，赌场老板与其签订了“攻守同盟”，曹大师在收取一定的“酬劳”后，不得再踏入赌场半步。曹大师驾临春都集团的时候，正好在资金周转上遇到了困难，这位曹大师马上看出了破绽所在，他极力向高层决策者进言道：“春都要想发大财，工厂现在的大门有碍风水，企业财路都被这门给挡住了，尽管现在春都有钱，但要想财源广进，必须重新开个大门。”高层决策者听了曹大师的话如梦方醒，难怪春都的资金链出了问题，原来是大门开错了！春都马上按照曹大师指点的位置拿出巨资新建了一座大门，并雇佣了大量门卫，每天三班倒值守，说是为了“守财”。大门建造得非常漂亮，春都并没因为这座大门的兴建而出现任何起色，而且每年还要支付门卫工资高达几十万元之巨。在曹大师指点下建起了新大门以后，又来了一位李大师，这位李大师仿佛天人一样神神秘秘。李大师表演类似魔术的特异功能让春都决策者们佩服得五体投地，他特意编织了一个圈套，告诉春都决策者："春都的资金必须找个合适的地方投资，否则保不住，投资地点不是别处，正是李大师自己所经营的产业，后来春都将一笔数额不小的款项没有经过调查论证就投向了李大师经营的产业，结果可想而知，这笔资金也有去无回了。

春都集团决策者们不在企业管理、技术研发、产品质量和市场营销方面下工夫，整日痴迷于乌七八糟的道术邪法，由于领导者愚痴的心念，企业感召来的也是妖风邪气，最后春都集团走向衰落也就不足为奇了。在中国历史上曾经就有类似的君主因为迷信各种仙法导致国家灭亡，像夏朝君主孔甲和明朝嘉靖皇帝都是对所谓长生不老的仙术和装神弄鬼的东西情有独钟，如果一个国家君主的思想和精神不正常，政权统治和社会生产力不衰败才怪呢。春都集团从鼎盛到迅速衰落与领导者愚痴迷信的思想有很大关系，直到今天也仍然有不少政界、商界和演艺界等所谓社会名流迷信什么气功和大师的特异功能，有人拜其为师祈求保佑平安发财，有人不惜重金邀请加盟作为企业高级顾问。尽管当前社会是科学技术和文化教育发达的时代，但是仍然有人对某些"大师"顶礼膜拜，说明人们缺少正确的认知和基本的科学素养。领导者愚昧无知大搞封建迷信使得企业充满了妖风邪气，必然导致企业倒闭破产。

第四节 财富创造与流通全息论

一、财富创造不确定性原理

在中国过新年或者店面开张之际，人们前来道喜祝贺经常说："恭喜发财"，从古到今，发财致富是每个人的梦想。什么是财富？大部分人认为金钱和物质就是财富，这种看法无可厚非。解读财富的真实内涵首先从字义谈起，"财"为形声字、会意字，在《说文解字》中注解："人所宝也。"即人所珍贵的东西为财，"财"是由"贝"＋"才"构成，"贝"是指钱币的意思，过去古人曾经使用贝壳作为钱币，"才"有储备的意思，所以，财富的本义就是储备金，引申意义是指一切有价值的物品。"富"也是形声字和会意字，在《说文解字》中注解："备也，一曰厚也"，即富有充足的意思，从字形上分析，"宀"指场所和房屋，"畐"本义为"充满"。"宀"与"畐"组合一起表示房屋被塞得满满的，家里财物储备越丰厚才是富裕。此外，对于普通百姓人家来说，还有知足者富的意思，如果将"富"字形全部拆解"宀＋一＋口＋

田”，“一”寓意平安稳定，“口”和“田”表示家里只要人丁兴旺、有农田耕种就是富有，即有饭吃，有田种，平平安安就是富有人家。从财富两个字的本义出发，财富有正有偏，以道生财，依靠劳动和正道所创造的财富为正财；以术生财，依靠非正常手段的不劳而获，或者通过非正当途径所获取的财富则为偏财。财富有吉有凶，仁者以财发身，靠自己劳动以正当手段获得相应的财富则为吉，每天吃饭睡觉也安稳自在，有仁慈心的人，把财富用以发身，彰显自己的德行，做慈善事业来帮助天下大众。但是不仁者，损害自己或他人的身命来发财，企业冒着破产倒闭的风险去索取财富，通过欺诈、行贿、违法行为或者销售假冒伪劣商品取得的财富就是凶财，凶财也很难守藏和正常使用，本身就充斥着贪婪和邪思邪念的信息，即使金玉满堂也莫之能守，不仅难以保存，而且带来的都是灾祸。从古到今，有多少贪官由于欲望膨胀索要钱财而身陷囹圄，多少企业通过制假售假和不正当交易在某一段时期可能辉煌，然而终究是昙花一现，免不了倒闭破产的宿命。企业、商业和个人都应以取得正财和吉财为目标，从而能趋吉避凶，这也是稳定社会经济秩序的有力保障。

财富分为物质财富和精神财富。除此之外，人的生命和健康也是一种财富，而且在某种程度上，生命和健康是人生最宝贵的财富，还有什么比健康长寿更重要的呢。每个人追求的目标不同，对财富的观念也都不尽相同。在不同历史时期，古人和现代人对财富的理解和定义还是有差别的。司马迁在《史记·货值列传》中说：“天下熙熙，皆为利来。天下攘攘，皆为利往。”虽然是只言片语，但是道出了人们对财富的欲望，使得人们长期以来信奉“人为财死，鸟为食亡”作为人生的目标。国家之间发动战争大部分是为争夺财富和自身利益而战，企业之间竞争激烈还是为了谋求利益而争。纵观古今，多少人因为贪恋财富而沦为阶下囚，最著名的大贪官和珅家中积聚的金银珠宝相当于清政府 15 年的总收入，最终被嘉庆帝登基以后抄家处死。孟子说：“富贵不能淫，威武不能屈，贫贱不能移。”淫是过分享受的意思，富贵不能过分的骄奢淫逸，贫贱也绝不会为了金钱名利巴结权贵而改变自己做人的气节和处事原则。古代有这样的仁人志士，不为金钱所动，廉者不受嗟来之食，志士不饮盗泉之水，追求高品位的精神生活，他们的财富也许匮乏，精神世界却富足。孔子说：“一箪食，一瓢饮，在陋巷，人不堪其忧，回也不改其乐，贤哉回也!”颜回是孔子的学生，尽管生活清贫，但是内在的品德修养却非常高尚，这是精神财富的富有。虽然有的人富甲天下，但是却能够将积累的万贯家财全部散尽，最后归隐田园而不知所终，被奉为文财神的陶朱公范蠡就是这样的人，其三聚三散的典故流传至今。《易经》坤卦卦辞曰：“地势坤，君子当厚德载物。”从历史经验看，无论物质财富还是精神财富，不是谁都能富甲一方，对于个人或者企业来说，创造财富的能力与知识多少和学历高低关系不大，大学教授、经济学家在大学课堂或企业机构到处宣讲企业管理与赚钱的秘诀，在教别人如何发财致富的时候，自己却不富裕，甚至有的人还欠着外债。所以，一个人的内在格局和德行才是创造积累财富的必要条件，国内外很多知名的企业家学历并不高，却拥有亿万资产和身价，有德者才能承载这么多财富，无德者即使通过巧取豪夺获得的财富也终究难以保有，来得快，散得快，如果一个人的德行不够的话，那么他难以享有更多的财富。

在过去皇宫里有两个孩子同时出生，其中一个孩子是亲王妃子所生，另一个孩子是王府家仆人的妻子所生，可是王子长到十几岁时便夭折了，令父母二人伤心不已，而那位仆人的儿子接替了父辈的差事，继续做着仆人的工作，一生碌碌无为倒也平安无事，寿命长达八十多岁。从古人迷信的八字命理学来说，两个人出生时间完全相同，八字也是一样的，按道理说两个孩子的命运应该相同才对，为什么会差别这么大？其中道理是：两个孩子同时出生意味着先天德行几乎是一样的，王子因为享受了普通人家没有的荣华富贵，又不懂得积累德行，德行不能承载这样的福报，所以过早亡故了。虽然仆人家孩子先天德行与王子一样，但是他没有机会和条件享用这么多财富，过着紧衣缩食的生活，自然活得长寿。林则徐说："子孙若如我，留钱做什么用，贤而多财，则损其志；子孙不如我，留钱做什么，愚而多财，益增其过。"祖上再富有，亿万家财全部留给子孙，如果子孙没有德行享用必定富不过二代三代，同样企业没有德行，很快就会走向衰败甚至倒闭。如果仍然使用前面内容提及的不确定性原理公式来阐释财富、寿命和德行三者之间的关系，能更直观地理解一个人或者团体富贵康宁的缘故和其中奥妙所在，这也是命运不确定性原理，应用数学公式的形式表达如下：

$$财富 \times 寿命 \approx 德行$$

当一个人德行作为常数不变时，如果过分地追求财富和享受财富，则寿命就会缩短；相反，如果生活简朴，一生过着平淡不太富裕的日子，寿命就有可能得以增长。诸葛亮在《诫子书》中说："夫君子之行，静以修身，俭以养德，非淡泊无以明志，非宁静无以致远。"这话是有道理的，也是身心健康长寿的秘诀。在不确定性原理公式中的德行常数也是可变的，有的人通过修身正己，长期做积德行善的事情，其德行就会不断地增长，财富和寿命无须强求自然都会得以增加。孔子说："仁者寿，大德必得其寿"，医德高尚的老中医一生治病救人，大多数人是健康长寿的；有的人不懂得修身正己和珍惜已经拥有的福慧资粮，任意挥霍无度，做了很多有损德行的事情，那么随着德行常数的日渐折损，财富和寿命自然被削减。所以，古人讲的"多行不义必自毙"不但是至理名言，更是自然规律。也许有相当一部分人看了这个公式以后会提出这样疑问："为什么一些干尽了坏事的人，一生却富贵平安，而有的人做了大量的善事却早早故去，像雷锋做了那么多的好事，22 岁便因公殉职，还有焦裕禄 42 岁就因病故去，这是为什么?"在生活中诸如此类的人太多了，以至于人们相信"好人不长寿，祸害活千年"是千真万确的"真理"，使用上面的不确定性原理公式怎样解释这个现象?对于该问题，不确定性原理公式仍然成立，一个人德行包括先天和后天两部分，先天德行是祖辈和父母积累下来的，像遗产一样传给了后辈子孙，古人说："祖上有德，荫及子孙。"孔子被称为大成至圣先师，他的后世子孙到现在已经有 70 多代了，据统计孔氏家族不少后人还是非常出色，遍及经济、政治和教育等多个领域，为国家做出了卓越的贡献。对于那些干尽坏事却福寿俱全的人，后天又不积德行善，是因为他们在享受和消耗着祖辈遗留下来的先天资粮，如果祖辈德行深厚，能使子孙几辈子都在享用，即使不肖子孙为恶乡里，由于恶行没有将祖德或者德行常数全部耗尽，家业还可能兴旺，一旦祖德消耗殆尽，财富和寿命自然就穷尽了。有的人前半生荣华富贵，后半生却穷困潦倒或者身陷牢狱，甚至因病过早地故去，这都是先天祖德和后天德行被消费无余，自己后天又不重视德行积累的缘故。对于雷锋和焦裕禄这样的好人生命短暂又如何解释呢?孔子说得好："死而不亡者寿。"尽管他们的身体和生命都不存在了，但是雷锋和焦裕禄留给后人的精神财富却是万古流芳，与天地长存，与日月同辉，他们的财富、寿命和德行都达到了至高圆满的地步。企业作为法人同样也满足不确定性原理公式，企业除了创造物质财富和精神财富外，还要重视在经营发展中积功累德，随着企业自身德行的积累增长，企业先天和后天的正能量才能得到长足的补充，在中国许多百年老店中都有一个共同点，经营者除了重视货真价实和诚信经营的理念外，他们都是以德为先，将德行作为老店经营的根本，最后才是如何获取利润。

基于不确定原理公式可知，人类对于物质财富和精神财富的追求成为推动社会生产力发展和劳动分工越来越细化的动力。中国先民们一直都奉行"君子爱财，取之有道"的原则，从秦朝开始到民国初年铸造钱币都是圆形方孔的铜钱，为什么设计这种形状，其实古人是按照天圆地方的思想来制造的，外圆代表乾和阳，内方代表坤和阴，铜币包含了天地阴阳之道，外圆内方的铜钱也是在表法，寓意着"一阴一阳之谓道也"，这与儒家主张的思想是一致的。《大学》云："生财有大道，生之者众，食之者寡，为之者疾，用之者舒，则财恒足矣。"这是我们古圣先贤体悟出来的智慧和生财之道，与现代经济学思想是没有差异的。"生之者众"就是生产劳动的人要多，这样国民生产总值才能不断增长，"食之者寡"是说使用者的消费量要尽可能的少，不要过分享用和浪费财富。然而，像美国这样的发达国家正好相反，推崇以消费拉动经济增长，将未来的钱拿到现在花，相当一部分人不愿意劳动，想通过股票投资和理财投机实现一夜暴富的梦想，或者靠政府最低福利保障过着不劳而获的生活，严重地消耗着全球资源。由于我们传承了几千年来中国古圣先贤的思想，以劳动光荣、厉行节约为美德，所以，中国的经济始终保持着稳步增长的态势，这是西方国家所不具备的。“为之者疾”与前面所说的意思类似，疾就是增长要快，为了满足需要，生产要快，国家和百姓的消费要缓慢，不能太急，财富自然就积累得越来越多了，这是“用之者舒，则财恒足矣”。中国经济保持这么多年持续性的高速增长率，让很多欧美国家刮目相看，原因在哪？其实很简单，《大学》里的财富观不就是最完美的答案吗？国民经济主要来自于工农业生产，无农不稳，无工不富，无商不活，工农业生产的多，消费的少，不要奢侈浪费，多快好省就是在积累财富和促进国民经济增长。

生财有大道，大道至简，生财之道并非有多么高深莫测，生财最简单的秘诀，也是最大的秘诀就是——“一积德、二劳动、三布施”。因此，财富创造者的首要是修身正己、进德敬业，《大学》云：“长国家而务财用者，必自小人矣。彼为善之，小人之使为国家，灾害并至。虽有善者，亦无如之何矣，此谓国不以利为利，以义为利也。”如果君主治国以敛财为主要目的，那么朝堂上必然会感召唯利是图的奸佞小人来做祟，君主不但把小人当做好人，还让他们去治理国家，天灾人祸将会降临，即使此时有德行的贤者出来拯救国家，恐怕也于事无补。国家、企业和个人都不应该以追求财富利益为根本目的，而是要以仁义道德为重。以德创造出的财富是正财、吉财，正财和吉财为国家、社会和家庭带来的是和谐有序的正能量；通过劳动包括体力劳动和脑力劳动才能创造致富，世界上没有不劳而获能长久生存下去的人和企业，只有劳动才是创造财富的唯一途径，除此之外，都不可能使财富得以增长；企业财布施是将自己创造的财富通过国家税收、薪金报酬和慈善公益等不同渠道再次分配给社会大众，财布施不但是对国家经济和社会大众的贡献，也是财富自然流动与再次合理分配的过程，舍才能得，方舍方得，不舍不得。当一家企业在长期生产经营中获取的利润率不高，甚至是处于负债经营的状态，只能说明这家企业的创值能力很低，对社会没有多大贡献，或贡献的很少。合理合法从正道中获得的经营利润，不仅是企业的经营目的，也是社会经济发展的基石和人民安居乐业的保障。企业创造财富和获取利润要取之有道、用之有道，将部分经营利润拿出来布施贡献给社会也是企业应该担负起的责任和义务，这是回馈给社会大众的财布施，在国学经典中讲授生财之道最有效方法就是财布施，财布施得财富是一种无形的因果律，这种生财有道的方法恐怕不是谁都能认同和相信的，尤其是无所求的财布施。

二、财富循环流通及全息效应

《淮南子·万毕术》记载了青蚨还钱的典故："以其子母各等，置瓮中，埋东行阴垣下，三日复开之，即相从，以母血涂八十一钱，亦以子血涂八十一钱，以其钱更互市，置子用母，置母用子，钱皆自还也。"人们把钱称为青蚨，青蚨传说是南方的一种虫子，名字叫蚁蜗，又叫青蚨，有的地区也称为鱼伯。它的身体形状类似蝉，体形比蝉稍微大一些，翅膀像蝴蝶那样宽大，颜色美丽，吃起来味道鲜美。它产卵必须要依附着花草的叶子，大小像蚕蛾的卵。如果把它的卵拿过来，那母青蚨就一定会飞过来，不管离得多远都一样。虽然是偷偷地拿走了它的卵，那母青蚨也一定知道藏卵的地方，这也是昆虫母子连心的全息效应。人们把这个中国古代神话传说称作"青蚨飞去复飞来"。人们根据这个典故，将母青蚨的血涂在一些铜钱上，称为母钱，用子青蚨的血涂在另外一些铜钱上，称为子钱。每次去购买东西，有时先花母钱，有时先用子钱，据说很神奇花掉的钱都会再飞回来，这样循环往复，手中的钱就永远都用不完，把飞来的青蚨钱称作"神钱"，青蚨还钱的典故也由此流传。

青蚨还钱的典故说明了财富不是静止的，而是一个动态循环流通的过程。财富如同潮起潮落的大海一样，在人的心念和其他各种力量的作用下，有时风平浪静，有时波涛汹涌，有时惊涛拍岸泡沫层出不穷，这是以此来说明财富在流转过程中的各种情形，也表明了经济发展起伏跌宕的不稳定状态。财富就像地球上的水一样处于动态往复循环的过程，无论经过多少次循环，水的总量是恒定的，既不会增加，也不会减少。当海水在阳光能量的作用下不断蒸发，水汽升腾到天空形成了云，当天上的云中水汽浓度达到一定程度便凝聚成雨，正是雨水润泽滋养着山河大地和各种生命，才有碧水青山、绿树成荫的人间美景，地球因为水的存在与流动而变得生机勃勃，形成江河湖泊各有其道又重新回归大海。财富总量如同海水到雨水、雨水到海水的转化本来应该是一个不增不减、不生不灭的往复循环过程，人们的劳动就相当于阳光能量，以此使得财富的海水循环起来，养育着天下黎民百姓，过着安居乐业的生活。本来财富经历这样循环推动了社会生产力发展，不断地改善人们的生活水平，但是在财富循环过程中经历许多环节，难免要受到各种有利或者不利因素的影响，有的是来自于不可抗拒的自然界因素，有的是来自于社会政治体制的变动，有的来自于人们思想意识的变化，还有的来自于不正当手段等等。当劳动创造的财富总价值与发行的货币总量相同时，财富循环是一个清净无染的过程，社会经济运转处于和谐有序的最佳状态。当在财富循环过程中出现了外界干扰因素时，就会发生不同的乱象，企业生产假冒伪劣产品，经济秩序遭到破坏，有些企业破产倒闭，资不抵债导致银行贷款无法收回，形成了呆账、坏账，最后不得不核销。某些人以不正当手段进行钱生钱的资本运作，不但没有为社会创造价值，反而是在消耗和浪费财富。企业之间债权、债务的纠纷，各种三角债难以清算时，导致财富正常流通渠道受到堵塞。诸如此类因素导致货币数量与所代表的财富出现了很大的偏差，当货币发行总量超过国民经济生产总值的几倍到几十倍时，通货膨胀和经济泡沫化便出现了。在财富循环过程中这样的干扰因素越多，经济泡沫化程度就会越来越高，金融秩序也变得更加混乱。现在拿出 100 元购买物品的数量与 10 年前或者 20 年前相比，购买物品数量绝对不等同。由于经济泡沫的不断膨胀，为了在货币价格和经济体制上实现暂时的平衡，国家货币发行量开始不断增长，当财富与资源总量始终保持稳定不变时，货币持续贬值也就不可避免了，所以当国民经济发展出现泡沫时，其实持续上涨的不是物价，而是货币的发行量。除了社会经济秩序受到严重干扰外，人们正确的思想观念被打乱了，最可怕的是为了追求利益，人心也慢慢坏掉了。例如，种蔬菜的农民为了获得高产量，不惜使用剧毒农药和各种化学生长素，销售有毒蔬菜赚来的钱购买了羊肉，发现羊肉原来是老鼠肉加工成的，卖假羊肉的用钱买奶粉喂养子女，奶粉却被添加了三聚氰胺，劣质奶粉生产商拿钱买蔬菜，蔬菜原来是喷洒剧毒农药的农民种的。在上述买卖循环过程中，不仅每个生产环节都变得污秽不堪，而且人们受到毒害时相互指责和不信任，由此人心被严重污染并逐渐堕落下去。财富本来如同清净大海水，但是随着在循环过程中各种不正常因素的介入，出现了各种污染和负面干扰因素。这种受到污染和外界不良因素干扰的财富流动循环速度越快，经济危机和金融危机发生频率也就越高。某一因素所形成的影响和作用对整体经济产生的是全息效应，这种全息效应会随着时间的推移将波及全球每一个国家、企业和个人，对整个世界经济体系运转状态发挥着或大或小的作用，并且渗透于不同的行业领域中，彼此相互交织在一起，相互缠结干扰着。尤其在全球经济一体化程度越来越高的今天，作为有责任感的企业家，带领企业创造的财富应该谋求正财和净财，如果每家企业都能意识到这一点，并且从自身做起，按照付出的劳动价值与财富总量相匹配的原则，国家经济发展和世界金融秩序一定会走向良性循环发展的道路。

财富流通的全息效应还表现在不同行业之间的相互影响和相互作用，曾经有细心的学者发现美国华尔街股市的涨跌与药品阿司匹林之间存在某种关联，阿司匹林销量与股票价格呈反比关系，即当股价大跌时，阿司匹林销量就会上涨，当股票价格上扬时，则阿司匹林销量就会下降。这种现象被称为阿司匹林理论（Aspirin count theory），一些投资者发现这个规律以后，开始根据阿司匹林药品的销量来决定投资股市的多少。其实出现该现象的原因是当股市下跌时，股票投资者需要服用更多的阿斯匹林来减轻内心的不安和痛苦，股市全面飘红上涨出现利好时，投资者又情绪高涨兴奋不已，导致心脑血管系统受到严重影响，不得不靠药物调整心态起伏造成的心脏病。它反映了投资者心理状态和市场动向关系。因为服用阿司匹林在中国股票投资者中并不普遍，虽然中国股市并没有所谓的阿司匹林现象，但是股民们的心情也为此汹涌澎湃，不得不承认股市波动的全息效应确实也在影响着其他行业，只是目前还没有发现它对某个行业产生长期性规律性的作用，如果国内有相关机构愿意调查分析股市行情与心脑血管药品或者治疗失眠药品销量的关系，相信也能得出类似绪论。

以上这些经济现象和发展状况无非是人们对财富的欲望，人生的欲望和各种烦恼几乎都是来自于人们的得失心，有了得失分别，便有了你我他和是非对错的分别，当没有了得失心的时候，一切将回归到清净无染的境界，企业之间竞争、人与人之间竞争最终也都会趋向于友好紧密的交流合作，社会和谐、企业和谐以及家庭和谐指日可待。在中国古代有一则楚王失弓的典故，以此来说明利益的得失观。

楚王失弓的典故出自于《孔子家语·好生》：楚王出游，亡弓，左右请求之。王曰："止，楚王失弓，楚人得之，又何求之！"孔子闻之，惜乎其不大也，不曰人遗弓，人得之而已，何必楚也。

楚恭王非常喜欢打猎，他拥有一把天下独一无二著名的宝弓，每次打猎都满载而归。有一次，他和群臣们一起打完猎准备回宫，并将宝弓交由随从的大臣们保管。一行人等在回皇宫路上走到一半时，发现宝弓不知传到谁那里遗失不见了。毕竟是楚恭王最喜爱的宝弓，大家得知此事后都非常紧张，担心大王降罪于人，众人纷纷请求回去寻找。然而，出乎众人意外的是，楚恭王却说："诸位爱卿不用回去找了！楚王失弓，楚人得之。"这张宝弓既然是在楚国境内遗失的，将来也一定是被我们楚国人拾到，楚人失弓，楚人得之，那么又何必计较找到与否呢？

作为与楚王一起打猎随从的臣子们，其想法和做法与我们今天的普通人类似，一定会不惜一切代价将宝弓找回来，如果放到现代，甚至会利用各种先进的科技手段和高精尖的仪器设备进行寻找，即使大海捞针一样的困难也会在所不惜，这只是凡人的境界，执着于名利得失也无可厚非。对于楚王本人的说法，则显示了楚王宽广的胸怀，虽然楚王爱惜宝弓，但是既然已经遗失无法找回，也就不必在意得失，他觉得如果被另外一位楚国臣民拾到宝弓也是一样的，何必计较呢？楚王算是一位境界比较高、相对开明的君主。根据《吕氏春秋》记载："荆人有遗弓者，而不肯索，曰："荆人遗之，荆人得之，又何索焉?”孔子闻之曰：“去其‘荆’而可矣。”老聃闻之曰：“去其‘人’而可矣，故老聃则至公矣。”孔子知道了楚王失弓这件事情以后，他提出了不同的看法，认为楚王的心胸尚不够宽广，他说：“既然失弓的是人，得弓的也是人，又何必计较是不是楚国人得到这张宝弓呢?”在孔子心目中，天下人都是一样平等的，谁得到宝弓都是用，何必分别哪个国家的人呢？所以，孔子是胸怀天下的圣人；作为道家代表人物，老子听到了孔子对楚王失弓的说法以后提出了不同看法，荆就是古代楚国，老聃就是指老子。他提出更博大宽广的说法，把“人”这个局限去掉了，变成了“失弓得弓”的说法，在老子心目中，人与天地万物是同根一体的，都是道法自然的产物，“得弓失弓”的观点反映老子达到了“致虚极，守静笃”这样清静无为的境界；当一位悟道修行的禅者看到楚王失弓的典故以后提出：“得失不二”，宝弓本来存在，宝弓无论在哪都还是宝弓，处于何地为何人所用都已经不重要了，只是人们还存在着分别心，才有得失二元对立的区别，对于悟道修行者去掉了分别，进入了“道一以贯之”的境界，又何来你我得失呢？因为宇宙万物皆为一体，本来就没有得失的分别，所以得失不二；佛家则对“楚王失弓”的典故有了更高层次的认识和与众不同的观点：“本来无一物，何来得与失”，达到了无得无失、明心见性的无上正等正觉的境界。楚王有胸怀楚国臣民的胸襟，孔子有“放眼天下”的心量，两位都非常值得后人学习，但是楚王的格局还仅仅限于楚国，虽然孔子的境界高于楚王，却还不能忘情于人。老子立于在天地之间提出“得弓失弓”，没有了对人的执着，心中却终究还有宝弓的存在。对于悟道禅者的“得失不二”思想，虽然没有了得失的分别，毕竟还有我的想法和见解。只有明心见性的觉者才彻底放下了“楚、弓、人、我”的存在，这是“心包太虚，量周沙界”的至高境界。

与楚王失弓类似，人们对财富的得失观也是如此。在企业经营管理和创造财富过程中，企业领导者是否有所感悟呢？现代经济学和企业管理学都涵盖了财富循环规律与人心性变化的阐释。不同人的境界对“楚王失弓”典故的感悟和说法不仅能反映出人们各自的财富观，还间接地说明了当前出现的各种问题及其引起的起伏波动都是源自于人们内心对财富的贪婪和对得失的追求与执着。中国古人认为财富并不是一成不变的，也不会始终属于某一个人，而是被五家共同分配，哪五家呢？一是国家税收，税收自古以来就有，取之于民用之于民，无论企业还是个人所创造的财富都要积极缴纳营业税和个人所得税，国家各项基础设施、教育文化以及利益民生的工程建设都需要从国家税收中进行财政投资，支持国家税收也是支持自己，国富才能民强；二是自然灾害，地震、水灾、风灾、火灾和海啸等天灾，是人类不可抗拒的灾祸，每一次天灾都可能造成当地财产和资源遭受极大损失；三是疾病，身体健康是最大的财富，如果罹患疾病，积累再多的财富可能大部分都在医院里消费而无法享用，与其前半生用身体健康换取财富，后半生用财富换取健康，不如放下对财富的贪欲而保持健康的身体；四是盗贼，无论是企业还是家庭即使安装再先进的监控和防盗措施，都难免盗贼光顾。也许有人疑惑我们企业或者家里从来就没遭遇过盗贼，其实盗贼不一定是入室盗窃者，贪官污吏利用手中权力寻租索贿，或者将国家财产据为己有的贪污行为，不也是盗贼吗？还有更可怕的盗贼，绝对是隐于无形却又无处不在，这个盗贼是谁？通货膨胀、金融风暴、经济危机，都是那些贪欲无止境的人为了夺取财富，不择手段依靠欺诈行径导致了经济秩序的混乱，实在是与盗贼无异，对社会经济秩序的破坏性如此巨大，使得民众多年苦心经营积累的财富在不知不觉中缩水；五是不肖子孙，天下父母没有不爱护子女的，子女孝顺是父母的福气，家里有不肖子孙，纵然有再多的财富也会被耗尽一空。企业也是如此，如果员工不懂得孝道，在自己岗位上不愿意尽心尽力工作，员工除了与企业之间保持着西方对立式的劳资关系外，并不会将企业当做自己家一样爱护，产品质量、生产效率和利润率怎么可能得到有效提高呢？企业最大的财富不是金钱，也不是暂时领先的高新技术，而是人力资源、无形的企业品牌和企业文化资产，企业员工缺少忠孝精神，人心必然涣散，企业在过去创造了再多的财富也不会长期保有。

当前有一部分企业领导者为了获得更多的经营利润，千方百计地钻国家政策的空子，通过做假账或者其他隐蔽手段实现所谓的合理避税和逃税。这些企业管理者认为不逃避国家税收，企业怎么能赚钱呢，然而，这是一种变相盗窃国家资产和破坏社会经济秩序的行为。国家与企业本来是不可分割的整体，国家经济环境和经济秩序犹如一条大河，企业好比是一艘船，船在风平浪静、河道宽阔的水面上可以平稳快速的行驶，如果河水枯竭了或者波涛汹涌，再坚固、再好的大船又能行多远呢？从中国社会经济的发展史看，当国家处于动荡不安的时期，天下黎民百姓往往苦不堪言，农业、手工业和商业等各行业很难得以发展，国家经济也不断衰退。经济是基础，政治是上层建筑，没有雄厚的经济基础，国家政权也不可能稳定。国家收取的税金主要用于国民经济发展和各种国家基础设施建设，取之于民用之于民，如果国家税收束缚企业的发展，那么早就被历史和市场规律所淘汰和抛弃了。纵观世界各国，税收一直被作为治理和建设国家的必要手段，从来就没有被废除过。与封建社会各种税赋相比，现代国家税收政策更具有人性化和公益化的特征，通过国家税收才能创造出良好的经济环境，很大程度是直接或间接地为企业发展保驾护航。那些偷逃国家税款的企业可以肯定地说，一是企业领导者对利润无止境的贪婪，国家的钱不拿白不拿，想通过这种方式获取更大的利润以满足个人的欲望；二是如果某些企业仅仅依靠逃避或者设法少缴纳国家税金来赚取利润，那么只能说明该企业管理无方，创值能力低下，其经营的产品和服务以及所创造的剩余价值非常低，必将被市场所淘汰。

大部分中国人对于财富的观念是追求和储备更多的金钱为自己所享用，上至国君和各级官员，下至普通百姓都希望财富更多地积累和永远地保存下去。然而，无论帝王将相还是黎民百姓又有谁能将财富真正地属于自己所有呢，即使一代一代地传给子孙，也终究会散失，过去总结的“穷不过三代，富不过三代”的规律是社会财富流动与重新分配的自然法则。《道德经》云：“金玉满堂，莫之能守。”即使企业做得再大、再富有，家业丰厚殷实，即使到了富可敌国的程度，财富终究不可能为某个人始终拥有，有的人费尽心机将黄金珠宝放在银行保险柜里，那也是暂时的存放，财富像滚滚长江东逝水一样永远是流动的。正如前面所述，既然财富为五家分享共有，除了满足个人物质生活和精神生活需要外，与其执着地将多余的财富纳为己有，不如将其布施给国家和社会大众，与民共同分享财富带来的益处不也是一种高尚的境界吗？同时这也是社会财富再生的源动力。关于财富流动与再分配的思想，《大学》里有一段说的非常好：“君子先慎乎德。有德此有人，有人此有土，有土此有财，有财此有用。德者，本也；财者，末也。外本内末，争民施夺。是故财聚则民散，财散则民聚”。这句话一语道破了财富的来源与终极用途，企业领导者应该抓住创造财富的根本，这个根本就是企业的道德水准。企业创造的财富应该以德为先，在能力允许的情况下，将部分财富贡献给社会大众，企业必然能感召社会大众的信任与支持，也愿意购买该企业的产品和服务，这样的经营思想要比任何形式的广告都有效，何愁企业没有消费者认可，财富增长与消费者数量也是符合不确定性原理的两个因素，如果企业领导者能深谙前面所述的不确定性原理在经营管理中规律并落实应用，相信企业一定能走向越来越广阔的天地。众所周知，北京经营绸缎布匹的百年老店“瑞蚨祥”经历了百年的风风雨雨，在今天仍然是国人心目中值得信赖的民族品牌，企业除了奉行“至诚至上、货真价实、言不二价、童叟无欺”的经营之道外，还践行“财聚者人散，财散者人聚”的思想理念，让“瑞蚨祥”成为世界知名的品牌。

清朝光绪二十六年（1900 年），义和团攻入北京城以后，一把大火烧得大栅栏满目疮痍，很多老店被焚毁，“瑞蚨祥”也未能幸免。店内所有账目和物品化为灰烬。在这场巨大的灾难面前，“瑞蚨祥”老板孟觐侯没有被困境所打倒，他毅然向社会郑重承诺：凡是瑞蚨祥欠客户的款项一律奉还，客户所欠瑞蚨祥的账目则一笔勾销。“瑞蚨祥”的非凡气魄和高尚的商业信誉，在当时社会上引起巨大震动，一时传为佳话。为了挽救“瑞蚨祥”，孟觐侯重新找回了失散的老店员，在大栅栏的废墟上摆起了地摊，摆地摊并非长久之计，孟觐侯与孟洛川商量决定重建“瑞蚨祥”。仅仅用了一年时间就在大栅栏建造了一座豪华别致的“瑞蚨祥”大楼，此后几年里，“瑞蚨祥”在大栅栏又先后开办了“东鸿记”、“西鸿记”茶庄，“鸿记皮货店”、“鸿记绸布店”四处新店，几乎占了大栅栏半条街，店里的员工也都是因为敬重“瑞蚨祥”老板的品行才留下来工作。

经过一百多年的苦心经营，“瑞蚨祥”店面基本保持了原来的建筑风貌，营业面积将近1000平方米，拥有百余名训练有素的员工，1985年被国内贸易部命名为“中华老字号”。“瑞蚨祥”采用丝绸以精湛的工艺裁制旗袍，展现了东方女性特有的风韵，深受海内外同胞和外宾的喜爱。美国前国务卿奥尔布莱特访问中国时，在时间紧张的情况下特意到“瑞蚨祥”选购中国的丝绸面料。“瑞蚨祥”取得如此骄人的业绩，除了“瑞蚨祥”经营有方外，同时还与以德为先的经营理念息息相关，也是财聚者人散、财散者人聚的典范。

第三章

河图洛书的经济学与管理学思想

河图洛书是中国最古老玄妙和充满神秘色彩的图案，虽然只是简单图形和数字，却蕴藏着中国古人深奥的智慧，也揭示了宇宙空间的本源和自然万物的运行规律。河图作为先天之体，洛书则是后天之用，二者共同阐明了万物的体用关系，即道与器、心与相、体与用以及一多互摄的全息效应。河图和洛书的思想内涵除了可以指导现代人的日常生活工作外，还能让人们认识和改变人类与自然规律相违背的行为，从而实现与天地共存、与自然相融的和谐状态。在古圣先贤智慧的惠泽下，笔者还发现了圆形洛书九宫图中另外一些奥妙和数理变化规律。其中阴阳平衡和围绕中值的波动变化规律不但可以对社会经济发展周期律进行诠释解析，而且还可以从中汲取更为深广的现代管理智慧和管理心法，为企业实现中道管理和人力资源均衡化管理的目标注入软实力和正能量。

第一节　河图洛书的基本原理解析

一、河图洛书的基本思想

河图和洛书作为中国上古时期圣贤所创造的最玄妙图案，也是中国古人在劳动中勘察天地万物所证得的智慧。河图与洛书还分别为《易经》先天八卦和后天八卦的形成奠定了原始基础（见图 3.1）。

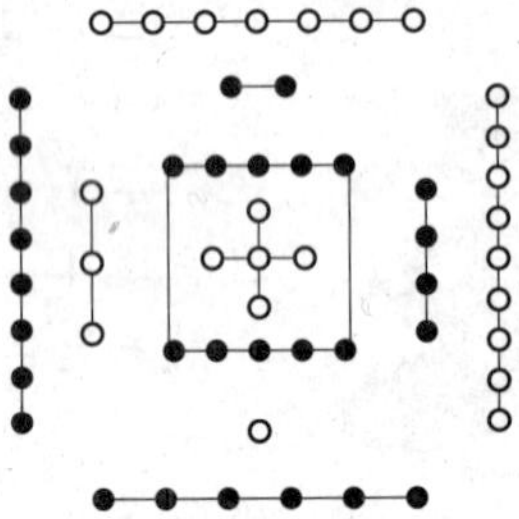

图 3.1　河图

根据古代经典记载，河图是伏羲在黄河岸边时，黄河中央出现了一匹龙马，龙马身上的图案称为河图，这让伏羲感觉到强烈的震撼，因为河图与他观察自然万物所绘制的八卦符号竟然一致。关于河图源于龙马一说，只不过是中国民间的一种传说，缺乏确凿的证据。但可以肯定河图不是突发灵感的产物，而是古人在长期观测天象和勘察自然万物的基础上所绘制出来的宇宙密码。

大禹治水走到洛水岸边时，水中浮出一只神龟，神龟将后背上的图案“洛书”呈现给大禹（见图 3.2），大禹受到洛书启发治水成功，将天下划分为九州，又确定了九章大法，并且依此治理国家。据传说，当神龟浮出洛水时，龟背显示的洛书是由黑点和白点组成的图案，点数从一到九，按照一定规律排列在九个不同位置，周文王在洛书基础上又进一步演化出后天八卦图和九宫图。

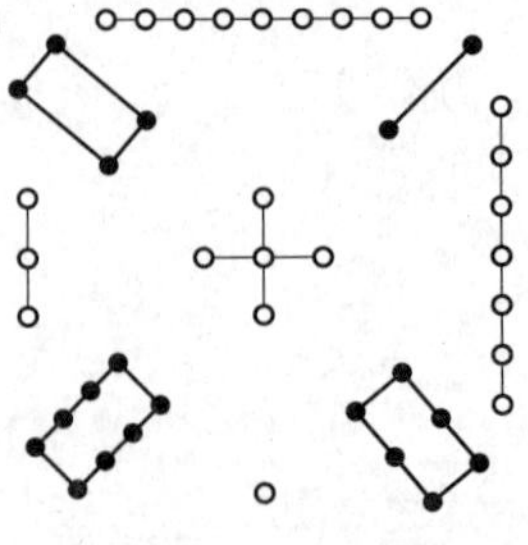

图 3.2　洛书

河图与洛书在图案上都是由黑点和白点组成，结构形式和表达的数字是不同的，两者之间是否有关联呢？为了清楚起见，将河图外周的白点与黑点分别用直线相连形成了两个相互叠加的正方形，分别代表天地之义和阴阳相合相生之象，中间的五个白点和十个黑点分别代表天地的中心（见图 3.3）。

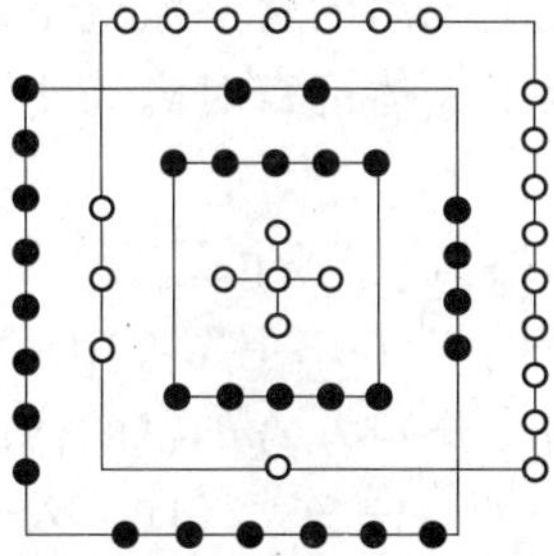

图 3.3　河图阴阳分区

从上面河图可知，周围所有白点（1、3、7、9）和黑点（2、4、6、8）都是按照顺时针旋转分布，与宇宙星系顺时针旋转方向一致，而且数值求和也分别等于 20，象征着天地阴阳平衡。河图中心的黑白点总数等于 15 恰好是洛书各行列求和数值，东西南北中各方位的黑白点组合代表了数值之差等于 5，洛书以 5 作为中宫。由此说明了河图与洛书是体用关系，河图是先天为体，代表了宇宙万物的本源；洛书是后天为用，代表了人类社会的发展变化规律。

关于《易经》的发展历程，有“易更三圣”之说。伏羲创造了先天八卦，周文王被商纣王囚禁在羑里期间，在河图和洛书以及伏羲先天八卦的基础上，推演并绘制了后天八卦图，至今在河南省安阳市的羑里城还保留着文王推演八卦的演易台。河图与洛书中的数字和图案究竟隐藏多少奥妙，至今也没有谁能完全解读出来。正因为《易经》如此玄妙深邃，孔子晚年读《易经》到了韦编三绝的地步，对易学的精要更深入地做了研究，并亲自为《易经》撰写注解《十翼》，也称为《易传》，其中包括《彖》上下、《象》上下、《系辞》上下、《文言》、《说卦》、《序卦》、《杂卦》总计十篇。研读《易经》可知，河图及其先天八卦为体，洛书及其后天八卦为用，二者是不可分割的体用关系。虽然关于河图和洛书创作典故大部分源于古代传说，也许事实并非如此，先天八卦和后天八卦不一定由伏羲和周文王两个人所创造，就像《黄帝内经》假托黄帝所作，应该是中国古代劳动人民集体智慧的结晶，并由中国上古时代多位圣贤和智者在不同时期逐步完善的结果。河图洛书被誉为宇宙的全息缩影，是中华文明和五千年文化的源头。正如《易经·系辞上》所云：“是故天生神物，圣人则之；天地变化，圣人效之；天垂象，见吉凶，圣人象之；

河出图，洛出书，圣人则之。”① 意思是圣人看到河图洛书以后，认识到了天地万物的变化规律，在河图洛书的启发下，圣人的智慧得以彰显，各种治国安邦的思想和行为处事的准则也由此而生。河图的奥妙暂且不说，洛书以及九宫图可以解释很多自然现象，也包括天体运转、气候变化和社会发展规律等。例如，每一个数字与一个八卦的卦名相对应，不同地理方位用阴阳五行来表示其属性，风水学中九星飞泊的玄空派就是根据洛书九宫图描述了九星运转变化的路线，从而揭示了天体运行时磁场变化对宇宙空间和地球生态环境影响的机理②。

洛书数字排列规律的口诀为：“戴九履一，左三右七，二四为肩，六八为足，五居中央，正龟背之象也。”在洛书图案中，五入中宫，作为九个自然数序列的中间值位居中央位置，形成八方朝拱的格局。洛书图案是采用数量为一到九的黑白点来排列组合的，偶数二、四、六、八代表阴，表示为臣、为下、为地、为女人之德，用黑点标识，处于四隅方位（也称四维，东北、东南、西南、西北四个方位），奇数一、三、七、九为阳，代表君、表示为上、为天、为男人之道，用白点标识，处于四正方位（正东、正西、正南、正北）。

在此基础上，后来又演化出与洛书理论一致的应用分支——九宫八卦图，简称九宫图（见图 3.4）。九宫图排列分布遵循严格数学算法和数字排列规律，看起来简单九个数字，其中的隐藏秩序却变化无穷。九宫图不同的位置和数字分别代表不同的八卦名称、五行、方位和色彩，1：坎卦、五行为水、正北方位、黑色；2：坤卦、五行为土、西南方位、黄色；3：震卦、五行为木、正东方位、青色；4：巽卦、五行为木、东南方位、绿色；5：五行为土、中央、土黄色，唯独 5 没有八卦与之匹配，在九宫图中央凝聚着周围八个数字（八卦）或天地万物阴阳之气，处于平衡中正的核心地位，故没有卦名与之对应；6：乾卦、五行为金、西北方位、银白色；7：兑卦、五行为金、正西方

4	9	2
3	5	7
8	1	6

图 3.4　九宫图

① 杨权注释：《易经》诵读版，云南大学出版社 2007 年版，第 210 页。

② 沈竹礽：《增广沈氏玄空学》，华龄出版社 2009 年版。

位、纯白色；8：艮卦、五行为土、东北方位、正黄色；9：离卦、五行为火、正南方位、红色。九宫图的基本算术法则是：将自然数 1 至 9 排列在九宫图内，所有横行、竖行和两个对角线数字之和均等于 15，数字在九宫格内排列必须按照上面口诀，除此以外没有其他排列方式使各行列的数字求和全部等于 15。九宫图的九个格子内的奇数和偶数交错排列，四隅为偶数，中间和四正为奇数。九宫图还被应用于天体九星运行规律的研究以及企业经营管理和生态环境规划布局等多方面，对于开阔我们的思路来制定企业中长期发展战略具有重要意义。九宫图除了基本的算术法则外，还有哪些不为人知的奥秘呢？以下内容将对洛书九宫图的思想和数字分布规律的具体应用进行揭示和阐述。

二、洛书九宫图的数理规律

在洛书九宫图中，除了横行、竖行和两对角线数字求和都等于 15 这个规律外，还包括了其他更多的数学规律。杭辛斋先生论述了诸如一数不变、奇偶、中数不变等数字变化规律[①]。九宫图中比较简单的数字规律，比如四组等差数列：[4、5、6]、[3、5、7]、[2、5、8]、[1、5、9]，均以 5 为中心逆时针旋转，各组数列的公差分别为 1、2、3、4，形成自然序列。如果将四隅的偶数整体顺时针旋转进入四正位置，奇数与偶数之差等于 5。这些规律一般中小学生都可以发现，并不足为奇。然而九宫图更为神奇的是：无论哪一行列或者对角线的数字做正向和逆向循环组合形成三组数字相加都相等[②]。在此以九宫图第一行的 [4、9、2]、第二行的 [3、5、7] 和第三行的 [8、1、6] 加以举例说明。

（1）当把这三个数两两循环组合，形成三个两位数相加时，数值和依然相等。具体操作如下：

数字正向循环组合求和计算：

49＋92＋24＝35＋57＋73＝81＋16＋68＝165

数字逆向循环组合求和计算：

29＋94＋42＝75＋53＋37＝61＋18＋86＝165

（2）当把这三个数三三循环组合，形成三个三位数相加时，数值和依然相等。具体操作如下：

数字正向循环组合求和计算：

492＋924＋249＝357＋573＋735＝816＋168＋681＝1665

---

① 杭辛斋：《杭氏易学七种》，九州出版社 2005 年版，第 662—683 页

② 我国数学教授彭绍定发现了洛书的数字循环组合求和或平方和计算相等的规律。

逆向循环求和计算：

294＋942＋429＝753＋537＋375＝618＋186＋861＝1665

(3) 当把三个数四四循环组合，形成三个四位数相加时，数值和依然相等。具体操作如下：

数字正向循环组合求和计算：

4924＋9249＋2492＝3573＋5735＋7357＝8168＋1681＋6816＝16665

数字逆向循环组合求和计算：

2942＋9429＋4294＝7537＋5375＋3753＝6186＋1861＋8618＝16665

再这样继续循环组合下去，形成五位数、六位数，一百位数、一千位、一万位数……上述求和相等的规律依然成立。还有更令人惊奇的是，除了每一组循环相加得到的数值之和全部相等以外，还存在着这样的数学规律，九宫数字循环组合都是5的整数倍，也是15的整数倍，把上面各种数字不同循环组合的求和结果分别除以5和15，计算如下：

数字正向循环组合求和结果除以5计算：

(4＋9＋2) ÷5＝ (3＋5＋7) ÷5＝ (8＋1＋6) ÷5＝15÷5＝3

(49＋92＋24) ÷5＝ (35＋57＋73) ÷5＝ (81＋16＋68) ÷5＝165÷5＝33

(492＋924＋249) ÷5 ＝ (357＋573＋735) ÷5

＝ (816＋168＋681) ÷5＝1665÷5＝333

(4924＋9249＋2492) ÷5 ＝ (3573＋5735＋7357) ÷5

＝ (8168＋1681＋6816) ÷5＝16665÷5＝3333

……

数字正向循环组合求和结果除以15计算：

(4＋9＋2) ÷15＝ (3＋5＋7) ÷15＝ (8＋1＋6) ÷15＝15÷15＝1

(49＋92＋24) ÷15 ＝ (35＋57＋73) ÷15

＝ (81＋16＋68) ÷15＝165÷15＝11

(492＋924＋249) ÷15 ＝ (357＋573＋735) ÷15

＝ (816＋168＋681) ÷15＝1665÷15＝111

(4924＋9249＋2492) ÷15 ＝ (3573＋5735＋7357) ÷15

＝ (8168＋1681＋6816) ÷15＝16665÷15＝1111

……

数字逆向循环组合求和结果除以5计算：

(2＋9＋4) ÷5＝ (7＋5＋3) ÷5＝ (6＋1＋8) ÷5＝15÷5＝3

(29＋94＋42) ÷5＝ (75＋53＋37) ÷5＝ (61＋18＋86) ÷5＝165÷5＝33

(294＋942＋429) ÷5 ＝ (753＋537＋375) ÷5

＝ (618＋186＋861) ÷5＝1665÷5＝333

(2942+9429+4294) ÷5 = (7537+5375+3753) ÷5

= (6186+1861+8618) ÷5=16665÷5=3333

……

数字逆向循环组合求和结果除以 15 计算：

(2+9+4) ÷15= (7+5+3) ÷15= (6+1+8) ÷15=15÷15=1

(29+94+42) ÷15 = (75+53+37) ÷15= (61+18+86) ÷15

=165÷15=11

(294+942+429) ÷15 = (753+537+375) ÷15

= (618+186+861) ÷15=1665÷15=111

(2942+9429+4294) ÷15 = (7537+5375+3753) ÷15

= (6186+1861+8618) ÷15=16665÷15=1111

……

九宫图数字各种循环组合求和的计算结果除以 5 和 15 后，分别等于 3、33、333、3333……和 1、11、111、1111……数值 3 和 1 的位数恰好等于循环组合数字的位数。这个结果也进一步阐释了“一画开天地，三才天地人”的思想，这也从数学角度揭示了古人提出的“道一以贯之”和“天地人三才”的奥妙精微所在。此外，如果将洛书九宫图看做数学运算的行列式，那么计算行列式的数值结果为：

(1×2×3+4×5×6+7×8×9) − (1×4×7+2×5×8+3×6×9) =360

正好得出周天数 360。

九宫图数字组合排列的规律不得不让人发自内心地惊叹：“中国古圣先贤的智慧真是如此的奥妙无穷、深不可测，做一名中国人应该以我们祖先的智慧而骄傲自豪!”九宫图数字规律还体现着阴阳平衡的特征，除了中宫 5 以外，周围的 1、3、7、9 为奇数为阳，2、4、6、8 为偶数为阴，奇数之和等于偶数之和均为 20，所有行列数字之和都等于 15，说明在四正、四隅不同方位上阴阳也是平衡的。中国阴阳学说与辩证唯物主义哲学所论述的“矛盾两方面总是对立统一”的思想是一致的，客观世界任何事物总是一分为二，必然存在着阴阳、黑白、上下、正负之分。春夏秋冬季节变化、月有阴晴圆缺、黑夜与白昼交替等，都是阴阳交替变化的过程，是宇宙万物运转的规律和基本法则。阴阳表面看起来是对立的两方面，两者实际是阴阳平衡、对称统一的关系，失去任何一方，另一方都不会存在，就像物理学界研究磁性物质南北极一样，将磁棒一切为二，不会发生一半指北极，另一半指南极的情况，无论分割多少部分，每一独立部分都有其自己的指北极和指南极。科学家们一直试图寻找磁单极子（只有指南极或者指北极的物质），到目前还没有发现，不可能找到这样的磁性物质，即使找到了，也会在极短的刹那间消失，因为孤阳不长，孤阴不生。因此，阴阳或者对立统一思想这是自然界运动变化的基本规律和普遍法则。《素问·阴阳应象大论》曰："阴阳者，天地之道也，万物之纲纪，变化之父母，生杀之本始，神明之府也。"一切事物都是对立统一而存在的，其发展变化无不遵循着阴阳变化之道。

从以上论述的九宫图变化规律看，数字 5 永远是九宫图的中位原点，或者称之为全息元点，它始终显性或者隐性地存在于不同的数字序列里面，各种数字按照一定规律组合排列的变换过程始终与它息息相关，从没有分离过。由此可知，任何事物都一定有类似九宫图数字 5 的中位，并以中位为核心由一开始变化，从而造就了多彩多姿的大千世界，但无论经历怎样的变化，都可以由中位数 5 控制回归到起点 1，这称为一多互摄或者万法归一。所以，孔子曰："参乎，吾道一以贯之。"老子说："昔之得一者，天得一以清；地得一以宁；神得一以灵；谷得一以盈；侯得一以为天下正。"由此可以将九宫图思想引申到社会经济发展或者企业管理体系运转变化的分析当中来，任何完整相对独立的体系都会像九宫图一样，必定存在一个最优化和科学合理的规划方案，使得这个体系在运转过程中达到稳定平衡的最佳状态，即中庸的境界。无论外部经济发展趋势和市场环境如何变化，其抗风险能力和应对外部环境干扰也一定能达到最佳状态。因此，企业经营管理践行中庸之道非常重要，领导者能带领员工始终如一在道中行，这是企业体系中至关重要的全息元，即中道思想，为构建和形成稳定平衡的运转体系奠定基础。如果领悟了九宫图的智慧，相信企业在产业投资、资本结构优化、组织机构、部门与人事岗位安排、生产线流程和环境规划等方面都能有所借鉴和应用，企业能够走上生生不息、稳步向前发展的道路。九宫图排列规律及其阴阳理论千变万化、奥妙无穷，正如古人所说："阴阳者，数之可十，推之可百。数之可千，推之可万。万之大，不可胜数，然其要一也。"从九宫图中各行列数字和等于 15 和以 5 居中的特征看，其中隐含着事物发展的周期性规律，从开始形成阶段到高潮，然后从高潮到完全衰退的周期性规律都与数值 15 有关系。众所周知，月亮阴晴圆缺的变化半周期大约为 15 天，从农历初一至十五是朔日到满月的望日，经历了阴消阳长的变化过程，从农历十六至三十是既望到晦日，又经历了阳退阴进的变化过程，这两个过程都是 15 天，月亮圆缺或者阴阳变化过程正好符合以数值 15 为半周期的变化规律。与此同理，宇宙万物以及人类社会发展也都是永不停息地按照某种恒常的周期性规律运转变化。

第二节　圆形洛书九宫图的经济学规律

一、经济发展周期律的圆形洛书九宫图解析

洛书九宫图是中国古人智慧的结晶，其中数字排列规律以及每一数字所代表的意义妙不可言，也揭示了宇宙空间和大自然的运转规律。众所周知，宇宙空间没有上下左右和东西南北的区别，所谓空间方位定义都是相对概念，太阳系中八大行星在圆形轨道上周而复始地绕着太阳旋转运动。因此，笔者将原来正方形九宫图重新进行修改，即所有的方格全部变成圆形。数字 5 代表中道仍然处于圆的中心位置，其他 8 个数字按照九宫图排列规律均布在以 5 为中心的外圆周上，这样就形成了圆形洛书九宫图（见图 3.5）。

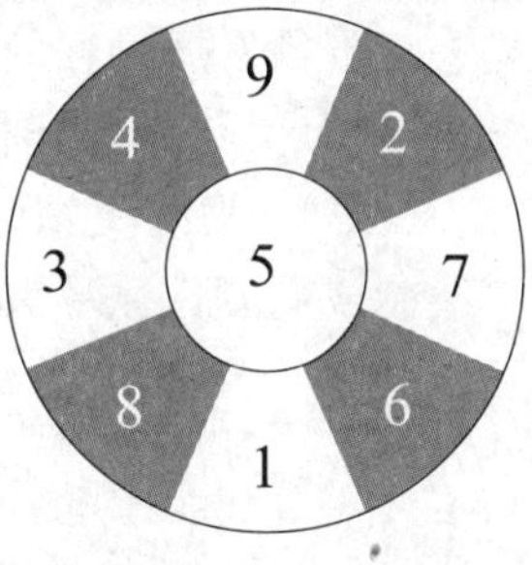

图 3.5　圆形洛书九宫图

在圆形洛书九宫图中，四个奇数 1、3、7、9 为阳，用白色扇形区域表示，总和等于 20，四个偶数 2、4、6、8 为阴，用黑色扇形区域表示，总和等于 20。无论这个九宫图绕着圆心怎样旋转，从整体来说始终保持着阴阳平衡，而且还有这样的规律：所有在直径上三个数字之和等于 15，四条直径数字总和等于 60；沿着圆周方向任意“阴—阳—阴”三个相邻区域数字之和也都等于 15，四组“阴—阳—阴”数字总和等于 60；如果沿着圆周方向任意“阳—阴—阳”三个相邻区域数字之和分别等于 12、14、16、18，虽然出现了不相等的情况，但是四组“阳—阴—阳”数字总和等于 60；中国古代历法规定了十个天干“甲乙丙丁戊己庚辛壬癸”和十二地支“子丑寅卯辰巳午未申酉戌亥”天干地支组合构成 60 年为一个花甲；处于中间圆心位置的数字 5 代表恒常不变的中道，总和 60 除以 5 又等于 12，除了与太阳系木星和土星的运转周期、一年 12 个月、人体有 12 条经络相对应外，还与前文所提及的古人将生命周期划分为“长生、沐浴、冠带、临官、帝旺、衰、病、死、墓、绝、胎、

养”12个阶段相吻合。圆形洛书九宫图的阴阳区域均匀间隔分布，阴代表生产、收藏、否定、内收、下降等，阳意味着消费、支出、肯定、释放、上升等，在阴阳交替和周期性波动变化过程中又形成了少阴、少阳、老阴、老阳四种状态。从以上数理变化规律看，圆形九宫图能更加直观地反映事物发展变化规律，任何事物的发展变化过程一般都遵循着周期性波动规律。马克思主义哲学认为，事物由肯定、否定到否定之否定的过程，从表现形态和发展态势上看，呈现前进性和曲折性的统一。上升性或前进性是事物发展的基本趋势和不可逆转的方向。在由辩证唯物论的否定之否定所构成的事物发展链条中，每一次否定都是“扬弃”，是量变到质变的过程。事物发展到否定之否定阶段，经过两次辩证否定，克服了前两个阶段的局限性和片面性，保留了前两个阶段的积极因素，又增加了新的内容。它推动着事物从低级向高级发展。但事物发展的道路总是曲折的，事物运动发展总是按照螺旋曲线路径上升、波浪式前进。事物经过对立面的两次否定、两次转化，就表现为一个周期，从表相看仿佛是回到出发点的周期性往复运动，然而这种周期性既表现着事物发展过程的曲折性，又表现事物发展过程的前进性①。肯定、否定和否定之否定的变化过程将事物发展分为初始、上升、高潮、衰落四个阶段，这与九宫图阴阳交替变化过程是一致的。为了更清楚起见，将圆形洛书九宫图圆周八个数字按照顺时针次序绘制成周期性循环波动曲线（见图3.6）。

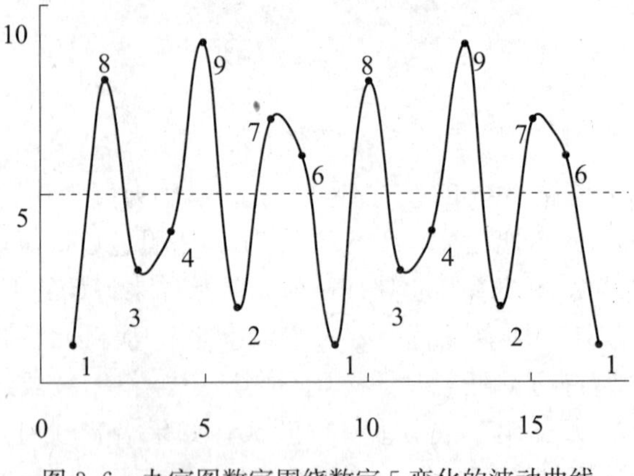

图3.6　九宫图数字围绕数字5变化的波动曲线

分析上面九宫图数字曲线可以发现这样的规律，曲线中间轴线为数字5的位置，其余八个数字围绕中间轴线5上下波动，位于中间轴线上方的数字分别为8、9、7、6，与数字5相减分别等于3、4、2、1，差值求和后等于10；位于中间轴线下方的数字分别为1、3、4、2，用数字5减去这四个数字

① 叶敦平：《马克思主义哲学原理》，高等教育出版社2003年版，第67页。

分别等于 4、2、1、3，差值求和后等于 10。这种变化规律与马克思主义哲学否定之否定的规律是一致的，社会发展应该符合波动性和在波动中上升的周期性规律，某些行业经营走势同样符合这样的周期性规律，其发展变化过程类似正弦波周期性上下起伏波动，在波动中存在着四个上下波动阶段，即在“OA 段繁荣（太阳）、AB 段衰退（少阴）、BC 段萧条（太阴）、CD 段复苏（少阳）”四个基本状态下向前运动变化着（见图 3.7）。

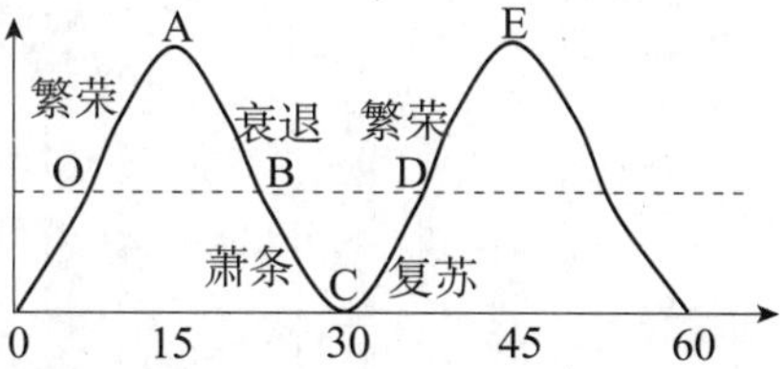

图 3.7　平衡周期性循环波动

九宫图数字曲线与法国经济学家朱格拉提出的 9—10 年社会经济发展周期论（称为朱格拉周期）有相似之处。在经济学周期律理论研究中，还有学者提出了社会经济周期性波动增长曲线，即经历繁荣、衰退、萧条、复苏四个阶段作为一个波动周期，在总体上仍然保持增长趋势（见图 3.8 所示）。

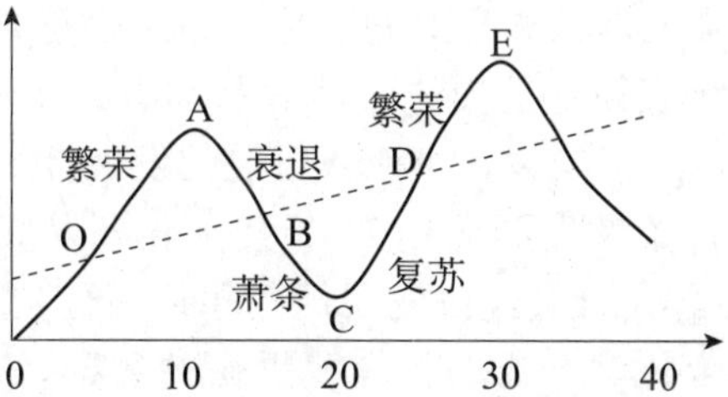

图 3.8　总体增长周期性循环波动

利用九宫图思想及其周期性数字曲线可以预测分析某些行业发展趋势的周期性变化规律。以中国房地产行业为例，1998 年国家正式推出全国货币化分房政策以后，中国房地产行业开始走向市场化，按照这个周期性变化规律分析其行业发展过程及其市场需求走势，根据国家统计局公布的房地产销量和销售额数据绘制出周期性波动变化曲线。中国住宅市场需求量从 1998 年到 2013 年底经历了 15 年持续波动增长，经历了安居、投资和投机三个阶段，每个阶段大约维持 5 年左右。按照九宫图从起步到高点为 15 年的周期律判断，到 2013 年左右应该为房地产行业的峰值点，2008 年由于全球金融危机导致房地产市场销量小幅度下滑。从 2014 年以后，房地产行业市场需求应该从曲线峰值点保持一段平台区后缓慢进入衰退阶段，这个过程也应该经历大约 15 年时间。因此，预测房地产行业下一个 15 年的走向应该进入到总体增长周期性循环波动的衰退期，即进入类似朱格拉周期曲线波动图中 AB 段，达到 C 点以后再经历复苏期进入下一次持续增长的繁荣阶段（见图 3.9）。

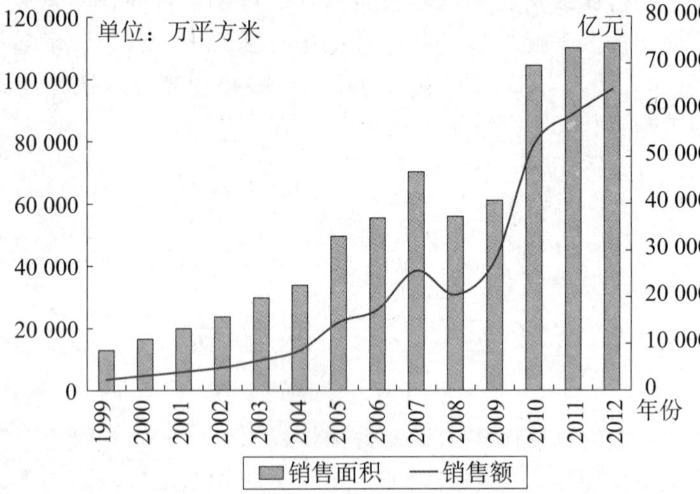

图 3.9　1999—2012 年全国住宅销售面积和销售额

以上只是运用九宫图周期律对国内房地产行业的发展趋势作出的初步分析，像金融等其他行业的增长和衰退的变化过程是否符合 15 年（或者 5 年的整数倍）的周期性变化规律还需要进一步分析研究。企业可以参考九宫图周期律来制定战略规划。一般来说，企业或行业的发展计划在时间上可做区分：短期发展计划为 5 年，中期发展计划为 15 年，长期发展计划为 30 年，长远发展规划可以定为 60 年。社会经济发展规律和某一行业走势总是处在上下波动中，无论发生怎样变化都会有一个自我平衡的过程，有进便有退，进退都是阴阳平衡的调整。在阴消阳长波动性更迭中，九宫图的奥妙还有待于更进一步探索研究，使其能更加准确地揭示社会经济发展和企业经营运转的内在规律。在全球经济一体化的环境里，国家或区域经济发展形势总要受到世界经济大气候变化的影响，一个企业生产经营状况不仅与内部紧密相关，还要受到宏观经济周期性变化规律的影响。因此，作为企业领导者要对经济周期性波动规律有所了解，这样才能把握时机，并采取科学有效的措施来适应这种周期性波动规律，以便抓住各种有利机遇。

二、经济体系平衡论与投资理财

除了九宫图的周期律外，中道和阴阳平衡是九宫图的重要思想。根据圆形九宫图阴阳平衡规律可以知道，企业获取利润应该以劳动创造价值为前提，生产与消费、投入与产出要处于平衡状态才能促使社会经济不断地向前发展，企业经营要获取经济效益无可厚非，但是，君子爱财取之以道，投入的资本和劳动价值应该与取得的经济效益持平，就如同按会计准则核算一样，账目收支借贷必须平衡。在此过程中，如果采取非正常手段，生产假冒伪劣产品、非法集资、买空卖空或者依靠投机赚取利润，不仅没有创造新价值，而且还会消耗很多的资源和原来积累的财富，无形中破坏了社会经济体系的整体平衡。尽管这种负面因素也许不会在短期内表现出来，庞大的社会经济体系总是会趋向自我平衡的，但负面因素全息效应的复制与传播终究会在某一天爆发出来。投入产出和收支要符合阴阳平衡规律，这是无法打破的自然规律。个人理财和投资也是如此，当今社会投资博彩和股票的人很多，一批人倒下了，还有更多人投入其中，甚至有人辞掉工作专职从事个人理财投资交易，成为现代社会的新阶层，他们与专职上班族一样，准时守候在证券公司的客户大厅，盯着大盘走势，随着大盘红绿的变换，心情也像海上的波浪潮起潮落。在市场经济体制下发行的股票本来是企业一种有效的融资方式，本不应该有所非议，但是跻身股票市场的股民们为什么会出现不正常的投资思想呢？究其原因是一夜暴富的贪欲，股票市场大盘显示的K线图，每天重复的开盘收盘，股票价格围绕着其价值上下波动，股票看起来是按照市场经济规律运转，但实际上这也是从一个侧面反映了人们对财富欲望的上下波动。股票投资经营的实质可以用下面一个小典故来加以解释：

一家养鸡场在报纸和电视等媒体发布消息：鸡场引进了高产新品种蛋鸡，这种蛋鸡每天的产蛋量是普通鸡的数倍，而且生出的鸡蛋又可以孵出小鸡，小鸡能在短期内长大，然后又可以生蛋，如此循环，鸡生蛋，蛋生鸡，鸡鸡蛋蛋，蛋蛋鸡鸡无穷尽也。目前该品种鸡开始征集买家投资，并且由养鸡场专业技术人员代为饲养和销售，每购买一只鸡就享有鸡场年底分红的权利，未来的预期收益率非常高，并发给投资者认购证书，但不返还本金，收益所得高额分配给投资者。为了确保投资者的利益，养鸡场为每位投资者配置了专业技术人员，负责将鸡的体重、健康状态、生蛋数量、市场行情实时发布，而且鸡场也请了很多专家对鸡的长势和未来行情进行专业分析。

由于未来的前景被描绘得如此美好，又加上高收益率的诱惑，投资者从四面八方不断地投资购买，鸡场生意也火起来了。可是有一天鸡场发生鸡瘟了，几乎所有的鸡都病了，以至于鸡源源不断地死掉，最后投资者只剩下手中无法变现的认购证书。鸡场相当于当前的股票市场或者其他投资理财产品，这些投资者都是抱着迅速发财的梦想进入金融市场的，鸡场的那些分析专家就是研究机构里工作的经济学家和投资理财分析家。所以，虽然股票交易、投资理财和各种杠杆交易的收益率似乎很高，但是其中的高风险在人们对金钱的贪欲里被忽视了！

在当前投资理财行业中，还有纸黄金、纸白银等理财产品，或者其他诸如伦敦金的杠杆交易，这些投资理财都隐藏了人们追求利润最大化和对金钱无止境的贪婪，不少投资者期待坐在家里一边盯着电脑网络一边喝茶就能实现日进斗金的美丽梦想，认为只有通过投资理财才能迅速致富。究竟什么是理财？有人说是“你不理财，财不理你”，将货币交给金融机构进行投资，等待年底利润分红，除了本金之外，还可能获取高额利息，让钱来生钱。目前这种理财的观点被大部分人所普遍认同，而且理财产品也都是正规合法机构推出的，似乎没有任何问题。但是，这种不正确的投资理财观念值得商榷，更确切地说多数人是抱着一种投机心理。通过投资理财将货币变成一种商品，在劳动力成为商品的前提下，当货币变成商品时就变成了资本[①]。货币转化为资本有什么不好吗？资本运作有着难以避免的负面效应，如果每个人都把货币变成商品进行投资并以此作为职业的话，那么社会经济发展必将倒退，甚至走向崩溃。马克思曾经有一句经典名言：“当资本来到世间，从头到脚每个毛孔都滴着血和肮脏的东西。”[②]某些投资理财不仅是一种地道的投机行为，而且利用自己手中积累的大量财富，通过包装以高收益率吸引大众参与交易，实际上变相掠夺了工人、农民和其他劳动者所创造的财富，这与英国“圈地运动”时的资本家使用暴力直接剥夺劳动人民的生产资料的手段相比更为隐蔽，在无声无息中，如洪水猛兽般吞食了劳动者的财富。究竟什么是理财？也许很多人并不知道理财的真实含义，从“理”字本义来揭示其中内涵，《说文解字》对“理”字的解释为：“理，治玉也。顺玉之文而剖析之。”《韩非子·解老》曰：“理者，成物之文也。长短大小、方圆坚脆、轻重白黑之谓理。”再看“理”的汉字结构：“王＋里”，“王”乃道与德也，通达天、地、人三才的圣贤大德才能被人们拥戴为“王”，意思是将道德放在人们心里才是“理”，古人云：“有德方有土，有土方有人，有人方有用，有用方有财，德者本也，财者末也。”因此，以德取财才是真正的理财。2013 年 6 月以后，国内各大银行开始闹“钱荒”，李克强总理在 2013 年 6 月 19 日召开的国务院常务会议上宣布：“把稳健的货币政策坚持住、发挥好，合理保持货币总量。”这一决策彻底熄灭了各大金融机构对央行“放水”救市的期望，中国银行业处于历史上最严重的资金短缺时期。中央政府在一个多月里三次提及“盘活存量资金”的话题，中国央行拒绝救市主要目的在于：一是借助隐藏秩序之手或者市场经济规律转变国有企业、金融机构和其他社会经营机构的投资方向，让资金转向支持实体经济发展，前些年来依靠投资金融市场钱生钱的资本炒作和单纯发展房地产行业来拉动国民经济增长的做法将被逐渐淡化。二是降

① 逄锦聚：《政治经济学》，高等教育出版社 2009 年版，第 121－122 页。
② 马克思：《资本论》第 1 卷，人民出版社 2004 年版，第 871 页。

低金融市场存在的各种风险和杜绝发生金融危机的隐患，使得金融市场秩序重新得到梳理整合，形成稳健可持续发展的金融市场运行秩序，这是中央政府作出的英明决定。在此，也为那些曾经幻想通过投资各种基金和金融理财产品来一夜暴富的企业和个人抛出最可靠也是最大的赚钱秘诀——劳动才是发财致富的唯一途径，不管体力劳动还是脑力劳动，都是为社会直接或者间接创造财富的方式，这个秘诀不仅在历史上历朝历代适用，也同样在当今社会经济高速发展的时代行之有效，无论在资本主义国家还是社会主义国家，都是颠扑不破的真理。只有劳动才能创造财富，促进社会经济繁荣，完全依靠资本运作的投机理财行为就像过着寄居蟹一样不劳而获的生活必然走不远。

第三节　洛书九宫图的管理学思想

一、洛书九宫图的中道管理思想

洛书九宫图的基本数学运算规律是横行、竖行以及对角线数字之和都等于 15，9 个数相加之和为 45，是 15 的 3 倍。数字 5 处于自然数 1 到 9 的中间位置，在九宫图中，中央代表着至尊无上的核心地位，主导八方大局，其余八个数分列在四正、四隅方位，形成了八方朝拱而居的格局。数字 5 处于九宫图中央还表示以德为本的中正之象，此具象与坤卦的六五爻对应。《易经·坤卦》六五爻辞为："黄裳元吉。"象曰："黄裳元吉，文在中也。"五爻居上卦中间位置，"黄"不仅是指黄色，也代表中正之象[①]；还有另外一种说法是天地玄黄，玄代表天，黄代表大地，由此可以引申为像大地一样德行宽厚。"裳"是指古人所穿的衣服，上身穿的服饰称为衣，穿在下身的为裳，古代的裳与现在裙子差不多，上衣象乾为天，裳在下象坤。黄裳元吉是指君子居于中位而不张扬，含章晦美保持着柔顺之德，当然大吉大利了。此外，黄裳也是一种厚德的具象，代表坤德至厚可以承载和长养万物；对于个人来说，当以德行来匡正自己的言行时，无论走到哪里都是吉祥的，这是其他数字都不具备执守中位的先天根性和厚德载物的格局。所以，除了数字 5 之外，任何数字都不可以位居九宫图中央，否则无论怎样排列都不可能出现横行、竖行和对角线数字求和都等于 15 的情况。九宫图外围八个数字以 5 为核心，按照顺时针或者逆时针整体旋转一格转换到九宫图的下一个位置时，数字平衡状态被破坏，但是再向前旋转一格时，又回复到各行列数值之和等于 15 的格

① 金景芳、吕绍刚：《周易全解》，吉林大学出版社 1989 年版，第 49 页。

局。因此，只要数字5居中位，向前一步意味着走入失衡的逆境，只要再向前一步便是平衡的顺境，所以，人生逆境的到来也意味着顺境就在前面，只要有恒心坚持一定能成功。

由圆形洛书九宫图的布局和基本数学规律可知，八方数字动而运转始终不离核心数字5，整合攒聚也是围绕着中宫数字5在变化，当一个系统或者机构按照九宫图的以德为中心的思想运转推进时，未来的走向自然能达到稳定平衡的可持续发展状态，数字5处于1—9自然数的中间位置，所以九宫图中宫必定是为数字5所占据的位置，如果数字5离开中位哪怕仅仅移动一步都将差之毫厘、谬以千里，无法得到竖行、横行以及对角线求和都等于15的结果。九宫图数字分布规律与古代提出的中庸思想非常吻合，而且数字5在《易经》中代表阳数，具象为人是指刚健中正的男性，符合当前企业管理者和政府的领导者大部分为男性执掌大局的情形。同时也进一步说明作为执政者或者企业领导者应该以德为先，刚健中正为本，不偏不易在其位谋其政。正如《论语·为政》所云："子曰：'为政以德，譬如北辰，居其所而众星拱之。'"即孔子说："君主以道德来治理国家，就会像北极星那样，自己处于中央方位，群星都会环绕在它的周围。"这段话代表了孔子的"为政以德"的思想，如果君主实行德治，群臣和天下百姓自然就会以君主为核心形成强大的凝聚力，这是孔子强调道德在国家治理中的积极作用，主张以德教化黎民百姓的治国原则，也表明了他所推行儒家治国的基本原则就是为政以德。在洛书九宫图中，中宫的数字5除了代表德以外，还寓意着廉洁中正，作为领导者和各级官员要保持廉洁中正的品质，才能受到众人的拥戴，也自然而然地处于群星拱之的核心地位。否则，偏离中正之道与为政以德的中心思想，其领导的组织机构可能会失去稳定平衡的状态。如果领导者或者官员能深入地理解并运用洛书九宫图的中道管理思想，那么将非常有利于他们的思维创新和领导力提升。

国家有英明贤德的领导者，国家会长治久安。从中国封建社会的历史看，一个朝代有以中道为本、廉洁公正的明君，在其统治下国运昌盛，政治、经济和文化都会得以长足发展。周朝800多年的江山社稷全仰仗君主古公亶父、文王姬昌、武王姬发和周公旦等贤者的德行深厚，天下各路诸侯都以周朝为马首是瞻，周朝早期君主以德治国的这种感召力和凝聚力在中国封建社会历史上是罕见的，被后世历代君主所向往；西汉王朝武帝时期虽罢黜百家、独尊儒术，但选拔官员以举孝廉为基本原则，所以西汉王朝也曾经是中国封建社会发展的高峰时代；唐朝正是因为在德才兼备的太宗皇帝李世民的统治下，开创了贞观之治的帝王典范，否则，没有太宗的祖德荫护和众多贤德忠臣的辅佐，唐朝在多位或懦弱或骄奢淫逸的皇帝统治下，恐怕国运不会比元朝更长久；其他不同历史时期封建王朝的命运也同样逃不过这个定理。作为地方父母官，廉洁公正和崇尚中道者，为官一任，造福一方，心系百姓疾苦，自然会受百姓的真心爱戴，像宋朝包拯、明朝海瑞、清朝于成龙等刚正不阿的清官，他们的英名流芳百世。古代圣贤大德的思想言行从心所欲不逾矩，不逾矩就是走在中道上，像孔子、孟子、老子、庄子等虽已过世，但他们的精神和思想犹存，这是死而不亡者寿的境界。深谙中道管理思想的企业家在德行、智慧和才华方面超凡脱俗，这样的企业家不但会受到员工们追随与支持，而且企业百年基业常青的梦想也会照见现实，像中华百年老店瑞蚨祥、同仁堂 300 多年的家业与其领导者的德行以及中道管理思想是分不开的。

综上所述，国家、社会、企业的凝聚力与和谐稳定性取决于领导者廉洁中正的德行。对于企业领导者个人来说，道德修养也决定了他自身所处的地位和领导力，而且积功累德和践行中道的能量是无限的，比任何管理制度都要行之有效，企业好员工不用管，全凭领导者德行感。古人说得好："有德者得天下，无德者失天下"，无论时代如何变迁，市场环境怎样复杂多变，企业以不变的中道应对万变才是硬道理！

二、洛书九宫图的均衡管理思想

洛书九宫图的分布形式和数字求和计算结果全部相等的规律还体现了均衡的思想，任何事物只有在均衡状态下才能稳定地向前发展。在山清水秀、和风细雨的自然区域里，环境气场必然处于均衡状态，均衡的环境气场有利于万物生长发育；人的身体健康关键在于体内五脏六腑是否处于阴阳平衡状态，当身体出现疾病时，中医依据病情进行辨症组方，目的是为了调理病人身体回归到正气十足的均衡状态。无论企业的产业规模有多大、经营效益有多少，均衡管理是企业走上稳定、可持续发展道路的重要保证；国家不同行业发展和经济增长处于均衡状态，社会呈现秩序井然、稳定和谐的景象，老百姓才会安居乐业。洛书九宫图所蕴含的均衡思想不是推行简单的平均主义和为了平衡各种关系，而是从中感悟和谐圆融的管理智慧，树立仁爱济世的人生价值观，这对于领导者能够带领团队走上稳定均衡的发展道路具有积极作用和启迪意义。下面简要介绍洛书九宫图的均衡管理思想及其在不同领域中的应用。

1. 人力资源均衡管理

人力资源管理优化是企业或其他团体机构稳定运营的重要举措，人员冗余会导致成本上升和人浮于事的现象发生，减员增效只是权宜之计，并不是非常合理和始终有效的方案。所以，人力资源管理优化是企业领导者必须面对的重要问题之一，也是让企业领导者感觉困惑的方面。洛书九宫图数字布局的均衡思想对于人力资源管理优化具有借鉴意义和启发创新作用，洛书九宫图的每个数字大小不同，所处的位置不同，但是无论横行、竖行和两对角线数字的和却是完全相同的。这还与“君子和而不同”的儒家思想是一致的，君子虽然能力不同、见解不同，但是在一起可以和谐相处，能够共同完成同一目标。企业人力资源均衡管理不是、也不可能搞平均分配，由于每个部门的工作量、创造能力、员工业务水平等都有所差异，不可能实现待遇平均分配，也不可能把工作量平均分担，更不可能将人员数量平均配置。如果将九宫图中不同的数字看做不同部门或者员工岗位的权重，权重可以是部门或员工个人所需要完成的年平均劳动工作量或者年平均创造的经济利润，那么根据部门和岗位权重核算人力资源成本和工作量，然后进行人力资源定岗定编的均衡管理，定岗定编并不意味着人力资源配置长期不变，而是随着企业经营状况变化实施动态人力资源管理优化方案。企业人力资源均衡管理主要集中在以下三个方面：

第一，人力资源结构合理配置。人才选拔任用和岗位编制的确定是人力资源管理优化的重要方面，领导者可以适当借鉴中国古代科举制度。科举制度是封建社会统治者挑选、任用人才的方式，科举制度的逐级培养筛选和对比淘汰制是非常科学的，成为全世界各国广泛地认可的人才选拔机制，而最值得学习研究的是为什么在封建社会各级官员数量不多，却可以将国家和地方治理得井井有条。根据有关资料统计，中国封建王朝的官民比例为：汉朝8000人中有1个官员，唐朝3000人有1个官员，清朝1000人有1个官员。在韩国企业、政府部门和高校在这一方面做得比较到位，在韩国某著名私立大学，行政人员数量与从事教学科研的教师数量比例大约为1∶3。中国不少高校两类人员的数量比例为1∶1左右，甚至有的高校行政人员数量超过教师数量，行政管理人员比例高并不意味着工作效率高。所以，构建结构合理的人员配置实现人尽其才和物尽其用，这是人力资源均衡管理的必要途径。

第二，构建企业均衡关系网。洛书九宫图还是一幅均衡的关系网络图，9个数字既是独立的单元，又是相互关联均衡的耦合关系，如果失去了任何一个数字单元或者打破了本身特有的均衡秩序，那么整个九宫图将变得混乱不堪。以此为鉴，在部门、员工之间应构建彼此独立、相互支援的内部均衡关系网。人力资源均衡管理要懂得珍惜和善用每一位员工，不可轻视任何岗位角色，即使是一位办公文员、保洁工，虽有小用，却能推动大用，应使他们在岗位上得时、得地充分发挥各自能力，在工作中紧密协作。这样便自然而然地构建了一种均衡、稳定的管理秩序，企业也形成了一张和谐均衡的关系网。

第三，选拔确立德才兼备的领导者。在洛书九宫图中，数字5最为关键，处于中位不能移到其他位置，另外 8 个数字可以按照规则交换位置，仍然会保持数字求和都相等的结果。但是，无论九宫图怎么变换，这 8 个数字必须围绕在数字 5 的周围。同理，领导者能否处于核心地位取决于他的德行和能力，这是人力资源均衡管理的最重要角色和形成强大凝聚力的重要保证。在中国古代重视道德修养，上至君王，下至百姓，都是以德为先。像尧、舜、禹都是因为德行没有缺失才被百姓拥立为部落联盟的首领，三位圣贤治理有方，当时天下大和，百姓无事，社会呈现一片安宁祥和的景象。所以，确立企业人力资源均衡管理核心领导者必须以德才兼备作为标准，才高者可服众，德高者得人心，德才具足者必定会得到员工们的护持，这也是企业均衡管理的最重要方面。

2. 财富资源的均衡管理

从洛书九宫图的均衡性和数字围绕中宫循环组合变换的规律还可以获得这样的启发："财富和资源像水一样，是不生不灭的，只有让财富循环流通起来才能惠泽天下。"财富资源只有均衡分配才能真正地有益于大众，均衡分配不等于无条件的平均分配和不劳而获，而是为了推动社会化大生产不断进步和满足人们日常的生活需要。要实现均衡分配必须让财富资源流动起来，财富也称为通货，它只有像水一样流动起来才能促进社会经济发展。如何才能实现财富流通？下面从三个方面进行阐述：

第一，劳动才能实现财富流通。只有劳动才能创造财富，而且劳动也是实现财富流通的原动力和正能量。现代社会产业已经形成了结构化和网络化的一体关系，彼此相互依存，紧密关联着。在生产劳动和市场供需关系推动下，财富发生直接或间接的流通与交换，正是劳动推动了不同产业的共同发展，并成为财富流通的必由之路。虽然有的人通过不正当手段或者其他欺骗方式暂时使财富资源为自己所有，但是以不劳而获方式所得到的财富在流通过程中夹杂着贪婪的欲望，其实质不仅是在破坏财富资源的流通与均衡再分配，而且这也无异于巧取豪夺的盗贼行径。所以，全社会大众共同参与劳动，推动财富资源正常合理的流通，才能实现共同富裕的目标。

第二，国家税收调控。在中国历史上，早在西周时期就出现了征收税赋的行为，国家征收土地生产的物资称为"税"，征收用于军事的物资称为"赋"，到了春秋后期，税与赋合并，按田亩数量统一向百姓征收。税收是通过公共权力征税参与国民收入分配，是国家公共财政最主要的收入形式。税收具有强制性、无偿性和固定性，是国家从全局宏观角度出发实现社会财富流通、均衡分配的有效手段。依靠税收调控社会生产、流通、消费等不同环节，使得社会财富趋向合理分配。例如，国家基础设施建设、欠发达地区投资开发、国家福利事业等都需要国家财政支持，这是有益于全社会的公共事业。所以，积极纳税是全体公民和企业应尽的责任义务，也是社会文明进步的标志。

第三，慈善公益事业。自古以来，中国人就有好善乐施的高尚品德。在封建社会，如果遇到灾荒年月，官府一般都会开仓放粮，富贵人家施粥或捐献钱粮以赈济灾民。现代社会热衷慈善公益事业更是广泛盛行，很多企业家还是大慈善家，将自己多余的财富拿出一部分奉献社会，积极参与扶危济贫等公益活动。慈善公益事业不仅是促进财富流通和均衡分配的方式，还是唤醒人类良知和推动公民道德建设的正能量。如果一个人为富不仁，即使他富甲天下，那么拥有的财富也终究不会长久。古人云："积财伤道"，过分地积累财富用于自己享受，必然会引起别人的觊觎。所以，慈善公益事业是财富均衡分配的一剂良药，也是让世界充满爱的一缕阳光。

关于财富流通与均衡分配，唐朝文学家张说撰写了《钱本草》一文，成文风格仿照中医典籍的格调，是他身居官场多年和丰富人生阅历的感悟，以钱财喻为药，将其性质、利弊和积散之道描写得淋漓尽致。尽管该文还不足200个字，但是内容颇富哲理，寓意深刻，以下为全文内容：

钱，味甘，大热，有毒。偏能驻颜采泽流润，善疗饥寒，解困厄之患立验。能利邦国、污贤达、畏清廉。贪者服之，以均平为良；如不均平，则冷热相激，令人霍乱。其药，采无时，采之非理则伤神。此既流行，能召神灵，通鬼气。如积而不散，则有水火盗贼之灾生；如散而不积，则有饥寒困厄之患至。一积一散谓之道，不以为珍谓之德，取与合宜谓之义，无求非分谓之礼，博施济众谓之仁，出不失期谓之信，入不妨己谓之智。以此七术精炼，方可久而服之，令人长寿。若服之非理，则弱志伤神，切须忌之。

张说一语道破了钱的作用，告诫世人要放下对钱财的贪婪，获取钱财应当精炼七术："存用钱财有度，为'道'；不以钱当宝，为'德'；取舍合乎情理，为'义'；不取非分之财，为'礼'；乐善好施、扶危济困，为'仁'；真诚守约，为'信'；不为钱所累、所伤害，为'智'。"如果违背金钱七术之理，则会令人"弱志伤神"。本文忠告那些富豪们要善用钱财，如果将富余的钱财布施给那些贫者、弱者、重病者和急用者，钱财则是一剂良药。否则，钱财积聚不散，不但享受不到快乐，还可能遭遇祸患，正如文中所言："如不均平，则冷热相激，令人霍乱"，钱财也就变成了一剂毒药。钱财只有流通起来，像和煦的阳光均衡地照耀着万物，世界才会呈现出生机勃勃的美景。

第四章

中国经典应用管理学的全息环境规划

常言道："心随境转"，良好的环境的确让人感觉舒适温馨，有利于人们的工作和生活。基于天人合一的思想，中国古代建筑设计和环境规划向来以适合人们的身心健康为最终目的。中国皇家建筑全部使用木质结构，虽然历经风风雨雨，但是仍然保持着原有的魅力和神韵，走进其中有一种庄严感和神圣感。上至北京故宫和皇家园林，下至百姓居家庭院，一般都要经过深谙环境堪舆学的大师们亲自规划布局，以达到藏风纳气以及人与自然和谐相融的目的。传统环境规划与堪舆学是中国古人流传下来的智慧结晶，与西方现代建筑设计和环境规划重视创意、功能性和实用性的理念相比，中国环境堪舆学大部分理论和思想更具有科学性和宜人性，同时，追求环境规划的最高境界是不执著于外相，构建最佳环境气场源自内心世界的美好与祥和。因此，现代企业在进行建筑园区环境规划时适当汲取中国古代堪舆学和生态环境规划的思想，不仅对于促进企业员工的身心健康以及提升企业形象和企业文化具有重要意义，而且也可以在无形中降低企业的各种成本，提高员工们的工作效率。

第一节　中国传统环境规划的全息论

提起中国传统环境规划学，也称为风水学，在科技发达的今天对它也是众说纷纭，有人认为是科学，有人认为是迷信，也有人在公开场合明确表示反对，暗地里却请人规划企业或者家宅内外的环境。古代从帝王将相建造皇宫到普通百姓经营的商业店铺和居住的民宅，一般都要按照中国传统环境规划学进行设计。这门学问流传了几千年，有它的科学性与合理性。随着经济水平的不断提高，人们越来越关心生活的质量，家居环境、工作环境的舒适度和宜人性也被越来越多的人所重视，但对环境规划的认识不少人还停留在误解迷信的状态。在国内一些重点大学里有一批专家学者研究整理中国传统环境规划学的奥秘，用自然科学解读古代环境规划思想的真实内涵，让人们走出迷信去伪存真，在实际企业管理和日常生活中进行实践应用，从而正确认识并且合理地应用传统环境规划方法。当今人们越来越追求高质量生活，对环境规划重要性的认识也在不断深入，有不少人在买新房时请一些所谓大师（有的无非是街头术士为获取一些钱财罢了），或者买一些相关的书自学，按照书中内容指点对家居环境进行规划装修。曾经有一位初学者，非常热心帮助周围亲朋好友做环境规划，结果看完店铺，店铺关门；看完家居，家里夫妻二人由于对此看法相悖而吵架。国内有一家销售海产品的商业店面，整个建筑和店面大门朝向本来坐东朝西，与前面临街道路的走向平行，店面经理对传统环境规划的作用深信不疑，为了让销售生意更好，请当地某位小有名气的大师点拨，为了实现旺财旺铺，基于九宫八卦和玄空学的理论，特意将大门朝向扭转了 30 度角面向西南，结果重新设计的大门变成了斜门，与前方道路配合正好应了“邪门歪道”，自从大门的朝向改了以后，也未见其生意比原来好到哪去，只是不少路人经过这家店面门口时，对这个斜向大门有点不解其意。还有人对环境规划作用的认知到了盲目迷信的地步，家里住宅大门与邻居家大门相对，听信一些人的“高论”在门上安装镜子正对着邻居，邻居也不示弱，用同样方式应对，以至于两家人从此心生抱怨。以上这些问题反映了人们对传统环境规划方法的认知还存在很多误解，本是古人在实践中总结出来的一门具有系统性和科学性的环境规划方法，却被部分人推向了封建迷信的位置。国内外有不少学者对中国传统环境规划学去伪存真，将其科学合理的部分应用于现代建筑规划设计中；有的企业在做园区环境规划时，按照现代建筑规划设计方案并结合传统环境规划的思想对生产加工流水线、行政管理办公环境、产品仓储等内外空间和区域环境进行科学合理规划，的确可以达到降低成本和提高生产效率的目的。

在港澳台和中国南方地区人们对环境规划和建筑格局非常重视。例如，香港迪斯尼乐园的环境格局完全依据中国传统堪舆学的思想进行规划设计。澳门著名的赌场葡京酒店环境规划形式被认为是百鸟朝凤的格局，外观像鸟笼一样的设计，楼顶圆盘形以及上方珠子装饰物都有特殊意义，取古诗：“大珠小珠落玉盘”的谐音，寓意着“大注小注落玉盘”（见图 4.1）。更有意思的是在酒店内部一年 365 天总在进行装修，不是弄楼梯就是在墙壁上到处修整，其实这里面也暗藏着玄机，装修在粤语中谐音为“庄收”。试想在这样的环境氛围里，赌徒们一旦走进这样煞气重重鸟笼似的赌场里，像笼中之鸟一样插翅难飞，恐怕没有几个人能从中捞取好处，投入的金钱最终羊入虎口有去无回。

图 4.1　澳门葡京酒店外景

在香港地区，大多数人相信环境规划的作用，也有人达到了痴迷的程度，为了求得吉祥如意，房宅建造、搬迁、开工、店面装修、结婚生子、起名等都要找大师们帮助指点。当国际著名建筑大师贝聿铭设计的香港中银大厦（见图 4.2）竣工以后，在该建筑物周围多家企业的办公大厦为了各自环境气场避免遭到这座外观像剑锋一样的中银大厦的破坏，纷纷请大师们出谋划策，以中银大厦为中心曾经一度引发了种种化解方法的热潮。由于中银大厦整体外观形状像一把三棱的刀，刀锋所对之处，相邻高楼大厦里的人纷纷想方设法规避。住在中银大厦周围的居民们在大门或者窗户上都安装了反光镜，把这个刀光反射回去；在汇丰银行楼顶上，架起了水泥制成的大炮；李嘉诚的长江集团大楼从上到下包上了铠甲似的装饰物；万国宝通银行楼体外观设计成盾牌形状。中银大厦有一个锋面正好对着当时英国卫奕信的港督府，来自大不列颠的绅士们也不敢怠慢，经过大师指点，在港督府院内栽种了一排柳树，试图以柔克刚来化解刀锋的形势；然而，令人不可思议的是院里柳树没过多长时间竟然都死掉了，后来不得不又重新种上柳树。

国内其他地区也有类似香港不大不小的环境规划之战，这些都是对传统环境规划学的误解和浓重的心理效应在作怪。中国传统环境规划学在国外也

图 4.2　香港中银大厦周边外景

被广泛传播和应用，很多国外学者早就开始研究其科学性以及在城市建筑环境规划中的应用，有一些西方国家科研机构还利用计算机专门试图破解中国传统环境规划学的奥秘所在。在欧美国家、韩国、日本企业和高等院校里，很多学者不仅研究中国传统环境规划学的文化价值和哲学思想，还在企业环境和建筑群落规划设计中具体应用。据《东方早报》报道：美国加利福尼亚州议员、旧金山的民主党人易勒兰建议加利福尼亚的建筑标准应该加入中国传统环境规划学的思想，以便在人与自然环境的和谐相处中，达到健康、宜人和富裕的目的。易勒兰认为："在城区规划、房间间隔和建筑设计方面应参考中国传统环境规划学。"他介绍说："环境规划讲究门窗和楼梯的位置、建筑物的位置乃至房间内部物品的摆放，这些都有一定的规划方法，其核心思想是通过气场能量的流转，达到人与自然的和谐。"易勒兰指出，通过建筑结构设计调整房间内部的气流，具有调节温度的作用，而无须更多地依赖空调等耗电设备。在美国人看来，中国传统环境规划学并不神秘，易勒兰这样解释："建筑结构和环境规划会影响人们的心情，左右人们的思想行为，从而决定一个人在人际关系和事业上的成就。"此外，易勒兰还把这种观念传播看成是一种文化表达自由。他还说："我们这里有权利表达自己的文化，这也是人们为什么来加利福尼亚的原因。"《洛杉矶时报》记者在相关报道中也认为，鉴于中国传统环境规划学对节约能源的确有好处，新的建筑规划标准将会获得州议会的批准。在韩国仁川广域市某著名的私立大学校园环境布局就是根据中国传统环境规划学中"依山望水，明堂开阔，左青龙，右白虎"的原则来设计的，在学校主楼后面为玄武位，背靠的是一座小山丘，主楼正前方为朱雀位，修建了一座碧波荡漾带有喷泉的长方形水池；在主楼东侧为青龙位，设计了一座高高耸立的飞龙塔，寓意飞龙在天的含义；主楼西侧为白虎位，宜静不宜动，坐落着学校图书馆，取名为静石图书馆，在这里更有利于全校师生安静学习。

风水学作为中国传统环境规划方法的系统总结，一直流传至今。它不仅是中国传统文化中重要组成部分，也是祖先给我们后世子孙留下的智慧结晶和宝贵的文化财富。如果不能深入理解中国传统环境规划学的科学性及其历史文化意义，必然将其置于深不可测的神秘或者过分迷信的状况里。风水学的主要思想是什么？简单地说就是处理人与自然环境关系的理论和规划准则，与现代建筑规划学有很多相通之处。那么风水学又是缘起于什么时候呢？自从人类历史有记载以来，人们就不断地寻找和改善适合自己生存的居住环境，作为易经八卦和风水学的祖师，伏羲善于观察天地和自然万物的运行变化，仰则观象于天，俯则观法于地，察鸟兽之文与地之宜，近取诸身，远取诸物，于是始作八卦，以通神明之德，以类万物之情。伏羲画卦的目的是为了揭示宇宙空间和自然万物的运转变化规律，通过八个卦象来阐述人与太空天体、人与大自然以及人与山河大地之间的关系，从而找到人与自然和谐共存的规律，这在人类历史上是开天明道的壮举。远古时代的人类为了生存，建造和改善居住环境从有巢氏开始，有巢氏传说是上古时代人物，其实并非指某个具体人，而是发明了巢居的劳动群体，有巢氏的意思相当于现代社会的有房一族。《庄子》记载："古者禽兽多而人民少，于是民皆巢居以避之。"中华先民构木为巢以防御野兽攻击，从穴居山洞时代进入到有巢氏时代，与同时出现钻木取火的燧人氏一样，虽然是后人为表述中华先民在上古时代的劳动群体，但也表明了炎黄子孙为了生存而不断改造环境的光辉历史进程。到了晋代郭璞在《葬书》中明确提出了风水定义："葬者乘生气也。气乘风则散，界水则止，古人聚之使不散，行之使有止，故谓风水。"由定义可知，风水并非是我们日常生活中所理解的风和水，风水学是借助"风"和"水"两个字的具象概括性地描述人与自然环境之间的关系。"风"和"水"是一个广义的泛型概念，"风"指来自于外界的气场效应，起到运载、凝聚或者干扰破坏作用的各种因素，不仅是气象形式的风，也指天体运转过程中产生的各种磁场射线，天体辐射磁场射线波不断向地球和太空中传播，可以称它们为宇宙风；"风"还指某些对周围环境起到干扰作用的物质或者建筑规划的形势，甚至包括人的思想意识也是一种潜在的风；气场的属性分为阴阳，当频率属性相近的阴阳二气相遇时就会形成风或者气场波动效应。因为在宇宙空间中，任何客观事物都有其外观形态和气势，按照各自隐藏秩序不断向外散发着能量波，并影响着周围环境。在所有形式的风中，有人认为宇宙风最为强大，也有人认为台风和飓风的破坏力最强，因为它们集聚的能量非常大。其实最强大的风莫过于人的思想意识风，如果某地区的人们念头向善、民风淳朴，该地区的气候往往也是风调雨顺。正是人类的存在改变了整个地球环境。长期以来人们抱着人定胜天的思想，对地球和宇宙空间进行无节制的过度开发，即便与300年前的自然环境相比，地球各区域的环境风水也发生了翻天覆地的不可逆变化。"水"则是容纳和吸收不同能量的载体，除了孕育大自然生命的江河湖海之水外，还指土壤、草木丛林和山川溪流等一切可以吸纳有益或者危害人类身心健康的能量场的载体。例如，青山碧水不仅有利于人体健康，而且吸收了各种有害的磁场和灰尘，这都可以称为水的形式。对于风水学的应用往往就在日常生活工作当中，企业园区内要种植花草树木，办公室或者家里要适当地摆放一些绿色植物，都是调整环境风水，使得工作和居住环境达到宜人养人的标准。

风水学在古代作为一种生态环境优化理论体系，是中国特有的环境规划方法，其中涉及了天文星相学、水文地质学、建筑规划学、园林景观设计以及传统文化等多方面，也是中国最朴素和系统地论述了人与自然环境关系和生态环境文化的一门学问①。自古以来中国人遵循“天人合一，道法自然”的思想观念，风水学宗旨也是如此，目的是有效地利用自然、改造自然和顺应自然，按照宇宙天体和自然环境固有的运行规律去规划生存环境。像玄空学是根据三元九运和太阳系行星的轨道状态揭示对地球环境气场的影响，而且具有时间性和方位性，风水轮流转，没有绝对好的风水，也没有永远差的风水。因此，通过适时改造和规划环境与自己身心状态相互协调，其实质就是按照宇宙自然规律安排家居生活和工农业生产，实现人与生态环境相融合、和谐统一的境界。正如《易经·乾卦》云：“夫大人者，与天地合其德，与四时合其序，与日月合其明，与鬼神合其吉凶。”这句经典名言表明古人很早就重视环境规划的作用以及各种气场的影响，揭示了人与天体，人与自然万物，人与四季，人与鬼神（鬼神并非人们迷信的鬼神，是指事物的因果律以及不同的能量场聚合）的各种关系。所以，生态环境规划要因人因事、因时因地进行调整，目的就是使人们能够趋吉避凶，让人们处在一个充满生气与祥和的环境气场中安居。生气与祥和之气就是养生之气，调整区域气场实际是一种通过环境规划设计使生气不散的方法，也是常说的“藏风纳气”，这是风水学中的精华所在。环境规划绝对不是在企业或者家里做法事、贴符咒或者摆放各种所谓的化煞物品，也不可能达到立竿见影实现财源滚滚来的效果，这不是古人追求的环境规划思想，而是走入了江湖术士设置的迷信误区。现代某些所谓的大师在德行和学识方面与古代堪舆学家们无法比拟，像唐朝的杨筠松自幼饱读诗书、学富五车，十七岁就已经登科及第，官拜金紫光禄大夫，掌管琼林御库，到了四十五岁时，因黄巢起义之乱，归隐山林研究天文和地理堪舆学，一生致力于风水学研究，每到一处扶危济贫，人称杨救贫。还有南宋时期的赖文俊，也称赖布衣，九岁便高中秀才，曾经被任命为朝廷的国师，后来受到秦桧陷害长期流落在民间，赖布衣的足迹几乎踏遍了繁华的都

① 亢亮、亢羽：《风水与建筑》，百花文艺出版社 1999 年版，第 8—16 页。

市与偏僻的乡村，每到一处都积德行善救苦济贫，留下许多神话般的传说被后人传颂。德行高尚、学识渊博的人才能真正地领悟中国传统环境规划的思想，破除对传统环境规划的盲目迷信，走出认识的误区，将中国古人的智慧和传统环境规划思想发扬光大。

第二节　环境气场变化的物理学原理

在中国传统环境规划理论中，重点是“风水”二字，讲究藏风纳气，居住在某区域内，是否让人感觉身心柔和舒适便是由环境气场直接作用的结果。“风”的形成取决于“气”的变化，“气”的波动变化又受“风”的影响。这里的“气”实际上同“炁”，是有形物质和无形物质所形成的能量场。“炁”的能量场效应、波动形式和强度决定了“风”的状态是否有利于人们的身心健康。因此，“气”是本体，“风”为作用和表象。对于“气”所形成能量场，在此用物理学思想简单地加以论述。从物理学对物质微观世界的研究出发，不同物质具有不同的分子和原子结构，目前物理学能探测到构成物质最小的粒子单元是夸克，但夸克绝对不是最小基本粒子单元，在宇宙空间里，任何物质都是小至无内，大至无外，对于夸克粒子还可以再分，当分割达到极致尺度时，可以称之为太极点，太极点也变成了虚空状态，是一种看不见无形的能量团。因此，任何物质实际上都是不同形式的能量场，有各自不同的波动频率和波动形式，就像生物体的各种基因排序和螺旋形式的组合构成不同的生命实体一样。我们看到大千世界风云变幻，大到银河系、太阳系、各种天体、日月星辰，小到地球上的山河大地以及一粒沙尘等，都是物质能量场波动的持续相或者连续相，因为构成物质能量团（前文称为闭合弦）的波动频率太快了，以至于根本无法感觉到它们处于波动状态。举个生活中常见的例子，当电风扇叶片静止不动时，叶片之间的空隙被看得清清楚楚，当通电旋转以后，叶片与空隙变得模糊起来，随着电风扇转速提高，叶片与空隙便难以分清，当电风扇转速高达几万转或者千百万转时，叶片与空隙就浑然成为一体，我们视觉看到的将是一个圆形固体。对于物质来说，我们眼睛所见的就是这样一个持续高频振荡的物质波，而且作为一个开放的系统总是处于衰减和熵增的状态。因此，任何物质都有其产生和消失的过程（一般分为“成、住、坏、空”四个阶段），永恒不变的物质是没有的。换句话说，对于任何物质来说，运动变化是绝对的，静止只是暂时和相对的。不同物质具有不同能量场或者气的形态，其外观、颜色和方位等属性以及物理化学性质等都是内在能量场和气的具体表现，也决定了各种物质对外界环境和其他物质的影响程度。“气”总体分为自然气场和人为气场，无论哪一种形式的气场总是处于动态的波动变化过程，气场吉凶以是否有利于万物生长和人的身心健康作为标准，气场被划分为多种状态，“气”分为旺气、生气、和气、阳气、阴气、煞气、退气、死气等。居住在和气、生气和旺气的环境里可以提高身心的和谐性，应尽量避免并改善煞气、退气和死气的环境格局。不同的气场产生主要源于以下几种形式：

一是来自宇宙太空的各种射线，这些射线大多数有害人类健康，幸好被大气层几乎全部吸收过滤了，然而人类科技发展和工业制造业严重地污染空气，酸雨、沙尘暴频繁发生，大气层部分臭氧层已经遭受破坏而出现了空洞，地球环境温度明显比过去升高，受到太空射线辐射影响也正在增强。

二是来自太阳系行星自身和在其各自轨道运转过程中产生的磁场。天体的运行周期和不同方位变化导致气场辐射形成一定角度，对地球万物产生有益或有害的影响，黄道的定义也与此有关，古人在举行重大仪式或者建筑开工时都要选择黄道吉日，这是不无道理的，并非是迷信行为。此外，对地球影响较大的天体是月球和北斗七星，也是古代观测星相的重点目标。

三是地球不同区域生态环境存在差异性。诸如地形地貌、山脉形势、河流走向、植被覆盖以及地下蕴藏的矿产资源等多种因素决定着该地区的能量场，这种能量场也称为地气。地气是古人对地球磁场和微波的统称，具有方位性，人类与鸟都有辨别方向的感应机能，鸟类南北迁徙历经万里不会迷失方向，而且每年飞行的路线和栖息的地点都不会错乱，躺在床上人的身体与地球南北极磁力线方向一致时睡眠质量相对要好。地气还有时效性，一般开工动土的时间都要避免土王用事的日子，所谓土王用事是指在四立（立春、立夏、立秋、立冬）之前的 18 天，一年总计 72 天为土王用事的日子，民间传说在这些天不动土为了避免触犯土王，否则就是不吉祥，即对建筑房宅主人的身体健康不利，土王用事是地气和能量场聚集的时候，此时动土就破坏并释放掉了地气和生气，从而对房宅主人产生不利影响。在地质结构异常的板块断裂带区域，地壳内磁场和释放出放射性气体将导致该区域人们容易罹患各种疾病或者频繁发生交通事故。环境气候变化、人的健康和经济发展状态与地气都有很大关系，中国民间俗话说：“一方水土养一方人”，一个地区是否养人与地理环境所凝聚的气场形态密切相关。自古以来，中国就有“人杰地灵”的说法，地理方位和环境形态的确能对人的生存与社会经济发展水平产生不同程度影响，常言道：“山清水秀出才俊，穷山恶水出刁民”，都是古人总结出来的宝贵经验。在中国近现代史上，很多杰出人物的出生地、经济水平和工农业发达程度都带有一定的地理区域性特征，如湖南多出将帅；无绍不成衙，绍兴出宰相和师爷；江浙水乡出才子和商贾。这不能不说与地理区域环境形势存在着某种关联，更确切地说是地理环境与人的一种全息效应。传统环境规划学中有一句经典俗语：“山主人丁，水主财气”，久居深山的人身体通常都很健康，靠近水边生活的人擅长经商之道。江河是地球的血脉，中国古人早就发现“江右多出才隽英雄”的规律，江右即面向在江河流向的下游河道右侧，江右总是要比江左气场好，世界大多数知名城市都建在江右区域，与江左地区相比，江右地区社会生产力和经济水平更发达。无论东西流向还是南北流向的江河流域一般都符合这个规律，如黄河右岸（南岸）有洛阳、开封、郑州、济南等大中城市，工农商业繁盛；黄河左岸（北岸）只有新乡、濮阳、聊城、滨州为数不多的城市。在长江流域，江南富裕，江北贫穷。长江中下游南岸有武汉、九江、芜湖、马鞍山、镇江、南京、上海等经济发达的大中型城市，江北岸城市不多，经济发展水平也远远不如江南。像其他支系河流黑龙江、淮河、赣江、湘江等都是江右岸经济繁荣富庶。国外河流的左右岸也同样如此，法国巴黎位于塞纳河右岸，韩国首尔位于汉江右岸，埃及开罗位于尼罗河右岸。这种现象与地球自西向东的转动和地球磁力线作用有关系，使得江右地区的生气更加容易积聚，凝聚了大量对动植物生长有益的土壤元素和各种矿物质，从而形成风水宝地。古人通过觅龙、察砂、观水、立向和点穴等一套系统理论来判别地理环境的好坏，地气有集结凝聚的时候，也有衰减到完全散失的时候。所以，区域环境状态不是永恒不变的，风水轮流转的说法反映了地气或者环境能量场的变化过程，人类开发自然界的各种行为首先应该考虑是否对该区域生态环境造成破坏，如果生态环境破坏了，初始的和谐气场也会随之发生转变。

四是各种人造工程。随着社会经济的高速发展，各地大兴土木，城市化和工业化进程非常迅速，高楼大厦鳞次栉比，工业园区建设使得农村土地不断减少，还有移山填海造地，对自然环境大肆改造。尽管是人造工程，同样也会形成强大的气场，对生态环境的改变及影响无疑是巨大的，全世界各种大型人造工程竣工以后对周边环境的影响和引发的各种次生灾害正在频繁地发生，虽然区域经济暂时得到增长，但这种人为改变自然环境气场的利弊以及对后世子孙生存产生的持续长期影响的确需要认真思考。

五是现代电子仪器设备。当今高新技术发展日新月异，的确给人们的生活带来了方便和享受，无论在社会公共场所还是在家庭私人空间里，各种强电和弱电设备无处不在，由此产生的电磁波也是一种气场或者能量场，在不知不觉中改变着环境，并对人们的身心健康产生着很大影响。

六是人类的思想意识以及念力的作用。这是上述气场中最强大的能量场形式，改变地球环境的绝大部分因素是源于人类的思想意识，国家风气、社会风气和家庭风气都是人们思想意识的凝结，推动社会人文、自然科学和经济发展的大部分因素也都源自于人们的思想意识。善恶、美丑和正邪的心念都是不同形式的能量场，交织在一起形成不同的风气。远离喧嚣繁华都市的乡村往往是民风淳厚，村民生活安逸，城市里则充斥着各种高频率的气场，城市居民生活节奏相对要快速，在这样高频气场氛围里生活使人感觉紧张和压抑。

在中国风水学流派中，主要分为两大派系：一是唐朝杨筠松创立的形势派。形势派主张通过分析地理环境和地势的好坏，勘定宅院建筑的最佳位置。形势派又称峦头派或江西派，这个学派源远流长，在海峡两岸、港澳和东南亚等地，形势派风水学有若干代传人。二是宋朝赖文俊创立的理气派。理气派注重时间性、方位性以及考虑天文星相的变化。近代理气派以沈竹礽先生的沈氏玄空学为代表。根据玄空学九星飞伏理论和运行规律，即北斗七星加上斗柄左右两颗星的运动轨迹，在三元九运变化过程中（上元、中元和下元分别为 60 年，每一行星占主导位置各 20 年，九星轮转周期总计 180 年），当九星斗转星移所处的位置发生变换时，九星的磁场状态和方位也随之变化，所以某一区域的环境气场要受到九星运行变化轨迹的影响，地球不同方位的环境气场也随着时间和方位发生改变，并对人们产生不同程度的影响。迄今为止，形势派和理气派在环境规划和选址方法上存在着一些争论，彼此各执一词，虽然两派勘察地理环境的理论和方法不同，但是无论哪一派都有其科学性和突出优势。根据现代物理学理论，其实两派学说殊途同归，说的是同一件事，只不过勘察地理环境的切入点和实施方式有所不同，最终都归结为调整环境能量场或气场，其运用之妙存乎一心。与现代地质勘查类似，形势派从地形地貌和具体环境格局入手，注重外观形貌和水土品质，通过观其外相，知其内在神韵。地形地貌是气凝聚的结果，所以，形势派总结归纳的理论实际是在研究气的外在表象及其变化规律。正如《易经·系辞》所云："天尊地卑，乾坤定矣。卑高以陈，贵贱位矣。动静有常，刚柔断矣。方以类聚，物以群分，吉凶生矣。在天成象，在地成形，变化见矣。"这句话揭示了天地万物和不同形式能量场的创生过程，宇宙天地有大美之象，气象有尊卑、贵贱、动静、刚柔、吉凶等不同气场形势，物质形态取决于"气"，"气"按照因果律和隐藏秩序集聚形成物象，所以，"在天成象"是对风云雷电以及无形的能量场或者电磁波的描述；"在地成形"是地球上海洋、山川河流以及由人类建造的各种实体工程等一切可见的有形对象，这些有形对象无不是包含着各自相应的能量场，即气凝聚成形便造就了缤纷多彩的大千世界。客观对象有什么样的"形"就会表现出相应的"势"，"形"与"势"二者不可须臾而离；"势"用能量描述时，在物理学中称为势能，势能是指物体内储存的能量，势能释放可以转化为其他形式的动能量，其他形式的能量也可以转化为势能，这就使得自然万物和生态环境变得如此气象万千。《正蒙·太和》云：

"太虚无形，气之本体，其聚其散，变化之客形尔。"由此可见，形势派也是理气派，理气派也同样是形势派，二者没有差别，以不同途径和视角指向同一目标。无论形势派还是理气派，都是通过各自的环境规划理论，使得环境气场或者能量场处于一种阴阳平衡、和谐有序的状态，并且尽可能长久地维系这种平衡有序的状态，这也是环境规划实现"藏风纳气"的要旨。《易经》和现代物理学是中国传统环境规划学最有力的理论依据，阐明了中国传统环境规划的本质和基本思想。因此，做现代建筑环境规划应该系统地考虑宇宙天体运行规律、自然界和山河大地的变化、人与自然界的内在关系以及物质固有的隐藏秩序等诸多要素，人类在改造自然、顺应自然、亲和自然的过程中，长养和气、生气以及天地浩然之正气，人类与自然万物才能共同焕发出强大的生命力。

第三节　建筑环境规划的感官效应

有的学者认为中国传统环境规划学是一门环境心理学，这种看法的确有一定道理。自然环境和建筑规划设计当然要赏心悦目才好，除了满足建筑环境的功能性要求和提高人身体舒适度外，还能使人心情愉悦，在让人心态放松的环境里生活工作身心自然和谐健康，这些是环境规划的正面效应，当然对环境规划的迷信思想有时也会形成一种强烈的心理暗示作用。例如，高价购买一些风水吉祥物或者花费巨资建造化解不利环境负能量格局的雕塑，有没有作用呢？当然有一定作用，这个作用就是产生强烈的心理寄托而形成的暗示作用。还有在选择住宅的楼层数、门牌号、手机号、车牌号时，有人为了图个吉利，请大师指点迷津。然而，不同国家地区民众对数字的心理感受是不同的，欧美国家的人们忌讳 13 这个数字，宾馆酒店的楼层和房间号码都回避 13 这个数字；中国人喜欢 6 和 8，因为谐音是顺和发，这些观念是不同地域习俗文化所产生的心理效应，数字本来没有吉凶的差别，主要是由于人们的思维习惯和心理作用造成的。在中国传统环境规划学中，最重要的原则之一就是让我们的眼睛、耳朵、鼻子、心理等多方面充满柔顺和谐的感受。以下内容将对此进行阐述，以便理解中国传统环境规划的科学机理。

一、环境视觉温馨的规划方法

现代企业、商业和家居环境规划通常都会把视觉效果放在首位，视觉是对环境的第一直观感觉，从建筑环境布局到色彩搭配是让人产生好感的重要因素。例如，对于旅游业，一个景点区域环境是否吸引游客光顾，除了历史文化价值外，主要是自然环境的宜人性，尤其在云水相映、山林叠翠的名胜佳境里，诗情画意的美好景象主要来自视觉效果，这是风水宝地的重要条件，全国各地景区观光游客的数量与环境视觉舒适度及其产生的愉悦心理效应成正比。与环境风水相关的视觉效应和心理效应一般涉及以下三个方面：

一是财位。财是养命之源，无财不养道。自古以来，发财是大部分人的梦想，以至于民间谚语说："说尽黄河只为水，磨破口舌尽为财。"自从人类社会形成私有制有了商品交换以后，人们几乎都在为提高生存质量而奔波，千方百计地改善发财的外部环境。现代人也认同创造祥和的环境气场有利于财运兴旺。例如，在对住宅、商业店铺和办公室做环境规划时，相信风水的人们经常希望找到财位所在（有利于发财的位置），财位分为视觉财位和实质性财位，视觉财位又称明财位。不少人都会指出家里或者办公室的明财位在进门左右斜对角线所对着的位置；门轴合页在左边，财位在右侧斜对角线位置；门轴合页在右边，财位在左侧斜对角线位置，明财位最好放置高大的绿色植物或者吉祥物起到促进财源生发的作用。为什么此处是财位呢？其实道理很简单，没有任何玄妙可言，无非是视觉效应。每天走进办公室或者下班回家，推门而入的时候，眼睛最先看到的正好是与门斜对角线位置，摆放发财树、平安树、摇钱树等在视觉上能产生放松安逸的感觉，心情也会由此变得愉悦，有助于提高大脑思考力和工作效率，财运也就不求自来了。因此，另外一种实质性财位归根结底是在我们的心里，修德积善的人每天心情都是愉悦的，财位本缘于内心，何必苦苦向外求呢！

二是明堂。明堂本为天子主理朝政时百官朝拜的场所，古代帝王凡是召开朝会、庆典、祭祀和选拔人才等大型典礼都在此处举行，也是朝廷官员们集结和人气最旺的地方。风水学中明堂是穴前群山环绕，众水朝谒，生气聚合之处，也是实现藏风纳气的重要场所。明堂大小反映了可以包容和承载财物的容量，风水讲究明堂要开阔，明堂开阔的环境格局才能更好地藏风纳气。家里的明堂为客厅，企业的明堂在园区行政主楼的进门大厅和楼前的广场位置，处于狭隘空间里长期工作生活的人往往心量不大，对事物的认知和眼光也非常有限。身处明堂开阔的环境里工作，自然觉得舒适大气，不仅视野变得开阔，心胸也会随之放大，而且身处其中还有利于身心健康。对个人来说，明堂是指一个人的胸怀，胸怀有多大就能做多大的事业。否则，心胸格局太小的人，即使赚来千万财富也无法保有。所以，明堂不但代表着一个人的财库大小，也体现着一家企业财库容量的大小。

三是干净整洁、安神静心的环境气场。有人提出这样的问题，对于企业和家居环境怎样调整才是好的格局？答案很简单，也是最快捷有效地调整环境气场的方法，经常打扫室内外卫生，保持环境卫生，物品摆放整齐有序，在视觉上干净整洁的环境才是招财的好风水，这是经过实践得出的结论。也许有人对此怀疑或者不屑一顾，环境整洁度与健康财运怎么可能有关系，但是无论你是否相信，家居环境和企业工作环境的整洁度与健康财运的确存在着一种全息效应，通过多年与企业交流和对一些家庭环境的观察分析，凌乱不堪的家庭和企业环境很难使人情绪安稳地生活工作，幸福感强的企业家或者成功人士的家居环境和企业环境一般都是窗明几净，到处呈现出干净整洁的气息。走进一家负债累累或者濒临破产的企业里，经常看到的环境是许多角落里充斥着肮脏的灰尘杂物，环境整洁度确实能折射出一个人心态和企业经营状况。日本京瓷公司曾经一度经营不善，员工们纷纷离职，总裁稻盛和夫为此感到非常困惑和焦虑，于是他每天在公司里亲自清扫办公室卫生和刷洗厕所，经过一段时间以后，他突然茅塞顿开，顿悟出了企业管理智慧，改变了过去错误的经营理念，京瓷公司也从此摆脱了困境走向蓬勃发展。所以，建议企业领导者：要改变自家风水不用找大师指点，除了忙于技术创新和提高经济效益外，还要与员工们一起亲力亲为经常定期打扫企业内外的环境卫生，一尘不染的环境就是好风水，环境温馨整洁有利于财源广进，每周至少两次以上清理企业或家居环境卫生，扫除室内灰尘垃圾，有利于身心健康又何乐而不为呢，相信企业员工和家庭成员都能从中受益匪浅。

二、环境音声愉悦的调整方法

经常用“燕语莺声”和“天籁之音”来形容声音好听，优美的声音总是令人神往，音声优雅的环境是好风水的一个元素。如果世界寂静无声或者处于声音尖锐刺耳环境中，那么人们的心理状态甚至寿命都会极大地受到影响。在树林茂密的山里，聆听鸟儿鸣叫和清泉汩汩流淌的声音都是有益于身心和谐的美丽乐章，走进原始生态环境保护区能感受到来自大自然的雅音妙曲，自然和谐的韵律对于改善身体健康和静心凝神是非常有益的。音声是一种无形的场，不同强度、频响和韵律的音声都会对环境和人的心理产生不同影响。音声分为两种类型：一是噪音，噪音也称噪声，在物理学中噪音定义一般是指音高、音强变化混乱、听起来不和谐和具有刺激性，并引起人们听觉产生不舒服的感受，它是由不同振动频率组成并具有非周期性振动的声波，波形杂乱不规则，而且波形曲线的尖点较多，让人听起来感到难听刺耳。从心理学角度来说，凡是妨碍人们学习、工作和休息并使人产生不舒适感觉的声音都是噪音。二是乐音，发音物体规律地振动而产生具有固定音高的声音称为乐音。例如，钢琴、长笛、小提琴等都是能发出乐音的乐器。从物理声学角度分析，乐音包括响度（又称音强）、音调（又称音高）和音色，称为乐音三要素。乐能通心神，自古以来中医认为乐药同源，“乐”和“药”的繁体字分别为“樂”和“藥”，从字形看两者除了“艹”字头外完全相同，乐音不仅能调节环境气场，还能改变人的内在气场，有经验的中医还善于应用音乐来治疗一些疾病①。有一位企业女员工由于失恋加上工作压力大，心情长期焦虑使她患上了轻度抑郁症，吃西药和找心理医生都收效甚微，后来她去看中医。那位中医大夫并不开药，在环境安静的房间里，让她静静地听他弹奏悲伤的古曲，不知不觉她流下了眼泪，哭过之后，原本郁滞的心情轻松了不少，接着又让她聆听欢快的曲子，让体内的阳气和正气得以激发，经过一段时间的调理，这位女员工的抑郁症状基本消失了，这是中医利用音乐的五行属性治疗某些心理疾病的妙法。在城市道路旁的建筑物，往往遭受着噪音和灰尘的干扰，对于需要安静的办公环境或者家居住宅来说，噪声污染破坏了风水。外界环境噪音可以通过必要的措施化解，最大的噪音却来自于房间里的人，如果企业员工或者家庭成员失和，经常为琐事吵架，这类噪音的破坏力更加强大，人与人缺少沟通很难和谐，室内的环境怎么可能有和气呢？企业员工每天工作在和颜悦色的语言环境下，对于员工的身心健康和工作效率的提高具有积极作用。此外，在某些特殊行业的生产车间和商业店面里播放适当的流行音乐、中外经典名曲或者开展中国诗词吟诵（吟诵与朗诵不同）也是一种改善环境气场的有效方式，同时也是企业文化的一种表现形式，第十章内容还将详细介绍诗词吟诵的韵律与企业文化建设以及如何打造企业品牌形象的问题。

三、环境味觉舒适的调整方法

当调整室内环境气场时，味觉感受很容易被人们忽略，每天长时间呆在房间里，无论室内气味是馨香还是难闻，人的嗅觉也会变得迟钝没有感觉，所以“入芝兰之室，久而不闻其香，入鲍鱼之肆，久而不闻其臭”。弥漫在空气中的气味也是环境气场是否和谐的重要因素之一。环境的干净整洁度与企业形象和企业品味紧密相关，对企业环境气场产生很大影响，观察企业的环境与形象优劣首先看洗手间，楼内洗手间在规划时尽量放在较为隐蔽幽深的位置为好，并且要增加性能良好的排风设备。有一家企业将洗手间设计在总经理办公室门口相邻的位置，结果这位领导经常患有口腔溃疡，不能不说与办公室门口相邻的洗手间有直接关系。对于像餐饮业、美容业和其他服务行业，室内可以适当养一些香气淡雅的花草植物或者经常煮茶品茗，保持室内香远益清的气场，让顾客心情愉悦地在此消费，中医认为香气入胃脾经，对于开胃健脾好处多多。反之，如果一家餐馆的环境脏乱不堪，室内充满难闻

---

① 范欣生：《音乐疗法》，中国中医药出版社 2002 年版。

的气味，怎么可能让食客享受菜品的美味呢。所以，气味对于改善环境的气场尤为重要。汉字“味”的本义为“滋味也”，通过鼻子闻和舌头品尝不同物质有不同的味道。在《鹖冠子·泰录》中对味的解释是：“味者，气之父母也。”味也是气场或者能量场的另外一种表现形式，构成自然界的物质是多样性的，物质外观对人也可以形成刺激，还可能产生类似咀嚼食物时的味道。例如，青色让人感觉酸酸的味道；黄色和红色有醇厚甘甜的味道；白色有一种冷清和淡然无味的感觉；咖啡色和黑色有苦的味道。所以，色彩配置对于调整环境气场具有重要作用，色彩的味道要与行业属性相一致才能旺财。

简而言之，自然环境、室内环境以及各种物质的味道各有千秋，一切有情生命与我们人一样都在由内及外辐射散发出无形的品味。对于人来讲，道德品质、文化修养、思维方式、意识形态和生活习惯等决定了一个人品味，中国人有中国人的品味，西方人有西方人的品味。男人要有刚健中正的气质，从而表现出男人特有的男人味。将汉字“味”的字形结构拆分开为“口”＋“未”，“未”指柔枝嫩叶，在中医五行理论中又指西南方位，五行属性为坤土，与人的内脏脾胃相对应[①]。所以“味”除了有品尝新鲜嫩叶的意思外，还有运化功能的含义。企业环境气场温馨祥和，说明领导者运化能力强，走进这样的企业能感受到空气中都有生机勃勃的韵味，企业管理者领导力强，员工自然能感觉到工作犹如享受美味佳肴。企业管理者领导无方，整天忧思抱怨会使得脾胃不和，运化功能下降，员工之间难免关系紧张，走进这样的企业，其内部环境往往令人感觉有一种窒息的味道。所以，企业的品味源自于企业的思想和经营理念以及员工们的品行气质，企业领导者若能带领员工们从善如流和勤修善行，无论走到哪里都会变成芝兰之室，和气生焉！

第四节　中国传统环境规划的美学思想

一、环境规划和谐宜人美

中国古人都非常追求美的享受，从建筑设计、园林规划、家居环境到个人穿衣打扮都以美感作为基本标准。在《国语》中关于美的定义是：“夫美者，上下、内外、大小、远近皆无害焉，故曰美。”这个定义道出了大自然生态环境美的最本质特征是：在不同对象之间处于相互没有妨害，达到相互和谐的状态才是美。所谓和谐美是人与天地万物以及自然环境相互融合的境界，

① 刘力红：《思考中医》，广西师范大学出版社 2006 年版，第 63 页。

如果环境气场能养人和有利于身心健康，那么此地就是好风水。首先，生态和谐美在于环境是否充满生机，什么样的环境才有生机呢？毋庸置疑一定是山清水秀、绿树成荫的地方，置身于充满盎然生机的环境里，有利于万物生长，同时也有益于人的身心健康。有关媒体曾经报道过一位罹患癌症的年轻女孩放弃了医院的治疗，家人陪着她到国内外自然环境优美的景区观光游览，充分地享受着自然环境的滋养，在半年多游山玩水的时间里竟然忘记了自己的病情，当回到家乡医院再次检查时，癌症竟然奇迹般地消失了，这不能不说是半年来与大自然原生态环境亲密接触的缘故，也是大自然环境的生机促进人体重新恢复到健康状态。其次，生态环境和谐美在于人与自然界的融和。人生于天地之间，人与自然环境是不可分离的一体，正如《易经·系辞下》云："天地氤氲，万物化醇。男女构精，万物化生。"人与自然的融和就像夫妻关系互为表里，人与自然环境的和谐，该地的民风也会是淳朴自然。人们懂得保护环境、爱护环境，科学合理地开发环境，大自然给人类的回报也一定是生机盎然的景象。当前人类为了追求经济利益，相当数量的工业园区和高新技术产业带被建设开发，不仅肥沃耕地被占用，而且大肆进行移山填海、大兴土木，青山碧水、绿树葱葱的景色在现代都市很难见到，这种行为不仅是破坏自然，更多的还是在亵渎自然。大地常常被比喻为母亲，为了金钱怎么能忍心对母亲的身体肆意破坏和践踏呢。最后，自然环境的生态和谐美在于气场是否和谐，自然环境气场是一种无形的能量场，环境气场有聚集和耗散的时候，所以和谐的环境气场还需要人来养，养的是生气、正气与和气，气场的环境自然令人感觉舒适。虽然环境气场可以影响人的身心状态，但是环境气场同样也会随着人心发生转变，即境随心转，人类的行为和心理状态与环境气场存在着一体化的全息效应，君子有正心正念，其居住环境也能感受到浩然正气。现代生态建筑学应该是研究如何构建人类与生态环境以及居住环境相互和谐的关系，有效地利用阳光、风能、水资源和绿色植被，形成人类与自然环境相生相合、和谐共融的生态体系。这就要求人类在改造自然、开发自然和其他各项活动中都要以遵循地球生态环境系统平衡的自然规律为根本，正确认识和理顺人类与生态环境的关系，避免各种破坏生态系统平衡的行为，合理利用和科学改造生态环境，达到人与自然天人合一的境界。这是与中国古代传统环境规划的宗旨相一致的，人类对大自然应该存有敬畏之心，不能因为眼前利益随便大兴土木打破了生态环境的和谐，将中国传统环境规划思想与现代建筑学和人文科学相结合，从而建立生态环境、人类生存和社会经济发展三位一体的理论体系。

二、环境规划对称平衡美

地球上生物的形体、建筑物外观和其他环境规划以对称形式居多，因为几何对称是一种均衡的美，也是阴阳平衡之美。宇宙万物都遵循着对称的原则，人有男女之分，动物有雌雄，磁场分南北极，物理学中有正负电子，物质也分为正物质和反物质，月有阴晴圆缺和白天黑夜交替变化等无不是处于对称平衡的状态，对称平衡是客观世界对立统一规律的具体表现。中国古人认为气分为阴阳，气场在阴阳对称平衡状态下才能稳定，而且阴阳二气只有处于能量对称时才能发生正向碰撞，即阴阳和合使得万物氤氲而生。传统风水学非常讲究环境规划的对称平衡性，在这样环境中居住有利于人们的生存和身心健康。建筑规划选址追求“依山望水，明堂开阔，前朱雀，后玄武，左青龙，右白虎”左右对称格局，即在建筑物前面地域开阔并有水池映照，后有高山作为依靠，挡住来自北方和西北方的强风，“左青龙、右白虎”是在建筑左前方和右前方有小山护持，有利于吸纳来自南方和东南方的生气（见图 4.3）。

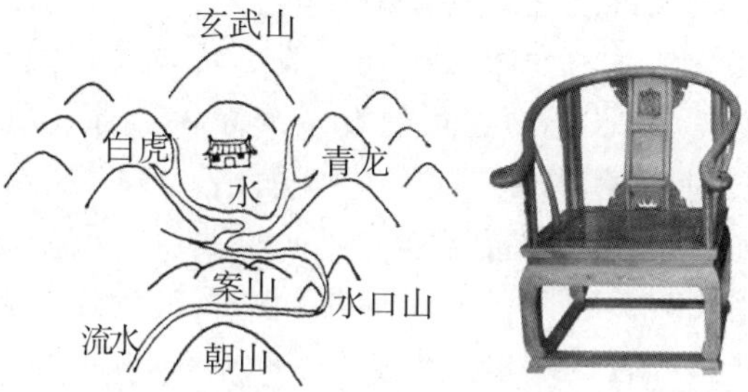

图 4.3　中国古代环境规划的交椅格局

选择适合人居的地形、地势和规划环境风水格局有来自于古人对女性生殖崇拜的说法，大地被人类比做母亲，充满生机活力的地理环境才能生养万物，该生气集聚之处即为风水点穴所在，相当于女性生殖器所在位置，这也是中国生态文化所体现的天人合一的思想①。此外，该环境格局还可以形象比喻为交椅模式，建筑物就好比一个人坐在交椅上，手扶着交椅两侧的扶手，非常舒服地将脚泡在前面水池里，正前方的案山除了有收藏生气和使之聚而不散的作用外，还像是在交椅前面安放了一把小凳子，脚洗过之后搭在上面舒服地休息，这也是秉承对称美学和均衡原则的最好体现。所以，建筑设计师在规划工业园区或者住宅区的布局时，切勿一味地求新求异，外观形状怪异、有视觉冲击力的建筑物并非是上好的设计方案，还可能在内部空间利用上造成很大的浪费。交椅模式的风水格局是建筑选址和环境规划所追求的最佳模式，尽管这种比较完美的风水格局在自然地理环境中并不多见，但是大部分现代建筑规划设计理念还是把建筑物的对称性作为基本原则，无论从正面还是侧面设计也都处处体现以对称为美，即使是家居卧室里的睡床两侧各

① 刘沛林：《风水中的地母崇拜和女阴象征》，《自然科学史研究》1995 年第 1 期，第 69－75 页。

放置一个床头柜也是为了符合对称性原则，这样更有利于提高睡眠质量。建筑物的对称性设计原则在视觉和心理上令人感到安稳，并且其内部环境也是有其形必有其势，空气流和能量场处于稳定平衡的状态。

三、环境规划曲线婉约美

中国古典园林和建筑物追求曲线美，在建筑环境规划中同样重视曲线的柔美。曲线美设计主要体现在山环水抱、曲折有情和曲径通幽三方面，山环水抱的格局是指当门前有河水流过或者道路通过时，形状像腰带一样环抱着建筑物，这是有利于藏风纳气的格局，但是忌讳河流和道路走向直接冲向建筑物或者正对着河流以及道路反弓弧形一侧建造房宅。

现代建筑美学思想与中国传统环境规划有很多相通之处，中国古代建筑讲究庄重典雅而不失大气之美，善于应用曲折有情的思想进行宅院规划。在过去老式建筑的厅堂和室内大门入口处一般都要设计玄关遮挡，北京新华门在进入大门口处设置了照壁，上面刻着毛泽东主席亲笔题写的“为人民服务”，就是为了实现曲折有情的环境格局（见图 4.4），这样设计不但是为了美观和保护主人隐私，避免外人直视其中，而且使得大门外的空气流不是直接冲入宅院内部，由于玄关或照壁的正面阻挡，无情快速的强风沿着照壁两侧的曲线路径流动，形成缓慢柔和的清风，柔风则有利于身心健康。

图 4.4　北京新华门

曲径通幽一向是中国建筑和园林设计所追求的主要风格，在设计亭台楼榭和道路时以曲线为美。中国古代建筑设计以苏州园林为代表，游览参观苏州的拙政园、留园、狮子林和沧浪亭等园林景点，经常可以看到曲曲折折的青石小径通向各宅院，并有潺潺流水贯穿于园内。无论是建筑还是以绿色植物为主的园林规划都以雅致曲线为美，景贵乎深，不深则不曲，运用移步换景的手法与自然环境浑然天成融为一体，如同婉约贤淑的女子一般散发着万种风情。古人非常懂得人与环境的和谐，尤其在春光明媚的日子里，走在小桥流水和绿树成荫的自然环境中，呼吸着新鲜空气，聆听江南水乡丝竹韵律和吴侬软语，此情此景让人不愠不火、不疾不徐，也是逍遥自在的享受（见图 4.5）。

中国园林规划体现了以柔克刚和温文尔雅的传统文化理念，正如有一副

图 4.5　中国园林一景

对联写道："清风明月本无价，近水远山皆有情。"无论树木竹林和植物花卉的栽种，还是人造山水景观都本着天人合一的思想，敬畏自然、顺应自然、亲和自然，结合中国传统环境规划思想进行规划设计，创造出了独具东方古典特色的园林文化。在这样优雅舒适的环境中居住生活就是在修身养性，怎么可能心情浮躁不安呢？

欧美国家园林规划布局形式与欧几里得几何学和西方机械论的思想有直接关系，设计理念是以林荫大道和大片的草坪以及富于想象力的雕塑为主，大多数建筑物和环境景观运用了直线、折线、矩形等相对固定的表现手法，运用曲线元素相对较少。欧美园林给人的整体感觉是规模盛大，具有刚健和奔放的特质，追求三维空间几何造型的立体派和印象派等模式，也反映了西方人遵循欧几里得几何学模型这一特点。中国从皇家园林到平民百姓的家居宅院设计以曲线为美，房宅建筑外形和内部的雕梁画栋都使用了大量的曲线图形，即便从大门走进厅堂，也不会使来访者一推门就让所有物品直接暴露展现，而是在正对门的玄关位置设计照壁加以遮挡，玄关还可以使入门的气流以曲线路径进入室内，称之为曲折有情。现代工业园区规划建筑群落和设计生产车间内部格局以及道路走向时，大部分都是很规则的矩形或者其他直线几何图形为主，几乎看不到曲折有情的中国文化韵味，反映了现代企业大部分是以西方管理模式为主，以教条的现代管理制度来经营企业，存在着急功近利的思想。在这样的环境中工作总感觉缺少人与人之间的思想情感的交流与碰撞。规则化的建筑模式使得环境缺少柔和的气息，环境很难聚集生气，促使人际关系变得更加紧张冷漠，不仅员工们在工作时有压抑的感觉，而且企业高层管理者和科研人员也不容易激发出创新性思维。

第五节　企业投资选址与环境规划要点

随着企业集团化、生产规模和销售市场的不断拓展，除了在集团公司总部所在地投资建厂以外，为了提高市场占有率、节约生产成本和物流费用，还要在全国以至于全球范围内选择合适的地点投资建立企业分公司。诸如蒙牛、伊利、海尔等大型企业集团都在全国不同地区设有生产分部，中国生产家电的海尔集团在日本、欧美等国家也有投资建厂。企业投资选址大都要把当地的经济发展水平、劳动力成本、政府机构的政策导向等方面作为重点考察内容，然而还有另外一个需要考虑的重要因素就是投资区域的环境因素。环境因素包括自然环境和人文环境，属于企业经营管理的外在因素，可以将它们归结为环境规划问题。有人认为企业经营效益与企业环境规划没有多大关联，从表面上看确实两者没什么太大关系，其实环境的气场或能量场尽管产生的作用强度很低，但是对企业机构和员工的影响是长期的，好的环境气场可以直接或者间接地激活人的有利因素和伏藏内心已久的正能量，一家企业在不同地区投资建设具有同样技术设备和生产规模的分公司，由于环境差异获得的经营利润不一定相同。像国外某著名的大型连锁零售企业，在中国效益一直保持稳定增长，可是在某些东南亚国家不到一两年时间就不得不全部撤出，这样的结果不能不说与投资地区的软硬环境融合度有关。因此，企业投资建厂在选址和环境规划方面需要仔细论证，按照中国传统环境规划思想指导企业投资选址和建厂具有一定的实际应用价值，同时对于企业节约能源、降低其他隐性成本和提高员工工作效率也是非常有益的。企业在进行投资选址之前，针对环境因素应该把以下几个方面作为重点考虑的对象。

一、环境选址规划的自然风速影响

环境规划的重要因素之一就是“风”，“风”作为物质的形势或能量场的一种波动形式不断运动变化着。气象学认为自然界的风是因为四季交替和温度变化引起空气流动形成的，还有另外一个原因，地球上的崇山峻岭、江河湖海和森林绿地等不同的形势和环境格局都会影响风的形成，有时甚至一条道路也会影响气候，在乡村旷野经常遇到“隔道不下雨”的现象，道路一侧下雨，另一侧则没有一滴雨落下来，这与道路两侧气的聚散有很大关系。当空气和能量场遇到强风后可能被吹散或处于波动状态，在常年风力很强的地理环境中，由于能量场不稳定而很难聚气，使得该地区的动植物和居民很难得以滋养，大部分变成荒无人烟的不毛之地和寸草不生的沙漠。在中国西北地区、青藏高原和沙漠地区常年风力很强，其人口数量、经济发展水平、生态环境和居民的生活品质都不高，工业和农业生产力也相对落后。在东南沿海地区和平原地区常年和风细雨，是中国人口密集、技术先进和经济发达的区域，尤其是高新技术企业发展迅速。中国经济发展水平的不均衡与自然环境差异有很大关系。“气乘风则散”也意味着风吹人散和风疾财散，不同地理环境的风力强弱决定着企业投资选址区域是否能聚集人气和财气。同样在城市或者局部小区域内，企业建筑选址时也要考虑风的问题，有些是因为自然环境格局或者人为不合理的建筑布局导致空气流增速而形成疾风，使得气场稳定性降低，破坏了环境藏风纳气的能力。企业投资选址除了选择合适的地理位置外，在自然地形地貌的选址和建筑格局规划上应该避免以下两种气流加速导致疾风形成的情况。

第一种：两山夹一沟。两座平行山体之间自然形成狭长的沟谷地貌，如果从沟谷入口到出口端都没有任何起收藏气流作用的屏障，就形成了“两山夹一沟”的格局（见图 4.6）。在沟谷或者正对着山谷出入口处都不是理想的建筑选址处所。基于物理学可知，当空气流经过狭长的沟谷时，由于沟谷形成窄管效应，空气流速加大就形成了疾风，所以高原或者山区一天之内温度和气候多变。在这些区域建筑房宅，当疾风吹过沟谷时，其中的容纳气和能量就被迅速吹散，加上植被绿化不好的话，生气很难聚集，不利于人们工作生活，如果长时间居住在这里，人们的身心将处于不安定状态，气不聚则人脉和财富都难以集聚。由于自然地貌形成“两山夹一沟”的环境格局不容易被改变，过去有不少村庄聚居在这样的环境里，村民一般都不富裕，种植农作物不易生长而且产量也比较低，与“两山夹一沟”的环境格局不无关系。在中国传统环境规划学中有一口诀：“两山夹一沟，辈辈出小偷。”小偷不一定表示具体某个人偷盗财物，而是指形成的疾风像盗贼一样将生气带走了，在常年大风天气没有生气的环境里，经济发展水平和人口密度相对都比较低，这一点与中国不同地理区域的经济发展水平有密切关系。在一些城市建筑群或者企业工业园区规划设计方案中，由于建筑师只注重建筑物和环境格局的视觉美，很少有人考虑“风”的因素，从而，在实际建筑设计方案中，存在着不少人为造就的“两山夹一沟”的建筑格局。假设在城市主干街道两侧高楼林立，如果街道正好处于风口位置，空气流经狭长的街区通道就会形成疾风（见图 4.7）。

图 4.6　两山夹一沟的格局

中国北方某著名滨海城市有一条闻名全国的商业街，是当地最繁华的商

图 4.7　两山夹一沟的城市建筑格局

业圈之一，与上海市南京路一样，在外地游客心目中是非常认可的旅游购物区，来这座城市观光的游客都会来到该商业街采购。在 2000 年时候，经市政府批准，商业街重新改造扩建，把原来那些农贸市场的矮房和露天柜台全部拆除后，重新对街区进行规划建设，盖起了一栋栋规模宏伟的商业大厦。经过几年光景，虽然街区两旁大厦都盖起来了，但是与其他商业区相比，几乎所有商家的生意都变得冷清，以至于很多大厦和商业店面都关门停业了，该商业街区几乎变成了一个空壳。最令人诡异的是，在这条商业街上行走，无论什么时候都能感觉到非常大的风，冬天更是有凛冽的强冷风吹过，在夏季即使别的地方天气已经很闷热了，只要走到这个地方，立刻就会感觉到很凉爽的风。为此，人们曾经议论纷纷，不少人认为是街区改造破坏了地气。经过实地观察发现是由于整体建筑规划不合理导致了这种现象，直线形街区两侧高楼林立形成了狭长气流通道，当空气流通过时便形成了疾风，这是人为造成“两山夹一沟”格局的典型案例。“风吹人散，风疾财散”的商业街区环境怎么可能聚集人气和财气呢！如果“两山夹一沟”转变为“两山夹一杠”的设计方案，即后面有玄武山作为依靠，便形成了藏风纳气的环境格局，风水学中有一句俗语：“两山夹一杠，辈辈出皇上”，对于一个藏风纳气和生气聚集的地方，人气自然就会高涨。

第二种：凸起曲面地势。凸起曲面地形地貌在城市和乡村都还是比较常见的，城市里经常逛街购物的人细心观察会发现，向上凸起的曲面道路两侧商业店面或者其他商业卖场大都人气冷清，有的建筑已经闲置很长时间都无商家入住，即使店铺临街车水马龙，生意也并不怎么兴隆。其中原因何在？究其原因，还是由于地势地貌形成疾风的缘故，这里并没有任何神秘色彩，基于空气流体动力学原理可知，当空气经过凸起的曲面地势时，气流速度增强，空气压力和密度都有所降低，曲面增速导致了疾风形成。这一点与飞机航空飞行原理相同，飞机之所以能在空中飞行，是因为机翼的横截面上部是凸起的曲面，底部是平直面，飞机在天空高速穿行过程中，气流经过机翼上下表面速度不同，流过机翼凸起曲面与下部平直面相比，气流速度增加、密度减小，上下表面的气流压力差形成了向上托举的升力（见图 4.8）。

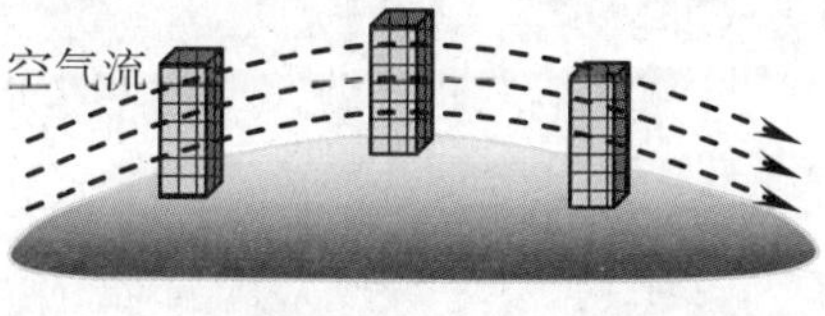

图 4.8　凸起曲面地势形成疾风的原理

当企业和商业建筑选址遇到类似飞机机翼截面的凸起曲面形地势时，需要对建筑基础面做出改善，将曲面分段铲平成为阶梯型平面，合理设计大门方位和建筑坐向，当建筑竣工之后，还要在适当的位置种植树木，可以有效避免空气流速的增加而产生不利于聚气的疾风。处于凸起曲面道路两侧的建筑物应尽可能预留出与道路足够的距离，这样可以降低疾风的影响。如果无法改变地形地貌，该区域则不适合做企业园区或者商业场所，最适合建造冷库储存保鲜食品，这种地貌形成的疾风还能节约制冷能源。由此看来自然环境没有好坏之分，都能互相转化，关键在于如何科学合理地改造和利用环境。

二、古代龙脉思想与地质勘查方法

在中国传统环境规划学中，除了考虑区域环境的气候外，还非常重视对地理形势的全面勘察。在长期实践中古人积累了丰富的地理勘察和环境规划经验，形成了一套比较系统完整的理论体系。中国传统环境规划学派分支众多，各有侧重点。在地理勘察和建筑规划中发挥着积极作用，当然其中也有一些为了谋取钱财充斥着迷信的成分。古人为了寻找适合人们居住的建筑基址，提出了龙脉的思想。通过对山水形势与走向（也称来龙去脉）进行勘察找出有生气、和气和真气集结适合人居的地方，为了勘察龙脉走势有时也颇费心血，花费几个月甚至几年时间不等。古代提出的龙脉思想和勘察方法与现代水文地质勘探技术类似，都是对土壤、矿物质、地下水含量及其走势作出科学评价，只是古时候没有现代先进的科学探测设备，对龙脉的勘察要颇费工夫。大地与人体一样有生命活力，龙脉是大地的血管与神经，生气顺着龙脉的走向行走，忽隐忽现、惚兮恍兮，如同龙游大海一般，龙脉形势浩大，群山峰耸环抱，形成飞龙入首的气势；龙脉下面的砂山呈现逆转之势，明堂端正便是回龙顾祖的格局；在平原地区，龙脉潜伏于地下，众水环绕变成潜龙入首，龙脉生机勃发所经之处必然山美水美人更美（见图 4.9）。

现代科学发达，全球山川河流的走势能被清晰地展现出来，通过太空的卫星观测，全球所有龙脉都发源于昆仑山，龙脉之祖为帕米尔高原，向北延伸有两条龙脉：一是葱岭、萨彦岭，到达蒙古国境内；二是天山、阴山、燕山、大小兴安岭，两条龙脉都经过中国到达俄罗斯境内（该地在清朝以前曾

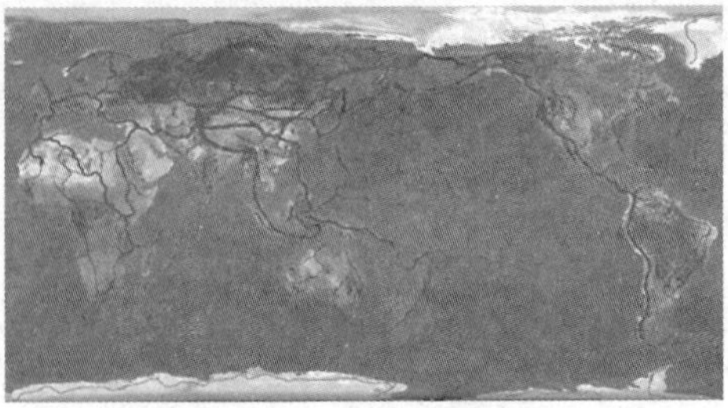

图 4.9　全球龙脉分布图

经属于中国）交汇。向东的龙脉为昆仑山脉，经过祁连山和秦岭后分为两支，向北行为太行山，向南为桐柏山和大别山；向南的龙脉从喜玛拉雅山开始，经印尼到新西兰，并有一分支到澳洲。向西龙脉有两条：一条到达乌拉尔山脉，形成欧亚大陆分界线，另一条到达高加索山脉，向欧洲行走又分为两条支龙：一支北上挪威和芬兰，另一支南下非洲。形成了全球五条主干龙脉和其他大小分支的支脉。中国昆仑山称为全球龙脉的中心，居天下之中，所以，从全球龙脉的发源与走势看，天下之中在中国绝非自命不凡的虚妄之语。遍历全球主干龙脉一共有五条，三条在中国，另外两条走向欧洲和美洲国家。中国作为龙脉的发源地，特别是在五千年文化底蕴的滋润下，毋庸置疑必将成为世界的经济中心和文化中心。

每一地区和城市都有龙脉存在，龙脉的走势通过现代科学仪器和地质勘探设备完全可以确定，龙脉的形态和气势影响着区域环境的生气，所以，对龙脉的寻觅和保护对于该区域的人气聚集和生产力发展至关重要。除此之外，企业投资选址还要对该地区的水文地质情况进行测定分析，最终确定是否适合建造工业生产园区。中国传统环境规划学采用相土尝水的方法来勘察水文地质和土质优劣。相土尝水首先是观察地势，相地如相人，相美地如相美人，地势美观一定充满祥和的生气，这样的地理环境通常是阳光明媚，后面有山依靠，前面流水潺潺又无形势压迫，两侧砂山环抱护持，在此地建造房屋必定有益身心健康。对土壤以及地气的勘察，古人一般采取两种简单有效的方法：一是从地表挖掘出一尺二寸见方的土坑，然后将挖出的土捣细过筛子，再将土回填到坑内，经过一夜以后查看土质状态，松土拱起说明土质较好、地气生旺；松土与地面保持平齐则土质一般，地气相对一般；松土下沉则土质差，地气也相对衰落。二是在地里挖取一立方寸土样称其重量，九两以上为吉，七八两为中吉，三四两为劣质土。对于水质的分析，古人通过汲取入口品尝水的味道决定水质好坏，水入口之后，初饮香，再饮甜者，水质必是上等；初甜次淡，水质也为优秀；如果口感酸、涩、苦必定为污染或者品质较差的水。古人在勘察地理环境的优劣过程中，使用相土尝水的方法看起来简单，又没有现代科学勘测技术准确，完全是依靠感官和过去积累的经验来判断，这是古人在地理勘察过程中总结出来的有效方法，确实解决了当时遇到的很多问题，现代建筑选址规划仍然可以作为初步勘察手段。

三、环境规划的综合因素系统分析

选择建造企业园区的具体位置和地形地貌，可以适当地采用传统环境规划学中觅龙、察砂、观水、立向和点穴等一套系统的方法进行勘察选址，最基本的外部环境和地形地貌应该让工业园区前面开阔无遮拦，尽量避免山丘、围墙、高压线等，以便容纳来自四面八方的生气。企业投资选址考察自然环境和政府相关政策的同时，还要注意因地制宜原则，在不同地区要根据当地的地理环境、人文环境和经济发展水平等实际情况善于突破常规固有的规则，活学活用才能充分挖掘一切有利于企业发展的条件。此外，还要重点考虑企业投资行业的时效周期性，做到与时消息和与时偕行。每一个行业随着时间的流转，在不同地域的软硬环境里，都有其成长和衰退的生命周期。企业投资当然要选择处于成长上升阶段的行业，如果行业发展到了顶峰，就意味着开始走下坡路。例如，房地产行业市场从 2004 年以后保持着快速增长势头，直至 2013 年前后，全国房产价格和销量增长达到了新的峰值，国家开始出台一系列政策调控房地产市场，重点转向支持实体经济发展。如果在当前还继续投资房地产行业，就必须要做好投资地域的全面考察，从地理环境宜人性、人文教育水平、经济发展状况、流动人口和本地人口的比例等诸多方面综合考虑。企业要做到与时消息和与时偕行，除了依靠敏锐的市场洞察力外，还可以借鉴中国古代以五行流转划分时间运程的思想，根据九星飞泊的玄空学理论可知，2004 年正是进入到三元九运的第八运，对应八卦为艮土的左辅星当令，五行为土。从 2004 年到 2023 年总共 20 年里，五行属性为土的行业占据天时之利，像农业、医药、矿山开发、土木建筑和房地产在八运天时的推动下，发展速度和经营业绩一路上扬。从 2024 年至 2043 年，进入第九运，五行为火，对应八卦为离火的九紫右弼星当令，诸如能源电力、节能照明设备、微电子、通讯、文化传媒等五行属性为火的行业将占据天时之利。善于利用天时的时效性，对企业选择要投资的行业有一定参考意义。

企业投资选址还要重点考察当地人口资源和民风状况，因为人气就是财气，人口密集的地区通常社会经济繁荣，尤其是教育水平和物产资源发达的地区为企业招贤纳士和员工招聘提供了方便条件。天时不如地利，地利不如人和，除了地区物产、人口资源外，社会风气相比较而言更加重要。国家、社会、城市以及小到一个村镇最重要的软环境就是当地民风怎么样，民风淳朴的地区往往一团和气，自然环境的生气与和气才能得到长养，然而拥有这样软环境的地区在当今社会实属难得。当企业投资入驻时，要与当地的生态环境相互融合，不要让现代工业文明打破了质朴的民风和原生态环境的和谐，自然环境的生气与和气一旦被企业建设和生产制造行为干扰破坏以后，按照作用力和反作用力的物理学定律，自然环境也同样会对企业的行为给予相应的报复，而且城门失火殃及池鱼，当地居民也会遭受由此带来的危害。因此，企业投资选址要与当地环境有机整合，从原材料、生产加工到废品和污染物的处理，要优先考虑绿色生态循环经济发展模式，不仅可以保护自然环境，还能降低企业的各项成本。当一个地区的生态环境、人文环境、经济发展水平等方面因为企业存在而得到提升，不但企业经济效益获得长足发展，而且也是为投资地区在做积德行善、功在千秋的事业。

第六节　建筑环境规划的方位性及全息效应

一、地理环境方位性的全息效应

在中国传统环境规划学中非常重视地理环境的方位性，企业园区或者家宅院落不同方位的环境气场是有差别的。当一个人在室内或者庭院的不同方位停留时，不但心理感受有所差异，而且也会影响大脑的灵活性和记忆的效率，这是人体生物场与各个方位产生的耦合作用以及谐振效应。基于风速、风向、阳光、视野、建筑美学和文化习俗等因素的考虑，建筑物规划的不同坐向、方位和大门朝向会形成不同的环境气场。中国古人通常按照不同方位的区域环境特点进行建筑规划，目的是为了让居住的环境气场具有宜人性。中国古人在建造家宅时首先要考虑的是方位规划，一般都是根据八卦思想将主宅、东西厢房、门房、仓库等分别规划在不同的方位。老北京四合院具有冬暖夏凉的特点，在院落里居住能令人产生身心舒适的感觉，这种良好的环境气场与科学合理的建筑规划密切相关。对于现代企业园区规划方案的合理设计，同样也可以借鉴中国古代传统环境规划学和八卦思想。例如，将生产车间、办公主楼、产品库房、景观绿化等科学合理地规划在不同区域，不仅对员工的身心健康有益处，还有利于提高工作效率和降低生产成本，这种环境的影响也许并不会立竿见影，而是潜移默化地发生着作用。关于建筑环境方位规划的更多方法在《易经》的八卦理论和相关著作中都有论述。下面内容简要地介绍八卦所代表方位的区域环境特点和文化意义以及建筑规划方法，为企业园区或者民用建筑环境的合理规划提供一些有益参考。

☰乾卦：代表天、君王、头脑，地理方位处于西北方向，建筑园区的西北方位是君王所处的尊贵之地，在八卦的八门理论中代表开门，寓意开放通达。冬季凛冽强劲的西北风由此方位吹入，而且由于前面建筑物遮挡，缺少阳光照射，该区域相对寒凉。为了化解西北方位的不利因素，在建筑物或者工业园区的西北位置要干净整洁开阔，多种植草坪和绿树，这样规划有利于环境能量聚集和阳气生发，此处不适合作为食堂、堆放杂物的仓库、洗手间、行政办公和技术研发区，因为冬季寒风使得建筑园区的西北区域受到的负面影响最大，该区域温度最低，能量散失也比较快。

企业园区的西北方位代表尊贵权威的意义，乾卦的卦辞云："天行健，君子当自强不息。"在这里可以规划设计彰显企业文化或品牌形象的景观性建筑或者绿化用地。在行政办公大楼内西北方位的房间可以规划作为企业代表性产品和各种获奖业绩的展示厅。

☱兑卦：代表少女、愉悦的心情，还表示有水的丽泽之地。兑卦象辞曰："丽泽，兑；君子以朋友讲习。"意思是相互润泽，君子附丽恩泽一方，与朋友相互切磋会有所收获，喜悦的心情自然流露，与孔子所讲的"学而时习之，不亦说乎"的思想是一致的。地理方位处于正西方，是孕育万物和容纳各种生命的处所。正西方在八门理论中代表惊门，寓意着惊恐不安。该处上午和下午都会受到阳光直射的作用，使得室内环境温度变化较大，内部气场也不均衡。因此，正西方宜保持安静，避免嘈杂无序。秋季来临之际，西风渐起，西方五行属金，西风又称为金风，在金风吹拂下，天气也开始逐渐转凉，从七月流火、八月未央，直至深秋九月授衣，正西方位最先呈现肃杀之象。

企业园区的正西方区域一般规划作为储存原材料或者产品的库房比较合适，也可以在园区正西方位种植高大的阔叶树木，可以调整环境温度和气场；对于学校则正西方区域适合作为图书馆和档案储藏室。还有，在正西方的建筑物高度以不高出主楼为宜，否则不利于企业园区整体环境藏风纳气。

☲离卦：代表中女，火相，离卦象辞曰："离，丽也；日月丽乎天，百谷草木丽乎土，重明以丽乎正，乃化成天下。"地理方位处于正南方，在八门理论中正南方位代表景门，寓意万物生长繁茂之象，发展前景一片光明。正南方区域的环境温度相对其他方位都要高，夏季南风徐徐吹来，让园区内的环境充满着生机勃勃的阳气，促进身心积极向上，在正南区域尽量避免有高大的建筑物和其他东西遮挡，面南的环境空间尽量宽敞开阔，使得来自南方祥和的气流和阳光能量有足够的容纳空间。

在企业园区的正南方一般设计作为大门位置，大门以宽阔为好，这不仅是企业内部员工和外来人员的出入口，还是为了有利于吸纳来自南方的温暖的气流；在行政办公楼内，正南方的房间一般可以规划作为会议室或者员工健身活动室。在企业园区或者房地产楼盘规划设计时，正南方建筑物要比后面的建筑物尽量低，否则整个园区为反座格局，这不仅使得来自正南方有益的和风被阻隔，而且遮挡后面建筑物的光线，园区内的花草树木生长也会受到影响。

☳震卦：代表家里长子，震为雷，阳春三月，雷声滚滚，阳气始发而万物萌动之象。震卦的卦辞曰："震亨。震来虩虩（xì），笑言哑哑。震惊百里，不丧匕鬯（chàng）。"震来虩虩是遇到事情有所畏惧，表明一个平时小心谨慎行事的人遇到重大问题时，却能吕端大事不糊涂，气定神闲地处理眼前突然发生的变故，具有"任凭风吹浪打，胜似闲庭信步"的伟人风范。震卦代表一个人的突破力和承载力，地理方位处于正东方，在八门理论中代表伤门。太阳从东方升起，和煦的东风徐徐吹来，呈现着一派紫气东来的祥和之象。

企业园区规划时，在正东方区域可以作为生产加工车间或者客户接待洽谈室。与正西方区域类似，该处建筑物尽量不要高过主楼，从平衡对称性的美感上考虑，以坐北朝南的主楼建筑中轴线为对称，尽可能与正西方的建筑物形成对称格局。

☴巽卦：代表家中长女，巽为风，巽与逊相通，有谦逊的意思，时间为春夏之交。巽卦的卦辞曰："随风，巽，君子以申命行事。"意思是君子以谦逊行事为好。地理方位代表东南方，在八门理论中为杜门，有杜绝之意。北京老四合院的大门一般设计在东南方，这样设计有两个意图：一是在春天里，湿润的东南风吹来，此处开门有利于吸纳来自东南方柔和的春风，对改善宅院内环境气场有好处。二是在杜门方位开门主闭塞不通，主人身居宅院不希望被经常打扰，有闭门谢绝不速之客到访之意。

企业园区规划时，东南方位是非常重要的位置，此处环境以风和日丽的居多，常居东南方区域能令人身心愉悦，有利于提升思考力，促进科学研究和技术创新，所以，该方位区域是作为企业科研部门的最佳位置。在行政办公楼内东南方位可以作为总裁办公室，市场营销部门也比较适合规划在东南方位，有利于与客户交流和洽谈业务。

☵坎卦：代表家里的中男，坎为水，为陷和险的意思，也代表低陷不平的地方，以及车辆之象。地理方位为正北方，在八门理论中代表休门，寓意着休养生息之义。正北方为水象，是主静止和收藏能量的方位。该处宜静不宜动，静才能生智慧，有利于提升企业决策者的思考力和领导力。在冬季正北方阳光照射的能量不足，建筑物正北方外墙能量散失较快，该处环境气场经常是阴冷潮湿，为了保证室内能量收藏，建筑物正北方墙壁不宜开大门或者设计太大的窗户，并且要做好保温层。

在企业园区规划时，正北方位置可以规划设计为坐北朝南的行政管理办公主楼，在行政办公主楼内正北方区域可以规划作为档案材料室或者图书资料室等与收藏有关的部门。另外，在该区域的建筑物不要低于其他方位建筑物的高度，为了避免能量散失过快，最好不在坐北朝南的园区止北方设计大门。

☶艮卦：代表家中少男，艮为山，为静止之象，还有当止则止之义，处于冬春交替的时间。地理方位为东北方，在八门理论中代表生门，生门寓意着孕育生发万物。在中国东北地区矿产、林木、农产品等资源丰厚，建设发展东北老工业基地是国家正确的决策，这也是关系到全国经济增长的重要战略区域。与坎水正北方位相似，东北方位宜静宜止，中国北方在冬季里经常刮东北风，该处也是气温相对寒凉的位置。艮卦具象为山，如果东北方位有山，则可以阻止能量散失过快。

在规划企业园区的东北方位时，不推荐将企业园区的大门规划设计在该区域，东北方位不利于环境生气和能量的收藏，可以规划作为库房仓储的区域，对于家居住宅设计作为储存间或者厨房餐饮区比较合适，在企业办公楼内可以作为财务室。但是，东北方位的建筑物高度要低于主楼的高度，在该处可以规划设计一些假山或者其他景观雕塑作为展示企业文化的标志，还可以在东北方位种植树木，起到调整环境气场和阻止能量流失的作用。

☷坤卦：代表大地、母亲和德行深厚之义，坤卦的卦辞曰："地势坤，君子以厚德载物。"地理方位代表西南方，在八门理论中代表死门，坤卦的卦象为"至柔至静，后得主而有常，含万物而化光"。所以，西南方位也是养育和化育万物的区域。在北半球，夏季经常刮西南风，午后的阳光正好照射在西南方位，与上午东南方的阳光相比，光线温度和能量要偏高。

企业园区在西南方位规划的建筑物不宜高大，也不适合作为生产作业车间和技术研发部门，在此处合理的规划设计方案是种植草坪，或者设计观赏性水景，这样可以吸收午后阳光所产生的热量，降低夏季过高的气温，有利于园区环境形成柔和宜人的气场。

二、建筑物不同坐向的全息效应

中国古人特别认同坐北朝南的坐向，建造皇宫、寺院和普通民宅都以坐北朝南的坐向为最佳选择，皇帝坐在龙椅上召集文武大臣们也是面南而坐，为什么选择这样的方位？其中道理并不复杂，南方为丙丁火，是八卦离卦所在方位，《易经·离卦》象辞曰："明两作，离。大人以继明照于四方。"南方离卦方位是圣贤大德所居之处，圣贤德行明照四方，呈现日月丽于天之大乘气象。中国传统文化认为南面是至尊无上的方位，而北面被视为失败或臣服的位置。所以，一般皇家宫殿和庙宇以及皇帝在金銮殿的座位都朝向正南，当上皇帝为“南面称尊”，面南就是面圣向明。《易经·说卦》云：“圣人南面而听天下，向明而治”，皇帝坐北朝南就是为了向明而治，寓意着做一位致力于安邦治国的有道明君。打了败仗的国君和将军，臣服他人称为“败北”、“北面称臣”。正因为正南方向如此尊贵，并非普通人所能承载的方位，过去民间老百姓盖房子确定建筑朝向时，谁也不敢将房宅的朝向设计为与子午线的正南正北方向完全重合，都是稍微偏东或偏西一些，以免犯忌讳而获罪于自然，这也是敬畏天地自然的习俗。从自然环境和气象学分析，北半球建筑规划大部分朝向是以坐北朝南为主，这与地球磁场、阳光照射角度、季风的风向等因素直接相关。当建筑物坐向为坐南朝北的反坐时，由于北面阴气比较重，房宅和人很难得到来自东南和南方的阳光与生气的滋养。除了坐北朝南因尊贵而成为最佳选择外，另外可以选择作为建筑的坐向是坐西朝东，因为太阳从东方升起在西方落下，自古以来有紫气东来的说法。在春天东风或东南风吹来的时候，大地开始回暖，而冬天则刮着凛冽的西风和西北风，建筑物坐西朝东能迎着初升的太阳吸纳生气，使得阳气、生气满屋。反之，坐东朝西的宅院受到阴冷的西风吹拂和夕照太阳的直射，对人体健康和室内藏风纳气都是不利的。所以，中国古人以东为贵，以西为贱，皇后妃子们的住所分为东宫和西宫两院，以东宫为大为正，继承皇位的太子也居住在东宫，称为东宫太子殿下，西宫则为次要从属地位。皇帝供奉历代祖宗牌位的太庙，也要建在皇宫的东侧以示尊重祖德，宅院主人也称为“东家”或者“房东”，这两个词语也是由此得来的。

综上所述，企业经济效益、商业店铺的销售业绩与建筑物坐向方位的选择还是有一定关系的，在某海滨旅游城市同一条东西走向的街道两旁，两家当地知名的五星级酒店分别位于街道两侧，服务标准和客房设施基本相同，其中坐北朝南的酒店生意特别好，而对面坐南朝北的酒店生意明显冷清，即使在商业广场也同样出现这样类似的现象，坐北朝南和坐西朝东的商业店铺往往客流量相对要好得多。因此，从中国传统文化、自然气候以及环境气场形势出发，坐北朝南是企业工业园区、商业店铺和普通住宅的首选坐向，如果由于地形地貌或受其他环境因素限制而无法实现坐北朝南的规划时，那么建筑物选择坐西朝东的坐向也可以。

三、企业园区环境整体格局优化

俗话说：“观其外知其内”，企业发展前景与企业园区环境整体的地形地块形状及其环境布局存在着某种潜在的全息性效应，科学合理地规划地块形状有利于企业园区内环境气场保持和谐稳定的状态。地块形状选择规则以长宽比较小的长方形或者正方形为好，象征着四平八稳，并有利于藏风纳气。

还有一些企业园区由于所处的地形地貌比较复杂，地块形状可能是三角形、梯形或者复杂的多边形，如果不能修整成为规则的长方形或者正方形，那么首先要注意园区大门位置的设计，园区大门作为物流、人流、车流、空气流的总出入口对园区内环境气场产生比较大的影响，地块修整与大门位置设计要本着藏风纳气和有利于气场和谐的原则进行规划。在此，以一些常见的不规则地块为例，对其环境规划布局方法作简要介绍。

第一种情形，企业园区地块形状为梯形。梯形长边 B 位于正北方或者正西方，在规划设计大门朝向时，大门最好开在短边 A 上。在企业园区内外环境格局允许的条件下，尽可能不在其他三边上设计开门，尤其不能在长边 B 的位置开大门（见图 4.10）。

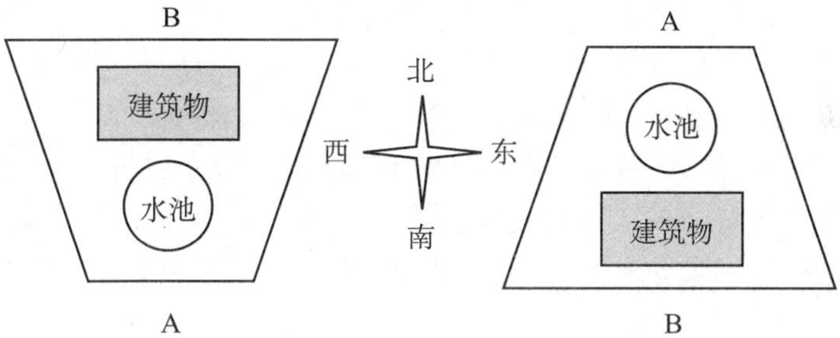

图 4.10　梯形地块建筑规划

如果在长边 B 位置开大门，这种企业园区地块的环境形式被称为扫帚形的散气格局，不利于聚集人气和财气。梯形长边 B 位于正南方或正东方，同时正北方或正西方的地形地貌有所依靠，主干道路与长边 B 平行并位于其前面，企业园区规划首选坐北朝南和坐西朝东的形式；需要在长边 B 位置开大门，则是导致气流增速能量散失的格局，为了避免生气流失，最好将梯形地块分割成为长方形地块。否则，还要根据具体地形和周围环境因地制宜选择在短边 A 中间位置设计大门为最好的选择，这样才能形成藏风纳气的格局。从自然科学角度出发，其中道理源于两个方面：一是，基于流体动力学可知，当空气流场由宽变窄时，由于空间尺度逐渐变窄导致空气流动速度加快，在企业园区内，使得原来柔和的有情风形成无情的疾风，疾风会让企业园区内的气场或能量场散失较快，不利于企业员工的身心健康和工作效率，甚至让员工无法安心工作。二是，北方主收藏，要避免能量散失，长边 B 开门则为漏气的格局，不利于企业园区内的环境藏风纳气。

第二种情形，企业园区地块形状近似于口袋或者灯笼形状。在规划设计大门位置和朝向时，应该选择在口袋嘴的位置，有利于藏风纳气（见图 4.11）。尤其口袋嘴的大门朝南或者朝东时，非常有利于吸纳南方或东方的有情风。即使在某些季节里，该区域风速很快，空气从园区大门窄处进入到里面空间变宽，空气流动的速度会迅速减缓，形成柔和的有情风。这也是为什么口袋形的格局可以藏风纳气，有利于企业财运旺盛的科学内涵和奥秘所在。

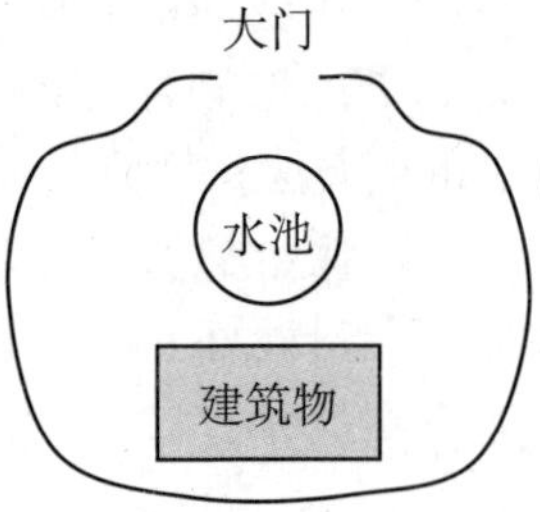

图 4.11　口袋形地块建筑规划

这种口袋形格局也蕴涵着企业管理的智慧和为人处事的道理，内部形状宽大代表人的心胸宽广，有容人之量，心量大的人能包容万物，自然充满和气。有的企业领导因为员工一点小事喋喋不休，不能容纳别人的缺点和错误，这样的心胸不太容易与人友好交流相处，很难带领员工或者团队协同工作。心胸博大的人能够包容他人的优点与缺点，“大肚能容天下难容之事”的境界是一位企业家应该具有的胸怀和修养。所以，民间有句俗语：“无毒不丈夫”，这是以讹传讹的说法，应该是“无肚不丈夫”才正确。

第三种情形，非规则形状的地块，企业园区地块形状为三角形或者其他各种不规则多边形。由于地块形状比较复杂，整体规划设计要综合考虑周围地形地势和道路走向等多方面因素，在安排大门位置和朝向时，除了考虑周边道路走向外，还要遵循该地块能满足藏风纳气作为标准，然后才能设计出最优的建筑规划方案（见图 4.12）。

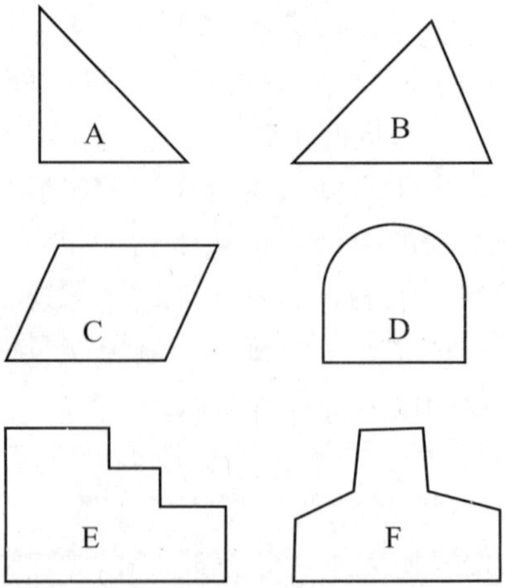

图 4.12　非规则形状的地块示意图

对于三角形地块A和B，无论在哪一边设置大门或者建造大楼都无法找到合适位置。因此，一般不推荐在此处建造房宅，除非浪费一些土地面积，将三角形地块改造为梯形或者矩形，如果三角形地块面积比较小无法改造时，则可以在三角形区域里设计作为生态绿化区、景观标志物或者停车场之类的功能区。尽管棱形地块C四边平行，但是整体形状让人感觉不稳定，大门设计在上下两平行边，不推荐开在两侧平行斜边位置，如果地块面积足够大，最好将棱形改造为四平八稳的矩形。D的地块形状是组合图形，为了实现园区内环境藏风纳气和提高地块面积的利用率，大门设计在半圆弧顶端位置比较合理。对于复杂的多边形或者不规则形状的地块E和F，相对于形状规则的地块在规划时要麻烦一些，需要根据地块周围的具体环境条件仔细勘查，并重新对地块科学合理地做出分割，如果地块多边形短边的前面有主干道路通过时，一般将大门位置与朝向设计在多边形的短边处。例如，多边形地块F，当顶端最短边与主干道路平行，方位又是坐北朝南或者坐西朝东时，在这条边上设计大门使得园区形成类似布口袋的格局，比较有利于园区环境藏风纳气。为了改善环境气场不均衡的状况，对于边数过多的多边形地块需要重新修整，在此处长期居住不宜于身心安稳，也容易激发人们冲动的情绪，经常发生口舌是非的事情。

第七节　建筑环境负能量格局的化解方法

建筑环境的宜人性与气场（包括空气流）状态有很大关系，气是磁场和微波的统称，在流动和传播过程中受到各种外界环境因素的影响，气场频率和波动状态的变化必然会形成各种形式气场。所谓负能量（古代也称为煞气），是指对人的身心健康产生不利影响的气场或者能量场。负能量形成的来源有多方面，有的是源于各种无形的磁场，有的是由于区域自然环境气候因素，有的是因为视觉或者心理暗示导致的不利影响。例如，自然环境里存在的各种放射线、宇宙空间里的微波、人工电子设备或者高压强电形成的有害磁场、高速空气流、过分强烈的光线、地下矿物质元素以及阴气重的地方等。化解各种负能量场的方法与中医调理身体阴阳平衡的观点是一致的，根据具体情况以及产生的根源辩证化解。需要强调一点，通过摆放风水吉祥物调整环境气场大部分仅能起到心理安慰的作用，并没有科学道理和任何实际功效。在自然环境和建筑格局的规划设计中，由于方案不合理或者地形地貌无法改变等原因会产生不同的负能量场。在此对各种负能量环境格局和解决方法进行阐述。

一、反弓形道路对建筑物的影响

气场变化与自然环境、建筑格局和道路形式有直接关系，如果住宅、商业店铺等处于弧形河流或者道路外侧时，容易导致建筑物内外气场被冲击而处于混乱状态，从而形成反向冲击的负能量场。在城市主干道路上，当车流经过反弓弧形路面时，气流由于离心力作用形成无序的紊流，对相邻建筑物产生更大的影响，而且在弧形背部由于曲线离心作用使气流速度增大。

反弓形道路主要影响居住人的身心状态或者店面里的人气，随着人气流失，财运必然不佳，事业也很难得志。某家商业店面一直出租给经营餐饮行业，但店面却频繁地更换经营者，从最初经营的饭店、饺子馆、烤肉店到火锅店，每家生意都比较冷清，没有坚持多长时间就关门了，为什么会是这样？其实一个很重要的原因是反弓形道路所产生的负能量场造成的，该店面建筑正好处于弧形主干道路的反弓位置（见图 4.13）。另外，反弓形道路位置的气场不稳定并且容易产生杂乱磁场，如果建筑朝向倒坐，室内环境令人感觉阴冷，在这种环境格局下，也许经营冷饮、冷藏行业比较合适，但是，长期居住对人的身心健康肯定没有好处。化解方法是尽量距离反弓弧形背位置远一些，在设计建筑外观形状时，地理位置和结构允许的话，建筑外观造型可以设计为与反弓形道路平行一致的弧形，这样可以减轻反弓形道路的负面作用。另外一种方法是改变规划方案或者建筑坐向，尽可能地远离反弓形道路。

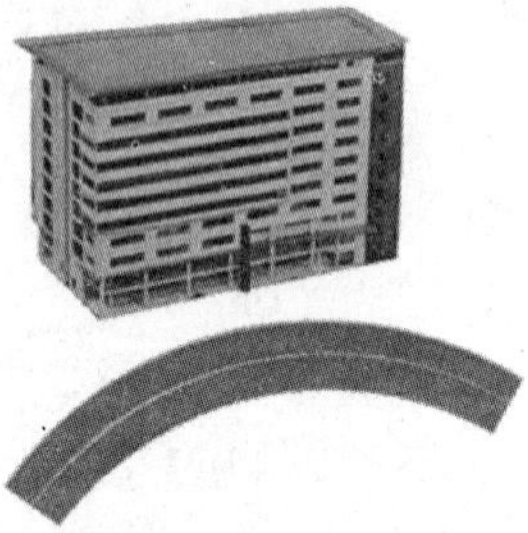

图 4.13　反弓形道路

二、直冲形道路对建筑物的影响

直线形道路气流通常沿着路直行，所谓“一条直路一条枪”，建筑物大门正对着一条直路或者河流冲向自己而来，就形成直冲负能量场（见图 4.14）。首先，在道路两侧的建筑物形成狭长通道时，气流自然会沿着道路延伸方向或者河道的流向行走，当各种车辆经过或者河水快速流动时，会推动空气流或者不利的气场对建筑物产生间断性的振荡式冲击，导致室内气场紊乱，容易使人的情绪发生波动和身心不安稳。

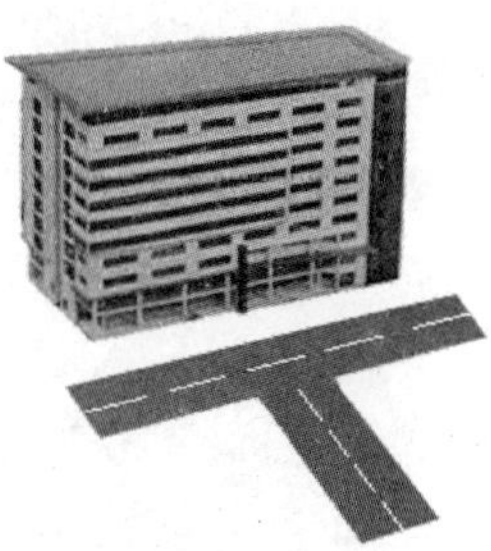

图 4.14　T 形道路

其次，直冲形道路形势给人们造成的心理负面影响也是不可忽视的。直冲形道路负能量场的化解方法最好是改变大门位置，避免与道路或者河流来向正对着；还有就是在建筑物大门前修建类似照壁或者室内玄关的遮拦，气流和人都从其两侧进入建筑物内，实现曲折有情的格局。

三、交叉剪刀形道路的射流效应

剪刀形道路也称为剪刀煞，它有两种形式：一是建筑物处于分叉路口内侧夹角小于 90 度区域。二是建筑物外观由于设计方案原因造成自身形成类似剪刀形的锐角结构（见图 4.15）。

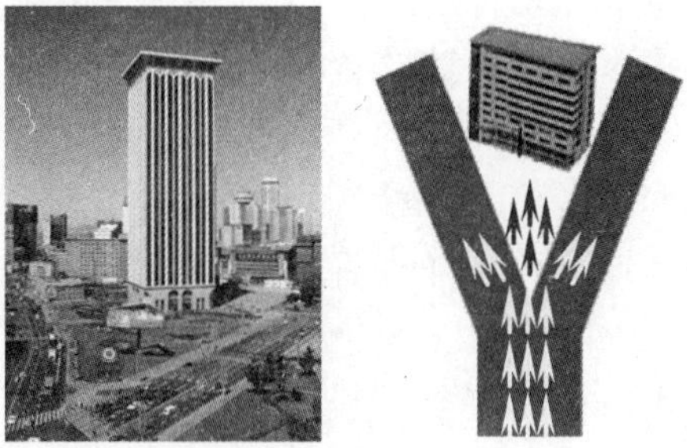

图 4.15　剪刀形道路

民间有“路剪房，见伤亡”这样的俗语，意思是对居住在剪刀形道路夹角内建筑物里人的身心健康非常不利，而且此地也容易发生一些意外事故，在剪刀形道路夹角内区域建造房宅，不但里面居住或者工作的人可能会心神不宁或者罹患其他疾病，而且员工之间关系往往紧张不和谐，很难聚集人气。所以，在此处建造商业大厦出租作为商场或者写字间，大多数生意冷清，不利于人气聚集。当两条道路形成锐角交汇时，从物理学来分析，气流在道路锐角顶点交汇或者分离的位置会产生高速射流效应，形成的疾风冲向两条道路的夹角区域，导致风吹气散的结果。因此，剪刀形道路三角区最好作为绿化带或者布置一些大型的城市景观雕塑。

四、高层建筑之间空气流窄管效应

两座高耸建筑物或者两座高山之间距离较近形成的狭窄空隙会产生疾风现象，也称天堑煞。从流体力学可知，当流体从宽广区域突然经过狭窄通道时形成窄管效应，使得流体的流速加快并在后面形成紊流场。随着地球海拔高度上升，高空气流速度本来就比地面空气流速要快得多，当气流通过两座高大建筑物之间的狭窄通道时，由于窄管效应导致空气流动速度迅速增加，中国民间有一句俗语："风疾气不聚，飞鸟不筑巢，人则不可居。"建筑物越高，在高层居住受到高空气流的影响也就越大（见图 4.16）。

图 4.16　纽约世界贸易中心大厦外景

美国纽约世界贸易中心大厦始建于 1973 年，是当时美国人引以为自豪的双子星座高层摩天大楼，从整体建筑规划上，两座大楼之间恰好形成了狭长空隙的天堑煞。这样的建筑格局使各种不利因素被激活的可能性加剧，甚至导致意外灾害。当高空气流经过两楼之间的空隙时，空气流速增加形成疾风，一旦发生火灾将迅速蔓延。2001 年 9 月 11 日上午，发生了震惊世界的 9·11 恐怖袭击事件，当两架民航飞机被恐怖分子控制以后，驾驶飞机直接冲向了世贸大楼，飞机爆炸和油箱的航空油料形成熊熊大火，由于通过两楼之间的水平气流形成高速气旋，加剧了火势，使得两座摩天大楼在高速撞击和高温作用下顷刻间崩溃瓦解，导致 3000 多人在这次恐怖袭击中遇难，造成触目惊心的人间悲剧。在此之前，世贸大厦曾发生过几次火灾事故，1993 年受到炸弹袭击，使得地下五层楼结构遭受重大破坏；1975 年北楼第 11 层发生火灾，火焰又点燃了管道里电话线的绝缘皮，火势迅速蔓延到第 9 层和第 14 层，在数小时内大火被扑灭，此次火灾损失也相当严重。

五、建筑物空洞结构空气流增速效应

高速气流穿过建筑底部或者建筑物中心产生风洞效应，气流犹如一把弓箭穿越建筑物。形成这种风洞的负能量有两种形式：一是在建筑物下面有大型隧道、沟渠、防空洞等通过，地下通道产生的浊气和阴冷的气场对建筑物造成相邻房间能量散失。二是建筑物外观设计时，在楼面中间出现空洞，当高空气流经过空洞时，形成类似天堑煞的气流窄管效应，高空中水平气流速度将迅速增加，建筑物越高影响越剧烈。居住在这里的人情绪容易低落，脾气也会变差，长期在这样环境里工作很难发挥人的创造力。对于楼面中间有空洞的建筑，一旦发生火灾，也会因为高速空气流的形成而助长火势。

2009 年 2 月 9 日晚 21 时许，正在建设的新中央电视台园区文化中心发生特大火灾事故，大火持续了 6 小时才被扑灭（见图 4.17）。经过调查火灾原因是由于燃放烟花引起的，高射炮礼花落在楼顶上引燃了防水材料。当时正是中国的农历正月十五传统元宵节，市民们有闹花灯和放鞭炮的风俗习惯，也是北京市政府规定春节期间可以燃放烟花爆竹的最后一天。虽然文化中心主体结构没有受到严重影响，但是火灾的过火面积达到了 10 余万平方米，楼内十几层的中庭已经坍塌，位于楼内南侧演播大厅的数字机房被彻底烧毁。据查此前北京市已经连续一百多天没有降水，冬天空气非常干燥，发生火灾的当天晚上是晴天，中央电视台新址大楼所在区域的地面风速仅为每秒 0.9 米，属于微风级别，按道理根本不会形成风助火势的状况，但是为什么大火迅速蔓延？除了外墙材料防火性能较差以外，还与大楼的建筑结构形式有很大关系，因为楼体之间空洞所形成的窄管效应让高空水平气流增速，当楼面发生燃烧时，空气温度升高又使气流速度变得更快，导致火势越来越迅猛。

图 4.17　中央电视台新建大楼外景

对于出现天堑煞和穿心煞的高层建筑物，建筑物防火安全应该放在首要位置，从日常消防安全管理到使用的建筑材料必须严格执行国家标准，并确保各项防火设施处于最佳状态。由此可见，现代建筑设计师们一味追求大楼的高度，在建筑外观形状方面求新求异，却忽略了建筑设计的科学性以及与自然环境和谐相融性，而且大部分建筑设计师们更不会考虑建筑规划设计方案是否符合中国古人所注重的传统环境规划学的思想。现代城市大多数建筑规划在一些局部区域的设计追求具有视觉美感，当从高空俯瞰城市整体建筑时，却失去了相互之间的协调性和观赏性。

第八节　建筑环境景观与图腾的文化内涵

一、开光的真正含义

为了发财致富、趋吉避凶或者化解各种不利环境的负能量，不少相信环境风水的人经过大师指点，在企业办公室、商业店面或者家里摆放各种景观图腾，除了销售价格不菲外，还要请大师开光才有效果，否则就不灵了，开光后的景观图腾真有那么灵验吗？如果确实如此，制造景观图腾的厂家应该成为全国首富了，恐怕大部分不是这样的情况。景观图腾是我们祖先根据中国民俗和传统文化设计出来的实像，不仅是持有者的一种心理寄托，更多的是通过具象来表达和传播中国传统文化。无论是作为装饰还是抱着求财的心理，不少人购置景观图腾都请大师开光，什么是开光，怎样为景观图腾开光，究竟是给物还是给人开光？搞清楚这些问题以后，才会从中理解其意义和文化内涵。现代很多开光仪式和过程大部分流于形式，甚至添加了更多的迷信色彩，失去原来本有的意义。开光是一种仪式，以此来诠释景观图腾所包含的思想，其中的文化内涵已经超过调整环境的作用，更重要的是为了让持有者明理。开光是通过景观图腾外相和一系列的仪式达到见象思义的目的，将景观图腾所代表的中国文化和思想融入到人们的头脑中，以此转变不正确的心态和想法，并落实到具体的工作生活当中。因此，为景观图腾开光最终是给持有者本人开光，是在打开一个人内心的智光，智光不仅点亮了自己，还照亮了别人，自己受益的同时别人也随着获益，事业和财运自然也就通达和吉祥如意。所以，理解了开光的意义之后，对于景观图腾可以省略开光仪式，如果不会其意，为了寻求心理安慰，开光仪式还是必要的。不同景观图腾开光仪式会有所区别。例如，在狮子雕像的开光仪式中，主法者拿起白色或者黄色毛巾向狮子作拂尘动作，表示扫除心内蒙尘和净显心性的意思，然后用镜子对着阳光将反射光线照射在狮子身上，寓意着智光映照，接下来用朱砂笔点向狮子眼睛，点睛之笔寓意着慧眼顿开才能辨明是非。开光仪式让人理解在此过程中的民俗文化和为人处事的准则，开光是神化于物、内化于心、外化于行的过程，然而现代人忘记了开光的真正意义，追求开光仪式的隆重场面，这是舍本逐末的行为；也有人认为开光只不过是一种形式，没有什么实用价值，这是执理废事、全盘否定的偏见。在参加开光仪式时，不要忘记了解开光仪式的文化内涵，通过开光过程，扫除心理障碍和开启智慧才是最终目的。像延续了几千年的陕西黄帝陵祭祀大典，是在为全世界炎黄子孙开光，黄帝陵不仅是中国人寻根祭祖之地，也是中华文明血脉缘起，祭祀大典的意义已经远远超过仪式本身。

当今购买轿车的人越来越多，马路上车水马龙，在上下班高峰时段，道路拥堵非常严重，经常发生车辆相互刮碰的交通事故，每年因交通事故死亡的人数不断上升。为了祈愿开车出行平安无事，有人开始请大师作仪式给新买的轿车开光，古代社会从来没有过给车开光的情形。其实如果一定给车开光，有一个非常快捷好用的方法，根本不用麻烦大师，这里为你的车提供一个最简单、最有效的开光仪式，记在头脑中并融入到血液里保证你一生驾车出行平安。行车安全的最大秘诀，也是在为你的爱车开光就四个字——“安全礼让”。因为在《易经》里的坎卦除了代表水象以外，车也是作为坎卦的具象之一[1]。在路上行驶的车辆也如同河水一样川流不息，正如老子《道德经》所言：“上善若水，水善利万物而不争，故无尤”，所以大家开车都本着不争、不抢行的原则必定一生平安。

二、狮子像：彰显一阴一阳之谓道

中国人历来把狮子视为吉祥物，在中国园林名胜古迹中，各种造型的狮子雕像随处可见。古代官衙庙堂、达官贵人的豪宅大门前，都摆放一对狮子用以镇宅护卫，彰显门庭府第的地位和威武。直到科技发达的现代社会，许多建筑物大门前，如银行、政府、商场和企业门口还保留着安放狮子镇宅护院的习俗。狮子何时成为守卫大门的吉祥装饰物，这种习俗大约形成于唐宋之后，据程张先生《元代石狮趣谈》考证：唐朝京城里的百姓多居住于“坊”中，“坊”要建造围墙和坊门，是可以防火防盗的民众住宅区，与现代房地产开发商设计的封闭式楼盘小区类似，坊门一般为牌楼式，坊柱的柱脚上夹着一对大石块，用以防风抗震，并且在大石块上雕刻出狮子或者麒麟等动物，既美观又取其吉祥的寓意，这是用狮子和其他瑞兽作为家里镇宅护院的最初起源。到了宋代和元代以后，一些有钱人家为了张扬家宅的权势显贵，便在大门楼将石狮等瑞兽雕刻在柱石上，这种风俗一直被保留下来成为传统。

关于狮子的用途和文化习俗，大多数人认为就是放在宅院大门口起到装饰作用，其实并非仅局限于建筑装饰，而是包含着丰富的文化内涵，关于狮子在中国民间主要流传着四种说法：

一是避邪纳吉。古人认为石狮子是可以趋吉避凶，不仅用来守卫大门，还有在交叉路口摆放石狮子与“泰山石敢当”同样用以镇宅、避邪。石狮子

① 杭辛斋：《杭氏易学七种》，九州出版社 2005 年版，第 116—117 页。

摆放在大门前为了趋吉避凶，也体现了人们祈求平安的心理。

二是预知洪灾。在民俗传说中，石狮子如有遇到洪水泛滥或陆地沉没等自然灾害即将来时，石狮子的眼睛会变成红色或流血，人们据此采取应急避难措施，当然这只是一个神奇的传说。

三是彰显权贵与威严。在古代社会，宫殿、王府、富豪宅邸多用狮子守门，显示了主人的权势和尊贵，在现代社会，国内不少政府和企业机构门口也保留了安放石狮子这一习俗。

四是用于艺术装饰。石狮子是古代和现代建筑物不可缺少的装饰品。北京卢沟桥在桥栏等不同位置雕琢了大量石狮子作为装饰物，由于桥上各处分布着大小不同千姿百态的狮子，其个数有无法数清的传说，文物工作者曾经对卢沟桥的狮子进行编号，计算出桥上总共雕刻了 485 个石狮子。卢沟桥不仅经历并记载了“卢沟桥事变”这样重大的历史事件，也因为石狮子的艺术而名扬四海，成为桥梁建筑艺术中的精品。

如今，狮子已经作为中国传统文化的一部分被延续下来，虽然这其中的迷信色彩不再有多少人相信，但关于狮子摆放和开光的习俗还是被流传下来。制作看门的狮子材料分为石质和铜质，摆放是有规矩的，都是一雄一雌（左脚下面踩绣球或者张口为雄狮，闭口为雌狮）成双成对置于大门口，必须是左雄右雌，符合中国传统男左女右的阴阳哲学，与《易经》里说的“一阴一阳之谓道”思想是一致的。实际上这也是为了见象思义，寓意着企业在经营发展过程中要遵循“君子爱财，取之以道”的古训，企业按照正道生产经营才能获取利润。在每月农历十五，狮子要按时洗目，用清水调和御守盐，擦洗狮子眼睛，寓意着要能看清小人、明辨是非对错，才能更好地为主人镇宅守财和除恶扬善。

三、麒麟像：含仁怀义的君子风范

麒麟是一种虚构的动物，在传说中被人们赋予了十分高尚的品质，其性温善，不覆生虫，不折生草，头上有角，角上有肉，设武备而不用。因此，麒麟也被称为“仁兽”或者“瑞兽”。西凉武昭王在撰写的《麒麟颂》中曰：“一角圆蹄，行中规矩，游必择地，翔而后处，不蹈陷阱，不罹罗罟。”《宋书·符瑞志》曰：“含仁而戴义，不饮池，不入坑阱，不行罗网。”《说苑》亦有：“含仁怀义，音中律吕，行步中规，折旋中矩，择土而后践，位平然而后处，不群居，不旅行，纷兮其质文也，幽问循循如也。”这些文字记载体现了麒麟仁厚君子的风度。麒麟在传统文化中被广大民众所接受，当今很多商家和企业认为把它摆放在大门口有招财的作用，其实麒麟是在告诉人们要以仁义之道来获取经营利润，因为这种仁义的品质与几千年来中国儒家文化是一致的，麒麟被商业和居家人士所喜爱，以具体物象来传播中国传统文化的精神和主题思想。

中国民间还有麒麟送子的说法，希望生小孩的夫妇，通过在家里摆放一对麒麟，祈求能生下一个健康聪明的宝宝。相传大成至圣先师孔子将要出生之时，在家里曾经有麒麟吐玉书，玉书上面写着“水精之子孙，衰周而素王，徵在贤明”，寓意孔子虽有帝王之德而未能居其位。至今，在文庙和学馆中还有以《麟吐玉书》作为装饰，以预示着祥瑞降临于此地，圣贤即将在此诞生。麒麟还代表聪明智慧，在古代素有“天上麒麟儿，地上状元郎”的说法，家里有小孩上学，可以在合适的位置摆放一对麒麟，有助于激发孩子头脑聪明。麒麟也蕴含了有情人终成眷属的文化理念，在中国传统文化中有“麒麟成双人成对，并蒂花开万年红”的诗句。麒麟与龙、凤、龟合为四灵，现在，也有政府机关公职人员摆放麒麟在办公桌上作为装饰。

四、泰山石敢当：勇者无惧的气质

“泰山石敢当”，从字面讲，泰山是五岳之首，被誉为中国的神山，传说泰山石有特别的灵性和神力，自古以来历朝的帝王都向往去泰山举行封禅祭祀大典，以求得天下太平和国泰民安。以泰山石制造的石敢当意味着其像泰山石一样拥有超凡的神力而勇猛无敌、敢作敢当。泰山石敢当是源于上古时期对泰山灵石的崇拜，它的功能有从最开始的“镇宅”、“化煞”再到“门神”、“辟邪”和“防风”等多种用途。在历史演变过程中，泰山石敢当的出处和传说有多种版本：一是相传五代时有一名猛将军，名字为“石敢当”，是一员福将，生平总能逢凶化吉，他为了保护主公在战争中战死，后人为了纪念他，所以设立石敢当。二是相传古人认为东岳泰山之石具有独特的灵性和神力，泰山石敢当被作为一种灵石崇拜。传说汉朝时武帝登泰山，带回四块泰山石，放置未央宫的四角以辟邪镇宅，东岳泰山被认为有保佑国家的神功，后来又将泰山石人格化，姓石名敢当，又称石将军，主治生死，百鬼主帅。三是姜子牙泰山封神说，传说姜子牙封神时，诸将分封完毕，发现自己尚未封神，于是指山前一石曰：“我是泰山石敢当”，立刻化为石敢当。

在中国农村建房时把“泰山石敢当”砌入宅基或墙上，以求趋吉避凶，祈福家人平安，宅院稳如泰山。泰山石敢当还被用于化解住宅院落存在缺角、直线型道冲和剪刀交叉路口的负能量格局，至于是否真的有化解效果，只能说从心理上带给人们安稳。为了增强泰山石敢当的功力，要选择合适的制造时间，一般在冬至以后的甲辰、丙辰、庚辰、壬辰、甲寅、丙寅、戊寅、庚寅、壬寅等十个龙虎日制造。泰山石敢当作为中国民俗文化非常流行，它所蕴藏的文化意义远远超过本身的用途，2006 年被列入首批国家级非物质文化遗产名录。

五、关公像：义薄云天的忠义精神

中国的财神有文财神（文昌帝君、比干、范蠡等）与武财神（赵公明、关公）之分。由于大部分人抱着发财致富的心理，中国民间都喜欢供奉财神，在商业店铺和家里安放财神，希望能得财神的眷顾，让财源滚滚而来。财神在各类风水吉祥物中是非常讲究的，摆放位置只能安放在家宅中尊贵和生气勃发的方位，这样才能发挥催财的作用，安放财神时间必须选择黄道吉日，同时还要举行祈请财神仪式并燃放鞭炮恭恭敬敬地请入家门。中国有位流传千古的武圣人关公以忠义品行立身于世，自古以来关公被称为“关圣帝君”，关公最重义气和信用，信义俱全、义薄云天，后人将他作为武财神来供奉，佛教尊奉为伽蓝菩萨。根据民间传说，供奉武财神关公除了能治病除灾、驱邪辟恶、诛罚叛逆、巡察冥司外，还能够司命禄、庇护商贾和招财进宝，武财神关公面朝外安放在正对大门口的位置，背后要有墙壁依靠。关公生前善于理财，擅长会计业务，曾经发明了日清账簿，设有原、收、出、存四项记录，账目非常清楚，被后世公认为是会计鼻祖。此外，民间传说关公离世以后，他的真神还常常回来帮助供奉他的人渡过难关，很多商人生意受挫时，通过供奉和朝拜关公像，希望能得到关公的支持和保护，让经商最终能获得成功。这种信仰被国内外从事各行各业的华人们所接受，不少企业和商业人士对关公顶礼膜拜，并形成了一种财神文化。关公的忠义精神影响遍及全世界，已远远超出了中国大陆区域，全球只要有华人居住的地方，尊奉关公都十分兴盛。企业尊奉关公忠义的文化精神具有历史与现代的意义，企业经营以德为本，将仁、义、智、勇的关公精神落实到企业经营管理中，一定能在激烈的市场竞争中立于不败之地。

第九节　环境气场与心念德行的全息效应

一、厚德载物：环境生气与和气之源

从古至今中国民间有一句流传至今的俗语：“福人居福地，福地福人居。”地理环境与人的身心状态存在着相互影响、相互耦合的全息效应，环境气场好的地方，有福德的人居住才能得到环境生气的滋养，并且能使环境气场越

来越和谐；人没有福德，由于其内在的生物场频率与环境气场不相应，不仅不会得到益处，而且环境还会遭受破坏，此谓环境随人心转。中国五千年里历朝历代的皇帝建造皇宫或者陵墓都是选择环境气场最好的地方，可是在封建社会里没有一个朝代是持续千秋万代，寿命最长的周朝也不过八百年统治历史，而且太平盛世的时间也不长，大部分处于诸侯列国战乱纷争的局面，以至于多少皇宫和陵墓已经灰飞烟灭了。古代皇帝活着时候住在环境规划布局最好的皇宫里，死后又安葬在藏风纳气的风水宝地，为什么很多朝代的命运不过几百年甚至十几年就衰落了？根本原因是福德不够，不同朝代都有这样一个无法逾越的规律或者宿命，当百姓安居乐业天下一片繁荣时，皇帝和政权统治者都比较勤政爱民，有品行高尚和德能俱全的法家贤士辅佐开明的君主共同治理国家。当其子孙登基继位之后，如果君主昏庸无道，每天又沉迷于酒色之中而不理朝政，江山社稷很快就丢失了，占据再好的风水宝地也无济于事，王朝兴起和衰败与帝王的德行直接相关。因此，在中国古代风水学中有人做出了这样精辟的总结："一德、二命、三风水、四阴功、五读书"。人的德行被放在第一位，德是天地万物和生命得以长养的根本，经常积德行善的人，德行获得增长，到哪里都是好环境；作恶多端的人，一旦福德气数尽了，环境生气也随之衰败。命运为先天之本，命运好的人处处感召的是好环境，一切都会顺风顺水；阴功就是通过积德行善有助于环境气场朝好的方向转变发展；最后是多读圣贤书和宣传正信正念的书刊，提高个人的品德修养，从而有助于改善环境气场和个人命运。因此，环境气场不是一成不变的，无论环境是好还是坏，都能在一定条件下相互转化，即常说的风水轮流转。除了提高个人品德修养来改善内心环境外，自然环境和生活工作环境的生气以及祥和的正能量还需要人类的善待与养护，这样才能获得环境所带来的益处和生机。如何善待和滋养环境生气呢？

一是养生气。养生气不单指中医保健的养生，而是长养万物的生气。在生气集聚的环境里，人的身心健康也会得以改善。养生最关键的是不杀生，一切生命都惧怕杀生，对于动物、植物等有生命的对象都要用心去保护不去破坏和戕害。天地有好生之德，让环境生机勃发首先就是不杀生，风水宝地大都是青山碧水、绿树丛林，各种小动物在这里得以生存长养，为了眼前利益，破坏植被、捕猎动物，生气很快就散失，工业快速发展带来的是各种煞气和杀气，直接或者间接导致众多生命的消失，没有绿色植物和动物为伴的区域就没有生机，枯藤老树昏鸦的环境给人带来何种感受呢？试想在沙漠地区很少有生命迹象，社会生产力怎么可能在那样的环境中获得发展呢，保护环境善于养护环境的生机才有利于人类的和谐进步。企业环境养生的方法有两个方面：一是园区内选择合适位置种植绿色植物、草坪或设置生态文化景观雕塑，在办公室内或者生产车间适当位置摆放大叶花草，不但增加室内环境的生气，还能吸收各种噪声和灰尘。二是企业最大的生机在于员工的工作状态，构建人性化的管理机制和企业文化，为员工构建一个宽松的工作环境和提供优厚的福利待遇条件，越是宽松的环境越有利于激发员工的积极性和灵感。

二是养正气。气是有一定频率和波动形式能量场的集聚。气有阴阳而且无影无形，都会觉得有一种神秘感，尤其对环境风水所说的气都有一种敬畏心理。其实本来就没有什么玄机，大道至简，看破玄机自然通达。一般人都喜欢阳气十足，买房子喜欢向阳的南面，出去晒太阳也是吸纳阳气，很多人追求年轻，年轻生机勃勃、阳气十足。一个地区环境缺少阳气则万物很难生长，一个人阳气不足往往身体虚弱，人故去了也称为阳寿已尽，企业与人类似，走进园区感觉环境氛围死气沉沉，经济效益肯定不会好到哪儿去。阳气也不能过分，阳气过于强大就变成煞气了，在缺水的高温或者旱灾严重地区就是阳气太过，在这样环境里的动植物很难生存。对于人自身来说，说话声音高亢、脾气又很大往往是因为肝火炽盛和肝阳上亢导致的，脾气大的人煞气也非常重，有时出口伤人自己还不知道。

提起阴气，一般都会联想到墓地、夜晚、地下等，使人心里感到有些恐惧，也不愿意到阴气集中的地方去。其实，这是长期以来人们对阴气的误解，阴气有正有偏，像中医讲滋阴补肾，可以提升肾气以荣华五脏六腑，肾气主阴、主静和智慧，这样的阴气为正。对于地理环境气场来说，即使夏季再炎热，置身其中仍然感觉到怡人的凉爽，此地必是树木丛林和绿色植被长得郁郁葱葱，阴气主生，阴者荫也，没有阴气的滋润荫护，万物很难生长，就像世界如果没有了女人，人类社会就不能得以延续。阴还有谦和隐晦的意思，大海之所以纳百川，因为大海处于最低下的位置。阴气对改善企业环境气场和提升经营管理的效率也是非常重要的，尤其高新技术和工业生产型企业一定要除了注重园区环境的绿化让阴气的正能量滋养企业的生产、经营和管理各方面，还要注入企业“和”文化，和气以阴气为主，企业阴气正能量强，经济效益通常也不错，观察企业有没有发展空间就像观女人是否具备阴柔婉约之美一样，古代皇帝选嫔妃都要选阴柔贤惠的女子方为贵，在婚姻家庭里像男人一样性格粗鲁无礼、大手大脚的女人很难使家庭和睦。

由此可见，企业和家庭阴阳二气的正气都需要长养。老子说：“万物负阴而抱阳，冲气以为和”，阳气表示积极向上、不断进取的精神，这一点在企业和个人发展的初级阶段尤为重要。当企业和家庭在事业如日中天的时候，更要注重由内及外的阴柔和气，否则，高际必堕，物极必反。企业在稳定上升阶段要注重企业环境阴气正能量的培养，阴气主哺育、收藏和滋润的作用，阴气就是静心凝神的和气，企业需要和气，有了和气才能实现可持续发展。男人与女人结为伴侣成家立业，女主人温柔贤淑，家里环境里会让人感觉到阴柔安静的祥和气场。所以，有好太太家道才会兴旺，在很多家业兴旺的富豪家庭里，太太都具备阴柔贤淑的气质，默默在后面相夫教子和扶持先生打拼事业。还有一些富贵人家的孩子，无论男孩女孩都表现出谦谦君子的儒雅之气，港澳地区的某些豪门望族，生孩子选择在阴年出生，让家业能得以传承和荫护子孙。总之，懂得颐养外在环境和调理自身阴阳二气的人，无论做任何事情都能恰到好处，走到哪里都是好山好水的吉祥宝地。

二、正心正念：环境负能量场的抗体

前面阐述了那么多关于中国传统环境规划学的基本思想以及科学内涵，实际上环境气场影响人的情志和身心健康是一个长期缓慢累积的过程，随着时间流转，人或者环境经常在不知不觉中发生着改变，这种影响就像“水滴石穿”一样，石头看起来很坚硬，水滴的力量似乎微不足道，对石头应该不会有任何损害，但是经年累月持续地滴在石头上，终究有一天石头被水滴贯穿。此外，环境气场的状态和形式只不过是外因或者称为外缘，并非起决定性作用，那么真正强大的气场主要在于人内心环境的调整，即心性和德行的修炼。环境气场也会随人的心境发生转变，心净国土净，走到哪里都是好环境，民风淳朴的地区一般都位于青山绿水的自然环境中，一年四季气候风调雨顺，这是人心与当地自然环境相互感应的结果。《黄帝内经》曰：“正气存内，邪不可干”，当一个人正气十足时，即使环境再恶劣，身心也不会受到外界环境的影响。且看药王孙思邈治病救人的典故，以此来分析环境气场与心境德行的关系。

中国唐朝著名的医学家，被后人誉为药王的孙思邈医德高尚，为百姓救死扶伤，他的医术不但高超精湛，还是我国最先提出医德思想的创始人，他撰写的《大医精诚》一书也应该作为现代医生遵守的医德守则。孙思邈一生淡泊名利，治病救人不分富贵贫贱一视同仁，将病人视为自己至亲。他多次推辞皇帝入宫做官的召请，一心致力于中医学研究。有一年麻风病流行，一个村子里上百人得了麻风病，人们对这个病都感到很恐惧，担心被传染。以往一旦人得了麻风病，面临的是被活埋或者烧死。孙思邈为了救治这些麻风病人，将他们带到深山的一个山洞里住了下来，每天为病人煎制草药，与他们同吃同住，从没有嫌弃过，经过一段时日的治疗，不少病人得以好转，而孙思邈虽然身处病人中间，却没有被麻风病人传染。一个人德行深厚，是不会受外界环境影响的，这就是德全危不入的道理，药王孙思邈一生积德行善，救治病人无数，寿命长达一百多岁。

在中国传统环境规划学中，还有一种调整环境气场的方法称为“呼象喝形”，喜迁新居在新房大门贴对联，春节期间邻里乡亲拜年走亲戚，相互祝愿恭喜发财，六亲眷属对刚出生小孩的道喜和祝福之辞等，都是“呼象喝形”的形式。常言道：“说什么来什么。”在日常生活中出现过不少一语言中的事例。特别是以至真至诚的心念“呼象喝形”时，环境和气场也会随着言语发生变化，这绝不是什么迷信的说法，而是一种无形的全息效应。在企业投资建设的工业园区开工或者竣工封顶之际，一般都要举行大型庆典活动，除了锣鼓喧天、鞭炮齐鸣的热闹场景外，还有邀请政府官员和知名人士莅临现场讲话等一系列活动，这也是一种“呼象喝形”，为企业日后稳定持续发展奠定顺风顺水的起点，并以此为契机开个好兆头。因此，在不铺张浪费的前提下，举行简单不失体面的庆典仪式还是非常有必要的，况且也是在传播中国民俗文化。《易经·中孚》卦二爻的爻辞：“鸣鹤在阴，其子和之；我有好爵，吾与尔靡之。”在古代“鸣鹤”也称作鸣鹤之士，是指有才华、品德声望很高的隐士。王弼的解释：“处内而居重阴之下，而履不失中，不徇於外，任其真者，立诚笃至，虽在暗昧，物亦应焉。”这一点与《易经·系辞上》解释：“君子居其室，出其言善，则千里之外应之”是一致的，人只要有正心正念和力行中孚诚信，居住的环境一定会随之转变，尤其是有德行的谦谦君子即使在室内足不出户，其言行至善，在千里之外都会有与之相应的善人和善事。

在过去有这样一户人家，主人新婚不久的媳妇在家看护出生不久的小孩，一天上午有一只猫头鹰飞进院子里落在窗前，猫头鹰发出怪异的叫声，有点像人在怪笑，令人感觉瘆得慌，过去人非常迷信，认为“猫头鹰进宅，无事不来”，预示着家里要发生什么祸事。这位媳妇却淡定从容，不慌不忙地说了一句话：“猫头鹰、猫头鹰你别笑，我儿长大当官坐大轿。”小媳妇的话刚说完，猫头鹰就飞走了。这家小孩长大以后去参加科举考试，从秀才到进士考试一路顺风，结果还真当上朝廷大官坐上了大轿。有人也许认为不是真事，只不过是民间传说罢了，但这则小故事表明了人只要心存善念是可以改变环境和命运的。在中国近代史上，恐怕没有人不知道清朝最著名的大臣曾国藩。曾国藩在京为官期间，湖南娄底的家人建了占地四万多平米的府邸富厚堂，请了当地非常有名的工匠们设计建造，据曾国藩的幼女曾纪芬回忆当时的情景，当时曾家建造富厚堂，准备要上屋梁，上梁前需要由工匠念诵上梁文，工匠头以湘乡土音念道：“两江总督太细哩，要到南京做皇帝。”围观的百姓无不鼓掌叫好，这时在人群中有一个人说：“曾家宅院的大门怎么这么宽啊?”工匠手下有位徒弟平日因为曾家人对其态度不好，经常挨骂而心生怨恨，随口就说了一句：“门宽好出丧”，工匠头听了徒弟这句话以后，心里想不能丧这个良心，徒弟的话刚说完，他马上接着又说了一句：“千年死一个，万年死一双。”以后富厚堂真就应验了这句话，不仅曾氏家族从来没有一个人在这里过世，而且到了解放战争时期富厚堂被征用作为村公所的办公地点，前前后后住过不下几百人，也没有一个人在府上过世。作为曾国藩的故居，富厚堂是一座规模宏大的仿宋朝和明朝回廊风格的建筑宅院，具有重要的历史文化艺术价值。1996 年，经湖南省人民政府批准，富厚堂被列为省级文物保护单位，2006 年国务院公布又作为第六批全国重点文物保护单位。可见环境好坏存乎于一心，心态和德行才是改变环境气场的根本，环境气场随人的心境和德行发生转变，尤其处于原始未开发过的地理环境、新建住宅和企业园区，正心正念具备着不可思议的能量，有时不经意间一句话或者一个善良念头都能注入到环境气场初始状态中，成为不断复制传播的正能量。

第五章

人力资源管理优化的中国经典方案

企业作为法人机构是由人组成的，所以企业应该以人为上，这也是稳定持续发展的根本。企业经营管理终究是对人的经营管理。因此，企业识人、知人、用人以及人力资源优化组合决定着企业的前途命运。如何识人、用人是企业的首要任务，企业只有懂得人尽其才、物尽其用才能有效地改善企业管理水平和提升经济效益。现代企业人力资源管理制度几乎都在套用和借鉴西方管理模式，但是总有不尽人意之处。在这方面，中国国学经典和传统文化里积累了大量的宝贵经验，例如，《黄帝内经》、《冰鉴》、《麻衣相法》等各种经典著作都是通过分析人外在的形体外貌、言谈举止和神态气质等信息对人的心理、气质、性格和行为进行系统研究。俗话说："观其外，知其内"，内在的心境与外在的表象互为表里，存在着生物全息效应。为了弥补现代企业人力资源管理的不足，本章借鉴中国传统经典中识人、用人的思想与智慧，为建立更完善、更人性化的中国人力资源管理制度提出具有可操作性的新思路。

第一节　古代人力资源管理优化策略

老子曰："知人者智，自知者明。胜人者有力，自胜者强。"了解别人叫聪明，了解自己才是智慧；战胜别人是有力量，战胜自己才是强者。何谓知人？在行为处事中能了解他人的贤愚，可明辨是非，作为政府领导者能政通人和，作为企业家能招贤纳士、赏罚分明，作为老师能因材施教，这些都是知人之智。不少提高知人之智的书刊也颇有市场，有人认为这是人生至高的智慧，实则不然，知人之智的"智"并非是指智慧，只不过是高人一筹的聪明罢了，知人者一般都是学富五车、社会阅历丰富，能洞察人心于秋毫之间的饱学之士。企业管理者能看穿消费者心理、掌握最新技术和市场变化，然后及时调整企业经营思路和发展战略，这当然需要聪明机敏的头脑，为了利益聪明过分反倒不是什么好事情，也许藉此可以迅速实现个人成功的目标，但是，仅仅依靠个人聪明走上成功的道路不会太长远，这也是历史总结的经验之谈。提起曹雪芹《红楼梦》里"粉面含春威不露，丹唇未启笑先闻"的王熙凤①，精明强干是这个女人的形象特点，说其聪明绝顶也不为过，深得贾府老夫人的赏识信任，管理府里上下几百口人，是贾府实际当家人。她身居高位善于洞察每个人的心理，欺上瞒下为自己窃取财富，然而最终聪明反被聪明累，却落得个"机关算尽太聪明，反算了卿卿性命"的下场。三国时期曹操手下的谋士杨修是一位学识渊博的文学家，因自认为对曹操的言行了如指掌，凭借自己的聪明恃才放旷多次冒犯曹操，最后一次自作主张散布军中口令"鸡肋"的意思是曹操想撤军，结果被认为是扰乱军心而被处死。清朝乾隆时期的和珅也不完全是电视剧中阿谀奉承、极度自私和贪婪成性的形象，在当时他还是很有才华的，也曾经想做报国的贤臣，真实的和珅不仅长相英俊潇洒，更是当时少有的文武全才的大臣。和珅最大特点是记忆力惊人、多才多艺、聪明过人，特别是他精通满、汉、蒙古、西藏四种文字，乾隆年间西藏的班禅来清政府朝觐时，他充当翻译，还与来访的英国使臣用英语交流。和珅非常擅于揣摩皇帝的想法，很多事还没等皇帝说出来就已经提前办好了。为了迎合乾隆皇帝，和珅的诗词书法达到了较高的水平。尽管乾隆皇帝对他非常宠信，也知道和珅的家产大部分是靠贪污受贿获取的，但是和珅已经成为乾隆皇帝生活的一部分，凡是乾隆皇帝难以启齿又喜欢干的事（包括六下江南的一些风流韵事）都由和珅一手包办了。乾隆皇帝老年退位以后，嘉庆

① 曹雪芹：《红楼梦》，人民文学出版社 1982 年版，第 41 页。

帝继承了皇位，并在乾隆皇帝病重去世的当年将和珅满门抄家，并在监狱中赐予一条白绫自尽。由此可见，精明过人、聪明能事者不如大智若愚者，对于某些高学历者来说，学历越高反倒束缚越大。有时知识是一柄双刃剑，运用全在于人，而产生的结果也因人而异。有的人将所学为社会创造财富，有的人知识越多却越反动，为国家社会带来的是灾难。有的人虽博学多才，但只不过是精于心计，自认为拥有一双慧眼可以透彻地读懂他人的心思，却唯独最不了解的人就是自己。没有自己的觉悟真知，就不会有突破性的创新。头脑精明者擅长以拿来主义学习和复制别人的理念，无论在企业从事技术创新，还是经营管理终究是走不远的，就像某些中国企业管理制度和质量标准大部分是复制并遵循欧美企业的组织架构和标准模式，即使它们在完全相同的条件下，企业取得的经济效益也是各有千秋，甚至从事同样的行业和采用相同的经营管理模式，获得的经济效益却不尽相同。如果单纯从企业管理体制入手来提升经营业绩，这只不过是在术上下功夫，这也是为什么在同样管理体制和生产相同产品的条件下，有的企业保持盈利，有的企业却处于亏损状态，甚至倒闭破产，缺少自知者明的思想和智慧是重要原因之一。根据全息理论可知，不同人或者行业都有其内在的全息元和各自固有的隐藏秩序，所谓的自知者明就是了解自己适合做什么和不适合做什么，当固有的隐藏秩序（德行与心性）与行业的隐藏秩序产生完美的谐振效应时，那么就适合该行业发展，无论怎样做都会一帆风顺；反之，两者的隐藏秩序没有交集共鸣，就是与该行业不相应，在运作过程中总遇到重重障碍。虽然俗话说得好“努力总会有回报”，但是当内在与外在的各种因缘不具足时，即使付出再大的努力也是徒劳的。

有一位聪明的商人，非常懂得把握商机，无论做什么生意都能大把赚钱。他居住的地区赶上大蒜丰收，加上市场需求减少，导致库存严重积压，为此，他骑着骆驼驮着两袋大蒜，穿越沙漠一路跋涉来到了遥远的中东阿拉伯地区，那里的人们从来没有见过大蒜，更没有吃过，阿拉伯人对大蒜非常感兴趣，想不到世界上还有味道这么美好的东西。因此，他们用当地最热情的方式款待了这位聪明的商人，临别之际又送给他两袋金子作为酬谢。

商人带着金子回到家乡以后，这件事情很快传开了，另一位聪明的商人也听说了此事，如此划算的交易谁能不为之心动呢？他想：在阿拉伯地区也一定没有大葱，大葱的味道不也是很好吗？想到这里，他也骑着骆驼带着两袋大葱，穿越沙漠来到了那个地方，那里的人们同样没有见过大葱，甚至觉得大葱的味道比大蒜的味道还要好！他们更加盛情地款待了商人，并且一致认为，如果用金子远远不能表达他们对这位远道而来的客人的感激之情。经过大家再三地商讨斟酌，他们最终决定送给这位商人两袋子大蒜！

做一位“知人者智”的聪明人很容易，就像前些年从事股票和期货交易的专业人士放弃工作在家专职做股票交易，并没有几个人赚到钱，最后很多人落得血本无归的下场，这些专业人士对股市交易了如指掌，后来有的人改变思路，从专业炒股者转变为股票市场的评论专家，为广大股民在网络、广播、电视和报纸等媒体指点股票交易，受到不少人的追捧，有人也因此短期内变得富有。为什么亲自炒股失败，跳出股市交易后却能成为股评专家，根本原因是只有“知人者智”的聪明，而没有“自知者明”的智慧，所以，世间任何的聪明都不可能与“自知者明”相提并论。“知人者智”和“自知者明”是两种不同高度和不同层次的境界，“自知者明”才是企业人力资源管理的灵魂和全息元所在，这也是为什么不少企业总裁拥有亿万资产，尽管文化程度和学历不高，但是他一定有“自知者明”的智慧。达到自知者明的境界需要经过长期修炼和在企业管理实践中力行才能体悟。当年禅宗五祖弘忍法师在看了弟子神秀禅师写的“身是菩提树，心如明镜台。时时勤拂拭，勿使惹尘埃”[①] 的偈颂以后评价说：“偈颂本意写得非常很好，但还是没有能够见到自己的真如本性。”也就是说神秀还没有能够真正完全地认识自己和觉悟自己，了解别人是聪明，看清自己才是智慧。我们中国人常说的一句话——人贵有自知之明。在日常生活工作中，除了对自己的优势与缺陷、潜能与特长以及自己适合行业等有一个清醒认识外，还要在自己内在的德行和心性方面做到自知之明，具备这种能力的人算是一种自知之明或自觉自悟。自知之明者小用可以修身齐家、中用从商治企、大用能治国安邦平天下。因此，一位优秀的企业家和企业人力资源主管不仅要做到知人，还要善于自知者明，自知者明的境界和内涵并非是简单的“知己知彼，百战不殆”，而是与佛家追求通过精进修行达到明心见性的开悟类似，自知之明才是源自内心的真正智慧，是一种清净无为而无不为的境界。做到自知之明并非易事，眼睛可以看见千米以外的风景，却看不见自己眼前的睫毛，作为企业领导者和人力资源主管如何做到自知之明应该在以下两个方面进行修炼。

一、人力资源管理制度优化止于自知

自知之明首先是自知，从内在的品德到外在的行为都能对自我有清楚的认识。《战国策·齐策》中邹忌的自知之明在于不为他人的阿谀奉承冲昏头脑，邹忌说：“妾之美我者，畏我也；客之美我者，欲有求于我也。”曾子曰：“吾日三省吾身，为人谋而不忠乎？与朋友交而不信乎？传不习乎？”（《论语·

① 宣化法师：《六祖法宝坛经浅释》，宗教文化出版社 2006 年版，第 32 页。

学而篇》）曾子每天从三方面反省自己的行为，为他人谋划做事有没有不尽心尽力之处？与朋友交往有没有不诚信之处？老师传授的功课有没有温习力行？在与人交往和做事当中，三省的意思就是每天都要多次反思自己的思想行为，不断地认识自我并趋向于自知之明的过程。著名的古希腊哲学家苏格拉底曾经说过："我最大的智慧就是知道了自己的无知。"个人的自知在于能够常思己过，从事企业管理和商业经营的领导者更要重视自我反思的修炼，经营企业绝非只是经营产品和管理员工，实际上更多的是在经营自己，自己与企业以及员工是不可分割的整体，也是"你中有我，我中有你"的全息体系。当殚精竭虑思考如何制定最合理的人力资源管理制度时，首先，要把自己看做企业的一名普通员工，人力资源管理优化组合从自身与企业是一体的关系开始反思，只有以自察自省的思考方式才能知道不足之处在哪里。所以，企业人力资源管理的全息元就是一个"我"，把"我"想明白了，一切都会变得通达无碍。把这一点做得最好的行业就是计算机行业，计算机行业发展迅速，软硬件技术日新月异，升级换代最快的产品就是计算机，它为全世界各行业带来了巨大变化，这是为什么呢？在当今所有的行业中，自知能力最强和最擅于反思的人就是计算机软硬件制造商和程序员，他们每天都在不断地思考调试程序，因为哪怕一个字符或者数字出现错误都会导致程序无法正常运行，软件工程师经常说的一句话："我到底错在哪了，我知道一定改正！"为此软件工程师们在无数个夜晚，不得不废寝忘食，正是程序员深入的自我反思使得计算机软硬件产品精确度最高，在全球用户最广，编写计算机程序的思想反映了一种人生态度。如果其他企业都具备这种不知疲倦的反思与自知，那么相信企业的产品质量和技术创新水平都会随之不断提高和进步。其次，自知还在于自明。在中国封建社会，当前朝灭亡以后，新建王朝皇帝登基一般都要自察自省，与大臣们一起总结前朝帝王治理国家的业绩和衰败灭亡的原因，然后记载于史册，为了江山稳固永久，从中吸取经验教训和及时地反思改正，避免相似的错误在本朝再次发生，这样的皇帝是自知者明的有道明君。孔子曰："好学近乎知，力行近乎仁，知耻近乎勇，知斯三者，则知所以修身。"好学方能自知，自知才能明辨是非，然后力行精进改正，方能达到心清自明的境界。孔子的得意弟子颜回最大的优点是"不迁怒、不二过"，有了过错决不再犯，自知自明者不断忏悔改过，不犯同样错误，前进道路必然一片光明，就像孔子到了七十岁从心所欲不逾矩，是真正地到了心清自明的境界。记者曾经采访一位全国知名的艺人，问他为什么不投资别的产业？他回答说："作为经营者，不做自己不懂的事。"话语简单却是自知者明的大智慧，如果将这句话参悟透彻了，一辈子不会缺钱花。有的人本来不懂，即使是错误选择，却将错就错，为了利益蒙蔽了双眼，这是不自知也不自明。2013 年上半年东北三省的某些企业接连发生特大火灾事故，虽然忽视安全生产是主要原因，但有的人一意孤行，根本不知道反思也不清楚问题的根源在哪里，这才是最可怕的事情。

二、人力资源管理制度在反对中优化

一般人都喜欢被别人赞美，赞美之词溢于言表令人有如浴春风的感觉；当听到批评或人身攻击时，大多数人为自己辩驳和反击。即便是一位企业领导者和社会地位显赫的人真心愿意接受反对声音者并不多见，每一个人的心境可以比喻为一间屋子，灰尘在不知不觉中沉积下来，时间长了屋子积累了厚厚的尘土，蒙昧未明而全然不知，谁能帮助你扫除心内的蒙尘呢？除了自知之明外，那些敢于直言相告指出自己缺点和提出反对意见的人就是在打扫你屋子灰尘的真正朋友。对于个人来说，周围同事、亲朋好友和上级领导等人的直言相告是自己成长的动力；对于企业领导者来说，员工中肯的意见和市场消费者的反馈是一面镜子，通过这面镜子可以发现问题和瑕疵，以此才能提升产品和服务的质量，这样才能制定好企业更科学的经营管理模式，也包括人力资源管理；对于政府官员，认真听取和采纳各界群众的不同声音，有利于推进人民当家作主和社会和谐发展进程，同时也是一条有利于提高官员领导力和政府公信力的有效途径。从中国封建王朝的演变规律看，哪一个朝代君主广泛纳谏，哪个朝代便是人才济济、政通人和、经济繁荣的景象。西汉时期，贾山主张广开言路、善于养士，国家才会强大，他向汉文帝谏言说："雷霆之所击，无不摧折者；万钧之所压，无不糜灭者。"汉文帝觉得可行，采纳了贾山的建议才有汉朝文景之治。没有敢于谏言的魏徵也不会有唐太宗的贞观之治和大唐万邦朝觐的盛世。宋朝开国以后，以不杀直言相谏的文官作为祖训，宋朝的文臣比任何其他朝代都幸福。秦始皇焚书坑儒，不允许书生们谤议国事，对儒士文人大开杀戮之门，秦朝很快就灭亡了。中国古代厉王止谤的典故对当今企业人力资源管理具有借鉴意义。

周厉王统治残暴，百姓对此怨声载道，都公开地谴责他。召穆公告诉厉王说："百姓们无法忍受您暴虐的政令了。"周厉王听后十分恼火，派出兵丁去监督和处决那些公开指责的人，兵丁完成任务后告诉周厉王，这些人都被杀了。从此百姓们都不敢再说话了，在路上相遇也不打招呼，只是相互之间用眼神示意。周厉王听到这些变化以后很高兴，告诉召穆公说："我制止百姓们的指责，谁都不敢说话了！"

召穆公拜见厉王说："防范老百姓的口比防止河水决堤更厉害，治理河道不能堵要疏通，治理天下要懂得引导百姓，让他们敢于说话。天子处理朝堂政事，命令公卿以至列士献诗，乐官献曲，史官献书，少师献箴言（一种用于规诫的韵文），各种艺人都是在对国君进行规劝和委婉劝谏，平民百姓通过官吏将自己的意见传达到朝廷上，近臣尽心规劝。君王对各种谏言深思熟虑，然后取舍作出决定，所以政事通行、广开言路并不违背情理。百姓的声音就如同大地有了山川一样，财物从这里出来的，土地有高原、洼地、肥沃平原，百姓的衣食才能从这里生长出来。百姓发表的各种言论，国家政事的好和坏才能体现出来，百姓认为好的就加以施行，百姓认为不好的就予以改变，这是使百姓安居乐业的方法，百姓在心中担忧的问题和不同的声音怎么可能堵得住呢?”听了召穆公的谏言以后，周厉王并不以为然。此后，老百姓再也没有人敢说出自己的想法了。三年之后，老百姓造反冲进了王宫，周厉王不得不逃出镐京来到名叫彘的地方避难。

毛主席曾经说过一句智慧之语：“凡是敌人反对的，我们就要拥护；凡是敌人拥护的，我们就要反对。”① 企业也好个人也罢，一味地歌功颂德是不会有进步提高的，而且陶醉在他人的赞美声中，眼睛也就被蒙蔽了。只有在反对声音中认真思考自己，才能成长壮大，老子说：“反者道之动”，也是在说这个道理。反对不是人身攻击或者攻讦，也不是全盘否定。辩证唯物主义的哲学思想对客观世界的认识和发展提出了否定之否定的规律，否定不是抛弃，更不是对立，第一次否定是自我反思、自我认识的过程，第二次否定则是自觉自悟趋向明心见性和智慧增长的过程。宋朝文学家苏东坡曾经写过一首诗：

庐山烟雨浙江潮，未到千般恨未消。
及至到来无一事，庐山烟雨浙江潮。

诗中否定之否定的意境也许只有参禅悟道的智者才能真正理解，《金刚经》云：“如来所说法，皆不可取，不可说，非法非非法。”孟子在《生于忧患，死于安乐》一文中说：“入则无法家拂士，出则无敌国外患者，国恒亡。”没有坚持法度的良臣和辅佐君主的贤士，又没有敌对国家的外患势力，君主每天处于安乐自在和歌舞升平中，没有忧患意识，听不到反对者的声音，怎么可能做到自察自省和自知者明呢？长此以往，朝野上下必定人心涣散，国家衰落灭亡的宿命也就不远了。作为企业人力资源管理优化的一个重要方面就是广开言路，听取不同部门员工的建议，企业经营运转离不开员工，员工的声音是不可思议的，尤其基层一线员工的声音是最真实的，这要比完全借鉴和复制西方国家的人力资源管理制度要科学有效得多。

---

① 《和中央社、扫荡报、新民报三记者的谈话》（一九三九年九月十六日），《毛泽东选集》第2卷，人民出版社1991年版，第590页。

第二节　不同类型人才招聘考核方法

什么是企业？单纯从“企”的汉字字形结构看有两层含义：一是企业以人为上，以人为本。古人云：“读万卷书不如行万里路，行万里路不如阅人无数。”如果企业没有了人力资源，企业一切经营活动也就该终止了。二是企业除了以人为本的理念外，还包含中国传统文化中的“止”文化，即企业是围绕市场和人开展业务，而最终止于为社会大众付出了多少贡献和创造了多少经济效益。2013年国内高校毕业生数量为699万人，就业面临着严峻的挑战，对于企业来说，即使人才流动频繁，毕业生求职者数量远远供大于求，应该不会为招聘不到人才而发愁，一位企业人力资源主管曾说过：“人才有的是，走了或者不合适无所谓，再招聘就行了。”诚然，人才很多，但是企业如何能有效地识人知人，为企业找到合适的人才却并不容易。导致目前这种境况的根本原因在哪？除了高校毕业生过剩以及专业技能、薪酬待遇等因素外，主要的根源还在于企业不能做到“人尽其才，物尽其用”。从高校毕业的学生步入社会在专业知识和工作能力方面都不会有太大的差距，古人说：“天生我才必有用”，每一个人都有他的长处，而且也一定有他最胜任和发挥能力最大化的岗位。作为人力资源主管能不能把适合本企业行业性质的人才通过招聘选拔落实到工作岗位上，关键在于如何识人用人。一般情况下，企业人才招聘的基本流程是：首先浏览个人简历，由此了解个人基本信息和学习工作经历，做出初步筛选，接下来经过笔试和面试等一系列考核环节，最后才确定哪些人被正式录用。在人才招聘过程中，企业通常借鉴国外企业的招聘选拔方式，这种方式的优点是条理清晰，流程比较规范，然而学习西方人力资源招聘模式也会有一些弊端，由于存在着教条性和过分依赖招聘人才的基本规则，缺乏客观整体性评测，容易错失一些优秀人才。如何避免这样的问题出现，从我们传统文化和中国经典中寻找方法，尤其中医经典《黄帝内经》有很多识人知人的智慧，掌握了这些智慧并结合西方人力资源管理方案，相信企业在招聘选拔人才方面会成功。

在中国封建社会里，国家公开选拔人才制度最初起源于先秦时期的选士和养士制，又经历了汉朝察举制和南北朝时期的九品中正制以后，最终定型于隋唐后期的科举制，并且一直延续到清朝光绪三十一年。通过科举考试为国家选拔人才，产生了大批善于治国安邦的名臣良相和雄才大略的政治家、文学家和思想家。古代穷苦读书人要想改变命运，只能通过十年寒窗苦读，然后参加科举考试，一旦中了进士就实现了“朝为田舍郎，暮登天子堂”的梦想。封建社会皇帝招纳人才只能以科举考试作为主要考核方式，除了看科举考试成绩外，朝廷选人为官也将德行列为重要条件。汉武帝采纳董仲舒的建议设立举孝廉作为察举考试科目，孝廉是孝顺父母、为人廉正的意思，举孝廉是汉代选拔政府官员的重要标准，也曾经被后世某些朝代所采用。

在清朝乾隆年间，一位书生从外地到京城赶考，路过街边的书铺走进来看看，前面一位买书的秀才不小心失落了一文铜钱，书生上前拾起立即揣入怀里，心里欣欣然感觉捡到了便宜。恰好书铺里还有位老先生，见书生的穿衣装扮就知道是来京城赶考求官的读书人，走到书生跟前便与他攀谈起来，临别之际老先生特意问书生的姓名和家乡，最后各自走出书铺道别。这个书生有些文采，通过了考试中了进士，被安排到某县做七品县令，县令在赴任前一定要去拜见他的顶头上司巡抚大人，书生连续去了十次都被拒绝接见。书生疑惑不解便向巡抚的门人讨要说法，门人告诉书生，巡抚已经传下口谕：让你想一想还记得当年在京城的书铺捡钱的事吗？做秀才都把别人的一文钱据为己有，如果做了地方官吏还不得变本加厉地搜刮民脂民膏吗？你获取的功名已经被取消，没有必要赴任去了。书生这时才恍然大悟，原来在书铺里与他聊天的那位老者就是巡抚大人，真是后悔不迭。人的贪心反映了其内在的德行，没有德行读书无用，贪心私欲让自己失掉的不仅是前程，还丧失了做人应有的品德。

现代企业为了选取品学兼优的人才，招聘过程也不仅仅局限于标准流程，通过各种非常规的考试选拔企业真正需要的人才，人力资源主管要做到“识人有术，知人有道”，需要广学多闻才能为企业招贤纳士。任何人才都不是完美无缺的，关键在于企业能否挖掘到合适的人。招聘考核标准要根据岗位特点和工作性质决定选择哪一类型的人才，如果泛泛地要求专业技术、沟通能力、市场拓展能力、领导团队能力等综合素质，恐怕很难招到完全符合条件的人，这样的招聘规则等于无效。为此，对企业如何界定人才类型和识人知人的方法下面以具体案例进行阐述，能否招聘到可用之人的关键还在于企业领导者和人力资源管理者的自我觉悟。

一、严谨认真型人才招聘考核

国内一家知名企业招聘财务部门主管，薪资待遇非常可观，负责岗位的任务并不轻松，每天要处理的各种账目、财务数据和报表繁多复杂，除了要求持有高级会计师资格外，必须有认真细致的工作态度和敬业精神，符合条件的应聘报名者有几十人，经过面试和初步筛选仅剩下 6 个人参加复试，复试是最后一关，考核结果决定哪一位胜出，考试题目具体内容是：

每人发一把锤子、一盒钉子和一块木板，在工具盒里还提供了铅笔和尺子，要求在10分钟内以最快地速度在木板上按行列均匀地钉上50个钉子，完成以后将木板交给考官查看。宣布考核开始以后，应聘者抄起锤子开始工作，最快的人不到5分钟全部钉完，只有一位年纪不大的小伙子不慌不忙地先在木板上用铅笔和直尺非常均匀地画出十行五列的格子，按照格子节点位置准确地钉完这50个钉子。其余5个人为了快速完成任务，都是依赖眼睛目测钉子在木板上大概的位置迅速落锤，结果木板上的钉子排列参差不齐。主考官们观看了全部过程，最后决定录用那位先画线后钉钉子的小伙子。

一个人平时的处事风格能反映出他的思维方式和生活习惯，生活习惯也决定着学习习惯和工作习惯，做事严谨认真的人总会将事情做得尽善尽美，对于财务主管处理企业账目必须具备这样的特质，否则很难胜任以处理繁琐的数据业务和账目报表为主的财务工作。再看一个案例，某跨国公司要招聘一名总经理助理，招聘信息在媒体广告刊登后，应聘者简历纷纷投递到人力资源部，经过仔细察看简历，挑选了30人并通知参加公司的笔试，笔试安排在公司会议室里，公司将试卷发给考生，总计40道综合测试题，在试卷的左上角印着答题要求——请你认真读完试卷全部题目，然后必须在10分钟内按照要求答完所有的题目。试卷综合测试题的内容主要包括：

1. 请写出六种动物名称；
2. 请写出六种蔬菜名称；
3. 请写出六种水果名称；
4. 请写出六座中国省会城市名称；
5. 请写出六个国外首都名称；
6. 请写出六位中国文学家姓名；
7. 请写出六位国外科学家姓名；
8. 请写出六位中国科学家姓名；
9. 请列举中国古典四大名著；
10. 请写一首毛泽东诗词；
11. 请写出两首唐诗；
12. 请写出唐宋八大家名字……

大部分应聘者一拿到试卷，读完答题要求以后就开始全神贯注动笔答题，会议室里紧张的气氛让人感觉空气都已经凝固了。10分钟时间很快就到了，除了有3个人在规定的时间内交卷以外，其他人还在眉头紧锁地忙着按照顺序回答每一道题。公司主考官宣布笔试考试结束，对没有按时间要求交试卷的应聘者一律不予录用，会议室里未交卷的应聘者纷纷抱怨："规定答题时间这么短，考试题目又那么多，怎么可能答完按时交卷呢？""的确考试题目很多，也有一定难度！"主考官笑着说，"很遗憾！虽然各位不能参加本公司下一轮面试环节，但请你将自己的试卷带走做纪念，回去仔细读完全部题目，也许会对你们今后再次应聘有所帮助。"听完主考官的话以后，不少人又拿起手中试卷继续往下看，当读到最后两道题目时，大家才恍然大悟，题目内容是：

39. 请写出与“认真”意思相似的词语；

40. 如果你已经看完了所有的测试题目，请只做第3题和第39题。

当人们在关注如何答好每一道题目时，却忘记了全面认真仔细地读完试卷的整体，一叶障目、不见泰山是人们在工作生活中常见的思维习惯。企业选拔具备严谨认真品质的人才时，可以根据具体业务来设计相应的考试题目。

二、感恩仁爱型人才招聘考核

一家工资待遇非常好的公司市场公关部招聘一位部长助理，由于该部门需要与不同类型人打交道，许多人报名参加了公司的招聘考试。这家公司的面试和笔试难度比较大，经过激烈的竞争和角逐，只剩下了五个人参加最后一关考试。这五个人都有名牌大学的学历，气质容貌和能力等方面很优秀，公司通知他们回去，等待通知参加最后一轮考核的时间，由此决定聘用人员，五个人回到家里耐心等待公司通知，实际上公司的考核已经开始：

一周以后，应聘者们的电子邮箱里收到一封公司人力资源部发来的电子邮件，邮件内容是：“经过公司决定，你落聘了，但是我们欣赏你的学识，因为名额所限，实在是不得已割舍。你所提交的个人应聘材料已经录入电脑存档，如果公司今后有合适的招聘机会，我们一定优先通知你。此外，为了感谢你对本公司的关注和信任，我们还给你邮寄了一份本公司的产品和一套美容工具作为礼品，祝你生活幸福开心！”收到电子邮件知道自己落聘时，应聘者心里不免有些失落，纷纷决定重新向别的公司投递简历。然而，有一位应聘者被公司的真诚所感动，当收到了公司寄给的礼品之后，她又给那家公司发了一封感谢公司馈赠礼品的邮件。两天以后，她突然接到那家公司的电话，通知她被正式录用为公司市场公关部部长助理，此时才明白这是公司最后的一道考题。

公司给所有应聘者发了同样的电子邮件和礼品，但是回信表示感谢只有一个人。这位应聘者能成功走进公司，与她在日常生活中为人处事的态度和心存感恩的品德有直接关系，工作与生活也是一面相互映照的镜子。

三、诚实守信型人才招聘考核

诚信是做人的基本原则，为人处事要以信用为先，尤其在各种名利的诱惑下仍然能保持诚信，是一种做人优秀的品质，某大型外资企业也希望招聘到这样的员工进入企业工作。

美国一家独资公司准备招聘中国区经理，提供的薪酬待遇丰厚，自然不少高级人才前来应聘，一位青年最后通过复试成功获得这个职位。最后复试由美国公司的总经理汤姆先生主持。当这位青年走进会客厅时，汤姆先生立刻从沙发上站了起来迎向他，面露惊诧的表情说："怎么是你?"然后高兴地握着这位青年人的手，用流利的中文说："我想起来你是谁了，我找你也找了很长时间!"他激动地对在座的其他几位公司负责招聘的考官说："先生们，我终于找到了救我女儿的那位年轻人!"此时，青年人的心情也显得有些兴奋。还没等他说话，汤姆先生拉着他在身旁的沙发上坐了下来，然后热情地解释道："去年我和女儿一起在太湖上划船游玩，在划船时我的女儿不小心掉进了湖里，多亏了你这位年轻人跳到湖里鼎力相救，将女儿救到船上，当时我只顾着安抚女儿，也没来得及向你道谢。"听到这里，青年人感到很突然和局促，他尽力使自己平静下来说："先生，非常抱歉，我从来没在太湖见过您，更没救过您落水的女儿。"汤姆先生仍然坚持说："去年5月1日，在太湖游玩的肯定是你!"青年人也冷静地说："汤姆先生，我想您弄错了，我没有救过您女儿。"汤姆先生拍着他的肩膀说："我很欣赏你的诚信，我们公司决定，你的面试通过了!"

于是青年人正式进入这家公司，并在后来被任命为中国区经理。有一次他问汤姆先生："救您女儿的年轻人找到了吗?"汤姆先生笑着说："我的女儿?有6名面试者就是因为我的女儿被淘汰。"面对名利诱惑，福兮祸之所依，祸兮福之所倚，人的诚信则是一道护身符。

四、善于沟通型人才招聘考核

沟通能力是企业管理、市场营销和建立良好人际关系所必须具备的能力，沟通能力强的人朋友也多，而且办事干净利落，具备这样素质的人常常受到大家的欢迎，企业当然也希望在对外交流岗位上的员工有这样的品质。

某中法合资企业招聘总经理秘书，对这个职位要求是要具备良好的沟通能力，在公司面试的第一个环节，有十几位应聘者在会议室内等候三位人力资源部主考官的考核。

当主考官们就座以后，提出让这些应聘者为每一位主考官倒一杯茶水放在他们面前，会议室里既没有杯子，更没有饮水机和茶叶，一时应聘者们窃窃私语起来，有半数人坐着未动，其他几个人则迅速走出会议室，有的人很礼貌地走进公司其他部门办公室索要纸杯子或者茶叶，这些部门职员都非常客气地满足了他们的要求，然后几个人又来到公司开水间泡好茶叶，最后回到会议室将茶水恭敬地放在主考官面前。结果这些人顺利通过了第一轮考核，其他坐着未动的人不能进入下一个考核环节，只好离开了招聘现场。

五、思维灵活型人才招聘考核

作为市场营销人才要善于发现问题和解决问题，思维灵活才能为企业开拓更广阔的市场空间，从而提升企业的经营业绩。如何招聘到思维灵活和善于解决问题的营销人才呢?

国内某著名制冷设备加工企业，在本地报纸和媒体上发布招聘营销部业务经理的广告，对应聘者的要求、工作岗位职责和各项工资待遇都写得非常明确，以及整个招聘的笔试、面试和复试过程也很清楚地标明在广告中。这则招聘广告与众不同的是唯独没有企业的地址、电话等任何联系方式，使得一些想去应聘的人有点茫然不知所往，不少人认为是企业或报社疏忽造成的。其实不然，这也是企业精心设计的第一关考试，要求作为营销部业务经理要具备主动拓展市场的能力。有几位聪明的应聘者上网搜索或者经 114 查号台找到了公司主管招聘的部门的联系方式，顺利地通过了第一关考试。

在市场营销业务拓展过程中可能会遇到各种复杂的问题，有的人遇到难题则束手无策，缺少市场营销人员的基本素质；有的人不仅善于发现问题，而且遇到问题以后总是能善于主动找出解决方案。市场营销除了有良好的沟通能力外，还要具备解决新问题的灵活性，这样才能使得企业产品市场份额不断地扩展提高，并为企业创造出更大的经济效益。

六、求真研究型人才招聘考核

严谨认真是作为研究型人才的企业技术研发人员和高层管理者应该具备的素养，其特点是除了求实认真和有突出的思考力外，还有事必躬亲的探索研究精神，在未确定事情真相之前，绝对不会人云亦云，轻易地下结论。

刑部尚书是中国封建王朝时掌管全国司法和刑狱的官职，相当于现在的公安部部长、最高人民检察院院长、最高人民法院院长和司法部长四合一的职务。明朝洪武年间，朝廷准备公开考试选拔刑部尚书，刑部尚书作为国家最高执法者要求为官者执法公正廉明，大臣们纷纷参选竞争这个正二品官职，最后有三个人入选抉择阶段的考试，一位是正三品的刑部侍郎，一位是翰林院进士，一位是太子的老师。

最终决定人选的主考官当然是皇帝，朱元璋带领诸位大臣一行来到皇宫后花园一座湖水中央的亭子里，命人宣布考试开始，带领三位应考者来到湖边，湖面上漂浮着几个苹果。“请三位爱卿数一数湖里总共漂着几个苹果啊?”第一位刑部侍郎走到湖边见水面漂浮着苹果能看得清清楚楚，开始点数。“回禀皇上，有 6 个苹果。”皇帝不露声色没有表态，叫下一位翰林院进士：“你去看看湖里漂着几个苹果?”进士在亭子上抬眼望了望，连台阶都没下，躬身答道：“我也看到了6个苹果，陛下!”皇帝还是没有说话。最后轮到太子的老师，皇帝说：“你仔细看看湖里有多少个苹果?”太子的老师什么都没有说，径直来到湖边，脱掉鞋子走进湖中央，把漂浮在水面的苹果一个个拿出来察看点数。“陛下，一共是3个苹果，它们都被从中间切开了。”皇帝说：“爱卿，刑部尚书非你莫属，人命关天须仔细核实、探查究竟，你能够事必躬亲，不为表象迷惑，是真正懂得公正执法的人!”

差之毫厘，谬以千里，求真的精神是企业和个人事业成功的基础，也是从人材到人才必需的修炼过程。农民严谨认真，庄稼长得茂盛；工人严谨认真，产品质量精益求精；不少民间艺人本着严谨认真的精神苦学技艺，最后成为艺术大师；科学工作者以严谨认真的态度搞研究，社会生产力和科学技术才会不断向前推进。严谨认真的精神是探索客观世界、发现和趋近真理实相的阶梯，有这种精神的人无论学历高低都是不可多得的人才。

第三节 企业识人知人的经典方法解析

封建社会的政权没有良臣名士辅佐皇帝，江山很难稳固。周朝因为有周公旦和姜子牙才有八百年的基业；西汉因为韩信与萧何才有汉高祖刘邦，否则将是西楚霸王项羽的天下；三国时期因为诸葛亮辅佐刘备才有蜀国的存在；唐朝因为有魏徵和房玄龄等人才有贞观之治；宋朝因为王安石、岳飞、韩世忠、文天祥等一批忠臣才使朝廷在内忧外患中得以延续；明朝二百多年的大业也是因为刘基和张居正等人殚精竭虑为国尽忠的缘故；清朝因为有林则徐这样名臣的忠心尽职，使得西方列强不敢轻易在中国销售鸦片，至今林则徐被美国人所敬仰，他的铜像在纽约东百老汇街头高高耸立。优秀的企业发展离不开优秀的人才，为了招贤纳士，人力资源部主管和企业领导者通过设计各种考试和考核方式来招聘所需要的人才。企业为此不得不颇费心机，完全依靠设计各种考试来做到“知人有术，识人有道”确实不容易，现代企业招聘选人方式和制定的考核规则存在着一些片面性和不合理性，并不能完全对人做出正确的客观性评断。在工作过程中，人的行为习惯和外在的各种表现总会随着环境和时间发生变化，企业经常出现选人不当也就不足为奇了。相对稳定的是人内在的品德和心性，所以，识人知人之道在于观其外而知其内，只有内外兼顾对人才进行评测方能达到全面公正选拔人才的目的，企业如何能做到这一点？单纯依靠西方人力资源管理模式恐怕不够完善，还要从中国传统文化和国学经典中寻找识人知人的智慧。韩愈在《马说》中说：“世有伯乐，然后有千里马。千里马常有，而伯乐不常有。”企业要想找到千里马式的人才不难，必须先做有智慧、有眼光并且识人用人经验丰富的伯乐。企业伯乐完全依靠西方人力资源管理中相对教条的方法选拔人才并不完全适合。如何才能成为伯乐？在国学经典和中国历史中可以获得满意的答案。下面是一则春秋时期九方皋相马的典故：

秦穆公是春秋五霸之一，特别喜欢好马，一天对伯乐说：“您的年纪大了，在您儿子和侄子中有没有可以派出去寻找千里马的？”伯乐回答说：“普通的好马可以从外形和筋骨上看出来，但是天下难得的千里马，不能只通过外观确定的，这种好马惟恍惟惚难以琢磨，跑起来像飞一样地快，而且尘土不扬，不留足迹。我的子侄们相马技术低下，只能识别一般的良马，根本不能找到天下顶级的千里马，我给大王介绍曾经和我在一起担柴挑菜叫九方皋的人吧，他识别天下难得的千里马的本领绝不在我之下，请您召见他。”

秦穆公听了伯乐的建议以后，派人召见九方皋，然后命他去寻找千里马。过了三个月，九方皋回来报告秦穆公说：“我已经在沙丘找到一匹上好的千里马了。”秦穆公问道：“那是一匹什么样的马呢？”九方皋回答说：“是匹黄色的母马。”秦穆公派人去把那匹马牵来，却是匹纯黑色的公马。秦穆公很不高兴，把伯乐找来说：“您推荐九方皋寻找好马，他连马的毛色和公母都不知道，怎么可能认识什么是好马呢？”闻听此言，伯乐不禁长叹了一声，说道：“没想到九方皋相马的水平竟然达到了这样登峰造极的境界，这正是他胜过我万倍的地方啊！”秦穆公将信将疑，将马牵到王宫以后，一试果然是一匹天下难得的千里马。

九方皋相马重在观察马的天赋和内在素质，深得其中奥妙，以至于忘记了好马外相。九方皋识马只看见所需要看见的，对于不需要的特征则视而不见，像九方皋这样的相马，包含着比相马技术本身更高的智慧！

九方皋相马的典故表明对人才的考察评测就像相马一样，但并不意味着观其大略忽视细节，相反是要擅于去其繁絮，取其精髓，这也正是中国传统识人知人的一种至高境界和无上智慧。在中国历史上，不同朝代的君主都把识人知人放在首位，关于对人的认识，中国不少传统经典作出了系统性总结。古代的《麻衣相法》对人的相貌和身体用中医和阴阳五行学说详细地做了论述①，将人的面孔划分为三停三才和十二宫位进行判断，这需要熟读中医经典、传统文化和现代科学知识才能正确分析一个人的性格及其是否具备成就大事的根性，决非游走街头的术士所能掌握的一般性学问。近代曾国藩编著

① 《麻衣相法》传说为麻衣道者所作，通过五官、骨骼、气色、体态和手纹等特征判断人的心理特点和富贵寿夭命运，是关于生物全息效应和中医望闻问切的具体应用典籍，绝非封建迷信。

的《冰鉴》集成了各种经典的识人方法①，从人的外观、气质、声音和神韵等多方面系统论述了识人知人的艺术，他选拔人才有时候只需观察几十秒钟便可确定。除此之外，中医有很多经典，像《黄帝内经》、《难经》、《伤寒杂病论》等都用相当多的内容阐述了人的外观、脉象、气色和内在心理状态与疾病的关系。现代有一部分精英人士否定中医理论，认为中医是伪科学，这是无知、抛弃祖宗的想法。有经验的中医只需要几分钟时间经过对病人把脉和望闻问切四诊，不仅可以准确地判断病情，还能对人的性格和日常生活行为习惯做出全方位的正确评价，并由此开具辨证施治的药方和提出养生方法。现代科学家对容貌身体外观的变化规律以及所反映的心理特性进行了系统性总结分析，创立了心理学理论体系。美国精神病学和心理学教授贝拉克博士通过多年的临床实验，以临床医学、解剖学、心理学、行为学作为理论基础，总结出一套简便易行的解读面孔方法——面部分区解读②。每次解读面孔时，首先是对脸型进行确定，然后以面部中间作为基准线，分为左右半张脸，接下来按照前额、眉毛、眼睛、鼻子、口唇逐一分割，针对面孔的某一部分区域独立观察，再对皮肤、肌肉和骨骼的轮廓形态进行分析，从而能比较系统地认识到一个人的真实心理活动和性格取向。这种面部分区解读法与中国古老的相人经典《麻衣相法》中提出的面部十二宫位划分思想类似，只是贝拉克博士解读面孔是以医学解剖学作为理论背景，这是对中国古代经典识人知人方法的科学验证，中西结合分析人的心理和性格特点相对要更精确一些。古圣先贤总结的识人知人典籍是在长期中医诊病察言观色的基础上形成的一套有效方法，从面部扩展到身体各个部位，不只局限于了解人的心理活动，更重要的是为了全面诊断人的身心健康状况，并应用中草药和物理疗法调整五脏六腑的阴阳平衡，而且很多中医治病的时候更重视心理调整，劝人向善、保持平和心态等以利于疾病好转。中国古代巫医不分，在历史发展进程中，一些走南闯北的江湖术士为了赚钱谋生，人为地增加了很多推断命理和预测未来吉凶的宿命论思想，最初相术经典中大部分精华内容被这些迷信成分所湮没，使得不少人提起相面术就认为是搞封建迷信或者权当一种闲聊时的娱乐性话题，如此全盘否定中国古代识人知人的方法是不可取的做法。尽管在具体应用时还存在着一定的主观性和模糊性，但是，所谓的主观性和模糊性

① 《冰鉴》是曾国藩对自己相人识人的总结，是曾氏一生的智慧结晶，共分七篇，即神骨、刚柔、容貌、情态、须眉、声音、气色等。对于现代企业人力资源管理而言，是一本不可多得的识人用人智慧经典，具有十分重要的实用性和启迪性。

② 奥波德·贝拉克：《解读面孔》，社会科学文献出版社 2008 年版。作者为美国艾伯特·爱因斯坦医学院临床精神病学教授和纽约大学心理学临床教授。从面部的医学解剖学、行为科学和心理学的角度阐述了人的性格和心理特点。书中介绍了一套解读面孔的方法——划区解读法，与中国古代麻衣相法类似，通过对脸部划分区间来分析面孔遗留的心理痕迹，从而达到洞察内心的目的。

是针对不同个体诊断后得出的不同结论，不能形成固定不变的规则，完全秉承了中医辨证施治的模式，正是因为模糊性才能精准地判断一个人。所以，这些古代相术典籍与中医经典类似，也是对人的心理特征和身体健康状态由外及内的诊断或者是全息性剖析解读。中医作为一门古老的学问，比西方心理学的创立要早两千多年，是经过长期的理论与实践相结合形成的一门学问和文化，其中内容比较系统全面地反映了中医经典的思想，也是对中医经典的应用延伸和具体实践。传统文化和国学经典的智慧是不可思议的，中国古人的思想和智慧在今天仍然有很高的实际应用价值，即使在科学技术高速发展的今天，也有必要结合传统文化、中医经典和现代科学重新挖掘古人的智慧，将这些智慧应用在企业管理和日常生活中。

企业成长最大的资本和能量在于高品质的人才，没有人才的企业走不远。相人如相马，人才在于品味，如何品味？有一句诗词说得好："品若梅花香在骨，人如秋水玉为神"，选人才关键要看神韵。在中国古代不少经典著作中详细完整地论述了关于识人知人的方法，几乎所有人都知道天庭饱满、地阁方圆的相貌是地位显赫的富贵人，这是基本的识人知人方法。实际上这些古代经典不是单纯为了相面而作，更不是那些在街头巷尾摆摊自诩为祖传相面算命高手所掌握的小术。从客观公正角度评价这些经典，不但是集成了中医理论、易经、传统文化等多学科的一种独特的学术思想，还是古圣先贤治病救人和心理学研究的理论体系。曾国藩也曾经系统地总结了选人看人的经验，例如，"功名看器宇，事业看精神，穷通看指甲，寿夭看脚踵，如要看条理，只在言语中。"了解一个人有没有成就和具备创造一番事业的能力与作为，通过观察他的气势、态度和精神面貌就能做出初步判断；指甲主要是由钙质构成的，中医认为饱满发亮的指甲意味着人的气血充足和精力旺盛，指甲粗糙灰暗说明体质较差，欠缺意志力和恒心，做一点工作就感觉疲乏，怎么可能富有？走路时脚跟不着地，由于身体健康状态不佳，被认为是短命的征兆，在做事方面表现出心浮气躁的状态，有频繁跳槽更换工作单位的倾向。这些识人知人的思想可以适当取舍并有选择地应用于现代企业人力资源管理中。除此以外，本章论述人的精气神、身体外观、容貌与人心理特点的关系出于两种考虑：一是可以作为企业识人知人用人的一种辅助方法，综合其他考核方式来科学地选拔人才，对于招聘高端人才和员工岗位规划也有一定借鉴意义。二是为那些慨叹命运不好的人们揭示改变命运的原理，改善命运直接因素从改变自身心态开始，知识不一定改变命运，但是，一个人具有亲和力的相貌往往能感召更多的机遇，气质优劣和容貌美丑本源于内心境界和品德的修养，即相由心生。在此，以《黄帝内经》和其他中国古代经典为理论依据，基于人的身体外貌和气质神韵两个方面阐述人的外貌与心理状态的全息性关系，并对企业识人知人和选聘人才的基本原则与具体实施方法加以总结。

一、面部分型与心理特征的全息效应

相法元机赋云："夫人禀天地阴阳之气，轻清重浊之形。虽秉彝之本同，肖容貌之非一。"在母体中的人体胚胎是秉承天地阴阳二气形成的，所以出生以后的形体相貌有清有浊，这也是兄弟都同样源于父母，每个人的容貌却不相同的原因之一。子女遗传于父母，有的人继承了父母几乎所有的优点，有的人继承了父母大部分缺点，为什么会有这样的差别？内心的各种情绪变化常常会表现在身体和容貌的细微之处，现代医学已经发现：在胎儿发育期间父母情绪抑郁焦虑或者酗酒、暴饮暴食等不良生活习惯直接影响胎儿的发育，出生婴儿容易出现兔唇、多动、自闭、智力低下、相貌丑陋或者其他疾病等各种缺陷。如何让子女相貌姣好呢？其中的奥妙在于父母受孕或怀孕期间要保持祥和安静的心境以及心里常存善念，有助于父母将自身优势基因遗传给下一代。常言说：福人自有福相，优秀的先天素养与仪表堂堂的确能带来好运和更多的机遇。虽然人的容貌源于父母，但并非一成不变，容貌不佳者不必为此悲观失落，想要改变外观形象可以通过坚持积德行善和修心正己，心理的境界漂亮了，容貌一定会变得越来越好看，相由心生，外相随心境在转变，这是中国古圣先贤们总结出来的经验，绝对不是迷信的唯心主义观点，而是在现实生活中经过观察分析很多人以后获得的千真万确的结论。根据历史资料记载，孔子的相貌很丑陋，面部的眼睛、耳朵、鼻子和口唇为五露相，如果按照相面先生的看人方法，他的命运并不太好，孔子却被后人尊奉为大成至圣先师，成为中国乃至世界各国敬重的圣人，孔子的德行如同天上的日月，容貌随着心念和德行在转，无论外相的美丑都已经变得微不足道了。当今国内外影视界的一些容貌不好的丑星，他们的成功与内心修养和道德高尚分不开。当然也有不少人喜欢通过医学美容整形来改造自己，由此改变命运者并不少见，然而容貌依赖人工手段打造的结果只能改变人的表面，也许能暂时掩盖和弥补了面部的缺憾，这样的容貌总让人感觉不自然，所以，美容整形不如通过修心来改变相貌更安全可靠。

在现实生活中不可能找到容貌完全相同的两个人，容貌在不同年龄段将会发生变化，因为心态的改变导致了容貌的改变，这就是古人常讲的相由心生。由于人与人交往第一直观印象是容貌，人的心理活动、情绪变化、人品善恶美丑都能对人的外观容貌产生直接影响，或者说，人的容貌特征也反映了其内心世界的情景，这是生命个体的一种全息效应，因为，人的喜、怒、哀、乐、悲、恐、惊等情绪变化无不控制着面部不同区域的肌肉运动并产生各种表情。随着年龄增长，内在的情志和心理变化都将在面部留下相应的痕

迹，形成了人不同的脸色和气质。人的面部不同区域的肌肉、皮肤、五官等产生的运动和表情不仅与内心的情绪和思维活动有关系，还与五脏六腑的健康状态密切相关。虽然有的人善于控制自己情绪做到喜怒不形于色，但是，心理和情绪的波动影响着内在五脏六腑和气血流动的状态，也必定在脸上留下不同的痕迹，这是符合生物体全息性规律的。与陌生人初次见面的第一印象来自于人的容貌和外观，根据试验观察和有关资料统计大部分人观察人的外貌有一个普遍性顺序，首先是人的面部，面部最先看到的就是眼睛，然后是头型、口唇、鼻子、耳朵，其次才是身高、体型、胖瘦，然后在进一步的交流过程中了解感受到对方的气质神韵。以下介绍如何“观其外，知其内”达到识人、知人的目的，通过重点分析脸型情志特征和面部不同区域的五官形态，再结合中医经典分析人的心理特点和性格类型。

中医在诊病时，除了把脉象还要看人的脸色、舌苔和手掌，然后开具药方辨证施治。有经验的中医有时并不需要诊脉，通过面孔的气色和其他表相就能准确地判断出性格特点和疾病所在。例如，观察某人的面色发青，前额两侧青筋暴露，看气色就知道此人脾气烦躁易怒，是肝气郁滞的表现，按照中医五行理论可知，怒志在肝胆，肝胆为木与青色对应。古人将面孔分为上中下三才三停以及十二宫位，这些划分的区域与身体三焦和五脏六腑信息相对应，而且不同的表情和习惯动作与心理活动密切相关，因为脸部的肌肉收缩、皮肤运动、表情变化都要受到大脑情绪和思维活动所产生的神经信号支配。例如，中医经典里有“脾胃开窍于口”的说法，在实际生活观察中，发现有相当部分口唇和牙齿向外突出的人善于滔滔不绝地说话，而且经常说大话和谎话；与此相反，口唇和牙齿向内凹陷的人，则性格多内敛，少言寡语，常常忧思有心计。这两种人体型一般都比较瘦，脾胃功能不是特别好。再举一个最简单的脸型识人例子，观察两类不同形态面孔的饱满程度来分析人心理和性格，面部饱满圆润属于饱满凸型面孔，说明脾胃的运化功能好，头脑思维敏捷，学习态度和工作作风积极向上，进取心强，性格活泼外向，富有创造力和观察力，行为处事快速，绝不拖泥带水。但有些人性格过于敏锐，比较容易发怒，遇到困难障碍时，缺乏持久的耐心与恒心。对于面部扁平的凹型面孔，一般来说体型比较瘦弱，胃肠吸收功能一般，喜欢深思熟虑，态度举止温和文雅，喜欢随遇而安的生活，思想行动慎重稳妥。有的人由于忧思过度导致脾胃不和，以至于行为太过缓慢，想的多行动少，容易丧失机遇，缺乏敏锐的观察力和创造力，不能做到与时俱进和与时偕行，有时思维懒惰且固执，难以听取别人的意见。古人是根据中医经典和阴阳五行的思想来识人，善于观相者精通阴阳五行理论，俯仰天地之位，辨察内外之方，人之所以有形，无非是禀五行精气，人之有貌，复离五行之体质，五行精气又有正偏之分，一切外相皆由心而生，于是形成了人的各种相貌。中医理论与现代物理学的全息理论讲得完全一致，脸部天地人三才、手掌、脚掌不同区域都与人体的五脏六腑相对应，好的中医观察外貌形体就能了解五脏六腑的状态。例如，当肝脏有问题时，察看手掌是否有肝掌，即大小鱼际处是否有片状或点状充血，这是中医和西医都使用的诊断方法。中医还有这样的口诀："脾虚眼袋大，肾虚眼袋黑"，都是通过相貌的形态和气色诊断疾病，五脏六腑又分别对应着五行和情志，五行和情志又与儒家的"仁义礼智信"关联对应。因此，相貌气质的清浊、形态的正偏直接反映了人的内脏健康状态以及忠奸正邪等心理特征。

如前所述，当与陌生人初次见面时，大部分人获得对方的最初印象一般来自于面部特征，即使不懂得面相分析和中医理论知识，对面部表情、长相的美丑、善恶和气色都会形成一个大概的印象。看人先看面孔，这是大部分人最常见的视觉习惯。在《相术全书》和《麻衣相法》等古代典籍中①，对人的脸型和面部特征进行了详细总结，其主要的理论依据还是基于中医学理论和长期对人面相分析所积累的经验，其中面部特征分析的方法是将人的脸型划分为十种类型，分别用十个汉字（由甲申田同，王圆目用风）的字形来形象地描述。虽然只用十个汉字的字型来概括人的各种面孔，但是，所有人相貌都可以用这十个汉字的字型来表示。除了脸部形状分析外，在观察对方的相貌时，还是要结合阴阳五行学和中医经典理论才能准确判断一个人的心理特征及其性格特点。这也是古人基于面孔特征评测分析人必须掌握的理论基础，如果不懂原著作者的本义，没有深厚的理论基础所学习的相术不过是为了赚钱糊口的江湖骗术，翻看几本现代某些缺乏经典理论基础而杜撰的相面书，依据书中所讲的相术随意推算人的一生运程如何，以及命运是否富贵贫贱，难免落入到骗人的迷信色彩当中。在此，基于中医经典和古代相术理论对十种面孔特征进行总结并简要地分析。

1. 由字型面孔

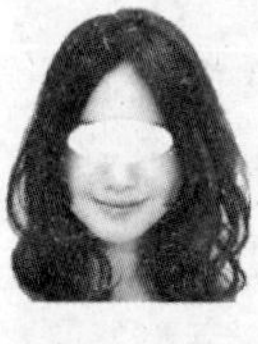

天庭狭窄，地阁丰腴，这种面孔为有地无天格。即头部上部窄尖，下颌宽大，前额相对窄，腮骨比较大。像白梨一样上尖下阔的形状便是由字型面孔，即天庭窄小不够饱满，地阁相对宽阔。在生理健康方面意味着心肺功能欠缺，是气血推动力欠缺的表现，与年幼时营养吸收功能不好有关。诊断一个人气血功能佳否还有一种简单的方法，就是用手捏压大拇指第一节指节，如果指节处的肉迅速回弹说明气血充足，否则就是气血不足，流通欠佳。由字型面孔的人头脑记忆力和灵活性都相对一般，虽然做事认真负责，凡事也喜欢亲力亲为，但是由于气

① 《相术全书》和《麻衣相法》等典籍是中国古人在五行理论和中医学基础上总结出来的。

血不足，缺少足够的恒心和意志力，面对有难度的任务往往会有始无终，欠缺持久的工作积极性。有时在处理人际关系和突发问题时，脾气比较倔强，性格急躁，忍耐性较差，心胸和气度不够宽广，很难与别人相处。

2. 甲字型面孔

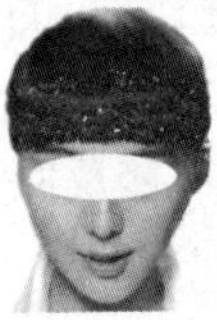

头部上部宽大，下部相对窄小，面孔为倒三角形，形成上阔下尖的甲字型脸。面孔天庭区域宽大饱满，鼻子丰隆挺直，脸颊较瘦，下巴比较尖。甲字型面孔的人思维敏捷，头脑反应快，心性聪明、领悟力高、记忆力强及智商比较高，善于捕捉机会，理论重于实际，专长是善于研究、偏爱思考和深谋远虑等。做事喜欢有计划有步骤，重视理智处理事情，不会轻易地感情用事，工作认真负责，为人心态骄傲，自尊心很强，人际关系方面具有亲和力，适应能力强，容易与人相处。一部分这样脸形者有轻微的神经质倾向、相对比较敏感，重视内在的精神感受，适合从事科学研究、法律、医学、演艺等行业，甲字型面孔人的缺点是处理事情比较急躁，遇到困难时信心不足，容易灰心。

3. 申字型面孔

脸部的天庭和地阁都比较窄小，中间脸颊部分比较宽大，即前额窄，颧骨宽阔突出，下巴尖瘦，类似鹅蛋的脸型就是申字型面孔。如果面部不够饱满圆润，五官不够清秀，尤其脸部中间部分扁平，鼻梁根部（山根）凹陷，表明父母在受孕时的身体欠佳，生活比较辛苦劳累。申字型面孔的人同时具有甲字及由字面孔的一些共同特性，所以属于双重性格的人，而且想法和思想繁杂，目标计划多而不确定导致实行困难，虽然有一定主见，但又缺乏自信心，容易在内心产生自我冲突和自我矛盾，做事经常反反复复举棋不定，为人处事比较重视个人的利益得失，外表与内心想法会有所差异，言行表里不一。

4. 田字型面孔

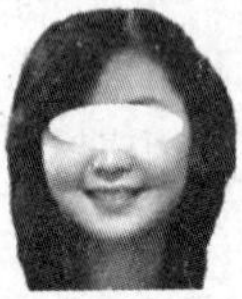

整个脸型方而厚，宽广整齐，天庭和地阁丰隆，形状看起来大致呈现短圆而带方，接近正方形，面部整体三才三停均饱满丰厚，浓眉大目，声音粗犷，脸部和身体肌肉较结实，没有太多的赘肉，骨骼强健，外表看起来也较魁梧。一般而言，田字型面孔的人性格稳重，做事执行力强有时不够圆融，比较重视实际和是否有利于自己。面部五官俊秀的话，意志力强，具有敢于突破困难、临危不乱的特性，有领导他人的能力。既能擅长广结善缘、建立广泛的人脉，又具有强烈的进取心，所以，比较容易成功实现既定目标。如果面部肥厚而滞白，则是金气过旺的表现，即肃杀之气过重，脾气暴躁，与人很难友好相处。饮食不加以节制的话，容易患糖尿病、心脏病和高血压等疾病，面部棱角分明和饱满度不够，做事可能有虎头蛇尾倾向。

5. 同字型面孔

脸部形状方正，长宽均匀，鼻直口方，与田字型面孔相比，腮骨和颧骨大比较突出，前额区域相对有些低矮，即天庭不够饱满。五官分布的位置显得舒展不紧迫，体型魁梧壮实，整体处于比较均衡的状态。同字型面孔的人主观意识比较强，体力较好，吃苦耐劳，对待工作能够做到认真负责，虽然遇到困难，也能竭尽全力克服，但思维不够灵活，缺少目的性和计划性，性格具有双重性，比较偏向于外向，在人际关系方面，善于与人交流，能结识不同行业的朋友。

6. 王字型面孔

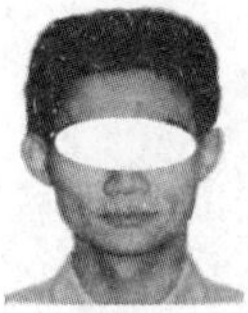

脸型比较宽阔，最大的特征就是脸部整体瘦削而有骨无肉，颧骨突出，额骨、颧骨和腮骨齐露，腮骨、颧骨都特别明显，而且颧骨横出而有棱角，鼻骨直，一副瘦骨嶙峋之相，天庭前额部分虽然方正，但缺乏饱满厚重。这些特征也反映了脾胃功能差和肺活量不足，拥有这样相貌的人，大多数人都是体型瘦小。颧骨过于突出的人，多半有本位主义的倾向，很少能换位思考。虽然王字型面孔人的头脑聪明，但心胸比较自私并充满野心，新环境适应能力不强。在人际关系方面，知心朋友不多，交际能力不广，为人比较自我，很难与人相处，个性非常固执己见，做事缺乏周详计划和远见卓识。

7. 圆字型面孔

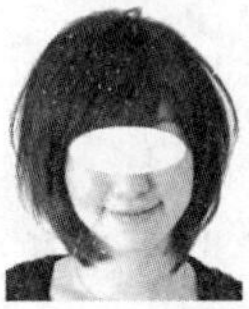

顾名思义，脸型趋近于圆形，脸颊肌肉丰满，面部显得圆润饱满，鼻头较大，肺活量充足，脾胃运化功能好。圆字型面孔的人，属于享受物质主义者，容易满足，性格活泼好动，喜欢热闹的气氛，言行开朗大方，这类人比较细心，善解人意，同情心重，乐于助人，懂得如何关怀别人。做事平稳不急，缺点是不适合承担重体力劳动，容易产生慵懒的情绪。除了随和的气质，有为人固执的一面。在人际关系方面，公关能力强，与人相处比较轻松活泼，善于结识新朋友。如果圆字型面孔人的眼睛圆、耳朵圆，属于阴盛阳衰的气质，缺少突破困难的意志力和创造力。

8. 目字型面孔

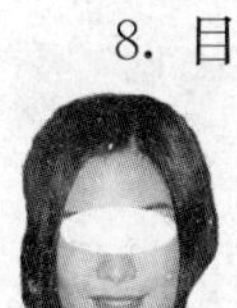

脸形狭长且鼻直，上下均方长而秀，天庭区域高而狭窄，脸部中间区域小，地阁窄长。目字型面孔的宽度要比同字型面孔窄，三停三才的区域高度要比田字型面孔大。目字型面孔者精力充沛，做事有一定计划，容易接受别人的意见，为人虽然谦虚勤奋，能吃苦耐劳，但往往因为注意目标而忽略很多细节。缺点是虚荣心和主观性强，城府较深而且工于心计，个性刚直倔强，思维死板，灵活性和应变能力比较差，又因为自恃才高而和寡，所以人际关系不佳。

9. 用字型面孔

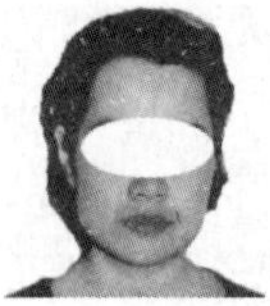

面部不端不正，即脸型左右不对称，上方下尖，脸部的一边大，另外一边相对小。与甲字型面孔的区别在于脸型不正或者不对称，一边腮骨相对凸出。用字型面孔者的性格倾向是反复不定，善于挑剔和批评别人，具有双重性格的特征，一方面喜欢与人交流，参与各种活动；另一方面遇到挫折又容易抑郁，信心不足。五官清秀端正者，则乐于助人。如果五官不端正，例如，眉眼杂乱，鼻曲口斜，气色晦暗者，不愿意受到别人的约束，有较强的逆反心理，在人际关系方面，很难与之相处。

10. 风字型面孔

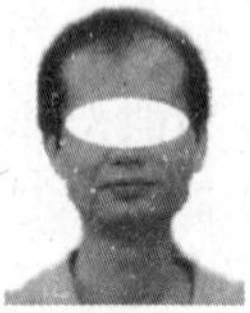

前额宽阔，腮骨突出，形成所谓的耳后见腮，脸型的上下区域大，中间窄小，腮骨两边凸出，一般认为反骨形，也称为蜂腰面。风字型面孔人的性格以自我为中心，主观性和自尊心强，不允许别人改变自己的想法。五官端正的风字型面孔人，爱憎分明，为人实干刚直，精力充沛，组织能力和工作能力突出。处理问题灵活多变，应变能力极强，做事敢于担当，有远见。耳后见腮并且五官不正的话容易见异思迁，而且对来犯者报复心比较强，不讲情面和道义，不会轻易信服别人。

二、五官神态与心理特征的全息效应

中医经典理论认为五脏六腑的健康状况能反映在面部的五官上，面部五官分别对应五脏六腑。例如，中医讲肾开窍于耳，按照现代西医的观点，肾脏与耳朵之间距离这么远，功能也不同，怎么可能有关系呢？现代人类生物胚胎学的研究发现：在受精卵细胞分化形成胎儿的过程中，肾脏与耳朵是同一个细胞分化形成的，现代生物医学研究得出的结论与中医经典说的完全一致，不禁感慨中医的思想和智慧远非现代西医理论所能解释的。由此推断，其他脏腑器官与面部五官的对应关系可能遵循着同样道理，像肝开窍于目，肝脏与眼睛也很可能是受精卵在发育过程中由同一个细胞分化而成的。人的心理活动和各种情志与面部的气质神韵以及五官状态是相对应的，因此，有经验的老中医甚至不用诊脉象，直接观看求医者的面相和气色就知道病因是什么，然后开具药方。人的习惯性心理活动用七情表述，即“喜、怒、忧、思、惊、恐、悲”，七情是人们通过对外界客观事物的感受认识而产生不同的心理反应，这些心理反应和情志变化必然在面部和身体其他部分留下相应的痕迹，这是人体的生物全息现象。如果在突然剧烈或长期习惯性的某种情志刺激下，超过了一定限度时，不仅使脏腑气血功能紊乱，导致疾病的发生，严重的情志波动可能加速人的病情恶化甚至死亡，而且外貌和气质都会随之发生较大变化。七情变化和心理状态的波动变化都会将对应的信息表现在面部的不同区域和五官上，形成了每个人不同的容貌和气质神韵。七情与人的心态和思维模式直接相关，分属五脏六腑并与五官的表情动作密切相关，是人体内外器官全息效应的具体表现，所以，通过心理活动和情志在五官和面部上形成的全息性痕迹来识人知人是可行的方法。评测一个人的心理特点和性格特征的具体做法是：首先，将人的面部左右对称均分，然后分别遮盖左侧或右侧进行观察解析，发现两侧的神韵情志并不相同，有时左侧显露的情志恰恰是右侧所隐藏的，反之亦然。其次，面部左右对称均分以后，再将面部按照上下水平均分，形成上左、上右、下左和下右区域，每次遮盖其他三个区域，然后只观察分析其中的一个区域，从中一定能祛除整体诸多因素的干扰，很容易发现被观察者一些不易为人所知的隐藏信息。如果按照面部五官位置划分上中下三个区域，即面部的三才三停区，每次只观察单个区域，遮盖其他的区域，不同区域的眼睛、耳朵、口唇和鼻子都不一定相同，从五官和面部不同区域遗留的微细痕迹中不仅能识人知人，还能了解其五脏六腑的状态。

1. 喜志在心，识人从心开始

《素问·灵兰秘典论》记载："心者，君主之官也，神明出焉。"喜悦情绪志在于心，人的内心喜悦，愉快的面部表情自然流露出来，表情驱动脸颊肌肉带动口唇部的肌肉向上舒展运动，嘴角向上弯曲，眉毛在额肌和眼轮匝肌作用下向外向下舒展开来。喜悦心常在的人，面目五官和容貌的神态令人感觉舒展轻松。俗话说"人逢喜事精神爽"，喜悦的心情能使人体气血运行加速，面色红润富有光泽，抵御疾病的能力提高。人在愉悦状态时，工作效率和创造力都会增强，心开窍于舌，喜悦时的语言腔调也变得流畅动听。由于心与小肠互为表里关系，所谓的互为表里是指脏腑的阴阳二气氤氲相合，就像家里的夫妻一样，二者状态相互影响，是互为体用的关系，所以，人在高兴时吃的多小肠吸收功能也增强，久而久之身体营养吸收充分，人自然变得心宽体胖。中医讲"喜伤心"，这是指出现意外的大喜过望而损伤心志，即乐极生悲。心不仅是指心脏器官，还指与心脏有关的经络、情志和心理状态等。如果一个人心理承受力不足，大喜过望的情志会使人心气涣散，神不守舍，诱发心慌、心悸、血压迅速升高的反应，甚至出现神志错乱。为什么有的人抓到彩票中了大奖，如果心理承受能力不足，反倒成了乐极生悲的事情，当闻听喜讯的一刹那，由于心血沸腾，突然出现脑中风或心肌梗塞死亡的现象，中医称为"喜中"。所以，人生无论是喜是忧，都要保持平常心，平常心即是道。

喜悦心与中国儒家文化的“礼”对应，“礼”为宇宙万物运转的秩序和轨道，《礼记》云：“道德仁义，非礼不成，教训正俗，非礼不备。分争辨讼，非礼不决。君臣上下父子兄弟，非礼不定。”一个人没有好心态，行为处事就不会彬彬有礼，百姓缺少对礼的遵守奉行，人心便惶惶不安定，社会秩序也不会井然有序。心的阴阳五行属性为火，喜悦心常在的人脾胃消化功能强，全身的气血通畅使人的精神焕发，面部肤色呈现圆润之相，五官没有紧张和局促的感觉。当与人交往时，心态积极热情，始终保持着由衷微笑的表情，这是与人建立良好沟通的最佳方式之一。

2. 怒志在肝胆，开窍于目

有的人遇到不合理和不合心意的事情就会生气发怒，怒气向上行，严重者可以使头发竖立。中医认为：“暴怒则必伤肝，肝者乃将军之官，谋虑出焉。”肝气宜通达舒畅，主上升，头脑便清醒灵活，肝郁则气血瘀滞。当人发怒时，肝气横逆常常使人感到胁痛或胸闷，脸色变得铁青，不想吃饭，这是“肝气横逆，克犯脾土”造成的。容易生气发怒的人，观察其眼睛的神态和周围皮肤，眼神带有愤怒的目光，在表情肌作用下，二目圆睁、眉毛上扬和口唇部肌肉向下拉伸，有的人年龄不大却形成了很深的鼻唇沟纹。还有的人在盛怒之下拍桌子或者摔东西发泄，这是因为肝主筋，人在发怒时筋骨处于紧张收缩状态，通过摔东西的肢体爆发性运动能使筋骨得以舒展放松，卸载了肝气上亢。肝与胆互为表里，胆具有分泌胆汁起到解毒的作用，容易发怒的人，胆汁分泌和解毒功能就会下降，除了面青目赤以外，在眼睛斜上方额头处也会出现青筋暴露的迹象，经常发脾气的人易导致失眠、偏头疼、头晕目眩、全身乏力和烦躁不安等，这都是肝火炽盛和肝阳上亢的表现。

肝气代表一个人的情志与儒家文化的“仁”对应，阴阳五行属性为木。肝气通达的人积极活跃富有爱心，神气充盈，处理人际关系能得心应手。如果肝气郁滞，眼睛缺少清亮的神韵，患有近视眼、白内障，眼睛间距变得越来越窄，都与肝气郁滞、烦躁易怒的情志有关。肝气有正邪之分，在古代识人的相术中特别注重眼睛的动静变化，一身精神具乎两目，人的精气神往往集中在眼睛，所以，精通相术的人通过眼睛的神态可以辨识人的清浊和正邪之气。正气十足的人眼睛安静秀正，有“静若含珠”之相，就像镶嵌眼眶中的两颗明珠含而不露，又像一泓秋水清澈光亮，神态安祥沉稳如同禅僧入定一样，视久不脱、遇变不耗，其心境如幽谷清泉，坦坦荡荡无私邪之气。一般只有大多数的儿童才有这样的气质，正可谓“儿童清澈目，天真亦无邪”。当眼睛观看物体时，呈现出“明眸善睐，动若水发”的神态，犹如平静的湖水波光闪射，清气勃发，美不胜收。眼神“静若无人，动若赴的”，目光敏锐犀利，如箭脱弦，但又锋芒暗藏，彰显着不怒而威的王者之气。当静观眼睛神韵为“静若萤光”时，眸子中闪烁着像萤火虫一样微弱的光，目光明灭不定、心有别思暗藏着游移不定的邪气，在安静的时候，两眼半开半闭，似睡非睡，这种状态看起来似乎在静心养神，实际却是野心勃勃，心怀狡诈。眼睛在观看周围的时候，目光“动若流水”，虽然眼神看起来像流水一样清纯，但是，目光左顾右盼、漂移不定，特别是眼球白多黑少，上下露白者，这种人志向不坚定，属于奸诈和好耍小聪明的人。

3. 忧悲志在肺，开窍于鼻

忧愁悲伤的情绪志在肺，古代中医发现经常情绪忧愁伤悲的人肺气会受到损伤，当人忧伤痛哭流涕时，导致呼吸急促。肺又主皮毛，经常忧伤的人整天长吁短叹愁眉不展，不仅损伤肺气，使得面部皱纹多，还可能导致白癜风、荨麻疹、斑秃、牛皮癣等皮肤疾病，而且由于忧悲伤肺，让人情绪低迷处于无精打采的状态，严重影响脾胃运化功能，《红楼梦》里林黛玉的情志和心理特点就是属于忧悲型的。《灵枢·本神》曰：“愁忧者，气闭塞而不行”，气在体内运转阻塞时，全身血液循环也不会通畅，肺与大肠互为表里，气不通则大便不调，老年人由于气不足，所以易患习惯性便秘。

肺为相傅之官，治节出焉，主肃降，阴阳五行属性为金。肺相当于五脏六腑的宰相一样，行使协调和分配气血的作用。肺气与儒家文化的“义”对应，一个人有没有魄力、是否讲义气，肺气健康充盈是重要因素之一。如果是常常忧愁悲伤的人，其肺气不足，行走的时候习惯低头，而且身体蜷缩导致驼背。一个人走路时器宇轩昂意味着肺气充足，为人豪爽，工作有魄力，对朋友讲义气。因此，部队里的军人经过军事训练身材笔直，走起路来挺胸抬头、神采飞扬，而且重感情讲义气。肺开窍于鼻，通过面部鼻子形态也能了解一个人的情志和心理状态，鼻梁高而挺直者，性格活泼，进取心强，尤其是鼻头挺拔而肉厚者讲义气有魄力。鼻梁低平、有塌陷者或者露鼻孔者容易急躁发怒，往往先天缺乏创造力与自信力，思考力和行动力也较差。在中国古代某一学派或某一行业创始人被称为鼻祖，鼻祖一说与中医思想密切相关，夫妇交合受孕，在母亲子宫内形成受精卵，鼻子的形成是随母亲的呼吸受气而成。胎儿通过脐带与母亲相联，气渐吹渐开，中堂如管，通气往来，前面与脐带相通，后面与肾脏相通，上通头顶泥丸宫，下至山根形成双窍鼻腔，再往下直到鼻头位置，最后形成鼻形和鼻孔。

4. 惊恐志在肾，开窍于耳

肾主藏精纳气，不但藏精生髓充填脑海，而且肾水有荣华五脏六腑的作用，肾气不足的人，面色灰暗、头发干枯。因为惊恐志在肾，过度的惊吓损伤肾气，所以，当人受到外界刺激产生剧烈的惊恐心理时，会发生突然晕厥和大小便失禁，这是由于肾气耗损下流使得二便泄出，严重的惊恐还会导致人的死亡。肾开窍于耳，观察人的两只耳朵，肾气充足的人，耳廓分明，耳垂大而饱满，其色润泽。拥有这样面相的人大脑聪慧，善于思考，能静心凝神高效地投入到工作中。耳廓形状比较尖且少肉的话，性格比较固执，性格多虑和优柔寡断的人可以经常用手拉伸和按揉耳垂，有助于肾气提升促进大脑的思考力。

肾为作强之官，伎巧出焉，主入静安神和聪明智慧，与儒家文化的“智”对应，阴阳五行属性为水。道家有入静打坐的修炼方式，这是提升肾气的好方法。现在企业的年轻员工跳槽改换工作频繁，有的人心神不集中，工作效率低下，这些现象都是心神外散、肾精不足的表现。肾精不足的人，五脏六腑得不到滋养荣华，这样人的精、气、神明显不足，从外貌看，面色苍白无血色、头发稀疏、二目无神，整天一副萎靡不振的样子。肾精不足主要源于两个方面：一方面跟平常的生活习惯有关系，有的人下班之后回到家里继续熬夜加班或者上网打游戏，或者沉迷于外面娱乐场所活动，喜欢吃辛辣、寒凉食物或者饮酒吃肉，这些不良的生活饮食习惯都会消耗肾精。另一方面还与淫欲心过重有关系，中医养生追求清心寡欲，克制人的欲望膨胀，尤其是不能纵情声色。邪淫和欲望强烈的人被称作下流，下流不是骂人的词汇，而是中医经典中的术语，中医认为，人体的肾精、脊髓和脑脊液是相通的，当人纵欲过度时，将导致肾精流失，人体的脊髓液就会向下流来补充肾精的不足，脊髓液下流补充肾精也会出现缺乏的时候，脑脊液则开始向下流补充脊髓和肾精的匮乏，中医称为“脑海倒灌”，最后导致大脑受损和骨质疏松症。

5. 思虑志在脾胃，开窍于口

思虑志在脾胃，人的思虑情志活动与脾胃直接相关。思虑是大脑念头高度集中一种形式，思虑过度则为忧思，经常忧思的人劳神耗费心血，有的人吃的再多也胖不起来，原因就是心理念头太多，增加了体内能量的消耗。中医理论认为：脾胃为仓廪之官，五味出焉，主运化功能，是人体食物消化、营养吸收和废物排泄的总调度，身体的营养都来自于脾胃的供应。过分的忧思伤脾胃，脾胃不好，食欲和睡眠都要受到影响，对于女人则易月经不调或者经血郁滞不下。尤其以脑力劳动为主的知识分子经常熬夜，脾胃功能下降，日久气结不畅，百病随之而起。有的人因为种种不如意患上了抑郁症，抑郁症的最大特点就是忧思过多，心结很难打开，忧思使得脾胃受伤，则整天茶饭不思，要化解抑郁症除了中药治疗外，可以运用五行情志疏导，找一位知心的朋友或者心理学专家引导其大声地哭出来，哭泣的情志为悲，悲志在肺，五行属性为金，抑郁志在脾胃，五行属于土，土虽生金，但金又可以卸载抑郁集结的土气，哭泣之后会感觉身体一下子轻松下来，胃口也觉得有饥饿感，这时候可以一边进食一边在欢乐的气氛中与人交流或者放松，这种疏导形式对于患轻度抑郁症的人是一种有效的治疗方法。

此外，常常抱怨的人也会伤及脾胃，在日常生活工作中，眼睛里总是挑剔察看别人的缺点毛病，抱怨种种是非，处于长期不愉快和易生闷气的情绪，这种人的体型大多偏瘦，嘴角向下弯曲，吃得再多因为脾胃消化功能下降而得不到吸收。脾胃开窍于口，其华在唇，观察口唇的状态就能了解一个人的情志和心态，口唇厚重红润者性格稳重，虽言语不多，但言必信，行必果。两唇丰厚，四字方口，人中深长，如仰月弯弓，为人爽直随和，此为贵人之相。唇短露齿且口唇暗紫者表明血气不足，寒湿入脾经，性格冷漠无情，有抑郁的倾向。口唇薄者脾胃运化功能欠佳，体型一般都偏瘦，性格比较执拗，如果口唇薄且嘴型向外突出的人通常能言善辩，诚信不足。脾胃主诚信和代表领导力的高低，与儒家文化的“信”对应，阴阳五行属性为土，大自然土壤松软万物才能得以滋润生长，同理，脾胃好的人运化功能强，善于解决难题，人际关系好，朋友多。谎话连篇、抱怨心、思虑过分的人，就像缺水干旱的土壤集结成硬石一样，很难生长庄稼，如果人不改变抱怨和忧思过度的心态，在生活和工作中难免会遇到各种障碍。

总之，人的情志和心理特征与人的五脏六腑、气血循环和五官面相存在着全息效应，是一多互摄的关系。某种不正常的情志和心态可以影响或损伤多个脏腑器官，例如，暴怒损伤肝气，同时也会乘脾犯胃，出现呃逆呕吐，面色铁青，甚至发生血灌瞳仁和怒发冲冠的生理现象，同样多种情志也可能影响同一个脏腑。人们对《儒林外史》中“范进中举”的故事耳熟能详，老秀才范进数十年寒窗苦读屡试不第，又一次进城赶考到了发榜之日，家里已经无米断炊，他到集市去卖鸡换米。此时范进中举的喜报到了，邻居赶紧到集市上把他拉了回来，范进的命运从被老丈人胡屠户蔑视的“现世宝”变成了受人尊重的举人老爷，这等喜事当然左邻右舍为之高兴，范进以为邻居拿他开心，又因为尚未见到报录的喜报，不敢信以为真，回到家里见到喜报，由于欢喜狠了，痰迷住了心窍，昏倒在地，被众人救醒以后又发起疯来，拍着手笑着跳着，不顾一切跑到集市上去了。家人见他疯了不知如何是好，报录的差人中有一个人出主意，找范进平时最怕的人来打他一个嘴巴，告诉他并没有中举，报录的话都是哄他呢。大家一致推举范进平日最惧怕的胡屠户打了范进一巴掌，意识恢复了正常，全家摆酒庆祝自不必细说。范进中举全部过程就是中医所讲的“喜乐无极则伤魄，魄伤则狂，狂者意不存”。对于平日心理不健康和经常忧郁的人，体内湿气过重，容易积湿成痰，过分的喜悦使得痰迷住了心窍，心智一下子变得蒙昧未明。为什么要找一位范进平日最怕的人打他一巴掌就好了呢？原因是惊恐志在肾，人在突然间受到惊恐，体内的肾上腺激素迅速分泌，肾五行主水，一下子就冲开了被痰阻滞的心窍，心神重新恢复了正常。中医理论和古代相人经典中的智慧真是不可思议，在识人知人方面博大精深，非本书内容所能穷尽，只是为企业识人知人、留人用人提供一种新思路以便从中国经典中发掘企业人力资源管理优化方案。

三、中国经典识人知人典型案例解析

人的形象气质展示着人的内心世界，即使有的人喜怒不形于色，仍然可以从其细微之处见其真伪。一是从人的形象气质识人。气质犹天地之气，轻清上浮，重浊下坠，有的人也许非常善于掩饰自己内心的活动和情绪变化，通过言谈举止根本看不透其真实的意图，气质神韵却无法隐藏，什么样的心态就会表现出什么样的气质，即使隐藏得再深，伪装得再完美，仍然能从清浊的气质中分辨正邪。二是，在日常举止中观其姿态动作辨别善恶，因为人的肢体活动受到大脑思维控制，长期的习惯动作是一种无声的语言，无论衣着如何光彩照人，在不经意间的姿态动作里总能察觉到内在的神韵和气质，这是无法靠衣服和装束隐藏掩饰的，正如曾国藩《冰鉴》曰："脱谷为糠，其髓斯存，神之谓也。"① 能以此识人知人需要在生活工作中积累丰厚的经验和精通中医理论才能做到这一点。清朝大臣曾国藩是中国近代地位最显赫，也是最有争议的人物，他的才华和贡献被当时清政府统治者认为是不可磨灭的功勋，尤其他在军队和官府中选拔人才慧眼识人，深谙识人与用人之道，并有着独到见解。以下是一则曾国藩慧眼识人的典故：

有一次，李鸿章准备推荐三个优秀的年轻人到曾国藩帐下效力当差，中午吃过饭以后，带领他们来到曾国藩府邸，曾国藩有事外出不在，家人请李鸿章到厅堂内落座，三个年轻人则在庭院里等候。将近黄昏时分曾国藩回到府邸，家人禀告李大人推荐来的人已经在庭院里等待很长时间了，庭院里站着等候的三个年轻人由于天气炎热，长衫已经汗湿了一片。曾国藩悄悄站在堂前停了下来，暗暗观察这几个人的神态。只见站在左边的一个人眼睛不停地观察庭院和房屋内的摆设，左顾右盼似乎在有些焦虑地想着什么；中间的年轻人则低着头规规矩矩地垂手站着不动；站在右边的那个年轻人相貌平庸，却气宇轩昂，背负着双手，仰头看着天上的浮云，天气虽然炎热难耐，那位看云的年轻人仍旧气定神闲地独自欣赏着美景。

曾国藩在院子里对三个人观察了一会，回到房间里与李鸿章见面，李鸿章说明来意请求曾大人对三人考察一段时间以后安排职位，曾国藩说："不用考察了，现在就安排。"第一个人做了有名无权的虚职；低头规规矩矩的那个年轻人则被派去管理军队里的钱粮马草；第三个仰头看云气宇轩昂的年轻人

① 曾国藩：《冰鉴》，延边人民出版社 2010 年版，第 3 页。

被委任重要职务派去军前效力，并且再三叮嘱下属，这个年轻人要重点培养。李鸿章不解地问：“大人怎这么快便安排妥当？”曾国藩说出了识人知人的秘诀：“第一个年轻人在庭院里等待的时候，便用心打量院里和大厅的摆设，眼睛左顾右盼，眼神飘忽不定，看得出来他自信心不足，用心也不专，此人善于投其所好罢了，而且他在人前恭敬，背后易发牢骚，此人表里不一，善于钻营、有才无德，不足以托付大事。第二个年轻人遇事唯唯诺诺，谨小慎微，沉稳有余，魄力不足，掌管军中钱粮的职位能做得很细致。最后一个年轻人在庭院里等待了那么长的时间，却气定神闲，不焦不躁，竟然还有心情仰观浮云，这样从容淡定的气质一看便是大将风度，而且面对权贵他能不卑不亢，这个年轻人日后必成大器。”那位仰头看浮云的年轻人确实没有辜负曾国藩的厚望，在后来一系列征战中迅速脱颖而出，屡立战功，受到上司好评，并因为屡立赫赫战功被加封了爵位。他还在垂暮之年毅然复出，率领台湾居民重创法国侵略者，此人便是台湾首任巡抚刘铭传。不过正如曾国藩所言中，性情耿直的刘铭传被奸人在背后诋毁中伤，最终不得不黯然离开了台湾。

人的气质与神韵各有不同，伟人一般都有“会当凌绝顶，一览众山小”的气质和光辉形象；大多数知识分子和读书人有着“翰墨书香笔生花”的书卷味道；常年在田地里忙碌耕种的农民，尽管没有高学历，但成年累月与土地和庄稼等大自然的气息相互融合，从内及外流淌着人世间最淳朴自然的神韵，在这种最朴素的神韵面前，任何珠光宝器的高贵气质都会变得黯然失色。对于很多商贾名家和公众人物来说，他们有与众不同的超凡脱俗特质，有的相貌出众，神采奕奕；有的人富甲天下，财运亨通；有的人位高权重，众多嘉宾鼓瑟吹笙。观察分析这些人的外观相貌，解读内在的情志和心理特点，如何从心态、性格和情志等方面分析他们的优势以及获得事业成功的根性呢？在此，应用上述识人知人的方法来解读一些国际政界要人的情志和心理特征，通过分区观察面部五官、容貌和神韵来综合评价一个人的特质。

1. 美国总统奥巴马

现任美国总统奥巴马，美国民主党政治家，成功地连任了第 56 届、第 57 届美国总统，是美国历史上第一位具有非洲血统的总统，也是同时拥有黑（卢欧族）白（英德爱混血）血统的总统。2008 年 11 月在美国总统选举中获胜，正式当选为美国总统。在 2012 年 11 月的美国总统选举中击败共和党候选人罗姆尼，成功获得连任。奥巴马的脸型上宽下窄，天庭宽阔饱满，脸颊肌肉丰厚，嘴部和下巴地阁区域相对有一些窄，是典型的甲字型面孔。从脸型特征看，表明了他的思维敏捷，头脑反应快，领悟力很强，善于抓住有利的时机，人际关系方面具有亲和力，适应能力非常强，容易与不同阶层人士相处。

这一点在2012年10月17日90分钟的总统选举辩论中得以体现，美国大选结束了第二场总统辩论，奥巴马从首战支持率大跌的困境中成功逆转，支持率一路飙升到46%，最终获得成功连任。在处理事务方面善于专心研究、偏爱思考和有深谋远虑的睿智，不会轻易地感情用事，美国特种部队突袭“基地”组织头目本·拉登的前两天，奥巴马经过一夜的思考权衡，最终下达了击毙本·拉登的命令。对奥巴马面部照片总体分析看，尽管他的脸部表情带着微笑，但是将脸部从中间左右分开观察，发现左侧眼睛展示着微笑柔和目光，右侧眼睛却冷峻严肃，一副锋芒暗藏的神情，两眼睛瞳孔明亮清澈，显得神清气爽、魄力十足。在两眉毛中间印堂出现了轻微的竖纹，代表他脾胃功能正在下降，中医认为忧思伤脾胃，这也是由于他为了处理各种国内外的政务长期思虑过度所造成的，而且在遇到重大问题时经常要深思熟虑以后才能作出决断。耳朵比较饱满，耳垂和耳廓比较大，耳廓上沿也高过眉毛，表明肾精充盈，是精力充沛的智者。鼻子大而笔直从眉心印堂处一直到鼻尖，鼻孔内敛，也意味着其肺活量大，肺气十足。奥巴马最有特点的是口唇，上下唇比较厚重，人中深长，体现了其性格温和、口才好的优势。

2. 俄罗斯总统普京

俄罗斯总统普京是世界政坛风云人物，两度出任俄罗斯总统职务，使俄罗斯在军事与政治实力上均有相当大的提升。普京在俄罗斯国内获得了极高的支持率，是一位国际公认的“铁腕总统”。从普京脸型看，面部天庭饱满宽阔，脸部颧骨和腮骨突出，是典型的“风字型面孔”。拥有风字型面孔的人精力充沛、敢于负责，刚正不阿而且不畏惧权贵，领导力和思考力极其优秀，尤其在应对突发事件和棘手问题时，像处理美国斯诺登棱镜门事件，普京总统所作出的决定和对美国巧妙的答复，都表现了他很高的智慧和不可侵犯的强硬性格。将他的脸部照片左右对称分开观察，左侧脸颊棱角分明，右侧脸颊要相对圆融一些，左眼目光冷峻犀利，显露着静若含珠的神韵，右眼目光却表现出一缕柔和的光芒，透露出了这位铁骨铮铮的总统也有温情的一面，形成了刚柔并济的性格，符合“一阴一阳之谓道”的格局。普京在处理国际政治问题和领土争端问题时，善于运用软硬兼施、恩威并举的手腕，更彰显了他勇敢果断的作风。耳廓上沿高过眉毛，表明他的肾气充足，是一位聪明绝顶的人。再看鼻子，鼻管笔直，鼻头丰隆，代表肺活量大，可能与他先天身体素质好和后天长期进行体育锻炼有关，这让他面对困境表现出坚强的意志力和行动力。口唇闭合时形状平直，下唇要比上唇略厚一些，绷紧平直并且薄的口唇象征着为人处事作风严厉，言语刻薄善辩，常常令对手无言以对。日本首相安倍晋三访问俄罗斯并与普京共同举行记者发布会，普京当着安倍晋三面义正词严地回答了日本记者所提出的不恰当问题："如果你想捣乱，继续直接提出强硬的问题，那你也一定会得到直接和强硬的答案。"尤其在处理美国中情局职员斯诺登政治避难事件时，表现出了不畏强权、智勇双全的气魄。为了引渡斯诺登回国受审，美国总统奥巴马多次与普京交涉无果。这就是普京。

3. 韩国总统朴槿惠

现任大韩民国总统朴槿惠，韩国女政治家，曾任新国家党党代表、国会议员，韩国前总统朴正熙的长女，在总统竞选中以高达51.6%的得票率当选韩国第18任总统，2013年2月25日，朴槿惠正式宣誓就职。她喜欢中国哲学、传统文化，精通汉语。朴槿惠是大韩民国第一位女总统、第一位未婚总统、第一位父亲任总统第二代继任总统（父女总统）、第一位得票过半数的总统。朴槿惠的脸型基本方正，天庭和地阁都比较宽阔，但饱满度欠缺，属于田字型面孔。田字型脸性格和善稳重，积极进取，意志力和领导力都很强。脸部整体表情流露出友善和蔼，目光温和，将脸部左右均分观察，发现她的右侧眼睛目光有明显忧郁的神态，这可能与年轻时代经历了母亲遇刺身故和父亲被枪杀的沉重打击有很大关系。左侧眼神安静秀美，目光中略带微笑，双目的瞳孔面积比例较大，令人感觉深邃宁静。鼻头比较丰隆，但在眉心下方的鼻子根部有些塌陷，表明肺活量先天欠缺，也许执政的胆识魄力还有待于进一步提升。口唇区域人中很长但比较浅，表明为人思虑谨慎，行事缜密细致，不会轻易相信别人，不喜欢被阿谀奉承。口唇比较丰厚，脾胃运化功能比较好，为人诚实守信，善于化解各种棘手的难题。耳朵虽然大，但几乎看不到耳垂，耳廓紧贴着后脑，意味着肾气不充盈，习惯安静独处的生活。熟悉朴槿惠的人评论："她看起来铸上了层层铠甲，她感觉没有任何一个人值得信任。""她不开放，不与任何人沟通。她不热情，也不冷酷，只是冷冰冰的，一直都这样。朴槿惠与所有人保持距离，这是她的标志。"作为韩国有史以来的第一位女总统，期待她的执政如同她的为人一样能给韩国和亚洲以至于世界带来宁静与祥和的正能量。

4. 美国棱镜门事件主角斯诺登

爱德华·斯诺登，生于1983年，一位美国年轻的小伙子，担任美国中情局前技术助理，如果不是棱镜门事件恐怕没有几个人认识他。2013年6月将美国国家安全局关于PRISM监听项目的秘密文档披露给了《卫报》和《华盛顿邮报》，随即遭到美国政府通缉。事发时人在香港，随后飞往俄罗斯。斯诺登放弃了稳定的工作、舒适的生活，选择逃亡海外，向媒体揭发美国情报机构监控多个国家互联网活动、秘密收集电话记录的“棱镜”(PRISM)计划。他的脸型天庭宽、地阁窄，显然为甲字型面孔，脸型显示了他的头脑聪明、机智聪慧，富有正义感，但面部整体不够丰厚，性格比较敏感有神经质的倾向，警惕性高，并且做事考虑欠完整。眼睛近视并且瞳孔不是很清澈，表明肝气不足或有肝气郁滞的倾向。口唇区域比较薄且平直处于绷紧状态，象征着为人严厉执拗，念头和思虑多，也表明脾胃运化功能比较差。从媒体刊登的大部分照片中发现他的眼睛或者头略微偏向左侧，有斜视的习惯，眼睛斜视表明观察周围环境和身边的人总是以谨慎戒备的态度来防范，同时又不愿让别人察觉他自己的心理活动和真实的想法。因此，在申请政治避难的过程中，很难有记者了解他真实的目的地，俄罗斯总统普京公开发表声明：“美中情局前雇员斯诺登如有意或可留在俄罗斯，但必须满足一个条件——他必须停止对美国造成损失。”当他得知普京的态度后立刻撤销了对俄罗斯的避难申请。此后，斯诺登仍然滞留在俄罗斯机场过境中转区，又重新向包括中俄在内的19个国家申请政治避难，持续停留了半个月以后，在机场与媒体记者见面再次决定向俄罗斯政府申请临时避难，最终获得俄罗斯联邦移民局的批准临时政治避难一年，现已经离开机场进入到俄罗斯境内。古人云：“危邦不入，乱邦不居”，俄罗斯总统普京的智慧和政治实力应该是其永久政治避难最好的选择。其实，除了俄罗斯是其最好的避难场所以外，虽然还可以选择的国家是委内瑞拉，斯诺登也期待到此避难，但是查韦斯总统已经离世，作为总统接班人的马杜罗能否顶住美国的压力以及能否保障斯诺登的安全，与俄罗斯相比存在着很大的不确定性。

第四节 《黄帝内经》五型人格与职业倾向分析

西方心理学将人的性格分为八种类型：内向型、外向型、活泼型、隘板型、懦弱型、勇敢型、热情型、冷漠型等。古希腊医生希波克拉底认为人体内有血液、黏液、黄胆汁和黑胆汁四种体液，四种体液的配合比例决定人的气质，以此为理论基础将人的气质划分为胆汁质、多血质、粘液质和抑郁质四种不同类型[①]。后来很多国外的心理学家对气质分型又做了进一步研究，总结了不同气质类型所具备的心理特点以及适合的职业。胆汁质型气质的人神经活动性强而不均衡，兴奋度很高，性情直率，精力旺盛，能以很高的热情

① 车文博：《西方心理学史》，浙江教育出版社1998年版，第51—52页。

埋头事业，在兴奋时，能下定决心排除万难，一旦精力耗尽时，情绪又一落千丈。多血质型相当于神经活动强而均衡的灵活型，这种气质的人热情大方，兴趣广泛，在工作中富有精力而效率高，头脑灵活，能迅速地把握新事物，善于适应新环境，愿意从事合乎实际的事业，不愿做耐心细致的工作，在有充分自制能力和纪律性的情况下，会表现出巨大的积极性。但注意力和情感易变，如果事业上不顺利，热情可能消失，从事多样化的工作往往成绩卓越。粘液质型的人神经活动强而均衡安静，这种气质的人喜欢平静有规律的生活，头脑不够灵活，情感和注意力也不易改变，埋头苦干，工作严肃认真，不愿关注新事物，对事业缺乏热情和创造力。抑郁质相当与神经活动弱型，这种气质的人性格沉静内敛，与人容易相处，工作稳妥可靠，反应缓慢，不图进取，但比较敏感，易受挫折，有孤僻优柔寡断的一面。很多企事业单位设置心理咨询师，对员工的心理特点进行分型，并针对心理问题给予援助化解，有的企业通过心理问卷对管理层的员工进行评定，也以此作为人事岗位安排优化的方法。然而将西方心理学应用于企业管理，在实施效果和准确度上仍然需要心理学家们做更深入的研究探索。

关于人的心理学和气质学理论，中国历代古圣先贤们做了大量系统性的研究，都蕴藏于中国传统文化、阴阳五行学和中医经典中，比西方心理学的分析更细致，具有比较完整的系统性，在日常生活、治病救人、选拔人才和政权统治中得以广泛应用。在六朝时期，中国政权处于外族扰乱的统治局面，北周明帝宇文毓听说朝中大臣杨坚有奇异之相，担心他夺取政权，便委派手下精通相术的赵昭前去秘密观看。赵昭奉王命来到杨府后，见到杨坚果然气宇轩昂非同一般，气质神态中闪现帝王之相，脱去冠带，看到额头的中央微微凸起，而且有骨隐隐突出直贯脑顶。赵昭一看这是“玉柱贯顶”的大贵人之相，又见他气度非凡，便知此人未来必然是天子之命，不可加害。于是向周明帝谎报说：“杨坚不过是一凡夫”，算是救了杨坚一命。后来杨坚果然建立了隋王朝，做了开国皇帝。在科技和经济高速发展的现代中国，大部分人崇尚西方文化和思想，并占据了当今主流，以至于中华民族五千年来的优秀文化和智慧被认为落后过时而弃之不用，这是严重的误解。要想找到解决中国企业识人、知人和用人的困惑和其他诸多问题的根本，还要从我们古圣先贤的智慧中寻找答案。中医最古老的经典《黄帝内经》是中国最早见于文字记载的一部医学专著，包括了《素问》、《灵枢》两个部分，距离今天至少也有二千多年的历史，是开创中医学理论体系的经典著作。在这部经典《灵枢·阴阳二十五人》篇里，还专门以中医学和阴阳五行学思想论述了人的外观神态与内在性格气质的关系，按照人体外形和气质，将人划分为木、火、土、金、水五种基本类型，每种类型的人有左右上下分区，并按照气质以及五音的阴阳属性再分为五种子类型，总计合为二十五种人型，其核心思想是以阴阳五行学说描述人的特质。阴阳五行的定义最早是源于《尚书·洪范》，认为天地宇宙一切事物的属性都可以用“金、木、水、火、土”五行表示，历代帝王将相都非常推崇阴阳五行的思想，古代阴阳学家邹衍周游列国时，受到各国诸侯和大臣们的热烈欢迎和盛情招待，用现在的话讲，邹衍是国际著名学者。在当时他的地位和知名度远远超过孔子，孔子与他相比待遇要差很多，带领弟子坐车到各国游说周礼和儒家思想时，很多国君并不买账，经常连饭都吃不饱，可见阴阳五行学说在中国历史上占据着重要的主流地位。《黄帝内经》里面所描述的阴阳二十五种类型的人各具特性，虽然内容不够具体，但是，从人的形体、肤色、神态、性格及对气候时令的适应性等方面做了生动的叙述，在后来其他中医学经典中，还有对脸型、手型和五官以阴阳五行学做出更详细的划分，以此研究人的疾病与情志的关系。本章以《灵枢》的二十五人型理论为主，结合西方心理学，对人的性格、气质和心理特点进行分析，建立适用于现代企业管理的五型人格评测机制，提出并完善企业人力资源管理中所涉及的识人、知人和岗位优化的方案。以下内容按照五行属性分类对不同人型的心理特点和职业倾向作出阐述。

一、木型人格特点与职业倾向分析

木型人，就像东方的苍帝（传说苍帝是主管东方之神），《史记·天官书》云：“苍帝行德，天门为之开。”唐朝学者张守节解释说：“苍帝，东方灵威仰之帝也。”他的皮肤呈现苍色，即青色，头部比较小，面部形状略显狭长，肩背宽大，身材挺拔正直且手脚小。五行木分别对应《易经》中的震卦和巽卦，震为雷、巽为风。震卦卦辞曰：“震来虩虩，笑言哑哑。震惊百里，不丧匕鬯。”巽卦的象辞曰：“随风，巽。君子以申命行事。”木主阳气上升，雷动振奋之象，如日出东方升发之象，所以人们经常讲紫气东来。木型人属于温热型的体质，木型人性格为人宽厚仁慈，具有柔美稳重的特点，如果是禀受木气最完全的人，他的思想和行动积极向上，不但博学多闻，而且多才多艺，思虑缜密。喜欢春夏季节的温热气候，不能耐受秋冬的寒凉，在秋冬季节里容易受外邪入侵而生病，木型人按气质又分为以下完美木型和四种亚木型，总计五种分型：

1. 佗佗然

佗在《说文解字》中本义是“负荷也”。能承载重压而不屈，符合成材树木的特质。佗佗然气质者是理想完美的木型人，拥有美艳华贵的相貌，气质柔美稳重，走起路来步履缓慢不急不徐，一副雍容自得的样子，正如《诗经》曰：“委委佗佗，如山如河。”其人不仅活力四射，还具有刚柔并济和动静相宜的优秀品质。在工作中精力充沛、身先士卒，善于处理各种纠纷和理顺人际关系，有外交家的气质。佗佗然气质的人事业上一路高歌，适合从事高智商的脑力劳动或者在别人看来承载难度很大的职业，体力劳动适合爆发力和耐久力强的行业，例如，田径、足球和其他对抗性的体育运动。

2. 遗遗然

明代著名医家张景岳在所著《类经》四卷三十一中注解："遗遗，柔退貌。"亦作逶迤蛇行之态讲，木型人中遗遗然者身材修美硕长，气质逶迤柔退，谦谦君子之相。一般女性居多，明智可靠，循序渐进，能与人合作；工作上积极上进，有理解能力，善于处理人际关系和对外各种机构的往来交流。适合礼仪、公关、营销和演艺等职业。

3. 随随然

《说文解字》注解为"随，从也"。《广雅》注解为"随，顺也"。即性情随和而服从主流的人，木型人中随随然者属于阳气虚弱体质，胆识魄力不足，凡事不争，一般不好惹事生非，缺少竞争力，没有自己的主张见解，适合安排一般简单重复性工作，或者工作难度和强度不是很大的岗位。

4. 推推然

推也有推进、前进的意思，如树的枝叶生长向上，特立独行，依靠自己努力进取之人，《汉书·韦玄成传》云："嘽嘽（tān）推推，如霆如雷。"推推乃盛貌也，即盛大宏伟之相。木型人中推推然者精力充沛，体力好、有突破力和创造力，但过于自我，具有双重性格特征，不善于与人协同合作，而且有多疑善变的心理倾向，这样的人往往经不住失败打击，容易产生自暴自弃的想法，从而使事业走向低谷。具备推推然气质的人适合从事科学研究、工程技术开发和其他脑力劳动的工作岗位。

5. 栝栝然

栝（kuò）在古书中指桧树，硬而直立，《集韵》云："桧，柏叶松身，或作栝。"也指箭末扣弦处，《庄子·齐物论》曰："其发若机栝，其司是非之谓也。"木型人中栝栝然者的外貌和气质像松柏一样挺拔的人，阳刚气十足，缺少柔和气质，不惧压力，百折不挠，一般以男性居多，由于缺少曲折有情的气质，在处理纠纷时最好回避，容易造成矛盾冲突升级，适合重体力或者需要突破困难的工作。

二、火型人格特点与职业倾向分析

火型人外观就像南方赤帝（传说是中国上古帝王祝融，以火施化，号赤帝，后被尊为火神，是古时三皇五帝之一）。赤帝的面貌和体型特征是：皮肤呈现赤色，面部红润健康，肩背部肌肉发达丰满，脸面清瘦。火型人体型优美，身材中等、骨架发育匀称，手足小。火型人对事物的分析敏锐透彻，做事有胆识气魄。能耐受春夏的温热，不能耐受秋冬的寒凉，秋冬季节易感受邪气而生病。火型人与《易经》的离卦对应，“离为火，为日”，“离，丽也；日月丽乎天”，“大人以继明照于四方”，禀天火之气犹如正午太阳普照四方，离卦（☲）上下两爻为阳爻，中间为阴爻，阳爻大象代表刚健，阴爻大象代表柔美谦卑。因此，火型人不但性格活泼外向，气质充满热情与活力，行动迅速，而且之所以能彰显“日月丽乎天”、“大人以继明照于四方”之象，与其内在的虚怀若谷精神和谦逊随顺的品德息息相关。火型人包括完美火型和四种亚火型：

1. 核核然

《论衡·量知篇》云：“物实无中核者谓之郁，文吏不学，世之教无核也。”核指本质与核心。火型人中核核然者关注事物的本质，讲求实效，认识事物较为深刻透彻，不仅具有研究精神，还有超凡的领导能力。具备核核然气质的人是大智慧的觉悟者，做事圆融无碍，走到哪里都能带来光明。

2. 眺眺然

眺有“高望远视”的意思，《礼记·月令》云：“可以居高明，可以远眺望。”《汉书·五行志》云：“日晦食为眺”。指月明之貌，喻此种人为光明正大且明道理者。所以，在火型人中具有眺眺然气质的人处理事务有高度、有宽广的胸怀与格局，眺眺然者对未来发展具有深远的眼光和很强的团队领导能力，适合于从事行政管理岗位和做企业战略规划的领军者。

3. 慆慆然

慆在《说文解字》中注释为“慆，悦也”。《左传》云：“君子之近琴瑟，以仪节也，非以慆心也。”具备慆慆然素养的人是天生的乐观派，是一位怡然自得而不知道烦恼忧愁的人。慆慆然者能始终保持着积极向上的欢喜心态，懂得怎样与人友好相处，化解各种矛盾，团队协调能力强。因此，适合从事公关、市场营销、售后服务等岗位。

4. 鲛鲛然

有的经典注释为“熊熊然”，鲛是《山海经》中介绍的一种纺锤形性情凶猛的海鱼，与现在的鲨鱼类似。明代著名医家马莳在《黄帝内经灵枢注证发微》中认为：“鲛鲛者，踊跃之义也”，是指勇猛而不甘落后的人。火型人中鲛鲛然者为右徵之人，比于右手太阳，太阳之上，阳有余而阴不足，需要静心安神，遇事戒骄戒躁，谦虚谨慎，方可成就事业。所以，鲛鲛然者不适合做团队总决策者，更适合做副手或者具体任务的执行者。

5. 支支颐颐然

支颐的本义是："以手托下巴"，唐代白居易《除夜》诗："薄晚支颐坐，中宵枕臂眠。"人在思考忧虑时，常见的姿态是用手托着下巴，表情凝重的样子。支支颐颐然是指经常心理多疑而惊恐不安的人，用现代心理学解释的话，就是心理素质和承载力比较差的人。火情志在心，心主神明，过度忧虑多疑会使得心神混乱，怎么能安心投入到工作，所以，这种类型的人需要调整好心态，然后才能参加工作。

三、土型人格特点与职业倾向分析

土型人就像上古的黄帝（华夏民族始祖，是少典与附宝之子，本姓公孙，居轩辕之丘，故号轩辕氏），身体外貌特征是：皮肤呈现黄色，面部较圆，头部和腹部大，手足比较小，肩背发育匀称美好，下肢股胫修长健美，肌肉丰满发达，全身上下显得都很匀称，步履稳健而且行走时脚步落地也很轻，为人性情安静，做事慎重，乐意帮助别人，不喜欢权势，善于团结他人。能耐受秋冬的寒凉而不能耐受春夏的温热，在春夏季节易感邪生病。五行土与《易经》中的坤卦和艮卦相对应，坤卦的象辞曰："地势坤，君子当厚德载物"，艮卦的彖辞曰："艮，止也。时止则止，时行则行。动静不失其时，其道光明"，其为人的最大特点就是诚实忠厚，运作能力强，善于把握各种机遇。土型人分为完美土型和四种亚土型人：

1. 敦敦然

敦敦然是禀土气最完全的人，有敦厚持重的意思，待人诚恳忠诚，不喜欢与人争辩，土型人中敦敦然者还有勤奋上进和孜孜不倦的特点。唐代韩愈《寄崔二十六立之》诗："敦敦凭书案，譬彼鸟黏黐。"宋代苏舜钦《对酒》诗："予年已壮志未行，案上敦敦考文字。"都是指勤奋不倦的意思。敦敦然气质的人胸襟宽广，崇尚厚德载物，讲究组织性和原则性，具有领导者气质，适合作为企业总裁或者职业经理人。

2. 婉婉然

婉婉然者有两种气质特点：一是指屈伸貌、卷曲貌，《楚辞·离骚》云："驾八龙之婉婉兮，载云旗之委蛇。"二是指和顺貌，南朝宋国谢瞻《张子房》诗："婉婉幙中画，辉辉天业昌。"火型人中婉婉然者的总体特征是平和柔顺，以女性为多见。办公文案或总裁助理等职业更适合婉婉然者。

3. 坎坎然

坎坎然有两层意思：一是指喜悦，《尔雅·释训》云："坎坎，喜也。"指神情快活的人，南朝梁国简文帝《马宝颂》云："含生欣欣，若耘穮之逢夏雨；怀情坎坎，譬草木之值春风。”二是指刚直，《续古文辞类纂·曾国藩〈祭汤海秋文〉》云：“坎坎郎官，復归其始。”土型人中坎坎然者的总体特征是端庄持重、乐观无忧。这种人在困境和不顺利的境况中能保持积极乐观的心态，心理素质好，不为现实所困。坎坎然者适合企业中高层管理岗位，具有高超的团队领导能力。

4. 枢枢然

“枢”在《说文解字》中本义为“户枢也”，指门的转寰之轴。《吕氏春秋》云：“流水不腐，户枢不蝼，动也。”火型人中枢枢然者是指在社会活动中灵活圆滑的人，言语圆润婉转，为人处世灵活多变。枢枢然者有高品质的沟通能力，适合企业对外交流、公关和市场营销。

5. 兀兀然

兀兀然有三层意思：一是指静止高耸之貌，《说文解字》注释为：“高而上平也。”二是指兀然不动之相，《韩愈·进学解》云：“兀，不动貌。”三是指孤独貌，唐代卢延让的《冬除夜书情》诗曰：“兀兀坐无味，思量谁与邻。”土型人中兀兀然者的性格特点是孤立独处不善于交际的人，具有独立思考力和行动力，因为喜欢独处，不善与人交往，其最大的优势特征是独立奋进，适合从事工程技术和科学研究岗位。

四、金型人格特点与职业倾向分析

金型人就像白帝（少昊五帝之一，中国古代神话中的主管西方天神，其父是太白金星），大多数宽额方脸，身体魁梧，中等身高，皮肤白色，面部呈方形，头和手足小，足跟坚硬，肩部、背部和腹部比较瘦，身体能耐受秋冬的寒凉之气，不喜欢春夏湿热气候，在春夏季节易感湿邪而生病。五行属性为金，与《易经》中乾卦和兑卦对应，乾卦的象辞曰：“天行健，君子当自强不息”，兑卦的彖辞曰：“兑，说（悦）也，刚中柔外。”所以，金型人的性格特点是自尊心很强，有惟我独尊的缺点，行动轻快，禀性廉洁，性情急躁，静则能安，动则悍猛，适合做官员和领导者。金型人分为完美金型和四种亚金型人：

1. 敦敦然

敦有勤勉、专心且刻苦的意思，《荀子·荣辱》云：“鞫（qú）录疾力，以敦比其事业，而不敢怠傲。”敦敦然禀金气最全的人，与土型人的敦敦然文字相同，但表达意思不同，查阅一些《黄帝内经》的注解也没有对此进行解释，也许是在传抄《黄帝内经》时笔误，究竟为何字有待深入研究。金型人中敦敦然者的特征是坚强不屈，性格既不内向也不外向，富有远见，稳重自持，组织力强，属于阴阳平和之人，适合中高层领导岗位。

2. 廉廉然

廉有廉洁自好的意思。《礼记·月令》云："廉，清也，不以廉为悲。"清朝医学家张志聪云："廉廉，如金之洁而不污。"形容人清正廉洁的气质就像没有杂质的黄金。金型人中廉廉然者为人公正廉明，不为名利动心，适合从事法律、经济和政府公务员职业。

3. 脱脱然

脱脱然是指舒缓洒脱的气质，其人身材修长，相貌英俊潇洒，行动敏捷自如。《诗经·召南·野有死麕（jūn）》云："舒而脱脱兮，无感我帨兮，无使尨也吠。"脱脱然是指外貌具有美俊潇洒的气质，走起路来，脚步轻盈舒缓，说话办事如行云流水般畅快。脱脱然者的气质和性格适合对外交流、市场营销、办公文案、演员艺术等职业。

4. 监监然

监同鉴，本义为明察，监监然亦可写作鉴鉴然。《太书甲》云："监，视也。"性格特点是和蔼温顺、内敛好静，有细致入微的秉性和善于明察是非的能力。《灵枢·阴阳二十五人》云："右商之人比於右手阳明，阳明之上监监然。"《灵枢·根结》云："太阳为开，阳明为合，少阳为枢。"阳明两阳合明，以燥金主令，有多气多血之相，是阳气最盛阶段，当阳气至盛，阴气始生，阳明的作用就是逐渐关闭阳气向外释放的能量而转向收藏的过程。唐代医学家王冰注解："监监，如金之鉴而明察也，卓立而不倚也。"金型人中监监然者指能够明辨是非的人，在工作中思路清晰，独立思考和完成任务的能力突出，属于研究型人才。在古代监监然者可以在类似国家监察司一类机构工作，适合从事法律、工程技术、自然科学和理论研究职业。

5. 严严然

严严然是指威重貌、庄严貌。《道德经》曰："俨兮其若客"；《荀子·儒效》曰："严严兮其能敬己也"，即严肃庄重的样子；宋代王安石《寄曾子固》诗："严严中天阁，蔼蔼层云树"，其中的严严是紧密无空隙之意。金型人中严严然者具有庄重且威严的气质，行为处事严谨，在对事情不清楚的情况下，不会轻易采取行动，注重个人德行的保全，不会主动与人敞开心扉交流，适合从事教育、理论研究和技术研发工作。

五、水型人格特点与职业倾向分析

水型人就像黑帝（掌管北方的神，上古时期帝王，五帝之一，相传为黄帝之孙昌意的儿子，名字为颛顼，号高阳氏。）皮肤呈现黑色，面不平，头大，颊部较宽广，肩部瘦小，腹大，手足好动，行走时身体摇晃，脊背部也较长，对人不敬重也不会惧怕，善于欺骗别人。能耐受秋冬寒凉，不能耐受春夏温热，在春夏季节易感邪生病。水与《易经》中坎卦对应，坎卦彖辞曰："习坎，重险也。水流而不盈，行险而不失其信。"所以，水型人身陷重重险境时，保持自信心才能走出险境。水型人分为完美水型和四种亚水型人：

1. 延延然

延延然指深远貌、盘曲帽，是禀水气最全的人。《广雅·释训》云："延延，长也"，《文选杨雄赋》注解："延延，宛延盘曲貌。"体型修长而无魄力，水型人中延延然者以女性居多，水能够滋润万物。其特征是性情至阴至柔，所以，这种人气质柔弱，不好与人争斗，有利他奉献精神，适合从事医生、护士、教师和服务性职业。

2. 颊颊然

颊颊然是神情洋洋自得之貌。《说文解字》注解为："颊，为面旁也。"在面孔的两侧，表情显露于此，水型人中颊颊然者的典型特征是取得一点业绩便洋洋自得，喜形于色，容易产生傲慢心，这种类型的人应该注重修身养德，否则事业很难有所成就。

3. 纡纡然

纡纡然指屈诎之貌。纡在《说文解字》中注解为："诎也"，情绪经常处于郁闷不舒、落落寡欢的状态，自我感觉不错，又常常心怀不满。水性人过于阴郁沉静，城府较深，善于谋略，工于心计，具备谋略家的素质。《易经》坎卦初爻云："习坎入于坎窞凶。"表明如果阴郁气质太重，为人就会变得阴险，所以，水型人中纡纡然者从善会大善，从恶会大恶。古代奸臣赵高、秦桧、严嵩就是这种特质。适合经商、市场营销和行政管理等谋略性工作。

4. 洁洁然

洁洁然指文静貌。《广雅·释言》注解："洁，静也。"这类人文静少动，不善掩饰，为人处世如水之清澈。水型人中洁洁然者的主要特征是文静坦白，洁身不贪，即追求洁身自爱，不同流合污，与人相处和对待工作事业也是如此，然而，水至清则无鱼，过分地追求洁净则很难与人交往，洁洁然者适合办公文案、医生和人文等方面工作。

5. 安安然

安安然是指温和貌、徐缓貌，即气质安详平和。《尚书·尧典》云："钦明文思安安。"《诗经·大雅》云："执讯连连，攸馘（guó）安安。"水型人中安安然者突出特征就是气定神闲、泰然自若的特质，处事有准则，有宽容的大将风度，即使在困境中被桎梏也能宠辱不惊而泰然处之。安安然者适合企业中高层管理工作。

以上对《黄帝内经·阴阳二十五种人》篇的五类二十五种人的外貌、气质和心理特征作了简单的论述。作为中医经典理论的开山之作，其中更深层的智慧还有待于后人不断地挖掘。在两千多年前，中国古代的先哲们对于人的心理特征分析已经具有相当的高度和内涵，古人的智慧在今天如何才能被激活和更好地复兴与应用，是我们现代人应该尽心所为并利于后世子孙的事业，传播中医经典和弘扬中华传统文化，不仅是为了解决人类身心健康的问题，其中的思想和智慧也有助于当今企业管理水平的提升。

第五节　人力资源管理优化的经典用人之道

一、用人之道始于管理制度的科学性

管理者和人力资源部门为了提高工作效率和企业经济效益，通常颁布各种规章制度、考核方案以及名目繁多的奖惩条例。然而，管理制度越是完善的企业是否等于用人机制良好呢？制度能否为企业带来更高的效益呢？让我们回溯中国历史，越是法制和刑罚名目繁多的朝代，国家越是不太平，尤其是以各种酷刑作为惩治犯罪和治理天下的严厉法制却成为社会发展的羁绊。在众多依靠法制重刑治国的朝代中第一个当首推秦朝。秦朝以法家思想治国，结果却只有 15 年的国运。汉朝初期受黄老思想影响，主张法令以“德刑相济、简省刑罚、明法慎刑”为宗旨，汉朝中期颁布法制以儒家思想为主，把“天人合一、三纲五常、德主刑辅”作为法制实施的基本原则。此外，汉朝实行尊老恤幼、亲属相隐、贵族官僚有罪先请的法律条文，其中的儒家化思想在今天中国法制建设中仍然具有一定的参考借鉴意义。隋唐时期立法以礼法结合为主，立法尽可能宽严适中、简约明易，确保国家法律实施的稳定性与连续性，以“德礼为政教之本，刑罚为政教之用”作为立法执法的指导思想。唐太宗贞观之治时期，法不避权贵、黜陟不分亲疏，追求法律适用平等。五代十国的统治者抛弃了隋唐以来所主张的“宽严适中、简约明易”的立法原则，当时各方势力割据，长年混战导致“滥用重典、罚及无辜、草菅人命”的事情特别普遍，是封建社会法律进程的一种倒退。为了加强中央集权和皇帝的控制权，宋朝的法律制度从开始的“立法严厉，实施宽松”到“立法贵乎中”，而且还创造性地制定了商业立法和经济立法。元朝立法是蒙古法制与汉人法制融合的产物，但是，实行蒙汉异制，实行法律分而治之，蒙古族人有特权，汉族受到歧视和压迫。明太祖朱元璋推翻了元朝蒙古族人的统治，

对政权统治制度作了大量改革，废除宰相官职，政权划分为吏、户、礼、兵、刑、工六部，都由皇帝直接管辖，过分集权反倒束缚了朱元璋的手脚，明朝有大批治国安邦人才的优势没有得以充分发挥，以重典治国，虽然对于官员贪污执法最严，但是并未遏制官员腐败现象。清朝是中国封建社会最后一个王朝，大清法令制度也是最完善的朝代，仍然以严刑峻法维护满清王朝的高压统治，在某种程度上遏制了生产力发展和资本主义经济的萌生。

国家制定的法律条文不是越多越好，以重典酷刑治国并不能解决社会矛盾和使政权长治久安。孔子曰："道（dǎo）之以政，齐之以刑，民免而无耻；道之以德，齐之以礼，有耻且有格。"为了达到政通人和，完全用法律来治理天下百姓，以各种刑法来整顿他们，老百姓总能规避制度免于惩罚，老百姓会千方百计地逃避法律的制裁，长此以往，人们会变得没有廉耻之心；用道德引导百姓，用礼制去同化他们，百姓不仅会有羞耻之心，而且也能从心里归服国家统治。企业也是如此，企业制定管理制度再完美而缺少以德治企、以礼治企，制度不过是一纸空文。当今有这样三家知名公司可供借鉴：

甲公司，每天八点钟上班，实行打卡制，迟到或早退一分钟扣 50 元；统一穿着职业装，必须佩带胸卡；每年有组织地搞一次旅游、两次聚会、三次联欢、四次体育比赛，每位员工每年为公司提出 4 项合理化建议。

乙公司，每天九点钟上班，但不考勤。每人一间办公室，每间办公室可以根据个人的爱好进行布置；走廊的白墙上，信手涂鸦不会有人制止，饮料和水果免费敞开供应，上班时间可以去理发、游泳。

丙公司，上班时间想什么时候来就什么时候来，没有专门统一的工作制服，爱穿什么就穿什么，把自家的狗和孩子带到办公室也可以，上班时间去度假也不扣工资。

当看了这三家公司的管理模式和规章制度，你觉得哪一家公司更有发展前途呢？大多数人会认为甲公司管理正规，因为国内外大部分公司的管理模式就是这样的，现代企业制度和管理体制完善的公司将来才可能更有发展前景，其他两家公司似乎不像是正规企业，大部分人会心存疑虑。假设这三家公司都能兑现相同的员工薪资待遇时，相信大部分人更愿意选择到乙公司和丙公司工作，因为制度约束少，工作没有压力。有些人也许不太相信，在世界上真有乙公司和丙公司这样的管理模式吗？答案是肯定的，上述三家公司的管理模式确实是真实的案例，甲公司是中国广东金正电子有限公司，成立于 1997 年，是一家集科研、制造于一身多元化的高科技企业，于 2005 年因为管理不善破产倒闭。乙公司是美国微软公司，1975 年创建，是全球最大的软件公司，第一任总裁是世界首富比尔·盖茨。丙公司是谷歌（Google）公司，由斯坦福大学两名学生在 1998 年创建的，被称为最有发展前景的公司，据说公司上市以后股票市值一年就翻了3倍，甚至超过可口可乐公司。

三家公司发展前景各不相同，前途业绩最好的公司绝不是完全依赖规章制度，而是以企业文化与人性化的管理来经营企业，给予每位员工尽可能自由的空间和宽松的工作环境，员工潜在优势才会得以挖掘和激发，工作效率和创新能力不会因为制度宽松而下降，反倒能促进员工的积极性和工作热情，企业经济效益也在轻松愉悦的氛围中不断地增长。现代企业管理事务涉及生产加工、业务往来、人事安排、工资待遇、财务账目、市场营销等多方面，很多企业为了提高工作效率和追求经营利润，处心积虑制定出更多、更完善的管理制度，在此过程中发现这样一个现象，制度越多的企业不一定能做到尽善尽美，管理起来也越不轻松。如果高层管理者缺乏领导力和为人处事的艺术，不懂得管理应该以礼为先、以德为先，规章制度严谨的企业反倒彰显出更多的弊端，团队失和、人心涣散是常见的问题。作为企业领导者与其殚精竭虑将心思放在如何制定完善的企业管理制度上，不如走到基层，倾听员工的心声，结合企业实际状况，制定和实施人性化的管理方案。因此，推荐企业高层管理者不妨多读一读国学经典和学习中国传统文化，从历史经验中汲取一些有益于企业发展和提高管理能力的营养。

为了实现利润最大化和从管理制度中获取更高的经济效益，不少企业笃信只有制定科学的人力资源管理方案才能创造出更大的效益，为此，千方百计地在企业管理规章制度方面下功夫。然而，制度具有双重性，一方面是现代企业管理必要的手段，也是提高工作效率和人力资源管理优化的有力保障；另一方面由于制度的不合理与过分细致会导致员工的手脚被捆绑束缚。例如，有的企业为了提高生产率，实行计件工资或奖励考核员工，结果为了获取高薪酬，产品质量却下降，即使经过严格的检验程序，有些员工总能找到制度的漏洞加以规避。再如，中国高校、研究所和其他科研机构的高级人才以及员工的管理制度越来越倾向于细化，而且出台的政策年年都在变化，从薪酬奖励、职称评聘、人才引进、职工考勤和工作量考核等规章制度不断更新，大部分高校人力资源管理倾向于量化考核，像评估学术水平大多以发表的论文数量作为考核标准，结果为了追求论文数量，教师抄袭他人作品或发表粗制滥造论文等现象屡禁不止，尽管中国学术论文数量居世界第二位，但是高校和其他科研机构取得具有国际领先水平的研究成果却不多，不能不说与高校教师考核制度有关。为什么在20世纪60—70年代经济条件和物质条件都比较匮乏时，中国却出现了一大批卓越功勋的科学家，到了物质生活和经济条件优越的今天，高校和科研机构却很难出现世界大师级的学者，其中一个重要原因与我们的人才管理考核方式和软环境有很大关系，缺少了学术创造和发展宽松的环境平台。从自然界法则分析，家禽和畜类在散养环境里自然生长的品质要比圈养的高很多，在市场上也非常受欢迎。所以，太多的制度意味着更多的束缚和更沉重的枷锁，企业或者高校科研机构的人才应该被给予更多的宽松自由的工作条件，取缔不合理的量化考核。例如，改变各种严厉的惩罚制度为激励、奖励制度，将众多的考核规则改变为更宽泛自由的激励机制。当然这并不意味着取消制度，有些制度不仅要细化，还要严格执行到位，例如，生产安全、防火制度、财务制度等。只有让规章制度成为推动力和人才成长的给养时，让人才从花费精力应付严格的考核制度中解放出来，将更多精力集中在理论研究和技术创新当中去，相信不久的将来，我们中国的企业和科研机构一定会取得更多的创新性成果。以下是一则关于埃及金字塔究竟是谁建造的考证典故，读过之后也许能从中有所感悟。

长期以来，埃及金字塔被认为是由30万奴隶所建造的，著名古希腊历史学家希罗多德在其著作《历史》中也是这样记载的。在2003年，埃及最高文物委员会对外宣布：通过对吉萨附近六百处墓葬的挖掘考证，金字塔是由当地具有自由身份的农民和手工业者建造的。

第一个提出这种说法的人是距今400多年前的一位钟表匠——塔·布克，他认为：金字塔的建造者绝不会是奴隶，应该是一批快乐的自由人。为何400多年前一位著名钟表匠就敢断言金字塔不是奴隶所建造的呢？后来经过调查，塔·布克是从钟表制造经验中推断出这个结论的。塔·布克原来是一名法国天主教信徒，1536年因反对罗马教廷的刻板教条被捕入狱。由于他是一位有名的钟表制作大师，所以他在监狱期间被安排制作钟表。作为囚犯被关押在那个失去自由的监狱里，塔·布克发现无论监狱方使用什么高压手段和同样的加工设备都不能使他制作出日误差低于1/10秒的钟表，而入狱前他在自己的作坊里能轻松制造出误差低于1/100秒的钟表。为什么会有这样的情况呢？起初，布克把它归结为监狱里制造的环境差造成的，后来他越狱逃往瑞士日内瓦，才发现真正影响钟表制造精度的不是监狱的生活环境，而是制作钟表时的情绪和心态。他认为金字塔的建设者之所以是自由身份人的推论，是基于他对钟表制作的那种认识，在监视状态下，钟表匠以愤懑不满的情绪要想圆满地完成制作钟表的1200道工序，磨锉出一块钟表所需要的254个零件，比登天还难。金字塔这么大的工程，建造得那么精细完美，各个环节被衔接得那么天衣无缝，建造者必定是一批怀有虔诚之心和心情非常放松的自由人。难以想象，如果一群有懈怠行为和对抗思想的奴隶，怎么能让金字塔巨石之间缝隙连一根刀片都插不进去。

塔·布克是瑞士钟表业的奠基人和开创者，瑞士钟表至今闻名于世，是因为到现在仍然保持着塔·布克的制表理念，不与那些强制工人工作或克扣工人工资的外国企业联合，他们认为那样的企业永远也造不出瑞士表。在过分严格监管的地方很难创造出优秀的东西，因为，人的能力只有在身心和谐和快乐的情况下才能发挥出最佳水平。

二、从中国历史中汲取企业用人之道

企业识人知人不易，合理地用人留人更是不易。发挥人才优势，做到人尽其才是企业所期待的。如何知人善任和避免人才流失是企业人力资源优化必须考虑的问题，也是企业稳定发展所必需的重要环节。在人才的选用和岗位优化上，欧美企业的管理者要耗费大量时间和精力，特别对中高层的管理人才和技术人才的任用要花费将近一半的工作时间。那么，从中国历代王朝的兴衰规律看，人才任用是决定性因素。周文王亲自到渭水河边请姜子牙出山拜为周朝的太师和最高军事统帅，一举歼灭纣王，姜子牙前后辅佐了六位周朝君主，为周朝中兴与强大做出了丰功伟绩。三国时期，刘备用人不求多而在于精，其为人忠厚仁义，与关羽、张飞桃园三结义。同时又三顾茅庐请诸葛亮出山辅佐蜀国大业。曹操手下精兵良将众多，最懂得唯才是举和知人善用之道，其手下著名武将有曹仁、张郃、张辽，文官有谋士荀彧和郭嘉首席参谋长，曹操认为："天地间，人为贵，为国失贤则亡"，并且提出了"明扬仄陋、唯才是举"的用人主张。唐太宗李世民文武全才，胸襟博大，广纳各路英雄，他提出："为人君者，驱驾英材，推心待士"，以此缔造了中国历史上著名的贞观之治。唐太宗为了感恩和怀念当初一同打天下的诸位功臣，下旨命阎立本在凌烟阁内绘制了24位功臣的画像，包括各路文武英雄，即《二十四功臣图》，画像比例与真人大小一致，所有画像面北而立，唐太宗不忘旧情，时常前往凌烟阁念旧。因此，感召的名臣如云，像亲眷房玄龄、杜如晦、长孙无忌，降唐大将尉迟敬德、秦琼、程咬金等，魏徵曾经在太子李建成手下做事，李世民非常欣赏他的才华和为人忠直，委任他做了御前谏议大夫，让他专门给自己提意见，唐太宗是中国历史上为数不多任贤为用的君主，成为最受后人推崇的有道明君。清朝早期康熙大帝深谙用人之道不易，除掉鳌拜以后，改变了重满轻汉的传统，任用才德双全的汉人，在用人方面堪称千古一帝。晚清中兴四大名臣之一的曾国藩说："今日所当讲求者，惟用人一端耳!"古往今来，得人者得天下，无论治国安邦，还是经营企业均应以此为首要，概莫能外。然而，历史上也有一些帝王玩弄权术，用人心机狡诈，有术却无道，千秋大业未成就之前礼贤下士，一旦稳居皇位，那些曾经为其出生入死的英雄或贬职、或拂袖而去，甚至被以欲加之罪何患无辞下狱杀头者大有人在，历史上很多良臣勇将为了免遭"鸟尽弓藏，兔死狗烹"之祸，脱去征衣官服退隐江湖，乐得做个平民。

春秋时期，越王勾践被吴王释放回国以后，历经十年卧薪藏胆，在范蠡

和文仲辅佐下，越国终于打败了吴国。越国能灭掉吴国，与这两位良臣的功劳分不开，勾践稳坐王位之后，要封范蠡为上将军，文仲为丞相，范蠡却非常明智地放弃封赏，请辞不作便隐居在齐国。范蠡离开以前曾经劝说文仲也赶紧离开，勾践心胸狭窄，只可与他共患难，不能同他共富贵，并直言告诉文仲："飞鸟尽，良弓藏，狡兔死，走狗烹。"但是文仲不相信勾践会陷害自己，坚持留了下来。果然在文仲当丞相不久，勾践给他送来当年夫差叫伍子胥自杀时用的那把剑，同时送给他一句话："先生教给寡人七种灭吴的办法，寡人只用三种就把吴国给灭了，还剩下四种没用，就请先生带给先王吧。"文仲后悔当初没听范蠡的劝说，无奈只好举剑自杀了。

宋太祖赵匡胤登基即位不久，为了实行中央集权制和防止别的将领篡权夺位，就开始设法解除拥护他发动"陈桥兵变"黄袍加身做皇帝时那些将领们的兵权。有一次他专门设宴邀请高级将领石守信、高怀德、王审椅、张令铎、赵彦徽等，推杯换盏酒酣之际，赵匡胤说："我能登上皇帝宝座全靠诸位将军，但朕天天晚上难以入眠。"在座的将领们忙问其故，赵匡胤答道："诸位将军对我忠心耿耿，我担忧你们的部下有贪图富贵之人，有朝一日重演陈桥兵变为你们黄袍加身，我这皇帝位置岂不是也得让位了吗。"石守信等人此时才明白宋太祖是委婉劝导他们交出兵权，第二天众人上朝便纷纷告病上书请辞军中职务，太祖欣然同意，解除了他们的兵权。

明朝朱元璋登基做了皇帝为长保朱家的江山社稷永不衰落，曾经以重典治人，虽然"炮打功臣楼"没有历史根据，是满清政府为了污蔑朱元璋而捏造的谎言和评书演义中编造的故事情节，但是朱元璋杀戮了一大批功臣却有事实。明朝还成立锦衣卫专门监视大臣们的举动，制造了多起骇人听闻的冤案惨案。明成祖夺权以后重用宦官成立了东厂，明朝的东厂类似国民党时期中统和军统特务机构，专门刺探大臣和百姓是否有谋反的言行，刑罚也极其残酷。到了明朝中期宦官的权力远远超出朝廷大臣们的权力，其中以明武宗时期的刘谨和明熹宗时期的魏忠贤为最甚。明神宗为了改变当时朝廷混乱局面，任命张居正为首辅大臣进行一系列的整顿治理，张居正是当时明朝最有才能和远见卓识的人，他在经济、政治等方面做了很多改革，为了促进农业发展，重新丈量土地和兴修黄河水利，推行"一条鞭法"，减轻了农民负担，使生产逐步稳定下来，明朝进入了自明英宗主政以来又一个新的繁荣时期。然而明神宗登基即位以后，刚有一些转机的明朝又开始走向衰败，尤其一代名相张居正的病故更是雪上加霜，使得明朝政权统治混乱不堪。此外，明朝众多名臣阁老最后能告老还乡得以善终者不多，像首席阁老张居正死后被万历皇帝抄没了家产，家族被削尽所有功名，以罪状昭示天下，其长子被迫自尽，家属饿死的饿死，流放的流放，张居正死后也险遭鞭尸。明朝末代皇帝崇祯即位，此时政权已经是岌岌可危。公元1664年，李自成率领起义的农民军队攻入北京，崇祯皇帝在煤山上吊身亡，明朝至此宣告灭亡。明朝灭亡大部分原因是明太祖之后的这些皇帝昏庸无能，不懂得如何重用人才，明朝皇帝手下的阁老大臣们确实出类拔萃者众多，为了大明江山敢于以死直谏者大有人在，明朝历史上李善长、方孝孺、胡惟庸、徐阶、张居正、高拱、戚继光、郑成功、于谦、海瑞等无不是名垂青史的贤臣良将，要是没有这些强大的人才班底，明朝恐怕早就毁灭多次了。

历史上“鸟尽弓藏，兔死狗烹”的帝王用人案例不在少数，这些君主用人模式暴露了其小农思想，绝不是治国安邦的有道明君。即使在当时忠君思想严重的封建社会，不仅为诸多古圣先贤们所不齿，就连普通乡野村夫也对此不屑一顾，被委以重任的群臣们深感自己命运岌岌可危，伴君如伴虎，试想这样的用人模式怎么可能凝聚人心，更不用说达到“周公吐哺，天下归心”的至高境界了。所以，作为开明有高度、有格局的企业家应该从历朝历代的帝王用人之道中有所借鉴和感悟，现代企业管理体制和人力资源管理方案仅靠严格的规章制度和惩罚措施是很难做到知人善任的，用人有道不仅需要物质激励，更需要高超的用人艺术和情商。韩愈曾经在《马说》一文中说：“千里马常有，而伯乐不常有。故虽有名马，祇辱于奴隶人之手，骈死于槽枥之间，不以千里称也。”痛斥当时昏庸无能的统治者不懂识人用人之道、摧残和埋没了很多人才，也提出了人才之所以不能发挥其才华的原因：“虽有千里之能，食不饱，力不足，才美不外见，且欲与常马等不可得，安求其能千里也。策之不以其道，食之不能尽其材，鸣之而不能通其意，执策而临之。”有千里马只知道扬鞭策马，不懂得育养之道，用之也很难发挥其最大的能量和才华。企业领导者不仅是管理高手，更要做善于知人、识人和用人的伯乐，用人有道者天下处处皆有可用的千里马，用人无道者叹天下无可用之人。以古知今，企业知人善任和领悟用人之道也应如是如是。

1. 礼贤下士从尊重和礼遇员工开始

《墨子·亲士》云：“入国而不存其士，则亡国矣。见贤而不急，则缓其君矣。非贤无急，非士无与虑国。缓贤忘士，而能以其国存者，未曾有也。”礼贤下士是用人之道的首要，古代“士”包含多种含义，“士”在《说文解字》中注解是：“士，事也。”“士”也为会意字，本义为有能力的人，从字形结构看，有“从一而十”的意思，指一个人做事情能从开始到最后善始善终。“士”在上古时代为掌刑狱之官，春秋时期指贵族阶层的家臣，到了战国指不能独立创造财富有特殊才能人的统称，主要为统治阶层服务，分为著书立说的学士、为知己者死的勇士和为人出谋划策的策士等。古代帝王和大臣身边的武士们身怀绝技，既可以保护主人，当然也能背信弃义离开或者杀死主人。

所以，古代武士为了表示对主人的忠义，要发誓以生命来护卫主人，这也是“士为知己者死”的由来。现代企业像古人那样求贤若渴、礼贤下士的情况已经不多见，年轻一代向往安逸的生活和薪资待遇高的工作而频繁跳槽，能以“士为知己者死”精神工作的人不多见了，而且与古代忠心不二的“士”相比不免要逊色许多。现代社会人才频繁流动或者其他员工经常发生岗位更换的情况将不利于企业稳定发展，尊重人才、尊重知识，即使是一名看门的临时工都应该得到足够的礼遇，企业将其作为信守奉行的用人“价值观”，代表着企业领导者的一种胸怀。不少企业为了寻求利益最大化，淡化了对人才应有的尊重，这与市场经济体制下哑铃型管理模式（重点投入技术研发和市场营销，减少生产加工环节投入的精力）是不相符合的。曹操在《短歌行》诗中写道：“山不厌高，海不厌深，周公吐哺，天下归心”，诗歌表达了他求贤若渴的愿望和心情。“周公吐哺，天下归心”是《史记》记载周公辅佐成王招贤纳士的典故，周公曾经“一沐三握发，一饭三吐哺，起以待士，犹恐失天下之士也”。一次沐浴洗头发，要多次停下来用手握住头发，吃一顿饭也要多次停下来吐出正在咀嚼的食物，赶紧起身接待来访的贤士，怕怠慢了天下贤人。现在每年毕业的大学生和硕士博士研究生众多，有的企业还是抱怨招不到合适的人才，这件事值得企业领导者深刻地思考反省，多读中国古代经典便能从中找到方法。《资治通鉴》云：“何世无才，患人不能识之耳。”哪个时代没有人才？就怕没有识人的眼光和用人的能力。“待士不敬，举士不信，则善士不往焉。”对贤能之士不尊重、不重视，人才怎么会来呢？有的企业家自以为经济实力雄厚，把人才当做赚钱工具，以利欲熏心的眼光藐视手下的人才和员工，自以为人才走了无所谓，还会有更多的后来者应聘，根据全息理论可知，每一位员工包含并反映了企业的全部，有的人才一旦离开，不仅是一个人的离开，而是带走了企业的大部分甚至是全部。例如，蒙牛集团创始人牛根生 1999 年从伊利集团离开以后，创立了蒙牛乳业，用了短短 8 年时间使蒙牛集团成为全球液态奶和中国乳业冠军。所以，企业领导者应该放下高傲的态度，无论哪一层次人才都有其存在价值，他们所掌握的专业特长并非是谁都能企及的，哪怕一名企业里的保洁员也要给她以足够的尊重和礼遇，尊重和礼遇并不一定是使用金钱与物质，有时只不过一句由衷赞美的话或者温和的态度。

韩国某知名公司的办公大楼有一天突然发生了火灾事故，刹那间火焰蔓延开来，楼内到处是浓烟，办公室内的职员打过火警电话以后纷纷逃离办公大楼，在楼前广场等待消防人员施救。就在这紧要关头和危险时刻，一名保洁员却奋不顾身在楼内救火，使火势得到了控制，等到消防车到达时，很快就扑灭了楼内的火灾，公司财物损失并不严重，这位保洁员由于救火受了伤，被送到医院治疗。

公司总裁知道此事以后，带着一大笔奖金亲自来到医院慰问这位非常普通的保洁员，并有些不解地问她："救火并不是你的责任和义务，你原本也可以像其他人一样等待消防车，为什么要冒着生命危险救火呢？"这位保洁员神情郑重地说："是您总经理阁下促使我这样做的，作为一名保洁员，每天早晨我清理卫生时，没有谁会在意我的工作，当您上班走进办公楼内，总会微笑着对我说'你把卫生清扫得真干净，谢谢你！'这句话让我感觉到了这份保洁工作的价值，公司就像我的家一样，我要好好爱护她！"

无论是高层管理者、技术人才，还是普通一线工人或者其他员工同样都是企业宝贵的人才，没有尽心尽力工作的员工，企业很难经营下去，对人才懂得博爱、尊重和礼遇是企业家在识人用人上应该具备的品德和素养。礼贤下士在现代企业仍然需要发扬光大，虽然不必像刘备那样三顾茅庐，不一定像战国燕昭王建造黄金台招纳贤士，也不必教条地学习周文王请姜子牙出山亲自拉辇车，但是对待员工应该以诚敬为先，没有员工的支撑，怎么可能有企业？有时不经意间一句温馨的话语、轻轻的问候、发自内心的关怀或者一件小礼物都是礼贤下士的一种方式，礼不仅是给予人足够的礼遇，更重要的是对人发自内心的真诚相处，五行理论认为礼者志于心，真诚心必然迸发出真感情，用真感情才会谱写出天下好文章，好文章也一定能至诚感通，吸纳天下贤士辅佐。

2. 疑人勿用，用人勿疑

宋代欧阳修主张："任人之道，要在不疑。宁可艰于择人，不可轻任而不信。夫用人之术，任之必专，信之必笃。然后能尽其材而可共成事。""用人不疑，疑人不用"被作为企事业单位和政府机关用人的至理名言，但是真正做到这一点并不容易。有谁能做到对人才的任用从一而终并保持"人生只若初相见"的初始心呢？不为外界各种负面因素所干扰，保持着最初礼贤下士的那份热情和期盼，在当今时代为数不多。企业用人之道建立在心清自明的基础上，如果确定是企业需要的人才类型以后，要将信任放在首位，这是"用人不疑，疑人不用"的根本。中国古代封建王朝能像唐太宗那样唯才是举、任人以道的帝王不多见，由于开国皇帝们疑虑重重，总是担心其他有功之臣将自己出生入死得来的江山夺走，以至于"鸟尽弓藏，兔死狗烹"成为开国皇帝的历史必然规律。越王勾践诛杀文仲；萧何雪夜月下追韩信，而韩信最后又被诛杀；吴王夫差听信他人挑拨离间杀了伍子胥；明朝农民皇帝朱元璋做"过河拆桥"的事情空前绝后。现代有些企业领导者不懂用人之道，总用怀疑的眼光看待手下员工。某民办艺术学院由于制定的用人体制不合理，人才频繁地进进出出，教师队伍非常不稳定，直接影响了招生数量，原来学院规定凡是负责到外地招生的老师，为了防止老师以去外地出差为名到其他城市办自己私事，要求负责招生老师必须用当地座机给主管领导打电话，核实是否属实。这样的制度令人无奈而心生烦恼，在领导实时监督和质疑下开展工作，其工作效率会怎么样便可想而知了。还有大部分企业在生产车间、办公室和室外各处都安装监控摄像头，员工的一举一动尽收眼底，在 20 世纪 80 年代时期的企业没有安装这些摄像头时，员工对工作的敬业程度不比现在差，如果有一天企业安装的摄像头全部取消，员工还能自觉自悟兢兢业业工作，这是真正地懂得用人之道的成功企业。所以，作为企业领导者有必要从封建帝王用人的艺术和历史经验中总结人力资源管理方案，提升用人的智慧，这也是企业经营管理的重点内容之一。

心生疑虑通常源于三个方面：一是对人和事情真相不清楚而心里产生疑惑；二是由于自我矛盾对任用人才的确定性发生了动摇；三是受到个人的思维习惯、心态情绪、他人意见以及各种外界因素干扰，对人和事物的判断出现了偏差和错误认知。人的疑惑和错误认知大部分来自于不了解、不清楚和错觉，其中主观因素占了绝大部分。做到“用人勿疑”，首先，要避免偏听偏信的“耳听为虚”。其次，不要深信“眼见为实”的主观性判断，有时眼睛见到的不一定都是真实的，也许一些人对这样说法表示怀疑，亲眼所见怎么可能是假的呢？但很多事实证明的确就是这样的，当我们与人或者客观事物接触时，难免受到各种主观和客观因素干扰，眼耳鼻舌身意等形成的感觉有可能是与实际相差甚远的错觉。在此，作一个心理测试，请观察下面这张比较复杂的几何图形，眼睛盯着图片并让目光分别移动扫描每一个螺旋图形，发现原本静止图案竟然旋转起来了，其实是眼睛的错觉欺骗了我们（见图 5.1）。

图 5.1　视觉晕轮效应螺旋图形

再仔细观察下面第二幅图形，回答图中线段是曲线还是直线？相信绝大多数人看过之后，都会凭视觉直观回答它们是曲线（见图 5.2）。然而，事实却并不是眼睛看到的样子，所有的线段全部为直线，这一次又是眼睛欺骗了你，因为图中背景色和线段上杂色干扰了我们的视觉。如果你不相信这个结

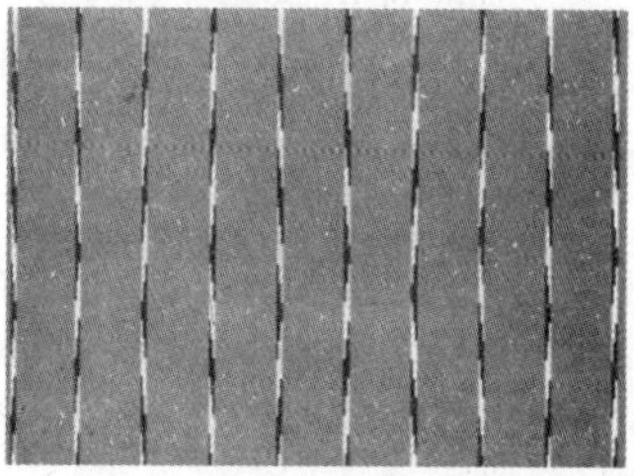

图 5.2　视觉晕轮效应直线图形

论，使用一把直尺仔细测量图中任何一条线段，结果一定是毫无疑问的，它们全部为直线。

最后仔细观察以下三幅几何图形，判断左侧图形水平线与垂直线长度是否相等？凭眼睛直觉垂直线应该比水平线长；再判断右侧图形中的上下两条直线段长度是否相等？也许你认为上方线段比下方线段长，然而这四条线段的实际长度是完全相等的。被观察对象所处的位置、附加线段和不同视角等各种因素导致了其真实形态被干扰，而使得观察者产生了错觉（见图 5.3）。

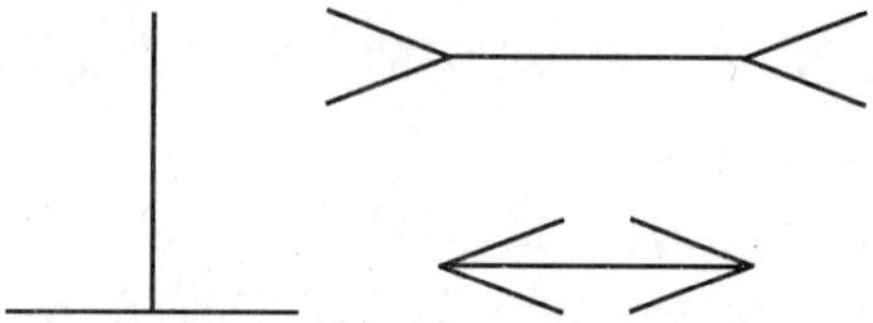

图 5.3　视觉晕轮效应几何图形

以上这三张图片都是由于视觉的晕轮效应或者受到诸多干扰因素的影响产生了错觉。在日常工作生活中，我们观察人和事物同样存在着这种类似的错觉，经常被各种虚妄的景象所迷惑。《金刚经》云：“一切有为法，如梦幻泡影。如露亦如电，应作如是观。”我们的眼睛、耳朵、鼻子、舌头、身体和意识所感觉的都不一定是真相，由于来自主观和客观的多个干扰因素导致了错觉。心理学研究证明，一个人对他人产生怀疑或者偏见，常常会得到自动验证，这种自动验证大多数是来自于外界负面因素、习惯性思维的影响而逐渐形成的心理定势，就像疑邻盗斧的典故，由于心理负面作用怎么看邻居都像盗贼。比如，企业领导道听途说某部门经理要跳槽，开始心存怀疑注意他的一言一行，一个人难免会在工作中有一些反常的行为和语言，该领导因此有了戒心，他的心理变化难免将情绪流露给对方，使得这位部门经理也时刻提防，互相反馈一些负面因素导致所怀疑的信息被自己认为是正确的，形成双方心理相互的循环认证，主观疑惑心理形成的晕轮效应就像上述图片一样，诸多干扰因素造成了对事物的错误判读。面对这样情形有什么好方法化解呢？一是，让自己心地清净下来，静能生慧，慧眼由心生，独具慧眼者才能识人知人，方能做到“疑人勿用，用人勿疑”；二是，亲自调查事实真相获取第一手信息，没有调查就没有发言权；三是，企业在用人方面当以信任为先，对其职责范围和专业领域，要充分地为人才发挥聪明才智提供相对宽广自由的空间，如果抱着怀疑一切的心理，对任何人都不放心，恐怕只有自己亲力亲为了，没有信任终究走不远。此外，“用人勿疑”并不是没有任何限制的纵容和为所欲为，凡事都不是绝对教条，而是相对有一个度，否则就变成了无所约束的放任自流。“用人勿疑”要从以下几个方面修正自己：

第一，改变多思多虑的心态。一个人对外界人和事的多疑也都是源自内心念头的起伏波动。例如，抑郁质性格的人通常忧思多虑，心念波动很难做到精力集中。所以，当人处于心静如水的状态时，才能做出正确的决定，而且一旦确定也不会轻易改变，知人善任和用人勿疑需要具备这样的心理素质。

第二，放下自以为是的主观判断。人具有多面性，就像第二张图中的线段，由于存在某些阴暗面，直线看起来变成了曲线，一般人很难分辨清楚，这就需要多次、多方位地探究和实际考察勘测。

第三，兼听则明，偏听则暗。群众的眼睛是雪亮的，对于人才任用之前需要多听取大众的意见，多了解周围人的评价，再综合自己的见解做出科学合理判断，最后才能放手委以重任。

第四，对于新引进人才的任用，需要有一个相互磨合圆融的过程，此时需要“疑”，这个“疑”是深思熟虑和认真考察的过程，重点思考如何激活人才所具有的优势，为其提供合适的工作环境和条件，这也是对“疑人勿用，用人勿疑”的延展放大。

第五，用人要以人品和德行为重。孔子曰：“其为人也孝悌而好犯上者，鲜矣。不好犯上而好作乱者，未之有也。君子务本，本立而道生。孝悌也者，其为仁之本与?”对于品德高尚，以孝悌忠义为本的君子型人才，当然毋庸置疑地委以重任，不仅如此，还要给予更宽泛的发展空间和优厚的待遇。

3. 企业用人还要育人

“十年树木，百年树人”的人才教育目标同样适用于企业，企业百年发展大计在于人才的培养，除了知人善任外，还在于养人育人，企业家还应该有做教育家的梦想和抱负。《孟子·尽心上》曰：“得天下英才而教育之。”企业对新人经过选拔、培养再加以重用，第一阶段让人材成为人才，对于刚从学校毕业的新员工，他们掌握的知识和专业技能与企业实际要求还有相当大的差距，需要经过岗前培训和生产实践，逐渐使这个差距缩小，激活学校里的书本知识并转化为生产力。第二阶段让人才创造人财，即为企业开始创造财富。每位员工经过企业培训和实际历练以后都有其各自的优势、突出的特长和不同的专业背景，这就需要为人才进行定岗，并给予宽松的工作环境和合理的福利待遇，激发他们的专业特长为企业发展注入能量。第三阶段是人才深造，培育精英型人才。精英型人才不仅是指专业技术和领导管理能力的提升，更重要的是智慧和德行的增长。

当前有一些企业领导者目光短浅、急功近利，为了降低人力资源成本，希望招聘到即刻上岗可用的技能型人才或者能为企业直接创造更大利润的精英型人才，往往忽略了第一阶段人才培养的投入。企业应该建立用人育人的培养机制，不仅要定期开展全体员工的培训，还要对关键岗位的人才提供深造学习的机会。企业的财富和利润从布施中来，企业每年拿出一定比例的利润投资到员工培训便是布施，布施不仅能增长员工技能和智慧，更重要的是能开启员工的智慧，改变思维方式和心态，从而提升工作效率和创造出更大的财富。关于布施与财富的因果关系在后文还要详细论述。欧美、韩国和日本大中型企业每年都投入巨额经费用于人才培训，在这些企业的培训过程中，不少人才成为技术精英、中高层管理者和企业总裁。有的企业担心投入这么多经费培养的人才跳槽到其他企业，岂不是为人做嫁衣的亏本行为吗？有此想法的企业只能说格局不大，如果出现这种情况，首先，要做到“行有不得，反求诸己”，反思自身在人才任用、工作环境、薪酬待遇等方面是否存在问题。其次，跳槽转向其他企业的人才，无论普通人才还是精英型人才就像“楚王失弓”的典故一样，人才如宝弓本无得失。当企业培养多年的人才能成为其他国际知名公司的高层管理者，不也是一种值得自豪骄傲的事情吗？如果从自己企业走出去的人才，大部分都能成为世界500强企业的总裁或者独立创办公司经营实体，这样的企业不言而喻便成为精英人才的摇篮，又何乐而不为呢？企业在社会中良好的形象与魅力自然会树立起来。

4. 有效人才激励方式

常言道：“一石激起千层浪。”“激”在《说文解字》中注解：“激，水碍衺疾波也。”本义是“水势受阻遏后腾涌飞溅”，但激励不是鼓动人心的口号，除了企业团队需要激励外，还有对员工个人的激励，激励的方式应该因人而异，激励不在于形式，可以将物质激励和精神激励相融合，最重要的是以真感情走入员工心里，激励也是在激活人内在的灵感、智慧和对工作的热情，有时需要于无声处听惊雷的气势磅礴，有时需要潜移默化蒙熏，有时也需要当头棒喝的破迷开悟。总之，激励的作用不是短暂的兴奋剂，而是内化于每个人心里的正能量。激励并不需要殚精竭虑地制定各种所谓固定死板的激励机制，也不必将激励全部变成制度化，完全依靠规则的激励只是手段。因为一切法均无定法，如果将员工看做“我即是你，你即是我”，激励之法自然由心而生。激励是一门艺术，无需轰轰烈烈的形式，有时不过是举手之劳和生活工作中的只言片语。当你送给拾荒者一个废弃的饮料瓶时，他会回报一声谢谢；当你送给饱受饥饿之苦的流浪汉一块面包和一杯热水时，他会报以感激的微笑；在过去灾荒年月里，施给背井离乡的乞讨者一碗饭菜或者一点粮食，对方都会从心底对你感激不尽。如果将同样这些东西送给地位显赫的人，恐怕遭致横眉冷对的白眼，即使拿出价值连城的名贵礼品，也不一定心存感激。企业构建激励机制也是同样道理，财物名利只能作为辅助手段，激励的首要是入心，而不是刺激人对财物和名利的欲望。单纯依靠财物作为激励手段，有的人当下可能热血沸腾，随着时间推移，热情总有淡化和消退的时候。与中高层人才相比，普通员工更容易满足来自于领导的激励和鼓励，有时一句暖心的话语、一点小礼物只要入心都可能成为有效的激励方法，甚至能改变人一生的命运。构建激励机制还要善于因时因地、因人因事，激励的根本在于心，即“打开心门，言语知心，激励入心”，激励入心可以突破障碍，激活的是内心本有的智慧之光。且看下面一则典故：

一位可怜的独臂乞丐来到一座寺院向住持师父讨要些钱财，师父对乞丐说：“要钱可以，但你得付出劳动，你帮我把门前这些砖搬到大殿后面去吧！”徒弟不解地问：“师父这些砖不需要搬走啊。”

乞丐也有些生气地说：“我只有一只手，你叫我怎么搬砖啊？不愿给就算了，何必捉弄我这个残疾人呢？”师父并不回答，俯身用一只手搬起砖来到大殿后面，微笑着说：“你看我用一只手不也干活了吗，并非要两只手啊，我能干，相信你也能干。”

乞丐低头想了想，用一只手开始搬砖，他整整搬了一下午才把砖搬完，累得满脸都是汗水。师父递过一杯水和一条白毛巾，乞丐接了过来擦了擦汗，一边喝水一边感激地说：“师父，谢谢您！”师父说：“这是你自己凭力气挣的工钱，不用谢。”乞丐说：“师父，今天才发现我不是残疾人，是一个能自食其力之人，这条毛巾也送给我作个纪念吧！”说完他深深地鞠躬就离开了寺院，除了这条毛巾外，乞丐没有要一分工钱，因为今天他得到了远比工钱更重要的东西。

几年以后，在这座寺院门前停下一辆豪车，从车里面走出来一位西装革履、气度不凡的成功人士，唯一令人瞩目的是，他只有一只胳膊，另一条衣袖空空荡荡的。走进寺院拜见了当年让他一只手搬砖的师父说：“如果没有您，我还是一个乞丐，是您改变了我的人生，现在我已经创立了一家房地产公司，今天特意来拜见并感谢师父。”

天地生养万物，必然有它的用途，某些看起来不起眼的东西也许被人认为无所用处而抛弃一边；有的人虽然天资比较愚鲁，似乎成不了大事，不为人们所重视。老子说得好：“无用之用，实乃大用”，即使一粒沙子也有其大用之处，只是没有适当的机缘和环境发挥其作用，一粒沙子放入河蚌，也可能会生成珍珠。《雷锋日记》中有这样一段话：“如果你是一滴水，你是否滋润了一寸土地？如果你是一线阳光，你是否照亮了一分黑暗？如果你是一颗粮食，你是否哺育了有用的生命？如果你是一颗最小的螺丝钉，你是否永远坚守在你生活的岗位上？”[①] 同样道理，天生我材必有用，人没有高低贵贱、聪明愚钝之分，任何人都有其长处，即使是一位身体残疾人同样有很多蓄藏的优势，关键在于怎样将他们的长处激发出来，真正的激励机制在于入心，入心的激励才能推动人材—人才—人财的转化。

三、和光同尘：知人善任的完美境界

当我们观察周围事物或者与其他人交往时，并非由于眼睛善于挑剔，而是思维习惯决定了一个人最先关注的是缺点或者突出闪光点，通常由于先入为主而最先关注缺点，却忽略了其他大部分的平常区域和优势所在。你的思维方式客观全面吗？可以做个小测试，请快速观察下面图片，在掀开纸张上面第一眼最先看到的是什么（见图 5.4）？

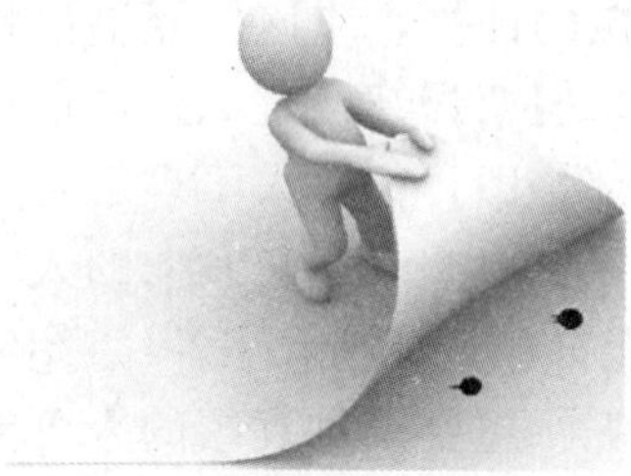

图 5.4 思维习惯和心理定势图

相信几乎所有人都会回答纸上有两个黑点，答案没有任何错误，而且大多数人也会认为这是唯一正确的答案。通过这个小测试是为了说明人的思维习惯和心理定势，纸张上黑点好比我们自身存在的某些不足或者缺点。同样当我们看到闪光点时，会由于光晕效应遮盖了其他方面的不足，甚至某些致命的缺陷也被忽视。因此，企业招聘人才时既不能只盯着缺点，求全责备则天下无可用之人。当然也不能因为学历、才华和名气的光环一俊遮百丑，却忽视了人的道德修养。所以，识人用人应该以客观全面的思维方式做出正确的评价，才能为企业招贤纳士。企业识人用人要改变常规的思维习惯，发挥和激活人才的专业优势，这并不是让企业走向极端，只关注人才的优势或者掩盖或忽略缺点，而是要对其做全面客观的评测。古代帝王推崇儒家“仁者爱人”的思想施行仁政，企业用人要懂得儒家的仁爱之道，还要参悟道家的无为法，绝对以制度用人，人才要么被束缚手脚，要么很难全身心投入工作。

---

① 战春光编：《雷锋日记摘抄》，沈阳出版社 1990 年版，第 3 页。

1. 企业选人用人的第一层次："容人所短，用人所长"

常言说："金无足赤，人无完人"，追求完美的本身就是不完美。太阳光芒万丈，万物生长靠的是阳光普照，没有太阳的光辉，地球也就该走向末日了。然而太阳表面同样有黑子，太阳黑子活动周期对地球的磁场、气候和人类的生产生活等都会产生巨大的影响，但人类从来没有因为黑子存在而放弃阳光，宇宙万物本不全，何况我们人呢！企业用人过分挑剔便无可用之人，企业的千秋宏伟大业并不是领导者可以独立成就的，能否成功取决于跟随其后有多少人才以及什么样素质的员工共事，一个人的格局大小和包容度决定了吸纳人才的数量和质量。三国时期曹操手下人才最多，这是刘备孙权所没有的，原因是什么？曹操被称为"乱世之奸雄，治世之能臣"，在《三国演义》中留给人们的印象是阴险奸诈，其实历史上真实的曹操文武双全，特别是在用人方面有容人之量，最大特点是能"容人所短，既往不咎"。曹操在官渡之战后大败袁绍，缴获了袁绍大量的图书资料和往来的书信，发现其中有自己手下很多人写给袁绍的信，内容不乏有想投靠归降的意思，按照一般人的反应，这些都是通敌背叛的证据，应该按照书信将那些有二心不忠诚的部下查出来，然后一一治罪，但曹操却没这么做，信里的内容看都不看，召集所有人，当场下令信件全部烧毁，很多人不理解曹操这么做的意图，为什么把如此重要的证据都销毁了？那些有通敌倾向的人岂不是军中隐患，曹操却说："当绍之强，孤亦不能自保，况他人乎？"袁绍实力强大，我心里都没有把握保全自己，何况大家呢？想要投靠袁绍的人可能不止一两个，几十个人都要治罪吗？曹操当着所有人的面把这些信件全部烧毁，就是让大家放心跟着曹操继续干事，谁能不犯错误。

2. 企业选人用人的第二层次："和其光，同其尘"

《道德经》云："道冲而用之，或不盈。渊兮似万物之宗。挫其锐，解其纷，和其光，同其尘，湛兮似或存。"老子主张的"和其光，同其尘"是对用人之道做出了最好的诠释，然而历代学者对"和其光，同其尘"的意思众说纷纭，不少人存在着主观臆断和曲解错误。王弼解释为："无所特显，则物无所偏争也；无所特贱，则物无所偏耻也。"意思是没有特别推崇的，万物的竞争就可以避免偏向；没有特别轻贱的，对于物的厌弃就可以避免偏向。从王弼的注解出发，后人进一步引申出"与世浮沉，随波逐流而不立异"的意思，这个解释不免消极流于世俗了。南怀瑾先生在《老子他说》中解释："如此存养纯熟，就可以和合自然光景，与世俗同流而不合污，自掩光华，混迹尘境。"[①] 意思是在凡尘中作一位谦谦无所作为、与世无争的君子。还有的当代

① 南怀瑾：《老子他说》，复旦大学出版社 2007 年版，第 119 页。

文人解释为“和合它们的光彩，也共同吸纳它们带来的尘埃”，更与老子的格局和高度更加相去甚远了。以上解释与老子本义都有很大差距，如果老子看到这些解释以后，也许会摇头叹气了，慨叹世间能真正懂得“和其光，同其尘”的奥妙和老子境界的人真是太少了。如果熟读《易经》和国学经典便会真正领悟老子智慧的博大精深，《易经·山水蒙卦》彖辞曰：“蒙以养正，圣功也。”蒙，是蒙昧不明，但并非自身本性不明，而是由于受外界因素遮掩而造成的不明，清除外界因素的遮掩，自身的光明就会显现；觉悟智慧的终极目标是放下贪欲达到内心觉悟的明心见性，所谓放下不是让你把身体都不要了，而是当下的心念清净便是觉悟，是让人们通过修行破除各种烦恼障碍，达到“觉而不迷、正而不邪、净而不染”这样智慧光明的境界。“和其光”的真正含义就是蒙卦的“蒙以养正”和国学经典中“破迷开悟，明心见性”的意思，所以，企业用人要提升境界从帮助人才清除蒙尘开始，为其提供有利的工作环境，就像剥圆葱一样，层层剥离各种包裹着的障碍，将人才优势和智慧发扬出来，成为企业和社会创造财富的智者。那又如何理解老子“同其尘”的本义呢？《易经·同人卦》卦辞曰：“同人，同人于野，亨。利涉大川，利君子贞。”古代京城之外为郊，郊外为野，野一般都是普通农户人家居住的乡村地区。“同其尘”与“同人于野”意思相似，比喻君王居高临下，走出京城体察民情，为百姓解决困难，所行无不得体，百姓们自然也乐得沐浴皇恩。毛主席说过：“在我党的一切实际工作中，凡属正确的领导，必须是从群众中来，到群众中去。”[①]“和其光，同其尘”也包含了这个意思，只有深入到人民群众中，才能获得第一手有用信息，企业领导者了解经营管理状况和解决存在的各种问题就要从办公室走出来，到一线员工和技术研发人员中间，与他们推心置腹地进行交流，了解他们的处境与困难，这样才能有效解决企业经营管理中所遇到的问题。“同其尘”更高层次的境界和其中直指人心的智慧还可以从佛教经典中觉悟，佛家讲：“无缘大慈，同体大悲”，缘是条件，同体就是所有众生都是一体的，你即是我，我即是你，是不可分割的共同体，这也是全息理论中的思想。无缘大慈是没有条件地慈爱关心他人，同体大悲是帮助别人就像帮助我们自己一样，他人的困苦是我的困苦，他人的欢乐也是我的欢乐，他人取得了成就，以随喜的心态看待，就如同我的成就一样感到欢喜。如果企业领导者能真正地领悟老子“和其光，同其尘”的智慧，那么帮助员工，其实是在帮助自己及其企业。

在某大型集团公司工作的一位部门副经理，多年以来工作认真负责，为

① 《关于领导方法的若干问题》（1943 年 6 月 1 日），《毛泽东选集》第 3 卷，人民出版社 1991 年版，第 899 页。

公司作出了很大的贡献，总是受到领导和员工们的好评。有一次由于他个人工作的严重失误，给公司造成了高达500万元的经济损失。集团董事长对此非常生气，当众把他批评得体无完肤，他本人也非常难过和懊恼，大家都深信公司肯定会给他最严厉的处分，除了免去副经理职务外，还可能被公司开除，他觉得公司如果作出这样的处分，对自己来说也是合理的，毕竟给公司带来了巨大的损失。

没想到董事长并没有开除这位年轻人，事后又找他做了一次长谈。经过认真的反省，他向董事长写出检查，深刻思考产生失误的原因，并要求辞去现任职务。一周以后，公司董事会召开扩大会议，所有高级管理人员都参加了，董事长亲自宣读了对他的处分决定，措辞极其严厉地批评他因工作失误给公司造成的巨大损失，并要求大家引以为戒，同时也肯定了他对待错误的反思态度和今后的建议，最后决定免除他所担任的部门副经理职务。这一切都在大家的意料之中，可是令人惊诧的是，董事长却宣布让他担任这个部门的经理！一石激起千重浪，上下顿时议论纷纷，有人当面问董事长："他犯了那么严重的错误，不开除已经是宽容了，为什么反而提拔重用他？"董事长意味深长地说："别浪费这个错误，这个错误可是值500万元啊！我们既然为错误投入了500万元，就不能让它白白地打水漂！"他又朝茫然不知所措的这位年轻人走过去，语重心长地说："我相信你永远不会再犯类似错误，也坚信我们这次是正确的选择。"过去的错误可能是将来的智慧，一个高成本的错误，蕴藏着高回报的机会。这位企业领导者的胸怀决定了其用人的智慧与艺术，对犯错误的年轻人如能正确地引导他认识错误，从中吸取教训，然后继续给予信任和委以重任，让他感受到他的责任重大，他的进取心和才智能最大限度地迸发出来，甚至大大超过新提拔的人。事实说明，董事长的决定是正确的，后来这位年轻人以惊人毅力和智慧，为公司作出了卓越的贡献，创造出10多倍于500万元的价值。

作为企业领导者真正懂得了"容人所短，用人所长"的妙用，何患四海之内没有兄弟，天下无可用的人才呢？如果善解并领悟了"和其光，同其尘"的智慧，企业何愁不能建立由高素质人才组成的强大班底呢？当很多企业还在忙于如何从众多应聘简历中挑选优秀人才而发愁时，为如何构建人力资源管理方案和知人善任的方法而困惑不解时，可以静下心来研读中国传统文化和儒释道经典，相信中国古人的智慧能为你破除障碍和打开心门，找到解决企业识人用人问题的最佳途径。

第六章

中国经典应用管理学的沟通智慧修炼

在企业中，经营管理离不开沟通，高品质沟通才能建立企业广泛和谐的关系网，才能广结善缘。一位优秀企业家、一个业绩突出的部门或者产品究竟能与多少机构或者消费者发生关系，决定着企业的市场前景以及人脉和钱脉的多少。企业管理全在于沟通，脱离高品质沟通和稳定关系网的企业将处于“孤阳不长，孤阴不生”的状态，什么才是高品质沟通？对当前沟通学流于诡辩游说之术，实在不敢苟同，所以撰写本章关于沟通智慧的话题以求正解。纵横古今和中华历史文明，中国古圣先贤的沟通智慧与魅力是无尽的宝藏，沟通能力在现代企业管理中仍然是中高层管理者们应该具备的素养。鬼谷子的捭阖之道开创了高品质沟通的先河，是中国语言文字应用的鼻祖，领悟捭阖智慧和阴谋与阳谋的内涵，以此便能够“无所不出，无所不入，无所不包，可以说人、说家、说国”。有了高品质沟通，企业才会有强大的凝聚力；有了高品质沟通，企业才有更广泛的人脉和市场前景；有了高品质沟通企业才能造就大乘气象。

第一节　古学今用谈沟通艺术与智慧

一、高品质沟通的基本思想

什么是沟通？人们对沟通的理解与认识不尽相同，在人际交流中，常常说："酒逢知己千杯少，话不投机半句多。"一位企业管理培训讲师界定管理者和领导者的沟通能力是："见人说人话，见鬼说鬼话，通过找到共同语言提高沟通能力。"这样理解沟通有失偏颇，沟通的定义是人与人之间、人与群体之间思想感情和信息传递反馈的过程，是达成共识和信息交流的必要方式。沟通无处不在，对于任何人来说都不陌生，每天在生活工作中都要与各种人打交道。有的人善于与人沟通交流，周围朋友就很多；有的人善于化解各种问题，在别人眼里困难重重，只要他出现一切问题便如春冰解冻一样涣然冰释；有的人侃侃而谈地说了一万句，莫不如三缄其口；有的人说一句或者沉默不语却胜于千言万语而尽在不言中。沟通对于个人发展前程和企业经营管理都是至关重要的，以中国儒家文化治企的日本松下公司的创始人松下幸之助有一句名言："企业管理过去是沟通，现在是沟通，未来还是沟通。"企业管理者的职责和真正工作就是圆融无碍的沟通，良好的沟通才能实现企业管理和生产经营的有序开展。沟通是搭接各种关系的重要手段，如果说科学技术是第一生产力，那么由沟通构建的关系就是第二生产力。没有沟通就没有关系，没有关系怎么可能有国家、企业、团体的形成和社会生产力发展的源动力呢？沟通交流的重要性主要体现在以下几方面：首先，无论过去、现在还是未来，无论社会经济和科学技术发展到何种程度，国家与国家的政治经贸往来都离不开沟通。历史上的中国一直以天朝大国自居，长期以来处于自给自足的封闭状态，除了国外派使臣朝贡或者通婚外，与外界往来交流并不多。自从第一次鸦片战争以后，闭关锁国的封建体制被打破，中国开始走向半封建半殖民地社会，其中一个重要原因是封建统治者眼界仅仅局限在中国境内的疆域，皇帝长时间是在深宫大院里，与外界沟通实在太有限了，缺少对世界整体发展趋势的了解。中国实行改革开放政策之后，与世界各国建立了符合中国利益的外交关系和各种合作交流，国民经济在不断地快速增长。其次，在市场经济为主体的今天，企业之间合作及其组织机构运转同样更是离不开沟通交流。企业经营发展和市场营销全在于沟通，一家企业及其产品能与哪些机构团体和多少人建立关系，决定着企业的产品销量和经营利润。也许企业产品质量不一定上乘，但一定要通过各种渠道使更多的人了解才有市场。不少企业在中央或者省市电视台的广告营销上投入巨资，有些广告语已经成为妇孺皆知的俗语，像前几年在中央电视台黄金时段播放的一则广告："今年过节不收礼，收礼只收某某"的卡通人物形象和广告词已经让电视观众烂熟于心，这是企业与市场消费者持续主动沟通的方式，也是一种企业营销策略。再次，沟通交流是提升管理者领导力和员工执行力的重要手段，通过高品质沟通修炼能够实现领导者与员工之间的友好交流与信息传递渠道的畅通。如果企业上下级、不同部门以及员工之间的沟通交流没有障碍，那么企业把规章制度、经营理念以及企业文化落实在实际工作中并不是难事，由此推动企业走向和谐有序的运转轨道，并成为增强企业凝聚力的催化剂。日本某株式会社的社长有一次要临时调用某部门的工程师，他首先向该部门课长咨询临时调用行为是否会影响部门的工作，沟通之后才能作出是否调用的决定，事情虽小，却说明了沟通的重要性。最后，构建良好的人际关系和拓展人脉离不开沟通交流。人与人之间之所以出现矛盾和对立，除了观点立场不同，主要是沟通渠道不畅，如何消除误会和化解人与人之间的矛盾冲突呢？答案就是良好的沟通交流。沟通艺术不仅是一门个人和企业管理者必修的课程，也是激发内在智慧与能力的一种修炼。说到此处，究竟什么才是沟通？古代汉语对沟通的解释："挖掘沟渠使两水流相通，即是沟通。"现代企业管理学对于沟通的概念及其过程给出了标准化和程序化定义，用图 6.1 表示①。

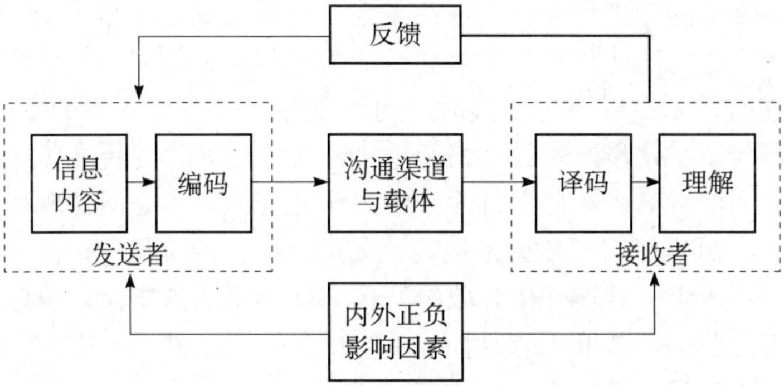

图 6.1　沟通的定义示意图

按照图中信息传递反馈的流程，对沟通定义和诠释类似计算机编写程序代码。沟通对象包括"人与自然、人与组织机构和人与人"三种主体客体形式。人的思想意图通过语言、文字、声像、表情、肢体动作等多种信息传递的形式与载体进行传递，原始信息经过组合编码以后，由中间的沟通渠道或

① 李锡元：《管理沟通》，武汉大学出版社 2013 年版，第 17—20 页.

者信息通道传递给接收者，接收者对信息解读后，通过不同的沟通渠道反馈给信息发送者。在信息双向传递过程中，受到沟通对象、环境氛围、沟通途径和传播方式等诸多主观和客观因素的干扰，难免会造成信息内容发生变化或者错误。例如，同样一句话，不同人以不同的语气、表情、心态或者在不同的环境氛围里说出来，听者的理解和反馈也会不尽相同。沟通原本是思想意识的碰撞与交流，并不应该有多么复杂，生活在人相信人的时代里，人与人交流就很少有障碍。在现代科技和资讯发达的社会里，人与人的交往越来越频繁和广泛，沟通一旦被程式化、规则化以后，达成无障碍的交流也就变得相对困难起来，现代社会的信息交换和理解反倒不如古代社会那么容易达成一致。虽然沟通渠道和载体众多，但是各种障碍和干扰因素也充斥在这个过程中，为了识别信息的真假，人们更工于心计，狡诈现象就出现了。当高品质沟通在企业和学校里作为一门重要的培训课程广泛开设时，说明现代社会人与人之间的沟通交流存在着困难和障碍。与过去相比，要达到彼此心灵交汇的真诚沟通已经不是一件轻而易举的事情，以至于解决沟通交流问题成为当今企业管理和社会交往中的一项重要课题。《道德经》云："甘其食，美其服，安其居，乐其俗。邻国相望，鸡犬之声相闻，民至老死不相往来。"古人安居乐业，生活在青山绿水、人心安定的环境里，人与人的沟通交流也简单。在鸡犬之声相闻的邻近国度或者村落里，即使国民们一生没有往来，也都能了解对方的民风民俗。这是老子所追求向往的返璞归真的生活方式，也是社会沟通交流的理想化境界。古往今来，沟通交流本来是一个简单朴素的过程，由于人心的波动和某些人道德的缺失使得沟通障碍重重，当沟通变成了人们向往的艺术或者一种工具时，沟通就已经失去了本来的面目。在此，本书以中国传统文化和国学经典的智慧来浅释沟通艺术，旨在为企业管理和人际交流注入润滑剂，从自觉自悟中学习沟通交流，不是遵循现代人谋于攻略的沟通术，而是回归到"见素抱朴，大道至简"的境界，让人与人之间的沟通从工于心术走向破迷开悟，破迷开悟方能顿悟沟通智慧，最终走上心清自明的智者之路。在哪里才能寻找心清自明的沟通之路呢？中国古圣先贤的沟通智慧不可思议，辩才无碍的沟通艺术不可思议，莫向外求，高品质沟通智慧就在中国诸子百家经典中，尤其是《鬼谷子》的捭阖之道，阐述了与人沟通无碍的智慧，不懂捭阖之道，无以与人进行高品质沟通。

二、高品质沟通从自我沟通开始

按照沟通的对象和目标的类别划分，沟通类型有四种：一是与自然万物客观对象的沟通；二是与团体和组织机构的沟通；三是人与人之间的沟通；四是自我沟通。关于高品质沟通的修炼，与上学读书类似，它是一个有层次的学习和渐行渐悟的熏修过程，就像从小学到大学存在先后的学习顺序，并不是一蹴而就的；沟通能力还与出家人的日常修行类似，同样要讲究次第，次第不仅是指按照顺序有条理、有规则地行事，也是对于沟通艺术和智慧的感悟不断提升的阶梯。所以，沟通的次第实际上是一种完善自我、超越自我的修行过程。有一些人总是觉得生活不如意，内心的焦虑、抑郁、暴躁和各种烦恼时刻伴随着自己，与人沟通交流时总是到处碰壁，与社会格格不入，变得越来越孤僻。为什么这些问题频繁地出现在很多衣食无忧的人群中？首先要反思是不是自我沟通出现了障碍，不善于自我沟通的人属于自我矛盾、自我冲突类型的人，不能很好解决自己的问题，自身就存在着与外界沟通的障碍，其言行怎么可能让人认可和接受。同样一句话，从不同人的口中说出来，接收者的感受和反馈结果也必然会有所差别，德行低下的人缺乏和漠视自我沟通，即使说话口吐莲花，也很难令人信服；品德高尚的君子和圣人在平日里自我沟通的功夫到家，说出的话吐字如金，包含着一种无形的摄受力，听闻者内心能产生强烈的震撼和共鸣。沟通遇到障碍主要原因是自我沟通出现了问题，根源不在于外界客观因素，而是由于自己的思想存在着障碍所造成的结果，古人云："行有不得，反求诸己。"

在一家建筑工地正好是中午休息时间，工人们吃过午饭之后，三五成群地凑一起聊天。其中有一位身强力壮的年轻人自鸣得意地吹嘘自己的力量有多么大，还时不时地嘲笑身边的工友。这时一位老工人实在看不惯年轻人的傲慢，走过来说："兄弟，我们俩打个赌，我用独轮车把一样东西推到前面那堵墙边，如果你要是能把它用独轮车再推回来，我把一星期的薪水都给你。"年轻人听了以后说："我愿意和你赌，要是我推不回来，我也把一周的薪水给你。"这位老工人扶起身边的独轮车，笑着对年轻人说："小伙子，请走过来，坐到车里。"年轻人听完之后一下子愣住了，惭愧地低下头，周围看热闹的工友们也不禁爆笑。

年轻人若是自己把自己装进了车里，当然不可能推动车子前行。沟通就像人推着独轮车行走，车子能不能前行和走多远，全在于推车人是在车里还是走下车子。这与我们在工作中要善于自我沟通类似，如果只局限于个人的小我，自己坐在独轮车上要推着自己向前走，就像自己想要举起自己一样，怎么可能实现呢？因此，沟通也一定是从自我沟通开始，日常与人交流出现的沟通障碍几乎都是由于自我沟通出现了问题，只有突破自我和放下自我，做到无私无我才能走下车子。当自我沟通的层次不断提升并达到圆融无碍时，对外沟通交流也一定能做到挥洒自如。如何进行自我沟通？历史上像孔子、孟子、老子和庄子等诸位大德被后人们尊奉为圣贤，他们的言行是世世代代炎黄子孙们处事的样板和道德修养的标准，他们的著作是自我沟通的智慧结晶，由此形成了流传千古的诸子百家经典。

儒家的自我沟通是从慎独做起。慎独出自《礼记·中庸》：“道也者，不可须臾离也；可离，非道也。是故君子戒慎乎其所不睹，恐惧乎其所不闻。莫见乎隐，莫显乎微，故君子慎其独也。”意思是“道不远人，道与人是不可分离的，如果有分离就不是道了，君子独处的时候，在细微之处自己更要谨言慎行”。慎独即独善其身，是儒家修身正己和自我沟通的至高境界。人们都愿意与君子沟通交流，因为君子慎独，如牡丹生于幽谷，兰舟行于江海，君子坦荡荡，率真诚意，无论走到哪里都是畅行无阻的大道；小人长戚戚，追名逐利，患得患失，有哪个正直的人愿意与小人共事呢？古代有“君子不欺暗室”的典故：颜叔子独居一室，一天夜晚暴风骤雨，邻居寡妇的房子被风雨毁坏，不得不到颜叔子房间里避雨。颜叔子一直让寡妇用生火照明取暖，外人透过窗户能清楚地看到屋里的一切，屋里柴草烧完了，就把房子上的柴草抽取下来照明。通宵生火照明保持男女授受不亲的礼仪，这是颜叔子慎独的修养。《后汉书》里有一段记载：杨震多次升迁，官至荆州刺史、东莱太守。上任路过昌邑县，荆州秀才王密曾经受他推荐做了昌邑县令。在夜深人静时，王密带着十斤黄金到驿馆去拜见杨震，杨震拒受礼金并问道：“这是怎么回事呀？你还是不了解我。”王密说：“夜深人静没有人会知道的。”杨震说：“天知、地知、神知、你知、我知，怎么能说没有人知道呢！”闻听此言，王密惭愧地退了出去。试问慎独者有谁不尊敬他，有谁不愿意与之亲近交流呢？古今中外的贪官污吏最终身陷囹圄的主要原因就是缺少慎独修炼，其次是自我沟通不足。在工作中，有的人忧虑没有知心朋友，与人沟通交流经常发生矛盾，人前人后总是抱怨不断，还时常谩骂诋毁他人。虽然在无人的时候可以发泄内心的不满，可是最先听到和感受到负面信息的是自己，一个人心态不好都是因为自我沟通有问题，心态不好的人不可能与别人建立高品质沟通，更谈不上合作共事。

道家创始人老子崇尚女德和阴柔之美，追求以柔胜刚，从而达到“致虚极，守静笃”这种恬淡虚无的境界，道家的自我沟通追求的是无为法，即无为而无不为。以身心柔软、与人无争和无为而无不为的思想作为行为处事的标准，对老子柔和智慧的解读最常听到的言辞也是最恰当的比喻是：“人的牙齿比舌头坚硬，到老了牙齿最先脱落，舌头却是完好的。”心态柔软不仅是一种良好的自我沟通方式，而且在与他人沟通交流时，“怡吾色，柔吾声”是被众人所喜欢的态度。为什么人们见到刚出生几个月的婴儿都喜欢亲一亲或者抱一抱，在所有人当中，自我沟通做得最好、最自然和最柔和的就是婴儿。《道德经》云：“含德之厚，比于赤子。毒虫不螫，猛兽不据，攫鸟不搏。骨弱筋柔而握固。未知牝牡之合而朘作，精之至也。终日号而不嗄，和之至也。”“赤子”就是指刚刚出生不久皮肤还发红的婴儿，其气息柔和而温厚不禁让人亲近，毒虫猛兽都不会伤害她。成年人要提高自我沟通的境界和能力应该向婴儿学习，回归到婴儿心性柔软清净的状态。老子说：“我有三宝持而保之。一曰慈，二曰俭，三曰不敢为天下先。慈故能勇；俭故能广；不敢为天下先，故能成器长。”老子提出的三宝是自我沟通的三宝，也是纵横天下而无所不容、无所不通的三宝。

自我沟通需要对世俗的一切假相都要看破放下，这样才能达到自觉自悟的止观禅定境界，也是自我沟通的最高境界。有修为的大德高僧无论身处何地、与谁沟通交流都会随缘自在，因为他们懂得看破放下。一个人对所追求的财物、名利、地位等欲望放下得越多，越能真正地实现自我沟通。那么，如何领悟看破放下的智慧和学习自我沟通的艺术呢？除了从儒家和道家经典中汲取智慧外，还可以从佛教经典中学习，佛教不是宗教，更不是迷信，而是教学和教育。2013 年 10 月 21 日，星云大师访问中国人民大学，发表主题演讲时说：“佛教不是宗教，也不是学说，而是一种生活，提供一些规则、戒律，教你如何去做。”佛教经典中的哲学思想作为中国传统文化的重要组成部分，两千多年来一直在深深地影响着中国人的生活和思维方式。读过佛教经典的人都知道，在经书的首页开篇一般都是香赞：“炉香乍热，法界蒙熏，诸佛海会悉遥闻。随处结祥云，诚意方殷，诸佛现全身。南无香云盖菩萨摩诃萨。”在寺院早晚课念诵佛经时，檀香三支在香炉中燃起，伴随着缕缕香烟，双手合十跪拜礼敬诸佛，礼佛敬香之后，最先开始念的经文就是这段香赞。很多人对这段香赞的理解都不是太深入，“香”是什么？香是指“戒定真香”，代表五分法身，即戒、定、慧、解脱、解脱知见的意思。当每次礼佛念经闻到这个香时，都要提醒自己按照佛陀的教诲勤修戒定慧三学。为什么要用香和香炉呢？古代长城烽火台通过燃烧狼烟传递军事讯息，香炉就相当于烽火台的作用，通过燃香与佛菩萨沟通传递诚意方殷的讯息。炉香乍热也表明人的初始心像刚刚点燃的檀香一样，初始心也是最真诚、最清净的时刻，至真至诚修学的清净念头使得身体从内及外甚至每一个细胞都能感知到。人生最难得的、最可贵的是能保持初始心不退，如果敬香礼佛的初始清净心能始终如一不变，诸佛就在眼前现全身。佛不是寺院里的佛像，佛像是表法而造，如果一个人明心见性觉悟了就是佛，自己本来就是佛，皆因各种迷惑障碍看不见真我本性。所以，燃香和念诵香赞的实质意义就是为了与自我进行良好的沟通。

寺院里有一位法师每天参禅打坐修行，可是当他入定以后，总在境界里出现一只大蜘蛛跟他捣乱，怎么赶它都不离开，他向师父请教这究竟是怎么回事。师父说：“下次你打坐入定，那只蜘蛛再来的话，你就用笔在它的肚子上画一个圈作为记号，看看它是何方怪物。”

法师按照师父的建议，在打坐时准备了一支笔，入定以后果然蜘蛛又出现了，他用笔在蜘蛛的肚子上画了一个圈后，蜘蛛就走了，法师又接着继续参禅打坐很快就安然入定。等法师出定，打坐结束以后，赫然发现一个用笔画的圆圈在自己的肚子上。

道教或者出家人参加坐禅静修，目的是为了悟得清净心，达到无上正等正觉的境界，在坐禅静修过程中，也是在进行有效的自我沟通修炼。大多数普通人平时心里充满杂念，而且越是在清净的环境或者静谧的氛围里，各种杂思杂念越是不断地涌现出来，人们因为被所遇到的假象迷惑，所以困扰和烦恼也就随之出现了。这位修行了多年的法师坐禅时，都受到了意境里蜘蛛的干扰，何况我们普通在家人呢？蜘蛛不是来自于外界，而是心里烦恼和不净念头所幻化的假象。因此，与他人沟通出现障碍或者矛盾冲突时，大部分人是由于自我沟通能力比较差，沟通交流中最大的困扰和障碍是源于自我。孟子曰：“爱人不亲，反其仁；治人不治，反其智；礼人不答，反其敬。行有不得者，皆反求诸己，其身正而天下归之。”最高层次的自我沟通方法是通过勤修戒定慧来熄灭贪嗔痴的念头，从而断除无明烦恼，这也是最圆满的修炼和最究竟的自我沟通方式。为什么古代封建帝王和历史名人经常到寺院参拜，或者礼请寺院的高僧大德到朝廷里担任国师要职？因为正修正念、真正开悟的出家人是自我沟通做得最好的人，皇帝向他们请教治理天下的良策时，往往能从他们的只言片语中豁然大悟。在南北朝时期，梁武帝萧衍曾经在不同时间里四次脱下皇帝衣袍舍身出家做了和尚。他出家做寺院住持绝不是为了哗众取宠，确实是在寺院里做高品质的自我沟通，他对儒释道有精深的感悟和相当高的造诣，撰写了大量开创性的著作，在中国古代思想史上占有极其重要的地位。

在现代企业家当中，自我沟通做得好的人，不但使得企业经营管理受到外界环境变化和其他干扰因素的影响程度降低，而且随着心智模式的改变，企业对内对外的各种关系会变得越来越和谐圆融，也能更容易地化解生产经营中的诸多矛盾，经济效益自然能得到稳步提升。在全球知名企业中，有不少国外企业家除了从中国传统文化和儒释道经典中汲取企业经营管理的智慧外，还按照中国经典思想进行自我沟通修炼。缔造了两个世界500强企业的日本京瓷公司总裁稻盛和夫经常进行自我沟通，他从儒家思想和出家人的修行生活中感悟到了企业管理和人生的智慧。在癌症手术以后，他进入寺院短期出家修行，通过身披袈裟托钵化缘的生活体会到了企业经营应该以利他为出发点，并以自身经验总结出了六个精进：“一、付出不亚于任何人的努力；二、戒骄戒躁；三、每天自我反省；四、感谢生命；五、行善积德；六、摒弃掉感性所带来的烦恼。”[①] 苹果公司已故总裁乔布斯对佛学和禅学有很深的研究和修炼，从单纯追求利益的企业家向正信正念的转变，对于乔布斯的人生和苹果公司都有很大的启发，使他的总裁角色充满了智慧的光芒。苹果公司内部的下属们成了乔布斯的崇拜者和追随者，下属们对他的评价是：“从前那个刚愎自用的乔布斯已经消失了，现在的乔布斯是一位温情主义者。”由此不禁要对我们国内的企业管理者们提出一点疑问，中国企业家欠缺什么？缺少的就是这种高品质的自我沟通。古代中国人发明了火药、指南针，我们后人以此为骄傲，这些发明却被西方国家应用得淋漓尽致。中国的传统文化和国学经典是华夏智慧之光，我们同样为此感到自豪。在韩国、日本和欧美等国家的学者早已经开始研究中国古老文化中的智慧时，我们有很多人可能连《论语》、《大学》、《中庸》、《道德经》都不曾读过，更不用提及其他经典了，谈论《周易》时，竟然还有人认为是用于占卜算命的工具书。我们以中国人自居，在面对孔子、老子的圣像和流传至今的经典时，是否从心底感觉到惭愧和汗颜？又有哪些企业家重新洗濯自己的头脑，好好地进行一次发自内心的反省和深刻的自我沟通呢？如果中国的企业家都能认识到这一点，相信也是中国经济又一次新的腾飞和崛起的时候！

三、纵横捭阖：鬼谷子的沟通智慧

捭阖之道创始人是战国时期鬼谷子，本名王诩（又名王禅），他系统地提出了权谋策略思想，是中国纵横家和军事家的鼻祖，著有《鬼谷子》，也称《捭阖策》。苏秦、张仪、孙膑和庞涓为其最杰出的四个弟子。当年苏秦凭借其高超的口才和演说能力将六国联合在一起，一人配六国相印，统领诸侯共同抗秦，在当时占有极其显赫的地位。张仪也凭其超人的谋略与沟通游说技巧，让六国合纵局势土崩瓦解，为秦国统一天下立下了汗马功劳。可见苏秦和张仪的捭阖纵横智慧空前绝后，非后人所能及。鬼谷子创立的纵横家思想精髓在于“智用于众人之所不能知，而能用于众人之所不能。潜谋于无形，常胜于不争不费”，被人们看做精于心机谋略的权术和攻心术，只不过是通过琢磨和猜透对方心理，以能言善辩来打开别人的心门，让人道出实情或者使对方无言以对的诡辩，一直以来后人把捭阖之道当做一种沟通术和谈判术来宣讲。所以，历代学者认为他的思想难登大雅之堂，由于与儒家仁义礼智信的道德标准相违背，鬼谷子的学说很少被推崇和广泛传播，而且妄加诋毁者众多。其实大部分学者对鬼谷子的著作和思想心存偏见和误解，甚至用个人的己见来臆测曲解了他的智慧。战国时期的张仪和苏秦合纵连横之争是当时

① 稻盛和夫：《活法》，东方出版社 2005 年版，第 62—63 页。

历史条件下的必然现象，也是两位纵横家思想在军事政治领域中一次碰撞交锋，让世人看到了捭阖之道纵横天下的能量和在外交领域中的奥妙所在。然而，由于中国历朝历代的封建统治者们以儒家文化作为治国安邦的主要纲领，相比之下，其他诸子百家著作的思想在推广范围和统治者的重视程度都要逊色很多，以至于有的典籍或部分内容已经遗失很久，像《鬼谷子》最后两章"转丸第十三"和"却反第十四"原文已经失传。鬼谷子的沟通智慧、思辨智慧和军事统领智慧都是中国文化思想史的首度开山之作，其妙用并不是仅限于揣摩人心理活动的游说小术，而是中国语言表达与文字应用的集大成者。鬼谷子的捭阖之道从国家层面来看，是外交战略、政权统治策略中不可或缺的大道，关系着国家的兴衰安危；对于企业、政府等组织机构来说，是人事管理、团队建设、市场营销、竞争策略以及规划未来发展战略目标能否实现的法宝；在普通人的日常生活工作中，一个人的言谈举止是否优雅得体，在很大程度上影响着他的前途和命运。因此，鬼谷子的著作与儒释道思想和中国传统文化并不相违背，上至政权统治阶层，下至平民百姓，有谁不说话和沟通交流呢？捭阖之道是一门深厚的语言文字学，对中国语言文字的实际应用产生了非常重要的影响。客观公正地评判鬼谷子的思想以及在现代社会中的应用，需要摒弃过去长期以来的偏见和成见，从近代和现代学者对捭阖之道的解读看，与鬼谷子最初的本义还是有一定差距，需要重新认识鬼谷子的思想，挖掘和激活其中的智慧。虽然纵横家的基本标准是精于言谈辞令，但是捭阖之道的运用决不是依靠滔滔不绝的演讲游说，还要擅长文韬武略、精通心理学、善于战略规划和敢作敢为的决断能力。如果用当前学术界比较流行的名词来评价苏秦和张仪，这两位是多元学科交叉应用的复合型人才。鬼谷子的智慧是大道隐于无形，就在我们的生活工作当中不知不觉地应用着，精通捭阖之道者，如同老中医妙手回春，有时一两句话便可以轻松解决难题，无须考虑所谓的阴谋或者阳谋。领悟捭阖之道，高深智慧者不在于言语辞令多寡，当悟入大方无隅和大音若希的境界时，犹如大医无方一样必然能于无声处听惊雷。一言可以兴邦，一言也可以丧邦，以鬼谷子的智慧来修炼言辞表达艺术对于自我沟通和对内对外的沟通足矣。

1. 口乃心之门户

《鬼谷子·捭阖第一》云："捭阖者，道之大化，说之变也。必豫审其变化。吉凶大命系焉。口者，心之门户也。心者，神之主也。志意、喜欲、思虑、智谋，此皆由门户出入。故关之矣捭阖，制之以出入。捭之者，开也，言也，阳也。阖之者，闭也，默也，阴也。阴阳其和，终始其义。"这段文字是在沟通修炼捭阖之道中最妙用无穷之处。鬼谷子深知语言交流在人类社会的重大作用，与不同对象沟通时，言语表达的形式千变万化：有时开口说一个字都显得多余；有时要畅所欲言，知无不言、言无不尽，打破沉默的僵局才能使得闭塞的心门得以开启；有时需要放松宽容；有时要谨言慎行，如履薄冰。总之，要因人、因事、因时、因地决定沟通交流方式，这种境界并非他人传授的诡辩术所能及至，沟通交流是由心而生的智慧，所以口乃心之门户也，只有开悟的智者和圣人才能将捭阖之道运用得像风吹杨柳般洒脱自如。每个人的性格和心理特点不同，沟通方式及在沟通中表现出的弱点也不尽相同。因此，作为沟通高手一定因人而异，准确地把握每一位沟通对象的心理类型，了解其个性心理特征，这样才能实现高品质沟通交流。

《论语·先进第十一》中有一段彰显孔子沟通智慧的对话。子路问："闻斯行诸?"子曰："有父兄在，如之何其闻斯行之?"冉有问："闻斯行诸?"子曰："闻斯行之。"公西华曰："由也问闻斯行诸，子曰，有父兄在；求也问闻斯行诸，子曰，闻斯行之。赤也惑，敢问。"子曰："求也退，故进之；由也兼人，故退之。"

子路匆匆地走进来，向孔子请教："先生，如果听到一种正确的主张，我可以立刻去做吗?"孔子看了看子路说："父亲和兄长都在，总要请示一下父亲和兄长吧，怎么能听到马上就去做呢!"子路听完之后转身出去。孔子另外一名学生冉有，拜见孔子后，恭恭敬敬地问："先生，要是听到正确的主张，我可以立刻去实施行动吗?"孔子马上回答："没问题，你应该立刻去实行。"冉有走了以后，学生公西华奇怪地问："先生，两位弟子问的是一样的问题，您给他们两人的回答怎么正好相反呢?"孔子回答说："冉有性格谦恭随和，办事经常犹豫不决、畏手畏脚，所以我鼓励他遇到事情不要思前想后，应该放开手脚去做；但是子路为人争强好胜，属于敢闯敢干的冲动型，办事往往不周全，所以我就劝他遇事先听取父母兄弟们的意见，三思而后行。"正是由于孔子了解子路和冉有两个人的性格不同，所以对于同样的问题，孔子给予两个人的答案却是相反的。

像孔子这样有智慧的沟通方式，与其心念纯净纯善、德行无有缺漏密切相关，其沟通的高度和广度是"大至无外，小至无内"的无所不通，若不是圣贤智者，不可能说出高品位的话。面对不同的沟通对象就像一位经验丰厚的老中医一样首先要决断阴阳，方能开具有效的药方。例如，肾虚分为阳虚和阴虚，同样的病症必须区分阴阳，否则用药可能会适得其反。捭阖之道或开而示之，或阖而闭之，捭者阳也，阖者阴也，捭阖即是一阴一阳之谓道也，开阖的妙用存乎于一心。

2. 反而求之，其应必出

《鬼谷子·反应第二》云："故善反听者，乃变鬼神以得其情。其变当也，而牧之审也。牧之不审，得情不明。得情不明，定基不审。变象比必有反辞以远听之。欲闻其声，反默；欲张，反敛；欲高，反下；欲取，反与。欲开情者，象而比之，以牧其辞。同声相呼，实理同归。”

这段文字讲述与人沟通交流的智慧就是“反听”，有学者解释：“反听”是古代游说者善于从反面听取别人言论，不但可以改变鬼神，还能了解到对方的实情。还有人理解为：“反听”就是要说反话，以便观察对方的反应。想要说话，反而先沉默；想要敞开，反而先收敛；想要升高，反而先下降；想要获取，反而先给与。要想了解对方的内情，就要善于运用模仿和类比的方法，以便把握对方的言辞。同类的声音可以彼此响应，合乎实际道理才能达成共同结论。从文字表意来解释似乎正确，实际上不免有些偏离捭阖之道的本义了，鬼谷子的沟通智慧并非以此小术而为之。《史记·商君列传》云：“赵良曰：‘反听之谓聪，内视之谓明，自胜之谓强。’”汉朝袁康《越绝书·德序外传记》云：“范蠡内视若盲，反听若聋。”晋朝挚虞《贤良对策》云：“其有日月之眚，水旱之灾，则反听内视，求其所由。”三段文字中都提到了“反听”，都是自我省察的意思，只有反听内视的自我省察，才能其应必出，求其所由。“欲闻其声，反默；欲张，反敛；欲高，反下；欲取，反与。”与老子“将欲歙之，必固张之；将欲弱之，必固强之；将欲废之，必固兴之；将欲取之，必固与之，是谓微明。”的思想相一致，这也是“知其雄，守其雌……知其白，守其黑”和“反者道之动”的智慧，也进一步说明了与人沟通要达到目的，围绕阴阳捭阖之道是为上策。

中国历史上有一名神童叫甘罗，是战国时代楚国下蔡（今安徽颍上）人，从小聪明过人，是历史上著名的少年政治家。他的祖父甘茂，曾经担任秦国左丞相。甘罗在 12 岁时就做了秦国的宰相，能洞察时局，善于利用国与国、人与人之间的矛盾，解决了丞相吕不韦所解决不了的问题，曾经作为使臣出访赵国，使秦国不费一兵一卒便得到了赵国五个城池，这与他超凡的智慧和沟通能力有关。他曾经与秦始皇有过一次关于“公鸡下蛋”的辩论。秦始皇迷信长生不老的仙术，养了一些妖言惑众的道士，其中有一位道士告诉秦始皇，吃公鸡下的蛋可以长生不老。秦始皇对此深信不疑，便命甘罗的爷爷甘茂寻找公鸡下的蛋。甘茂领命后回到家里愁眉不展，甘罗看到爷爷焦虑地在房间里转悠，便问爷爷缘由，甘茂说：“唉，皇上听了道士的话，要吃公鸡下的蛋以求长生不老，现在命令我去找，三天之内找不到，就要被降罪处罚。”甘罗也为此着急起来，不过他的头脑很快有了主意，甘罗说：“爷爷，不用担心，三天后我替您上朝拜见皇上，我自有办法应付。”

三天以后，甘罗不慌不忙地随着大臣们走进宫殿，秦始皇有点生气地问：“你小孩上殿来干什么？你爷爷把公鸡蛋找到了吗？”“启禀陛下，我爷爷来不了啦。”甘罗冷静地说。“你爷爷怎么来不了?”秦始皇问。“他在家生孩子呢，所以我替他上朝来见皇上了。”秦始皇有点生气说：“你这孩子胡说八道，男人怎么会生孩子呢?”“既然公鸡能下蛋，为什么男人就不能生孩子呢?”甘罗反问道。秦始皇一听就知道是自己错了。甘罗小小年纪就有反而求之的沟通智慧，其能力非常人能及，后来被秦始皇破格录用，拜为秦国宰相。

3. 先以欲钩牵，后令入佛智

《鬼谷子·飞箝第五》云：“将欲用之于天下，必度权量能，见天时之盛衰，制地形之广狭、阻险之难易，人民货财之多少，诸侯之交孰亲孰疏，孰爱孰憎，心意之虑怀。审其意，知其所好恶，乃就说其所重，以飞箝之辞钩其所好，乃以箝求之。”鬼谷子讲述沟通智慧的最高境界就是“飞箝”，然而大多数人对“飞箝第五”的理解是：“要把飞箝之术向天下推行，必须考核人的权谋和才能，观察天地的盛衰，掌握地形的宽窄和山川险阴的难易，以及人民财富的多少。在诸候之间交往，必须考察彼此之间的亲疏关系，究竟谁与谁疏远，谁与谁友好，谁与谁交恶，详细考察对方的愿望和想法，了解他们的好恶，然后把握对方所重视的问题进行游说，使用计谋诱出对方的爱好所在，通过满足其欲望来实现控制对方的目的。”这样的解释有失偏颇。“将欲用之于天下，必度权量能，见天时之盛衰”，谁能拥有放眼天下的格局和境界呢?显而易见，只有圣贤大德才能具备这样的高度，在圣人眼中“飞箝”是渡人出离苦海的智慧，在奸佞小人心里则是为满足私欲而投其所好的手段。一些政府官员收受贿赂就是被飞箝之术所迷惑，把人民赋予的权力变成了行贿者谋取私利的工具，最后案发而锒铛入狱的官员不在少数。飞箝的智慧及妙用与佛家所说“先以欲钩牵，后令入佛智”的思想是一致的。《维摩诘经·之佛道品第八》云：“先以欲钩牵，后令入佛智。或为邑中主，或作商人导，国师及大臣，以祐利众生。诸有贫穷者，现作无尽藏，因以劝导之，令发菩提心。”这段经文也是对鬼谷子飞箝智慧给出的最完美诠释，圣贤大德与任何人沟通都不会存在障碍，原因何在?为了普度教化众生，对那些痴迷于财色名利者，将自己化身于他们，或是以曼妙姿色的女子之身、或是以国王大臣之身、或是以商人以及平民百姓之身，只有化作对方之身相，与其站在同一个高度，才能做无碍的沟通交流，最终目的是为了随缘度化众生而转凡成圣。《药师琉璃光如来本愿功德经》云：“随所乐求一切皆遂。求长寿，得长寿；求富饶，得富饶；求官位，得官位；求男女，得男女。”为了教化芸芸众生而广开方便法门，先满足人们的所求所欲，让其生起欢喜心和信心，一旦有了正心正念和正知正见，使其对名利的贪欲自然得以熄灭，成为觉悟的智者。此外，鬼谷子飞箝智慧还与老子“挫其锐，解其纷，和其光，同其尘，是谓玄同”的思想有相通之处。鬼谷子的飞箝之智以及无穷妙用决非是一般人所能理解的。

鲁国颁布一道法律，凡是见到鲁国人在他国沦为奴隶者，将他们赎回的人可以从鲁国国君那里领取赏金报酬，很多被人当做牛马使唤的鲁国奴隶因此而获救。子贡也赎回了一个鲁国人，却不去接受赏金，鲁国百姓们听说这件事后纷纷称赞他重义轻财。子贡也觉得做了善事而不求财物回报是高尚的善举，为此自己也十分得意。

孔子知道子贡赎人不要赏金的事情以后，对子贡说："你这件事做得实在是有过失啊！"子贡对此疑惑不解，不懂老师为何这么说。孔子说："圣人行为处事以能移风易俗、教导百姓提高道德修养为目的，不能按照自己的想法和行为标准做事。鲁国奴隶被人赎回，赎人者领取应得的酬报，同时也被众人称赞。鲁国富人少穷人多，向国家领取补偿金，德行也没有任何缺失，但现在你赎人却不领取报酬和赏金，你把它打破了，以后鲁国人认为赎人要赏金是可耻的事情，这样下去就再没有人去赎回那些奴隶了。"子路救起一名溺水者，那人感谢他送了一头牛，子路收下了。孔子高兴地说："鲁国人勇于救落水者会成为一种风气，越来越多的人愿意去做。"看来孔子深谙"飞箝之道"和"先以欲钩牵，后令入佛智"的智慧啊！

作为企业管理者对内对外的沟通交流要善用飞箝之道：与员工做有效沟通时，自己就要变成员工，善用激励手段，让员工发自内心地对工作充满欢喜心；与客户沟通，自己要变成客户，了解客户想法，帮助他们解决困难使其愿望得以实现，企业与客户便是亲密无间的合作者；与消费者沟通，自己要变成消费者，深入调查和理解他们的消费需求，让产品为消费者带来方便和快乐。因此，市场营销与拓展本无须大量的广告投入。作为企业领导者，思考过自己企业的市场有多大吗？如果市场不够宽泛或者出现滞销，应该仔细反思，企业与市场的沟通渠道是否存在障碍，是否了解顾客们的所需所求，只有首先满足顾客的欲望和需求才能达到市场拓展的目的，即在企业与市场构建更广泛的沟通机制，没有沟通就没有市场营销。过去有一个经典的市场开发案例：一家制鞋企业派遣市场营销团队来到某岛国推销布鞋，然而发现该国所有居民都没有穿鞋的习惯，根本没有布鞋的消费者。有人提议打道回府，销售经理不同意就此罢手，提出为岛上居民每人免费提供一双鞋。居民们穿上布鞋以后，不仅走路变得美观方便，而且腿脚也得到了保养。结果不到三个月时间，这个岛国就成为该制鞋企业的重要消费市场，这就是"飞箝"思想的具体应用。对于企业经营管理以及市场营销，善用"飞箝"是一种智慧。运用飞箝之道难吗？实践证明并不难，世上无难事，只怕有心人。

第二节 高品质沟通的闻听训练

在古汉语中，“闻”的繁体字写法为“聞”，本义为“知声也”。听的繁体字写法为“聽”，《说文解字》云：“听，聆也。”字形为从耳从德，即耳朵有所得便为听，这是听的字面意思。偏旁“耳”指的是声音信息只有通过耳朵获取，辨别说话人的语音、语速和语调等细微变化。“听”和“闻”都是用耳朵感受声音，两者差别在于“听”是指主动用耳朵感受外界声音，“闻”不但指外界声音通过耳朵听，还要入心，而且也指各种外界信息驻留在心里形成认知的过程。《尚书·泰誓》云：“天视自我民视，天听自我民听。”《礼记·大学》云：“心不在焉，视而不见，听而不闻。”众所周知，从人的生理结构分析，面部有两只耳朵一张嘴，《弟子规》云：“话说多，不如少”，意味着我们平时要多听少说为好。如果刚出生的小孩先天性耳聋或者后天损伤导致耳聋，会因为听力丧失而成为哑巴，所以听觉非常重要，不会听就不会说。古往今来能说会道的善辩者和演说名家为数不少。例如，战国时期平原君手下门客毛遂的口才和说服力被认为可抵得上千军万马；汉朝的张良精通兵法，能言善辩；三国时期诸葛亮舌战群儒的典故流传至今。然而，当今重视听闻能力并且真正善听者不是很多，在目前家庭教育中，对子女的培养更关注语言表达力的提高，很多父母为子女报名参加各种课外演讲口才训练班，几乎没有谁想到如何让小孩子学会听别人讲话。当小孩子上学以后，在课堂上听老师讲课精力集中的时间很难保持四十五分钟，中国式家庭教育模式也为孩子长大以后与人沟通交流埋下了障碍，没有专心致志的聆听就没有优秀的语言表达力和沟通能力。善听是一门艺术、一种美德，这是需要用心领悟的智慧。在与人沟通交流中，善于聆听是一个人成功的重要基石。因此，提出一个简单的问题，你会聆听吗？有的人对此可能不以为然，听是每个健康人的生理本能，有谁不会听。然而，相当一部分正常人的耳朵发挥听觉功能的效率实在是太低了，用耳朵听了一辈子，大量有用的信息都在听而不闻中被过滤掉了或者随风而散，所以，不懂得听的人就不能与他人进行有效沟通。孔子说得好：“视思明，听思聪。”善闻善听的人定然是一位耳聪目明和善解人意的智者，那么，如何修炼才能提高听闻能力呢？

一、提高谛听能力的训练方法

唐朝著名诗人白居易《霓裳羽衣歌·和微之》诗云：“当时乍见惊心目，凝视谛听殊未足。”谛听通常解释为仔细聆听的意思，中国古代经典对于谛听所蕴涵的智慧不是仅仅限于仔细聆听的层次，其中有更深入的含义。谛听传说是地藏菩萨经案下伏着的通灵神兽，具有保护主人、驱邪避恶、明辨是非之神威，民间称作“独角兽”，也有称为“地听”或者“善听”。传说谛听具有“坐地听八百，卧耳听三千”的能力，“谛”同“地”，“地”包含着心地的意思。虽然谛听是民间传说中虚拟的神兽，但也表明了人们对自身听觉超凡异能的向往，所以用心聆听者也称为“谛听”或者“善听”。谛听者不但可以辨别世间万物的声音，而且能够善听人心，察听贤愚善恶，谛听者也是智者。《鬼谷子·符言第十二》云：“目贵明，耳贵聪，心贵智。以天下之目视者，则无不见；以天下之耳听者，则无不闻；以天下之心思虑者，则无不知；辐辏并进，则明不可塞。”如果能用以天下人的眼光去观看，不会有看不见的；如果以天下人的耳朵去听，不会有听不到的；如果以天下人的心智去思考，不会有不知道的。圣贤耳聪目明，归根结底是源于内心的智慧，佛陀世尊在丛林为弟子们讲经说法时，常常对听者说：“谛听谛听，善思念之。”谛就是真理真谛，国学经典里有“真谛”、“俗谛”、“空谛”、“假谛”、“二谛”、“四谛”等诸多说法。想了悟心性，首先要领悟谛听的智慧，即能够一心不乱和以清净心听闻圣贤大德的教诲，深入经藏和思维义理，最终达到究竟圆满的觉悟境界。当人与人沟通交谈、或者企业管理者与员工交流、或者企业对外进行项目洽谈与技术合作时，如果任何一方有了你我他的分别心，或者在聆听对方讲述的内容夹杂了我见，沟通交流的最后结果大都会不欢而散。因为有了分别心和夹杂个人的知见，无形的障碍就已经形成了。如果祛除你我他的分别和知见，走入对方的内心世界用心聆听，你我他三者便成为不可分离的一体，这才是谛听的境界。领悟谛听的智慧，沟通总是无碍的，带来的也都是喜悦和欢乐。因此，谛听是一个企业管理者在有效沟通交流中应该具备的基本素养。

当今时代，人与人之间的沟通交流远不如古人那么轻松愉悦地达成一致，很多人沟通过程中总是出现这样那样的问题。在企业管理培训课程中，人际关系与有效沟通成为重要的讲授内容，单纯依靠听课和学习一些沟通技巧仍然很难实现与人高品质沟通。其根本原因是我们的心念每时每刻处于此起彼伏的状态，阻碍了沟通交流的渠道，缺少“谛听谛听，善思念之”的心境。古人没有现代人接触的信息量大，思想单纯，心地也相对清净，人与人之间的沟通和交往要简单容易得多。远离喧嚣都市的小山村，青山绿水、民风淳朴，与那里的居民沟通交流真诚自然，很少有城市人之间的戒备心理。现代社会由于科技高速发展，资讯特别发达，地球上任何区域发生重大事情，几分钟就可以在全世界范围内传播开来。人们每天通过电视、报纸、网络等各种渠道获得大量信息。与不同人接触交往，处理的事务繁杂，大脑被迫汲取容纳了太多的垃圾信息，虽然大部分信息很快被遗忘，但在头脑中还是留有痕迹，使得人的念头总是风起云涌而不舍昼夜，心理得不到片刻的清净。在人际交往或者与人沟通过程中，当出现沟通不畅或者发生激烈的言语冲突等问题时，首先，应该考虑自身的谛听能力是否欠缺。那么，如何判断自己谛听能力？可以做一个简单的自我测试，从自然数 1 开始连续快速地数数，即 1、2、3、4、5……一直数下去，中间只要出现任何错误数字就停止，然后看看自己究竟能正确数了多少个数字，数得越多，说明你的心念越集中，谛听能力也越强，反之则越差。其次，仔细反思自己在日常生活中是否存在这样一些行为和状态：一是即使一个人独处也很难专心致志地完成一项工作，一边工作一边还在想着其他事情；二是说话语速非常快，经常打断对方说话，而且自己说话被人打断以后，还想不起来说到哪儿；三是到了夜晚难以入睡，出现失眠症状，或者在睡觉过程中常常做梦或者呓语；四是参加各类培训学习班，很难长时间保持聚精会神地听课；五是在某一瞬间要说的话或者要做的事情无论如何都想不起来；六是动笔书写文案时，对于本来很熟悉的汉字却提笔忘字，不查字典就是写不出来。出现以上任何一种情形，都表明你心里的杂思杂念比较多，谛听能力比较差，与人沟通交流难免会出现障碍。由中医理论可知："肾开窍于耳"，耳朵听力功能下降往往是肾气不足的表现。现代人的生活方式昼夜颠倒，白天八小时工作，到了晚上还要参加诸多应酬，身体和五脏六腑整夜处于长时间的兴奋状态。一方面，夜晚本应该是休养入静的时刻，肾气却得不到滋养收藏，身体内的气或者能量收藏得不好，脾胃运化功能和肝脏的解毒功能都会随之下降，白天怎么可能有精力投入到工作当中？有些人脾气不好，动辄大发雷霆，都与生活方式的不合理密切相关。长期下去，耳朵听觉的敏锐度下降，有的人还会出现头晕耳鸣现象。另一方面，大脑接受外界信息刺激过多的话，很难让身心能安静下来，受到这些杂乱念头的干扰，与人沟通时怎么可能用心聆听和思考对方的言语内容呢？借鉴中医整体性原则和不治已病治未病的思想，下面提出四种改善和提高谛听能力的有效方法：

第一种方法，静心凝神的呼吸吐纳法。每天早晨 5—7 点，起床洗漱完毕之后，选择绿树成荫、芳草萋萋、空气新鲜的森林公园或者其他自然环境优美的地方，双脚分开与肩同宽，双臂自然下垂，面朝东方，取紫气东来之象，双眼微闭，气沉丹田，做深度的鼻吸鼻呼，呼吸的同时头脑中要清晰地记住呼吸的次数。呼吸的次数从一数到十，每十次为一个循环，下一个循环还是鼻吸鼻呼，再从一数到十。此时为卯时，大肠经当令，是人体天门开放排毒的时间，呼吸吐纳是吸进清新空气，呼出体内沉积的浊气，每日坚持 10 分钟，有助于提升肺活量和增强血液含氧量，而且能够伏住内心的杂念，静能生慧，心静如水的状态自然可以加强聆听能力。

第二种方法，经典诵读。选择《诗经》、《离骚》、《唐诗宋词》或者其他中国经典书籍，每天拿出半小时时间诵读。诵读不是朗诵，而是要按照诗词格律吟咏，什么是吟咏？唐代学者孔颖达对吟咏做了定义："动声曰吟，长言曰咏，作诗必歌，故言吟咏情性也。""长言"是发音舒缓，曼声长吟，字调舒缓，经典吟咏要寓情于声，达到声情并茂的最佳状态。诵读的韵律有助于大脑状态得以舒缓，自吟自听的经典诵读，谛听能力自然得以提高。具体的诵读方法：首先，运气发声。吟诵时使用腹式呼吸，以丹田气发声，使气息和心境平和。其次，腔音唱法。吟咏是一种运用中国式的腔音，按照平长仄短的原则，以情而定音高、音长和音强。最后，摇头摆身。经典吟诵是不可身体僵硬不动，感情自然流露所到之处，体态柔美如春风吹拂杨柳般婀娜多姿。

第三种方法，聆听古典音乐。自古以来，中医认为乐药同源，"乐"和"药"的繁体汉字分别为"樂"和"藥"，两个字形非常相似。音乐还是一种世界通用型语言，无论哪个国家、民族的人不需要任何翻译都能听得懂音乐，而且直接影响人的情绪和心理状态，音乐既能让人感动得流泪，也能让低沉悲观的情绪变得振奋，还能使人从心绪凌乱中安静下来。总之，音乐的韵律和能量是不可思议的。古人将音乐的音律分为"宫商羽角徵"五种，五种音律又分别与阴阳五行"土金水木火"对应，基于全息理论，音乐的音律五行属性与五脏六腑和十二条经络都会产生谐振效应的共鸣。音乐疗法要选择合适的场所，在安静整洁、空气流通的环境里一边闭目眼神，一边听曲调优美的中国经典音乐。例如，《春江花月夜》、《梅花三弄》和《汉宫秋月》等古曲对于调整身体阴阳平衡和回归到清净淡定的状态大有益处。

第四种方法，中国传统跪拜法。每天早晨 5—7 点和晚上 19—21 点之间做 108 次跪拜，跪拜动作与古代叩拜礼的动作类似。跪拜动作的详细分解如下：第一步，有条件可以准备瑜伽垫平铺在地板上，肃立合掌，掌心为空，两足自然分开成外八字形，脚跟相距约二寸，脚尖距离八寸左右，目光注视两手的中指指尖，身体重心在双足。手上有心包经等六条经络通过，两手合十的时候，左右两条心包经贴合能使人心生喜悦。第二步，向下弯腰，弯腰过程中不要含胸低头，背部自然平直，有高血压者，下巴要稍微向上仰。弯腰接近 90 度时，身体重心向前移动，右手与左手分开，先向前下方伸出，左手仍作合掌状，身体缓缓弯曲下蹲，右臂向前下方伸出，右掌按于右膝前方地面位置，两膝随即跪下。第三步，左掌也跟着向前下方伸出，左掌按在左前方地面超过右手半掌位置，两脚尖保持不动，右掌由拜垫右膝前方向前移动半掌，与左掌平齐，两掌相距约六寸，然后让额头平贴于地面上，人的头部为天，天与地接触，天地阴阳二气氤氲交汇，身体气血得以通达。第四步，两掌握成空拳，接着向上翻掌，手掌完全打开，掌心向上，掌背平贴地面，双手握拳翻转，手掌完全张开，掌心向下贴地，头离开地面起身，右手移回右膝前方位置，左掌举回胸前，右掌将身体撑起并直腰起立，双手在胸前合掌站立，这样就完成了一次完整的跪拜动作。跪拜动作使全身所有的关节都得到了活动，在跪拜运动过程中，不但全身筋骨和十二条经络得以运动疏通，而且体内的五脏六腑都受到应有的按摩，如果坚持每天早晚 108 次跪拜，能让气血在全身运转越来越通畅。为什么是 108 次跪拜？寓意着祛除人的 108 种烦恼，跪拜不仅可以消除心里焦虑、贪欲和烦躁不安，还能让心灵回归到清净无染的状态。跪拜已经成为韩国和欧美等国家的重要健身运动，一些患有心脏病、脂肪肝、关节炎、糖尿病和其他各种慢性病人都从早晚 108 次跪拜运动中获得了不可思议的好处，甚至不治而愈。跪拜的动作虽简单，但确实能让人的身心健康受益匪浅，身心健康者的谛听能力当然也比较强。

上述四种提高谛听能力的修炼方法是从自身实践经验中总结出来的，根据个人情况可以选择一种或者几种方法。无论选择哪一种方法贵在持之以恒，只要能正确地坚持练习，经过一段时间以后，相信身心健康和听闻能力方面一定会有所提高。

二、善于聆听的沟通交流艺术

中国有句俗语："说三分，听七分。"西方也有一句谚语："用十秒钟时间讲，用十分钟时间听。"在各种沟通交流的场景中，会说话不如会聆听。在对世界五百强企业做了一项调查后发现，其中 59%被调查企业，他们对员工提供聆听能力提升的训练。训练结果表明：企业管理水平、上下级沟通、各部门及其员工之间沟通交流的顺畅度得到显著提高，在聆听训练和工作效率之间存在着直接的关联，经过聆听能力训练的员工精神状态饱满，注意力比较集中，没有经过这项训练的员工的工作效率则相对要低得多。聆听是沟通交流过程中的重要环节，是获取有效信息，并正确及时地反馈给对方的必要手段，适时地保持与对方眼神的交流，能令对方感觉到对其言辞的重视，而且善于聆听者还能从对方的表情神色中吸纳额外信息，更不会轻易地打断对方的谈话，始终保持和控制平稳的心境将注意力集中在沟通交流的内容上，这样有助于把握对事物发展动态并作出正确的判断和决策。此外，在聆听中还可以增长知识和开阔眼界，减少因为不了解情况而出现失误。《鬼谷子·反应第二》云："已欲平静以听其辞，观其事，论万物，别雄雌。虽非其事，见微知类。"鬼谷子不仅重视如何说服别人，同时还主张怎样聆听。用平静的心态聆听对方的言辞，可以明察事理，在论说万物中，善于辨别是非，虽然有些言辞与沟通目标无关紧要，但是可以从细小的征兆中通微见几，最终能获得解决问题的智慧。在沟通交流中侃侃而谈者，言语海阔天空，说话的语速快、辞令丰富，有时听起来令人感觉激烈尖锐，然而言辞却粗枝大叶，许多漏洞也尽在其中，使得沟通丧失了应有的效果。这一点非常值得企业从事市场营销业务的员工注意，有一些经验不足的销售员仍然沿袭着过去游走江湖的术士街头叫卖大力丸的方式与顾客进行沟通，无论顾客听进去多少，是否愿意听，总是滔滔不绝地向顾客推荐商品特性和优点。某家大型商场正值新春佳节搞家电促销活动，一位销售人员拿着话筒像背诵台词一样介绍某款知名品牌的洗衣机，在夸夸其谈的介绍中，他持续不断地重点推荐了洗衣机采用了纳米技术。当时有一位顾客问："什么是纳米?"回答说："纳米是当前使用高新技术开发的一种新材料，具有保洁抗菌功能。"顾客禁不住笑着说："纳米是长度单位，啥时变成材料了?"由此可知，言多必有失，侃侃而谈不如在优雅平缓的心境中聆听而静观其变。

聆听是一门沟通交流的艺术，很多细节需要在平时训练，这决定着聆听的信息量和品质。谛听能力主要集中于内心的修炼，聆听则是注重于外在的修炼。聆听不只是仔细听对方的言辞内容，还要善于观察对方的举止行为来确定其内心思想的变化，从而发掘和获取真实有用的信息。如何才能改善聆听的品质呢？关于聆听品质的修炼，基于鬼谷子的思想，在此，提出一些可操作的具体方法。首先，在聆听中望闻问切，沟通时要给予对方一个舒缓放松、安静祥和的谈话氛围，时间最好安排在上午 9 至 11 点或者晚上 19 至 21 点，地点选择在环境优雅的企业会客室，或者外面远离喧闹的咖啡厅和茶社。在这种沟通环境里，人的心情处于平和状态，语言陈述、面部表情和肢体动作都是自然流露，在聆听的同时，通过望闻问切可以明察对方心理活动状态，然后才能与人进行有效的沟通交流。孔子曰："未见颜色而言之，谓之瞽。"如果一个人不能够察言观色，了解他人的情绪状态，而胡乱地开口说话，沟通交流时就会像盲人一样辨不清方向而到处碰壁。《鬼谷子·揣篇第七》云："夫情变于内者，形见于外，故常必以其者而知其隐者，此所以谓测深探情。"那些内心情绪发生变化的人，必然有相应的神态在外表流露出来，通过显露出来的表面现象了解其隐藏于内的心理变化，这是所谓的测深揣情之道。揣情之道与现代心理学有很多相通之处，在实际沟通交流中两者可以取长补短，正常人在沟通交流时的语速声调、面部表情和说话方式都是内在心理活动的表象。有的人控制情绪能力非常强大，可以不露声色，让人无法了解其真实想法，然而无论怎样掩饰，总能在某些不经意的瞬间被对方捕捉到心理变化的蛛丝马迹。中医经典认为："有诸形于内，必形于外。"这是在聆听过程当中全息理论的应用和全息效应的体现，尤其人在放松状态下沟通交流时，最容易去伪存真，因为言谈举止和面部表情都是受到心理状态控制的，即使遇到善于伪装的人，还是能从外相上发现其内在的心迹。作为聆听者必须保持头脑清晰，而且要进入到“谛听谛听，善思念之”的状态，不仅将对方说话内容入心，更要从说话的情态、声音语调、姿态动作和面部表情来分析其真实意思表达，于细微之处见真章。如何领悟和运用揣情之道？以下内容从不同角度分别加以阐述：

1. 语态识人

在人际沟通交流中，有的以笔体、字迹识人，有的以五官、身型等外貌识人。其实，说话的语态特别是声音也能反映一个人的心智模式，可以从中揣摩一个人的心理活动。人的说话语态可以概括为以下几种类型：

第一种，稳重深沉型。这种人在沟通交流时，对事物的理解分析有独到见解，神态安静沉稳，语速不紧不慢，声调比较低沉，善于聆听，不轻易打断对方的话语，言语有一定的可靠性。但是，在处理人际关系时缺少沟通交流的智慧，往往得不到重用，被褐怀珠玉，有抱负却无法施展。

第二种，言语犀利型。这种人言辞尖锐，自认为辩才无碍。与其交谈不得不注意自己言辞是否存在纰漏，一旦被其发现纰漏便无可辩驳。虽然能抓住问题的关键，眼光犀利，但是由于过分盯着局部细节导致忽略了全局，与其沟通交流，话说多不如少。言语犀利型者比较坦诚、城府不深，说话直截了当，为人做事热情冲动，说话不懂得曲折有情，难免会伤人而不自知。

第三种，夸夸其谈型。这种人的特点是令人感觉无所不知、博学多闻，而且能把许多当前最新网络、科技、新闻等词语脱口而出，经常让那些阅历肤浅的人仰视，然而从滔滔不绝的话语中可以看出，其实对任何一件事都不精通。当然有的人确实知识面宽，尤其遇到感兴趣或其专业特长的话题，都会夸夸其谈不绝于耳，但是，说得很多，可靠度和实践动手能力不一定很强。

第四种，优雅婉转型。这种人说话语速比较慢，语气平和温顺，容易与人相处。优雅婉转型者属于情感细腻，为人宽厚仁慈，心胸优雅大度，处理问题比较圆融，沟通交流温文尔雅，态度柔和的言辞令人放松，不轻易与人辩论，从事任何职业都能有良好的人际关系，尤其适合对外沟通交流。

第五种，幽默风趣型。这种人的声音显得活泼开朗、乐观活跃。无论走到哪里，往往会成为人群中焦点。幽默风趣的人在酒桌和聚会等场所善于避免冷清的尴尬，能起到放松和有效调节沟通气氛的作用。

第六种，保守含蓄型。语音柔和声音比较小，很少主动就某一话题展开讨论，属于感情细腻、敏感多疑型。他们不希望让别人了解自己内心真正的想法，非常在乎别人对自己的看法和感受，是理性谨慎的人，有时说一句话都会仔细思考如何让言语更得体。保守含蓄型常常会让人感觉不真实、不坦诚，内心想法和思虑颇多，又不愿与人倾诉，容易导致焦虑和抑郁。

2. 声音识人

《现代汉语词典》对声音解释为："声波通过听觉所产生的印象"。即一种由物体振动而发生的波造成的听觉印象。古代声与音有不同的解释，清朝学者段玉裁《说文解字》注解："生于心有节于外谓之音，宫商角徵羽，声也。"声主"张"，寻发处见；音主"敛"，寻歇处见。声音有五行之象，土声深沉厚重，木声高远嘹亮，火声焦躁热烈，水声婉转优雅，金声和雅清润。人的声音同样包含着感情色彩，让听者引起不同的心理效应。曾国藩《冰鉴》云："人之声音，犹天地之气，轻清上浮，重浊下坠。始于丹田，发于喉，转于舌，辨于齿，出于唇，实与五音相配。取其自成一家，不必一一合调，闻声相思，其人斯在，宁必一见决英雄哉！"人的声音犹如天地阴阳之气，从声音的清浊可以辨识性情。语速的高低快慢、语调音色刚柔清浊和说话的风格都能表现出其内在的心理活动。当人在喜怒哀乐惊恐悲等情绪控制下，说话的声音自然就随之表现了出来：喜悦的声音和谐优美；怒气冲冲的声音如虎啸狮吼；悲伤的声音如泣如诉。因此，通过语音声调可以了解一个人的内心世界。

《韩非子·难三第三十八》中记载了这样一则听声辨音断案的典故：春秋时期，郑国有名的政治家子产早晨乘车出门，经过东匠闾时，听见房宅里一位妇女在哭泣。子产按住车夫的手，示意将车停下来仔细聆听。听了一会儿，子产马上派遣差官把那个妇女抓到府衙来审问，经过仔细审问，她供认是自己亲手绞死了丈夫。

众位差官无不佩服子产，子产的车夫问："您凭什么知道那个妇女就是凶手？"子产说："她的哭声显得恐惧。一般说来，大家对于自己亲爱的人，刚生病时心生忧愁，声音充满哀叹；面对死后的亲人都会充满悲哀之情，声音通常因为过度悲伤而哀号恸哭。现在她哭泣已死去的丈夫，并不是悲哀音调，而是隐含着恐惧虚伪的声音，所以知道她一定有奸情。"

子产通过哭泣的声音就能明察秋毫，破获一起谋杀亲夫的案子。只有具备谛听的智慧和善于聆听的经验才能闻声识人。内心虚伪恐惧的人说话声音紧张颤抖；诡计多端的人，心怀鬼胎，说起话来阴阳怪气；内心刚健中正的人，声音洪亮，说话有条理性和节奏性；内心善良柔和的人，语气温和，如潺潺流水。因此，在沟通过程中仔细聆听对方言语，通过辨识说话的声音来深入地了解心理微妙的变化，这也是揣情之道的具体运用。

《麻衣相法》对声音有系统论述："夫人之有声，如钟鼓之响。器大则声宏，器小则声短。神清则气和，气和则声润，深而圆畅也。神浊则气促，气促则声焦急而轻嘶也。故贵人之声，多出于丹田之中，与声气相通，混然而外达丹田者，声之根也。舌端者，声之表也。夫根深则表重。根浅则表轻，是如声发于根而见于表也。若夫清而圆，竖而亮，缓而烈，急而和，长而有力，勇而有节，大如洪钟腾韵龟鼓振音，小如玉水流鸣琴征奏曲。”声音宏亮的人器宇轩昂，声音如同钟鼓，心里怀有善意；神清气爽的人声音圆润；声音低沉的人，头脑清晰灵活，诚实守信；无论男女，说话有气无力，末尾音也听不清楚，做事虎头蛇尾，难以获得成功；人在说话时像猫叫，这种人说到容易做到难；说话喜欢高谈阔论和慷慨陈词的人，虚荣心比较强，缺乏诚实可靠的品性。

3. 情态识人

情态实质是一个人表现于外在的气质，或者说是人所彰显的一种生物场。曾国藩对人的情态做了归纳，他提出：“情态者，神之余，常佐神之不足。久注观人精神，乍见观人情态。”与人接触，只有经过长时间交流以后，才能很好地了解一个人的品德修养，初次见面与人沟通交流所产生的印象主要通过观察情态来获得。古人说：“白头如新，倾盖如故。”有的人一见面就感觉似曾相识很久，成为一辈子的好朋友，有的人相处来往很久却仍然形同陌路。人与人能不能和睦相处与情态是否相应有很大关系，有什么样的气质修养就会表现出对应的情态。人的情态分为四种基本类型：

一是弱态，像飞鸟依人，情态委婉柔弱。弱态又包括三种情形，第一种类型是本性懦弱，性格优柔寡断，与人相处没有主见，容易随波逐流，大多数是以好好先生的面目示人，遇到困境和挫折往往忍气吞声、逆来顺受，对未来没有长远追求，重视眼前利益。第二种类型是针对女性而言，女人当以弱态为美，优雅端庄，体态婀娜多姿，一副香艳飘逸之态，就像《红楼梦》中的林黛玉和古代美女西施，病态也是弱态之美。她们的情态和气质虽柔弱娇美却冰雪聪明，粉香处弱态伶仃，回头一笑百媚生，这也是一种女人本有的天生丽质。第三种类型是胸怀大志示人以弱的英雄豪杰，在时机不利情况下，韬光养晦，以退为进，一旦机缘成熟便飞龙在天，成就大业。这种弱态实乃深谙老子“弱者道之用”的智慧。中国历史不乏其人：卧薪尝胆的越王勾践以弱态让吴王夫差放松了警惕，最后成就霸业；三国时期与曹操青梅煮酒论英雄的刘备更是善于以弱态示人，以至于后人这样评价刘备，他所建立的蜀国江山大业绝大部分是靠眼泪哭出来的。

二是狂态，为人不修边幅，旁若无人。狂态者大多超出常人的情态气质，为人特立独行，对现实愤世嫉俗，为人最显著的性格特点就是狂放不羁和恃才傲物，有不同寻常的理想追求，其行为和处事方式也非平常人所能理解和认同的。如果时运不济，只能孤芳自赏沉醉于个人的思想意识中。狂傲自居者也有很多通过勤奋学习，最终取得过人的业绩。历史上著名的狂人有春秋时期楚国隐士陆接舆、汉朝辞赋家东方朔、清朝扬州八怪之一的郑板桥、清朝末年辩才无双的辜鸿铭等，皆属此类狂态。

三是疏懒态，是典型的不修边幅、我行我素的个人主义者。为人行为随意自如，言语随心所欲。其人眼光犀利，恃才放旷，对事情的发展能一眼看穿本质。疏懒态者思想敏锐，但缺乏行动力，总是说得多、想得多，虽有奇思妙想，却很少付诸行动，除非对某件事情有特别的兴趣。这种人大多淡泊名利，多以隐士自居。中国历史上著名的隐士众多，小隐隐于山，中隐隐于市，大隐隐于朝野：隐居深山者，放下名闻利养，与世无争，以辞去官职退隐山林的陶渊明为代表；隐居闹市者，视嘈杂喧闹而不见，像在朝堂做官却不问政事、明哲保身的王维；隐身于朝野，面对争名夺利、勾心斗角却能大智若愚，以清净幽远的心境淡然处之，被称为山中宰相的南朝陶弘景，虽然隐居山林之中，但是涉及国家大事，皇帝还要亲自向他请教。

四是周旋态，为人有智有谋，不苟言笑，善于察言观色。这种情态的人往往智商高，善于处理复杂的人际关系，面对复杂情况善于控制和把握全局的发展态势，具有很强的环境适应能力，与任何人交流都能游刃有余。无论从事士农工商哪一种职业可以独当一面，他们在不同的行业领域中都能迅速适应，并能取得良好的工作业绩。周旋态者有两种类型：一是为人刚健中正，敢于坚持原则和正确立场，是难得的人才。中国历史上完璧归赵的蔺相如和出使楚国的晏子都是周旋态的典范。二是行事唯唯诺诺、没有原则的谄谀之相，就成为唯上是从、阿谀奉承的小人，宋朝秦桧、明朝魏忠贤和严嵩、清朝和珅等人都是在皇帝眼前极尽周旋之态的奸臣和弄臣。在当今时代，此类擅长投其所好的周旋态者仍然比比皆是，在沟通交流中不可不谨慎防范。

4. 姿态识人

在聆听对方谈话时，观察一个人谈话过程中的姿态、神色和习惯性细节动作，也能从中了解特定的心理特征和行为模式。常见一些习惯性动作及其反映的性格特点举例如下：

第一，边说话边习惯性眨眼，目光闪烁不定，这样人心胸狭隘，其言辞不太令人信任。

第二，交谈时习惯用眼睛盯着别处看，尤其是头稍微偏向一侧，或者边说话边摸下巴，代表此人做事谨慎，警戒心很强，不轻易表露内心真实想法，所以，面对他们应避免出现过度热情或是开玩笑的言语。

第三，说话喜欢故意提高音量，引起别人注意，有本位主义倾向，对自己非常自信，希望被别人阿谀奉承。

第四，衣服穿戴不拘小节，喜欢按照自己的个性穿着打扮，这种人言行过于随意，不愿意受约束。

第五，谈话时，两手交叉环抱在胸前，表明做事防范性和警惕性比较高，固执己见和行动力强。

第六，在沟通交流过程中，总用手摸鼻子或者眼镜框，表明内心有些慌乱并有可能在撒谎，说话时目光不敢直视对方，是心虚的表现，这种人说话令人感觉有气无力。

第七，在说话时，挺胸抬头，腰板笔直，目光炯炯有神，表明此人信心十足，有很高的内涵修养；反之，手足无措显得一副坐立不安的样子，眼睛总是左盼右顾，说话时不敢正视对方，说明心中惴惴不安，对新环境的适应能力比较差，尤其在处理突发性事件时更是难以应对。

第八，走路时上身向前微倾，表明此人性格内向平和，做事谦虚谨慎，与人沟通交流不会花言巧语，属于外冷内热型，表面少言寡语，但重视情义，可以成为可信赖的朋友。

第九，走路姿态和步伐比较随意，有时双手插进裤子口袋里，或者隐藏在袖口里，这种人不轻易对别人敞开心扉，生活没有约束，往往不拘小节，有成就一番事业雄心。

第十，走路喜欢低头，动作比较迟钝，总是不时地观望周围的环境，内心有一种不安全感，似乎害怕别人了解自己。这种人胸无大志，喜欢贪图小便宜，不善交朋友，喜欢自己独居生活，由于心思和念头繁杂，不能全身心地投入和专注到某项任务中，所以工作拖拉，办事效率也很低。

第三节　高品质沟通的语言文字修炼

一、语言文字修炼水平决定沟通交流能力

语言文字是人类传递思想、表达意思和沟通交流最重要的方式和最基本的工具，不但是保存和传承人类文明最重要的载体，还是推动社会发展进步的动力。人与人以及企业团体之间的沟通如何才能达成观点一致并且建立长久的和谐融洽的关系？从文字应用研究和语言表达力修炼开始，中国语言文字是世界上内涵最为丰富和智慧的符号体系，在对事物描述的精度和表达意思的深度方面具有其他文字不可比拟的优势，在字形字音、文字表达和语法词义都有非常明确的意思，无论书面撰写还是口头表达注重精炼准确，同时又独具不可琢磨的模糊性，改变一个字或者标点符号都会形成和表达不同的意思。中国人对语言文字的研究和应用是任何其他国家民族文字所无法超越的，尤其对文字的推敲有惜字如金和吐字如玉的说法，以尽可能简练的文字

表达出最确切的含义。中国古诗词和文言文是使用最少的汉字阐述最深邃和最智慧的意义，这都是中国语言文字精准应用的体现。晋代文学家陶渊明曾经作过一篇题为《陨盗》的文章，全文只有24个字："蔡亟有勇气，声若雷震。尝有二偷入室，亟附床一呼，二盗具陨。"文章虽短，却逼真地写出了故事情节和人物特点。唐朝齐己和尚所作"前村深雪里，昨夜数枝开"的诗句被好友郑谷修改了一个字，变成"前村深雪里，昨夜一枝开"。诗中表达的意境更加耐人寻味，这是历史上"一字之师"的典故。中国当代著名诗人赵振开（笔名北岛）的诗歌《生活》只有一个字："网"，其中的韵味和穿透力让人深思。西方国家同样也注重语言文字的修炼，在文字表达方面力求精益求精，避免冗长乏味的长篇大论。美国耶鲁大学是一所世界著名的高等学府，有5位美国总统、16位诺贝尔奖获得者和80多位普利策新闻奖和奥斯卡奖获得者毕业于该校，造就了无数世界顶级人才。在耶鲁大学建校300年校庆典礼上，校长的讲话稿仅有几百字，致辞不到一分钟时间。学校300年的光辉历史，校长只用了一分钟时间全部概括，文字多么言简意赅。虽然中国语言文字表达精确、含义深刻，但是，同字不同音、同音不同义使得在沟通交流中存在着很大的模糊性，必须将口头交流与书面文字有机结合起来。现代人沟通交流出现障碍和表达力比较差的重要原因之一与对汉字字音、字义的误解误读有很大关系。古人对语言文字的探究应用非常严谨，例如，《弟子规》"出必告，返必面"和《论语·颜渊》"子曰：'忠告而善道之，不可则止，无自辱焉'"，这两句文字中的"告"读音应该为"gù"，而不是"gào"，后者读音则少了古代应有的礼仪。所以，首先要把汉字读音搞清楚，同一个汉字读音不同，其意义也可能完全不同。还有读音相同或相近，如果不是书面写出文字根本无法理解其义。例如，赵元任20世纪30年代初所写《施氏食狮史》"石室诗士施氏，嗜狮，誓食十狮。施氏时时适市视狮。十时，适十狮适市。是时，适施氏适市。氏视十狮，恃矢势，使是十狮逝世。氏拾是十狮尸，适石室。石室湿，氏使侍拭石室。石室拭，氏始试食是十狮。食时，始识是十狮，实十石狮尸，试释是事。"全文总计有96个读音相近的字（正文91个字，标题5个字），是中国文字表达和巧妙应用的经典案例。在国学经典中更是追求文字准确无误，否则一字之差都会令全篇内容走入歧途。像中国禅宗虽然以"教外别传，不立文字"为基本修学纲要，但是对文字表达和教理禅机的领悟却是非常严谨，在一问一答之间，是否真正破迷开悟而证得禅机也就在只言片语中，在禅宗经典中有这样一个广泛流传的"野狐禅"公案：

百丈禅师每天上经堂为信徒们讲经说法，经常见到一位老人听法之后并随大众散去。有一日他讲经完毕，老人却站着原地并未离去。于是百丈禅师问道："下面站立者何人？"老人回答说："我在五百年前曾经住在此山，有学人问我：大修行人还落因果否？我说不落因果，结果我堕落成为野狐身。今天请和尚代一转语。”禅师说：“汝但问无妨。”老人便问：“大修行人还落因果否？”禅师说：“不昧因果。”老人于言下大悟，向禅师告辞：“我已托野狐之身，住在山后，请禅师依照亡故出家僧人之礼火化相送。”第二天，百丈禅师让众僧到后山寻找亡故僧人，众人不解其意，禅师亲自带领众人到了后山，在大盘石上找到一只已死亡的狐狸，诵经并斋后，按送别亡僧之礼将其火化。因为“不昧因果”和“不落因果”一字之差落入野狐之身，这就是禅宗流传至今的野狐禅公案。

语言文字修炼是一门艺术，文字精准才能正确表达真实意思，像企业规章制度、文案撰写、信息发布以及合同签约等都与文字书写有关，力求避免字义模糊的内容。产生模糊的原因，除了语法问题以外，还与文字书写习惯、语法和标点符号息息相关，这些都是影响沟通交流的重要因素。在很多文案中，由于某些语法细节和书写不规范，经常出现表达不明确和意思相反的情况，以下是一些文字表达模糊与歧义的实例。

1. 言辞模糊，语义相背

由于中国汉字多音多义，用词不当就容易产生模糊性的语义，让人误解其义。同样一句话在不同环境和使用不同语气表达，理解的意思可能会大相径庭。例如，有这样两句话：“冬天，能穿多少穿多少；夏天，能穿多少穿多少。”“他一直单身的原因：原来是喜欢一个人，现在是喜欢一个人。”关于汉字语言表达在近代还有这样一则典故：

过去有一位私塾先生在学堂讲课时写了一句话：“绵绵阴雨二人行，怎奈天不淋一人。”然后问下面的学生：“说说你们对这句诗的理解吧，为什么不淋一人呢？”第一位学生回答说：“两个人在雨里行走，有一个人没有淋雨，另外一个人肯定带着雨伞。”先生不做声。第二个学生说：“两个人走在雨里，一个人却没有淋到雨，那肯定是一场雷阵雨，才可能有一个淋不到雨。”还有其他学生相继回答，没有一个人的答案令先生满意。最后先生说道：“你们的答案只停留在文字表面，执着于‘不淋一人’这一点。不淋一人其实很简单，不就是两个人都同时在淋雨么？”

中国语言文字需要仔细推敲才能准确地理解所表达的真实意义，不但要注重长期的读书学习，有时还需要改变个人的习惯性思维，才能提升对语言文字的表达力和理解力。

2. 标点虽小，意义重大

中国古代书写文字没有断句的标点符号，在阅读这些文字时，由于断句不同，最后解释的意思可能完全相反。下面是一则过去教书先生利用语言断句来教训吝啬财主的故事：

从前有一个老财主，为人非常吝啬，每年都要为家里孩子聘请一位私塾先生来家里授课，可是到年末结账时就故意刁难私塾先生，所以教书先生们都不愿意到他家教书。有一天，来了一位外乡的教书先生来应聘，对老财主的吝啬早有耳闻，他也是为专门教训老财主而来。老财主要与教书先生签订协议，教书先生提笔写到："无鸡鸭也可无鱼肉也可唯白菜豆腐不可少不得要学费银子三十两立字为据不可反悔。"写完，递给老财主说："你看这样可否?"老财主接过来一看心里念道："无鸡鸭也可，无鱼肉也可，唯白菜豆腐不可少，不得要学费银子三十两，立字为据不可反悔。"按照他自己的理解觉得自己占了便宜，喜上眉梢说："如此这般甚好。"

转眼一年时光过去了，先生尽心尽力教学，老财主的孩子学业也大有长进。先生向财主讨要工钱，吝啬的财主把眼睛一瞪说："无鸡鸭也可，无鱼肉也可，唯白菜豆腐不可少，不得要学费银子三十两。字据写得清楚为什么向我讨要工钱?"教书先生拉着财主到了县衙找县官评理，县官说："把字据呈上来。"教书先生把字据交给县官看了以后，然后一字一句念道："无鸡，鸭也可，无鱼，肉也可，唯白菜豆腐不可，少不得要学费银子三十两，立字为据，不可反悔。"县官也是为了主持正义，教训一下这位吝啬的财主，当堂宣判财主付给教书先生三十两银子。

3. 语言歧义实例分析

由于汉字和语法相对其他语言复杂得多，在与人交流或者各种合同签订或者文案编辑中经常会出现一些内容歧义的现象，导致意思表达不清楚，相互之间发生误解，由此产生合同纠纷的案例也不在少数。由于汉语的一词多义、语法灵活和表达方式多变，如果撰写文案粗心大意，那么语言歧义现象便经常发生。以下列举并分析一些常见的语句歧义例子：

第一，词语多义，是指一个词具有两种或两种以上的意义。在语言实际运用中，词语多义的情况非常普遍。例如，"我要热饭"，"热"有动词和形容词两种词性，第一种意思是我要热的饭，第二种意思是我要去热饭。对于词语多义的情况，为了避免歧义，必须指定语境添加具体限定词语，"我要热饭"修改为"我要去厨房热饭"或者"我要一碗热饭"，这样修改以后，语句意思就表达清晰了。

第二，语义目标不确定产生歧义。"对技术人员的意见"，在这句话中目标有两个，导致语义模糊。第一种意思是给技术人员提出意见，第二种意思是针对技术人员所提出的意见。修改为"对技术人员所提出的意见"意思就明确了。

第三，结构层次不明确产生歧义。一个语言单位具有多种结构和层次关系，也容易由此产生歧义，这种情况在企业文案撰写中比较普遍。例如，“三个企业的工程师”，该句子可以有两种断句形式：第一种形式“三个／企业的工程师”，意思是有三位企业工程师；第二种形式“三个企业／的工程师”，意思是在三家企业里工作的工程师。

第四，组合关系或者词类不同造成歧义。例如，“公司总部下达通知说，让李厂长本月 16 日前去汇报。”这段句子初看没有语病，然而仍然存在着两种意思：第一种形式：“公司总部下达通知说，让李厂长本月 16 日前／去汇报。”第二种形式：“公司总部下达通知说，让李厂长本月 16 日／前去汇报。”由于“前”的组合关系不同，最后表达的意思有很大差异。

第五，断句停顿产生歧义。古代有一则文字典故，说一位文人到朋友家里拜访，天晚了，又下起了雨。这位朋友不想让他留宿，就写了这样一张字条：“下雨天留客天留我不留”。这位文人决意要留下来住宿，将这段文字提笔断句变成：“下雨天，留客天，留我不？留！”该典故讲的就是因为标点断句不同而出现了歧义。

二、鬼谷子语言文字艺术及沟通智慧解读

沟通交流没有固定模式，法无定法，仅仅依靠学习一些所谓肤浅的沟通技巧是不可能领悟到其中玄妙甚深的沟通智慧。沟通能力高低与人的德行、修养和文化有关，与学历高低关系不大，沟通能力也是一个人内心境界和品德修养的彰显。有的人几句话就可以解决看似绝杀无解的难题；有的人擅于从看似毫无头绪的千丝万缕中找到突破的契机；有的人机智灵活，羽扇纶巾，谈笑间面对棘手、应急的问题能心生智慧，在瞬间便化解危机，从“山重水复疑无路”走向“柳暗花明又一村”。如何修炼成为一位沟通的智者？下面解读鬼谷子先生的语言文字艺术，及其在沟通交流中应用。

1. 口者，沟通之机关也

《鬼谷子·权篇第九》云：“故口者，机关也；所以关闭情意也。耳目者，心之佐助也；所以窥间见奸邪。故曰：参调而应，利道而动。故繁言而不乱，翱翔而不迷，变易而不危者，覩（睹）要得理。”

人的口才是关键，可以晓之以情，动之以理，打开对方的心扉增进沟通感情。听思聪，视思明成为心智顿开的有效途径，可以洞察对方的正邪，心、眼、耳三者相互协调，就能使得事物发展朝着有利的方向推进。使用丰富的语言表达方式也会使沟通交流条理清晰而不会产生歧义，即便在交锋辩论中也不会迷失目标和方向，面对突发的变故能应对自如，化危机为生机，这是因为把握并领悟了沟通交流的智慧。口才绝对不是滔滔不绝的演说或当众讲

演能力，而是能抓住契机，切中要害的表达力，有时是大智若愚，有时是大音若希，有时还可能以退为进，沟通之要全在于心智顿开，让沟通得时、得地、得位，达到化腐朽为神奇的境界。且看下面一则典故：

《美国偶像》是一个收视率很高的电视综艺选秀节目，从 2002 年开办至今曾成功发掘出多个新星和美国新一代歌手。有一年现场直播节目出现了一位梳着头型土气、长着大龅牙的华人参赛选手孔庆祥。他是 11 岁从香港移民到美国，当时是在某大学读三年级的学生。这位小丑男演唱的是瑞奇·马汀的“She Bangs”，演唱水平却达到了空前绝后的差劲，而且舞姿僵硬，英语错漏百出，歌曲的旋律大部分走调，还没唱到一半，台下观众和评委们已笑成一片。一位黑人评委甚至用一张白纸遮掩着脸，肆无忌惮地狂笑，另一位评委也是著名的电视人西蒙·科洛维尔忍无可忍，打断了孔庆祥的表演问他：“你既不能唱，也不能跳，你来干什么呢?”此时，所有人都会以为孔庆祥会在大家的狂笑声中狼狈不堪地逃离舞台。但是令人出乎意料，孔庆祥十分平静地说：“我已经尽力了，所以完全没有遗憾。要知道，我并没有接受过任何专业训练。”说完，他淡定地向评委和观众们致谢，背着他的黄包走下舞台，像是一个赶去教室上课的学生。

让孔庆祥也没有想到的是，他在舞台上那两句平静的回答，令他一夜间成为美国人的偶像！在现场直播当天，至少有 3 家门户网站专门转播了他的表演，其中一家网站 4 天的点击率竟然高达 400 万次。有人还即时建起了孔庆祥个人网站，访问量在一周内超过 700 万次，女孩们在网站留言，表达爱慕之情，甚至要以身相许。这个节目被传到多个国家和地区，无数的电视台、广播电台反复重播。《洛杉矶时报》、《人物》杂志及一些权威的电视节目对他进行采访，牙科诊所希望能免费为他做牙齿矫形，牙齿保健商希望和他谈广告合约等等。三个月以后，孔庆祥推出了首张个人专辑，在美国发行首周热卖 3.8 万张，在专辑销量上排第 34 名。

华裔小丑男孔庆祥一夜之间成为美国偶像，看似非常偶然，但是偶然之中却包含着必然。这位蹩脚歌手在那么强大的评委面前不过是弱势群体中一员，既无实力，也无英俊的面孔，一位社会学家道破了他意外成功的原因，现代美国人一直都在崇尚和认同传统朴素的“土气”。“我已经尽力了，所以完全没有遗憾”这句话充满了坦诚的朴实，点中了美国人心灵最纯真的要穴，激活了人们心底最真实、质朴的一面，它是伴随着人类千百年始终不褪色的东西。鬼谷子先生在《鬼谷子·权篇第九》讲述沟通语言的权重和分量，掷地有声并重如千斤的表达力是突破沟通障碍和化解困境的巨大能量，绝非沟通交流中只关注眼前利益得失的权益之术，而是具备把握控制局面和转化危机的能力，正可谓“故繁言而不乱，翱翔而不迷，变易而不危者，睹要得理”。在中国历史上有这样辩才无碍的高超沟通智慧者比比皆是，除了鬼谷子的两名优秀弟子纵横家苏秦和张仪外，还有战国时期提出白马非马论的哲学家公孙龙、后秦时期高僧鸠摩罗什、三国时期舌战群儒的诸葛亮等。在当代沟通智慧和魅力为世界各国所折服的人物当属中国人民最敬爱的周恩来总理，周总理在外交活动中睿智的沟通艺术和一些典故至今广泛流传。曾经有西方记者问：“在你们中国，明明是人走的路为什么却要叫‘马路’呢?”总理不假思索地回答：“我们走的是马克思主义道路，简称‘马路’。”美国代表团访华时，曾经有一位官员当着总理面说：“中国人很喜欢低着头走路，而我们美国人却总是抬着头走路。”总理微笑着说：“这并不奇怪，因为我们中国人走的是上坡路，而你们美国人走的是下坡路。”中国人的沟通智慧不可思议，与中华民族五千年来传统文化的沉淀和古圣先贤智慧荫庇分不开。

2. 洞察裂隙，抵戏修炼

《鬼谷子·抵戏第四》云：“戏者，罅也。罅者，涧也。涧者，成大隙也。戏始有朕，可抵而塞，可抵而却，可抵而息，可抵而匿，可抵而得，此谓抵戏之理也。事之危也，圣人知之，独保其身；因化说事，通达计谋，以识细微。”所谓“戏”就是“缺罅”，“罅”是指容器的裂痕，容器裂痕会由小变大，所以要在裂痕出现时，可以通过“抵”使得缺罅弥合，让大事化小，小事化了。然而“抵”绝不是简单地弥补裂隙，而是化解缺陷于无形之中，这是“抵”的要理所在，也是在沟通交流中所领悟的更高层次的智慧。任何事物总会有瑕疵不足，在沟通交流过程中难免会出现意想不到的漏洞和危机，如何应对危机便是抵戏之道，也是提高语言说服力的一种修炼。当事情出现危机时，只有觉悟的智者才知道怎样圆满地化解保全，因为觉悟的智者了解事情变化的来龙去脉，有通达心机的谋略，从对方细微之处找到抵戏的妙法。下面是一则应对沟通危机而保全自身的典故：

从前一个国家有一项很特别的习俗；任何人在国王宴席上都不可翻动菜肴，只能吃上面的那部分，否则就是侮辱国王，要被处以杀头。有一次，国外使臣来到这个国家，国王非常高兴地设宴招待使臣。宴会开始了，侍者端上来一条盖着香料的鱼，这位使臣不知道这个国家的习俗，就把鱼翻了过来，大臣们看见了，齐声喊道：“陛下，您遭到了侮辱，必须马上处死他!”国王叹了口气，对使臣说：“你听见了吗？如果我不处死你，我就会遭到臣民们的嘲笑。不过，看在你并不知道这个规定，而且贵国与我国又非常友好的份上，你在临死前可以向我请求一件事，我一定答应。”使臣想了想说：“既然这样，我也没办法，就向您提一个小小的请求吧。”国王说：“好，除了给你生命，什么要求，我都能满足。”使臣说：“我希望在我死之前，让每一个看见我翻鱼的人都挖去双眼。”国王大吃一惊，赶忙发誓说，自己其实什么也没看见，只不过听信了别人的话。接着大臣们也面面相觑，然后一个个站起来，指天画地发誓说自己什么也没看见，不应该被挖掉双眼。最后使臣微笑着站了起来说："既然你们没看见我翻动那条鱼，为什么要处死我呢?"国王与众臣们没办法，只好招呼使臣继续吃饭，就这样使臣凭着机智保全了自己。

从这则典故可以领略到使臣的机智，巧妙地化解了危机，这也是抵戏之道的灵活运用。在沟通交流以及双方合作过程中，难免会出现各种漏洞和缺陷，尤其面对突如其来的危机和裂隙时，如何弥补和应对？要想从容不迫地圆满化解，没有明心见性的智慧，恐怕很难将抵戏之道运用到挥洒自如的地步。只有明心见性的智者才能突破自身的眼识、耳识、鼻识、舌识、身识、意识长期以来所积累的障碍，洞察其中裂隙的关键所在，然后从对方或者自身发现解决问题的方法，使得事情朝着完美的方向发展。所以，一个人说服力高低不在于嘴上滔滔不绝的演讲口才，抵戏之道和辩才无碍的智慧始于内心的觉悟。

3. 无人我之相，沟通圆满之要

人与人之间的沟通就像两股不同水流一样，只有开凿出共同的流通渠道，才能交汇融合。沟通交流的目的是使双方达到和谐相融的一体状态，你即是我，我即是你，何者为我，何者为你，从而达到没有你我分别的两忘境界，这也是与人沟通交流的最高智慧。《鬼谷子·权篇第九》云："故与智者言，依于博；与博者言，依于辨；与辨者言，依于要；与贵者言，依于势；与富者言，依于高；与贫者言，依于利；与贱者言，依于谦；与勇者言，依于敢；与愚者言，依于锐。此其术也，而人常反之。"鬼谷子在传授世人沟通交流智慧时，列举了与不同层次、不同类型人沟通的要妙，要妙的根本就在于一个字"依"。什么是"依"？"依"不是简单地依靠，而是依止于无人我分别的智慧。因此，与智者沟通交流，就需要在广学博闻方面深入修炼；与知识渊博的人沟通交流，需要在辩才无碍的能力方面加强提升；与善辩的人沟通交流，能化繁为简，善于切中其关键所在；与地位显赫的人沟通交流，就要拥有同样的高度与气势；与富有的人沟通交流，要具备高屋建瓴的胸怀与格局；与贫穷的人沟通交流，要能设身处地为对方利益着想；与地位卑贱的人沟通交流，要懂得尊重对方和谦下于人；与勇者沟通交流，要具有敢作敢当的情怀；与愚笨的人沟通交流，要有点石成金的睿智，从而顿开其心门，增长其智慧。然而，人们习惯的沟通交流方式经常与此相反：有些人见到达官贵人，与其沟通交流往往变得卑躬屈膝，一副唯唯诺诺的奴才相；有些人见到贫贱的乡野村夫，与其沟通交流，立刻变得趾高气扬，时不时地拿腔作调。这样的沟通交流很难登上大雅之堂，又怎么可能达到自由无碍的境界呢？

20世纪中期，英国王室举行盛大的国宴款待来访的印度使节，英国大臣和伦敦各界名流也应邀参加了这次宴会。英国王子温莎公爵主持了这次盛会，各位达官贵人与印度使节频频举杯，沟通交流的气氛十分融洽。就在宴会结束之前，侍者要为每位客人端上净手水，精巧的银盘装着清水，印度使节看到眼前银盘里的清水，毫不犹豫地端起盘子一饮而尽。这一举动不仅使侍者的脸上掠过一丝诧异，而且使得在场的王室贵族和其他客人有些尴尬而不知所措，此时温莎公爵却神态自若地说："请诸位一起喝下这盘清水。"说罢优雅地端起盘子将水喝光，随即所有参加宴会的人们也纷纷仿效印度使节和温莎公爵，自然而得体地把面前的净手水一饮而尽。

如果此时纠正印度使节的错误，告知盘子里是净手水不能喝的话，将使大家都变得很难堪和尴尬，使整个宴会气氛蒙上难以驱散的阴影。温莎公爵应对突变的睿智使得宴会最后取得了预想的成功，受到英国热情款待的印度使节，既感动又有些受宠若惊。回国以后，印度使节带回的信息，让印度保持并进一步发展与英国的友好关系。

有一位参加此次宴会的名流对这件事情评论道："当我看到温莎公爵端起净手水喝下的时候，仿佛看到了他人性智慧放射的光芒。"从温莎公爵喝下净手水这件小事看，他不但是一位善良、宽容和高雅的英国王室贵族，更是具有超凡脱俗的沟通智者。所以，真正的沟通智慧不在于言语多寡，也不是一味地迎合奉承，而是让沟通双方感觉到相互的尊重和平等。一位智者除了要具备沟通交流的基本素养外，还要拥有"仁者同于仁者，智者同于智者，勇者同于勇者，富者同于富者，贫者同于贫者"的胸怀与格局。

第四节　沟通智慧修炼从心开始

一、改变心态：沟通交流的大根大本

在沟通交流过程中也许认为双方相谈甚欢才是高品质的沟通，实则不然，真正的沟通一定是用正心诚意的态度交流，才能达到同理同心的状态，让双方都产生发自内心的共鸣。《列子·汤问》记载：俞伯牙善于鼓瑶琴，钟子期却能善听音声韵律。伯牙拨动琴弦，乐曲志在高山，钟子期听到此处时说道："善哉，峨峨兮若泰山！"伯牙又弹出美妙韵律，志在潺潺流水，钟子期说："善哉，洋洋兮若江河！"伯牙用琴声表达心中所念所想，钟子期必能聆听其心声。钟子期死了以后，俞伯牙慨叹世上再无知音，于是摔破瑶琴弄断琴弦，终身不再鼓琴。人与人用心沟通达到这样知音的境界在当今不多，用心沟通

是开诚布公的心灵碰撞与交汇，无论是化解纠纷，还是想要建立某种合作关系，都能实现良好的共识。沟通的至高境界是从心开始，沟通本是心与心的交流，所以一个人的心态和胸怀决定了沟通对象的广度和高度。当一个人心境处于积极阳光的状态时，很容易与人沟通；当一个人心静如水、气定神闲时，他一定耳聪目明，必能聆听对方的心声，从而能够做出正确的判断与决策；当一个人内心充满喜悦时，其言语给人带来的是吐气如兰的雅致；一位胸襟宽广的人才能说出有格局、有高度的言语，与这样的人沟通交流是一种享受。反之，郁郁寡欢的人将自己心性层层裹挟，怎么可能与人推心置腹地沟通呢？更不可能说出令人喜悦的话语。内心烦恼重重的人，身心如履泥途，怎么可能敞开心扉与人沟通无碍呢？内心狭隘而斤斤计较的人将身画地为牢，又怎么可能与人诚挚交流并说出有格局的话或做出一番轰轰烈烈的事业呢？鬼谷子的思想在阐述如何修炼沟通能力时，不仅仅局限于授人以口才以及提升说服力和表达力等方面，还告诉了人们在沟通时对心智的觉悟。人的口才不好、说服力不强和表达力不高，都应该从改变心智模式开始，心性决定沟通，格局决定交流，交流决定前程。因此，心心相印的交流才是高品质的沟通心法和沟通的最高境界。虽然演讲口才很重要，但是心态却是沟通的根本，老子说："多言数穷，不如守中"，这里的"中"是指心境就像大地一样宽厚深广且如如不动，即归向中庸之道。鬼谷子与老子的智慧都是走遍天下沟通无碍的不二法门。在沟通过程中，言为心声，以同理心、礼敬心、赞叹心和随喜心与他人交流才能打破沟通障碍，最后双方彼此达成共识。在沟通交流过程中，如何以这四种心态进行沟通，以下列举一些具体的语言表达实例。

1. 同理心的语言表达

在沟通智慧中，鬼谷子最重视的就是如何建立双方的同理心。什么是同理心？做个简单的比喻，要想知道对方杯子里的水是冷是热，拿过来尝一口便知冷暖，这就是同理心。《道德经》云："故以身观身，以家观家，以乡观乡，以邦观邦，以天下观天下。吾何以知天下然哉？以此。"这就是老子对同理心的精辟诠释。要实现同理心的沟通交流，从及时清理内心的各种烦恼和排解不良情绪开始，保持积极阳光的心态，具备这样的心态是同理心沟通的基础。只有同理才能同心，同心才能同流，同流才能同事。无论企业之间合作往来，还是人与人之间的各种日常交往，没有同理心，就没有良好的沟通。同理心的修炼除了在心智格局方面需要长期熏陶，还要在语言表达细节方面加以重视。

例一，"你说的非常好，说到我心里了。"对方的语言信息与我的内心产生共鸣，并且造就了一种彼此身同感受的氛围，使得双方沟通交流产生贴心的感觉。

例二，“你说得很有道理，我也是这么认为的。”这样沟通表明了我的观点和看问题的高度与对方相同，也让对方感觉彼此是站在同一高度和立场上，看问题的立场相同才能有更深入的交流。

例三，“如果我是你，我也会这么说、这么做。”这样的言辞让沟通双方成为你我不分的一个整体，知心的语言总是使沟通变得更加容易。

2. 礼敬心的语言表达

在《论语·颜渊》中有这样一段话，司马牛忧曰：“人皆有兄弟，吾独亡。”子夏曰：“商闻之矣，死生有命，富贵在天。君子敬而无失，与人恭而有礼，四海之内皆兄弟也，君子何患乎无兄弟也。”司马牛忧愁地说：“别人都有兄弟，唯独我没有。”子夏说：“我听说过：‘死生有命，富贵在天。’君子保持尊敬的态度行事而没有过失，对人恭敬而合乎于礼制的规定，那么天下人就都会成为自己的兄弟，君子何愁没有兄弟呢？”所以，与人沟通和人际交流时保持礼敬心，能让双方很快成为好朋友。

例一，“你的父母都那么优秀，根正苗红，相信你也一定很出色。”这句话一语双关，不仅让听者感觉舒适，而且也对其父母表达了足够的尊敬。

例二，“你的见识广泛，能力突出，大家都愿意向你请教。”有谁不喜欢谦虚谨慎的人呢？孔子说：“三人行必有我师。”善于向别人请教不仅是增长知识、提高能力的手段，也是最好的沟通交流方式之一。

例三，“与你一起工作真是幸福快乐的事情。”每个人都希望自己的能力获得重视和认同，对人发自内心的礼敬，让沟通交流变得更顺畅，人与人之间相处也会更加幸福快乐。

3. 赞叹心的语言表达

赞叹既不是吹捧，也不是献媚，世界上最美丽的语言就是发自内心的赞叹，赞叹的话语总是让人心情舒畅，如浴春风，尤其以同理心相互赞叹，和谐之美自然产生。在家庭里，六亲眷属相互赞叹，家庭变得和谐；在企业里，员工之间相互赞叹，企业会变得和谐；世界所有人都能相互赞叹，生命会变得美好，世界将是和谐的世界。

例一，“你真是太专业了，这个问题提得很好。”一个人的专业技能总是希望被人认同，尤其能提出高水平的问题。所以，在针对专业技术进行沟通交流时，适当地引导对方提出问题，并加以由衷的赞叹有助于双方在技术层面深入地交流。

例二，“从你的言谈举止就知道你是一位有品位、有修养的人。”对于品位和修养是关乎人的尊严和气质，一个人的言谈举止被赞叹为有品位和修养，当然会在心理产生愉悦的感觉。

例三，“你能突破这么大的困难，真不简单！”当通过个人努力克服了重大困难和障碍时，自然会生起喜悦心，这种喜悦被同事或者领导赞叹认同，是一种令人惬意的感受。

4. 随喜心的语言表达

随喜心是指当别人获得成绩或者为社会大众作出贡献时，尽管自己没有这样的能力，但是仍然能生起同样的欢喜心。体现一种人我无别的情怀与格局，随喜心不仅可以治嫉妒心，而且也是与人建立良好沟通交流的法宝。

例一，“能取得这样的成绩，我们和你同样感到高兴。”当你的同事和朋友取得骄人的业绩时，送上一份真心的祝福，能使得人际关系平常的亲密程度进一步加深。

例二，“你获得领导的嘉奖，我们都为此感到欣喜。”在企业或者其他组织机构工作，当身边同事获得领导嘉奖时，不少人可能心生嫉妒，岂不知嫉妒心使得自己与同事的关系越来越紧张，同事获得奖励就像自己获奖一样欣喜，这就是有格局、有胸怀的随喜心。

例三，“你不求名利，默默地为社会做了很多善事，随喜你!”随喜功德是国学经典中经常使用的语言，这种随喜心有三种境界：一是看见别人行善而心生欢喜；二是随着他人的喜悦而喜悦；三是随他共同做行善积德之事。以上就是随喜功德心。

以上这些看起来非常简单的言语却能很容易地被对方接受，同理心、礼敬心、赞叹心和随喜心都是沟通的本源，不要轻易发表否定别人的意见，改变平时不正确的心态，能够在沟通交流中能带来不可思议的结果，感召的朋友也会越来越多，内心生起的幸福感会由此增强。下面有一则小典故：

有一天，两名徒弟为了一点小事争论起来，辩论得不可开交，最后谁都不服谁。第一个徒弟气冲冲地跑去找师父评理，师父很有耐心地听完徒弟的诉说，淡淡地说：“你是对的。”得到了师父的认可，第一个徒弟得意洋洋回房去了。接着，第二个徒弟也一脸怒气地跑去找师父评理。师父仍然很有耐心听完他的讲述，照样淡淡地说：“你是对的。”听完此言，第二个徒弟也高兴地回去了。这时，一直在师父身边服侍师父的徒弟忍不住开口说：“师父，您平常教导我们待人要诚实，不能说违心的言论，可是我刚才亲耳听见您跟两位意见不同、有争执的师兄弟都说同样的话‘你是对的’，您这样说，岂不是一种违心吗?”师父和颜悦色地说：“你是对的。”这位徒弟一直跟随师父，比较有慧根，听师父这么说，立刻开悟，连忙跪谢师父的指教。

二、心心相印：沟通交流的最高境界

在生活之中处处有使人觉悟智慧的机缘，即便是青青翠竹与郁郁黄花都蕴含着人生智慧，领悟沟通交流的绝学智慧也不例外。仔细观察并亲自做一个小试验，当瓶子里装满了水或者是一无所有的空瓶子，任你怎样摇动瓶子都不会发出声响，当瓶子里只装了半瓶水，摇晃起来声音却是哗啦响得很。在与人沟通交流时，瓶子的状态也代表了人的三种心态和格局：空瓶子代表以谦虚的心态聆听他人的言辞，并能够打开心门虚心接受对方的指正和建议；装满水的瓶子代表博学多闻、正心诚意的境界，三缄其口，不轻易发表言论，绝对不说大话、空话和假话；半瓶子水代表了那些说起话来滔滔不绝，却是华而不实的庸才，大部分言语都是不切实际的泡沫。沟通的智慧不光在于突出的演讲口才和说服能力，更重要的是心与心的沟通，什么时候该说，什么时候保持沉默，要根据具体情景方便地灵活运用。《鬼谷子·捭阖第一》云：“捭阖之道，以阴阳试之。故与阳言者，依崇高。与阴言者，依卑小。以下求小，以高求大。由此言之，无所不出，无所不入，无所不可。可以说人，可以说家，可以说国，可以说天下。”鬼谷子在讲授沟通之道时，最核心的部分就是捭阖之道，也是《易经》“一阴一阳之谓道”的智慧。口才是心灵的门户，心主神明，人的意志、喜好、思考模式和智谋都要由此门户出入。因此，善护口业也是捭阖之道的至要枢机，捭者开也，就是广开言路，宣说妙理，阳谋不内藏；阖者闭也，便是缄默止语，阴谋不外泄，只有理解并领悟阴阳相和的捭阖之道才能达到心心相印的沟通交流。《黄蘗传心法要》云：“迦叶以来，以心印心，心心不异”，这是中国禅宗祖师大德传法给弟子时以心传心的沟通方式，在中国诸子百家经典中，绝大部分文字都是在讲如何处理人与天地、人与自然万物和人与人之间沟通交流的方法和智慧，一旦觉悟了这些智慧，无论与谁沟通交流都会无所障碍。在中国禅宗公案中有一则非常著名的典故——“拈花一笑”。

宋朝释普济《五灯会元》中记载：“世尊在灵山会上，拈花示众，是时众皆默然，唯迦叶尊者破颜微笑。世尊曰：吾有正法眼藏，涅盘妙心，实相无相，微妙法门，不立文字，教外别传，付嘱摩诃迦叶。”

这是禅宗著名的典故，大梵天王在灵鹫山上礼请佛陀释迦牟尼讲经说法，佛陀手中拈起一朵金婆罗花，神态安详却一句话也不说。下面的诸位比丘僧、弟子和闻法者都不明白佛陀的意思，面面相觑，唯有佛陀大弟子摩诃迦叶心领神会而破颜微笑。

佛陀见此情景当即宣布：“我有普照尽虚空遍法界的正法眼藏，包含超脱生死轮回的玄妙心法，是明心见性离一切相的微妙法门，此法门不立文字，以心传心，于教外别传一宗，现在传给摩诃迦叶。”佛陀然后将平时所用的金缕袈裟和钵盂作为传法信物授与迦叶尊者。这就是禅宗著名的“拈花一笑”和“衣钵真传”的典故。

禅宗思想以心传心蕴含着甚深的智慧和文化内涵，也是沟通交流不可思议的众妙之门。了悟禅理应禅机，在只言片语的一问一答之中，彼此之间沟通无碍，达到了心神领会、心意相通、心心相印的境界。“拈花一笑”即是沟通的最高境界，授者无心，得者无心，实乃出自清净本性的般若智慧；“拈花一笑”是人我本为一体，正如前面第二章所阐述的全息理论，宇宙万物原来都是一体的，没有了人我的分别、执著和妄念，人性便回归到本来具足的清净无垢的境界，也就破除了自我沟通和与别人沟通中的一切障碍；“拈花一笑”是点燃心灯，走向智光映照之路，自知之明者必然能破迷开悟，从必然王国走向自由王国；“拈花一笑”是一种看破放下、清净平等、觉悟智慧的人生境界，面对风霜雨雪、荆棘砂砾和一切挫折坎坷，心无所住而不著于相，并以此成为增长智慧的契机和终极目标。当我们与人沟通交流出现了诸多障碍时，莫向外求，从反思自身的心智模式和改变心态开始，是否存在着并执著于“我”的感受，是否有贪图名利的妄想，是否还充斥着种种由心而生的烦恼和不如意，这些都是源自于内心最大的沟通障碍。所以，放下对一切事物的分别执著，祛除贪嗔痴慢疑的习气，无论走到哪里都能拈花一笑，与谁沟通都能通达无碍。达摩祖师在南朝梁武帝时期从印度来到中国传播禅宗法脉，在千圣寺将衣钵传给禅宗二祖慧可时，与四位弟子的对话作为著名的禅宗经典公案流传至今，与“拈花一笑”的境界无异。

达摩祖师召集众位弟子说：“我即将西返天竺，你们把自己所学的心得说来听听。”

弟子道副：“文字在阐明佛法真谛，不可执著文字，但也不可舍离文字，始能得道受用。”达摩祖师：“你只得到我的皮而已。”

弟子总持：“据我了解，好像庆喜见了阿閦佛国，一见之后便了悟真相，豁然开朗，便不需再见。”达摩祖师：“你所体会的比道副多些，但只能得到我的肉。”

弟子道育：“地水火风皆是空，眼见耳闻鼻嗅舌尝身受也非实有，而我所见却无一法存在！”达摩祖师：“你也只是得到我的骨而已。”

达摩祖师问弟子慧可：“你呢？”慧可一言不发，走到达摩祖师面前恭恭敬敬地跪拜三次，然后起身沉默站在一边。达摩祖师：“就是这样，你总算得到我的髓。”正可谓“知者不言，言者不知”。最后，达摩祖师将衣钵传给慧可作为禅宗第二代祖师。

三流管理者学沟通知识，只能得到沟通的皮肉；二流管理者学习沟通艺术，只能得到沟通的骨；一流管理者关注自我心性的修炼，觉悟沟通智慧，得到的是沟通精髓与要旨。作为一名优秀的企业管理者或者政府机构的官员，学习沟通要从心开始修炼，从自我沟通开始修炼，当内心觉悟的智者到了明心见性的境界时，无论走到哪里，无论与谁沟通，都能圆融无碍，谁会拒绝与智者打交道呢？沟通的玄妙全在于心性的修炼，心生万法笑谈中，沟通的玄妙智慧皆由心想而生。正如一首诗云："佛说一切法，为度一切心。若无一切心，何用一切法。"心对了，世界就对了，心通达了，世界也就通达了，一切沟通交流都变得自然和谐！

第七章

中国经典应用管理学的团队建设艺术

“一个和尚挑水喝，两个和尚抬水喝，三个和尚没水喝。”这也是很多企业常见的现象。随着企业发展与规模的壮大，企业团队难免会出现人心涣散的现象。企业团队建设不仅是人力资源的优化组合，更是企业文化、精神、愿景和智慧的集结。缺少思想和文化的团队不是真正的团队，不过是暂时组合的团伙，然而完全依靠利益驱动所构建的团队有时脆弱得不堪一击。以中国传统文化和国学智慧来构建团队和管理团队对于中国企业来说是一条实现企业愿景和中国梦的必由之路。本章以唐朝《贞观政要》和传统经典的六和敬文化为主导，从古圣先贤的思想和儒释道经典中汲取团队建设与管理的智慧，重点介绍团队建设和团队管理的有效方法和系统方案，从而提升团队的凝聚力、执行力和创造力，使团队建设达到“群龙无首吉”的至高境界！

第一节 从狼性团队建设说起

随着企业规模不断扩大，分工也越来越细致，很多工作任务并非一个人所能独自承担的，尤其对于工作量巨大的工程项目需要多人协同合作才能顺利完成。这一点在当今高新技术企业尤为显著。在 20 世纪 90 年代之前，计算机软硬件研制开发企业通常规模都比较小，几个人就可以组建一家公司，当时个人开发的软硬件作品可以独领风骚，像闻名国内外的文字处理软件 WPS 是由求伯君开发完成的优秀软件，鲍岳桥开发的希望汉字系统 UCDOS，还有史玉柱研发的汉卡等，不仅出现了一批百万富翁，还造就了这些计算机领域中家喻户晓的 IT 精英。然而，随着科学技术的高速发展，个人英雄主义的时代也渐去渐远，取而代之的是为了实现大规模生产而共同协作的团队，个人的魅力和作用需要通过团队成员的紧密合作才能得以最大化地发挥。正如有一位智者问道："如何让一滴水不会干涸?"最精妙的答案是："将一滴水放入大海中才不会干涸。"个人如同一滴水，其能量总是非常有限的，广袤无垠的大海便是团队。美国微软公司推出计算机操作系统软件 Windows 7.0，程序开发总人数多达 2000 人，分为 25 个功能团队；美国波音公司民用飞机设计制造工厂遍布全世界；德国大众汽车组装和零部件生产也不是全部由总部承担，而是由多家企业协作完成。因此，现代企业的管理部门、技术部门、生产部门、营销部门等亟待解决和最关心的问题就是人员机构优化组合，在管理学中称为团队建设，没有团队就不会有大规模的社会化生产和全球经济一体化的高速发展。

什么是团队？很多学者提出了不同的概念和定义。美国管理学家斯蒂芬·P. 罗宾斯认为："团队就是由两个或者两个以上的，相互作用、相互依赖的个体，为了特定目标而按照一定规则结合在一起的组织。"对于企业来说，有的管理学者将团队（英语翻译为 Team）定义为："是由员工和管理层组成的一个共同体，它合理利用每一个成员的知识和技能协同工作，解决问题，达到共同的目标。"团队与团伙或者群体相比而言，存在着根本性区别，团伙和群体不过是个体关系比较松散的集体，甚至相互之间没有紧密的关联性。团队为了实现共同的利益和目标而形成分工明确、相互支援的系统性整体，团队成员不一定在同一地点，但一定是形散而神不散。现代管理学家提出了团队构成的 5P 要素，分别为目标（purpose）、人（people）、定位（place）、权限（power）、计划（plan），5P 要素具有规范性、可操作性和可复制性，在企业管理和不同组织机构运营中发挥着重要作用，也是团队建设的核心思想，以此为要素构建的团队在模式上具有一定的相似性。然而，不同人对于团队内涵的理解和建设思想却是千江有水千江月。有人主张以完善的管理制度构建团队；有人认为以强有力的激励手段领导团队；有人推崇用文化打造团队；有人主张团队建设应该以人为本。从不同角度和目标出发，企业发展不可能只依靠一种固定组织的形态来运作，必须视企业经营管理具体情况和外界整体大环境构建不同形式、不同功能的团队，构建各种类型的团队无非是集合优势力量推进企业走向可持续稳定发展的道路。所以，每一个领导者必须学会如何组织团队，如何建设和管理团队，企业领导者应以每个员工的专长为思考点，将他们安排在适当的位置，并依照员工的优缺点，做机动性调整，让团队发挥最大的效能，这也是团队建设的最基本条件。

最近几年，许多国内外企业追捧和推崇狼性团队的缔造，以狼为师，与狼共舞。狼性作为企业团队的精神和灵魂，以至于狼成为团队顶礼膜拜的图腾和企业文化的核心价值观。为什么狼性团队受到众多企业的欢迎？难道狼性团队真的就是企业生存发展的硬道理和战无不胜攻无不克的法宝吗？下面对当今企业构建狼性团队的基本宗旨、主要思想以及具备的一些文化特征作以简要的叙述和分析①：

第一，建设狼性团队的终极目标就是像狼一样地执著寻找猎物，在激烈的市场竞争中，团队成员都学习狼的精神，以狼的精神协同作战，野蛮地与对手争夺生存空间，重新划分势力范围；

第二，狼性是无所畏惧的，不在失败中崛起，就在失败中消亡。在残酷市场竞争和严峻的经济环境里，狼性团队一旦锁定目标便锲而不舍，为团队利益不惜以生命作为代价；

第三，狼性除了要争当强者外，还要放下自我，形成与团队完美合作。狼群被认为是动物世界里最具有团队意识的动物，狼性团队最重要的特征就是绝对统一的合作精神，成功的道路上只有依靠团队，永远没有也不允许有彰显个体优势的机会；

第四，狼群非常团结，为了共同目标，似乎从不相互残杀，因为狼性能够形成巨大的凝聚力，所以，构建高品质的狼性团队必须具备高度一致的责任感和使命感，统一纪律并共同行动；

第五，狼性也要力行中孚、诚实守信，狼性团队的成员永远忠实守信，绝对不会背叛组织，忠诚永远是狼性团队的特质之一；

---

① 狼性团队曾经被作为一种优秀的企业文化和团队建设与管理模式被广泛推广，目前也出版了多本有关狼性团队的专著。狼性意味着人性泯灭，为了利益与对手残酷的竞争，这样的团队即使创造了财富，又能为社会带来什么呢？

第六，狼性团队成员敢于承担，敢于冲锋，没有自我，绝对服从团队领导者的安排，这也是狼性团队神圣的组织法则；

第七，狼性团队没有个体的舞台，个体的优势只有在团队中才能有效发挥，不适应团队的个体，唯有被淘汰清除团队，没有怜悯和同情，只有与团队同舟共济才能生存；

第八，狼性团队不惜以生命为代价誓死履行职责。个体狼性的准则是主动积极地工作，在狼性团队中注重整体战略方针并分工明确，就像蒲松龄笔下的两只狼："前狼假寐，盖以诱敌，一狼洞其中，意将隧入以攻其后也。"狼群紧密配合，目的明确就是为了拿下既定目标；

第九，狼性团队的信仰是"团队第一，个体其次。"最终目标和愿景是要打造具有野性拼搏精神的狼性文化，当狼性已经成为一种企业文化时，企业才能实现百年基业常青的目标。

当狼性团队的思想代表了现代企业一种生存文化而回归时，企业道德和以人为本的正能量文化却在衰落。当企业还在不断学习和参悟所谓美其名曰的狼性团队文化时，企业便为自己在前进的道路上设置了难以逾越的障碍。当企业团队像草原上狼群一样集结寻求利益最大化时，在这种贪婪的狼性驱使下，欲望在不断地膨胀。当狼性成为人类社会或者企业团队的主流文化时，岂不知人们由于道德和信仰的缺失导致人心在不断地没落，最后一缕"人之初，性本善"的光辉也随之黯淡。市场竞争激烈，如同没有硝烟的战场，苍山如海，残阳如血，万古荒原，夜黑风高，狼群嗥叫，世界在弱肉强食中充斥着杀戮和血腥，还有什么比这样的场景更令人毛骨悚然和无尽的悲凉呢？在浩如烟海的中国古代经典中寻觅，没有一位古圣先贤的思想与狼性宗旨相应，也没有一部诸子百家经典的理念与狼性文化契合。当狼性文化在企业和社会大众中广泛传播演绎时，人将不人，正在由人蜕变为一只充满野性竞争意识的狼。为了谋取个体或团体利益，不择手段的竞争升级就意味着斗争，斗争升级意味着战争，从 20 世纪的两次世界大战以及当今世界一些局部战争看，为了满足个人的私欲和追求集团利益发动战争，不正是因为人性灭失和狼性暴露吗？现代企业完全采用西方管理体制，引入竞争机制，制定一系列的激励和奖惩措施，不正是将人性在不知不觉中退化为狼性吗？为了更好地理解狼性团队的本质特征，请仔细品读下面一则解读狼性团队建设的典故：

在原始森林里，狮子带领由 10 只狼组成的团队，狼群不仅捕获猎物的效率极高，而且对狮子言听计从，从来没有任何反抗，每到月末除了领取基本工资外，还可以从狮子那里得到一块肉作为奖金，一只老虎见到了这支整肃的狼群团队非常佩服，虚心向狮子请教团队建设和管理的秘诀，狮子让老虎跟着他学习几个月。

第一个月，狮子带着一块肉来到狼群，当着它们的面将肉分成了大小不一的11份，自己先挑了最大的一份，然后对其他10只狼傲然地说：你们自己讨论看看这些肉应该怎么分。为了争夺到大一点的肉，狼群沸腾了，刚开始还在讨论谁的功劳大小，后来变成恶狠狠的互相攻击，最后谁强大谁获得了相对大块的肉。

老虎不禁肃然起敬地向狮子请教："这是什么办法?"狮子回答道："听说过绩效工资吗?"

第二个月，狮子依然带着一块肉，这次平均分成了11块，自己却挑走了2块，然后对其他狼一脸严肃地说："你们自己讨论这些肉怎么分。"10只狼看到就剩下了9块肉，谁都不客气，奋不顾身地抢夺起来，甚至为了自己能争到一块肉互相撕咬起来，一只能力弱小的狼不仅没有抢到肉，而且累得倒在地上奄奄一息。

老虎钦佩的问狮子："这是什么办法?"狮子微微一笑说："听说过末位淘汰制吗?"

第三个月，狮子拿着一块肉，在狼群面前平均分成2块，自己却挑走了1块，然后对其他狼不屑地说：你们自己讨论剩下这块肉应该怎么分。群狼立刻争夺起来，一只最强壮的狼打败了所有狼，开始独自享用它的战利品，吃饱以后才允许其它狼再来吃，在这场争夺战中，这些落败的狼都成了小兄弟，恭恭敬敬地服从它的管理，按照顺序来享用它的残羹。从此以后，狮子不用操心整个狼群，只需管理好这只最强大狼，根据具体情况，只需把剩余的奖金由它二次分配就行了。

老虎钦佩地问狮子，这是什么办法?狮子微微一笑说："听说过竞聘上岗吗?"那只最强大的狼就是总经理。至此，老虎对狮子已经佩服得五体投地，回去也开始着手组建这样一支狼性团队了。

通过阅读以上狼性团队的典故，是否看到了当今企业团队管理的一些似曾相识的影子呢？以经济利益作为团队管理的杠杆，的确可以在某一段时期内推动团队的发展和提高工作效率。然而长此以往，随着狼性团队贪婪和欲望的膨胀，使得团队成员的人心散了，队伍越来越不好带了。与20世纪相比，现代企业人才流失严重，团队成员的稳定性很难保持几年光景，员工频繁"跳槽"已经是各企业行业中司空见惯的现象。不少高校大学生刚刚毕业就失业，或者多次更换工作单位，有一位大学生毕业两年，先后应聘了5家公司，最后一家公司由于在工资待遇相对要高一些，他终于可以暂时地安稳下来。像这种不断更换工作单位的大学毕业生绝对不是个别案例，尤其在高新技术企业和IT信息软件行业，人才频繁进进出出的现象相比其他行业更加常见。如果将"跳槽"称为人才合理流动，也许是一种无可奈何的说法，试想员工在团队里不能安心，怎么可能将全部精力投入到工作中呢？团队的凝聚力又从何谈起呢？企业团队建设为什么遇到重重困难，究其原因是在西方管理体制下，“没有永恒的友谊，只有永恒的利益”成为人们信受奉行的思想，当以利益作为主要手段或者唯一手段进行团队建设时，团队成员之间是在利益驱使下工作，无论是采用绩效工资、末位淘汰，还是竞聘上岗或者量化考评等制度，这些措施都是现代企业常见的管理模式，随着西方管理模式在企业里推行，人们的心理越来越贪婪和好斗，一旦利欲熏心，唯利是图让人性的善良逐渐被埋没，激烈的竞争使得人与人之间的和谐关系也被破坏掉了。如果人性泯灭，眼睛里只有利益时，团队就变成了狼性团队，狼性团队能走多远呢？随着时间的流逝，在激烈的竞争环境氛围里，狼性团队的结局要不沉沦，要不永远消失得无影无踪。从全球过去几十年的大大小小不同行业领域的企业沉浮变故事件来看，最终落得这样结局的企业还少吗？深入研究中国历史、传统文化和儒释道经典，尽管古人没有明确提出团队的概念，中华民族的大家庭或者大团队经历了各种天灾、人祸和战争以及不同朝代的更迭，但是中华民族始终保持着一个整体，从来就没有被外族势力所分裂过。这是因为中国人一直重仁义而轻利益，即使谋取利益也一定以义利合一为原则。贤德的皇帝治理国家和组建统治团队都是以儒家的八德（孝悌忠信礼义廉耻）作为核心思想，儒家的八德以及仁义礼智信是符合人性的正能量，团队中每一位成员言行举止和处理事务都以符合人性为标准，团队的凝聚力自然牢不可破。在中国古代上至帝王将相治国安邦，下至黎民百姓治家，无不以儒释道文化和崇尚人伦道德作为标准，从来没有哪个朝代以“利”来治理国家，也没有哪个朝代构建所谓的狼性团队来打江山坐江山，即使有类似的情形也是罕见个案。例如，《晏子春秋·内篇谏下》记载春秋时期齐景公听信晏子建议，将两个桃子赐给公孙接、田开疆、古冶子三位战功赫赫大将，让他们论功而食，结果三人弃桃自杀。齐景公和晏子策划“二桃杀三士”的历史故事一直以来是被天下人所不齿的。

老子说：“治大国如烹小鲜”，对于现代企业来说，团队建设和团队管理同样需要烹小鲜的思想以及无为的智慧。化解企业团队的各种危机靠什么？首先要搞清楚团队建设的障碍与危机实际是由于人心的贪婪导致的人性危机，化解团队建设危机从拯救人性危机入手，就是把对利益执著追求的狼性熄灭，重新恢复人性化的团队建设，将狼重新变成人。如何做得到？仁者见仁，智者见智。《三字经》曰：“人之初，性本善，性相近，习相远，苟不教，性乃迁。”孟子认为人性本善，提出“水信无分于东西，无分于上下乎？人性之善也，犹水之就下也。人无有不善，水无有不下。今夫水，搏而跃之，可使过颡（sǎng）；激而行之，可使在山。是岂水之性哉？其势则然也。人之可使为不善，其性亦犹是也。”[1] 荀子人性本恶论对孟子人性本善论提出了批判，认为“今人之性，生而有好利焉，顺是，故争夺生而辞让亡焉；生而有疾恶焉，顺是，故残贼生而忠信亡焉；生而有耳目之欲，有好声色焉，顺是，故淫乱生而礼义文理亡焉。然则从人之性，顺人之情，必出于争夺，合于犯分乱理而归于暴。故必将有师法之化，礼义之道，然后出于辞让，合于文理，而归于治。用此观之，然则人之性恶明矣，其善其伪也。”[2] 人性本善和人性本恶哪个说法正确呢？两种都正确。孟子是站在人的天性或者本性的角度来论述人性本来是清净无染、至真至善的，每个人的天性自然几乎是一样的，只是由于后天环境熏染，人的本性被各种杂思邪念所包裹。荀子的思想偏重经验总结和社会人事脉络，重视礼教和社会秩序的改善，人性本恶从人的习性或者禀性方面来论述的观点，荀子认为人与生俱来的本性就是想满足个人的欲望，当欲望不能实现往往会挑起矛盾和争执，对人性本恶必须依靠圣贤和礼法来教化，实现化恶为善、止恶扬善，使人的道德水准得以提高。因此，人性本善还是人性本恶是先天根性与后天教化的两个方面，古人云：“少成若天性，习惯如自然。”[3] 在后天充斥着贪嗔痴的环境中也可能由人性本善变成狼性本恶，人的习性和禀性虽恶，但是在清净真善美的环境里也可能会转变为人性本善。企业团队建设也是如此，后天的习性都是能够被转化的，还是以上面狼性团队的典故为例，要想恢复人性化的团队必须依靠中国古圣先贤的智慧才能实现。

在狮子的带领下狼性团队出现问题了，刚开始一段时间，所有十只狼对狮子还是毕恭毕敬，惟命是从。随着各种团队管理机制改革，狼群的工作压力越来越大，为了获取更高的奖金或者地位，它们互相争斗和压制，由于明争暗斗，团队的凝聚力也变得越来越差，工作效率也在不断下降，而且有 3 只狼相继离开狮子的管辖，投奔别的团队去了。剩下的 7 只狼也开始消极怠工，与狮子对抗，不再服从狮子的领导，并一致要求提高福利待遇，狮子看到目前团队的状况，经过仔细思考反省以后，重新改变了团队管理模式。

狮子放下了高高在上的傲慢姿态，开始走向狼群，倾听每只狼的想法和建议，经过认真思考，狮子对团队的管理模式和奖励的分配方案作出了重大的改革。又到了月末，又要开始分肉发奖金了，狮子宣布每个月由一只狼负责主持分肉方案，但是负责分肉的狼必须在其他 6 只狼依次拿完以后，剩下

---

① 宋元人注：《四书五经·孟子·告子上》，中国书店出版社 1985 年版，第 84 页。

② 安小兰译注：《荀子·性恶》，中华书局 2007 年版，第 267 页。

③ 《汉书·贾谊传》，中华书局 2012 年版。作者班固是东汉时期著名的文学家、史学家。

一块肉才能归自己所有，每个月负责分肉的狼要按月轮流更换。这种管理方案施行了一年以后，狼群再没有互相争斗，大家还相互紧密合作。狮子经过对团队的改革，不但团队凝聚力加强了，而且每一只狼的工作效率和创造的效益要比原来提高了几倍。这是狮子走下高位深入狼群，将中国传统文化中奉行的利和同均的理念和老子的“外其身而身存，后其身而身先”的思想用于团队管理和建设，使狼性团队变成了人性团队。

第二节　团队结构优化的物理学具象分析

一、宇宙万物皆可以为师

宇宙空间的任何一种物质都不是孤立存在的，而是一个不可分割的整体，这种整体性恰好也是在为企业团队建设表法。研究宇宙宏观和物质微观结构以及变化规律要依靠现代物理学，物理学是研究物质世界最基本的结构、最普遍的相互作用、最一般的运动规律以及所使用的实验手段和思维方法的自然科学，全称物理学。“物理”一词的最先出自古希腊文，原意是指自然，泛指一般的自然科学。物理学的研究范围大至无限的宇宙空间，小至基本粒子等一切物质最基本的运动形式和规律，物理学不仅是对物质世界的科学研究，还可以成为其他自然科学学科的理论基础，包括人文科学、哲学、管理学等诸多学科，以此可以开辟出另外一种研究途径和理论依据。物理学的理论体系充分地运用了数学作为自己的工作语言，以实验作为检验理论正确性的唯一标准，是当今最精密的一门自然科学学科。很多物理学家也是自然科学家和哲学家，古希腊人认为物理学就是“自然哲学”，古希腊出现了泰勒斯、阿基米德等一批著名的哲学家和自然科学家，当代最著名的理论物理学家和宇宙学家史蒂芬·霍金毕业于英国剑桥大学，获得的学位就是哲学博士学位。物理学是探索客观世界的真理和变化规律，即通达万物之理。因此，以万物为师可以用于指导人类社会生产实践和其他各项活动遵循自然之道。管理学是系统研究组织机构运作的基本规律和一般方法的科学，是适应现代社会化大生产的需要而产生的，目的是在现有条件下，研究如何通过合理的组织和配置人、财、物等多方面因素，提高生产力的水平。①

管理学是一门综合性的交叉学科，与物理学有很多相通之处。物理学是研究万物之理，在企业管理学中关于团队建设的理论，首先是要明了团队构

① 杨文士：《管理学原理》，中国人民大学出版社2004年版，第2—8页。

造之理，其次是团队成员的内外因缘关系。这也是从物理学角度出发，提出团队因缘论的依据。为了更好地理解团队因缘论，还是从物理学的全息理论和儒释道的经典入手，从机理上解读企业团队建设与管理的思想。由全息理论可知，宇宙空间及其自然万物存在着无形的关联，所有一切事物都是一体的。虽然大千世界变幻莫测，外象上千变万化，但是从物理本质上讲是一不是二。尽管不同学科研究方向有差别，但是从最本质的理上来说都是殊途同归的。佛家讲："不二法门，一真法界"；儒家提出："道一以贯之"；道家认为："昔之得一者，天得一以清，地得一以宁，神得一以灵，谷得一以盈，万物得一以生，侯王得一以为天下贞。"如果将物理学探索物质世界所获得的真理实相以及揭示内在的自然规律称为法性的话，那么能够对世界上一切有情众生的生命本质和生死循环过程以及对各种因缘关系的研究破解则称为明心见性，明心见性是从自我本心开始的，这是一个自我内证和实证的过程，明心见性就是一个人自觉自悟后所见到的真我自性。自性又是什么呢？自性不在外面而是自己本有的，所以无须向外寻求。自性无影无形、惟恍惟惚而不可言说，《华严经》云"一切众生皆具如来智慧德相"，如来智慧德相就是清净本善的自性。《六祖法宝坛经》记载了禅宗五祖弘忍法师为惠能说解《金刚经》的经过，当说到"应无所住而生其心"时，惠能当下开悟："一切万法，不离自性。何期自性，本自清净；何期自性，本不生灭；何期自性，本自具足；何期自性，本无动摇；何期自性，能生万法。"自性即是心性，所有生命本来就具备心性，即使凶残的野兽、一只蝼蚁或者一条水中游的鱼都有心性。自然界一切物质都有法性，大到宇宙星球，小至一粒微尘，心性与法性两者本无差别，是一不是二。

了解了法性、自性和心性的真实意义，还要搞清楚宇宙万物和各种生命之间的关系以及彼此产生的相互作用，因为人与人、人与动物、人与自然万物之间存在着一种无形微妙的关系，相互影响，相互吸引或者相互对立排斥着，在不同关系以及作用下形成了千姿百态的宇宙万象，造就了大千世界中众多的有情生命、花草树木、山河大地和其他各种有形无形的物质。这种关系和作用就是佛教经典里所讲的因缘或者因果律，"因"是指引生结果的直接内因，内因由心念而生，人的各种念头像大海波涛，无时无刻不是此起彼伏的波动，念头源于内心的思想意识，分为善念和恶念。"缘"是指相助内因形成结果的外界环境或者外部原因。以此而言，因缘又有内因外缘、亲因疏缘之称，因缘和合才能形成结果。[①] 一切有为法、一切万物皆由因缘之聚散而生灭，在这个因缘而生的过程中，包含了缘生、缘起、缘成、缘灭。"因"就好

① 蓝吉富主编：《中华佛教百科全书·四》，中华佛教文献百科基金会 1994 年出版，第 1944 页。

比谷物的种子，种子为内因（内因也称为亲因），“缘”则是有助于种子从发芽、生长、开花直到结果所必须的各种外在条件，除了需要农夫在适当的季节将种子播种到田地里外，还必须以阳光、雨露、温度作为助缘，最终才能生产出果实。如果没有外界的助缘或者助缘不具足，种子永远不会开花结果。因此，当人内心产生的念头与外界助缘和合时，必然会形成相应的果。人们常说“善有善报，恶有恶报”，这个“报”也称报应，就是因缘相合应现形成的结果。因此，内心清净又时刻保持美好善良的心念，善因或善良的种子就会在第八识阿赖耶识（藏识）内永远留存，当与外界善的因缘相和时，自然能获得善的结果。恶念形成恶因和恶的种子也同样被自身阿赖耶识记录，一旦机缘成熟便导致恶的结果。研读儒释道的经典，领悟古圣先贤的智慧，使得我们知道有情生命和自然万物都是因缘而生，因缘而灭。人与人之间的各种关系是一种因缘，因缘有远近深浅，夫妻关系、朋友关系、父母与子女的血缘关系、学校里同学关系、在工作单位里同事关系等都是一种因缘的聚合。团队是由人组成的一个客观实体对象，既具备有情众生的心性，又具备物质对象的法性，所以团队也同样是因缘和合而生，又因善缘而成长壮大，因恶缘而离散灭失。由于儒释道的思想和智慧是一种个人的内证实验，当今还不能通过任何科学实验仪器或者经典的自然科学理论证明或者验证，人们对此也不一定完全赞同和相信，就像当今最伟大的物理学家霍金提出的宇宙起源、大爆炸理论、宇宙时空观、黑洞理论等都没有经过科学实验证明，完全是他经过大脑思考和缜密论证的结果。霍金对用传统科学实验和观测的方法研究宇宙空间不感兴趣，也很少使用，甚至有的理论体系完全是依靠他的直觉和灵感创造出来的。例如，著名的“霍金辐射”，也称为“黑洞不黑”的理论，就是来自于他头脑中的灵光闪现。① 在 1970 年 11 月份的一个夜晚，霍金在床上思考黑洞的问题时，突然想到黑洞应该有温度，而且会不断向外释放辐射，并不是人们一直认为黑洞只吞不吐。他对这个念头经过 3 年思考后提出了完整的“霍金辐射”理论，1973 年 11 月份他正式向世界宣布，黑洞并不是真的黑，而是不断向外辐射出 X 光、伽马射线等。

天地与我和合并生，万物与我同根同源，一切事物皆可以为师。人类社会与自然万物运转变化同为一理，不管人们是否能够领悟和认同中国古圣先贤的思想，还是对现代物理学解读宇宙空间的理论存在疑惑，从最究竟的机理看，无论哪一种物质，它们的法性都是相同的，由于不同因缘形成了千千万万形态各异的物质。随着现代物理学对客观世界进行深入地研究，目前自然科学探索分析得出的很多结论和理论结果与中国儒释道经典的思想和古圣

① 霍金著，许明贤、吴忠超译：《时间简史》，湖南科学技术出版社 2001 年版。

先贤们的观点是契合的，是从不同角度出发相互认证的一体。对于那些未觉悟的人们来说，因为贪嗔痴慢疑而无法认识自然万物具有相同一致的法性，也不可能看到一切有情生命本来清净无染的自性。为此，这里简要地论述儒释道宇宙人生观与物理学理论的关系有两个目的：一是为了说明人文科学、自然科学、儒释道经典思想三者在本质上没有分别，说的是同一桩事情，只不过从宇宙人生和客观世界的不同角度和切入点出发，经过不同的途径，最终走向的目标都是一致的。二是为了说明现代企业管理学的本质应该从自然科学和儒释道中所蕴藏的理上加以研究，管理学理论体系以及团队建设的具体实际操作都应该以明理为先和符合自然之道为根本。由于儒释道智慧之深邃，不仅令人难值难闻，更是难以让人相信。孔子说："三人行必有吾师"，物理学是研究自然万物之理，可以成为我们认识世界、探索世界和改造世界的理论依据，当然也可以成为企业管理学研究的另外一种新途径。随着现代自然科学飞速发展，尤其物理学对宇宙空间和自然万物所作的深入研究，物理学理论不断向前发展，与儒释道思想越来越靠近，有很多交汇共融之处，也正是物理学让中国儒释道经典的思想和智慧以具体可见可知的形式得以实证展现。因此，在企业团队建设方面借鉴物理学中一些比较直观的理论模型和用科学实验所观察到的现象，藉此可以觉悟团队建设与管理智慧，以物理学直观的模型会让头脑更加清晰明了。团队是由人组成的，在团队中共事的人也同样遵循着物理学和因生缘起的因果律，团队不但有客观世界物质的法性，而且也具足了人本有的心性。所以，团队建设的根本和缘起要从心开始，如果团队里每一位员工都能保持纯净纯善的心念，就是在积植善根与善因，有了善因的种子，再不断地广结善缘，创造善的环境和良好的外缘，远离和化解其他违缘障碍，相信这样的团队将是归向中道、智慧彰显的团队，是不惧风吹浪打而战无不胜、攻无不克的团队。团队的心性是每一位成员智慧的集结，法性是指团队内在因缘关系和因果律，可以认为是团队的隐藏秩序或者团队的基因。如果将团队看做自然界中物质对象，将团队成员个体看做构成物质的基本单元——原子或分子，通过物理学思想和儒释道经典来认识团队的心性、法性以及内在的因缘关系，觉悟团队建设与管理的心法与智慧，从而实现道法自然的境界。

二、物质微观组织结构对团队建设的启示

在物理学中，有一种同素异形体（见图 7.1）的物质结构，同素异形体是指由相同元素组成，原子空间结构不同的单质材料。同一种元素的两种材料因为原子排列结构不同，使得各自物理属性和力学性能都有非常大的差异，但是同素异形体材料的化学性质是基本相似的。石墨和金刚石是典型的同素异

形体两种材料，从外观形态看，应该是截然不同的两类物质。金刚石也称钻石，纯度成色好的金刚石被用于首饰，其外观晶莹剔透，透光率和折光性好。它不仅是价格不菲的稀世珍宝和女人至爱的饰品，而且还是目前世界已知硬度最高的材料，天然或人造金刚石被用于制造精密仪器元件、地质钻探、研磨抛光和切割刀具。石墨是黑色不透明的晶体，工业用来制造电极、碳刷、润滑剂和铅笔等，价格也非常低廉。无论多么高贵的金刚石与普通石墨在本质上都是由碳元素构成的。为何两种材料同为碳元素但物理属性和外观形式差别这么大呢？

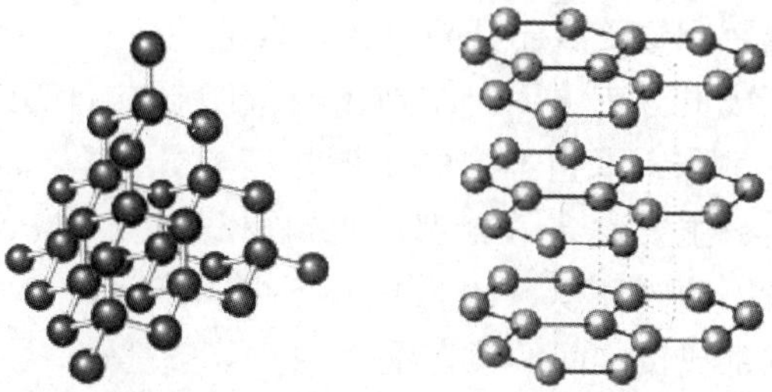

钻石碳原子排列　　石墨碳原子排列

图 7.1　碳的同素异形体

究其原因是物质微观结构不同，石墨的原子排列结构是片状层间形式，每一层内的碳原子都均匀地排列成平面六边形，在同一层面的每个碳原子以三个共价键与其他碳原子结合，两层碳原子之间是以分子间作用力（范德华力）相结合的，这种层状结构使得材料整体强度和硬度都非常低。钻石的微观结构是呈正四面体空间网状立体结构，每一个碳原子都与周围四个碳原子以共价键形式连接，形成了均衡稳定的四面体结构，当钻石被切割或熔化时，必须使用很高的能量才能打破碳原子之间的共价键。同一种元素的原子组合形式不同，形成有差异的微观结构，从而表现出不同的物理属性和外观特征。这一点在团队组建和人员结构安排方面值得借鉴，要想构建高水平、高素质团队必须尽可能地让每位成员发挥出最大的能量以及成员之间凝聚力达到最稳固的状态。尽管现代企业组织机构和员工安排几乎都是按照西方管理模式来构建，即从董事长、总经理、部门经理到普通一线员工的金字塔结构形式，按部门需求和预期目标建立不同的功能团队，然而不是所有团队组织模式能达到让人满意的高品质，有的企业团队不过是临时团伙式的组合，就像石墨层间碳原子只不过存在着相对较小的分子作用力，很容易在外力作用下被破坏。团队人员与同素异形体类似有多种组建形式，究竟怎样才能建设和管理高水平的团队？这是企业管理者们关心的重要问题，研究和思考金刚石与石墨材料的微观结构，或许可以得到启发，觉悟团队建设及其结构优化的智慧。下面所述见解不过是抛砖引玉，仁者见仁，智者见智。

1. 稳定均衡性

金刚石材料微观结构的最大特点是所有碳原子的位置和空间结构形成了相互约束、相互支持、相互平衡的四面体形式，四面体的每一个面都是三角形结构，在所有几何图形中，三角形结构最稳定。与金刚石相比，石墨的微观结构是层状六边形，两层状六边形之间的作用力相对薄弱，结构稳定性很差，这也是石墨粉末具有润滑性的原因①。金刚石稳定均衡的微观结构可以被借鉴成为团队建设的理念，由此可以创造出团队结构优化的新思路和新方案。首先，要恰当安排每一位团队成员的位置，合适的位置才能具备得时、得地、得位之利，在团队成员分工方面，构造出与金刚石空间四面体结构相似的稳固平衡关系，尽管每个人承担不同的角色和任务分工，但是所有人地位一律平等，没有你我他、主要次要的分别，达到彼此相互独立又相互支援的最佳状态。其次，形成团队与团队、团队与上下级职能部门、团队对内对外的合作交流以及团队内部成员之间的紧密配合的"共价键"，这个"共价键"不仅是团队因缘和合的凝聚力，还包括了共同的愿景、价值观和团队文化，正是由于"共价键"的作用使团队成员相互之间形成了一多互摄的全息效应，从而构造出团队稳定平衡的金刚石结构。

2. 平等无我相

为什么有的团队是乌合之众？为什么有的团队人心涣散？为什么有的团队遇到困境便土崩瓦解？《金刚经》开篇有一首云何梵的偈颂，据说也是唐朝女皇武则天所作：

云何得长寿，金刚不坏身。
复以何因缘，得大坚固力。
云何于此经，究竟到彼岸。
愿佛开微密，广为众生说。

仔细读这首"云何梵"偈颂很受启发，如何构建团队才能达到"金刚不坏身"的状态，复以何因缘，使团队"得大坚固力"，金刚石像一位无声的老师述而不作，其微观物理结构给出了圆满的答案。研究分析金刚石的微观结构，我们能够从中觉悟出另一种团队建设与管理的智慧，金刚石的碳原子结构分布没有差别、碳原子大小没有差别、碳原子物理化学属性没有差别、碳原子之间共价键没有差别，所有一切碳原子均无差别，即成为无相的一真法界，无相不等于没有相，而是得义忘相，当理解了其中的究竟了义以后，一

① 金刚石与石墨是同素异构体材料，石墨粉末可以通过静态高压触媒法或者高速冲击载荷增压法制造人工金刚石，人工合成金刚石颗粒比较小，主要用于金属切割刀具和研磨加工的磨料。

切外相便可以忽略不见了。《金刚经》云：“凡所有相，皆是虚妄。若见诸相非相，即见如来。”只有离一切诸相，才能领悟“无人相，无我相，无众生相，无寿者相”的智慧，破除生活工作中遇到的一切烦恼与障碍，达到金刚禅定的境界。金刚石微观结构所彰显的智慧与《易经·乾卦》“用九，见群龙无首，吉”也是一致的。九为老阳之数，即天道，用九就是遵循天道行事，龙代表品德高尚的君子，所有君子都以天道行事，他们的德行、心境和身相从内到外都没有分别、没有优劣高下，一切都是平等相同的，所以才表现出群龙无首的吉祥状态。在企业管理中，当每一位团队成员受到的重视程度和尊重程度与职位高低无关，都得到无差别的礼遇时，团队成员没有你我他的分别，没有个体与整体分别，没有能力高低分别，即使一部机器上的螺丝钉也同样具有不可忽视的作用。所以真正的团队须道一以贯之，一个思想、一个目标、一个形象共同成就一个事业，这样的团队才是金刚石团队。以金刚石为师并结合《金刚经》的般若智慧，对团队建设与管理过程中所遇到的诸多问题（团队凝聚力、团队的平衡稳定性、团队成员组织结构优化等）便可以迎刃而解，构建金刚石团队自然可得。

3. 有序与无序

在自然界中，晶体材料是质点（分子、原子和离子）在三维空间中有规律、周期性重复排列所形成的物质，稳定性和强度高的物质微观结构一般都是排列有序的晶体。金属材料是典型的晶体结构，是按一定空间排列规律紧密堆积在一起的金属阳离子和自由电子构成的，金属阳离子堆积越紧密，金属材料的强度、硬度、熔点也就越高（见图 7.2）。

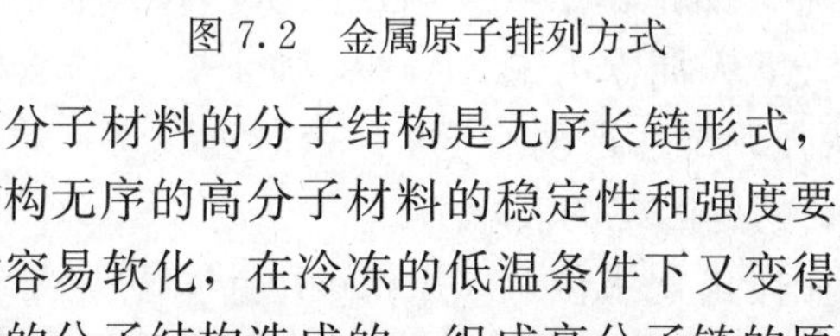

金属原子排列　　金属共价键

图 7.2　金属原子排列方式

大部分非晶高分子材料的分子结构是无序长链形式，与晶体材料的物理属性相比，微观结构无序的高分子材料的稳定性和强度要相对比较低，当受到高温加热时非常容易软化，在冷冻的低温条件下又变得非常脆硬，这是因为高分子材料无序的分子结构造成的，组成高分子链的原子之间是以共价键相结合的，高分子链一般具有链型和体型两种不同的形状，共价键的作用力与金属晶体相比要低很多（见图 7.3）。

晶体材料与高分子材料在微观组织结构上最大的差别就在于有序与无序，

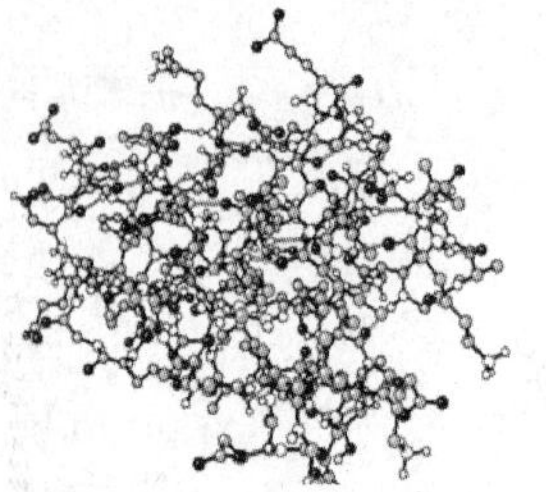

图 7.3　高分子材料分子结构

晶体材料的强度和硬度都要远远超过高分子材料，从晶体材料的微观结构特点可以学习团队建设的思想和汲取团队管理的智慧。

一是晶体有序性与自律。金属强度高与晶体原子排列整齐有序密切相关，物质微观或者宏观结构的有序性也是"道一以贯之"的体现。与晶体材料的这种特性类似，提高团队凝聚力也应该从团队成员的严守纪律保持有序的一致性开始，企业规章制度不在于条款多少，制定再多的规章制度不如严格执行和令行禁止的工作作风。为什么军事装备简陋的中国人民解放军能打败日本帝国主义和蒋介石的国民党军队，最后取得革命胜利解放全中国？其中重要原因之一就是依靠严格执行军队纪律——三大纪律八项注意。三大纪律是："一切行动听指挥，不拿群众一针一线，一切缴获要归公。"八项注意是："说话和气，买卖公平，借东西要还，损坏东西要赔，不打人骂人，不损坏庄稼，不调戏妇女，不虐待俘虏。""三大纪律八项注意"是中国人民解放军优良传统，不仅是军队统一行动的思想以及提高战斗力和凝聚力的准则，还是贯彻党的路线、方针政策和完成军事任务的重要保证。至今有的企业将"三大纪律八项注意"作为企业文化在员工中推广传播，对于提高企业凝聚力具有重要意义。因此，纪律严明的团队一定能够战无不胜，团队成员一切行动听指挥而保持统一有序性，团队将成为高品质团队；企业严持纪律，可以提高管理水平和生产效率；社会大众严格遵章守制，社会和谐天下太平。《易经·师卦》讲述了作为将帅如何带领团队，彖辞曰："师，众也，贞，正也。能以众正，可以王矣。""师"即是集结兵力组成团队，有兴师动众的意思，组成团队要有章法才能被天下人拥立为王，另外，师卦初爻的爻辞曰："师出以律，否藏凶。"带领团队强调纪律严明有序，"否藏凶"意味着失律，即失去了严明的纪律必然失败，这是凶兆的表现。

失律就像金属晶体出现了位错（dislocation），位错是指晶体材料的一种内部微观缺陷，即由于杂质或者热处理导致原子的局部不规则排列（见图7.4）。位错属于金属晶体的内部缺陷，容易导致金属体出现微裂纹或者疲劳，使其寿命降低，使得金属材料宏观的物理性能和力学性能受到极大的影响。

二是无私无我，众缘和合。金属晶体内金属阳离子的半径越小，所带的

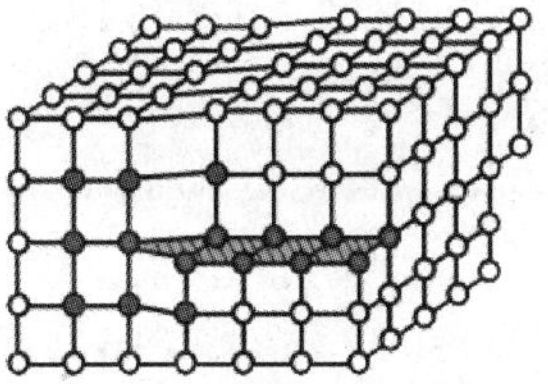

图 7.4 金属晶体位错

电荷就越多，金属阳离子与自由电子间的作用也越强，这种作用叫做金属键。金属键不同于化学键（离子键和共价键），金属晶体中的每个电子或每个阳离子都不私属于某个阳离子或某个自由电子。因此，这种无私的特性使得金属键无饱和性和方向性，金属晶体的物理性质和结构特点都与金属键紧密相关，而且金属可以与其他不同金属经过冶炼以后形成强度更高的合金，这不正是儒家“君子和而不同”的优良品德吗？有时候在现实中团队的每位成员不一定能做到像金属晶体阳离子那样无私，如果有自私自利的心理就不可能与团队中持不同意见的其他成员进行紧密地合作了。

综上所述，自然科学、物理学和儒释道经典所叙述的道理都是相通的。中国古圣先贤是世人典范和社会大众的老师，尽管他们已经作古，甚至一些圣贤的墓地随着历史岁月的流逝都已经荡然无存了，但是他们的著述和思想仍然流芳千古，是华夏文明之光，这便是死而不亡者寿。自然万物遵循着物质守恒定律，无论世事如何变迁，始终是不生不灭、不增不减、不垢不净，在运动中表现着万物之理，在静默中保持着不变的法性。《道德经》云：“致虚极守静笃，万物并作，吾以观复。芙物芸芸，各复归其根。归根曰静，是谓复命。复命曰常，知常曰明。不知常，妄作凶。”世间万物，不管是有生命的人类和动物，还是无情的物质，哪怕是一粒微小的沙粒，都有值得学习之处，万物有常，皆可以为师，一切万物都有其独特的法性，这些独特的法性正是可以为师值得学习的地方。团队建设同样也要在学习中成长，学海无涯乐在其中，万物皆有道，随行皆为师，道者自通，德者生智，信者为徒，愚者遇万物而不达。团队建设与管理也同样是知常曰明，不知常妄作凶，偏离常道便是凶。

第三节　中国古代帝王的团队建设艺术

随着现代管理学研究和实际应用，团队建设与管理思想仍然集中和界定在某些固定的框架内，赋予团队的功能和绩效非常有限，有些团队不过是人员简单组合，只能称其为乌合之众或团伙。在现代团队建设中要实现新的突破，并构建真正意义的团队，从哪里才能找到最佳的答案呢？过去人经常讲：国有疑难可问谁，家有疑难可问谁？在家庭里，作为子女遇到了不能解决的问题，最先想到应该请教的人就是父母和老师。国家的政治经济有了疑难，向谁请教？企业经营管理有了疑难向谁请教？更具体一些，企业团队建设作为管理中的重要环节，有了疑难又应该向谁请教？答案其实很简单，与家庭中子女遇到疑难寻找解决方案相似，一名优秀的组织机构领导者和企业管理者同样也要向前辈和老师学习请教，前辈和老师不是别人，正是我们古圣先贤和中国五千年来的传统文化以及诸子百家经典，他们的智慧是不可思议的，从中一定能开悟并获得满意的答案。也许不少人对此心存疑惑，中国古人的智慧及其诸子百家经典已经有几千年的历史，这些迂腐过时的古代封建思想怎么可能指导和解决当今团队建设问题呢？其实这是对中国经典很大的误解，中国古人的智慧和经典不仅能解决当今团队建设遇到的诸多问题，还能成为团队建设的灵魂和推动力。但看中国古代诸多有道明君无不深谙人才队伍的管理之道，带领强大的人才班底从修身齐家到治国安邦所向披靡，其中的奥妙实乃今世典范，蕴藏的智慧绝不是几句话就能通达穷尽的。现代企业团队建设与管理除了应当以现代管理学为纲要，还有必要从帝王为君之道中学习和汲取团队建设与管理的智慧，通过对中国古代不同时期君主统治团队建设的经验教训进行分析总结，期待更多的管理学者能走进中国传统文化和中国传统经典中领悟团队建设与管理的智慧，将儒释道思想在企业管理中激活与复兴，创造出符合我国国情的中国本土化团队建设的新思维和新方案。

一、德行天下：周武王姬发团队

周朝最初是商朝的诸侯国，在周文王统治时期，由于政通人和，国力逐渐强大。当时的商纣王宠信奸臣，沉迷于酒色，弄得众叛亲离，商朝的百姓怨声四起。武王姬发继位后，开始着手伐纣的准备，对内重用贤臣，继续留任姜子牙为国相，掌管军政要务，任用他的兄弟姬旦为太宰，将毕公姬高、卫康叔、丹季等人安排重要职位，组建周武王时期强大的军政团队，政治和经济都得到了稳定发展。在对外交流中，争取与其他诸侯国联合，使得商王朝越来越孤立。周武王积极筹划讨伐商纣王事宜，公元前 1045 年，武王在盟津召集八百诸侯会师盟誓，然后兵出潼关共同征讨商朝，并于第二年的二月份甲子日，在牧野一举战败了商朝的军队，纣王最后结局是独自登上鹿台，穿着宝玉衣服，点火自焚而死，这是中国历史上有名的“武王伐纣”。此后，武王建立了长达八百年的统治政权——周王朝，周朝八百年的国运令后世历代帝王望尘莫及。武王为了巩固周朝的政权统治，对待宗族亲戚和手下诸位臣子们论功行赏，保证他们足够的利益和权位，对商朝的遗臣和老百姓实行分而治之的政策，将纣王畿内地域划分成三个管辖区，加封纣王的儿子武庚为诸侯，然后派遣弟弟叔鲜、姬度和叔武三人监视武庚，史称“三监”。对纣王手下的臣子们或者从监狱释放，或者给予经济和官职奖励。例如，武王专门迎请商朝老臣箕子到镐京任职，向他虚心请教治国安邦之道，根据箕子的建议，对过去的宗法制度作了进一步完善。

周武王是中国历史上一位有道明君，不仅推翻了纣王的残暴统治，而且还是中国传统文化的引领者。《周礼》是中国儒家经典的开篇巨作，其内容非常丰富，大到天下九州、天文历象，小至沟洫道路、草木虫鱼。从邦国建制，政法文教，礼乐兵刑，赋税度支，膳食衣饰，寝庙车马，农商医卜，工艺制作，各种名物、典章制度，无所不包。堪称中国上古文化史的宝库，为孔子儒家思想奠定了坚实基础，也是中国传统文化的重要渊源，孔子主张“克己复礼”，复礼就是指要恢复周礼。武王夺取政权两年后就因病去世，他在生前执政中也有一些决策上的失误，周王朝建立之初，在政权和人员尚未稳固之时便“乃偃武修文，归马华山之阳，放牛桃林之野，倒载干革，包之虎皮，车甲衅而藏之府库，示天下不复用。”当他去世不久，在公元前 1041 年，三监与武庚联合发动叛乱。周朝处于危急时刻，周公旦不得已出征三年平定叛乱，辅佐成王登上周朝政权统治的宝座。周武王以礼治国和以德治国为八百年的周朝大业奠定了坚实基础，在中华文明史上留下了辉煌璀璨的篇章。

二、知人善用：汉高祖刘邦团队

公元前 202 年，西楚霸王项羽与汉高祖刘邦垓下之战伤亡惨重，最后带领手下二十八骑向南疾走，退至乌江，项羽自觉无颜见江东父老，在乌江边自刎身亡，历时四年多的楚汉相争最终刘邦获胜，建立了汉朝。刘邦早年当过亭长（相当于现代的乡长），文采也仅限于“大风起兮云飞扬，威加海内兮归故乡，安得猛士兮守四方!”的水准，就连他的父亲刘太公都说他是个无所事事的泼皮无赖，况且在起兵时已经是垂垂老者。项羽不过二十几岁，正是年轻有为的时候，从兵力到军备上项羽都要超过刘邦。为什么刘邦团队能取得最后的胜利？刘邦在建立汉朝初期的团队组织相对比较优秀，之所以能运筹帷幄之中，决胜千里之外，全靠以儒家文化领导和治理队伍。他曾经昭告天下，广泛求贤。在登上皇帝宝座以后，总结了战胜西楚霸王项羽的主要原因是：人的因素非常关键，只有懂得知人善用，发挥每一位人才的优势，才能取得最后的胜利。刘邦在开创基业之初，吸纳了众多的文臣武将加盟。首先，有军师张良出谋划策，指挥内外一切军政事务；其次，领兵打仗的将官有萧何、韩信、彭越、英布等猛士，他们为了大汉江山，不惜身家性命，英勇善战决胜千里。否则，没有这样强大的班底，刘邦可能也就是一位默默无闻的小官吏而终老乡野，怎么可能建立大汉王朝呢？

项羽论出身要比刘邦高贵得多，虽然出身名门望族，但终究只有匹夫之勇，作为一代英雄豪杰可以为明君所用，由于性格鲁莽粗犷而不懂得如何识人用人，在领兵作战方面骁勇善战，算是天才人物，却欠缺治国安邦的智谋和胸襟。他手下只有范增一个人可用，又总是对他妄加猜疑，为人性格暴躁，骄横跋扈，自恃勇猛盖世，特别是杀死主公怀王的作法令众将丧失了人心。由于他本身有勇无谋，选拔人才以勇作为标准，韩信原来也曾经投奔项羽，在其帐下作了个小军官，几次献言献计给项羽，项羽却置之不理，韩信十分失望，后来投靠了刘邦。韩信开始也不为刘邦所重用而逃离，以至于有了萧何雪夜追韩信的典故，在萧何向刘邦的极力推荐下得以重用。刘邦带领张良和樊哙等人赴鸿门宴，虽然经历了“项庄舞剑，意在沛公”的惊险，但是张良等人的足智多谋化解了危险，也反映了项羽优柔寡断的性格。项羽与刘邦在用人之道和组建团队上形成了鲜明对比，刘邦团队拥有千军万马，节节胜利，而项羽则在四面楚歌声中陷落，最后自刎于乌江边。虽然项羽有种种缺点，但他的英雄气概和军事作战能力是值得后人学习敬仰的。李清照曾经写过一首诗：“生当作人杰，死亦为鬼雄。至今思项羽，不肯过江东。”这也体现了诗人对项羽的高度评价和无限敬仰之情。

三、思想若渴：三国曹孟德团队

曹操是三国时期杰出的政治家、军事家、文学家。因为挟天子以令诸侯，在三国演义中被看做为人狡诈的反面角色，称其为奸雄。但是历史事实并非如此，他是三国曹魏政权的缔造者，在军事才能和政权统治方面是刘备和孙权所不能比的。随着袁绍、董卓、吕布、刘表等割据势力被陆续消灭，对外又征服了南匈奴等外族势力，实现了对中国北方地区的统治，为其子曹丕称帝建立曹魏国打下了基础。曹操文武双全，精通兵法作战，在文学和书法方面造诣也颇深，他的诗歌大气磅礴，开创了建安文学之风。曹操的丰功伟绩与他所缔造的团队紧密相关，手下人才济济，著名的文官智囊有荀彧、荀攸、郭嘉、程昱等，威名远播的武将有典韦、张辽、张颌、夏侯敦、夏侯渊、徐晃、曹仁、庞德等。相比较而言，刘备的团队文官有军师诸葛亮和马良，武将除了结义兄弟关羽、张飞外，只有赵云、魏延、马超、黄忠比较突出。东吴孙权的团队文官有张昭、鲁肃等，但能力和名气都不甚突出，武将更是寥寥无几，最有名气的是周瑜，其次有甘宁、黄盖、吕蒙等。在人才队伍建设方面，曹操不拘一格招纳人才，打破了东汉时期选拔官员必须出身贵族且品德优秀的世族观念，不计较出身门第，只要有才能就予以提拔或委以重任，对人才求贤若渴，曹操先后三次颁布求贤的诏令，他的诗词《短歌行》中

"青青子衿，悠悠吾心。但为君故，沉吟至今。呦呦鹿鸣，食野之苹。我有嘉宾，鼓瑟吹笙。明明如月，何时可掇（chuò 同辍）。"对人才的思念以至于夜不能寐，如果人才能为我所用，我一定能像周公那样礼贤下士。尤其"明明如月，何时可辍"一句，意思是作者对人才的渴求就像明月东升西落，什么时候停止过呢？诗词内容慷慨悲歌，彰显了思贤若渴的心情。

曹操在对手下官员团队管理方面严格执行法令，提出"拨乱之政，以刑为先"，要求各级官员力行法治，并委任专门官员掌管选举事务，倡导为官必须廉洁清正。曹操治军严整，法令严明，行军途中，战马不得践踏庄稼，违者一律斩首。有一次曹操坐下战马因为受到惊吓践踏了田地里的麦苗，为了惩罚自己，他拔剑割下自己的一缕头发作为处罚，足以见他严肃军纪的决心。在曹操统治区，社会变得越来越稳定，民风也有所好转。相比之下，刘备和孙权团队的人才质量和能力都显得相形见绌，两人到了晚年都变得更加昏庸不明，使得手下群臣人心涣散。曹操一向节俭，衣食住行绝对不追求奢华，这一点被各级官员纷纷效仿。刘备则不然，《三国志》记载："刘备称汉中王，于是起馆舍，筑亭障，从成都至白水关，四百余区。"除此以外，刘备重病期间，在白帝城托孤于丞相诸葛亮和尚书令李严，但是后主刘禅是扶不起来的"阿斗"，尤其是诸葛亮过世以后，刘禅昏庸无能，听信奸臣，重用宦官，忠臣往往得不到重用，刘备团队里人才已经流失殆尽了。在刘禅执政后期，蜀国的军事实力与曹魏比较相差甚远。公元 263 年冬，魏国大将邓艾带领曹军攻入成都，蜀汉灭亡。孙权受长女的挑拨，废掉了太子孙和，册封幼子孙亮为太子，弄得群臣明争暗斗，分成"太子派"和"鲁王派"，以至于孙权死后，到了吴国末年的最后两任皇帝众叛亲离，在公元 279 年，西晋大军攻打东吴，使其政权统治土崩瓦解，迅速走向了亡国的境地。

四、君仁臣忠：唐太宗贞观团队

作为中国古代帝王治国治家以及政权团队建设经验总结的著作当首推唐代历史学家吴兢撰写的《贞观政要》①。书中记载了唐太宗与魏徵等大臣们治国安邦的言论，成为后来历代皇帝必读的治国经典。唐太宗李世民统治时期也称为"贞观之治"，在社会生产力、经济文化和人才方面是中国历史的鼎盛阶段。由于唐太宗知人善任，任贤用能，重用魏徵、房玄龄、长孙无忌、杜如晦等著名的开国二十四位贤臣。在这样人才济济强大的团队辅佐下，制定和颁布了一系列政通人和的法令，迅速平定了各种外患，同时尊重少数民族的风俗人情，稳固了边疆统治，使得当时社会出现了前所未有的安定局面。

① 吴兢：《贞观政要》，中华书局 2009 年版。该书完成于唐代开元、天宝年间。

贞观盛世的最关键原因之一是李世民谦虚谨慎，广开言路，虚心接受众位群臣的谏言，懂得怎样组建一支高效的人才队伍，每一位人才的优势了然于心，安排合适的职位，让他们都能发挥最大的才能。房玄龄为官鞠躬尽瘁，任宰相一职有 15 年，对于各种政务无不尽心尽力；魏徵敢于向皇上直言相谏，唐太宗曾经问魏徵："什么叫做圣明君主、昏暗君主?"魏徵答道："君主之所以能圣明，是因为能够兼听各方面的言语，其所以会昏暗，是因为偏听偏信。"杜如晦作为唐太宗的心腹，与房玄龄共同掌管朝廷政务，其业绩为朝廷上下群臣所称道，素有"房谋杜断"之说；卫国公李靖文武全才，既可以在外带兵打仗做将军，立下赫赫战功，又可以进入朝廷搞管理担任宰相。还有王珪、虞世南、马周、秦琼等诸位贤德大臣共同辅佐唐太宗开创了中国历史上最繁荣的大唐盛世。

唐太宗还把团队格局放大到普天下的百姓，他充分认识到了百姓的力量，非常重视体察民心，治理国家以民为本。他曾经说："民，水也；君，舟也。水能载舟，亦能覆舟。"颁布法令合并州县，精简地方官吏，减轻人民负担。贞观初年，唐太宗对大臣们说："做君主的基本原则是必须首先关心百姓的疾苦，如果损害黎民百姓的利益来奉养自己享受，那就好比是从大腿上割肉来填饱肚子，虽然肚子填饱了，但人也就死了。其次，要想治理安定天下，必须先端正自身，绝不会有身子端正而影子弯曲的事情发生，上头治理好了而下边就不会发生动乱的事。我常思考能伤害身体的并不是外在的东西，而都是由于自身贪欲才酿成灾祸。沉溺于吃喝玩乐和女色，自身欲望越多，损害也就越大，既妨碍政事，又扰害百姓。如果再说出一些不合事理的话来，就更会使得人心涣散，百姓怨声载道、叛乱兴起，每当我想到这些就不敢放纵贪图安逸。"魏徵对答说："古代圣明的君主也都是从近处修正自身开始，然后才能推及到远处的一切事物。过去楚庄王任用詹何时，问他治国之要，詹何却回答提高自身修养的方法。楚庄王再问他怎样治理国家，詹何说：'没有听过自身修养很好而国家会发生动乱的。'陛下所明白的，实在是与古人治国的道理相同。"由唐太宗亲自带领以房玄龄、魏徵、杜如晦等众位贤臣共同缔造了盛世华年的大唐帝国，这样的团队又有谁能与其争锋？是前无古人、后无来者的典范。

五、勤政节俭：明朝朱元璋团队

朱元璋是明朝开国皇帝，出身寒微的家庭，年轻时曾经被生活所迫出家当过和尚，也参加过元朝末年郭子兴领导的红巾军。朱元璋虽然出身地位微贱，不过是普通农民出身，但是他除了懂得如何顺应天道和笼络民心外，还招纳了天下众多名士，缔造了历史上强大军事团队和政治团队，为大明王朝的建立和兴盛奠定了人才基础。著名的文官有明初诗文三大家，分别是曾经被朱元璋赞誉为“开国文臣之首”的宋濂，明朝开国元勋、军事家、文学家、政治家的刘基，以及为官三年号称吴中四杰之一的高启，还有章溢和叶琛受到朱元璋的重用，被尊为“五经师”，专门为太子朱标讲学。朱元璋手下有六大知名武将，也称为六大国公。位列功臣榜第一武将是徐达，擅长谋略，用兵如神；第二武将是常遇春，在战场上勇猛异常，战无不胜；第三位是朱元璋的外甥李文中，颇有军事领导才能，他智谋深宏。其他三位有名的武将分别是冯胜、李善长和邓愈，他们都为开创明朝基业立下了汗马功劳。朱元璋手下开国元勋与三国时期曹操帐下的各种人才相差无几，为了培养和提拔国家建设的新生力量，朱元璋专门设立了国子监，地位相当于现在的中央教育部直属高校北大、清华，为那些没有求取到官职的年轻文人提供仕途升迁的机会，他对这些新科进士和监生给予了不同寻常的厚爱。

朱元璋在政权组织形式和吏治结构上进行了改革，废除中书省和丞相制度，设立承宣布政使司、都指挥使司和提刑按察使司，分别担负中书省的职责，三个机构互相牵制，有效地防止中央各部和地方权力过重的弊端，实现皇帝的集权统治。朱元璋执政的另一特点是严厉惩治贪官污吏，上至中央六部、中书省下至地方县衙官员，一经发现贪污腐败的行为，无论涉及到谁，也不管官位多高，一律格杀勿论，全国先后处死贪官达几万人，令人胆战心惊的惩治力度和严酷的刑罚大大地震慑了贪官。朱元璋还是中国历史上最勤政节俭的皇帝之一，在位 31 年期间几乎从来没有休息过，在他的遗诏中可见一斑：“朕膺天命三十有一年，忧危积心，日勤不怠，务有益于民。奈起自寒微，无古人之博知，好善恶恶，不及远矣。今得万物自然之理，其奚哀念之有。皇太孙允炆仁明孝友，天下归心，宜登大位。内外文武臣僚同心辅政，以安吾民。丧祭仪物，毋用金玉。孝陵山川因其故，毋改作。天下臣民，哭临三日，皆释服，毋妨嫁娶。诸王临国中，毋至京师。诸不在令中者，推此令从事。”朱元璋的饮食起居也特别节俭，这一点与曹操有相似之处，据说他每天早饭不过是蔬菜豆腐等简单饮食，皇宫里的家具与普通人家相差不多。

六、千古一帝：清圣祖康熙团队

康熙帝是中国清朝时期著名的君主之一，7 岁时于太和殿举行正式登基仪式。在其祖母孝庄文皇后的帮助下，康熙帝韬光养晦，一面学习治国安邦之道。一面寻找机会剪除独揽大权的顾命大臣鳌拜。他是中国历史上执政时间最长的皇帝。与前面五位君主相比，康熙大帝的统治团队中有名气的人才和大臣要比他们逊色许多。康熙帝年幼时有鳌拜、索尼、苏克萨哈、遏必隆等四位顾命大臣辅政，尽管鳌拜专横跋扈，但与摄政王多尔衮冒死抗争拥立幼主康熙登基还是起到了重要作用。其次，纳兰明珠、索额图、周培公、姚启圣、施琅等都是康熙手下得力的大臣。顾命大臣索尼病逝以后，康熙帝终于下定决心废除了鳌拜等人辅政，1667 年 7 月份举行了亲政大典，真正实现了自己登基皇位和主理朝政的目标。

康熙帝铲除鳌拜之后，为了加强皇权，他提出“天下大权当统于一，天下大小事务，皆朕一身亲理，无可旁贷。若将要务分任于人，则断不可行。”（《清圣祖实录》卷 284）他主理朝政的特点是谨慎和勤政，在每一年之中，无论严寒酷暑都亲理万机，在位期间除非特殊情况，从来没有间断过御门听政，对于国家大事经过反复调查才作出决策。康熙帝崇尚儒家文化，颁布一系列法令，限制满清贵族和八旗子弟的权力，强调实行仁政亲民，对臣子和天下百姓要以仁爱为先，并大力提拔有才能的汉族官员委以重任，如著名的清官于成龙被任命为兵部尚书。康熙帝对朝廷大臣的任用和奖惩亲力亲为，不容许他人干预。在加强皇帝集权统治的同时，还不断完善满清官员任用机制，最重要的改革就是建立了内阁，内阁制一直延续到清朝末年。为了使清朝政治官僚机构管理和运转有章可循，康熙帝亲自主持编修了清朝第一部政典《大清会典》，同时颁旨命文华殿大学士兼户部尚书张玉书和文渊阁大学士兼吏部尚书陈廷敬主持编撰《康熙字典》。康熙帝在位总计 61 年，是中国封建社会在位时间最长的一位皇帝，为后来清朝的稳固统治奠定了坚实的政权基础。因此，后人称他为“千古一帝”。

七、六个朝代团队建设综合评析

以上只是简要地介绍了中国历史上典型的六位君主统治团队的情况，从这些君主在人才队伍管理和政权机构建设方面看，他们既有相似之处，也有各自的特色，同时每一位君主都有值得后人借鉴和吸取的经验教训。

周武王最大特点是为人仁义宽厚，推崇礼教和以德来治理天下，大力实行仁政，这在中国历史上是不多见的君主。然而十分惋惜的是，在“武王伐纣”以后不长时间，由于武王日夜思虑如何更好地治国安邦，积劳成疾而过早地离世。武王的德行感召了当时很多贤士和能人，在姜子牙辅佐指挥下与众位将领消灭了商纣王，建立了西周王朝。在建国之初，为了巩固政权，奖励功臣并安抚纣王的遗臣，虽然有六百五十二个诸侯国臣服于武王，但是由于他忽视了中央集权统治和军事实力的加强，下令刀枪入库、马放南山，以致于后来三监联合纣王之子武庚发动叛乱，使得周朝统治者们有些措手不及，幸好被武王的兄弟周公旦及时平定。否则，周朝政权的八百年基业有可能就是神话传说了。

刘邦在张良、萧何、韩信等人的辅佐下建立了大汉王朝，虽然做了开国皇帝，但是小农意识和狭隘的心胸在做了皇帝以后表露无遗，只能与其共患难，不能共享富贵。自从登上皇帝宝座以来，不敢对自己的皇位王权掉以轻心。让他寝食难安的是除了担心各地异姓王公手握兵权谋反以外，还有就是那些曾经跟随他共同出生入死打天下的诸位将领，他们为功劳大小和赏赐的多少争斗不止，这实在让刘邦头疼不已。为了强化自己权力，首先听从萧何的建议将韩信诱骗到皇宫抓捕，韩信被斩首于长乐宫钟室。接下来为了削弱萧何丞相权力，诬陷萧何接受商人贿赂，将这位元老级功臣关进了监狱，后来被释放出狱，萧何再也不敢随便参与国事。中国古人总结的“狡兔死，良狗烹；飞鸟尽，良弓藏；敌国破，谋臣亡”① 作为评价汉高祖刘邦的为人一点都不过分。

曹操文武全才，不仅是一位出色的政治家、军事家，还是历史上有名的文学家，他的诗词很有造诣，颇具大家风范。虽然挟天子以令诸侯，一生没有称帝，但他却是三国时期最有能力组织团队和领导团队事实上的君主。史书对他的评价是：“治世之能臣，乱世之奸雄。”② 曹操最大的缺点是太过于刚愎自用，不但权力控制欲极强，而且为人心理生性多疑，误杀了很多不该杀的文武大臣，其中包括孔子后人孔融、太尉杨彪之子杨修、道德品行一流的崔琰、谋士娄圭等，这些人在当时都是才华出众且非常知名。他曾经说过：“宁我负人，休教人负我。”这是在与刘备和孙权多次交锋中遭受惨败的重要原因之一。

明太祖朱元璋登基皇帝宝座以后，为了巩固朱家王朝的统治，在政治、吏治、军事制定了一系列严厉的措施，虽然对贪官污吏的惩治力度达到了空前绝后的严酷，但是朱元璋对开国元老级功臣大开杀戒。据清朝张廷玉编撰的《明史》③ 记载，曾经深受宠信的左丞相胡惟庸，被朱元璋以擅权枉法罪杀害，御史大夫陈宁和御史中丞涂节等数人也被牵连杀害。中国历史有户灭九族的刑罚，胡惟庸则是中国历史上被户灭九族的最后一名丞相。朱元璋又以剪除胡惟庸党羽为借口，将李善长及其家属七十多人全部赐死，前后株连被杀的文武官员总共达三万余人。蓝玉是一位战功赫赫的大将，被奸人诬告谋反，朱元璋除了将他处决以外，还因此受到牵连而被诛杀的有一万五千多人，而且大部分开国功臣在蓝玉的案中被杀，成为明朝四大冤案之一。为此，太子朱标劝谏父皇戒杀，朱元璋第二天故意将一条棘条扔在地上，叫朱标拾起，

① 司马迁：《史记·越王勾践世家》，中华书局 1982 年版。

② 裴松之注：《裴松之注三国志·魏书·武帝纪》，天津古籍出版社 2009 年版。

③ 张廷玉所编《明史》是二十四史中最后一部，清朝史学家赵翼在《廿二史札记·卷 31》中说：“近代诸史自欧阳公《五代史》外，《辽史》简略，《宋史》繁芜，《元史》草率，惟《金史》行文雅洁，叙事简括，稍为可观，然未有如《明史》之完善者。”

朱标害怕刺伤手指，不敢去拿。朱元璋说："汝勿能执与？我润琢以遗汝，岂不美哉？"意思是告诉太子："你害怕有刺而不敢拿，我把那些对你有威胁的刺都拔掉了再交给你，岂不是更好。"朱标说："上有尧舜之君，下有尧舜之民。"意思是国家有仁慈的君王，天下才能有安善的百姓良民，朱元璋闻听此言不禁勃然大怒，抄起椅子朝他砸去，朱标由于惊吓过度，最后抑郁而死。朱元璋的残暴和大肆杀戮亘古未有，清朝文学家、史学家赵翼在《廿二史札记》中评价朱元璋："明祖藉诸功臣以取天下，及天下既定，即尽举取天下之人而尽杀之，其残忍实千古所未有之。"

康熙帝在政权团队建设和人才队伍管理方面最大的失误就是害怕反清复明势力，对那些明朝还有怀念情节的汉族文人和官员加以追查并给予严厉惩罚，最突出的表现就是大兴文字狱，千方百计地从他们的诗词著作中牵强附会地寻找所谓的反清文字，然后旁征侧引来拟定罪名，严重者被处死。明朝天启宰相朱国桢在家乡曾经编著了《明史》一书，该书被很多人传阅修订，康熙得知此事后派人到湖州追查，认为该书是反清复明的罪证，导致 70 多人被处决，受到株连的有二百多人。康熙年间文字狱事件多达十几起，像戴名世因为《南山集》被斩首。文字狱在雍正和乾隆时期也极为盛行，很多文人和官员蒙受不白之冤，从这些莫须有的文字狱事件来看，与康熙"千古一帝"的称号实在是有些不匹配。

最后要重点评说的是唐太宗李世民，他是中国历代封建王朝少有的有道明君。他在人才选拔、官员任用、吏治整肃和中央统治集团的架构等方面的作为一直被后人所赞扬，是难得的领袖人物。他的团队建设、团队文化、团队用人的艺术和智慧值得现代企业管理者以及其他机构领导者借鉴。在唐太宗统治时期，儒家、道家和佛家文化得到了长足的发展，达到了前所未有的繁荣，这与李世民的行为处事的心性和胸怀天下的格局分不开的。"贞观之治"的贞观二字，贞乃正也，君主上梁不正则下梁歪，观者乃气势磅礴大观之象。《易经·观卦》象曰："风行地上，观。先王以省方，观民设教。"观卦的卦象道出了为君为民之道，即臣民当以上行下效为本，君主傲然于天下，雄视国家疆域，遍观黎民百姓，君主的德行和教化如风行地面，天下臣民如地上的草，草随着风倾倒，实乃观民设教，大观之象也。有什么样的君王就会有什么样的臣子和百姓，由全息理论和念力的量子纠缠效应可知，一切都是心念感召的。所以，领军者唐太宗的德行是其所构建中央政权团队的关键，以此才开创了大唐盛世。虽然康熙帝在位时间最长，被称为"千古一帝"，不免有些差强人意。按照唐太宗的德行和才能，将他称为"千古一帝"应该是名至实归。仔细分析唐太宗团队特点，除了把中国传统文化中的太和、中和、保和的思想发挥得淋漓尽致以外，还体现了六和敬文化的智慧，六和敬即是

“身和同住，口和无诤，意和同悦，见和同解，戒和同修，利合同均。”藉此，以唐太宗为领导核心，构建了中国封建社会历史上最具智慧的“贞观之治”团队，也是一个六和敬团队，这一点从《贞观政要》详细记载的内容中可以获得有力的证据。因此，下一节内容阐述企业团队建设与管理的艺术时，将以《贞观政要》为主要线索，结合儒释道经典和六和敬的思想，汲取古代帝王治理国家和人才队伍管理的经验教训，为企业团队构建、团队组织、团队管理、团队运转等提供具有可操作性方案，从而打造中国本土团队建设模式。

第四节　企业团队建设的六和敬修炼

一、团队建设六和敬的基本思想

六和敬在《佛学大辞典》中解释为：“指六种和同爱敬，又作六慰劳法、六可喜法、六和。即求菩提、修梵行之人须互相友爱、敬重之六种事。是指六种和同爱敬：（一）身和敬，指同礼拜等之身业和敬。（二）口和敬，指同赞咏等之口业和敬。（三）意和敬，指同信心等之意业和敬。（四）戒和敬，指同戒法之和敬。（五）见和敬，指同圣智之见解和敬。（六）利和敬，指同衣食等之利益和敬。又作行和敬、学和敬，即指同修行之和敬。或又作施和敬，即指同布施之行法和敬。”六和敬总结归纳为：“见和同解，戒和同修，身和同住，口和无诤，意和同悦，利和同均。”它是寺院僧人和合共修而遵守的基本原则，也是寺院僧团身心安住，持戒修行，弘法利生，同证菩提的基本纲领。释迦牟尼佛在世时，带领常随佛学的一千二百五十人在丛林中修学，如何统领大众才会达到清净和谐的共修僧团呢？依靠的就是六和敬，团队最重要的特征是“和”与“敬”两个字，“和”是中国传统文化的中心思想，儒释道经典都主张以“和”为主，唯有“和”才能让人们身心快乐，人与人和平相处，从而实现国家和谐、社会和谐、企业和谐、家庭和谐的目标。“敬”是人与人之间互相尊重，彼此礼敬，儒家主张：“礼之用，和为贵。”相互礼敬是和谐共事的基础。那么多少人算是团队呢？在国学经典中认为，四个人以上在一起同住或共事才能称为团队，少于四个人则不能称为团队，这与西方管理学中所定义两个人以上为团队的说法不同。

六和敬的基本思想和宗旨是为了建立和合共修团体，即和合僧团。僧团和合共修才能实修实证，最终达到理事无碍的修学境界。为社会大众作出榜样和表率，从而更好地弘法利生。践行六和敬首先要做到“和”与“敬”这两个字，六和敬不仅针对寺院出家僧人在一起和合共修，还能成为社会大众之间合作交流、家庭和睦相处和企业团队建设管理的核心思想。在中国封建王朝的历代帝王当中，哪个帝王将六和敬做得到位，哪个朝代兴盛。周武王是一位仁德的君主，带领团队在利和同均、见和同解两方面做得好，其他方面还是有所欠缺。刘邦在创业之初，还算是做到了身和同住，登基以后，由于自私自利，六和敬的思想几乎丧失，手下将官争名夺利就是很正常了。曹操的败笔是疑惑心理太重，对很多人才都有所怀疑，导致很多精英被错杀和误杀，在疑惑心笼罩下，曹操的团队很难达到意和同悦，而且团队的凝聚力也打了很大的折扣。明太祖朱元璋年轻时由于生活所迫，到寺院出过家，做了几天僧人，但是成为大明王朝的开国皇帝以后，佛教经典的教理教义几乎忘得一干二净，更别说六和敬做得怎么样了。清朝康熙大帝在位期间非常勤政，凡事都必须亲自处理，反映了他对手下臣子缺少信任感，尤其是团队里能力特别突出的精英人才显得比较少，原因是康熙将中央统治权力过分集中在自己手中，国家政权统治事无巨细，很多事务应该下放大臣处理，但是康熙全包揽了，结果几乎看不到大臣们有啥业绩，谈不上什么团队优化，更没有六和敬的意识。在中国封建王朝所有的皇帝当中，六和敬做得最好的当属唐太宗李世民，他组阁的大唐团队人才济济，决策力、凝聚力和战斗力也最强大，是中国封建社会历史上最懂得如何管理团队的英明君主，唐太宗所带领的团队是典型的中国经典管理模式，值得今天企业领导者深入学习。从唐朝著名的史学家吴兢著述的《贞观政要》一书中，可以看到唐朝之所以成为万邦朝贡的大国，与唐太宗的胸怀和智慧以及团队精英的优化组合分不开。在现代社会中，家庭是社会的基本单元，企业是国家经济和社会生产力发展的基础，所以在家庭成员和企业管理中推行六和敬，从我做起，从家庭个体做起，并逐步辐射到企业管理和社会活动中，相信我们的社会环境将逐渐变成一方和谐的净土，这就是实实在在的正能量。既然六和敬是团体以及大众的共修准则，那么力行六和敬以及具体的修学实践方法是什么呢？对于这个问题，下面将结合《贞观政要》和其他儒释道经典对六和敬再作进一步的阐述，为企业团队建设提供一些有益的思路和参考。

二、见和同解：团队的正知正见

"见"指的是正知正见，就是要放下自己的成见和知见，以正知正见为中心，达成团队的共识，正知正见犹如天上明月，每个人能否获得正知正见全在于个人心境的修炼，心境若如一泓平静清澈秋水，映照于水中之月与高挂夜空之明月无异，正知正见自然由静而无染的心境而生；心境若如江潮浊浪滚滚，明月毫光岂能在这样的心境中映现，又怎么可能有正知正见呢？古人说："千江有水千江月"，月亮始终是一个月亮，但是心境不同，所见并非都是毫光万里的明月。“见和”不是服从团队里哪个领导者的意见，而是以儒释道的圣贤教育为修学根本，以经典为师建立大家共同遵守的正知正见，依据佛陀教育和圣贤的教诲来修学，从而达到思想认识的高度一致性，这就是见和同解。见和同解是我们现代人所说的建立和达成共识，就好比能照亮房间的一盏油灯或者一根蜡烛，怎么才能点燃它们呢？蜡烛和油灯中间必须有一根灯芯，否则蜡烛和油灯不可能被点亮。在团队中一起共事的人思想要保持一致，所有人的见解统一了，才会没有矛盾、没有对立，这是六和敬里最重要的一个条件，也是大众共事的基础。见和同解作为建立六和敬团队的首要基础，如何理解和实现团队见和同解呢？团队要达到正知正见，必须依据以下四个方面：

第一，依经不依论。经：梵语叫修多罗、素怛缆、苏怛罗，翻成中文就是“契”①。契有两方面含义，一是契理，是符合宇宙人生的真理，也就是说，圣贤大德所说的一切教法，都跟宇宙人生的真实相符合，是不违背的；二是契机，针对一切众生的说法，想要让他们能够领悟的话，必须在合适的机缘下讲授。“经”是圣贤所说的一切法的汇编，并以此作为思想觉悟的基本依据；“论”不是原创说法，而是各派论师对经典教义的解释或重要思想的阐述。当“论”有争议或者意思不清楚时，以圣贤经典为准。

第二，依法不依人。《弟子规》云：“势服人，心不然。理服人，方无言。”依据正确的法则和道理行事，不是随顺领导者的权势或者其他人的主观意识，而是以理服人、以法服人。在国学经典中，“法”音译为达磨、达摩、陀摩、昙摩、昙谟、昙无、昙。“法”有四义②：其一，因。指正确的因果关系、合理性或真理。佛家所谓“缘起是法”即属此义，就是说缘起的道理不拘于如来的出世或不出世，是永远不变和放之四海而皆准的真理。“因”与规则、法则和道理的意思相通。其二，德。指伦理道德，即符合伦理道义的正确思想。其三，教。是指教法，法以圣贤大德的教法为法，是“法与律”或者“法与规则”的结合。其四，泛指一切法。即指所有众生和物质的法，即一切有情生命的自性和物质的法性。

第三，依了义不依不了义。在中国佛家众多经典中，分为了义和不了义经典。什么是了义？就是究竟彻底、圆满无碍的经典，大乘经典都是了义的，有些小乘经典的见解和后世伪造经典的文字内容是不可靠的，称为不了义经典。佛教僧团共同修学要依照了义经典才能达成共识。

第四，依智不依识。真正地修学悟道要依靠高度的智慧，不是依靠所学

① 丁福保：《佛学大辞典》，中国书店出版社 2011 年版，第 2422 页。

② 蓝吉富：《中华佛教百科全书·第五卷》，中华佛教文献百科基金会 1994 年版，第 2900－2901 页。

的知识或者主观意识，因为人类所掌握的知识和科学理论只是在有限范围内是正确的，主观意识依赖的是眼耳鼻舌身意的感觉获得的，在很多情况下，感觉往往可能是错觉。智慧是从本身清净自性中内证出来的，也是无所障碍究竟圆满的觉悟。所以，要达到见和同解，当然需要依智不依识。

1. 管理决策者要有主见

俗话说："家有千口主事一人"，对于组织机构和团体的领导者要有独立思考的主见能力，有主见不等于固执己见，主见是经过深思熟虑所得出的正确见解。唐太宗非常重视官员处理政务的主见性，在贞观元年，他曾经谈起隋炀帝时期的政治，内外大小百官处理政事没有主见，埋下了国家发生祸乱的隐患，而且一些官员当面说好话，背后又搬弄是非，到了后来隋朝天下大乱，国家也因此毁灭，身为大臣特别应该灭除私情，秉公办事，坚守正道。有一次，唐太宗对大臣萧瑀说："朕年轻时喜欢张弓射箭，自以为对弓箭的好坏非常熟悉。最近获得了十几把上好的弓箭，这些弓箭拿给制作弓箭的师傅看时，他们却说：'都不是好弓箭。'我询问是什么缘故？弓箭师傅说：'制作弓箭木头的中心不端正，木头的脉理就是歪斜的。虽然弓刚劲有力，但箭发射出去却不是直线，所以算不上好弓。'唐太宗从这件事中悟出了很多治国安邦的道理，治理国家与鉴别弓箭相似，坚持正确的见解对于君主执政和官员秉公办事非常重要。

企业领导者带领团队也同弓箭一样，坚定地贯彻执行正确的主见不是以我为中心，而是善于博采众长，不唯上，不唯书，要唯实，从实践中获取正知正见，所以主见绝对不是一己之见，是善于发现真理的洞察力。团队的领导者是否有主见和决策力，决定着团队将被引向何方，对于一位团队领导者怎样才能摒弃固执己见做到真正有主见，不断地提升自己的决策能力呢？最好的修炼方法就是第六章中提及的"谛听谛听，善思念之"，正确地主见来自善于谛听能力的修炼，主见有时不是一人之见，而是从团队或者其他人的不同声音中归纳总结出可操作的主见。例如，组织团队成员开会讨论某些重要的决策时，有智慧的领导者，绝对不会先表明自己的观点和立场，而是先听取每一个人发表的见解，这些见解总能或多或少地完善自己的想法。当大家讨论结束以后，此时发表自己的见解和具体实施方案将是正确的决策，这是培养和加强团队领导者主见性的有效方式之一。

2. 无我见，提高团队执行力

我见也称人我见，是指一切凡夫不能觉悟到人的身体不过是由色、受、想、行、识的五蕴假合而成，对于自身五蕴的感受所形成的见解，也称为五种人我见，即人们所见所闻和感官感受所形成的思维理念与认知方式，人我见常常是不正确的妄见。作为领导者和团队成员都应该善于破除并放下自己的妄见，达到无我见的境界，团队的执行力自然得以加强。如何才能做到无我见呢？最好的修炼方法就是以圣贤经典为师，同时在日常生活工作中依教奉行。贞观二年，唐太宗李世民问黄门侍郎王珪说："近代帝王和大臣治理国家，大多数人不如古代，不知道是什么原因?"王珪回答说："古代帝王治理国家，大都尊奉公正无私、清净无为的原则，以天下的黎民百姓为中心。近代的帝王却是以损害百姓的利益来满足自己的私欲，在委以重任的大臣们中，饱学经史的儒雅之士不多见了。汉朝宰相对经典非常精通，为官遇到解决不了的疑难问题都从经典中寻求答案，参照古圣贤的经典来做出决断，所以古代的帝王和大臣们人人懂得礼教，国家自然安定太平。近代帝王却重视武功，轻视文治和儒家经典，或滥用刑律来治理国家，导致儒家的礼教受到破坏，民风醇厚也荡然无存。"从王珪的言谈中可知，为什么团队执行力不足，就是我见和妄见太多，如果一切行为以经典和礼教为准则，每一位团队成员都能认真贯彻执行这一点，团队执行力必然增强。雷锋作为一名普通的士兵在部队服役期间就是这样一个无我见和妄见的人，在他的日记中说道："我深深地认识到，做每一件工作，完成每一项任务，哪怕是进行每一次学习，都十分需要听党的话，听领导的话，争取领导的帮助和支持。党和领导叫怎样去做，就不折不扣地按党的指示去做。这样，就是有再大的困难，也有办法克服；再艰巨的任务，也能完成。相反，如果脱离了领导，不听党的话，光凭个人的心愿去做事情，是很难做好的，甚至要犯错误。有些同志思想进步慢，工作成绩差，是什么原因呢？我认为原因只有一个，就是自以为正确，不听党的话，不听群众的话，明明自己的看法不对，也不改正；明明领导和同志们的意见是正确的，也不诚恳地接受。这样，就会落后。党的声音，就是人民的声音。听党的话，就会开放出事业的花朵!"如果我们对古代经典理解有难度的话，团队导入正知正见和提高其成员的执行力，应当以雷锋为榜样，把《雷锋日记》作为圣贤经典来学习。

三、戒和同修：团队的制度建设

"戒"的梵语为尸罗，戒者，防禁身心之过者[①]。大乘义章一曰："言尸罗者，此名清凉，亦名为戒。三业炎火，焚烧行人。事等如烧，戒能防息，故名清凉。清凉之名，正翻彼也。以能防禁，故名为戒。"戒就是为了防止行为、言语、思想三方面的过失。在佛教中大乘与小乘不同，其戒律也有所区别。例如，小乘有五戒、八戒、二百五十戒等，大乘有三聚净戒、十重四十八轻戒等。出家僧众与在家人也有所区别，寺院比丘具足戒为二百五十条戒

---

① 丁福保：《佛学大辞典》，中国书店出版社 2011 年版，第 1101 页。

律，比丘尼具足戒多达三百四十八条戒律，在家人或者居士以修持五戒为根本。在儒家经典中，戒就是指人们行为处事的礼仪和规矩，《礼记·曲礼》曰："道德仁义，非礼不成；教训正俗，非礼不备；分争辨讼，非礼不决；君臣、上下、父子、兄弟，非礼不定；宦学事师，非礼不亲；班朝治军，莅官行法，非礼威严不行；祷祠、祭祀、供给鬼神，非礼不诚不庄。是以君子恭敬、撙节、退让以明礼。鹦鹉能言，不离飞鸟。猩猩能言，不离禽兽。今人而无礼，虽能言，不亦禽兽之心乎？夫唯禽兽无礼，故父子聚麀（yōu）。是故圣人作，为礼以教人，使人以有礼，知自别于禽兽。"

中国古代三礼包括《周礼》、《仪礼》和《礼记》，有"经礼三百，曲礼三千"的说法，三礼详细地阐述了在不同场合下人们遵守奉行的礼俗。自古以来中华民族就被世界各国称为礼仪之邦，所以也可以这样讲，中国儒家礼教是人民大众在生活中应该遵守的戒律，这是天下太平和人们安居乐业的保障。佛家制定众多戒律目的是僧团和合共修，释迦牟尼佛教导众生觉悟自性的方法，依靠戒定慧三学。在戒定慧三学当中，最重要的就是定，定是内心清净安定的境界，定能生慧，而入定必须持受戒律，即"依戒得定，依定开慧。"所以戒律和礼教不是束缚人的自由，而是让人依戒修行、以礼行事走向光明大道。那么何谓戒和同修？简单地说就是要求大家在一起尊守规矩以礼行事。规矩是什么？对于出家僧众来说，规矩是佛陀在世所制定的根本戒律；对于在家生活的大众来说，以中国各种传统的世法礼仪为戒；对于在企业里工作的员工来说，遵守单位的规章制度，如果社会没有规矩和礼制就没有秩序可言了。戒和同修除了要求严格遵守戒律外，还包括遵守国家的现行法律，人人依此自我衡量反省、忏悔改过，只要求自己守规矩，而不是以戒律为工具来监督别人，人人都能自律并包容关爱他人，国家、企业和家庭自然能够在一起和合共事，这样便是真正的戒和同修。关于戒和同修的具体实施方法，以下从两方面来阐述。

1. 令行禁止，赏罚分明

《易经·山水蒙》初六爻辞曰："发蒙，利用刑人，用说（同脱）桎梏，以往，吝。"以及象曰："利用刑人，以正法也。"国家创业建设之初，为了安定天下，需要制定完善的法令法规。企业团队建设也同样如此，构建团队的开始阶段或者对于加入团队不久的人来说，就像孩童处于幼稚时期而蒙昧不明，为了使他们能很好地投入到工作中，最有效的方法就是制定科学合理、明确适当的法规和开展具有针对性的教育培训，这样做目的不仅是为了使团队成员接受教化和有所约束，更重要的是让团队成员按照规则能走向正确的轨道。如果开始就没有任何法令约束，尤其不能做到令行禁止和赏罚分明，团队成员很难达到和谐统一的状态。法规制度的作用在于扫除前进道路上的障碍，而不是成为束缚手脚的羁绊，这也是蒙卦所主张的方法，童蒙养正需要依靠适当合理的戒律来规范行为，以达到祛除蒙昧未明的目的。

中国古代著名法家思想集大成者和代表人物是韩非子，他是荀子的学生，原本学习儒家，却成为法家，最后又归于道家。韩非子的法家思想主张："君无为，法无不为"，认为法行而君不必忧，臣不必劳，民但而守法，上下无为而天下治。韩非子曾经出使到秦国，深受秦王嬴政的赏识和重用。他曾经在著作《韩非子》中评述了战国时期六国合纵抗秦却被秦国灭亡的原因是："六国联合打算向西来同强秦作对，最后却被打败，古人总结了诸侯列国有三种灭亡途径，六国之所以亡国，这三种途径全都具备了。一是以混乱进攻安定必将灭亡；二是用邪恶进攻正义必将灭亡；三是用逆行倒施进攻顺乎天理必将灭亡。"[①] 六国财库原本就不满，粮库又空虚，征发全国百姓，扩军数十百万，其中领命戴羽作为将军发誓在前线决死战斗的不止千人，都说不怕死，然而，利刃当前，刑具在后，还是退却逃跑不敢拼死作战。不是这些士兵不能死战，而是六国君主不懂得激励他们死战。说好犒赏却不发放，要惩罚的人却不执行，赏罚失信，所以士兵不愿死战。秦国公布法令明确赏罚规则，功过分别对待。百姓自从脱离父母怀抱，生平还不曾见过敌人，但一听说打仗，跺脚赤膊，迎着利刃，踏着炭火，上前拼死者比比皆是，拼死和贪生截然不同，秦国百姓之所以愿意死战，这是因为他们崇尚舍生忘死的精神。一人奋勇拼死可以抵挡十人，十可以当百，百可以当千，千可以当万，万可以战取天下了。如今秦国领土截长补短，方圆数千里，名师有数十百万之众。秦国的法令赏罚严明，地理位置有利，天下没有一个国家比得上的，凭这些攻取天下，天下无需费力就可兼并占有。因此，秦国打仗没有不获胜的，攻城没有不克的，遇上抵抗的军队没有不击败的，开辟封疆数千里便水到渠成了。秦国歼灭六国联合抗秦势力与其严格执行法令和赏罚分明的作战准则密切相关。秦始皇统一中国以后，开创性地建立了中央集权的皇帝制度，统一文字和度量衡，实施三公九卿，废除地方分封制度，为后续两千多年历代封建王朝的政权体制模式树立了样板。

2. 礼教仁义为要，法令惟须简约

古代凡帝王以仁义之道治理国家，国运都会久远，用严刑酷法统治天下臣民，虽然能挽救一时危难和铲除弊端，但国家很快走向灭亡。所以开国皇帝在建国之初制定了比较完善的法律制度之后，为了国家政治经济的稳步发展，应该赋以礼教仁义，朝廷群臣和天下百姓才能归心顺从。秦始皇之所以

① 陈秉才译注：《韩非子·初见秦》，中华书局2007年版，第1—3页。

能统一中国得益于初期的法令制度比较合理完善，虽然他的功绩是“功如丘山，名传后世”，但是在执政期间他过于残忍暴虐，失去了仁义之道，以至于皇位仅仅传给胡亥和秦王子婴两代总计 15 年就亡国了。司马迁《史记·秦始皇本纪》对他的评价：“秦王怀贪鄙之心，行自奋之智，不信功臣，不亲士民，废王道，立私权，禁文书而酷刑法，先诈力而后仁义，以暴虐为天下始。”唐太宗李世民善于吸取历史经验，贞观初年，国家推行法令一视同仁，如果有人违法乱纪要依法严办，断案惩罚有轻有重，群臣无不欣然接受，老百姓知道皇帝执行法令并非出于个人的私心，所以没有不心悦诚服的。大臣们更加恪守职责，也敢于直言进谏。到了贞观十年，唐太宗与侍臣们提及国家法制建设问题，要求国家法令一定要简约，同一个罪名不能制定很多种处罚条令，如果法令条款太繁琐，执法官员不能完全记清楚，还会生出种种狡诈是非，应该认真审定条款，各条款务必要简洁明了。在贞观十三年，唐太宗对随从大臣们说：“树林广袤鸟儿才会栖息，水域深广就有鱼儿游弋，多施仁义百姓自然会归顺。人们都知道恐惧而躲避灾害，却不知施行仁义。因此，要时刻铭记仁义之道并持续地推行下去，如果松弛懈怠就会远离仁义之道。这就好比吃饭滋养身体，要让肚子每天吃饱才能维持生命。”唐太宗认为苛政猛于虎，广修仁义则灾害不生。朝廷推行仁政才是治国的根本，以仁义治国天下才能太平。

从中国历史发展进程看，大部分王朝的更迭和兴衰似乎遵循着一个相似的规律，处于开国建国的时期或者在此之前的君主都以严明的纪律统领文武官员同甘共苦、齐心协力共创大业，这是帝王团队和谐相处的蜜月阶段。登临皇帝宝座以后，开明的君主除了制定法令昭示天下外，都还尊奉儒家仁义之道实施仁政，这是国家政通人和、社会经济稳步上升时期；接着进入到盛极必衰的阶段，后世继承皇位的君主不思进取，一味地享受着先王开创的家业，居庙堂之高，乐而忘忧国政，仁义之道逐渐衰落，谄曲奸佞之风在朝堂蔓延兴起，国家政令形同虚设，最后走向亡国的宿命。从中国封建王朝的兴衰规律来看待现代企业的团队建设问题，引领团体成员要达到戒和同修的境界当以史为鉴，在团队建设初期阶段，诸多方面和大多数人还处于幼稚不成熟的蒙昧未明状态，蒙以养正当然要以制定完善的法令制度为先，而且必须严格执行和令行禁止，并且能坚持赏罚分明的原则。否则，就像一棵刚刚栽种的树苗一样，不加支护和修剪枝桠，怎么可能根深叶茂抵御狂风骤雨的侵袭呢？随着团队建设逐渐进入到成熟阶段以后，此时在力行各项法令制度的前提下，需要赋予团队以仁义礼智信和五伦八德的儒家思想以及礼制的教化，这样带领团队在走向正轨的过程中，每个人的活力和正能量被激发，团队的凝聚力和执行力都能得以加强改善，戒和同修的境界也无须上下求索，在摄受人性的仁义之道熏染中自然成就。

四、身和同住：团队的凝聚力量

《说文解字》对“身”的解释为：“躬也，象人之形。”本义是指人的身体躯干，王述之《经义述闻》对身的解释为：“人自项以下，踵以上，总谓之身。颈以下，股以上，亦谓之身。”甲骨文和小篆字形为一个躬着身体的人形，有谦卑恭敬之象。“身”还有其他释义：一是，自身的品德与修养。《论语·学而》曰：“吾日三省吾身，为人谋而不忠乎?”二是，身体和性命。宋朝文学家、政治家文天祥在《指南录·后序》中慷慨陈词说道：“国事至此，予不得爱身。”三是，地位和身份。例如，清朝周容《芋老人传》曰：“惟恐或后，竟以宗庙、社稷、身名、君宠，无不同于芋焉。”由以上对汉字“身”的多种释义来理解身和同住的内涵更容易把握和力行。团队成员在一起修学共事如何才能做到身和同住呢?

1. 内心清净，身相庄重

僧团住在一起共修，僧人讲究行住坐卧不失律仪，一位精进修行的僧人要有三千威仪。《楞严经》卷五云：“三千威仪，八万微细，性业遮业，悉皆清净，身心寂灭成阿罗汉。”寺院的寮房（僧人居住的卧室）一般都是通铺，每个人占用一个铺位，每个行李被褥叠得整整齐齐的，像军队营房一样，而且比军队还要严格，做得还要好。僧众住在道场，以戒定慧三学改造外观形象，行为举止有风度、有礼节，时刻想着自己是否为他人带来利益和舒适感。这样的生活能陶冶人的情操和有助于修学开悟。所以，通过僧团外观形象和言行举止的威仪就能初步了解是不是达到了身和同住的境界。对于企业团队也是如此，从外相着装上来说，穿着打扮要整洁大方、庄重典雅，为人谦和的君子无论走到哪里都能带来和气之象。团队每一位成员的着装和个人形象是否有威仪，与领导、同事和家庭成员相处是否相互礼敬和爱护，如果能发自内心改造自身，真心为他人着想，大家一定能和睦相处。这样不仅是展现团队外在的公众形象，还是团队成员身和同住在一起共事的基础。

2. 和光同尘，一多互摄

在寺院里面，出家人每天除了早晚一起诵经修学外，所有僧众放下世俗的身份和地位，生活起居没有差别，在斋堂吃一样的饭菜，住在同一个寮房里。由于寺院住持不但承担事务繁多，还要为大众服务，生活起居条件有一点特殊，为了不妨碍僧众的精进修行，他们可以独居小房间，住持的房间只有方圆一丈大小，所以寺院住持也称作方丈。身和同住的关键就是能够与大众打成一片，没有身份地位的差别。魏徵上疏唐太宗说：“臣下听说国君就像是一个人的头颅，大臣好比是四肢，只有同心协力地配合起来，才能构成一个完整的人，缺少任何一部分都是残疾。头颅虽然高贵重要，但必须四肢配合才能成为有机的整体。英明勇武国君必须依靠大臣的辅佐才能把国家治理好，国君抛开大臣们的辅佐而独断专行能把国家治理好，这样的事从来没有听说过。”《礼记》曰：“民以君为心，君以民为体，心庄则体舒，心肃则容敬。”《雷锋日记》里有很多这样智慧之语值得现代企业管理者们学习借鉴：“虽然是细小的螺丝钉，是个微细的小齿轮，然而如果缺了它，那整个机器就无法运转了，慢说是缺了它，即便是一枚小螺丝钉没拧紧，一个小齿轮略有破损，也要使机器的运转发生故障的。一个人的作用，对于革命事业来说，就如一架机器上的一颗螺丝钉。机器由于有许许多多的螺丝钉的连接和固定，才成了一个坚实的整体，才能够运转自如，发挥它巨大的工作能力。螺丝钉虽小，其作用是不可估量的。尽管如此，但是再好的螺丝钉，再精密的齿轮，它若离开了机器这个整体，也不免要当作废料扔到废铁料仓库里去的。一滴水只有放进大海里才能永远不干涸，一个人只有当他把自己和集体事业融合一起的时候才能有力量。”[①] 雷锋精神对于现代企业团队建设与管理来说是一笔宝贵财富，不少企业除了董事长、总经理以外，其他部门不分领导、员工都在一个房间里办公，这样的团队不仅沟通方便、工作效率高，而且人与人的关系比较容易拉近，虽然在形式上造就了共同工作的外部条件，但是人在一起不能称为团队，只有心在一起的身和同住才叫团队，而且还要清楚认识到个人的作用只有通过团队才能很好地发挥，团队也同样离不开每一个人的努力付出，所以说团队与个人本来就是不可分离的一个整体。

3. 及吾无身，和衷共济

身和同住还表现在每个人的具体行为上。佛教僧团的日常修行为我们大众做出了表率，要求僧众必须“善护身业，不失律仪”，身体行为所造作的一切就是身业。如何才能做到“善护身业，不失律仪”呢？僧众被要求必须遵守三个重要原则：“一不杀生，爱护生命，不伤害一切众生，哪怕是一只小虫子都要爱护它，不让众生心中生起烦恼，在一起共事心生欢喜，否则就是有过失；二不偷盗，也称不与取，一切财物，未经主人同意取用，就叫做盗窃，或者心里有占人财务和贪图便宜的念头属于盗心。在企业团队或者其他团体中，未经允许随便使用办公电话、纸张和其他物品，虽然没有触犯法律，但是这都属于偷盗行为；三不邪淫，对一切众生都不能有非分之想，家庭成员夫妻之间恪守礼法、有情有义，在道场或者团体中共事修行，要正确处理男女异性的关系，不起淫欲心念。”身和同住对于企业团队建设与管理具有重要意义。为了打造身和同住的团队，每个人要从放下自我到无我的境界修炼开

① 《雷锋日记》，解放军文艺出版社 1963 年版，第 10、11、14 页

始，因为关注自我的感受总会有患得患失的烦恼。《道德经》曰："宠辱若惊，贵大患若身。何谓宠辱若惊？宠为下。得之若惊，失之若惊是谓宠辱若惊。何谓贵大患若身？吾所以有大患者，为吾有身，及吾无身，吾有何患。故贵以身为天下，若可寄天下。爱以身为天下，若可托天下。"一个人在得失面前之所以会宠辱若惊，是因为他的心里还充满着对功名利禄的患得患失，当放下自己得失心时，哪里还有忧患呢？如果将身心全部投入到为天下人谋取利益时，凡事以团队或者社会大众利益为先，便放下了对名闻利养的贪恋。当企业团队里的每个人都以身和同住为宗旨，团队成员和谐相处就不是难事，而且能形成团队强大的凝聚力和执行力。

五、口和无诤：团队的有效沟通

什么是"口"和"口业"？口乃言说之处，起说之门，说之为口。口业又称语业，包括"两舌、恶口、妄言、绮语"四个方面，口业被认为是患苦之门，祸累之始。[①] 苏轼作诗："口业不停诗有债，皆以诗为绮语也。"人与人相处，最容易造作的就是口业，古人常讲："病从口入，祸从口出。"言多必失，有时候说者无心，听者有意，误会就在言语中产生，因为言语不周全或者误解在无形中结下了很多的怨怼，所以与人交往时，语言表达很重要，口不仅是心之门户，还是祸福之门。海明威有一句名言："我们花了两年学会说话，却要花上六十年来学会闭嘴！"口和无诤是指大家在一起生活共事，彼此没有猜忌和诤论，每个人都能真正地安心修学或者专心工作。寺院僧团修学六和敬要做到口和无诤必须从善护口业开始，人们最容易犯就是口业。善护口业的方法，从不讥笑讽刺别人和不评论别人的过失做起，六祖惠能大师说："若真修道人，不见世间过。"佛教思想与全息理论类似，都认为宇宙万物和众生是一体的，自他不二。因为自己有过失才会看到别人有过失，如果自己修学圆满究竟，怎么能看到别人的过失呢？可见看别人的过失就是自己有过失，一位悟道的修行人永远不会看到世间的是非，善护口业，不讥他过。寺院僧团是怎样做到善护口业？善护口业与口和无诤就是要遵守"不妄语、不两舌、不恶口、不绮语"的戒律，每个人的言辞中肯柔和，中肯就是定，定能生慧，进而能达到僧团安定和谐的境界。

1. 不妄语

不妄语就是不随便说没有根据的话，或者用假话欺骗别人，不轻易随便许诺，许诺就要兑现，说话要诚实守信，否则就是妄语。《弟子规》云："见未真，勿轻言。知未的，勿轻传。是非宜，勿轻诺。苟轻诺，进退错。"这段

① 丁福保：《佛学大辞典》，中国书店出版社 2011 年版，第 450 页。

话的目的就是为了教育学生弟子们不要妄语。宋朝文学家司马光主张“教之以诚，且令自不妄语始。”如何做到不妄语？每天都要反省并改正言语上的过失，过而能改，善莫大焉。最好的方法就是“发露忏悔”，自己有过失绝不隐瞒，可以在团队公开场合真诚忏悔，检讨自己言行的过失，绝不再犯同样或者类似的错误，即不贰过。

2. 不两舌

两舌是故意挑拨是非，小的挑拨是非，使得两个人反目不合，在僧团或者其他团队机构里挑拨是非就是破坏和合僧，这是非常严重的过失。大的是非可以一言兴邦、一言丧邦，引起国家不睦甚至发生战争。所以《弟子规》云：“凡出言，信为先。诈与妄，奚可焉。话说多，不如少。”僧团和团队同事之间做到不两舌，相互关系清净和谐。魏徵被任命为秘书监的时候，有人诬告他图谋造反，唐太宗听了以后非常气愤地说：“魏徵过去是敌对我的人，现在他为我做事尽心尽力，我提拔任用他，现在怎么会传出他谋反的谗言呢？”结果唐太宗不询问魏徵，反而把告发者处以斩首之刑。两舌是矛盾和祸乱的根源，还会让好人遭受不白之冤，所以，领导者以及团队成员之间要杜绝挑拨是非的两舌，亲近君子，远离是非小人。

3. 不恶口

《弟子规》云：“奸巧语，秽污词。市井气，切戒之。”恶口是说话粗鲁，说的话很难听，当别人意见与自己不同或者有冲突时，便恶语相伤。恶口对团队和谐破坏极大，俗话说：“好言一句三冬暖，恶语伤人六月寒。”言语柔和总会让人有沐浴春风的感觉，用洪水猛兽来形容恶口的力量不为过。国学经典中有一句话：“一念无明起，火烧功德林。”恶口往往是因为无名火而起，一个人无论做了多少善事，过去积累的功德由于发怒恶口而消失，对治恶口从常说爱语开始，历练忍辱的境界和宽厚的包容心。

4. 不绮语

绮语是花言巧语，欺骗别人。为了谋取个人利益，通过花言巧语骗取他人信任或者引诱他人违法作乱。《道德经》曰：“美言不信，信言不美。”《论语·学而》曰：“巧言令色，鲜矣仁。”在团队里共事，绮语会导致相互之间不信任。现在电视、媒体、歌舞、影视等大众传媒有很多内容都是绮语，对青少年教育的负面引导太多了，这也是导致社会不安定、不和谐的重要原因之一。绮语虽然听起来舒服，但实际上就是糖衣炮弹，治理国家和领导团队要任用贤良正直的人，远离那些善于花言巧语和奸邪谄媚的人。自古以来，不少皇帝在打江山创业之初，都能做到采纳忠臣和贤德的意见，倾听老百姓的呼声，等到天下太平时就放松了警戒，喜欢听谄媚讨好的言语，讨厌忠臣的谏言。乾隆时期的和珅非常善于揣摩皇帝的心理，特别会花言巧语讨君主的欢心，不过是乾隆皇帝眼前的弄臣罢了。

六、意和同悦：团队的心境修炼

“意”在《说文解字》中本义为：“志也，志即识，心所识也。”意和同悦是僧团在一起共修时，心中自然产生法喜充满的愉悦，法喜充满是意和同悦的最高境界。佛法不离世间法，修学不是脱离大众生活，在生活中历事练心，练心就是历练清净心，历练正知正见，从而达到觉而不迷、正而不邪、净而不染的境界。真正有境界的人无论遇到顺境、逆境、善缘、恶缘，受到各种攻击伤害都不会动心，不但不烦恼，而且还认为这些经历是在帮助自己提高境界和增加智慧的助缘，始终保持着轻松喜悦的心态，这也是法喜充满的境界。那么意和同悦是怎样修行实践的呢？方法就是善护意业，让心清净无染，不起任何恶的念头和行为。意业包括贪、瞋、痴、慢、疑、争斗等种种意识心念，这些意业都是由人的心识产生。众人在一起共事时，关键在于善护意业，心识清净了，身业和口业便自然清净，因为身业和口业无不是由心而生。心地善良，言语行为就不会有不善的意图。意和同悦是心地纯净喜悦的状态，心净国土净，心安国土安，每个人心地清净平等，团队的氛围也自然清净和谐。佛家依靠戒定慧三学，从内心到言行举止以及外观装束都是在对治贪、嗔、痴、慢、疑的习性。时刻提醒自己不贪婪、不嗔恚、不愚痴、不我慢和不怀疑，要经常深入贯彻下去，就能体悟意和同悦的境界。

1. 戒除贪婪欲望

为了戒除贪婪的习气，割除对财物、名利、饮食和睡眠的贪恋，僧团共住规则要求出家僧人剃除须发而为沙门，去世资财，乞求取足，日中一食，树下一宿。首先，不贪恋饮食，僧人日常吃饭都是一堂修行的功课，寺院在斋堂（也称五观堂）用餐称为过斋，当中午过斋走进斋堂时，正对斋堂大门墙壁上悬挂着一幅对联：“三心未了滴水难消，五观若存食金易化。”三心是指贪心、痴心、慢心，为了避免贪恋饮食，在过斋时心里要食存五观，即“计功多少，量彼来处；忖己德行，全缺应供；防心离过，贪等为宗；正视良药，为疗形枯；为成道业，应受此食。”其次，不贪恋睡眠。《佛遗教经》曰：“汝等比丘，昼则勤心修习善法，无令失时，初夜后夜，亦勿有废，中夜诵经，以自消息，无以睡眠因缘，令一生空过，无所得也。”对治贪睡习性而精进修行也是为了破除愚痴无明，开悟智慧，所以寺院僧团每天精进修行从不懈怠，晚上睡眠时间很少，一般四个小时左右。贞观十六年，太宗对侍臣说：“古人讲过‘飞鸟栖息于树林，唯恐树木不高，所以筑巢于树木的顶端；鱼藏于水中，唯恐水不深，所以穴居于水底洞穴中。然而能被人们所捕获的，都是因为贪吃诱饵的缘故。’现在大臣受任命，居高位，食厚禄，应当履行忠诚正直，遵循清廉无私，这样才能没有灾祸，长守富贵啊！古人说：‘祸福无门，惟人所召。’那些以身试法者，都是因为贪图财利，这与那些鱼鸟有什么不同呢？你们应当好好想想这些话，作为借鉴和告诫。”

2. 对治嗔恚

嗔恚是指一个人火气十足、脾气暴躁的心性，嗔恚心会令身体内五脏六腑受到损伤，头脑变得愚昧不明。《华严经·普贤行愿品》曰：“佛子，若诸菩萨，于余菩萨起瞋恚心，即成就百万障门故。”正可谓：“一念嗔心起，百万障门开。”对治嗔恚心的方法：一是，爱语。平时与人交流，多说爱语敬语和让人生起欢喜心的言语；二是，礼敬心。将所有人都看作是学习的典范，用礼敬心、恭敬心对待任何人。三是，仁者爱人。放下分别、执着和对立的心态，仁是指念念能够为别人着想，仁者爱人就是慈悲心，慈悲最高境界就是：“无缘大慈，同体大悲。”这不仅不会与任何人对立，而且还要以济世的情怀，但愿众生得离苦，不为自己求安乐。所以，仁者爱人是对治嗔恚心的一剂良药。四是，随喜心。当同事或者别人取得骄人的业绩时，发自内心地表达最真诚祝福，就像自己的成绩一样为之心生喜悦。

3. 降服我慢心

“慢”就是贡高我慢，以高高在上的姿态自恃凌他之意，我慢心是将自己与他人对比，产生尊卑、优劣、好坏等念头而生起轻蔑他人的心理。我慢心是一个人进步提高的最大障碍，因为我慢心常常将自己画地为牢。《佛说三世因果经》曰：“为人尊贵，从礼拜中来；为人卑贱，从我慢中来。”如何对治慢心，一是，要经常反思自己言行的不足，生起忏愧心。孔子说：“吾日三省吾身”，经常反思生起忏愧心促使自己修正提高；二是，保持谦虚恭敬心态，对老师、学长、同事做到谦虚礼敬，长期这样力行下去，头脑中的智慧每天都在增长进步，《尚书·大禹谟》曰：“惟德动天，无远弗届，满招损，谦受益，时乃天道。”

4. 消除疑惑心

疑惑心实际是自信心缺乏的体现，也是与人沟通和不能看清事物发展的障碍。在团队选人用人方面，应该以“疑人不用，用人不疑”为准绳。贞观初年，有人上书请求斥退皇帝身边那些佞邪的小人，唐太宗对上书的人说：“我身边提拔任用的人都被认为是贤臣，你知道哪些人是佞臣吗？”那人回答说：“虽然我不知道谁是佞臣，但是我有一个识别佞臣的好方法，请陛下假装发怒，来试一试身边的大臣们，如果谁不怕雷霆之怒，直言进谏，那就是正直的人。如果谁一味依顺陛下，不分曲直地迎合皇上的意见，那就是佞邪的人。”唐太宗说：“流水是否清浊，关键在于源头。君主是施政的源头，臣民就好比流水，君主自行欺诈妄为，却要臣下行为正直，那就好比是水源浑浊而希望流水清澈，这是根本办不到的。我常常认为魏武帝曹操言行多诡诈，所以很看不起他的为人，如果现在让我也这么做，不是让我效仿他吗？这不是实行政治教化的办法！”于是，唐太宗又对上书的人说：“我要以诚信治理天下，怎么能用诈骗的行为损坏了朝堂为君之道和社会风气呢？虽然你的建议和方法听起来很好，但是我不能采纳。”

七、利和同均：团队的义利合一

“利”在不同语境下有不同的解释，在教科书里最常见的意思是财利和利禄。例如，司马迁《史记·货殖列传》曰：“天下熙熙，皆为利来；天下壤壤，皆为利往。”《论语·里仁》曰：“君子喻于义，小人喻于利。”人与人之间的争执大多数是因为利益分配不公；企业之间竞争也是以谋取利益最大化为动机；国家与国家发生不睦，甚至发动战争，除了领土争端问题，还有就是为本国利益而争。究其原因，都是利益集团或个人内心不断膨胀的贪欲造成的。另外，比较常用意思是利他或者施惠于他人。例如，“毫不利己，专门利人。”这是毛泽东在《纪念白求恩》中对白求恩大夫国际主义精神的高度评价。《易经·乾卦》二九爻辞：“见龙在田，利见大人。”不少学者解释：“龙出现在地面上，有利于见到王公贵族或者有德行的大人物。”这种说法实在是有失偏颇，孔子注释的《象》曰：“见龙在田，德施普也。”正确合理的解释应该是：“有贤德的君子出世，施惠于天下大众，这是天下人所愿意见到的。”六和敬的“利和同均”与乾卦二九爻辞的意思都是一致的。所以，利和同均并不是团队获取了利润和财产与大家共同均摊，也不是按地位职务、能力大小和工作量多少来分配。

在六和敬的具体实践中最容易发生争议的就是利和同均，即利益分配的问题。利和同均有两层境界：一是大家共同谋事或者参学不论是什么身份，对于物质财富和生活条件以平等为原则，绝对不会计较自己个人得失，也就是在物质生活上的待遇是一律平等的，没有哪个人享有特权和更优越的条件。二是利和同均是指一个人的智慧、德能和财富与所有人没有任何条件的共享，自己只有努力付出，不索取回报，这样的心地才是真正的清净，也是“无缘大慈，同体大悲”的境界。无缘大慈是指对一切人的尊重敬爱和财物共享都是无条件、不需要理由的；同体大悲就是人类和有情生命都是一个共同体，如果在利益上有纷争、有条件、有所求，那么就不是一体。所以对于真正觉悟的人，只有为大众无私奉献，没有任何对财物的贪恋。如果在团体里的每个人都能这样做，积累的福报会越来越大，任何组织机构和团队的成员都能真正理解利和同均的真实意义，淡泊自私自利和名闻利养，念念为利益一切大众，彼此尊重敬爱的和合团队自然会形成。

《易经·乾卦·文言》曰："利者义之和也。"中国古人追求的是义利合一，君子以义为先，然后才是物质和财物。孔子曰："不义而富且贵，于我如浮云。"这些都是在讲述君子淡泊名利的高尚境界。孟子对利的理解与此有着同样的观点，《孟子·尽心上》曰："孟子谓宋勾践曰：'子好游乎？吾语子游：人知之，亦嚣嚣；人不知，亦嚣嚣。'曰：'何如斯可以嚣嚣矣？'曰：'尊德乐义，则可以嚣嚣矣。故士穷不失义，达不离道。穷不失义，故士得己焉；达不离道，故民不失望焉。古之人得志，泽加于民；不得志，修身见于世。穷则独善其身，达则兼善天下。'"孟子对宋勾践说："你喜欢游说各国的国君吗？我告诉你游说的正确态度：能被人理解要悠闲自得，别人不理解也要悠闲自得。"宋勾践问："怎样才能做到悠闲自得呢？"孟子说："尊奉道德，喜爱仁义，就可以悠闲自得了。士人穷困时不丧失仁义，显贵发达时不背离道德。穷困时不失仁义，自然会得到这种心境，显贵发达不背离道德，老百姓不会失望。"古代人得志时，将恩惠施于天下百姓，不得志时，提高自身的品德修养，并以此安身立世，在穷困时候，一个人能独善其身，在富贵显达时能兼善天下。这也是孟子站在儒家仁义的视角来理解君子如何面对富贵财利，与利和同均意义是一致的。一个组织机构或者企业想要以利和同均为原则构建义利合一的高素质团队，最有效的行为组织方式就是——布施。什么是布施？用我们日常生活语言表达就是舍得，虽然舍得两个字简单易懂，但是其中的内涵和智慧需要用心体会才能理解。舍得最常见的解释是"方舍方得，不舍不得"。有的人理解布施就是施舍钱财物质、为他人答疑解惑、扶危济困，行善积德将来一定会获得更大的回报。然而这种想法不是圆满的舍得或者布施，而是夹杂着从自身利益出发的有所求。布施或舍得是个人真诚付出和所作所为让广大受众获得真实的利益，对于自己没有任何取得回报的想法。雷锋日记有一段话："人的生命是有限的，可是，为人民服务是无限的，我要把有限的生命，投入到无限的为人民服务之中去。"这是全心全意为国家和人民真正的布施。《道德经》曰："上德不德是以有德，下德不失德是以无德，上德无为而无以为，下德无为而有以为。"布施首先是使大众有所得和获得利益，不执着于个人的得失，个人的回报不求自得。在国学经典中，布施分为财布施、法布施、无畏布施。三种布施不但使企业团队走向利和同均，而且财布施得财富，法布施得智慧，无畏布施得健康长寿，这是由古人总结出来具有普世性的因果规律。推行这三种布施对于企业团队建设大有裨益。

1. 财布施

企业和社会大众为了生存都在追求财富的积累，财富是养命之源，没有财富生存就会成问题，所以人们为了财富变得自私自利和贪欲膨胀，成为人与人之间不和谐的重要因素。要实现利和同均首先从财布施开始做起，有人认为财布施就是捐钱捐物，其实不仅是捐助财物，财布施又分内布施和外布施。内布施是将自己的体力、智慧和知识等无偿地奉献给国家、社会以及周围需要帮助的人。例如，做一名志愿者或者义工为社会大众无私奉献，除此之外，在企业里工作，每天以喜悦的心情无所求地为单位努力工作，这也是一种内布施，如果单纯是为了追求增加自己的工资或者职务提升，便不是布施。外布施就是用自己身外的财物去帮助他人，为国家经济发展作出贡献。财富就像水一样集聚在手中静止不动，其价值不能得以尽其所用，在劳动创造价值的基础上，财富快速流动才能使社会生产力不断发展提高，那么布施就是财富流动的一种渠道和推动力。例如，企业经营和个人所得要依法纳税，国家基础工程建设、公共服务和涉及民生的福利待遇无不来自于国家税收，如果企业和个人能够改变观念，将纳税看成是为社会大众做财布施和积功累德的善行，那么企业纳税就不存在造假和偷漏税的行为了。偷逃税款不仅是偷盗行为，还是损害国家利益的无德行径，每家企业或者个人都有财布施的思想境界，解决偷漏税就不会成为难题，而且也有利于国家经济走向良性循环的发展道路。

2. 法布施

什么是法布施？凡是别人想知道和想学习的知识，只要有能力就无私地去教给他，使其豁然开悟并增长智慧。法布施有两种形式：一是作为老师传授学生知识，唐朝韩愈的《师说》曰："师者，所以传道授业解惑也。"作为老师能够传道授业，并且帮助他人解惑没有任何名利心就是一种法布施。同样，在企业工作过程中同事遇到问题，给予他解决问题的方法，是现实中法布施的具体力行。二是学为人师，行为世范。这也是北京师范大学的校训，要作一名合格的老师，一言一行都要以身作则成为世人的典范。老子《道德经》曰："是以圣人处无为之事，行不言之教。"圣贤以无所求即无为的思想来行为处事，通过提高和修炼自身的道德来教化社会大众，这是真正的法布施。财布施可以解决缺少财物的生存困境，然而法布施却能够开启他人的智慧和解放思想，从而达到自我觉悟、自我成长的境界，古人云："授人以鱼不如授人以渔。"授人以鱼是财布施，授人以渔则是法布施。

3. 无畏布施

当他人身心不安、恐惧害怕的时候，用自己的智慧、知识、财富和行动能够帮助他消除恐惧，让其身心安稳，这种布施称做无畏布施。无畏布施包括的范围非常广泛，当国家或地区发生地震、水灾、海啸或者其他自然灾害时，能够深入灾区提供各种帮助，使灾区加速恢复重建，老百姓能够摆脱痛苦而安居乐业，这是属于无畏布施。在社会机构或者企业团队里与他人一起工作，当同事遇到生活和工作困难时，将自己的财物和知识甚至一句温馨的话语送给他们，就像帮助自己亲人一样使他们渡过难关，摆脱焦虑和身心不安的状态，这也是无畏布施。企业领导者在制定管理制度时，是否想到让员工在没有恐惧和压力的环境里安心工作呢？如果在企业规章制度中制定了更多的惩罚措施，例如，企业考勤方案、业绩考核、人事管理和薪酬管理等各种规章制度，过分的制度约束和严厉的惩罚机制使得员工感觉焦虑和重重的压力，同时也是工作积极性的羁绊。合理地制定企业管理制度，尽可能地减少惩罚制度，或者取消惩罚制度，只有科学高效的奖励和激励机制才能成为提升企业管理效率和管理水平的杠杆，员工能够无忧无虑、身心舒适地在各自岗位上工作，这也是无畏布施在企业管理中的具体应用。

第八章

中国经典应用管理学的卓越领军者心经

“会当凌绝顶，一览众山小”，这是一位企业领导者应该具有的高度与魅力所在。企业领导者不仅要有很强的领悟力和具备穿越历史的眼光，还要有博大的胸怀和有容乃大的格局，更要有以道御术的智慧。一个平庸的领导者即使将具有无限发展前景的一流企业交给其运作，也会把企业做成末流，甚至走向破产倒闭境地；有智慧的领导者不一定有多高的学历和文化水准，但是无论他从事哪一行业，即使是经营江河日下的企业，也能通过自己的经营思想与智慧将企业做到一流。本章内容主要介绍企业领导者如何修炼思考力和领导力的智慧，以及要具备哪些因缘、素质和根性才能成为从优秀走向卓越的领军者。

第一节　转识成慧：领导力提升的源泉

为什么有的企业成立没几年就倒闭破产，有的企业常年亏损，经营业绩平平，而有的企业无论经历怎样的风风雨雨仍然充满活力。同样是经营企业结果为什么不尽相同？管理专家会从企业组织结构、规章制度和人力资源角度分析，经济学家会从企业财务、资本结构和投资理财方面加以分析，营销专家会从企业营销模式和市场拓展方面作出分析，技术研发专家则会从产品技术和创新方面进行分析，对于大部分企业尤其是大企业并不缺少这些专家，然而并不是所有的企业依靠人才和技术都能做到基业常青。归根结底是因为企业管理者的思维模式和领导者的智慧。技术决定企业生产力，智慧决定企业生命力。但是一个人学历高、知识渊博不一定就有智慧，有学历、有知识只能称为优秀人士，很多国际知名企业家学历并不高，比尔·盖茨大学没有读完，却缔造了全球最著名的微软公司，成为世界首富，有人说他的成功是得益于在 IBM 公司当董事的母亲，也许与此有一定关系，但不是决定因素，他个人的思想和智慧是不可估量的。唐朝诗人杜甫的名句："读书破万卷，下笔如有神。"在古代的万卷书其实不多，每一卷书都是在竹简上书写文字，字数也并不多，一万卷书的内容加起来相当于现在二十几本书，与一名初中学生所阅读的书刊总和差不多，要是能读完或者研究四书五经、十三经、二十四史就已经称得上博览群书了，即使一位宰相所掌握的知识与现代大学生比也还有差距。然而古人读书经常是研读，书读百遍其意自见，识破万卷之理，故能左右逢源而下笔有神。当然古人读书的目的一是为了获取功名富贵，二是为了感悟修身齐家治国平天下的智慧，历史众多名君良臣治国安邦的智慧都是从读书中自觉自悟来的。如果一个人读书能有所觉悟并学以致用，就是转识成慧。如今现代人能静下来读书并不太容易，大部分学生是为了考试获取高分而读书，一旦考试通过以后，知识很快被遗忘了。因此，知识和学历不一定是能力，也不一定能改变一个人的命运。对于缺乏转识成慧能力的人，知识越多反倒变成了负担。虽然现代社会科技发达，拥有博士学位、硕士学位的人众多，然而以科学技术为核心的现代化社会很难再出现像孔子、孟子以及老子这样有大智慧的圣人。

也许有人疑惑究竟什么才算是智慧？智慧与知识和文化程度无关，即使成为掌握了当今世界最先进科学技术的科学家也不一定是智者，一位普通农民或者工人的智慧都有可能高于大学教授，智慧只能通过内心的修炼在工作和生活实践中体悟，每个人各有千秋，其无影无形不可言说，都是源自内心感悟和证悟的结果。鲁班因为草叶划破了手指，细心研究草叶边缘的形状而发明了锯，成为中国木匠的祖师。过去有一位出家人，生平以及姓氏不详，也不知道嗣法何人，想必是一位参禅用功日久的行脚僧人，他行脚偶然经过城里的一条街市，在一家酒楼下，他发现自己的袜子带松了，便弯下腰来整理袜带，就在此时，酒楼上传来了唱歌声，一位歌女唱道："你既无心我便休。"这句唱词令他豁然大悟，后来人们都称他为楼子和尚。中医经典更是体现了中国古人的智慧，然而现代西医以所谓严谨的临床理论和医学试验建立了治病救人的理论体系，认为中医中药没有经过医学试验验证，依据中医理论治病是不可靠的，中医经典及其理论体系的形成不是没有试验，而是中国历代医圣们内证试验的总结，通过像坐禅一样将内在感受和体悟出的智慧结晶，基于自身的试验结果和在为他人治病实践中形成了《黄帝内经》、《伤寒杂病论》和《千金方》等各种中医典籍。可见圣人有圣人的智慧，百姓有百姓的智慧。不同境界层次的智慧往往在我们生活中日用而不知，有时心存一个小的善念也是智慧的体现，而且不经意间的一个善念都可能因为内心智慧的开启而改变了人生方向。下面是一则盲人提灯的典故，通过这个典故来解析其中的智慧：

在一个漆黑的夜晚里，有一位双目失明的盲人赶路，右手拿着根小竹竿小心翼翼地探路，左手提着一只灯笼。过路人见此情景好奇地问："您自己看不见路，为什么还要提着灯笼走路?"盲人满心欣喜地说"这个道理很简单，我提着灯笼并不是为自己照路，而是让别人在晚上走路时很容易看到我。这样我不会撞到人家，人家也不会误撞到我，可以保护自己走夜路的安全，而且这么多年来，由于我提着灯笼走路，不仅为别人照亮道路，有些人也能看到我，还常常过来热情地搀扶，引领我走过一个个沟坎，让我免受许多麻烦。你看，这不是既方便了别人，又帮助了自己吗?"

在当今竞争激烈的市场经济环境里，很多企业的经营管理状况并不稳定，尤其中小型民营企业在金融危机和经济不景气的环境下破产倒闭不在少数。根据有关资料统计，目前中国民营企业平均寿命只有不到七年的时间，自从上世纪以来国内很多知名企业相继倒闭或者从此一蹶不振。在全球复杂多变的经济气候里，企业就像在漆黑的夜晚里赶路的盲人一样，很难把握何去何从。那么企业改变这种现状需要的是什么？就是缺少盲人手中的一盏灯笼。对于企业来说，这盏灯笼能够让企业领导者破迷开悟并证得心清自明的智慧。以现代科学技术的高速发展态势看，所需人才的专业化和精细化程度越来越高，日新月异的发明创新使得技术发展已经不是问题，地球的各种资源尽管不断地被消耗，但是仍然还能满足目前人类的生存需要。人类的辛勤劳动的确在推动经济社会高速发展，随着生产力的不断提高，温饱已经不成问题。科技进步使得人们从繁重的体力劳动中解放出来，按道理应该带来更多的愉悦和轻松，但有相当一部分人感觉过得并不轻松，想法多的人面对各种困惑也就越多。如何解决这些困惑？还是要从我们老祖宗留下来的经典中寻找答案，老子《道德经》云：“绝圣弃智，民利百倍；绝仁弃义，民复孝慈；绝巧弃利，盗贼无有。”老子指出当时朝代社会发展所遇到各种困惑的解决方法，同样适用于现代社会，摒除人们聪明狡诈和唯利是图的思想，对社会和谐与经济发展来说只有百利而无一害。那么如何才能实现这样的目标？最关键是恢复人类的本有良知和觉悟。知识的确可以促进科技进步和社会生产力发展，但是将知识转变为思想和智慧的能力对于企业来说才是至关重要的，传统经典中有一句智慧之语：“一灯能除千年暗，一智能灭万年愚。”让企业从黑暗迷失的困境走出来，提着灯笼看清未来的发展道路。有人要问这盏灯笼在哪里呢？其实就在每个人心里，为什么我们看不到？是因为对名闻利养过度追求的欲望，当贪嗔痴慢疑的习性还充斥在心里时，怎么可能点亮自己又照亮别人呢？作为企业高层管理者，尤其是企业决策者更需要这种转识成慧的能力，因为企业经营好与不好全在于人的思想，而企业经营发展走向何方又都在于企业的领导者。《易经》云：“太极生两仪，两仪生四象，四象生八卦，八卦定乾坤。”物物皆始于太极点不断复制衍生，太极点就相当于全息理论中的全息元。所以，企业全息元和企业 DNA 序列的建立最终归结为企业领导者的思想和智慧。那么如何做到才能转识成慧？说难也难，说容易也容易，古人说：“修身、齐家、治国、平天下”，想要成为治家治企的旷世高人，一定要从“修身”开始，即从自身的内心境界修炼开始，这是企业领导者实现从优秀到卓越的心经。企业家在带领企业员工创造财富的同时，也是在劳动中进行修行，从而点亮这盏心灯，并且在企业与企业、家庭与家庭、人与人之间薪火相传，未来的世界一定会更加和谐光明！企业家如何达到转识成慧的境界，关键在于内在的修炼，以下内容将对此进行详细阐述。

第二节　领军者修炼的两个根本

一、以经典为师，好学如好色

孔子曰：“学而时习之不亦说（通悦）乎”，其中“习”和“说”是读书学习的核心，“习”的繁体字为“習”，意思为“数飞也”，是羽翼丰满的小鸟在晴空丽日下翱翔，每一次在天空中飞翔，生存能力都会有所提高，所以“习”不是复习学过知识的意思，而是通过学习不断提高实践应用能力。学习的目的全在于应用，只有将知识应用于实践并转化为推动社会发展的力量才是“学而时习之”，应用的根本在于转识成慧的能力。因此，“习”的第一层含义是将所学知识在社会活动和生活中落实应用；第二层含义是善于汲取历史经验和圣贤智慧，即古为今用，中华五千年文化和各种经典是祖先们智慧的结晶，为后世子孙留下了一笔修身、齐家、治国、平天下的宝贵财富。作为企业领导者读历史、学国学，以经典为师，从中感悟古人的智慧，并内化于企业经营管理各项活动中。也许有相当一部分人认为国学经典和传统文化是几千年前的产物，这些思想观念已经过时，无非是封建的迂腐孔孟学说，而且经常用鲁迅笔下孔乙己“多乎哉，不多矣”的言论来形容古代文人迂腐的样子，怎么可能适应现代社会的发展呢？持有这种观点的人是缺少对国学经典和传统文化的了解，甚至连基本的儒家经典《论语》都不一定读过，只是个人臆断或者道听途说得出这样无知无畏的结论。“习”是将古人的智慧学以致用，绝不是要我们回到封建社会的生活方式，或者简单地复制模仿古代帝王的统治形式。历史的车轮永远是向前滚动，复古只能走向万劫不复的毁灭境地，这是由历史内在发展规律所决定的。袁世凯登基做了八十一天皇帝梦，最后走向毁灭的结局就是因为其倒行逆施的复古行为。所以，对于中国传统文化和国学经典的正确学习态度不是复古而是复兴，这种复兴是思想的复兴、文化的复兴、智慧的复兴，更是人性的复兴。复兴古代智慧的关键在于让中国传统文化在当今社会、企业和家庭中广泛传播，同时能够学以致用，成为人们日常生活的精神食粮。我们再对汉字“悦”进行解析，“悦”为“忄”＋“兑”的左右结构，是会意字，从字面看是发自内心的欢喜，“忄”容易理解，表示心情的意思。“兑”如何解释呢？在《易经》六十四卦中，有兑为泽这一卦，兑卦的卦象代表少女，悦的含义可以形容人的心态如美丽少女一样天真无邪，每天在无忧无虑中快乐成长，这也好比一位处于恋爱时期的男孩心中始终放着心仪的女孩，充满着温馨幸福的感觉。孔子曾说过“君子好德如好色也”，如果学习能达到“君子好学如好色者也”的境界就是“学而时习之不亦说（悦）乎”。中国古代有为了刻苦读书凿壁偷光、囊萤映雪的志者，现代企业高层管理者的思考方式之所以僵化，往往是因为缺少了这种“好学如好色”精神，读书学习不仅是快乐的，而且在知识学习和生活实践中感悟人生智慧，不但可以改变一个人的命运，还能在企业转化为软实力。企业开展学习传统文化的风气，领导者和员工的思想将会得以解放。贯彻儒家“学而时习之不亦说（悦）乎”的企业是智慧型企业和学习型企业，也是实现企业基业常青和可持续稳定发展的有力保障。

在当前经济发达、生活快节奏的现代社会，有多少人能从读书学习中感受到愉悦呢？回忆以前物质匮乏的年代，童年时期简单的滚铁环游戏都让小孩子乐此不疲，一块小小的糖块也能使人回味无穷。还记得 20 世纪 80 年代初，一部名为《射雕英雄传》的电视连续剧曾经达到了万人空巷的情景。生活在物质文明和精神文明发达的今天，大部分人的视觉和听觉已经被各种媒体资讯所充斥而变得麻木了，很少再有过去那种喜悦的心境，更不用说体会“书中自有颜如玉，书中自有黄金屋”的幸福感。笔者在与一位民营企业家交谈时，说到其企业目前的经营状况，尽管在企业创立之初只有几个人，但是经营管理起来却非常轻松自在，每天大家在一起同心同德分工合作，都没有私心杂念，企业经营得井然有序，每年的利润也相当可观，工作有滋有味倒也快活。经过打拼几年以后，企业效益不断提升，经营业务也不断扩大，公司员工扩充到将近 60 人，按照现代企业管理体制构建的组织机构与任务分工比较清晰明确，管理制度也算是相对完善。然而，随着员工人数的增加这位总裁明显感觉有些力不从心，虽然企业规模扩大，经济效益也提高了，但是最初的轻松快乐却没有了，主要原因是缺少精进学习和自我充电的过程，企业经常定期开展内部培训不仅是为了充实知识，重要的是将知识转变为智慧和财富。一位有智慧的企业家可以将三流企业提升到一流水平，只有学历和技能而缺乏智慧者，即使经营的是一流企业，也会将其带向末流，甚至走向万劫不复的深渊。智者不仅创造物质财富和精神财富，还能为大众带来源自内心的喜悦，企业领导者和高层管理者不仅是领军者，还应该成为快乐的创造者，一位快乐的领导者一定是一个智者。

二、以历史为鉴：深明企业兴衰之道

中国历史悠久，文化源远流长，尽管先后经历了原始社会、奴隶社会和封建社会，但是中华民族从来没有丧失她的整体性。先秦时期诸侯割据各霸一方，分裂成许多小诸侯国，这种战乱的局面持续了五百年。公元前 221 年，秦始皇消灭六国开创了中国封建皇权统治的先河，对文字（书同文）、车辆（车同轨）、货币和度量衡标准化，国家在政治上基本实现了君临天下的大一统局面。自从秦朝之后，虽然两千多年来曾经发生过很多次大规模的战乱和变革，但是中国的政治始终保持着统一局面，再没有像战国时期那样长时间的分裂过。在文化、科举和政权统治等方面，历朝历代的封建帝王几乎都是以儒释道经典思想作为治理国家的法宝。英国历史学家汤因比博士与日本社会活动家池田大作先生在他们的著作《展望二十一世纪》中谈到了中国历史、宗教、文化的发展变化规律①，两位学者在书中指出，无论世事如何变迁，中

① 汤因比、池田大作：《展望二十一世纪》，国际文化出版社 1999 年版。本书是根据汤因比与池田大作在 20 世纪 70 年代的谈话记录整理出版，两位作者学识渊博，纵横古今，从政治经济、宗教哲学、历史文化、道德伦理、宇宙人生等多方面探讨了当今世界最迫切问题，并对社会未来发展趋势以及中国在未来世界的地位和作用作了预测和展望。

国比西方国家更成功地解决了两个主要问题：其一，几千年来中国保持着国内和平而有规律、相对安定的环境，成功地维系了数百万人的团结一致。其二，中国成功地融合了源于印度的宗教——佛教，佛教文化丰富了中国本土文明，也是净化心灵和对人性的教育。中国经典的文化和教育所形成的全息效应一直影响着子孙万代。现代中国政治经济之所以能取得如此辉煌的局面，也不能不说是归功于当前儒释道文化的昌盛。古代帝王将相实际上始终在遵循着中国经典思想及其全息理论治理国家（尽管古代没有全息理论的概念名词，但是天人合一的思想就是全息理论），传统文化和诸子百家的思想都是不同历史时期古圣先贤们智慧的结晶，这些经典学说的创立和智慧的觉悟源于自身的内证实验，类似于伏羲“仰观于天相，俯察地理，远取诸物，近取己身”发明易经八卦的过程。“儒家的仁者爱人，道家的清净无为，佛家的禅定觉悟”都是古圣先贤以内证体悟的方式发现了宇宙自然以及人类社会发展的运行规律。中华文明之所以能从五千年的古代走入现代社会，而且仍然散发着璀璨的光芒，最重要的原因之一就是中国传统文化和古圣先贤们所著的国学经典中所具有的无上智慧在滋养着后世子孙，使中华民族能够生生不息。用全息理论模型来诠释我们传统文化和国学经典，这些圣贤及其经典的思想和智慧就是全息理论模型中的全息元，这个全息元是我们中华民族的灵魂和精神所在。传统文化和国学经典蕴藏着中华民族自强不息的精神，她已经在我们中国人的血液和基因里固化，不断地复制和演化着，广泛地融入到现代生活的各个领域，发挥着积极作用，只要身体里还流淌着炎黄子孙的血液，无论身处何时何地，从事什么职业，都散发着中国人的气质与精神。

翻看中国王朝更替历史可以发现，古代封建统治大部分是有善始没有善终。勤政爱民的有道明君可以君临天下，不少碌碌无能的皇帝依靠祖宗打下的江山，也同样坐在九五之尊的位置。封建王朝的君主靠什么统治天下？除了选拔贤臣和识人用人有道外，还有就是中国的儒释道思想和传统文化起了重要作用，即使在外族入主中原统治中国的元朝和清朝也不得不依靠汉族文化治国，所以，无论经历了怎样的战争纷乱和王朝更替，中华民族始终保持生生不息的完整局面，这样的局面源于中国五千年传统文化的底蕴和历代古圣先贤智慧的积累。一代明君唐太宗李世民曾经说过：“夫以铜为镜，可以正衣冠；以古为镜，可以知兴替；以人为镜，可以明得失。朕常保此三镜，以防己过。”善于治理天下的有道明君都要分析前朝历史兴衰规律，从中总结和吸取经验教训，以达到当朝的政通人和，现代企业领导者若有唐太宗以史为鉴的“三镜”何愁企业不兴。随着科技进步和社会经济的高速发展，人们追求物质财富和精神财富带来的享受，对历史的认识也渐行渐远，当今企业的经营发展过程与中国封建社会王朝的更替以及兴衰规律总有一些相似之处，社会发展总是螺旋式上升波浪式前进，不断地在重复和演绎着历史的场景，甚至存在着某种历史的巧合。江泽民同志曾经说过：“一个领导干部不善于从历史中吸取营养，不可能成为高明的领导者；一个政党不善于从总结历史中认识和把握社会发展规律，不可能成为顺应历史潮流的自觉的政党；一个民族不善于从历史中继承和发展本民族与世界其他民族创造的优秀文明成果，就不可能屹立于世界民族之林。”作为一名优秀企业家同样要具备这样的素质，善于从中国悠久的历史文化中汲取管理的经验和营养，深入剖析和读懂历朝历代的兴衰规律，有助于企业家领悟修身、齐家、治企报国之道。虽然在企业经营发展的道路上会遇到各种困难障碍，但是不畏浮云遮望眼，总有云开日出的时候，也必能“振衣千仞之高岗，濯足万里长江水”。

总结历史经验和研究中国封建王朝的兴衰周期律对于探索现代企业的兴衰规律具有重要意义。王朝兴亡交替的周期律始终贯穿并融合于历朝历代的政治、经济和社会生产力发展进程中。中国各朝代都不能摆脱从政权的建立、兴盛、衰落到走向灭亡的宿命。在这个周期性规律中，历史的车轮总是在一乱一治中前进，有的朝代短命不超过十几年，有的朝代长达几百年。各朝代国运的兴衰除了与君主是否开明有关外，最重要的是君主的德行，有德者得天下，无德者失天下。现代企业领导者应该以史为鉴，除了研究各朝代君主兴国的从政智慧，还要重点分析总结其历史规律。虽然每一朝代的衰落灭亡原因不尽相同，但是其中的道理和内在的规律一定是相通的。也许有人认为历史已经是过去时，与现代社会发展相距甚远，帝王的封建统治与企业管理根本挂不上边，国学经典和传统文化是古代的产物，况且其中还有不少陈旧过时的糟粕，这是某些现代人的思想观念。试问现代科学都是精华没有伪科学的糟粕吗？事实证明现代人迷信的一些所谓的科学中糟粕还不少呢！特别是在很多企业家眼中认为现代企业管理学起源于西方，中国近代和古代根本没有管理学。持有这种观点的人是对中国历史缺乏了解，中国本土、传统的管理学原本就已经在古代治国安邦之道中存在，只是没有明确提出所谓的管理名词罢了。盛世繁荣的大唐帝国曾经是西洋列国所朝拜的圣地，他们以能来大唐朝觐和学习为荣耀，这不就是唐朝皇帝与王侯将相们治理国家至高的管理艺术与魅力吗？再说没有历史哪有现代，当你在阅读的当下时刻即将成为不可追溯的历史，现代是历史的延续。唐代诗人张若虚《春江花月夜》中的一句诗“江畔何人初见月，江月何年初照人”写得真好，表达了宇宙人生是一个不断绵延向前发展的过程，我们不见其“始”，也不见其“终”，一切都是无始无终，历史包含着现在和未来并决定着发展方向。何谓历史？何谓现代？过去与现在本来就是没有分离的一体，这也是一种时间纵向的全息效应。在古代封建王朝统治时期，一位有德行、有智慧、有魄力的君主当政时，是国家百姓之幸。如果君主昏庸无能，国家必然走向衰落和灭亡。同样作为现代企业的领军者和高层管理者对此不可不知，非常有必要从不同朝代的兴替更迭规律中汲取企业的管理智慧。古人修身齐家治国的思想和经验实在值得借鉴。自古以来皇帝贵为天子统领天下臣民，虽然封建皇帝与企业领导者所处时代和地位不同，但却存在很多相似之处。因此，企业领导者要多读历史，学习历代开明君主的文韬武略，领悟管理从政的智慧，以历史为鉴，深明企业兴衰之道，企业管理不亦悦乎！

第三节　善念常存：根除烦恼的四字真言

有一位朋友曾经提出这样一个问题："如何让自己的烦恼越来越少，根除内心的烦恼有没有秘诀？"人在一生中谁没有烦恼呢，烦恼就像地里的草一样"野火烧不尽，春风吹又生。"夏天有天气炎热的烦恼，冬天有寒风刺骨的烦恼，少年有上学考试的烦恼，青年有求学择业的烦恼，中年有家庭所累的烦恼，老年有疾病的烦恼，普通员工有加薪提职的烦恼，企业家有不能获取最大化利润的烦恼……总之烦恼似乎总是伴随在人们的工作生活之中，有谁不希望找到减少或者根除烦恼的秘诀呢？其实答案就在生活之中，简而言之就是"地里种菜不长草"，让一块田地不长草的最好方法是种上蔬菜，蔬菜长势越好，地里的草也就越少。地里的蔬菜相当于我们内心伏藏已久的善念与智慧，烦恼好比地里的荒草，心中善念与智慧不断增长，烦恼自然就少了。每个人心中的各种念头都是一种生物场，有什么样的心念在其相貌上就会表现出与之相应的神态气质，善的念头让人感觉慈眉善目、清净如水，坐在他旁边有一种宁静安详的感觉，恶的心念促使人的相貌和气质不正，令人感觉不安和心生厌烦。有的人总抱怨自己外缘不好，非但没有贵人相助，而且处处遇到诸多障碍和逆境，其根本原因是自己的心念出了问题，自己是什么样的心念就会感应什么样的人和事。在第二章讲述全息理论时提及的物理学共振现象与人的心念感召效应类似。人有不同的心念或者生物场，于是便形成了属于自己的固有频率，心念是什么样的频率，就会与具有相同频率的人或事产生共鸣。《易经》云："方以类聚，物以群分"。心念像微波信号发射塔，善念常存一定会有相应的善人善事和善的环境氛围与其发生谐振共鸣，心念的谐振效应与感召的力量不仅可以改变个人的命运和家庭的命运，同样还能改变企业的命运与发展态势。

话说明太祖朱元障，一日闲来无事走出皇宫到乡下微服巡访。正值夏天太阳高照，途中口渴难忍，身体感觉有一些疲惫，便在一座古庙门口坐下来休息。庙前有一片农田，一位农夫正在田中劳作，朱元璋让随从向这位农夫讨碗水喝，农夫并不知道这是皇帝要水喝，他想赶路人一定是口渴难耐，非常痛快地将自己带来的茶水奉上一碗。朱元障喝了这碗茶以后干渴顿消，心情也大好，叫农夫过来攀谈，聊得一时兴起，表明了自己身份，封他做了本县的县令，农夫听了之后叩头千恩万谢。多少人十几年读书也不一定考取七品县令的功名，这一碗茶水换来个县令实在是值得。这一情景被坐在庙前大树下正在读书的秀才看到了，秀才读了十几年的圣贤书至今也没考取一官半职，自然心中有些愤愤不平，遂在古庙门旁的围墙写下了一首打油诗：

十年寒窗苦，不如一碗茶。

第二年朱元障再次来到这个乡村看看农民县令的政绩怎么样，经过明察暗访，这位农民县令将该县治理得还不错，水平也不比那些读书中举者差。在巡访途中恰好又经过去年的古庙门口，看到了秀才当年在围墙上留的两句诗。见此情景，朱元璋觉得还缺点什么，便在下边又补了两句话，成为一首完整的五言打油诗：

十年寒窗苦，不如一碗茶。
他才不如你，你命不如他。

秀才十年寒窗苦读确实不如农夫一碗茶的善念，这一个善念为他带来了一生命运的转变。所以，心存善念方能广结善缘，广结善缘才有好人缘，有好人缘何愁命运不趋吉避凶呢？心存善念可以让人本有的智慧得到彰显，秀才虽然饱学诗书，但是却执着于求取功名，却少了善念，缺少德行与善念，知识越多可能危害越大。据前几年相关媒体报道，一位拥有研究生学历的科研人员运用自己所学专业知识制作和贩卖毒品，给社会造成了很大的危害，最后被公安机关查获归案。正应了网络流行的一句经典之语："流氓并不可怕，可怕的是流氓有知识懂科学。"知识没有任何过失，有过失的是知识的使用者，科学与知识是一柄双刃剑，这柄剑看掌握在谁的手中，有德者佩之，便是造福人类的工具，无德者用之就是危害人类的凶器。杂交水稻之父袁隆平院士在水稻培育技术方面是世界一流，使得中国用有限的土地养活了世界最多的人口，他所做的一切是功在千秋、利在万代的事业，不仅为中国也为世界农业技术发展建立了不可磨灭的功勋。他获得国家首届最高科学技术奖当之无愧。人类不仅要重视科学在社会发展中的积极作用，更要重视其对软硬环境、社会发展、身心健康和后世子孙所带来的负面影响，科学的伦理性（科学与自然界的关系、科学与社会发展的关系、科学与人的关系等）应该越来越被人们所重视，企业管理和生产经营同样要考虑这些因素，一家企业在新项目和新产品即将生产之前，是否以科学严谨的态度论证过对生态环境、社会效益、人类的价值观以及为后世子孙身心健康带来哪些正面和负面的影响？在经营活动中是否也周密考虑过企业与其他相关因素的横向和纵向关系。例如，目前对一些由转基因技术生产的各种食品，如果仅仅为了解决当下抗病虫害、提高产量和经济效益，而以人类健康和子孙后代人口质量下降为代价，转基因技术应该被放弃，这也是每一位科学家和企业家应该具有的良知，否则就是在利用现代高新技术变相杀人。在科学技术不断高速向前发展的今天，各种问题和负面效应也在不断显现，我们的思维方式和心念是否应该回归到遵循传统道德与伦理关系的层面上呢？且看古代吕洞宾修行得道的典故，品味其中善念成就正道的境界。

相传住在峨眉山修道的汉钟离曾经十次考验吕洞宾，以观其道心如何，每次考核，吕洞宾均坦然处之，深得汉钟离的赞叹。汉钟离欣然收下吕洞宾为徒，带他云游天下。有一天在途中汉钟离对吕洞宾说："你可以放下背在身上的包裹了。"原来三年前，师徒二人在云游四方出发之时，汉钟离为考验吕洞宾的诚信和耐心，将一个重达三四十斤重的包裹让吕洞宾整天背在身上，因为是师父的东西，吕洞宾毫无怨言地背在身上，这样一直走了三年多，吕洞宾从来没有打开过包裹，所以不知道里面装着什么，师父不说，他也不问师父。

有一天在路旁树下休息之际，汉钟离问吕洞宾："你背这个包裹已经有三年多了，辛不辛苦，知道里面是何物吗?"

吕洞宾淡定地说："师父的东西，弟子岂敢窥探"。

汉钟离说："今天就让你打开来看看究竟为何物。"

吕洞宾打开一看，竟然是一块四四方方的青条石头，与其他山上普通石头没什么区别，不禁一脸困惑。

"这虽然是一块普通的青石，毕竟你已经背了它有三年了，我可以教你点石成金的法术，也算是对你的奖励，今天为师就把点石成金的法术传授于你，你意下如何?"说罢汉钟离用手指一点，这块青石立刻变成了黄金。

"弟子倒是愿意学习这种法术，但是我还想知道，石头变成金子以后能否永远不变呢?"

"靠点石成金术变的金子与真金还是有点差别，就是在五百年后这块金子仍然会还原为石头。"

"那我还是算了，点石成金术不学为好。弟子既然修道，就要慈悲为本，以利益众生为目的，点石成金术虽好，只能对五百年前的人有用，但是却害了五百年以后的人们。"

汉钟离听了，不禁心中暗自称赞。吕洞宾的善良正直和不为金钱所诱惑，立刻使他圆成正果——成道了，汉钟离与吕洞宾也成为中国民间八仙过海中两位著名的仙人。

综上所言，心存善念是根除内心烦恼和困惑的正能量，善念常存者也称为善知识。善知识是能够为他人带来快乐和利益的人，不为自己的私利而争斗，当然不会有为名利所累的烦恼。善知识并非要放下一切，而是不贪求个人的得失，即使求功求名也要求有利于后人，求利益并非盯着眼前的蝇头小利，要追求能惠泽子孙千秋万代的利益。《易经》云："积善之家必有馀庆"，心存善念的全息效应在因缘具足的情况下能够形成强大的正能量和推动力。对于现代人来说，这不仅仅是可以提高个人的修养和改变命运的修炼，而且还可能在不经意的善念中创造出新的经济实体来。北京好利来集团投资管理有限公司董事长兼总裁罗红就是因为当初为了表达对母亲生日祝福的善念，成就了全国知名的好利来蛋糕连锁企业。日本方便面的发明者安藤百福（实际为中国人，出生于我国台湾省，原名吴百福）在日本二战投降以后，国内经济非常萧条，人们为了吃一碗热汤面要在严冬凛冽的寒风中排很长的队伍。见此情景，为了让人们能快速地吃到热汤面，于是回到家里经过多次烹饪试验，创造性地发明了油炸方便面，还获得了发明专利，并创建了中交总社食品公司。古今中外的典故实例说明："天道无亲，常与善人。心存善念，天必佑之。"《道德经》云："上善若水，水善利万物而不争，处众人之所恶，故几於道。居善地，心善渊，与善仁，言善信，政善治，事善能，动善时。夫唯不争，故无尤。"善念如同清澈的泉水，时刻在滋养着万物，洗涤人世间的各种污垢与烦恼。当一位企业家的心中善念常存，做到不为自己求安乐，但行好事不问利益回报，经营管理企业便是一种快乐，不仅不会有忧虑和烦恼，而且也必定能得遇众多的贵人相助，获得更大的经营效益。"善有善报，恶有恶报"是宇宙人生的自然规律，无论何时心存善念都是国家进步以及社会和谐的本源。

第四节　革故鼎新的归零智慧

什么是归零？在道家修炼中，有一种养生方法叫做辟谷，就是每个月拿出一天或者几天静坐，不吃任何食物，只喝一些清水，目的是为了让五脏六腑得到洗涤，有效地清除体内长期积滞的毒素。辟谷对身体健康有一定好处，这也是对身体机能和五脏六腑进行一次重新归零。当我们使用计算器时，每次准备开始新的计算之前，以前显示屏的数字无论多少，一定要按归零键清零，否则计算无法得到正确的答案。然而人生命运的归零并非都像按计算器那样轻而易举。归零不是退回到过去的起点，而是重新清理内心的杂思杂念。当一间屋子积满灰尘怎么能居住呢？归零就好比把屋子打扫干净好接待客人入住。对于企业来说，它的发展走势与股票市场行情有相似之处，经营业绩不可能一直保持稳步增长，总会在波动中变化前进着，这与企业领导者和员工们上下起伏的念头息息相关，念头起伏波动越强烈，念力作用导致企业发展的不确定性和不稳定性也越大，这时就需要企业领导者们应该重新思考并认识到归零的智慧与妙用所在。归零的关键还在于一个人能否放下眼前的名利，从而破除心里的烦恼障碍。众所周知，企业产品销售存在一个盈亏平衡点，盈亏平衡点也是经营利润的零点，企业年终的财务决算无非有两种结果：要么赚钱，要么亏损，都是在盈亏平衡点上下波动，盈亏平衡点就是归零点。在利益得失面前，有几个人能稳如泰山呢？尤其投资炒股票的人都有这样的感受，随着股票价格损益的多少，心态也像股市大盘走势曲线在上下波动，失去了，心生烦恼，得到了，心花怒放，这是普通人常见的心态。当处于无得无失的零点平衡位置，心态是最平静的，人之所以心里烦恼不断、忧患重重，其中一个重要的原因是太关注利益的得失和自身的感觉，在利益得失的波动里裹挟着，心态随之起伏延宕，为了追求利益而不择手段时，利益带来的可能就是灾祸。

归零不仅是一种心灵的回归与洗礼，也是一位智者本来就具有的“觉而不迷、正而不邪、净而不染”的心境。当年禅宗六祖见到两位出家人正在为寺院内旗杆上的幡在动还是风在动彼此争论得不可开交时，六祖上前说：“既不是风在动，也不是幡在动，而是二位的心在动。”心清自明，万物印染于心，所见风吹幡动自然是心在动。归零心态能够不为得失所烦恼，不为名利所累，不为荣辱所动，宠辱不惊，看庭前花开花落，去留无意，望天空云卷云舒。归零绝不是放弃一切什么都不要，而是放下自己对名闻利养的执著和贪欲，重新归向清净如如不动的中道，方能拨云见日；归零的心态是达到致虚极守静笃的一种境界，要照见自己的美丑，必须面对平静清澈的水面，心态浮躁就如同杯中饱含泥沙之水，杯子越摇动水越浑浊，只有将杯子静置桌面上方可见清水一杯；归零的心态是反观自省，《道德经》云：“反者道之动，弱者道之用”，归零可以激活头脑中的智慧，并转变为成就人生事业的源动力，“反”不仅是反观内视自心，也是谦虚谨慎不断改造修炼自己的过程，“反”也等同于“皈”，有回归依靠的意思，佛家讲皈依，苦海无边，回头是岸，离苦得乐的彼岸在哪里？此岸即是彼岸，如果能回头，智慧的彼岸就是脚下的此岸，无须向外求，这便是归零的至高境界了。让心态归零非一日之功，通过下面一则典故来思考和觉悟归零的智慧。

一、心境归零，激活创新力

有一位大学哲学教授，其知识纵横古今中外，文理兼容无所不通，讲学妙语连珠如黄河之水连绵不绝，尤其善长参禅论道，深得学生好评。教授周末闲来无事，到寺院拜访一位禅师，走入客室，二人相对入座，当然待客茶水一定要准备的，自古禅茶一味，无茶不参禅，茶有和静清寂、醒神益脑之灵气，参禅没有茶水，自然也就缺少了禅的意境和品味。

教授知识渊博，自认为对禅有很深的领悟，开门见山便问："请问师父，何为禅啊?"

禅师并不答话，拿起茶壶将茶水注入到教授面前的茶杯中，茶杯很快就满了（古人讲究"欠茶满酒，茶道七分满，留作三分做人情"，这是待客之道）。可是禅师并没有停止的意思，不动声色地继续注水，眼见着茶水已经溢出到桌面上了。

教授满脸疑惑的说："水已经满了，不能再倒了。"

禅师微笑着说："你的茶杯里装满了你的看法和见解，如果不把茶杯倒空了，叫我怎么给你说禅呢?"

我们现代人就像这位大学教授一样脑子里充满了所谓的见解，禅师好比智慧无限的古圣先贤，虽然没有满身名牌和时尚的装扮，但却能善解当今时代的诸多困惑。

虽然科学研究证明每个人在出生时先天智商相差不多，但是在后天环境的熏染下，人们的所知所见各有千秋。这些所知所见就像装满茶水的杯子一样，本来清净无染的心性被杯子和水所遮掩，固执与傲慢的心态很难听进他人的建议。长此以往，自己的格局与境界只不过是混浊的杯中水而已，永远不见大道。因此，只有深谙归零的妙用才能打开心门走向光明和道法自然的境界。什么是道法自然？春有百花秋有月，夏有凉风冬有雪，万物按照本有的自然规律发展变化就是道法自然，宇宙万物总是在循环往复中发展变化，在每一次循环往复中都要经历重新归零的阶段，归零不是简单地回归，而是意味着一个新的开始。人与自然万物同根同理，懂得经常反省的人，不仅能在合适时机将"杯子"里的水倒空，还善于将杯子打碎。倒空的是过去迂腐陈旧的思想意识，打碎的是对过去成功与失败的执着和源自内心的层层迷雾与障碍。近代佛门泰斗虚云老和尚在五十六岁时赴扬州高旻寺打禅七，有一天晚上坐禅开静以后，用茶水烫杯子时，不小心杯子掉在地上摔碎了，杯子落地清脆的破碎声让他顿时开悟，当时写下了一首偈颂：

杯子扑落地，响声明沥沥。
虚空粉碎也，狂心当下息。

毛主席曾经说："我们不但善于破坏一个旧世界，我们还将善于建设一个新世界。"[①] 固守过去，就不会有创新，不破何以立。《大学》云："苟日新，日日新，又日新"，企业每天都以创新为目标才能焕发出新的生命活力，想在当今激烈的市场竞争中生存发展，必须依靠不断地革故鼎新。因此，企业技术和产品的更新换代同样需要在适当的时机归零，过去取得的任何业绩都已经成为历史，放下过去的成绩，打破以前的思维模式，以当下为零点，重新整合头脑才能有所创新。企业没有重新归零的历程，很难有超越性思维和研发新技术、新产品的智慧，看似发展前进，实际却是后退。乔布斯没有归零的智慧，就不会创造苹果手机和电脑产品领军世界的神话，随着乔布斯的离世，苹果公司的未来前景全在于后继领导者的智慧了。海尔企业没有日清日毕归零的企业文化，就不会有海尔今天的辉煌。在 IT 技术高速发展的今天，每隔几个月就有新的软件产品和新型计算机上市，因为 IT 企业开发商们知道，只有创造最新的软硬件产品才有市场，否则只能被淘汰。微软公司在不断归零与创新中开发出功能强大的计算机操作系统，世界上大部分电脑用户有谁不用 WINDOWS 操作系统，而且有了最新的操作系统以后，计算机硬件和应用软件也都随之升级。

二、善于放下，危机亦生机

有一天，一个农夫牵着一头驴子到野外，不小心驴子掉进一口很深的枯井里，农夫绞尽脑汁想尽办法来救这头驴，可是井很深加上驴又太重，在荒郊野外没有其他人经过时，靠一个人力量很难救出驴。几个小时过去了，天色将晚，驴子还在井里转悠着。最后，这位农夫累得筋疲力尽坐在地上，决定放弃施救，他想这头驴子已经很老了，也不值得费尽周折把它救出来，不过无论如何不能再让其他人家的牲畜掉进这口井里，还是用土把它填平吧，农夫开始用铲子将泥土填进这口井，打算连同里面的驴子一起埋了。

当泥土不断地洒落到这头驴的背上时，驴也意识到自己悲惨的处境，开始凄厉哀嚎着，似乎祈求主人救救它。但出人意料的是，一会儿这头驴就安静下来了。农夫好奇地探头往井底一看，眼前的景象令他大吃一惊，当泥土落在驴的后背上，驴却很聪明将泥土抖落在脚下，抬腿站在泥土堆上面！农夫见此情景非常惊喜，就这样受到启发一直向井里铲土，驴子将铲倒在它身上的泥土全数抖落在井底，然后再站上去。枯井很快被填平了，这只驴也到了井口。最后，农夫哼着小曲牵着驴迎着晚霞回家了！

无论是企业经营管理，还是人生活在这个纷繁变化的世界，总会难免遇

① 《毛泽东选集》第四卷，人民出版社 1991 年版，第 1439 页。

到像驴一样困境的时候，也许是从风光无限的高处跌到深谷泥潭，或者陷入不同枯井，不但身处难以自拔的险境当中，还被各种泥土沙石倾倒在我们身上。如果就此放弃坐以待毙，摆在眼前只有死路一条，那么何不改变一下思维模式呢？这些"泥土沙石"也许会成为我们不断前进的阶梯，通常在危机中存在着生机，在障碍中存在着前进的动力。如果在困境中改变和放下固有的思维方式，那么就有可能将危机转化为生机。在佛教经典中有"烦恼即是菩提"的说法，放下烦恼，菩提智慧就会现前。善于放下是一种改变命运的智慧，面对各种困难和险境，只要我们将它们抖落掉到脚下，然后坚强地站到上面，那么即使是跌落到更深的井里，同样可以摆脱困境。塞翁失马焉知非福，全在于我们自己心态的转变。

在中国南方，据说猎人有一种捉猴子的技巧。他们在椰子上开一个小洞，洞口大小恰好只能让猴子把手伸进去，但是无法握着拳头拿出来。首先猎人将椰子内的东西全部挖空，在里面放一些猴子喜欢吃的食物，然后用绳子把椰子牢牢地固定在树干上，当猴子闻到椰子里的食物香味，将它的手伸进去抓取椰子里面的食物，为了不让食物从手中滑落，猴子必须握紧拳头，可是握紧拳头却拿不出椰子的洞口。当猎人来的时候，猴子惊慌失措又不肯放下手中的食物，可是越着急越逃不掉，猎人轻松将其擒获。其实没有任何人抓住猴子不放手，它是因为自己的贪欲而执着不肯放下而被桎梏，其实猴子本来可以轻松地离开，很简单只需将拳头放开就可以拿出来。人们不能轻松自在的工作生活，就是不懂得如何放下，放下是一种人生的智慧，当你紧握双手时，拳头握得越紧，手心里的空间就越小，甚至一无所有。当你放下松开双手时，原来整个世界就在你手中。人生之所以有烦恼痛苦是因为追求和索取的多，放下的少。有人会认为放下岂不是变得一无所有，其实不然，放下并非等于放弃，放下的是内心的烦恼、痛苦与执着，放下便是智慧的觉悟和境界的提升，放下还是让心态和头脑重新归零，这也是在洗濯内心的污浊与尘垢。放下不是回到起点，而是在更高的零点重新开始！

在 2004 年，某家企业曾经从事玻璃制品生产加工，已经有几十年的历史了，随着设备老化和技术的落后，产品在国内市场逐渐萎缩，如果产品要占领市场必须进行技术和设备更新换代，可是需要投入大量的资金很难进行技术改造。企业已经走近破产倒闭的边缘，银行又不愿意贷款，如果就此倒闭，那么全体员工几十年创造的家业便化为乌有，工人们也面临着失业。企业继续向前走，没有资金保证几乎寸步难行，向后退必然走向破产倒闭，企业当时状态如同鸡肋，食之无味，弃之可惜。企业高层领导者经过商讨，决定既不向前也不后退，资产重新核算重组就地转型，进军房地产行业。经过几年发展，该企业在房地产行业异军突起，每年利润相当可观。当遇到进一步则死退一步则亡的两难境况时，此时，放下眼前的问题与烦恼，抛开原来常规的思维定式，既不向前继续发展，也不就此退步，跳向旁边去另辟一条新的道路，只有善于放下归零的智者才有这样超然洒脱的大手笔。

三、活在当下，保持初始心

让心境归零最重要的修炼就是能做到不思虑过去、现在、未来的得失成败，保持初始心做好当下的此时此刻，即以初始心活在当下。《金刚经》云："过去心不可得，现在心不可得，未来心不可得。"那么何心可得？自然是活在当下的初始心，过去已经成为无法追寻的历史，未来还没有发生，一切关于过去的得失和未来的种种担忧都是由心而生的妄想妄念，唯有当下时刻在眼前，命运转变和前进的起点也是在当下之际，活在当下是人生最真诚和充满喜悦的初始心。拥有初始心是非常了不起的境界，特别是在这个物欲横流时代，当我们沿着一条路已经走得很远的时候，却忘记了当初的起点在哪和为什么出发。只有活在当下，带着最初的梦想，才不会迷失自己，找到真正属于自己的路。所以，无论走了多远，都要怀揣着"不忘初心，方得始终"的信念，不必在意过去的得与失。每一时刻的当下都是新的起点和零点，当下所获得的一切是过去所作所为的结果，当下所作所为又是未来的因，影响并决定着未来发展的状况和结果。因此，当下才是命运的枢机。活在当下要善于放下过去所有的恩怨、得失、痛苦、烦恼以及成功的喜悦，继续保持当下清净无为的心态来面对一切人与事。世界球王贝利在过去 20 多年的足球生涯里，参加过一千三百多场比赛，共踢进了一千二百多个球，他超凡的足球技艺令全世界万千观众陶醉其中。当记者问他："在你的足球比赛生涯中，感觉哪个球踢得最好？"贝利意味深长地说："下一个球。"他的回答耐人寻味，过去的成绩再精彩都已经过去，每当实现一个目标时就应该放下。无论过去的成绩是正还是负都无关紧要，最重要的是此时此刻如何行动。活在当下才能迎接新的挑战，实现新的高度，让心态从过去的起伏波动中归于平静；活在当下的人生不仅能做到"不以物喜，不以己悲"，而且在每一个当下都能获得新的智慧；活在当下可以让过去的一切归于零，从当下的零点开始同样可以创生新的一切。美国哈佛大学一位校长讲述了自己一段亲身经历：

有一年，校长向学校请了三个月的假，然后告诉自己的家人，不要问我去什么地方，我每个星期都会给家里打个电话，报个平安。校长只身一人来到美国南部的农村，尝试着过另一种全新的生活。他到农场去打工，去饭店刷盘子。在田地做工时，背着老板躲在角落里抽烟，或者与工友偷懒聊天，这一切都让他有一种前所未有的愉悦。最有趣的是最后他在一家餐厅找到一份刷盘子的工作，干了四个小时后，老板把他叫来，跟他结帐。老板说："可怜的老头，你刷盘子太慢了，你被解雇了。”

“可怜的老头”重新回到哈佛，回到自己熟悉的工作环境后，却觉得以往再熟悉不过的东西都变得新鲜有趣起来，工作成为一种全新的享受。这三个月的经历，像一个顽皮的孩子搞了一次恶作剧，新鲜而刺激。更重要的是让自己回到原始状态以后，也不自觉地清理了原来心中积攒多年的“垃圾”，眼前的一切就如同儿童眼中的世界都充满着乐趣。

归零不仅是改变过去陈旧的思维方式，也是一种心境的修炼和人生智慧的觉悟。放下是归零，活在当下归零，初始心不退也是归零。虽然人生只若初相见，但初始心也最容易退转消失。结婚以后有了可爱的小宝贝，初为人之父母的喜悦是一种幸福；第一次背起书包走进学校，与小朋友们一起上课时的新鲜与好奇是最纯真的时光；第一次走进大学校园，心里充满对未来最美好的憧憬，大学时代永远是一个难以忘却的梦；第一次创业尽管历经各种挫折与困境，心中仍然对明天抱着无限的希望，是否赚钱已经不重要了，重要的是创业初始心的情愫犹存。人生无论经历怎样的过程，保持初始心不退转，一切都能从头再来。就像有的企业家尽管遭遇种种挫折或者已经走向了倒闭破产境地，但是能放下过去的成败与得失，一切从零开始，东山再起者大有人在。正如一首流行歌曲《从头再来》唱道：“昨天所有的荣誉，变成遥远的回忆。勤勤苦苦已度过半生，今夜重又走入风雨。我不能随波浮沉，为了我至爱的亲人。再苦再难也要坚强，只为那些期待眼神。心若在梦就在，天地之间还有真爱。看成败人生豪迈，只不过是从头再来。”

第五节　仁道是基业常青之道

《孟子·梁惠王上》记载了孟子与梁惠王之间的一问一答，有一次孟子求见梁惠王，王曰：“叟不远千里而来，亦将有以利吾国乎？”孟子对曰：“王何必曰利，亦有仁义而已矣。王曰何以利吾国，大夫曰何以利吾家，士庶人曰何以利吾身，上下交征利而国危矣。万乘之国，弑其君者，必千乘之家；千乘之国，弑其君者，必百乘之家。万取千焉，千取百焉；不为不多矣，苟为后义而先利，不夺不餍。未有仁而遗其亲者，未有义而后其君者也。王亦曰仁义而已矣，何必曰利！”孟子对梁惠王提出谏议的目的是为了让国君施行仁政，施行仁政的君王必然能赢得民众的爱戴，上下同心同德，众志成城，天下谁会与大王为敌呢？“仁”是中国自古以来人们修身立命的基本标准。“仁”在《说文解字》中的意义解释为“亲也”，是形声字、会意字。从“仁”字的基本结构分析二人相容为亲，右边的“二”象征上为天下为地，人依天地而存，盖仁者天地生万物之心，而人得以生。是故“仁以爱人，上下相亲”谓之仁，这也是大成至圣先师孔子所追求的修身立命的标准之一。在《论语》中“仁”总共出现过105次，孔子对“仁”的明确定义缘于子贡问孔子：“如有博施于民而能济众，何如？可谓仁乎？”如果一个人能广泛地为大众带来利益，而且帮助众人更好地生活，这人怎么样？孔子回答说：“何事于仁，必也圣乎！尧舜其犹病诸！夫仁者，己欲立而立人，己欲达而达人。能近取譬，可谓仁之方也已。”这样的境界不仅仅是仁德了，那一定是圣德了！尧舜在这方面还有不足，自己想要立足社会要帮助别人也能立足社会，自己能事事通达无碍，同时也帮助别人通达顺畅，从身边开始做起，这是实行仁道的方法。

《论语》记录了孔子与弟子在不同场合的对话，是针对具体的情景和人来讲的，其中“仁”的意义有多重，蕴含的层次与境界也有三种：一是做一位“弟子入则孝，出则弟，谨而信，泛爱众，而亲仁”的君子。在家能做到孝养父母，在外与朋友交往要相互关照，谨言慎行，诚信待人，多亲近仁者，这是普通人应该遵循的行为处事标准。企业员工的日常管理应当以此为准则，做到“非礼勿视，非礼勿听，非礼勿言，非礼勿动”，不断克服自私自利的欲念和烦恼，使自己的行为合乎家庭伦理、奉行企业规章制度、遵守公序良俗和社会法度礼仪；二是做“克己复礼”的贤者。克己是不断修正提升自己的道德品行，孔子曾多次称赞他的弟子颜回是一位贤者，他在品德修养方面真正做到了“不迁怒，不贰过”，严格恪守礼制和仁义道德，每个人都能做到克己，天下将回归到秩序井然的和谐社会，有此境界者可做企业的中层管理者；三是心存仁德，做普济天下苍生的圣人。圣人的仁德境界正如范仲淹所撰写的《岳阳楼记》云：“居庙堂之高则忧其民，处江湖之远则忧其君，是进亦忧退亦忧，然则何时而乐也？其必曰：“先天下之忧而忧，后天下之乐而乐。”此外，还有不以金钱为目的为人解除病苦的历代中医都是仁者儒医，中医本身就是在传承儒家仁者爱人的思想。过去学习中医必读唐代孙思邈的《大医精诚》，其中写道：“凡大医治病，必当安神定志，无欲无求，先发大慈恻隐之心，誓愿普救含灵之苦。若有疾厄来求救者，不得问其贵贱贫富，长幼妍媸，怨亲善友，华夷愚智，普同一等，皆如至亲之想。”教导行医者将病人当做亲人一样，为人治病本着救死扶伤的人道主义精神无欲无求，发慈悲恻隐之心救度一切众生的病苦，这不正是仁德至上的大医吗？仁者施行仁道，仁道也就是人道。仁者以“穷则独善其身，富则兼济天下”为己任，自然会达到“仁者无敌”的境界，仁者无敌并非无敌天下，而是天下没有与自己对立的敌人。有此境界者一定能走遍天下而无忧无虑，即使到了天涯海角，也会处处有亲人。对于执着于利益第一的企业家们应作如是观、如是学、如是行。

在中国农村一般都有一个传统，就是看风水，无论是家里盖新房，还是老人过世选墓地，都要请风水师规划，现在城里不少人也相信风水。从古至今，风水师看起来很神秘，也非常受人尊重，有的地方尊称风水师为“地理仙”。一个好的风水师声名远扬能传颂方圆百里甚至大江南北，像唐朝的杨筠松、宋朝的赖布衣以及近代的沈竹礽都是名闻中国大江南北的风水师，邀请他们看风水的人络绎不绝。

在某比较偏远的农村广泛流传着一个让风水师放弃看风水的故事，距离现在已经有二十多年了。一位村民家里的老父亲去世了，他的儿子是一个老实巴交的庄稼汉，四十多岁。他家本是一个大家族，祖上的墓地也很大，他有心想给父亲找一个好点的墓地，将风水师请到家里来，客客气气地让进屋里，敬上好烟好茶水，然后跟风水师说：“老人家操劳了一辈子，也没有享上福，做儿女的心里实在过意不去。老人过世了，怎么也得给他找一个好点的墓地，在地下能好好安息享福，这也是晚辈的一点心意吧。”

风水师有六十多岁，是一位很精神的瘦老头，见主人这样说，心里也一热。他给人家看风水几十年来，还是第一次听儿女这样说，是为了让老人安息享福。以前那么多人家请他看墓地，说的大都是求老人死后对家里有个照应，让儿孙们福禄满堂，或者求时来运转辈辈发财高升。今天眼前这位庄稼汉不为自己和儿孙求福禄，真得高看他一眼。风水师把惯常的矜持和严肃略微收起，对他说：“风水好坏是一个方面，老祖宗传下来的东西，肯定有它的道理。最主要还得家庭和睦，为人善良。”庄稼汉连声称是。

庄稼汉跟随看风水师去为父亲选墓地，走过一片玉米地，前面是一块豆地，豆地那边还是一片玉米地，就到了他自家的田地。田里的玉米都已经长得一人多高，老远看到一个人在掰他家地里的玉米，庄稼汉赶紧扯了一把风水师，自己先弯腰退到刚走过的玉米地里，风水师跟过来问他有啥事。他低声说：“我们等一会儿吧，等人家掰完了玉米我们再过去也不迟。”风水师满脸疑惑的看着他。庄稼汉说：“是这样的，那块地是俺家的，那个掰玉米的人也是俺一个村的，咱们这一过去，他怎么能躲得开啊？以后他咋有脸和我见面啊？”

风水师说：“那他不是在偷你家的玉米吗？你咋反倒躲起他来……”庄稼汉说：“啥偷不偷的，都是一个村的，他家穷的很，平常咱也接济不了人家，他掰几棒子玉米，算咱接济他了吧。”

风水师不禁怔了一下说：“兄弟，你家的墓地我不看了，我从未遇到过像你这样人品高尚，真是一位难得的仁义善良的好人，老爷子埋到哪里都是一块风水宝地。”风水师又意犹未尽地说：“风水讲究地势的走向和地形的格局，但是再好的风水宝地须有德者居之，对于奸邪小人，好的风水宝地也会流失。你如此仁慈宽厚，自能带来好的风水。三国时期刘备骑的卢宝马，一福压百祸，人们都认为刘备的福份大，哪里知道刘备是仁义的君主。有人说他骑的这匹的卢宝马妨害主人，让他把马转赠给自己的对手，刘备当时就拒绝了。后来刘备在行军打仗时遇到了生命危险，那的卢宝马竟能飞越河流来救他性命。刘备能在乱世建立蜀国，全得益于他的心地仁厚。其实风水也是同样道理，有德行人家的风水是不用看的，你是我见过的人当中品德高尚的人，你家的风水不用看，我以后做人还得向你学习。”说完，便头也不回的走了。

这位庄稼汉为自己的父亲选择墓地，考虑如何让老人安息，当同村乡民偷他家地里的玉米时，想的是不让对方难堪，唯独没有考虑自己，事情虽然不大，但这是发自内心真正的大仁大义。墨子说：“仁人之所以为事者，必兴天下之利，除去天下之害。”（《墨子·兼爱中》）仁者不以谋取个人的名利为标准，而是考虑其所作所为能否利于大众。管仲在历史上一直是争议较多的人物，有人认为他不忠不仁不义，后人对他颇有微词。子路曾经问孔子：“桓公杀公子纠，召忽死之，管仲不死，曰未仁乎？”（《论语·宪问》）子路认为：公子纠被杀、召忽死了，而管仲作为公子纠的门客却活着，怎么能算是仁者呢？子贡也说：“管仲非仁者与，桓公杀公子纠，不能死，又相之。”子贡的意思：公子纠被杀了，召忽也死了，你管仲不死也就罢了，结果还做了齐桓公的宰相，真是不仁不义啊。孔子却不认同，对两位弟子说：“桓公九合诸侯，不以兵车，管仲之力也，如其仁，如其仁。管仲相桓公，霸诸侯，一匡天下，民到于今受其赐，微管仲，吾其被发左衽矣。”孔子放下了个人的成见，对管仲做了很高的评价：“今天包括我孔子在内的老百姓依然还享受着管仲所带来的好处，管仲做了齐桓公的宰相，帮助齐桓公一统天下，如果没有管仲，恐怕我们已经成为披头散发、穿着左襟衣服的外族蛮夷人了（披头散发、左襟衣服是当时少数民族夷狄人的装扮和服饰，中原汉族人的衣服正好相反为右襟）。”孔子从客观角度出发对管仲的功绩做了高度肯定，管仲在做齐桓公的宰相期间，不以兵车（不推崇使用武力）治理天下，这是利益天下百姓的功德，管仲和平仁爱的治国理念也符合当今世界的主题。因此，孔子赞叹“如其仁，如其仁”，像管仲这样的人才是真正的仁人志士啊。宋朝一代名臣范仲淹一生清正廉洁，以“先天下之忧而忧，后天下之乐而乐”的胸怀，对君忠心耿耿，对下爱民如子，在苏州为官时，他曾经想在苏州南园建造家宅，于是请风水师来看此处风水建房如何。风水师看过之后说，此处谁家建房宅，谁家里必出公卿贵人。范仲淹闻听此言，决定在南园兴建学堂，这样一来不仅是范家出读书为官的贵人。也让其他百姓家里在此读书出更多的达官贵人。为了不占用好地皮，生前特别交代子孙其过世以后葬在风水不好的天平山，此处杂草丛生、乱石堆积，不适宜安葬，但范仲淹故去在此处安葬时，忽然狂风大作，飞沙走石，等狂风过后，此处景象却发生了巨大变化成为风水吉地，当然这是历史传说，不可能一阵风就改变了地理环境，随着漫长岁月的流转，在自然规律的作用下，天平山的地理环境发生了巨大变化倒是真的，这也是风水轮流转的道理。不得不说这是天人感应的现象，范仲淹的善念和德行与天地自然相互感应的结果。

根据有关资料统计，中国民营企业在激烈的市场竞争中倒闭关门的太多了，除了受国内外经济气候影响外，最主要的还是由于企业自身原因。很多中小企业主为了眼前利益，不在产品质量和技术创新方面下功夫，而是通过一些非正常的捷径获取利润，利用广告媒体不惜重金做各种推广宣传，岂不知越是这样宣传越是衰落的快。像 20 世纪 90 年代以 3.2 亿元中标中央电视台黄金时段广告的秦池酒业，还有太阳神保健品、巨人脑黄金等一批企业，几乎是好景不长很快衰落了。其原因何在呢？还是孔子说的好，给出了解决现代企业问题的答案：“知者乐，仁者寿”。中国古人治国、治家和修身都讲究以五伦八德为准则，现代社会同样要重视伦常和伦理关系，企业生产的产品是否有益于人们生活，是否污染环境，是否有利于社会人文和道德水准的提高，是否能满足人们正向的需求等多方面的因素。如今一些企业为了利润最大化哪有心思顾及这些方面。因此，企业短命的其中原因之一就是不仁，重视利益而忽视或者破坏了这些伦常与伦理关系。有些企业生产的产品自己的员工和管理者都不敢使用，销售给顾客会怎么样就可想而知了。古人云：“伦常乖舛，立见消亡”。以利益第一的理念经营企业怎么会基业常青呢？中国不少百年老店和企业的经营之道都有一个共同点，生产经营的产品或提供服务从利益消费者角度出发，满足人之所需即为儒者，儒者也是仁者。

第六节　从利己经营走向利他经营的义利合一

义与利两者似乎没有直接关联，怎么才能合二为一呢？熟读中国历史小说《水浒传》的人都知道宋朝水泊梁山的聚义分赃厅，后来也称忠义堂。梁山 108 位好汉们替天行道、杀富济贫，获得的金银财宝拿回到山寨以后论功行赏，大家共同分配财物，大部分时候是按照利和同均的原则分发财物，因为“义”才能聚集一起谋“利”，并周济贫困百姓。从古至今，中国人非常讲究义气，《三国演义》中的刘备、关羽和张飞桃园三结义，为共同匡扶汉室出生入死，也是因为一个“义”字。在“义”方面，以关羽最为知名，他的忠义精神一直流传至今，千百年以来这种精神被各行各业的商家们所尊奉，不少企业的经营者对其顶礼膜拜，在办公楼或者商场进入大门位置都供奉着武财神关公的塑像，以祈求驱邪辟恶、庇护商贾和招财进宝带来好运。企业供奉关公真的会财源滚滚吗？不一定如心所愿，中国传统文化往往是通过具象或者称为见象思义的方式来表达其真实内涵，所以并不是关公像能保佑发财，而是只有懂得理解了关羽的忠义精神才能发财。企业经营管理以“义”字当头，与关公的忠义精神契合才有加持力，也会得到其真正地福佑，并护持和推进企业走向成功。但是不懂得其中真实含义，一味地迷信供奉各路财神，即使黄金万两在脚下，也可能失之交臂。现代企业实行股份制合作经营，股东们要是见利忘义，企业早就散伙了，缺乏忠义精神很难合作长久。

为了深入理解义利合一的内涵，我们还是从“义”和“利”两个汉字的结构以及说文解字的方式进行剖析。“义”的繁体字写法“義”，在《说文解字》中本义为“己之威仪”，是人表现的外在气质，与孟子说的“养浩然之正气”相近。字形结构上面“羊”代表善良吉祥的意思，下面为“我”，有放下自我的意思。为了行善事能放下自我就是“义”，义气不仅是浩然之正气，而且也是胸怀宽广与境界高尚的体现。一个人格局大小、境界高低决定了能干多大事业。再看“利”字，《说文解字》本义为“铦（xiān）也”，锋利的意思。字形结构左边“禾”代表禾苗，右边“刂”代表镰刀，禾苗要等到秋天成熟的时候才能用镰刀收割，供养天下人吃饭。获利要把握时机，并且有益于别人才是“利”。因此，义与利是一体的，义利合一是“义以生利，利益万民”，也是内在精神与外在的物质以及天下苍生成为不可分离的整体，义与利二者本为一体又怎么能分割开来呢？《论语》云：“见得思义，见利思义，义然后取。”不以自私自利为出发点，就是心存义念，处事公道，以利益大众为准，就是义行。不义富且贵，于我如浮云，此为真君子。下面是战国时期齐国孟尝君的门客冯谖为其“焚券市义”的一段典故：

齐国孟尝君是战国有名的四公子之一，府上门客有三千多人。有一次，孟尝君派他的一位门客冯谖去自己封地薛邑收取百姓欠的租金。冯谖欣然领命，向孟尝君辞行，并请示：“收完债以后，主公您需要买些什么东西吗？”孟尝君顺口答道：“先生看我家里缺什么，就买些什么吧！”

薛邑年景不好，庄稼欠收，百姓根本无钱还债。冯谖驱车来到薛邑以后，派官吏把所有负债的百姓都召集到一起查验手中的债卷，核对完以后，他假传孟尝君的命令，免去他们所有的欠款，并当面烧掉了这些债券，欠债的百姓们对孟尝君感激不已，皆高呼万岁。

冯谖随即返回，一大早便去求见孟尝君复命，孟尝君没料到他回来得这么快，半信半疑地问：“先生债都收完了吗？”冯谖回答：“收完了。”“那你给我买了些什么回来呢？”孟尝君又问。冯谖不慌不忙地答：“您让我看家里缺少什么就买什么，我考虑到您家里有用不完的珍宝，数不清的牛马牲畜，美女也站满了庭院，唯独缺少的是‘义’，因此，我为您把‘义’买回来了。”

孟尝君不解其意问："买义是什么？"冯谖就把债卷当众烧毁免除百姓债务的事情说了一遍。孟尝君听了以后心里非常不高兴，无可奈何地说"知道了！"

一年后，齐国君主由于受秦国和楚国毁谤言论的蛊惑，认为孟尝君独揽大权，名声超过了自己，孟尝君因此被齐王罢官被赶出了国都，只好回到封地薛邑。当孟尝君的车子距薛邑城还有上百里远时，薛邑老百姓们早已经扶老携幼，夹道相迎他了。孟尝君好生感慨，回头对冯谖说："先生为我所买的'义'，今天终于看见了！"

冯谖为孟尝君"焚券市义"的典故流传至今，冯谖懂得"义"就是民心，民心比金钱更重要。古人云："得民心者得天下，失民心者失天下"，民心向背是决定国家政权兴亡的根本因素，也是企业成败的枢机。因此，企业要想实现百年基业常青的梦想，靠营销手段和媒体的广告效应只是一时的生意兴隆，一旦过了媒体传播效应的高潮点，其产品和服务恐怕日渐衰落了，企业能否利益大众而得到民心是关键。在解放战争时期，蒋介石带领的国民党军队不仅给养充足，而且一律美式武器装备，在军事实力上远远超过中国共产党领导的人民解放军，但最终中国共产党取得了革命胜利，解放了全中国，建立了人民当家作主的中华人民共和国，国民党失败逃到了台湾孤岛，其中重要原因是国民党缺少一个"义"字。在以前拍摄解放战争题材的电影中，经常会看到这样的场景，解放军所到之处深受群众爱戴，从不拿群众一针一线，帮助穷人担水劈材，在冲锋陷阵时，解放军指战员经常喊出振奋人心的口号："同志们，为了人民，为了新中国革命胜利，冲啊！"在这种大无畏忘我精神的鼓舞下，前面无论多少的国民党军队都能被打败。再看国民党军官指挥军队，到了老百姓家吃拿卡要，老百姓恨透了他们，暗地里称他们为"瓜民党"，尤其在打仗冲锋时，国民党军官经常喊话："弟兄们！往前冲，等打胜仗了，每人发两块大洋。"国民党士兵一听这话全都泄气了，心里想："老子的命就值两块大洋啊，不跑还等什么。"胜败的差别就这么简单，得道多助，失道寡助，道在民心，重利轻义的国民党政权不得军心、不得民心，注定走向失败。同样道理，不得民心的企业是没有市场的，走向倒闭破产的结果也是必然的了。

义利合一并非是让企业放弃对利益的追求，企业经营当然要以获取利润为目标，除了君子爱财取之以道外，还要懂得利他，利他首先是要利益企业员工以及产品的消费者，还有不偷逃国家税收，不做损害国家和社会大众利益的事情。条件允许的话，有了经营利润要做一些布施，佛教经典里讲布施有三种："财布施、法布施和无畏布施"。财布施是将自己的金钱、衣服、饮食或者其他物品无私地奉献给需要的人，没有财物，用自己的体力劳动帮助别人或者捐献身体的器官、骨髓、血液等救人生命都属于财布施；法布施是通过自己的言行说教让人智慧顿开走上正道，像经常请一些专家学者为企业员工定期开展管理学、国学与传统文化方面的内部培训也是一种法布施；无畏布施是帮助他人从身心不安、各种疾病和恐惧痛苦中摆脱出来，企业在制订各种规章制度时，能让员工身心和谐，工作中没有痛苦不堪的感觉，也没有失业或者解雇的压力，这样的企业家是在做无畏布施。因此，一位有境界的企业家当以义为先，多做布施，其企业的财富、智慧和生命力都与布施有关系，财富能取之社会、用于社会，这就是义利合一，大部分成功的企业家都以仁义发家治家。

在中国 20 世纪 30 年代，黄金荣、杜月笙和张啸林是上海滩三位著名的大亨，所谓的大亨不过是带有黑社会性质的帮会组织者，其中黄金荣被认为贪婪无度，张啸林最善于打仗，后来投靠日本人做了汉奸，唯有杜月笙的口碑最好，被称为仁义大亨，最后能在香港安享晚年与其为人仁义是分不开的。他少年时候只不过是一个靠贩卖莱阳梨的小商贩，后来能在鱼龙混杂的上海滩立稳脚跟，成为当时叱咤风云的人物，与他的义气分不开。他刚开始投靠黄金荣门下时，做一名普通小伙计，当他第一次拿到薪水报酬的时候，立刻跑到上海十六铺码头，黄金荣不放心，派人跟踪他，看看拿着钱是不是去做什么坏事，结果发现杜月笙找到以前在一起曾经患难的穷哥们，把钱全部分给了他们，黄金荣知道这件事以后感叹道，杜月笙将来必定发达。1937 年淞沪抗战全面爆发，当时很多达官贵人和社会名流为一己私利做了日本人的汉奸。日本陆军特务头子土肥原贤二找到杜月笙，请他出面担任上海市市长一职，杜月笙毫不犹豫地拒绝了。他除了明确要求门下绝对不允许做汉奸外，还资助中国军队打击日本侵略者，并向国民党十九路军出钱出人参加抗日，他还曾经大力帮助过中国共产党的军队，想方设法为共产党提供当时最紧缺的药品，毛泽东对他赞誉有加，称他是“中共情报首脑，中国的最大特务。”为了掩护中共在上海开展活动，周恩来派共产党员金山同志做了杜月笙的关门弟子，杜月笙也欣然同意。虽然他为了聚敛钱财做过很多带有黑社会帮派性质和违犯道义的事情，人们对他也是毁誉参半，但是他能拿出巨资来资助中国军队抗日，深明中华民族大义，绝不做日本人的走狗，这一点还是值得赞许的。

第二次世界大战战败投降以后的日本，国内一片废墟，几乎到了崩溃的边缘。但是，让世界各国震惊不已的是日本国家经济却能在困境中迅速崛起，经过 22 年努力经济总量跃居世界第二位，这与日本政府以中国儒家文化治国治企以及奉行义利合一的思想有密切关系。大部分日本国民还是重义轻利的，为本国经济发展同心同德工作。著名的日本京瓷公司总裁稻盛和夫是迄今为止创造了两个世界五百强企业的人，京瓷公司的经营理念是：“在追求全体员工物质和精神两方面幸福的同时，要为人类社会的进步和发展做出贡献。”这是一位真正懂得如何实现义利合一的企业家。在他的自传《活法》一书中叙述了他创业经历，由于身体重病曾经体验出家僧人托钵乞食的生活，从一位老婆婆布施给他的500日元中感悟到了利他心就是善待他人的慈悲心，奉献社会和奉献人类的利他心是企业家和经商者的出发点和根本宗旨。当京瓷公司还处于中小企业阶段的时候，稻盛和夫在欢迎新员工的典礼上，将“希望为他人服务”的观念正向导入员工心里，改变了“只要自己公司赚钱就行”，“只要自己家人好就行”的自私观点。书中最经典的一段是：“企业经营的首要目的是实现员工的幸福生活。但是，如果仅仅如此的话，那将是为某一个企业牟利的自私行为。作为社会的公器，企业要担负起为国家和社会大众创造财富的责任义务。从利己经营转变为利他经营，这种以儒家文化治企的经营理念正在员工和企业之间传播开来。”① 稻盛和夫还是一位力行义利合一的儒商和兼济天下的觉者，他将心量放大到整个世界，推崇富国有德的思想。所以，中国企业家是应该重新审视自己的企业究竟走向何方的时候了。

第七节　以礼治企实现和谐有序化经营

中国拥有五千年的文化底蕴，向来被世界各国称为礼仪之邦。无论国家之间的交流，还是人与人之间来往，都遵循以礼相待。礼的狭义解释为礼仪的意思，在家庭、学校、企业和国家领导者互访等不同场合都有不同的礼仪，在治国、治家、治企以及为人处事方面，礼具有更广泛、更深层次的含义，她是维持社会秩序，调整人与人之间社会关系和权利义务的规范准则，在各种场所和社会活动中都离不开礼制。《礼记》是中国古代一部重要的经典，被列入十三经之一，对古代各种礼仪阐述得非常完备，除了记述先秦时期的礼制、礼仪和修身作人的准则外，还涉及政治、法律、哲学、道德、文艺、地理、历法等多方面。古人对礼制非常重视，《礼记》中云：“道德仁义，非礼不成。教训正俗，非礼不备。分争辨讼，非礼不决。君臣上下、父子兄弟，非礼不定。宦学事师，非礼不亲。班朝治军，莅官行法，非礼威严不行。祷祠祭祀，供给鬼神，非礼不诚不庄。”离开了礼制，一切君臣、父子关系和各种社会活动将会变得混乱而没有章法。当时春秋末年时期的礼乐崩坏，朝野上下乱象重生，孔子对此痛心疾首，与弟子周游列国推行儒家思想就是为了恢复周礼。尽管到了现代社会，同样离不开礼制的约束，国家文明程度以及

---

① 稻盛和夫：《活法》，东方出版社2005年版，第86页。

国民素质与人们的礼仪形象和是否遵守章法紧密相关。《易经》第 37 卦为风火家人卦，其卦辞曰："家人有严君焉，父母之谓也。父父子子，兄兄弟弟，夫夫妇妇，而家道正，正家天下定矣。"企业家另外一层含义——企业也是一个家，能做好当家掌门人才是企业家，家道兴衰都在于企业领导者的智慧与艺术，没有良好的礼制和规范就不会有家道，没有家道就不会有家风，没有家风更不会有家业。企业制定人性化的现代企业管理制度也是礼制的体现，不仅仅是强调外在形式上的礼仪形象，更要使之内化于心，达到从心所欲不逾矩的境界。关于礼的理解与践行，本节从三方面加以阐述，从外在的言谈举止规范到内在品德的修养，以及通过由外及内直指内心的熏陶，让我们明礼、懂礼和用礼，并将其应用在日常生活与企业经营管理中，家庭成员知礼学礼，父子兄弟有情有义；企业明礼用礼，各项经营管理必然能走向和谐有序；国家以礼治国，必然能实现百姓安居乐业的太平盛世。

一、提升企业形象魅力的礼仪训练

中国古人非常讲究礼仪，封建王朝专门设置礼部，礼部是掌管天下礼仪事务的机构，包括科举考试、祭祀、礼宾、宴请等。上至君主对内对外的发布法令和交流，下至普通百姓的行为处事、宴请宾客、与人交往等都要依照礼仪。除了连年征战导致社会动荡不安外，中国古代社会之所以政权稳定，始终保持统一的局面，与历朝历代沿袭比较完善的礼制有关系，无论哪一朝代，大部分皇帝都遵循这个祖制。人与人之间交往，即使到了经济与科技发达的现代社会，仍然继承了部分传统礼仪。在家庭中，有父子、兄弟姐妹、六亲眷属等家庭成员之间的礼仪。在企业中，有上下级、员工之间的礼仪，参加各种宴请和对外交流合作，有商务礼仪，企业与个人想要提高形象魅力，以及处理公务是否得体，礼仪修炼是必不可少的环节。随着人们对经济发展和利益的追求，与过去相比，对于各种礼仪的重视程度有所降低，至今韩国、日本国民仍然保留着很多中国传统的礼仪文化，在街头巷尾、家庭和企业里，长幼有序，彼此见面时，晚辈首先向长辈鞠躬问好。在我们国内几乎看不到见面鞠躬问好的习惯了，大部分见面打招呼或者握手，鞠躬和跪拜的礼仪被认为是已经过时的封建时代产物。然而，当社会礼制和行为规范缺失的时候，社会发展的有序性和稳定性将会受到很大的影响，老子说："故失道而后德，失德而后仁，失仁而后义，失义而后礼。夫礼者忠信之薄而乱之首。"当国民道德缺失时，开始强调仁义，当仁义缺失时，开始强调礼仪，强调礼仪的时候，其实是人心不够忠厚，这是社会秩序混乱与国家动荡不安的根源。因此，当社会要想回归道德仁义的和谐有序状态时，首先从重视礼制和规范开始。在春秋战国时期，孔子看到诸侯列国称霸一方，战乱不断，这些都是不符合祖上的礼制，想要天下太平安稳，非礼不成。为了恢复周礼，孔子到各国游说，可是没有哪个君主愿意听信孔子的言论。以古论今，在现代企业经营管理各项活动中，有必要对全体员工进行系统的礼仪和礼制培训，尤其是企业高层管理者要先行，这样不仅能修正不合礼制的行为和处事方式，而且对于实现企业有序化管理和提升企业形象具有重要意义。《易经》第10卦为天泽履，卦辞是“履虎尾，不咥人，亨。”在《说文解字》中的解释为：“礼者，履也”，履卦其实是讲礼制的，一个人按礼制和自然规律行事，即使踩到老虎尾巴上，老虎都不会咬他。再看履卦第三爻的爻辞：“眇能视，跛能履，履虎尾，咥人，凶。”即斜着眼睛看，瘸着腿走路，踩到老虎尾巴上，老虎咬人，此为凶象。“眇能视，跛能履”隐含意思是：当一个人做事不按礼制行事，这不是正道所为，老虎当然要咬他了，不符合礼制的行为做任何事情也不会获得成功。在国内有一家企业总裁因为平时不得体的生活习惯而断送了一笔大生意，真是由于自己无礼的行为踩到了老虎尾巴上，使得企业失去了难得的合作机会，下面是关于一家企业领导人因行为失当丢掉合作机会的真实案例：

上海《文汇报》曾有一篇新闻报道，题目是《一口痰“吐掉”一项合作》。说山东省某医疗器械厂与外商达成了一项引进“大输液管”生产线的协议，第二天就要签字了。可当这个企业总裁陪同外商参观车间的时候，习惯性地向墙角吐了一口痰，然后用鞋底去擦，其实这种随地吐痰的习惯在我们生活中实在屡见不鲜。参观完毕之后，这一幕情景让外商很纠结，以至于彻夜难眠。最后，他做出决定放弃与这家企业合作，让翻译给那位企业总裁发了一封信件：“恕我直言，企业领导者的卫生习惯可以反映一个工厂的管理水平和员工的素质高低。况且，我们今后生产的是用来给人治病的输液管。贵国有一句谚语：人命关天的大事岂能儿戏！请原谅我的不辞而别。”一项已基本谈成的国际合作项目，就这样被“吐”掉了。

一个人的举止风度不仅代表自己的形象魅力，也体现了整个企业的管理水平和员工的素质。在某些公众场合里，个人行为代表着组织机构行为，个人形象代表着团体形象，尤其对于企业领导者的形象风度及其言谈举止来说更为重要，应该首先作出表率。企业管理或者某项事业的成果全在于细节，提高个人内在的修养与外在的形象，需要从个人得体的礼仪培训开始，从小处做起，商机往往就在不经意之间。在我们生活中，扔一张纸，吐一口痰，说一句脏话看起来是无关紧要的小事，然而细节可以折射出一个人、一个企业乃至一个国家的文明程度，这也是一种全息效应。古人云：“礼者，得事之体也”，作为企业管理者和员工们不可不学。如今礼仪对现代社会经济发展和企业文化建设的重要性逐渐被人们所认同，国内外大中型企业已经将商务礼仪列为企业管理内部培训的主要课程，尤其象航空、铁路、旅游以及涉外公共服务窗口行业，员工基本都要进行商务礼仪训练，这是企业展示人性化、亲情化服务的必要方式，也是企业文化建设的重要组成。礼仪标志着国家社会文明的进步程度，但是形式化、程序化和任务式的礼仪训练，对于员工来说，有相当一部分还停留在为了完成工作的层面上，礼仪还欠缺内化入心的过程。例如，航空公司为了提高服务质量和打造良好的公司形象，对空姐进行微笑训练，训练出来的微笑总是令人感觉缺少一点真诚，除了面部表情的练习外，更应该注重内心素养的提升，中医理论认为："礼的五行属性为火，情志于心。"所以，发自内心的微笑才是真正的礼仪，否则长期程式化的微笑训练将导致面部肌肉疲劳僵硬，以至于其他表情也都变得不自然了。

二、实现企业良性竞争的礼让之道

礼的外在形式是展现企业和个人形象与魅力的有效手段，团队机构与个人良好的礼仪形象有利于相互沟通交流，从而有助于建立友好和谐的人际关系。但是外在的礼仪更需要建立在内在品德和素养修炼的基础上，礼不仅指言谈举止的礼仪，也是一种相互礼让谦让的高尚品德，礼者让也。在竞争激烈的现代社会里，国家经济秩序稳定和可持续发展更需要相互礼让的精神。在同一条犹太人居住的街区，如果有人经营了超市，其他犹太人不会再开相同的一家超市，而是相继会有运输送货、饭店餐饮、五金用品等新店面开张营业，这些店面经营的物品或者服务彼此互为补充，不会存在着恶性竞争。孔子一直主张："为政以德，能以礼让为国乎，不能以礼让为国，如礼何?"以道德统治国家，能用礼让治理吗？如果不能以礼让治理国家，礼又有什么用呢？如果企业为了打造对外公众形象而只有形式上的礼让，这只是作为追求市场竞争取胜的一种狡诈手段，礼让缺少了内在的思想和谦让精神，礼仪形象又有什么用呢？礼让即是谦让，谦让不但是一个人的美德，也是企业或者个人成长的源动力。古人非常重视谦让，他们懂得谦让是有益而无害的道理。在《易经》六十四卦中，唯有"地山谦"这一卦的六爻都是吉利的，谦卦的彖辞云："谦亨，天道下济而光明，地道卑而上行。天道亏盈而益谦，地道变盈而流谦，鬼神害盈而福谦，人道恶盈而好谦。"谦卦的卦辞云："谦则亨"，"亨"意味着通达，天地万物无不以道为体，谦让为用，绝对不居功自傲。关于谦让的话题，中国古代有"孔融让梨"、"曾子避席"、"赵孝争死"等流传至今的历史典故。在清朝时期还有一段流传至今的礼让佳话：

清朝康熙年间，文华殿大学士兼礼部尚书张英（清朝名相张廷玉的父亲）的老家在安徽桐城。有一次，老家人与邻居吴家因为宅基地界线发生了争执，两家大院宅基地都是祖上留下的产业，由于时间久远了，两家宅基地的分界线本来就是一笔糊涂账。利益当前各不相让，双方越争执就越糊涂。两家为了这件事一直吵得不可开交，公说公有理，婆说婆有理，谁也不肯相让一丝一毫。由于牵涉到宰相大人的府宅，当地官府和同乡邻里谁都不愿意上前调解，担心沾惹是非。无奈之下，张家只好把这件事的经过写成书信派人到京城请求张英处理。于是家人骑马带着书信飞奔京城，本指望着张英能给官府打招呼“摆平”吴家。张英大人阅过来信，只是淡然一笑，没有任何表态，站在旁边的家人感觉莫名其妙，有些不知所以然。只见张大人挥起毛笔，在书信的背面写了一首诗，诗中写道：

千里修书只为墙，让他三尺又何妨。

万里长城今犹在，不见当年秦始皇。

然后装入信封交给来的家人，命其赶紧带回老家。张家人一见书信回来喜不自禁，以为张英一定有办法整治吴家，或者是给本地官府的手谕，但是当家人看到的是上面这样一首诗，感觉颇有些意外。

后来大家仔细一合计，确实张英的提法是正确的，也只有“让”才能解决纠纷，虽然房宅基地是祖上留下的宝贵家产，但依靠争执得来的就没意思了，不如按张英的建议让他三尺。于是立即动员家人将垣墙拆了给吴家让出三尺宽，大家都交口称赞张英和他家里人心胸旷达的作法。张英的行为也正应了中国那句古话：“宰相肚里能撑船”，张家的谦让行为让邻居吴家反倒觉得不好意思了，使他们一家人深受感动，全家也一致同意把要建的围墙向后退让三尺。张吴两家的争端就这样轻松平息了，从此两家不但和睦相处，而且又造就一条六尺宽的巷子，这条巷子有张家的一半，也有吴家的一半，村民们可以由此通过，六尺巷因此得名。虽然几十丈长的巷子很短，但是留给人们的思索却很长，一直持续至今。

自古以来，中国人一向以礼让为先，然而在竞争激烈的现代社会还有多少人愿意奉行礼让之道呢？子女上学为了争取更好的教育资源，家长们在竭尽全力竞争；为了考试取得更好的名次，学生们在竞争；为了提升职位，员工们在竞争；为了利润最大化，企业为抢占市场在竞争。竞争无处不在，尤其不正当竞争实在是国家经济和社会秩序紊乱的源头。企业之间的竞争实际是人与人之间为了谋求各自利益斗争的体现，商场如战场，现代企业为了生存发展和集团利益，不得不在没有硝烟的市场竞争中费尽心机为企业占领一席之地。然而，这种企业和商业的竞争其实也是中国很多历史场景的重演和再现，在我国历史上三国时期是争斗最激烈阶段，留下很多的典故与现代企业竞争的情形有很多相似之处。西晋陈寿编写的纪传体国别史《三国志》详细记载了从魏文帝黄初元年（公元 220 年）到晋武帝太康元年（公元 280 年）的历史，受到后人推崇。在《三国志》和其他正史材料的基础上，罗贯中整理收集了民间关于三国的史料记载，经过艺术加工，花费数年心血撰写了长篇小说《三国演义》，关于三国的话题也一直流传至今，其中的历史情节还被搬上银幕和拍成电视连续剧。三国时期是从公元208年赤壁之战开始一直到公元280年西晋为止，总共近八十年的时间，一直处于战争纷乱不断的状态。在此期间，魏国曹操、蜀国刘备和吴国孙权三家政权相互牵制，史上称为三国鼎立。从东汉末年以来，由于连年战乱，中国人口数量不断地下降，严重地阻碍了社会经济发展，三国鼎立又进一步加深了社会矛盾和经济的恶化，粮食连年歉收。尽管金属冶炼及造船等技术有所发展，但连年征战消耗了大量的人力、物力，严重阻碍了中国社会生产力的发展。魏蜀吴三位君主以及手下文臣武将斗智斗勇的典故精彩纷呈，像诸葛亮舌战群儒、借东风、草船借箭，孙权刘备联合火烧赤壁，温酒斩华雄等。三国鼎立是魏蜀吴三个国家相互对峙的时代，都是为了各自集团的利益需要而战，后来的五代十国和南北朝的战乱不断更使得百姓民不聊生。这些国家发动战争为了扩充国土疆域和统治阶级的既得利益，近代和现代不少企业和商家竞争也都是为了各自利益而相互倾轧，轻则与对方争相拉客，重则相互贬低攻击对方、竞相压价，以至于整个行业受损，导致同行成为冤家。现代企业在激烈的国际竞争中不亚于国家之间的战争，无论是同行业之间竞争，还是国家与国家之间的战争，都是在破坏国家经济的稳定和社会秩序的和谐，以至于走向社会发展处于无序化状态，究其原因就是恶性竞争造成的。下面是一则讲述企业是如何通过竞争来促使国家GDP增长的故事：

两位资产数百亿元的企业家见面以后，相约到饭店吃饭，席间聊天互相不服气。甲对乙说："你能在五分钟内喝完两斤茅台酒，我就给你一千万元"，乙觉得这买卖很划算，想都没想当即拿起两斤茅台喝光了，甲也无可奈何地按约定付给乙一千万元转账支票。乙喝完以后由于酒精中毒住进了医院。出院以后，乙心里越想越窝火，心里想我的企业也不差钱，于是找到甲说："如果你能在五分钟喝完两斤茅台酒，我也给你一千万元"，甲也正想赚回这一千万元，当即就喝干了两斤白酒，虽然甲拿回了一千万元，但也同样因为酒精中毒住进了医院。甲乙两位企业家斗争的结果是各自资产看起来谁都没吃亏。在这场斗争中，两位企业家不但没有创造出什么新的经济效益和利润增长点，而且还浪费了四瓶茅台和酒精中毒住院治疗费，唯独有一点也许让人们产生错觉的欣喜，两位企业家为国家创造了新的税收增长点，国家GDP也因此获得了大幅度增长。

这个故事阐述了企业之间恶性竞争所带来的虚幻经济繁荣，有朝一日经济泡沫一旦破灭时，就像股票市场从万里江山一片红走向春风又绿江南岸全线飘绿的时候，人们对利益追求的欲望顷刻间会从顶峰跌入了无底深渊。恶性竞争所带来的一系列全息负面效应就是使得企业成批倒闭破产，企业之间竞争不仅是各种利益的竞争，也是人们欲望无止境的膨胀，而且还严重地破坏了社会生产力发展和有序的市场经济环境。老子早就指出人与人之间要避免相互竞争——“不尚贤，使民不争；不贵难得之货，使民不盗；不见可欲，使民心不可乱。”推崇先进和树立优秀典型导致人们之间争斗，追求奢华与贵重的财物会让人产生盗心，贪欲使得人们心神不宁，这是纷乱的根源。竞争升级就是斗争，斗争升级就是战争，所有一切归结为人与人之间的竞争、斗争和战争，也是人性的自私自利和贪欲膨胀所致。众所周知，凉茶饮料王老吉与加多宝两家企业在2013年冲突不断升级，主要原因还是为了各自利益和争夺凉茶饮料市场份额互不相让，甚至到法院提起诉讼，从商标权归属之战到红罐凉茶外包装设计权的争夺，王老吉与加多宝彼此互不相让，最后结果不管谁能胜出，都将两败俱伤，也是对凉茶饮料行业发展的破坏。即使一方胜出，另外一方败诉走向破产倒闭，尽管市场竞争结局只剩下一家红罐凉茶企业独领风骚，但是该企业恐怕很难走得远，为什么这样说？独木难成林，竞争不是为了消灭对手，而是为了更好地实现共同成长、共同发展和共同前进的相互平衡的格局。如果某一行业要想不断成长，在竞争中应该以互相依存、互相支援和共同合作为宗旨，整体行业规模才能不断壮大，提高抵御各种风险的能力。因此，加多宝与王老吉两家企业能摒弃前嫌握手言和为上策，将精力和资本重点投放在各自企业的凉茶饮料技术研发上。就像美国的可口可乐与百事可乐一样，两家公司成立有先后，都在各自开发碳酸饮料产品，共同培育全球市场，在竞争中两家企业一起推动了碳酸饮料行业的发展。在未来的碳酸饮料市场，无论谁先倒闭，都将是另一方企业和整体行业的损失。市场经济规律本身已经包含了实现自我平衡的竞争机制，但竞争绝对不是市场经济规律的全部，只有为社会创造价值和让更多的消费者受益才是竞争目的，在某种意义上来说，企业与同行业对手是相互竞争还是共同合作，取决于是否为整体行业创造出更大的发展空间和使得广大消费者受到更多的利益。如果在竞争中不择手段地像消灭敌人一样打垮对手，那么最终得到的不是胜利，而是行业的整体颓废与毁灭。在当今世界经济和全球贸易一体化进程中，企业与同行业竞争是不可避免的，如果一味地通过竞争或者不正当手段打垮同行企业，即使在竞争中胜出成为行业领域中的一枝独秀，这样的结果可能很快就会走向衰落，甚至导致一个行业的毁灭，因为物极必反、高际必堕是事物发展的自然规律。《易经》云：“孤阴不生，孤阳不长”，一花独放不是春，如果只有天下第一，没有了可以与之抗衡的对手，这样的企业和企业家也是寂寞孤独的，而且很难有不断向前进取的动力。因此，企业发展不仅需要竞争，更需要在有序竞争中的合作。尤其对于同行业企业之间，在市场拓展和技术竞争中相互扶持合作，建立为整体行业发展的全局意识，因为只有整体行业提升才能有企业个体的进步，这也是行业的全息理论和全息效应。2011 年 6 月 21 日，全球 192 个成员国代表在联合国大会上一致通过安全理事会对现任秘书长潘基文连任的推荐决议，在下一届联合国安理会将继续连任秘书长一职，任期将从 2012 年 1 月 1 日开始，为期 5 年。在他发表就职演说时，深谙中国文化的潘基文引用了老子《道德经》中的一句话作为结束语："天之道，利而不害，圣人之道，为而不争。"意思是"让宇宙天地万物和谐相生而不受到破坏，这是自然之道，人们在做任何事情时，都不与人争夺，这是圣人之道。"联合国秘书长引用老子的名言不仅是要求自己在未来处理国际事务所实现的目标，也是对世界未来发展形势提出很高的期望，为了世界和平，要趋利避害，谋求长远的可持续发展。为了人类生存发展，要消除争端，谋求长远的稳定和谐，这不仅是世界各国要遵循自然之道，对于全球企业和经济秩序的和谐有序的发展更是一条必由之路，只有在竞争中注重彼此有效地合作，谋求多方共赢的发展格局，才能实现共同进步，国家经济的繁荣、社会环境的稳定以及企业的可持续发展也在于此。如果将这种符合自然之道的企业竞争用自然界和谐有序的丛林法则比喻也许更合适，这里说的丛林法则不是西方某些学者讨论的丛林法则，西方学者所说的丛林法则是指：丛林中资源总是有限的，无论植物还是动物都只有强者才能获得最多的利益，一棵生长在森林中高大树木，根系扎进很深的土壤中，由于其自身优势总能很容易地获得更多的阳光雨露和汲取大地营养，在大树下面低矮的灌木和小树因为缺少滋养而生长缓慢。物竞天择，适者生存，不能适应环境，必将被自然环境淘汰。"弱肉强食，优胜劣汰"一直以来被认为是丛林法则的内容，人类为了持续向前发展不择手段地获取地球上的森林、石油、煤炭、金属和淡水等资源，这样的开发模式最终会毁灭自然界，也将毁灭人类自身。如果企业发展按照"弱肉强食，优胜劣汰"的丛林法则必然导致激烈无情的恶性竞争，为了在行业竞争中获得胜利，采取各种正当或者不正当手段，也许暂时取得了可观的效益，但是却破坏了行业的发展平衡。这种丛林法则的定义并不符合丛林实际的情景，也不符合真实自然界生态系统的发展规律。在没有天灾人祸等因素的干扰下，整个生态系统会按照内在的自然规律朝着平衡和谐的方向发展，而不是无序的竞争。观察原始森林树木生长状态，众多参天大树群体共同生长，不存在相互之间的竞争而形成独木成林的情景，群体共同成长能有效抵御各种风暴，森林里低矮的灌木和小树因为在大树的荫护下免遭灾难，而且落叶回归土壤，又成为很好的肥料，也会滋养小树的成长，正是这种和谐有序的生态丛林法则，使得原始森林中很多树木年龄高达上千年。这才是符合生态自然规律的丛林法则，绝不是弱肉强食，而是在平衡发展中实现多方共赢，企业的生存发展是否应该以此为准则呢？

三、“礼之用，和为贵”的经营智慧

《论语·学而篇》云：“礼之用，和为贵。先王之道，斯为美，小大由之。有所不行，知和而和，不以礼节之，亦不可行也。”礼最大的用处就是化解消除矛盾，平衡理顺各种关系，实现各方面和谐共处的多赢结果。和谐不仅单纯指人与人之间的关系融洽，还指人与团体、人与社会以及人与自然之间相生相合的关系。一位知书达礼者，不但善于与人合作，而且人际关系和谐融洽，良好的人际关系才能形成广阔的人脉，人脉是立足于社会和个人发展的重要资源，有人脉才有钱脉，一个人与多少人建立友好往来关系，决定其“钱途”是否光明。“礼之用，和为贵”的思想在企业经营管理和生产作业中具有重要的应用价值。在当今国际市场上，经贸往来越来越频繁，需要共同合作才能实现企业利润最大化和全球经济的可持续发展。“礼之用，和为贵”的关键环节在于“用”与“和”这两个字，“用”是将礼内化于心、外化于行才可以广为应用，“和”是指从人与自然、人与自身、人与人以及人与团体之间的和谐关系出发，才能领悟“礼之用，和为贵”的智慧。

首先，人与自然和谐共处。人类在改造自然、开发自然的同时应该考虑如何保护自然和顺应自然。历史上大禹治水、李冰父子建造都江堰以及历代皇帝在规划皇宫时，无不是以敬畏之心对自然生态环境进行保护与改造，过去很多保存完好的古代工程和皇家宫殿不但在视觉上具有美感，而且建筑物与人及其周围的环境具有浑然一体的和谐大美，这是一种能震撼心灵的美。大到国家整体区域开发、城市建设，小到企业园区布局，如果以牺牲自然环境的生态平衡和对自然环境不可逆的破坏污染来换取区域经济的快速发展，则是不可取的行为，也是倒行逆施、违背天理的作法。在加拿大，任何工程项目开发必须以“尊重自然，恢复自然”的环保理念进行前期论证，曾经在安大略省设计一条通过原始森林区的高速公路，因考虑到该工程可能会对森林植被生长、动物栖息活动产生负面影响，最终否定了该工程项目建设。在加拿大一些工程项目施工时，只要涉及自然环境，一定尽量避免对自然环境的破坏，即使工程结束之后，也尽量避免人工痕迹，恢复原来的植被生长状态。因此，在中国经济高速发展的今天，只有以敬畏自然的心态，科学合理地开发自然，才能谱写人类与自然和谐的优美乐章，才能建设美丽中国和美丽的企业家园。不少企业家相信风水，拿出巨资聘请风水大师规划布局，又作各种法事，高价购买吉祥物调整风水等等，目的是为了发财。岂不知中国有句老话：“一德、二命、三风水、四阴功、五读书”，环境风水再好，如果没有德行也很难与之感应和相互融合，德就是按自然规律办事或者以礼行事，以礼行事才感应激发出环境的生气。所以，人类的任何行为都应该以敬畏自

然、爱护自然、顺应自然为根本，才能与自然环境相生相合。

其次，人自身的内外兼修。人为什么会生烦恼，为什么会罹患各种心理疾病？企业高层管理者由于工作压力过大，患有忧郁症和焦虑症的人越来越多，其实与外界因素关系不大，当一个人的思想理念和行为方式不符合事物发展的自然规律时，就是无礼而为，难免会产生喜怒哀乐的负面情绪。身体的内在秩序、大脑思维方式和心理活动处于无序混乱状态时，五脏六腑都会受到影响，导致吃饭睡眠都成为问题，心中生起种种烦恼也就正常不过了，带着情绪的乱心做事是很难成功的。因此，一个人除了要在言谈举止方面展示给他人以优雅得体的形象，还要更加重视内在身心的修炼与整合，从而达到身心和谐、静谧安详的心境。如何修炼才能实现这种祥和的心境呢？一是改变固有思维方式，建立正心、正念、正知、正见、正思维，回归到“与天地合其德，与日月合其明，与四时合其序，与鬼神合其吉凶”的道法自然境界，这也是“礼之用，和为贵”具体形式。二是致虚极守静笃的内在修炼。例如，通过禅修可以恢复身体内在环境的和谐自然，随着身心内在环境的改善与提升，如果能像孔子一样在七十岁时从心所欲不逾矩，像老子一样拥有宠辱不惊、恬淡虚无的胸怀，像庄子“独与天地精神往来”一样无为无欲的自在逍遥，便达到了“礼之用，和为贵”的最高层次。

最后，人与人和谐相处是国家、社会和企业有序发展的根本。世界上什么距离最远，人与人之间心的距离最远，有的人一见面便有故人相见的亲切感，有的人即使在同一屋檐下仍然如同路人。如果人与人的交往都能以礼相待，彼此也都会以礼相待，当在空旷的山谷中大声喊：“我爱你”，山谷会回复连绵不断的“我爱你”的声音，同样高声喊：“我恨你”，得到的回应也是此起彼伏的“我恨你”。所以，人与人之间相处不再有地位高低、贫困富有的区别，都能像一家人平等和谐的共处，整个社会将回归和走向秩序井然的状态，此时不再需要过分的法制和各种礼制的约束，因为社会又将重新回归到仁义为先和道法自然的高度。国家与国家之间的交流，企业与企业之间合作，实际都是人与人之间的交流合作，合作成功与否取决于人的思想意识与内心的隐藏秩序是否相近。虽然“礼之用，和为贵”是按照客观规律和社会道德规范行事，但是“和为贵”也并非是没有任何矛盾冲突，双方因为某一问题发生对立时，无论是据理力争的相互辩论，还是采取其他解决方式，最终目的都是为了能实现双方关系的圆融与和谐。孔子说：“君子和而不同，小人同而不和。”中国传统文化和国学经典中思想并非是教条的，而是因时、因地、因人可以灵活变通。中国一向主张与邻国以及世界各国和平相处，这并不代表懦弱退让。对国家领海和疆土争议问题，如果通过外交对话途径不能解决时，在某些极端情况下，也许最好的方式是采取强硬手段，但这种矛盾的化解往往需要付出沉重的代价。战争所带来的后果是破坏性的和残酷性的，其全息效应会波及到全世界以及后世子孙。因此，解决问题化解矛盾运用“礼之用，和为贵”才是上策，其中的妙用存乎于一心。作为有智慧的企业管理者能够从大局出发，理顺各种复杂关系，平衡诸多问题与矛盾，从组织机构整体和自身的身心和谐开始，使得企业内外一切事务从无序回归到有序自然状态，从而达到“克己复礼，天下归仁”境界，企业将会从必然王国向自由王国飞跃。

第八节　诚信化解企业危机

信者，诚也。“信”从字体结构分析，是形声字和会意字，说人言者为信。因此，老子说：“美言不信，信言不美”，古人把言语漂亮称为绮语，绮语好听但不可信。朋友之间、企业之间和国与国之间交往合作要讲究信用，凡事当以信用为先。企业之间经贸合作应以诚信为准则，严格遵守合同才能实现双赢。《论语·学而篇》云：“与朋友交，言而有信。”诚信是做人做事的基本原则。子贡曾经问政于孔子，请教治理国家的方法，孔子回答：“足食，足兵，民信之矣。”子贡问：“必不得已而去，于斯三者何先?”孔子说：“去兵”，子贡接着又问：“于斯二者何先?”孔子说：“去食”。孔子明确地告诫子贡，治理国家不过是要百姓衣食丰足、军事力量强大、民众诚实守信，如果在这三者之中去掉其中两个，只能保留“信”。在孔子看来“自古皆有死，民无信不立，君子当以信为本，君子物本，本立道生。”在中国传统文化中，诚信一直作为社会交往以及建立良好的人际关系最基本原则之一，要获得其他人的信任，自己首先要对别人讲诚信。曾子说：“吾日三省吾身，为人谋而不忠乎？与朋友交而不信乎？传不习乎?”曾子将诚信作为自己为人处事要遵守的原则，每天都要多次反省检查自己，提醒自己不可一日不讲诚信。曾子为儿子杀猪的典故也说明了他固守诚信的可贵品质。当诚信成为一个国家和社会的习惯时，生活工作没有紧张感和危机感，笔者在东亚某国家曾经工作生活一段时间，到银行办理开户储蓄业务时，发现银行没有令人压抑封闭的玻璃窗，顾客与银行职员就像在办公室里面对面交流，银行卡一般也没有设置密码，拿着银行卡到超市或者商场消费只需要在账单上签名。后来询问本地朋友，如果银行卡丢失被别人拾到以后，银行卡没有密码直接就可以到商场刷卡消费怎么办？那位朋友说：“绝大多数人还是非常重视本人的诚信，国家构建了全民诚信监督体系，一般拾到银行卡通常都会直接上交，如果银行卡消费账单签字不是本人笔迹，则消费数额由发卡银行负责买单。”一位去过美国讲学的朋友回来时谈到这样一件事情，美国尽管是发达国家，在街头仍然有很多乞丐，这些乞丐为了生存而乞讨时，乞丐会如实地将自己乞讨的原因以及是需要金钱还是物质帮助写得清清楚楚，据说美国的大部分乞丐介绍自己的情况都是真实的，乞讨也讲诚信。因此，有不少有爱心的美国人愿意去资助他们。但是，在我们的工作生活中，常常有一些人为了私人利益而背信弃义，为了一己私利不择手段，不讲信用者迟早要受到因果规律的惩罚。以下是一则中国春秋时期关于公冶长的典故：

公冶长是孔子七十二贤之一，也是孔子的女婿。公冶长原本是个樵夫，与老娘靠上山打柴相依为命。可是他非常聪明，在山林间呆久了，他竟然能听得懂鸟语。

有一天，公冶长上山打完柴，坐在树下的青石上歇凉，树上两只喜鹊在不断地鸣叫，他仔细一听，原来两只鸟在喊他："公冶长，公冶长，南山有只大肥羊，你吃肉，我吃肠，留着骨头喂野狼。"

公冶长一听，忙起身往南山赶。公冶长来到山前，果然看见了一只受伤的野羊，已经奄奄一息，就带回家剥皮脱骨，与老母亲饱餐数顿。剩下的羊骨头和肠子全都自己享用了，也没给那两只喜鹊。

两只喜鹊知道后很生气，心想给他报信，哪有吃了羊肉，连肠子都不给我们，太不讲信用了，于是它们决定找机会报复公冶长。时隔不久，这天公冶长正在山上打柴，两只喜鹊在树上又说："公冶长，公冶长，北山有只大肥羊，你吃肉，我吃肠，留着骨头喂野狼。"

公冶长听了以后，又高兴地往北山跑去。在很远的地方，他发现一堆人围着看什么，他以为又是一只大绵羊，恐怕被别人拖去，远远地就大声喊："你们都别动，是我打死的，是我打死的！"当他走近一看，躺在那里的不是大绵羊，原来是一个死人（当时公冶长手里还提着一把砍柴刀）。在围观的人群中还有不少在官府当差的捕快，立刻上前把他捆了起来，押送到县衙。

到了县衙大堂，县官问他为什么要打死人。公冶长申辩说："这个人不是我打死的，我是听鸟语以为是一只羊才赶过来的。"县官听了他的辩解并不相信，心里想："人怎么可能懂得鸟语？"为了证实公冶长是否撒谎，就叫差役背着公冶长，逮一个小燕子装在一个笼子里，提到大堂上，这时老燕子飞来，在外面乱叫。县官问公冶长："外边燕子说什么？"公冶长说："禀告大人，外边的燕子在说："我一没有得罪你，二没碍着你，为什么把我的孩子关在笼子里？"这时县官才相信公冶长是真的懂鸟语，确定他没有杀人，把公冶长也就当堂释放了。

公冶长的典故说明一个人不讲信用是要付出代价的。企业在经营活动中，利益与诚信相比，有多少企业宁愿抛弃自身利益也不会舍弃诚信呢？多乎哉，不多矣。随着企业和人们对利益追求欲望的日益高涨，诚信危机也成为当前社会突出的问题，2008年波及全世界的国际金融危机使大批企业受到严重冲击，其实质也是道德危机、诚信危机和人性的危机，企业因为缺乏诚信和完善的信用监督体系，导致很多知名企业在这场危机中走向毁灭。因为诚信危机走向衰落的企业举不胜数，国内知名企业三鹿公司由于奶粉添加了大量的三聚氰胺而走向毁灭，从表面看起来是企业管理存在漏洞，实际上是因为缺乏诚信导致企业彻底破产。尤其最近几年来，网络媒体报道的"华南虎照片造假"事件、大学校长"论文抄袭门"、知名人物的"学历门"事件以及每年3·15公布的各种假冒伪劣商品和服务的案例，诚信似乎已经成为人们可望不可及的梦想。在人们物质生活不断改善的今天，诚信也变得越来越江河日下，人与人之间交往从来没有这样的彼此不信任，借钱不但要写欠条，还要有第三方担保；网上购物必须通过支付宝，买卖双方才会有安全感；企业与企业之间即使签订合同，仍然有一些人不按照合同办事，甚至中途毁约，当债权人向债务人讨债时，往往在数次"等下周、下个月账户有钱了就还款"的谎话中变得疲惫不堪；再看现在城市里大街小巷和生活小区都安装了监控电子眼，依靠高科技手段监督出来的诚信也是无奈之举，社会大众的诚信在这些电子监控下变得如此虚弱无力。

如何克服社会大众和企业的信用危机？诚信修炼以及构建全民信用体系是化解企业危机有效的途径，国家应该逐渐推行公民与企业的诚信管理体系，人无信不立，政府无信不廉，企业无信不富。目前，不少企业之所以倒闭，不仅与经济环境有关，更多是由于诚信不足所致。单纯依靠不断完善的监督体系，诚信只是在表面做文章，诚信教育应该从心开始，从小事做起，从企业家自身做起，从员工的一言一行做起。诚信教育更应该从娃娃开始抓起，中国家庭子女教育很多时候在不经意间将不诚信的信息传递给下一代，不少家庭主妇在训斥哭闹不止的孩子时，经常能听到几乎相似的言辞："别哭了，再哭警察就来了。"在乘坐公交车上班途中，曾经听到两位小学生之间的对话："现在的大人说话太不讲信用了，考试前说好了，只要我各科考试成绩的平均分达到95分以上就奖励我一部笔记本电脑，可是成绩出来以后，也不提买笔记本电脑，只说奖励我去吃一顿美味。"另外一名孩子也说："我爸妈经常说话不算数，大人们说的话不要当真就是了。"父母对孩子的诚信教育就在平时的一言一行中，当孩子长大成人为人处世才会以诚信为本。诚信是社会秩序和谐、企业稳定发展的有力保障之一，只有诚信才能促进社会经济走向繁荣。社会的诚信体系并不是通过国家法律法规构建的，用法律规范的诚信体系总会让某些聪明人找到漏洞进行规避。《易经·比卦》的初爻辞云："有孚比之，无咎。有孚盈缶，终来有它，吉。"与人交往，若内心能够充满诚信，像装满东西的缶那样，如果内在诚信那么外在不必做任何纹饰，这样做不但不会有什么过失，而且最终因为诚信而获得吉祥。所以诚信只有通过人性化教育，引导人们自察自省、自觉自悟，让诚信理念真正地走入每一个人心里，从而实现并自然形成个人、家庭、企业、国家以及全社会公民良好的诚信体系。

第九节　企业经营管理的智商修炼

“智”为形声字和会意字，字形从日，从知，知亦声，是“知”的后起字。本义为：“聪明，智力强”，智的金文字形结构为“[illegible]”，由此可以解释为：“哲也”，从“知”和“于”的会意。于即“迂也、远也、曲也”，有“知曲远者之为智。”所以，智者考虑周全，具有远见卓识能力。古代君子有三品：“仁者无敌，勇者无惧，智者无忧。”智慧是什么呢？经典中没有确切的定义，老子说：“知人者智，自知者明。”了解别人只是聪明，了解自己的人才是智者。如果能用文字表述和说明，都不是真正的智慧。智慧绝不是头脑聪明，隐于无形而不可言说，唯有心清自明。每个人本来都具足清净无染的智慧，这与掌握的知识、文化、学历高低没有太大关系，地位低下的人一旦觉悟却有无上的智慧，有权有势的高贵者也可能被自身的习气、贪欲和痴见层层包裹，明月般的智光不能得以彰显。正如毛主席所说：“高贵者最愚蠢，低贱者最聪明。”可是这句话的内涵和智慧有谁能真正理解呢？

现代企业中有三种人：第一种人在工作中善于利用小聪明，找到所谓的捷径投机取巧，像《红楼梦》里的王熙凤一样，聪明反被聪明误，一时风光却走不远，这种人不可重用；第二种人老实做人，认真踏实做事，低头拉车不看路，只要功夫深，铁杵磨成针，像愚公移山一样必定能以至诚心感动天地，最终能获得丰厚的回报，这种人属于老实肯干型人才，可以安排在技术部门或者一线生产岗位工作；第三种人，理在事先，善于学以致用，用理论指导的实践，既能低头拉车，又擅长抬头看路，是全面智慧型人才，可以对其托付重任，属于成就大事的领军者和具有创新能力的智慧型人才。企业不仅需要象愚公移山一样踏踏实实肯干型人才，更需要有知识、有文化、有修为的智慧型人才。人的智慧是无形财富，是完全属于自己拥有的资产，无须存入银行，谁也偷不去抢不去，不用担心丢失和被人争夺。

一、绝圣弃智：平常心是道

老子云：“绝圣弃智，民利百倍，绝巧弃利，盗贼无有。”抛弃聪明狡诈的思想行为，对人民是百利而无一害，断绝投机取巧的获利行径，天下自然没有盗贼。当社会聪明智巧的人多了，尤其对于利益的追求越趋于强烈时，投机钻营的伪诈现象就会盛行，为什么当前市场上假冒伪劣商品层出不穷，因为所谓聪明实则狡诈的人太多了。因此，抛弃聪明巧诈，老实做人、老实做事，放弃一味地追求利益的功利心，不仅不会有盗贼的出现，而且社会保持和谐的局面有利于人民安居乐业。自恃学富五车、才高八斗的人，不如放下所谓的聪明，绝圣弃智从修身正己开始。可是如今为了追求名利，有几个人不为之团团转呢，而且终究走不远，不过是从终点又回到了起点。

在古时候，有一位秀才自认为是饱学之士，儒释道无所不通。一日闲来无事，心血来潮要到一座寺院找与他有交往多年关系的老和尚参禅，以彰显学富五车、才高八斗之灵气。虽有傲气十足，这敢于挑战权威的精神实在是当今未出校门青年学子的楷模。过去秀才也称为进学，是经过童子试，然后经过府学或者州学的进修者才是秀才，这秀才论资历也就相当于现今的高中学历，但过去的秀才确实有一定文采，至少四书五经尽通。

话说秀才在去寺院路上，看到了一件有趣的事情：一头牛被拴在树上，树的周围是草地，在缰绳半径范围内的草都被牛啃光了，这头牛想要到更远距离去吃草，谁知它在原地转来转去就是脱不了身，无奈哞哞直叫唤。过去古代读书人心性还是比较单纯清净，善于观察和发现问题，见到蚂蚁搬家都能写出万字精彩文章，荀子看到下雨天蚯蚓盗洞和螃蟹寄居蛇穴顿开茅塞，在《荀子·劝学篇》中写出："锲而不舍，金石可镂。蚓无爪牙之利，筋骨之强，上食埃土，下饮黄泉，用心一也。蟹六跪而二螯，非蛇鳝之穴无可寄托者，用心躁也。"的上等佳句。现在人忙于工作，大脑不是被各种欲望迷惑，就是被铺天盖地的资讯所充斥，根本无暇顾及路边的花花草草，更甭提善于思考发现问题了。这位秀才也确实是有些慧根，通过观察到的这件小事悟出了一点禅机，不禁满心欢喜，心想到寺院一定要考一考老和尚。

到了寺院以后，他与老和尚一边品茶，一边闲聊，其间他向老和尚问了一句："师父，为何团团转？""皆因绳未断"，老和尚随口答道。

秀才听到这样回答，有些不可思议的问："师父是怎么知道路边的牛被拴在树上团团转啊？"老和尚笑着说："你问的是事，我答的是理，你问的是牛被绳子束缚着得不到解脱而团团转，我答的是人被世俗名利所缠绕而得不到解脱，一理通百事啊。"秀才低头沉思不语，呷了一口茶，似乎有所领悟！

有多少人不是被绳索羁绊而忙得团团转呢？明明知道自己是被欲望和名利牵着走，可是有谁愿意挥刀斩断名缰利索呢？从出生的婴孩到白发苍苍的耄耋老者，人生只不过是起点又回到终点看似没有返回的单程旅行，在旅途中又有谁能面对各种诱惑淡然处之呢。《红楼梦》里的甄士隐家破人亡以后，落得暮年贫病交迫的地步，当他上街遇到跛足道人，听他口中念着"好了"

两个字，世上万般无不好便是了，了便是好，若不了，便不好，若要好，须是了。跛足道人吟诵了一首《好了歌》，也道出了人生价值观和“淡泊以明志，宁静以致远”的智慧。

世人都晓神仙好，唯有功名忘不了。
古今将相在何方，荒冢一堆草没了。
世人都晓神仙好，唯有金银忘不了。
终朝只恨聚无多，及到多时眼闭了。
世人都晓神仙好，唯有娇妻忘不了。
君生日日说恩情，君死又随人去了。
世人都晓神仙好，唯有儿孙忘不了。
痴心父母古来多，孝顺儿孙谁见了。

《好了歌》体现了人们对功名利禄孜孜不倦追求的现状，能真正不为名利所动心者不多矣。当今时代的众人又何尝不是被这根绳索羁绊，甚至是作茧自缚，人生转来转去无非是求取名利二字。为了追名逐利，常常让人朝思暮想；为了谋取利益，思之不得的时候，辗转反侧而彻夜难眠；为了个人职位提升，落得整日蹙眉千度、愁肠百转。正是因为这一根令人魂牵梦系的绳索，古往今来引无数英雄竞折腰，能力强的人无非将拴着自己的绳索放得长一些，转悠的圈子又大了一些。由于名缰利锁的牵绊与诱惑，社会上各种聪明智巧和虚伪狡诈也就产生了。绝巧弃利不是要我们放弃一切物质和名利，而是放下并且不执着于对名利的追求和摒弃贪婪的欲望。象当今微软公司的比尔·盖茨和苹果公司的乔布斯，两位企业家求名求的是为百世开太平之英名，求利求的是为天下众生谋幸福之利。盖茨离开微软退隐江湖，却能放下对名利的追求，捐出名下大部分财产用于慈善公益事业。虽然乔布斯已乘黄鹤西归，但他的境界以及对人生透彻的禅悟，一直在持续地影响着全球企业界人士，他的思想和精神还长存世间，这是真正的智者。

二、少私寡欲：安身立命之道

乞丐乞讨在都市街头巷尾很常见，一般都是行人把一些零钱投入他们面前的盒子里。在某公司大门口有一个乞丐行乞，恰好该公司经理路过乞丐身旁，心血来潮拿出一张 10 元和 5 元的钞票问道：“这两张钞票你只能拿一张，随你选了。”乞丐抬头看了看他说：“我只要 5 元的那张。”经理给了他 5 元，并感觉有些惊讶，这个乞丐有点与众不同。这件事被其他人知道了，很多人同样拿两张或者更多钞票不断地去试验乞丐，面额有 100 元和 10 元、50 元和 5 元、10 元和 1 元……对于每次别人的施舍，乞丐绝对不拿面值大的钞票。大家都觉得乞丐很奇怪，哪有这么傻的乞丐呢，后来那位经理忍不住问这个乞丐："为什么你每次总拿面值最小的钞票呢?"乞丐意味深长地说："先生，我只不过是个乞丐，老老实实靠乞讨维持生活，不能太贪心了，如果我拿面额大的钞票，还会有人来给我钱吗?"尽管这个乞丐一无所有，但难得做一个不贪心的老实人，这也是大智若愚的智慧。如果企业领导者能摒弃投机取巧的心理，踏实地做好技术研发，认真地制造每一件产品，真心为顾客提供优质服务，即使眼前可能有困难，但企业只要转变思想，避免贪欲膨胀，老实本分的经营，辉煌时刻总会到来。从国内外一些企业发展历程看，靠投机经营的企业几乎都消失了。据有关媒体报道，在2012年度，上海钢贸行业的冬天比自然界的冬天更加寒冷，虽然钢贸行业经营状况整体下滑，仍然有一些保持效益良好的企业，他们的经营理念是什么？以下是基于媒体报道整理出来的内容：

上海虹口区大柏树钢贸市场曾是上海最大钢材贸易商集散地，汇集了4500多家钢贸企业，钢材年交易规模超过5000亿，在全国钢材交易行业中声名远扬。钢贸产业对上海地区生产总值的贡献度高达3%，但是2012年席卷全行业的钢材贸易危机几乎席卷了这里百分之七八十的钢贸商，基本上都垮掉了。这些垮掉钢贸商纷纷跑人，有的出国，有的跑到外省躲债去了。老板们跑路时没来得及带走的豪车，被前来追债的债主们没收抵债。少数幸存下来的钢贸商看着周围同行们不断地倒下去，他们却毫发无损，而且竞争对手减少了，他们在萧条的境况中还迎来了发展大好的时机。这些老板的经营理念就是不做投机性的生意，老实做好钢材销售，并坚持两条基本底线：

一是坚持款到发货，不玩金融杠杆。从银根紧缩、银行抽贷，到钢价下跌、民间资金逃离、钢材市场倒闭，幸存的钢贸商始终坚持"款到发货"的支付模式："一手交钱一手交货，雷打不动，这是必须的。"要坚持这一条底线并不容易。在钢材贸易行业里，赊销风气盛行，如果坚持款到发货，在一个时期内必然导致库存成本增加。但是这种可控制的风险，总比赊销带来的不确定风险要好，因为客户的赊销账款少则两三个月才能回款，多则4个月才能回款，甚至越拖越久，最后货款都被拖没了。宁可暂时少赚点，也要确保资金安全，提高资金周转率。上海钢贸业整体生意冷淡，这些幸存者却充满乐观，市场生意不好，议价能力反而提升，客户也多了。业务量比之前飙涨20%左右，过去要求一手交钱一手交货，客户坚决不干，现在好几家工程商都同意款到发货。

二是绝不陷入银行此前大力推销的"融资圈"。钢贸商资金很大一块是来源于银行质押贷款，其中包括库存质押、工厂房产质押，或者由协会组织三五家企业联保贷款。但是资金不在自己的资金池里，被套牢在上下游的漫长产业链上，由于圈子里一些赊销链上货款无法及时汇拢，又被银行抽贷后停贷，几家钢贸商最先倒了下去，当下游货款违贷超过两个月时，银行便将他们起诉到法院，资产账户被迅速冻结。上海钢贸业金融危机持续发酵，并形成一股飓风，砸碎了原本脆弱而高危的融资圈。这些目前仍然效益很好的钢贸商，当初对资金的需求也很大，但他们坚持不投机取巧，没有进银行极力推销的那个互保融资圈。那些所谓聪明的钢贸商，将库存钢材多次重复抵押骗取银行贷款，最终自掘坟墓而走向消亡。其中一位老板感叹地说："无论多么艰难，老实做人、不违规操作才是最安全的经营模式。"

从上海钢贸市场大部分商家迅速倒闭的过程看，根本原因还是贪求眼前的短期利益和依靠投机来经营企业。很多企业通过违规获取银行贷款维持资金运转，一旦某个环节出现问题，当资金链发生了断裂，整个企业也随之倾倒，聪明反被聪明误的做法实在不可取。因此，秉承"见素抱朴，少私寡欲，老实做人，老实做事"的原则不但是企业经营赚钱的法宝，还是企业安身立命之道和提高抗风险能力的有力保障。

三、知常曰明：通往智光普照之路

人们都愿意居住或者向往光明祥和的地方。每逢佳节到寺院里祈福的人如潮水一般，这些人都是发自内心主动前往那里，没有任何人强迫。有一些人是有所求，祈求吉祥平安和升官发财，当然还有一些人到寺院就是为了感受寺院的安详与宁静，洗去各种烦恼与不快，在这清凉如泉水般的世界里寻找心灵的安详与宁静。无论祈求吉祥如意或者求保佑升官发财，还是感悟人生某种超脱的境界，都是为了找到实现心愿的途径和解决自身问题的方法。然而，很多事情和愿望并不是通过祈求能得到的，有的人即使瞪大眼睛在白天走路仍然到处碰壁，而有的人闭着眼睛在漆黑的夜晚走路却能畅通无阻。到处碰壁的缘故是什么？有人总是向外寻求答案，其实与外界因素无关，都是源于自己内心五种最大的障碍——贪、嗔、痴、慢、疑。贪婪是对财物美色贪得无厌。《法华经·譬喻品》云："诸苦所因，贪欲为本，若灭贪欲，无所依止"，贪婪心让自己背负着沉重的包袱，举步维艰而难以前行，企业领导者的贪心太重，过分地追求利益最大化，企业负债累累在所难免。嗔恨是历事对境不知道忍让而恼怒于他人。《华严经》云："一念嗔心起，百万障门开"，嗔恨心让自己的心绪得不到片刻安宁，嗔恨心重的人很难有善缘相助，企业没有善缘意味着人脉不足和市场前景黯淡。愚痴又称无明，是由于邪知邪见蒙蔽了心智，愚痴心让自己如同置身于重重迷雾中看不清路在何方，如果企业没有正确的认知就不可能走上正确的经营发展道路。傲慢也称我慢心，即"倨傲恃所执我，令心高举，故名我慢"，也是自高自大和侮慢轻蔑他人的心理。《法华经·方便品》云："我慢自矜高，谄曲心不实"，我慢心严重的人做事浮躁不踏实，犹如天上云虽然身居高处，但是在风中忽东忽西，时而相拥相携，时而撕裂如絮，很难获得真正的安定。疑惑是指疑理而迷于事，对于真理的认知犹豫不绝，如同月夜观枯叶，尤将黄叶谤黄金，心存疑惑者经常畏缩不前，即使小的沟壑障碍也很难突破。古人云："了解别人是聪明，看清自己是智慧"，只有扫除心中的"贪、嗔、痴、慢、疑"才能心清自明，真正地看清自己。心清自明也是知常曰明的境界，正如老子说："知常曰明，不知常妄作凶"，知常是心中没有贪、嗔、痴、慢、疑的妄念，曰明是内心光明彻照的境界。所以说，中国传统文化和儒释道的思想及智慧犹如太阳的光辉，照耀着炎黄子孙千秋万代。无论世事经历怎样的变迁，古圣先贤的思想及智慧是永远年轻的常青树，就像陈年的老酒一样始终愈久弥香。如果一个人知常曰明，那么心中智慧就可以化解和突破烦恼障碍，如果企业家知常曰明，那么企业也一定能在他的带领下走向光明大道。明朝时期有这样一则典故：

在明太祖朱元璋时期，有一位臣子名叫郑濂，字仲德，是浦江人，他是当时明朝有名大臣，也是郑氏家族的当家人。郑氏家族非常和睦，历经三百多年都没有分家，他们家族七代同堂，有一千口人居住在一起，家人上敬下和，相安无事。这事传到了明太祖皇帝朱元璋耳朵里，听了以后非常赞叹欢喜，我大明王朝还有此等人家，实在是我朝无上光荣，应该树立典型和榜样。同时明太祖也心存疑问，一个这么大家族能和睦相处到如此地步，究竟有何治家之道呢？于是朱元璋御赐郑家一块"天下第一家"的匾额，除了御赐匾额外，还想考验一下郑濂，命锦衣卫（明朝时期秘密警察，受皇帝直接指挥，专门抓捕犯罪的王公大臣）送给郑濂两个大香水梨，并传下口谕，让他把这两个梨平均分配给家里每一个人吃，看看他如何分配。

这位农民出身的皇帝也真会出考题难为人，郑濂是何等聪明，学识渊博并且智慧高深，背着手不慌不忙，吩咐家里人运来两个大水缸，每个水缸里放一个梨，并将梨捣碎成泥，梨汁连同碎梨混合在一起，每口水缸里添入多半缸清水，将其再搅拌均匀了，然后告诉所有家人："每人来喝一碗，共沾皇恩。"这种做法让大家都觉得没有任何偏私，非常公平，无不举双手支持，家族里的长辈们对郑濂的行为也是赞不绝口，子孙中无论是亲近的人，还是比较疏远的后辈们，见到郑濂主持家务能如此公平，都非常佩服和肃然起敬，所以没有足够的智慧不可能将家庭治理得井井有条。

派去的锦衣卫回到朝中复命，将郑濂分梨的过程如实禀报，朱元璋知道这些情况以后，感慨地说："难怪郑家七世同堂能和睦相处"。于是，朱元璋又亲书"孝义家"三大字赐予郑家，并加盖玉玺以示表彰。

一个人的智慧从哪里来呢？当然是从知常曰明中来。有人觉得有钱有势的人都具备超凡的智慧，有人说通过读书汲取更多的知识是智慧，有人认为上大学、读研究生获得高学历是智慧，虽然这是现代人普遍认可的观点，但是不一定正确。有钱有势只不过是有福报，不一定有智慧。知识是人类探索和认识客观世界所总结的规律，这些知识只不过是学术罢了，可以用来指导人类生存和生活的工具，仅仅在很有限的条件和范围内是正确的，超过这个范围或不满足特定条件就可能是错误的。例如，经典牛顿力学对于量子级别的微观粒子世界就不适用了。宇宙空间无始无终，微观尺度也是无限可分，大至无外，小至无内，在人类科学探索的道路上永远不会停止。因此，智慧不在于知识的多少，也不在于科学发达的程度，智慧本来就在自己的心里，无须向外求。正如佛教经典中所说："一切众生皆有如来智慧之德相。"在每个人的自性里都有本来具足的智慧，即使是盲聋喑哑以及愚痴无明者也是没有差别的，只是被疾病、痛苦、烦恼和各种不清净的欲念所层层包裹。智慧本来像一盏灯清净光明，由于各种障碍使得心蒙微尘，使得这盏灯蒙上了厚厚的尘埃，其中本来具足的光芒难以显现。所以，要激活本有的智慧，需要突破障碍和拂拭心里的蒙尘，这也是一个人自我省察和自我体悟的实证过程。智慧是直指内心的一把钥匙，需要从内心开始修炼，从而达到知常曰明的境界。孔子对于智慧的解读给出了更直观、更容易理解的说法："生而知之者，上也；学而知之者，次也；困而学之，又其次也；困而不学，民斯为下矣。"（《论语·季氏篇》）孔子认为人的智慧包括先天和后天两种层次，第一层智慧是在出生的时候就遗传了父母基因中先天智慧，在后天表现出很高的天赋。古今中外的确有很多名家少年得志，在科学研究、文学、艺术和政治方面成为平步青云的名人。例如，秦朝的甘罗十二岁做宰相，初唐四杰之一的王勃六岁善于文辞，九岁读《汉书》，不到二十岁写出了著名的《滕王阁序》。奥地利作曲家莫扎特六岁主演音乐演奏会，德国作曲家贝多芬十三岁创作了三部奏鸣曲，所以不得不承认智慧与先天根性有很大关系。第二层智慧是依靠后天勤奋学习获得的，虽然先天智慧不足，但是后天发奋图强，最后成为智勇超群的知名人物在历史上屡见不鲜。中国清朝著名的大臣曾国藩在年轻时并不是是头脑聪明的人，有一次吃过晚饭以后，家里教书先生让他背诵四书五经中的一段经典文字，从掌灯读诵到半夜时分仍然没有背下来。此时，在书房的房顶上趴着一个想偷东西的贼，一边听着曾国藩读书声，一边心里焦急地盼望着房间里的人赶紧背完睡觉，好下手偷东西，听着曾国藩一遍又一遍重复地读书，都过了半夜还没全部背下来。这个贼实在是等得不耐烦了，从窗户跳到屋子里，夺过曾国藩手中的书说："你这个书生也真是太笨了，读了这么多遍还没背下来，我听了半天都能背下来。"这个贼竟然一字不差地背完这段经典，然后走出房间消失在茫茫夜色当中。这件小事说明曾国藩与常人无异，也并不是有多么聪明，他之所以能取得这么大成就，完全是勤学苦练的结果。汉代人孙敬读书时为了避免瞌睡，将头发系于房梁上，战国时代纵横家苏秦深夜读书用锥扎自己的大腿以防止困倦，“头悬梁，锥刺股”的典故就是指这两位。还有像国外的爱因斯坦、爱迪生等人也都是天资并不聪慧，而是经过后天不断努力成为大科学家。每个人的智慧无论属于哪一层次，都是本来自身就有的，需要努力勤奋地实修实证才能点亮智慧的心灯。知常曰明的人是真正的智者，真正的智者不仅自己是快乐的，而且无论在哪里都能为大众带来快乐。期待中国企业家都能从国学经典和传统文化中汲取营养成为知常曰明的智者，做一位真正推动世界和谐发展和泽及大众的领军人物。一个人或者企业家的成功不在于拥有多少资产，地位有多么尊贵，赢了多少竞争对手，赚取了多少利润，而是在于他帮助了多少人，能够为多少人带来了欢乐，为多少人带来真实的利益！

第十节　中道管理：企业可持续发展的软实力

一、中庸之道就是中用之道

提起中庸之道，我们中国人对此话题谈论比较多，都会有自己的一些观点和见解。在北京故宫的中和殿里有一块牌匾，上面题写的文字是“允厥执中”四个字，这是由史称十全老人的清朝乾隆皇帝亲笔书写的，文字的意思是：一个人的言行要符合不偏不倚的原则，力行中正之道。关于中庸之道的思想，即使到了现代社会，无论是政府机构里任职的公务人员、经营企业的高层管理者，还是有学识丰厚的文人墨客和乡村普通百姓，大部分人都欣赏和崇尚中庸之道，这也是我们国家为什么自古以来就称为中国的原因，与中国人几千年来奉行中庸之道有关。但是能真正觉悟中庸之道的人并不多，更不用说在企业经营管理或者日常生活中实践应用了。有的人认为中庸之道是：“不左不右，两条大路走中间的折中主义。”有的人认为：“与人交往要圆滑才能左右逢源，见人说人话，见鬼说鬼话，倒是不会得罪人，做一辈子的好好先生。”还有的人认为：“中庸之道不就是骑墙派吗，墙头草哪边风硬哪边倒，失去了做人的原则。”这也是人们在街头巷议中提及中庸之道的一些经常能听到的见解。如果这样理解中庸之道，孔子在世一定会无可奈何地摇头叹气。《论语·阳货》云：“乡原，德之贼也。”处事圆滑的老好人，实在是败坏道德的小人之举。因此，这些比较狭隘的观点对中庸之道理解并不准确，无非是为人处世要圆滑和八面玲珑的小市民思想，与其本来的意思相去甚远。究竟何谓中庸之道？宋朝著名哲学家程颐给出了明确的定义与解释：“不偏之谓中，不易之谓庸。中者，天下之正道，庸者，天下之定理。”做任何事情不偏离道即为“中”，也称为中道。按照客观规律行事，不因为外界因素影响而改变称为“庸”，“庸”也可以为“用”，而且“庸”是无用之用实乃大用，小用以修身，大用以治国、平天下。中庸是遵循天地万物本有的定理和依照自然之道为人处事的智慧，无论外界因素如何变化莫测，始终要保持不变应万变的心态。因此，做人做事要获得圆满的结果，理解和力行中庸之道是大有裨益的。

观察图 8.1 中的立体几何球体形状，用我们高中学过的球形定义以及它的几何原理来诠释中庸之道最为简单明了，任何球体在其内部都存在一个中心点，以这个中心点为圆心按照一定半径在三维空间内绘制获得的几何图形就是球形，球形的特点是什么呢？从球形表面的任一点出发到圆心点的直线距离一定是相等的，如果偏离球形中心点的任何一点到球面都不可能获得距离相等的直线，这是在中学课堂上学过的球形几何定理。

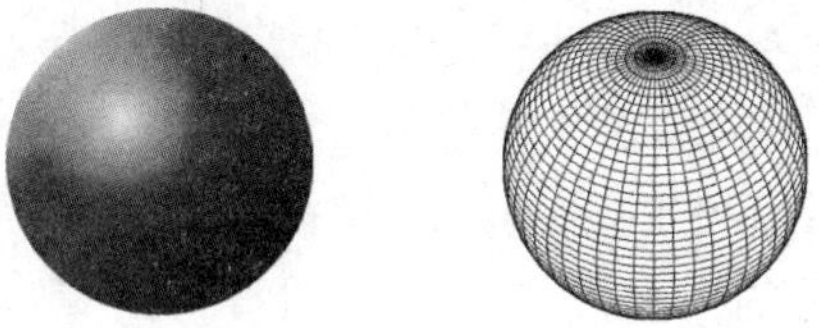

图 8.1　球体几何图

用球形的几何中心点来说明中庸之道及其蕴藏的智慧是比较恰如其分的。将中庸之道的意境图形可视化，任何一个球形不管它的半径有多大，球形体无论怎样放置都处于稳定平衡的状态，即使是在高速运动中也不会改变形状，凡实现稳定平衡的旋转运动都离不开圆形，所以各种车轮是圆形的，机器里传动动力的齿轮是圆形的，在微观尺度下构成物质的基本粒子单元也是圆形的，而且从宏观天文学研究看，宇宙空间的太阳系、银河系、天体运转轨道以及使用扫描电子显微镜观察微观世界的原子运动轨迹无不是围绕中心的圆形运动。

在封建社会里，有一些朝廷官员在其办公文案上或者书房里摆放着一个不倒翁，民间也称之为“扳不倒”，由此不倒翁（见图 8.2）就成了古代官员们喜爱的信物。古代官场人际关系复杂，宦海浮沉，为官要以清廉公正为本，如有自私自利的贪心轻则被弹劾降职，重则就可能被问罪革职查办，做官者没有不希望自己仕途步步高升的，摆放不倒翁与风水吉祥物的作用有些类似，除了祈求不倒翁能带给自己为官发达的好运外，也是以此来见相思义，时刻提醒自己为人要达到“八风吹不动，端坐紫金莲”的境界，无论遇到什么复杂情况都能应付自如，即使受到其他人的攻击和污蔑照样能稳如泰山，谁也扳不倒。

图 8.2　不倒翁

清朝有一位朝廷大官，对其阿谀奉承者众多，有一位自称门生的人到府邸拜见，并带来精美的礼盒，打开一看，里面装着几十个大小不同的不倒翁。门生对这位大官说："这是用家乡泥土烧制的，技艺颇为精巧，今天特意送给大人开心解闷。"大官收下以后，觉得门生这样送礼有点儿好笑。门生走后，家人们都好奇过来看，发现每个不倒翁背后都贴着朝廷众多官员名字的字条，其中最大一个不倒翁的后背上贴着这位大官的名字。盒内还有一张纸，上面写着一句话："头锐能钻，腹空能受，冠带尊严，面和心垢，状似易倒，实立不扑。"把这位官员的不倒翁形象描述得惟妙惟肖，极具讽刺意味。如今的不倒翁虽然已经成为儿童手中的玩具，制作花样繁多，但是在中国古代却是在讲述和演绎着中庸之道的思想和文化。我国考古学家在西安半坡村遗址中发掘出一种提水用的壶，为母系氏族社会所制造，这种水壶装满水以后会自动立起来，方便当时人们打水之用。到了先秦时期，这种水壶又经过演变成为一种饮酒的器具，据史料记载，孔子到鲁桓公庙参观时，看见这种酒具，好奇地问是什么东西。庙里侍从告诉孔子，这是放在座位右边喝酒的杯子，这种杯子制作非常巧妙，当它没有装酒时，处于倾倒状态，酒装到适中位置就会自动立起来，如果装得太满，又会倾倒下去。孔子听完之后，深有感悟的说：这是在讲中庸之道啊！后人将它放在座位右边，提醒自己为人处世要适中，不虚不满，谦下做人，"座右铭"这个词也是来源于此。这种酒具采用了头轻脚重的结构，是应用物理学降低重心的原理制作的，也是不倒翁的前身。不倒翁底座为球形，球形不是代表为人圆滑的处世哲学，而是做事要以符合人性和自然规律的中庸之道为本，这样的官员是清廉正直的父母官，历史上还没见到哪个奸臣最后能得以善终，处事圆滑不等于圆融的中庸之道。当官为宦者能为国家所用，为民所用才是中庸之官、中用之官。

善用中庸之道者，不贪恋，不执着，不被外部环境变化所转移而泰然处之。著名的弘一大师李叔同把佛道修行与生活融合为一体，有一天好友教育家夏丏尊先生前来拜访，吃饭时，只见他吃一碟咸菜，夏先生问："您不嫌这咸菜太咸吗？"弘一大师回答："咸有咸的味道。"吃过饭以后，弘一大师手里端着一杯白开水，夏先生又问："没有茶叶，喝白开水不觉得淡吗？"弘一大师笑着说："淡也有淡的味道！"在大师朴素的言语中展现了不为物所累的境界，这也是一位修行者归向中庸之道的智慧。中庸之道不是日常生活里随风摇摆的骑墙派，善用中庸之道者，不取于相，如如不动，心胸能像大地一样宽广，又如同中流砥柱任浪花飞溅，毛主席在《水调歌头·游泳》诗词中写道："不管风吹浪打，胜似闲庭信步，今日得宽馀。"这也是对中庸之道的奥妙所在的最好诠释。中庸之道不仅是儒家文化的主要思想，也是内圣外王之道，在内修身正己齐家，于外可治国安邦。善用中庸之道者，必先修身正己，让心境像一面时时勤拂拭的镜子，使其不染尘埃，物来则应，物去不留。且看一位禅师关于镜子启示的典故：

徒弟擦一面新买的镜子，边擦边说："这镜子可真是便宜货，几十元买了这么一大面！"

师父说："你别小看了这镜子啊！它可以当你的老师呢。"

徒弟问："不知这镜子何以教我啊？我只看到无论什么东西，只要放到镜子前面都照得见，东西移开后，镜子里就一无所有了。"

"这就是智慧啊！"师父说："这叫物来则应，物去不留。我们在生活中能做到事来则应，事过即忘吗？"

"不能"徒弟说，"想不到这镜子还有点奥妙，师父还有吗？"

"多得是"，师父说："比如孔孟先师或帝王将相来照镜子，你说镜子会因为圣人或者帝王至高无上而欢喜，为他们加倍细心吗？"

"不会"徒弟答。

"如果乞丐、穷人来照镜子的话，镜子会不会因他们地位低下，厌恶而应付了事吗？"

"也不会。"

"这就叫在圣不增，在凡不减。与圣人居而不喜，与凡夫居而不忧，你做得到吗？"师父问。

"做不到！那还有吗？"徒弟兴冲冲地问。

"当甲物体正在照镜子时，镜子会一边照甲又一边惦念乙吗？"

"不会"。

"这叫把握当下，而无所住。你做得到吗？"

"做不到！还有呢？"徒弟穷追不舍的继续问道。

"镜子映现红色物体时，其本身会不会也变成红色？映现绿色时会不会本身也变成绿色？"

"不会。"

"镜子本身虽不变色，却仍能红来现红，绿来现绿，这叫随缘不变，不变随缘。你做得到吗？"

“做不到，还有吗?”徒弟还不解渴。

“镜子映人、映物、映水、映火，而本身玻璃的本质却始终不变，这叫做‘体不动，而用常显。用常显而体不变’你明白吗?”

“明白了”，徒弟感叹地说，“想不到一面小小的镜子，竟然蕴含了这么多道理，真是物物皆可为师啊!”

由此可知，中庸之道也是宇宙万物的和谐之道和自然之道，对于中庸的最简单诠释无非就是两个字——“中用”，“中”者道也，即形而上谓之道，是万物的本体或者称其为全息元点，处于不可动摇的核心位置，“用”者术也、器也，是形而下谓之器，是万物千变万化的具体表象。任何事物的存在都有其各自的用途，虽然不一定为人类所用，但在大千世界中都一定有它的位置和变化规律，万物存在有其存在的道理，合乎自然规律便是按中庸之道运行变化。就像俄国著名的科学家门捷列夫发现了化学元素周期律所创建的元素周期表一样，每一种化学元素都有确定的位置、排列规律和表现不同的形态与用途，如果偏离了应有的位置，化学元素的性质就会发生变化。人要行中庸之道，物质同样要按照中庸之道排列组合，只有依此而行，才造就了芸芸众生和丰富多彩的大千世界。

二、回归中道化解企业危机

中道即中庸之道，一直被人们认为是儒家思想和中国人行为处事的基本原则，到了科技和经济发达的今天是否已经过时?笔者认为，不仅不过时，而且现代社会的经济发展和企业经营管理确实更需要中庸智慧。不少大学开设经济学和管理学的专业课程，其中的内容已经包含了中庸思想，如果学生只是为了应付考试，死记硬背书中文字或者理论算法，很难与实际企业管理和金融体系的实践对接。当管理学院的本科生以及拥有硕士、博士学位的毕业生们走向工作岗位时，发现在学校里从书本上学到的理论与社会实际有很大差距，能用上其中的20%就不错了，甚至需要重新学起，在课堂上所学的理论似乎失效了。为什么会出现这样的情况，难道大学里讲授的理论都是不可用的空中楼阁?答案并非如此，这里不得不强调一点，这些所谓的大学课程与社会实际脱节的看法实属误解，大学里讲授的管理学和经济学理论也是从实践中总结出来的精髓，是前人系统地归纳总结的理论体系。一门学科的理论总是不断地在实践中得以修正完善，并非与实际工作相脱节，而是因为现代企业经营管理和经济活动在很多时候不按常规套路和市场经济的运行规律出牌，导致学生毕业以后，尽管满腹经纶，却英雄无用武之地。学习的目的不是只为了知识储备和拿到毕业证，知识全在于实践应用，不能学以致用也是因为偏离了大学教育的宗旨和缺少对中庸智慧的领悟，不懂得中庸之道怎么能让所学的知识“中用”呢？这也是当前大学毕业生开始走入企业时，无法很快胜任工作岗位的原因之一。还与目前大学校园里只注重论文数量和科研成果有很大关系，忽视了思想精神和转识成慧的能力培养。当知识无处可用时，毕业就意味着失业，解决就业危机的有效方式应该从改变大学的教育模式开始。

善用中庸之道者，能够将看似纷乱复杂的关系重新理顺，化解矛盾并平衡各种关系，走向和谐的中庸境界。在现代企业管理学和经济学理论中都包含着中庸的思想，只是始终贯穿于企业经营管理活动当中并彼此融合为一体，尤其我们国内一些百年企业，至始至终在践行中庸之道，否则很难铸就百年老店的品牌。某些企业为了追求眼前利益，其行为存在着不可见天日的潜规则，背离了正常的发展轨道，长此以往，导致区域经济甚至全球经济的整体发展失衡，过去历次全球经济危机也很好地说明了这一点。作为一个经济系统本应该按照内在固有的平衡规律或者隐藏秩序稳定发展，即经济活动的轨迹是按照执中而行的中庸之道运转的。当这种稳定平衡的状态被打破时，经济系统总会通过主动或者被动的调整实现自我平衡状态。但是经济体系恢复平衡是需要付出代价的，由此会导致一系列的问题发生，如工人失业、通货膨胀、货币贬值、企业倒闭等。中国银行业曾经出现过前所未有的“钱荒”，主要原因是放给企业的大量贷款无法收回，资金在企业生产销售环节中低速滚动，导致企业无法还贷。这些危机都是经济体系由严重失衡恢复到自我平衡状态时所带来的负面结果。面对这些行业和社会经济发展过程中的种种困惑和问题，经济学家的分析事后诸葛亮的比较多，他们对经济走势的预言往往被已经出现的事实击得粉碎。如何解决经济危机和金融危机呢？如果单纯依靠西方的经济学理论是从术上解决，这只能像西医治疗或者做手术一样治标不治本，而中医讲究的是整体性调整治疗，治病救人以“不治已病治未病，不治已乱治未乱”的系统调理思想为主。所以，只有让经济体系运转回归到中道平衡的稳定状态，问题自然就会得到化解。解决问题的最好方法是向我们中国的古圣先贤请教，在四书五经等经典中寻找答案，这个答案是走符合自然规律和社会经济发展规律的中庸之道。在经济学理论中提出的价值规律实质就是中庸之道思想，价值规律是指商品生产与交换的基本经济规律，商品价值取决于社会必要劳动时间，商品按照价值相等的原则互相交换。在资本主义私有制社会中，价值规律自发地调节社会生产活动，激励生产技术的改进，加速生产者的合作分工。以公有制为基础的社会主义市场经济的和谐运转必须自觉依据和运用价值规律才能促进国民经济的良性发展。众所周知，商品价格总是围绕着商品价值上下波动，这也正是价值规律作用的具体表现形式（见图 8.3）。

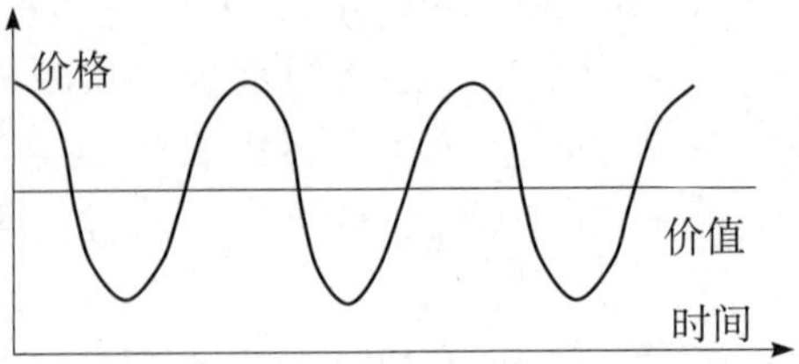

图 8.3　商品价格围绕商品价值波动曲线

因为商品价格虽然受到供求关系的影响有升有降，但是商品价格的变动总是以其价值为轴心上下波动。商品价格与价值的偏离有正有负，即商品价格可能在一段时期内超过价值，也可能低于价值。从比较长时期和整个社会来看，价格上下波动是可以彼此抵消并与价值大致相当。换而言之，商品价格与商品价值在总体上应该相等才是处于正常情况。在社会经济运转的高速增长阶段，国家中央银行发行货币总量应该严格执行货币发行准备制度，根据国民生产总值、价格水平以及商品流通过程中实际需求数量等决定货币发行量。在市场经济体系运转过程中，商品价格与商品价值相一致是比较偶然的现象，绝大多数时候是不一致的。这是因为商品价格虽然以商品价值作为基础，但还要受到社会多种因素的干扰影响，使价格曲线发生上下波动。在理想情况下，影响价格变动的最主要因素应该是商品的供求关系，当某种商品出现供不应求时，其价格就可能上涨到价值以上，当商品供过于求时，其价格就会下降到价值以下。同时，价格的变化也会反过来影响并自动调整商品供求关系，使得价格不断围绕着价值上下波动，这是市场规律。由此可知，在整个市场经济运行中的商品价值规律所体现的思想就是中庸之道，因为商品价值是凝结在商品中无差别的人类劳动（包括体力劳动和脑力劳动），商品价值总量就是生产一定数量的商品所耗费的社会必要劳动时间的总和。商品价值规律反映了全社会劳动创造价值的总量，正如前文所说的劳动才是创造财富和价值的唯一途径，这是不变的中庸之道。那么问题的根源就显而易见了，当前出现的各种危机都是因为偏离这条价值规律中线太远了所造成的。如果商品价格不是按市场规律变化，而是由于恶意炒作或者人为拉动价格提升或者降低，这都是背离中庸之道的做法，很多炒作和人为因素破坏了市场经济的运转规律，像一些民间非法集资、传销和某些地下纸黄金交易等，都是在偏离或破坏这条无形的价值规律中线，使得国家经济秩序受到严重干扰。所以自从 2013 年以后，中国政府提出大力发展实体经济，国家强大必须依靠实体经济，这是让经济运转秩序回归到中庸之道的正确决策。

以上简要地阐述了中庸之道的基本思想，这是古人几千年来的智慧。在客观世界里有形和无形对象的运转规律都是执中而行，尽管在这个过程中是波浪式前进，螺旋式上升，但自始至终都存在一条中线主宰着运动发展的方向，并贯穿于整个系统的变化过程。无论世事如何变迁，经历了怎样的起伏延宕，在整体上都不会脱离这条中线而特立独行，这条中线就是中庸之道。尽管中华民族经历了五千年的风风雨雨和不同朝代的更迭，但是中国始终保持着统一的局面而没有被任何外族势力分裂过，其中一个重要的原因是与儒家的中庸思想有很大关系。在任何一个孤立的系统里，如果中道一旦被强大的力量所破坏或者偏离本有的位置，其内部隐藏秩序和平衡状态也将被打破，整个系统也因为无法维持和谐有序的平衡状态，导致最终不断地发生耗散而走向毁灭。因此，中庸是形而上，存乎于内谓之道，管理学和经济理论是形而下，存乎于外谓之术，以道御术，二者须臾不可分离。由此可见，中国传统文化与国学经典中的思想博大精深，是放之四海皆准的无上智慧。全人类力行中庸之道，世界才能和平发展；经济走中庸之道，才能保证国民经济可持续发展；企业经营管理中善用中庸之道，企业才能稳定健康的发展。中国古人的思想和智慧必将成为世界经济一体化和国际经济新秩序和谐发展的正能量。

第十一节　历代王朝君道女德与国运兴衰的关系

《易经》云："一阴一阳之谓道"，男女二人结为夫妇为一阴一阳天作之合，阴阳二气一定是两股正气相交才能达到"冲气以为和"的中和、太和的最佳状态，正气与和气若存则邪不相干。所以，一位成功的男人需要家里有一位好太太辅助，从中国封建社会的历史发展进程看的确如此。如果有贤德的女人辅佐君王从政，国家也繁荣太平，君王一旦沉迷女色荒淫无度之时，国家距离灭亡就不远了，所以君王之道和王妃之德与国运兴衰密切相关。党的十八大以后中央反腐力度加大，一些官员、企业家因为贪污腐败、贪恋女色落得身败名裂。有的男人成功以后，把与他一起同甘共苦、风雨同舟的糟糠之妻抛弃掉了，这不仅是愚蠢不道德行为，还注定他在未来事业中必定失败。然而，历史的规律总是在现代社会重演，作为企业领军者对此不可不警醒。

大禹将王位传子以后，建立了中国历史上第一个王朝夏，宣告尧舜禹时代的部落联盟和禅让制消失，以德治国平天下的理念也随之衰落。夏朝经历十三代，前后有十六位君主历时472年。夏朝统治并非风平浪静，启在位时，伯益叛乱，其子太康治国无方，执政期间战乱频繁，后羿乘机夺取了其政权。虽然后羿精通箭术，被人称为神箭手，但是在治国方面不比太康高明，终日沉溺于打猎，最后寒浞将其杀害自立为王。少康打败寒浞，史称“少康中兴”，进入了政权稳定期。自少康以后八代君主统治，政治和经济走向了稳定繁荣的时期。中国历史第一个朝代夏朝走向衰落的起点是从孔甲开始的，作为夏朝第十三代君主，孔甲是个游手好闲的无道昏君，喜欢装神弄鬼和找美女寻欢作乐，把自己装扮成鬼神与妃子和宫女们大行淫乱之事，宫廷内外乌烟瘴气，引起众叛亲离和诸侯叛乱。司马迁说“帝孔甲立，好方鬼神，事淫乱”，可见孔甲是一个胡作非为、荒淫无度的君主。除此之外，孔甲还喜欢养龙，让专人养了雌雄四条龙，最后也都被养死了。孔甲还是一个风流倜傥的才子，据说他很有音乐天赋，自己会谱曲，他谱的曲居然以“东音”的名称流传后世。如果孔甲是一个普通读书人，其文才也许能够流芳百世，可惜他被命运安排做了一国之君。从孔甲退位以后，夏朝四代君主一直到夏桀更是荒淫无度，从全国各地搜罗美女纳入后宫，日夜饮酒作乐，为了讨妃子妹喜欢心，不惜耗费巨资“筑倾宫，饰瑶台，作琼室，立玉门”。据史料记载，这个妹喜美人有一个奇怪的癖好，喜欢听布帛撕裂的声音，妹喜告诉夏桀裂帛的声音，清脆无比，十分悦耳。夏桀便命令宫人每天进一百匹帛，由力气大的宫女们天天撕裂布帛给妹喜听。这样荒淫无道的君主最后被汤所灭，逃离王宫时仍然带着妹喜同舟渡江，逃到南巢山里二人终了一生，夏朝的政权统治也到此结束，被商王朝所取代。

商朝是中国第二个王朝，有着非常重要的历史地位。商是一个在黄河下游以鸟为图腾的部族，其祖先是五帝的后代，约在公元前 16 世纪时崛起。首领成汤与大臣伊尹、仲虺等人共同讨伐夏桀，并征服了夏桀的盟国，成汤深得民心，各路诸侯也纷纷拥护，商朝正式建立。商朝分为先商、早商和晚商三个阶段共历十七世，前后延续将近 600 年。在商朝中期的几百年间，历代君主因朝廷内部争斗等原因，曾多次迁都，商朝的国运逐渐昌盛。尤其是武丁即位以后，是商朝的鼎盛时期，大力招贤纳士选拔优秀的人才，征服了周围各诸侯国，扩充了疆域和人口，政治、经济、文化都有了的空前发展，史称“武丁中兴”。武丁在位 59 年，之后开始逐渐走向衰败。商纣王是中国历史上最有名的暴君之一，荒淫无道，商朝最有名的女人当属妲己了，妲己风情万种，商纣王虽然称得上是英勇无敌的勇夫，但是自从见到妲己以后就已经魂不守舍，眼中只有妲己一人。为了妲己，建造酒池肉林、摘星楼和鹿台，每天除了寻欢作乐，哪还顾得上国家兴衰与百姓疾苦，商容和比干等老臣一再直言劝谏，纣王根本听不进去。在妲己建议下，还发明了炮烙、虿盆等各种惨无人道的酷刑，再加上费仲和尤浑等奸臣当道，将朝内比干、商容等众多贤臣纷纷贬职罢黜，当时朝廷内外无不怨声载道，商王朝终于走到了崩溃灭亡的边缘。由于纣王和妲己逆天而行，武王伐纣结束了商王朝六百多年的统治，从此历史进入了周朝的政权统治时期。

周朝分为西周和东周，是夏商之后的第三个王朝，与这两个王朝并称为中国的“三代”，周朝的鼎盛为后世帝王所瞩目不必细说。周朝政权统治前后经历了八百多年，让后世朝代虽不能至，但心向往之。在周朝历史上最值得一提的是三位贤德的夫人，即周家三太，三位夫人母仪天下之德令后世敬仰。周王室先祖太王古公亶父广积善行、以仁厚待人，得到了百姓们的支持拥护。周古公不忍看到子民受到外族的侵略，迁徙到岐下，人们也追随太王迁居。周古公的贤妃夫人“太姜”有贞顺之德，容貌端庄美丽，性情贞静柔顺。太姜夫人生了太伯、仲雍和季历三个儿子，她用德行以身作则教育他们，使他们从小到大在品德行为方面上没有任何过失。周太王非常钟爱最小的儿子季历，两位兄长太伯和仲雍为了顺周太王之意，让位给弟弟季历，又要不破坏周制礼法，就割了头发并纹身逃到荆蛮之地，这是历史上绝无仅有的兄弟之间因为礼让王位而逃跑的千秋佳话，这一切无不归功于母亲太姜对他们良好的品德教育。太姜是丈夫贤明的助手，太王古公所执行的任何大事，包括迁徙岐下，都和夫人太姜商量。太姜以贞顺的女德，不辞劳怨顺从追随古公，成为后世敬仰的贤德女人。

季历继位以后，秉承了父亲太王仁德爱民的风范，以仁德来治理国家，因而受到各地诸侯和百姓们的拥戴。季历娶了贤妃，名字为“太任”，是挚任氏的二女儿。作为太姜的儿媳和周文王姬昌的母亲，太任非常仰慕婆婆太姜的贤德，她的仪表端庄秀美，心性诚信严谨、庄重礼敬，德行没有缺失，凡不符合礼仪和道德的事决不去做。她主持后宫严格要求自己的举止行为，宫廷上下在她的带领下一团肃穆祥和之气。太任还是中国最早推行胎教的女人，在太任十月怀胎期间，非常相信天人感应和诚心感通万物的道理，时时刻刻小心自己的言行举止。眼不看邪曲不正的场景，耳不听淫逸无礼的声音，口不讲傲慢自大的言语。睡觉从不歪着身子，坐着也不偏斜着身体，身体站立保持端正，不吃气味和切割不正的食物，摆放不正的席子不坐。文王确实非常仁义、聪明，深得古公太王的喜爱，后来继承了周朝王业，成为历史上圣德的仁君，也为周朝八百年的政权基业奠定了基础，这不得不承认是母亲太任在怀孕时期就给予他良好的德行教育的结果。太任的胎教方法仍然值得我们现代夫妻学习。因此，女子在受孕或者怀孕的期间，一定要注意自己的起心动念，言语行为要与善和德相应，子女的性情容貌和后天成才与否都与父母的德行息息相关，这也是天地万物相互感通的全息效应。

周文王娶了莘国姒姓的女儿太姒为夫人，是周武王姬发和周公旦的母亲。太姒未出嫁时，性情仁慈柔顺而又深明大义，文王对太姒的美德十分仰慕，亲自带人到渭水去迎娶她。当时渭水没有桥，文王就把船与船连起来，造了一座浮桥，把太姒隆重地接到了周朝王宫。太姒成为文王的夫人之后，敬仰祖母太姜和婆婆太任的德行，完全继承了祖母和婆婆的美德，她从早到晚勤勤勉勉，而且生活简朴，恪守妇道和媳妇应尽的礼数，不存在任何过失。太姒以妇礼、妇道和仁德教化天下，被人们尊称为“文母”，周朝人曾经赞颂太姒的贤德：“思齐大任，文王之母，思媚周姜，京室之妇。大姒嗣徽音，则百斯男。”文王治外，而文母治内，史称“太姒徽音承传”。太姒前后总共生了十个儿子，太姒和周文王都特别注重子女教育，而且在教育方面非常得法，包括武王伐纣的周武王和巩固周朝基业的周公旦。这些儿子从小到大都没有做过有失德行的事情。周朝从古公亶父到季历、文王三代，有这三位贤妃良母辅佐周朝王室，所以才有周朝八百多年的宗室王朝大业。“太太”一词就是从周朝有三位“太”字辈母仪天下的贤妻良母名号而来的，现代社会“太太”这一称呼已经平民化了，其代表妇德的真实内涵和最初的典故已经被很多人忽略了。

然而，就是这样一个朝代久远的帝国最后怎么会衰落呢？周武王灭了商纣王以后，建立了周朝，经历了“成康之治”的强盛时期，一直到了周昭王统治时代，周朝开始逐渐走向衰败。虽然后来周宣王继位，推行比较开明的政策，但周朝“宣王中兴”并没有阻挡西周王朝衰落的大势。尤其周幽王继位以后，整天吃喝玩乐，派人在全国寻找美女，一位从来不笑的冷美人褒姒便是其中之一。周幽王对这位妃子褒姒宠爱至极，但是她始终郁郁寡欢，没有露过一次笑脸，为了博得妃子褒姒红颜一笑，听信虢石父的建议，竟然不惜代价点燃用于战争召集诸侯的烽火台，史称“烽火戏诸侯”。虽然周幽王博得了褒姒的开心一笑，却失去诸侯们的信任。当犬戎领兵进攻时，幽王再次点燃烽火台召集各路诸侯救援时，没有一个诸侯前来护驾，周幽王最后战败死于骊山。至此，天朝红日西坠，西周王朝宣告灭亡。西周灭亡后，宜臼在申侯和鲁侯等人拥护下做了周平王。周平王在公元前 770 年东迁到洛邑，史称“东周”，历史也进入了战乱纷纷的春秋战国时代。在此期间，有闻名的春秋五霸和战国七雄，历史学家以“三家分晋”作为春秋时代的结束和战国时代的开始。尽管周平王希望恢复周室的雄风，但此时的东周已经弱不禁风了，其统治的疆域范围不过 600 里，各路诸侯对东周王朝根本不屑一顾，纷纷割据称王，全国有 140 多个大大小小的诸侯国，周王朝政权一统天下的局面已经到了名存实亡的地步。

话说到了汉朝，能让皇帝神魂颠倒的女人当属赵飞燕了。赵飞燕是汉成帝的皇后，她长得千娇百媚、姿容俏丽，身段婀娜多姿，尤其擅长歌舞，其舞步如弱柳扶风，燕飞翩跹，可谓风情万种。与其妹妹同封昭仪，受到汉成帝专宠近十年，姊妹俩在皇帝面前说一不二，集三千宠爱于一身，弄得朝廷内外乌烟瘴气，汉室江山岌岌可危。赵飞燕不能生育，也不让其他嫔妃生子，只要有嫔妃怀孕一律想方设法令其堕胎，即使生下皇子也全部杀死，以至于汉成帝无亲子继承皇位了。都说“不孝有三，无后为大”，汉成帝因为痴情两位美人对此也默认了。在民间有对赵飞燕的评价：“燕燕尾涎涎，张公子，时相见。木门仓琅琅，燕飞来，啄皇孙，皇孙死，燕啄矢。”皇帝在这两位女人的魅惑下，汉朝江山能长远简直就是神话。

隋朝的命运与秦朝类似，都是历经两个朝代亡国，但这两朝的皇后确实有一些周家三太母仪天下的风范。隋文帝杨坚的太太独孤皇后是崇尚标准的一夫一妻制，不允许自己的丈夫纳妾。隋文帝对独孤皇后既敬重又害怕，是历史上少有的怕老婆皇帝，其实更多是因为皇后正直而心生敬畏。可惜她过世以后，没有人约束的隋文帝开始沉溺于酒色，再也无心管理朝政，杨坚毕竟年老体衰，哪经得起声色的折腾，不久便卧病在床驾鹤西去。隋炀帝杨广即位以后，南朝梁明帝的女儿肖美娘嫁给杨广做了皇后，萧皇后经常劝谏丈夫要勤俭，不要贪恋女色，隋炀帝根本不听，在位期间大兴土木，下令开凿了京杭大运河，广泛寻找美女入宫供其淫乐。杨广喜欢到全国各处巡游，为了饱览江南美景，在京杭大运河上乘船带领皇后和后宫佳丽到扬州观赏琼花，摇橹拉纤全部是年轻的宫女，柳腰婀娜，姿态曼妙，让隋炀帝大饱眼福，可谓秀色可餐。宫女们累得汗流浃背，梳妆洗下的胭脂弥漫整个运河，以至于河水中的胭脂香气数月不散。

隋朝灭亡后是唐朝。说起唐朝不得不提及的两位女人就是武则天和杨贵妃。虽然大唐是中国历史的鼎盛时期，但在后宫和女人方面的确很脏很乱，时常有乱伦之事发生，而且这二位美女都曾经参与了皇家后宫的乱伦，也是改变大唐江山命运的重要人物。武则天曾经是唐太宗李世民的才人，却被太子李治看好做了老婆，按辈分武则天是李治的母辈。武则天进宫时才十四岁，被封为才人，偏偏李治喜欢上了这位晚娘，两人一来二去关系混得不一般。有一次太子李治如厕后，武则天细心地用金盆盛来清水给太子净手，李治看着眼前的美人春心荡漾，情不自禁用手蘸着水向武则天脸上弹去随口吟了一句诗：“乍忆巫山梦里魂，阳台路隔恨无门”，武则天马上娇羞地回应道：“未曾锦帐风云会，先沐金盆雨露恩”。直到唐太宗去世以后，已经成为高宗皇帝的李治不忘旧情，将武则天从寺院中接出来。武则天回宫以后，运用各种卑劣的手段包括掐死自己的女儿嫁祸给王皇后，取而代之终于坐上皇后宝座。李治本来体弱多病，不久便与世长辞。武则天为了登上皇帝宝座，先后废掉了中宗和睿宗，独揽朝廷大权并改国号为周，成为中国一代女皇。

再来说说唐朝的另一位著名的皇帝唐玄宗李隆基。他将大唐治理到一个新的鼎盛时期，史称开元盛世。可这位本来治国有方的皇帝却迷恋上了杨贵妃，杨贵妃是唐玄宗第十八子寿王李瑁的妃子，16岁从河南府来到长安皇宫。唐朝杨贵妃几乎是家喻户晓，本来是唐玄宗李隆基的儿媳，相貌丰姿绰约。唐朝女人以胖为美，有成语“环肥燕瘦”，“环肥”就是指杨贵妃，“燕瘦”是指汉朝的赵飞燕。杨贵妃被唐玄宗一眼就相中了，不顾廉耻地封她为贵妃。当时唐玄宗已经61岁，杨贵妃不过27岁，一个美貌如花的儿媳便成了公公的贵妃。杨贵妃深得皇帝的万般宠幸，可谓万千宠爱集于一身。由于唐玄宗到了老年荒淫无度，也不怎么理朝政，最终导致“安史之乱”爆发，杨氏家族被斩尽杀绝，杨贵妃最后被逼无奈自缢于马嵬坡，唐朝也从此走向了衰败。

不少文人墨客喜欢宋朝官僚的生活，因为平民百姓不仅可以通过科举考试实现“朝为田舍郎，暮登天子堂”的梦想，而且一旦有了官位还可以抱得美人归，过着纳妾拥妓声色犬马的“幸福生活”，有多少臣子能专于廓清天下，辅佐君王治国安邦。宋朝荒淫至极的皇帝当属宋徽宗赵佶，被后人称为青楼天子。赵佶自幼养尊处优，养成了浪荡公子的性格，尽管有无数后宫佳丽，但对于赵佶来说早已索然无味了，他经常到皇宫外面的青楼歌院寻花问柳，凡是京城中的名妓都与这位皇帝有染，当时名妓李师师就是其中之一，试想这样的皇帝还哪有心思顾及朝政和国家兴衰的大事呢？上梁不正下梁歪，整个社会不良风气在宋朝大多数皇帝身上都有所彰显，即使到了南宋奢靡淫乱之风仍然被沿袭和放大，正可谓：暖风熏得游人醉，直把杭州作汴州。君臣上下奢靡淫乱、歌舞升平，国家走向衰落和灭亡也就很正常了。

元世祖忽必烈灭了南宋后，建立了元朝。元朝皇帝淫乱之风与其他朝代相比并不逊色，而且蒙古族在男女方面有一种陈规陋俗，兄弟可以收养哥哥的老婆做妻子，允许儿子娶父亲的小老婆，私下里男女之间私通苟合的事情更是屡见不鲜。元世祖是一个粗人，也没有为后世子孙做出好榜样，本身放荡不羁，尤其见到南宋亡国之后剩下的一些楚楚动人的皇妃们，全部纳为己有，每天尽情享乐。手下的王公大臣们自然乐得效仿，人伦尽丧，败坏了朝纲。尤其最后一个皇帝元顺帝是一个十足的好色之徒，每天恣情酒色根本不想如何稳固政权，他找来西域僧人学习房中术，在宫中大搞淫乱活动，甚至与群臣亵狎，更有甚者不少嫔妃与僧人奸宿，以至后来出现史上闻所未闻习俗，凡是女子出嫁之前，都要与僧人先睡一宿称为“开红”，然后才能准许完婚。元朝不到一百年就灭亡，恣行淫乱是其中的重要原因之一。后来的明清历代帝王也好不到哪去，几乎没有不贪恋酒色的。清朝的乾隆帝六次下江南，被临幸的美貌女子也不计其数；咸丰皇帝也因为沉迷女色最后吐血而亡。

总之，历史经验教训值得当今企业家、政府官员们借鉴。也许有人读历史看到不少皇帝的江山社稷毁在女人手里，而今不少企业家和官员的堕落也是因为女人，“女人红颜祸水”似乎是千真万确的定论。实则不然，古代女人奉行“三从四德”一生都要随顺男人，尤其是在至高无上的君主面前，自己的命运已经完全被帝王所掌控，不得不取悦于帝王。除了武则天做了女皇和慈禧太后垂帘听政外，大部分女人只能依附顺从，无法主宰自己的命运，如果将国家衰败的罪过全部归咎于女人实属偏颇了。无论是历史上的封建王朝还是当今企业，成功的皇帝和企业家后面往往有一位默默付出的贤德太太，但是古往今来“爱江山，更爱美人”者有之，“爱美人，不爱江山”也有之，如今有多少人在重复演绎着历史。当一个人位高权重和金玉满堂时，忘记了“万恶淫为首，富贵不能淫”的古训，命运走向衰落就不足为奇了。当然在现代社会里，大部分女士可能不愿意依附男人生活，也没有多少女人甘心情愿在家里相夫教子，一方面想增加家庭的经济收入，另一方面也想改变“男主外，女主内”的家庭格局。女人从几千年的封建社会礼教束缚中似乎解放出来，与过去相比，不得不承认现代女性在家庭和社会中的地位不断提升，在某种程度上来说，女性的作用越来越受到重视，出现了不少位高权重的女企业家、女省长、女市长等。也许很多人认为随着社会进步，追求男女平等是正常现象，单纯从男女社会地位平等这一点看好像是无可非议的妇女解放，如果在现代有谁提出男尊女卑，以三从四德标准要求女人在家相夫教子一定被认为是封建礼教的遗毒。然而，有些人对男尊女卑和三从四德的内容都不清楚就公然提出反对，实属是对古人良苦用心的误解。从男女之间的分工和各自的心理特征角度看，男女只有摆正其位置才能发挥最大的作用，片面强调男女平等却很难实现真正的平等。毕竟男女有别，各在其位、各谋其事才能达到稳定有序的状态。所以，越是在追求男女平等的时候，越是不容易实现平等，而且使得家庭、企业伦理秩序和社会整体均衡发展的不确定性都在增加，这不一定是进步或许还是倒退。在韩国和日本还能看到中国古代家庭模式的影子。曾经与一位韩国大学教授交谈，问及他的太太在从事什么职业，他介绍说：太太原来是大宇集团总裁的秘书，自从有了三个孩子以后便辞职回家做了专职家庭主妇，除了为全家洗衣做饭，就是照顾子女上下学，家里所有的事情几乎不用操心，韩国、日本经济稳定发展不能不说与儒家文化和女性的辅助作用有相当大的关系。美国哈佛大学校长萨默斯曾经发表过关于男女不能平等的观点，引起了众多美国女性的强烈反对。他在一次美国经济学家会议上说：大学中缺少女性科学家的原因之一可能是由于两性的先天差异，性别上的先天缺陷妨碍了女性攀上自然科学和数学的高峰。他还认为：在自然科学和数学领域，男性比女性表现突出是由于基因的差异而非社会因素，女科学家、女工程师之所以无法在顶尖的学院和大学得到重用，是不是也因为男女性别差异？此言一出即引起了巨大争议，尽管萨默斯很快进行了公开道歉，但是这一风波使他面临着辞职的危险。其实从中国文化角度分析，中西方有不少思想观念是不谋而合的，萨默斯的观点不能说全是错误的，也并非故意歧视女性，只是因为西方的主流思想一直追求男女平等。从女性生理特点和自身内在的素养来看，在《易经》中女人为坤、为地，坤卦的第二爻和第三爻的爻辞分别为：“直方大，不习无不利”和“含章可贞，或从王事，无成有终”。女人为阴，男人为阳，阴主内，阳在外，所以阴处于内为阳之体，阳处于外为阴之用，这是阴的作用和意义所在。女人并不直接发挥其作用，以随从男人效法乾道而行，才能发挥其真正的用处，以柔顺安静才彰显出女性的魅力，这与老子“无为而无不为”的观点类似，也是女人在人类社会发展进程中所体现“无用之用实乃大用”的女德之美。现代女性除了操持家务、参加工作和各种社会活动外，女性所能体现的作用应该是退居本位在后面帮助男人发挥其应有的才智，男人是否能在工作事业取得成功，家里女人甘心做贤内助就显得非常重要了。如果说封建王朝的君主是至高无上的国家主宰，那么得道者多助，失道者寡助。如果说女人是哺育天下的丰壤沃野和阳光雨露，那么女人是一个国家的风向标，当女人争强好胜时，这个国家是衰退的；当女人崇拜金钱时，这个国家是腐化的；当女人攀附权贵时，这个国家是堕落的；当女人追求知识时，这个国家是进步的；当女人崇尚爱心时，这个国家是文明的；当女人追求慈善时，这个国家是美丽的；当女人向往道德时，这个国家是真正地走向强大。中国女性撑起了中华民族的半边天也在于此。哪个朝代后宫女人开明贤良，君主政权统治清明，社会也相对安定。现代社会片面地追求男女自由平等，实际上不仅无法实现真正的自由平等，而且角色错位也加重了女性的负担。一些工作岗位和社会职务也许更符合男性的生理特质，换成女性去做则是对身心的一种摧残，女人无论在企业还是在家庭里首先要摆正位置，从事适合女性身心特点的职业。男女有别，岗位分工也自然有所差别，这也是社会人力资源管理制度优化的一个重要方面。

第十二节　拓宽格局与提升境界的修炼

清朝著名的禁烟大臣林则徐在他的书房中贴着一幅对联：“海纳百川有容乃大，壁立千仞无欲则刚。”海不厌深，大海处于最低处才可以容纳百川东流入海；山不厌高，千丈峭壁才得以巍然屹立，因为大海的宽广深厚、山峰的刚健不屈，不会为一己之私而媚俗。许多寺院山门的第一层大殿里，供奉着笑容可亲的弥勒菩萨，大殿门口还有一幅楹联：“大肚能容，容天下难容之事。开口便笑，笑天下可笑之人。”这些都是中国传统文化的重要组成部分和人们所追求修炼的境界。一个人是否胸襟宽广、心量远大，其举手投足、处事作风，甚至他的笑声都能反映出其心胸的大小和境界的高低。有心胸、有格局的人工作会充满热情，生活也有幸福感，心胸宽广的人如果能做到“心包太虚，量周沙界”则是一种至高的境界。人生之所以烦恼痛苦是因为心量不够。对于企业管理者来说，心胸博大才能带领员工开辟更广阔的前景，心胸有多大，企业就会有多大的发展空间。有时通过企业内外环境的规划布局也能了解企业领导者的心胸格局，因为境由心生，这是一种相互发生耦合作用的全息效应，所以适当调整环境布局同样也可以开阔人的胸怀与格局。建筑环境格局一般都以“依山望水，明堂开阔”为标准，该格局也称为前有照（前面开阔平坦，在远处有朝山和案山）、后有靠（建筑物后面玄武山像椅子背一样），左右两侧有青龙山和白虎山护卫，被认为能给企业带来财运顺风顺水的吉祥之地，但是只有心胸宽广、品德高尚的企业领导者才能与这种环境格局的正能量场相互感应。除此以外，有的人迷信地认为通过调整建筑环境的风水可以带来财运，其实不如改善内心环境的风水，没有格局和心胸相当于没有广阔的市场和缺少财库，即使赚取了更多的利润，也会因为财库空间不足而不能保有。当2008年全球金融危机的风暴来临时，虽然大批企业倒闭破产，但是仍然有一些企业在危机中保持着良好的经营业绩。不管是否愿意面对和承认这个事实，某些企业领导者的抗风险能力除了与经济实力雄厚有关，还与他们内在的广度和高度密切相关，一位企业家有横向广度可以海纳百川，充分地吸纳各种有利机缘，一位企业家有纵向高度可以登临泰山之巅，以深邃全息性视角来经营管理，这可谓：“风起云涌龙虎会，指点江山谈笑间”。因此，成功的企业家需要从横向广度和纵向高度两方面修炼。

一、横向格局的广度修炼

自从中国改革开发以后，中国老百姓的生活条件得以日益改善。各种媒体资讯、交通工具、电子通讯设备使得沟通交流渠道更加自由顺畅，跨越的地域空间已经从古代“鸡犬之声相闻，老死不相往来”的足不出户扩展到如今在一天之内可以环游地球的程度，当然这要归功于科技发达。随之人们的生活节奏在加快，全世界各国合作交流和人际交往也越来越频繁，人们普遍感觉到地球的旋转在加速，时间尺度和空间距离都在缩小。尽管如此，由于现代人注重生活空间的私密性，人与人之间的信任度也在严重降低，很难做到真诚交心，人们相互防范、彼此戒备的心理很强。一个人的私有空间越来越大，心胸却变得越来越狭隘。虽然居住空间变大，工作环境也更加舒适，但是胸怀气度却与外部环境不相匹配。随着年龄的增长，一个人很难再有幼儿时期天真无邪的心境，也许经常有疲惫失落的感觉，本来纯净纯善的心灵却在名利、地位、权势、金钱和各种关系的漩涡中挣扎。有时为了一个虚伪的话题而言不由衷，有时殚精竭虑地猜测自己在他人心目中的位置，有时为了谋取私利不得不投递一个牵强的微笑。所有这一切使得人们的心灵空间变得拥堵杂乱，甚至污秽不堪。如何修炼才能使一个人的心胸格局变得有广度、有容量，让心灵重新恢复到本来清净的面目呢?

1. 善于忘记和清除心里的垃圾。

在资讯发达的今天，人们接触和吸纳的各类信息层出不穷，随着时间的流逝，有些信息堆积在心底成为尘沙烦恼，应该把它们删除。根据国外有关机构的调查，对于不定期地忘记过去头脑中存储的信息，有助于提高思考力和工作效率。我国教育家陶铸曾经说过一句名言："如烟往事俱忘却，心底无私天地宽"，善于忘记会让心灵的空间得以开阔，同时也是一种智慧彰显和自我升华的修炼。

2. 诵读国学经典，亲近古圣先贤。

中国古圣先贤的思想是"光含万象无古今，不属阴阳绝障遮"，其辐射的智慧之光与日月同辉。经常诵读四书五经或者其他儒释道经典，有助于拂去心内蒙尘，开启心智。此外，还可以吟诵古代诗词，选择诵读豪放派诗词为佳。像"溪声尽是广长舌，山色无非清净身。夜来八万四千偈，他日如何举似人。"（苏东坡：《宿东林寺》），"把酒祝东风，且共从容，垂杨紫陌洛城东。"（欧阳修：《浪淘沙》），这样的诗词读过之后令人豪情万丈。但是不推荐诵读婉约派的诗词，如"花自飘零水自流，一种相思，两处闲愁。此情无计可消除，才下眉头，却上心头。"（李清照：《一剪梅》）和"多情自古伤离别，更那堪冷落清秋节。今宵酒醒何处？杨柳岸，晓风残月。"（柳永：《雨霖铃》）。婉约派的诗词大多数是儿女情长、英雄气短的小资情调，怎么可能有大格局呢?

3. 积功累德，利益大众。

德行深厚的人胸怀开阔，心量远大。《易经·坤卦》彖辞曰："至哉坤元，万物资生，乃顺承天。坤厚载物，德合无疆，含弘光大，品物咸亨。"一个人的德行如同大地深厚，他的胸怀自然也象大地一样广袤无垠。所以，要善于积功累德，多做利益大众的事业。一个人的行为能使多少人受益，他的格局就有多大。毛主席将毕生精力奉献给中国人民解放事业和一切为人民服务当中，他提出："无产阶级只有解放全人类，才能最后解放自己。"不仅胸怀中国人民，还将格局放在全人类的范围，这就是一代伟人的胸怀与格局。

当一个人的心里被各种自私自利的欲望所充斥时，身处的环境空间再宽广也觉得局促。如果心里只有"我"，又怎么可能容得下其他人呢？尤其是在个人的欲望和理想不能实现的时候，对于心量狭隘的人难以承载失落的烦恼和失败的痛苦，人之所以痛苦归根结底是因为心量不够宽广，在狭隘紧缩的心境里工作怎么可能有快乐。尤其当前竞争激烈，一些企业高层管理者经常感觉压力颇大，对于心量远大有格局的人，无论外界环境发生怎样变化，面对各种常人认为难以解决的问题，甚至是不可逾越的障碍，也都能像三国时代周公瑾指挥赤壁大战一样“羽扇纶巾谈笑间，樯橹灰飞烟灭。”所以一个心胸宽广的人，烦恼痛苦自然就少。下面是一则禅门典故：

一位禅师的徒弟每天都烦躁不安，向师父抱怨人世间的痛苦，他无法静下心参禅。一天早晨，这位禅师让他的徒弟去取一袋盐来，禅师在一杯水里放了一把盐，然后，他让徒弟喝这杯盐水。

“怎么样，好喝吗？”师父问。

“又苦又咸，很难喝。”徒弟把口中盐水吐了出来说。

师父领着徒弟来到湖边，取了同样一把盐放到湖中。“你现在到湖中取一杯水喝，感觉一下好不好喝。”

徒弟来到刚刚师父放盐的地方，在湖中取了一些水喝。

师父问：“怎么样？好喝吗？”

徒弟回答：“很好喝，很甘甜的湖水。”

师父又问：“你喝出来盐味了吗？”徒弟回答：“不咸也不苦。”

师父挽起徒弟的手说：“人生的痛苦是盐。生活中会有很多痛苦，如果你装盐的容器小了，你就会感觉非常痛苦，甚至痛苦得无法忍受。如果你想减轻痛苦，那么，你需要做的就是扩大你的容器，让你的容器从水杯变成湖。这个容器就是你的心胸，心胸狭窄的人无时无刻不在感受到巨大痛苦，而像湖水一样宽广的心胸，就稀释了痛苦，就感受不到痛苦。不要说你比别人受的苦更多，是你的心胸不够宽广。拓宽心胸，整个世界都在你的心里。”

通过读上面这个典故，感悟其中的智慧，一个人的心胸格局应该像清澈宽阔的湖水一样，在工作生活中遇到的烦恼与痛苦不过是手中的一把盐，当盐消溶在广袤无垠的湖水中时，烦恼与痛苦自然变得无影无踪。庄稼长得好坏与土壤质量密切相关。为什么盐碱地寸草不生？因为土质坚硬密实得像石头一样，哪能长出茂盛的庄稼来。肥沃的土壤包含了大量的有机物，不仅土质松软，而且这样的土壤颗粒之间存在诸多空隙，饱含庄稼生长所需的多种养料和水分。到了夏天，农民还要顶着烈日炎炎的天气铲地松土，目的还是为了增加土壤颗粒的空隙，有利于植物根部吸收水分。这也是我们为什么称大地为母亲的缘故，以博大的胸怀长养万物而不为己有。古代老子善于观察生活，从中感悟出不同寻常的人生智慧，《道德经》中云：“三十幅共一毂，当其无，有车之用。埏埴以为器，当其无，有器之用。凿户牖以为室，当其无，有室之用。故有之以为利，无之以为用。”这句话的意思是：用三十根辐条制造轮毂，车轴中间有空隙，车轮才能转动前进，用陶土烧制器皿，因为中间是空的才能盛放东西，有了容器的作用。建造房子要开窗户，因为房子里有空间才能住人，房屋有居住的作用。“无”是一个人的胸怀心量大小，“有”是周围各种外部条件与因缘，如果没有包容的胸怀，即使有再好的外部条件和因缘，也会因为心量和格局不够而无法利用。

1990年2月11日下午4时，南非著名黑人领袖纳尔逊·曼德拉自由地步出了南非维克托—韦斯特监狱，结束了他27年之久的铁窗生涯。1991年，曼德拉当选总统。在就职仪式上，他不仅请来了世界各国的政要，还邀请了维克托—韦斯特监狱的三名看守人员，并恭敬地向他们致礼，然后又一一介绍给大家。他说是为了感谢他们，感谢他们使他学会了控制自己的情绪，磨炼自己的意志，抚平自己的痛苦，从而才让他坚强地活了下来。

曼德拉博大的胸怀让那些残酷折磨过他的种族主义者无地自容，也让所有的贵宾们都肃然起敬。曼德拉说：“当我离开监狱时，我把所有的愤怒和悲痛都留在了那间囚室，我不能带着它们走入新的生活。如果心里带着这些情绪，那么我的人生依然囚禁在监狱里。”如今斯人已去，但他的精神永存！

有些企业为什么发展到一定规模便很难再有新突破？这不仅是领导者创新能力不足的缘故，主要还是因为胸怀与格局不够，在利润分配和用人方面存在着问题。有的企业领导者对员工吹毛求疵过分苛求，不能容忍一点点错误，由于心量不大、胸怀不够宽广，导致很多人才流失。据有关数据调查，中国很多生产知名品牌的民营企业领导者学历并不高，甚至有的只有初中学历，但是他的企业里却拥有一批高学历、高素质的人才队伍。在江浙地区这样的企业为数不少，有的企业还建立博士后工作站。为什么他们可以招来重点高校毕业的博士、硕士在企业工作呢？其中一个重要原因就是企业领导者的心量远大，能带领各方面能力比自己强的人才在一起共事，形成不同专业领域的精英团队。一位企业家有多大心量决定能容纳多少人，成就多大的事业。有一位企业家曾经说过：“关系就是生产力”，虽然“关系”二字听起来似乎另有所指，其实是指人与人、人与自身、人与自然的关系，关系的主体是人，在一家企业所构建的关系网中能与多少人、什么样层次的人或机构发生关系并建立友好往来，决定着企业未来的生存发展空间。这不但与企业领导者的交际能力和沟通能力直接相关，而且反映了企业领导者的胸怀与格局的大小，斤斤计较的人做不了企业领导者，也不会有真正的朋友和美好的发展前景。还有一些企业领导者虽然学历不高、专业知识有限，就是因为心胸宽广，做人大气，在学以致用与转识成慧方面的能力特别突出，对企业未来的发展方向总是具有先见之明，善于把握各种机会，带领企业团队因地制宜地做出正确抉择。有这样格局的企业领导者在经营管理方面必定是通用型、创新型的领军人才。

二、纵向境界的高度修炼

“海到无边天作岸，山登绝顶我为峰。”但凡能成就一番事业的人不仅心胸宽广，还要站得高看得远。一个人是否有高度，与他的权势地位高低无关，下下等的普通人可能有上上等的智慧，那些位高权重的上上等人也有劣根或者埋没了智慧的时候。古代不少君临天下的皇帝昏庸无道，随着其政权统治的腐化堕落，社会经济和百姓生活水平也一路下滑。一个人纵向高度应该指的是境界和品行的高低，有高度才能挥斥方遒，指点江山；有高度才能“欲穷千里目，更上一层楼”；有高度才能拨云见日，渡人万丈迷津。所以，成功的企业领导者，在处理问题的思考方式、心智模式和战略规划愿景等方面需要进行纵向修炼。如何修炼？从中国传统经典中寻找答案。

1. 以经典为师，以圣贤为师。

古人云：“鸟随鸾凤飞腾远，人伴贤良品自高。”一个人的境界高低要看他与谁在一起。因此，提升境界最直接有效的方式就是以经典为师和以圣贤为师，研读孔子的儒家思想可以感悟“仁者爱人”和“君子上达”的贤者境界；研读老子《道德经》可以感悟“天下之至柔，驰骋天下之至坚”和“无为而无不为”的至柔至刚境界；研读《庄子》可以感悟“鲲鹏展翅九万里，扶摇而上”的逍遥游境界。常常诵读和学习经典就是与圣贤为伴，这也是以经典为师，以圣贤为师。自然而然，心中的境界和高度将在不知不觉中得以提升。

2. 少欲知足，淡泊名利。

清代文学家陈伯崖曾经说过：“事能知足心常泰，人到无求品自高。”人为什么有痛苦、有烦恼，甚至走向堕落？原因是还有对名闻利养的贪欲心。面对各种得失，贪欲心重的人总会生起重重烦恼，如同踏着铁鞋和背着沉重的包袱前行，想要提升境界又谈何容易。经典中的四圣六凡十种境界，每一境界代表了不同维次和层次的空间。境界层次越低的众生，他的贪欲也越重，要提高境界层次只有放下对各种欲望的贪婪。圣人与凡人的区别仅在于放下了多少，放下的越多，境界提升越快。

3. 少数人富裕走向共同富裕。

企业领导者除了带领员工创造财富外，还应该担负起为社会大众谋福利的责任。过去国家提倡让一部分人先富裕起来，但是鹤立鸡群和独舞清风不会久远，而今企业家要把为社会大众谋求福祉作为己任，将共同富裕作为企业的经营理念与核心精神。共同富裕并不是搞平均主义，而是因为自己的所作所为能让一切有缘者受益和觉悟，并使得他们与自己一样走向富裕之路，正如佛经《回向偈》中云："愿以此功德，庄严佛净土。上报四种恩，下济三途苦。若有见闻者，悉发菩提心。尽此一报身，同生极乐国。"一个人富裕不是真正的富裕，天下人共同富裕才是真正的富裕。这是在回报国家、父母、师长和社会大众的恩德，以出世的精神和济世的情怀做入世的事业，让一切大众都能离苦得乐，有高度和使命感的企业家应该将这种境界作为安身立命和圆满的目标。

总而言之，一个人的境界提升要从心开始，时刻关照好自己的起心动念和言行。老子曰："合抱之木，生于毫末。九层之台，起于累土。"人生境界和高度的修炼不在高山流水，不在花红柳绿，不在闭关参禅，而是在平常每一个不经意的善念和善行中。即使你什么都做不了，那么就做个好人吧！下面是一则如何提升境界修炼的古代典故：

为了提高境界和道德修养，古代人想出了很多方法。明代徐溥采用"投豆法"，他从小时候开始就注意自己的一言一行是否符合道德标准，时刻提醒自己积善除恶。他仿效古人用两个瓶子装豆子，一个装黄豆，一个装黑豆。心中有善念，说善话，行善事，就在黄豆瓶子里装一粒黄豆。有恶念，说粗话，行恶事，就在黑豆瓶子里装一粒黑豆。刚开始，黑豆多，黄豆少，他便不断地忏悔改过，扬善抑恶，慢慢地黄豆与黑豆数量差不多相等。日积月累多行善事，黄豆比黑豆多了。就这样他一直坚持正心修己，即便后来官居华盖殿大学士，也没有忘记坚持这种积功累德、修身养性的方法。

有高度的企业领导者一定是品德高尚的智者，一位智者当然具备整体战略规划以及预见行业未来发展趋势的头脑和眼界，这与他的格局大小和所占据的高度息息相关，还有就是对行业的总体发展有很强的分析能力和细致入微的洞察力。在计算机应用非常普及的今天，中央处理器（CPU）芯片的性能基本是每18个月翻一番，这就是国际有名的定律——摩尔定律。摩尔定律是由英特尔公司创始人之一戈登·摩尔（Gordon Moore）提出来的，是指半导体芯片集成电路可容纳的晶体管数目大约每隔18个月便会增加一倍，性能也将提升一倍。当销售价格不变时，每花费一美元买到的计算机性能将每隔18个月提升两倍以上。这一定律揭示了芯片技术发展的速度，计算机的CPU芯片性能的确是按照摩尔定律向前发展的。戈登·摩尔之所以能准确预测出这个规律，最主要原因是他站在全球计算机行业的顶峰得出的结论，没有这样的格局与高度是不可能发现计算机芯片技术发展的摩尔定律。

第十三节　退步原来是向前

人生不过是不断向前的单向旅程。作为学生，从小学到大学都想考取优异成绩，参加工作以后直到退休，没有不希望自己在业绩和名利方面步步高升。企业为了获取更大的经营利润，领导者不得不殚精竭虑地考虑如何在行业竞争中取得领先地位。为了更高更强的目标，大部分人的生命历程都在努力拼搏中前进，很少有人愿意退居其后，岂不知懂得退而居其次是人生的一种智慧。孔子说："君子有三戒：少之时，血气未定，戒之在色；及其壮也，戒之在斗；及其老也，血气既衰，戒之在得。"从少年到老年不能一味地追求财色名利，就像竹子长到一定阶段，一旦开花就很快死亡凋谢了，这三戒也都有"退"的意思。南宋高峰禅师曾经作了一首千年传诵的《插秧偈》：

手执青秧插满田，低头便见水中天。
六根清净方为道，退步原来是向前。

虽然这首偈颂描述了农民在稻田里插秧的情景，但是却诠释出了至深的哲理，偈颂叙述农夫手中拿着秧苗在水田里，插秧时要低头弯腰倒退着身体，一步步按顺序整齐地把秧苗插进水田。只有低头弯腰才能看见映照在水面上天空，水面的天空是那么碧蓝清净，其实人的心地与水中映像一样净而不染。插秧时身体向后退寓意着为人处世谦让不争以退为进，必能获得丰厚的回报。退一步不仅海阔天空，更是超凡脱俗的智慧。对于企业领导者来说，如果能领悟"退步原来是向前"的智慧，企业经营发展将会久盛不衰，知进亦知退者必是智者。下面是被誉为文财神范蠡"三聚三散"的典故：

春秋时期，范蠡戮力辅佐越王勾践，终于使得越国复兴。胜利后，越王封范蠡为上将军。可是范蠡知道勾践为人只可共患难不能共富贵，他写了辞书一封，放弃高官厚禄，只装少量珠宝，带领美女西施乘舟远行，一去不返，这可谓"一聚一散"。

范蠡来到了齐国，为了避人耳目，更名改姓，耕于海畔，没有几年就积累了家产数十万。齐国君主仰慕他的贤能，请他做宰相。范蠡感叹道："居家则至千金，居官则至卿相，此布衣之极也。久受尊名，不祥。"于是就归还宰相印，将家财分给乡邻，再次隐去，这可谓"二聚二散"。

范蠡行至陶，看到此地为贸易经商的要道，于是留下来居住，并自称陶朱公。他善于抓住时机进行经商，时间不长就累积了万贯家财。后来，范蠡次子因杀人而被囚禁在楚国。范蠡说："杀人偿命，虽然本该如此，但是我的儿子不该死于大庭广众。”原打算派少子前去探视，并带上一牛车的黄金。可是长子坚持要替少子去，并以自杀相威胁。范蠡无奈只好同意。过了一段时间，长子带着次子的死讯回到家。家人都感到悲哀，唯有范蠡独笑说：“我早就知道次子会被杀，不是长子不爱弟弟，是有所不能忍也，他从小与我在一起，知道为生的艰难，不忍舍弃钱财。而少子生在家里富裕之时，不懂财富来之不易。我先前决定派少子去，就是因为他能舍弃钱财，而长子不能。次子被杀是情理中的事，无足悲哀。”

这便是“三聚三散”的历史典故。范蠡经商富甲天下却能淡泊名利，正因为这种高尚的品德，后人把他尊奉为文财神。

在中国历史上像范蠡一样富甲天下的人有很多，多少王侯将相曾经叱咤风云，但是最后能括囊无咎告老还乡者不多见，大多数人精于向前，却很少关注如何退，知进容易，知退者难。在金庸先生的武侠小说《射雕英雄传》中，北丐洪七公传授郭靖独门武功降龙十八掌，其中最后一掌，也是最厉害的一招——“亢龙有悔”，该词源于《易经·乾卦》第六爻的爻辞：“亢龙有悔，盈不可久也。”亢龙有悔的意思是：当人位居最高处时必然高处不胜寒，以至于没有人来扶助，处境是极为不利的。“亢”意味着达到了顶峰至高的位置，继续前进必然走向反面，“悔”是动而退之，泄其盈满，唯其有悔，才能识时务而动，看似后退，实乃是与时俱进，与时偕行。“亢龙有悔”的核心是“悔”即“退”，其含义有三种境界，以下内容对此进行阐述。

一、舍得布施，财散人聚

“退”与舍得和布施怎么会有关系呢？《大学》云：“外本内末，争民施夺，是故财聚则民散，财散则民聚。”如果企业领导者只知道为自己谋取财富，而忽略了员工的利益，人心自然涣散，企业凝聚力不强。在企业经营业绩优秀时，将所得利益尽可能多地分配给员工，则有利于增强企业员工的向心力。如果企业经营只知道为个人谋取财富，自然会忽略员工和周围的亲人朋友，皇帝富甲天下却是世界上最孤独的寡人。所以当一个人有能力时，将自己的财物、学识和智慧尽可能地济困解危奉献世人，则有利于增强个人的修养和慧命以及提升企业的综合实力。作为企业领导者，力行舍与布施应该从自家企业内部开始做起，儒家文化讲究“凡取与，贵分晓，与宜多，取宜少。”对待员工，企业经营利润按照劳动价值尽可能多地分配给他们，改善员工的福利待遇和生活水平，这是一种布施。辩证处理企业财富和人力资源的劳资关系，有利于企业和谐发展。国外不少企业为什么能稳定发展？因为这些国外企业家同样深谙“财聚人散，财散人聚”的道理，通过建立现代企业管理制度，将企业股权稀释，即把股权分给员工，使员工从被雇佣关系转变为企业经营管理的参与者，尤其国外一些家族企业过渡为股份制企业。随着企业规模越做越大，最初家族企业的创建者在企业中的股份却越来越少，甚至不是最大的股东，虽然自己持有的股份少了，但企业却发展壮大了。

老子说："天之道，损有余而补不足。人之道则不然，损不足以奉有余。孰能有余以奉天下，唯有道者。"钱财如流水，水满自缢，施舍钱财则润泽四方，与天下人共享不只是一种快乐，更是一种布施的幸福。当你赚 10 万元的时候，钱属于自己家庭的；当你赚 100 万元时，钱属于家庭、亲人和需要帮助的人共同分享；当你赚到 1000 万元甚至更多钱的时候，就应该属于国家、社会和人民大众的。中国有句古训："厚德载物"，这是在说一个人的德行与承载的物质和名利成正比，如果企业或者人的德行不够，一味贪求名利和财富，身心将遭致沉重的压力。命理学里常讲："财重压身和身弱不胜财"也是这个道理。观察当前一些企业家和有钱的成功人士，为什么他们的事业发展到一定阶段，财富也积累到一定数量时，往往出现了某些意想不到的问题。有的企业发生不可思议的天灾人祸；有的企业是在选择新投资方向时屡屡失败导致财物散失殆尽；有的是当企业内部管理出现漏洞时，各种问题和漏洞让企业当家人感觉身心疲惫，想推动企业更上一层楼却很难实现；还有的是身体健康出了问题，不少企业家整天忧心忡忡，甚至罹患焦虑症者不在少数。可见金钱只能带给人以方便和享受，不能带来幸福。为什么有的人财富多了，出现的麻烦和问题也多了？其中一个重要原因是没有领悟到舍得与布施的智慧。人赚取财富要与个人的承载力或者德行相匹配，如果德行不够承载力不足，财富就会像装满杯子里的水一样会溢出来。因此，多舍多布施不仅可以保全自己，而且由于善心善行、广结善缘并增长了德行，承载力和容量自然得到大大地提高。布施与舍得似乎减少了财富积累，不久的将来会有更多的财富重新充盈，这个道理与义务献血一样，虽然献出了几百毫升的血液，但是人体自身造血功能被增强，再次生成的血液是对身体的一次补给更新，在合适年龄以及健康状况允许的情况下，适当献血有利于身体健康。同样道理，企业赚取的财富布施给社会大众做慈善事业，不但在为国家排忧解难，也是对企业和个人身心进行换血和激活创造力的过程。纵观国内外一些知名企业家，他们不仅将企业经营得生机勃勃，同时更是热心于社会公益事业，将财富与社会大众共同分享，积极参与救援赈灾、扶贫救困和助学等各种慈善活动，这是真正领悟舍得与布施智慧的大家风范。

二、进退有道，与时偕行

在浩瀚无际的宇宙空间中，天地万物的形成与变化无不是在进进退退中循环往复的。《易经》云："日中则昃，月盈则食，天地盈虚，与时消息，而况於人乎？况於鬼神乎？”我们常说某人某事有没有消息，这个消息是指信息的意思。在《易经》中消息是阴阳相互转化的过程，当阴气持续增长而阳气逐渐减少时，阴进阳退谓之“消”，当阳气持续增长而阴气逐渐减少时，阴退阳进谓之自“息”，合起来称为“消息”，这也是“消息”一词的来源和本义。消息定义了宇宙万物动静有常以及进退变化的过程，一切都是当动则动，当进则进，在阴阳循环往复的推动下，才有丰富多彩的世界。老子《道德经》曰：“谷神不死是谓玄牝。玄牝之门是谓天地根。绵绵若存，用之不勤。”谷神指的是宇宙虚空，其恒常不变的就是阴阳之道，玄牝之门即阴阳之道是天地运转变化的根源，阴阳变化连绵不断，永远不会停止。

任何事物都包含阴阳两个方面，二者是对立又统一的关系，在相互转化的过程中推动着事物波浪式前进螺旋式上升。中国古人非常有智慧，以见象思义的方式绘制了太极图和阴阳图（见图 8.4），描绘了宇宙空间的初始状态和自然万物运转变化过程。中国创造的太极图是非常玄妙的图形，左侧图形称为太极图，寓意着天地混沌，但又不是宇宙万物简单混合在一起的模糊状态，没有阴阳、正反、男女、雌雄、先后、四时等种种差别，即万法归一的真空境界，真空不是一无所有，而是真空妙有，也是万物形成的本源。右侧图形称为阴阳图，很多人称右侧图为太极图是不正确的。另外，有人认为是周文王或者老子发明了太极图和阴阳图，其实并不是这两位圣贤发明创造的，而是由宋朝道教创始人陈抟老祖发明的。《易经·系辞上》描述了宇宙空间宏大壮美的图景以及万物生成演化的过程：“易有太极，是生两仪，两仪生四象，四象生八卦，八卦定乾坤。”其中两仪指阴阳，也指天地；四象指少阴、少阳、老阴、老阳四种能量场阴阳变化状态，阴阳二气相互转换使得宇宙万物形成了“生、长、收、藏”四个阶段的变化过程，一天 12 时辰的昼夜交替变化也包含了这四象；八卦包括乾、坤、坎、艮、震、巽、离、兑，分别代表了天、地、水、山、雷、风、火、泽。八卦相互叠加和相互作用又演化为三百八十四个不同的卦相，每一卦爻又产生变爻，由此可以演化出万事万物。《易经》的阴阳相互转化平衡思想始终是宇宙运转的源动力，这种阴阳转化实际是能量释放与收藏的过程。例如，春夏秋冬四季交替变化就是阴阳转化的动态平衡过程，农历十月为纯阴之象，阴气至极，用坤卦表示；到了农历十一月份冬至，用复卦表示一阳初生，在冬至日，白昼最短，黑夜最长，此后，白昼渐长，黑夜渐短，阴气渐去而阳气始生，是收藏的能量被打开逐渐释放的时候；十二月为临卦，二阳生于下；到了来年正月为泰卦，三阳生于下，正月正是三阳生泰卦，此时为立春，又逢农历新年，冬去春来，阴阳消长，大地万物复苏，天气也开始转暖，故有“三阳开泰”或“三阳交泰”的说法。阳气不断释放一直到农历四月达到极至，用乾卦表示，到了农历五月夏至一阴始生，阳气逐渐收藏，即阳气或者能量开始内藏，内藏也是阳气消退的过程，天气也随之变凉，直到冬季天寒地冻整个阳气得以收藏。阳气为什么要收藏？能量的收藏越好有利于来年阳气的释放，民间谚语“瑞雪兆丰年”就意味着冬季阳气处于很好的收藏状态，来年万物生长一定会获得充足的能量。万物与此同理，“退”不是隐退消失，而是为了养精蓄锐。

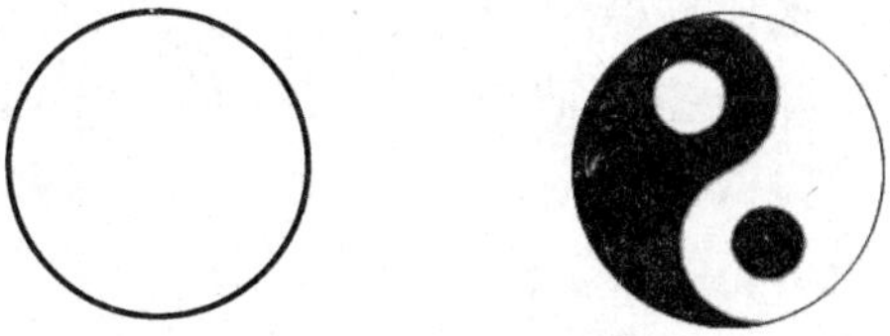

太极图　　阴阳太极图

图 8.4　太极图和阴阳图

当企业发展到一定规模时，尤其在激烈的竞争环境里，都想抓住各种有利的机会创造更大的经济效益。以前在计划经济时代，中国接受了西方国家已经淘汰的满负荷工作法，即以增强企业活力、提高经济效益为目的，以“人尽其力、物尽其用、时尽其效”为核心，以经济责任制为基础，使企业内部人、财、物等诸因素达到其应有的性能，从而使企业整体效益达到最佳状态的管理方法。企业的设备运转、人的工作效率、市场运营、资金等都要达到最大的充分利用，即处于能量完全的释放过程。在计划经济时代某一段时间里，推行满负荷工作法的确提高了企事业单位的工作效率，也大大提升了企业的经济效益，但是这种满负荷工作法只有能量释放并且达到了极致，而且缺少能量储备收藏，经过一段时间必定会让能量消耗殆尽，使得企业人困马乏，尤其一些重要的技术岗位和管理岗位的精英们，常年连续工作不仅要应对各种竞争，而且在高度紧张的工作压力下变得疲惫不堪，不少精英罹患身体疾病也是因为体内能量过度消耗和缺少体能蓄藏与恢复造成的。满负荷工作法寿终正寝，是被自然规律淘汰的必然结果。所以，企业在各方面都要考虑待时而退，不可以一味向前，盲目投资扩大企业经营规模，根据实际情况在一段时间里需要对企业技术、生产、人力资源和财务等多方重新评估整合，包括新技术研发、管理机构重组、财务内部稽查核算以及定期组织员工培训学习和到户外开展乐山乐水的团体旅游活动，都是让企业的能量得以蓄藏，然后在适当时机，再次重新以优势力量推动企业发展，企业内在的能量如此收藏与释放，必定会推动企业走向良性循环的发展道路。

三、退步向前，回头是岸

物极必反是客观世界的自然规律。由美国国家宇航局发射到太空轨道的哈勃望远镜被用于观测宇宙外太空的星系，据说已经观察到最远的目标距离地球长达 133 亿光年。如果我们用眼睛在哈勃望远镜前一直观测下去，最后的目标终点在哪里？有人说宇宙无边无际，找不到终点，也有人说是因为宇宙空间是无限大的，所以应该在宇宙不可预知的遥不可及的地方，这些说法都不正确。其实很简单，这个终点就在我们的脑后，直线看起来是笔直向前的，实际却是弯曲的，现代物理学已经证明宇宙空间并非只有三维，而是一个处于运动状态的巨大十维空间曲面，宇宙没有无往不复一直向前的事物。终点目标就在起点，只是我们不懂得回头，佛家讲"苦海无边回头是岸，此岸即是彼岸"的道理也是如此。这就是回头与后退才能感悟到的智慧，一个人懂得"退"才能积累储藏前进的动力。正如《道德经》中云："功遂身退，天之道。"宇宙星辰和天地万物都在循环往复中运转变化，看似退步其实也是在向前。"退"有以下三层含义：

第一层含义是返回与回归。正如前面所述，随着现代物理学研究不断深入，与中国传统经典的思想越来越接近。当我们煞费苦心地追求既定目标求之不得时，在某个瞬间会惊奇地发现，目标原来就在自己的身后，只是因为我们眼睛习惯一味执著地向前看，而不知道回头向后看。回归与返回不是简单地后退，而是以退为进的智慧。普通人只知道向前进动之为动，不知道动极复静的回归，不动而动才是硬道理，每天我们大脑的念头连绵不断，即使在夜晚熟睡时，头脑中的念头还是风起云涌般闪现。在佛学经典中有这样说法：一念中有九十刹那，一刹那经九百生灭①，而一弹指的时间定为六十五刹那。② 一刹那是量化人的念头生灭持续时间的最小单位，不仅揭示了宇宙万物是始终处于运动变化的状态，而且也是形容人们的念头之多，随时随地都在发生着变化，现代物理学已经证实了时间其实是不连续的，这与量子力学中的最小单位为普朗克时间概念是相契合的。因此，也有人提出这样的观点："时间与空间也许是人的感觉或者说是错觉，随着时间和空间变化，一切景象不过是由心想生，时间与空间在交替往复中相互转换，在某些条件下，时间可以转换空间，空间同样也能转换为时间。"每天念头的波动与生灭导致人很难安静下来，也阻碍了对客观事物透彻地观察，如果能从动中回归到静中来，将会蓄积更大的源动力。曾经有一位朋友咨询这样一个问题："当练习瑜伽双

① 《佛说仁王般若波罗蜜经》观空品第二云："刹那刹那亦如是。法生法住法灭。何以故。九十刹那为一念。一念中一刹那经九百生灭。"

② 《中华佛教百科全书》撰述了一弹指的时限长短，《摩诃僧祇律》卷十七谓，二十念名为一瞬顷；二十瞬名为一弹指；《大智度论》卷八十三谓，弹指顷有六十念；《俱舍论》卷十二谓，如壮士一疾弹指顷有六十五刹那；《处处经》谓，弹指间有九百六十生死；《大安般守意经》序云，弹指之间，心有九百六十转；《菩萨处胎经》卷二谓，拍手弹指顷有三十二亿百千念，诸说纷纭，莫衷一是。

盘静坐进入到心静如水的状态时，静坐一小时感觉像过了十分钟，全身上下出了很多汗，与跑完五千米一样，浑身感觉从来没有过的舒服，为什么呢?”这个问题的答案就是静极复动的缘故，每天人们受到各种因素的影响，念头繁杂、情绪躁动和身体持续无规律的运动使得气血瘀滞不通，身体内的毒素和垃圾沉积下来危害健康，在如今工作紧张和压力很大的状态下，很多人出现夜晚睡眠质量不高和难以治愈的失眠，当人的心念和身体器官全部从躁动不安回归宁静淡泊的状态时，全身器官都从起伏不定的波动状态中回归到静如止水的境界，如果能达到一念不生的禅定状态，身体内十二条经络和五脏六腑都将恢复到畅通无阻的最佳状态，气血就像汽车穿行在宽阔平坦的高速公路上得以自由无碍地流通，体内的垃圾和毒素自然就会以汗液、呼吸或者其他形式排放出来。”所以，对于整天忙碌于工作的企业家们应该适当地安排时间练习瑜伽或者静坐调息，让五脏六腑和大脑回归到虚极静笃的状态，从而能实现调节全身整体性的阴阳平衡，达到身心和谐的状态，这是跑步、打球和游泳等其他现代健身运动所不能实现的。

第二层含义是否定之否定。一切事物运动变化都是从量变到质变的过程，每一次发生质变都是对过去的否定，否定绝不是全盘抛弃，而是在前面的基础上更上一层楼，只有不断地否定之否定，才会有不断地推陈出新和革故鼎新。每一次的否定似乎回到过去，看起来是在退避三舍，但是没有“退”的否定就不可能有创新与前进，也不会有向前发展的动力，所以否定之否定是事物运动变化的源动力。在中国传统文化中有关于否定之否定的更加深刻的论述。

有一位悟道的智者讲述了自己在修行中所感悟的三种境界：在初学道的时候，看山是山，看水是水，一切按戒律规矩行事；随着学道的深入，对山水有了一个全新的感受认识，仁者乐山，智者乐水，对眼中的山水有了深厚的感情，像久违的好朋友一样亲切，此时，看山不是山，看水不是水；再经过一段时间修行，山水已经了然于心，达到了物我两相忘的境界，何为山水，何为人，眼中所见和心中所现已经是人与山水成为一体的境界——看山还是山，看水还是水。这位智者的修道过程包含了两次否定，第一次否定：由于内心赋予了山水人性化的感情因素，否定了所见山水的外在真实性；第二次否定：否定了对山水的感情色彩，人与山水成为没有分别的一体，悟到了更高层次的境界。企业领导者或者其他员工对于工作的感悟如同修道者对所见山水的否定之否定过程，得之智者，失之庸者。对于企业技术创新与产品研制同样如此，随着时间流逝和市场需求作出调整变化，要不断地更新换代，不能换汤不换药，或者仅仅局限于包装和外观的变化，善于抓住机遇并放弃过去的得与失，善于一切从零开始，扬弃过去不合适时宜的技术和管理模式。

当前某些企业搞所谓的创新和创意，无非是不按照常规办事罢了，并不是真正创新和有什么新的飞跃。所以作为一位有远见卓识的企业家常常会从自身开始反思，绝不怨天尤人。治企如同农民种庄稼，在春天适宜的条件下，田里播下种子生根发芽，生长出来的禾苗是对种子的第一次否定，经过阳光雨露的滋养，从小苗开花结果到庄稼成熟收获粮食是对禾苗生长的第二次否定，从播种到收获一个周期即是否定之否定的过程。经过两次否定后，在秋天获得了更多的粮食，春播一粒种，秋收万颗粮，这是自然之道。企业从生产到销售与农民种庄稼十分类似，企业不能忽视任何一个环节，单纯依靠广告宣传和市场营销这些外缘是走不远的，通过企业内部的优化整合和挖掘企业员工们的智慧（即具有全息效应的种子），重点放在技术研发和管理体制优化（即像农民一样改良土壤环境），再到具有正能量的企业文化建设（即汲取更多的阳光雨露），这样才能推动企业扎实前行。

第三层含义是走下庙堂高位，深入到基层中去。古代典籍中有不少皇帝微服私访的记载。当然大部分皇帝微服私访的初衷除了想要体察民风民情外，主要还是因为久居皇宫内院对外界生活环境的好奇与向往才走到民间。但是不少清廉爱民的官员到民间微服私访确实是为了了解底层社会情况，解决民生问题和百姓疾苦。对于今天的各级政府官员和企业领导者有必要继承和发扬古代的微服私访，这也是解决各种问题和为大众服务的一种有效方式。毛主席曾经说过："二十四年的经验告诉我们，凡属正确的任务、政策和工作作风，都是和当时当地的群众要求相适合，都是联系群众的；凡属错误的任务、政策和工作作风，都是和当时当地的群众要求不相适合，都是脱离群众的。"①中国人民解放军取得最后的革命胜利并建立新中国的最重要原因之一就是走人民群众路线，与群众形成水乳交融的关系，所以新中国革命的胜利也是人民群众路线的胜利。企业领导者要善于走出办公室到基层员工中间去，才能获取第一手准确的信息，与员工们站在一起聆听和深入地了解来自不同渠道的反对声音和意见，从中汲取员工们的能量和智慧，以提高管理水平和产品质量，推动企业向前发展，这也是老子"同其尘，和其光"的智慧。

很多企业领导者身居高位不愿意下基层，导致第一手信息准确度被不同部门层层上报而减弱了，使得各种决策的正确性受到影响。全球知名的快餐店麦当劳创始人克罗克先生是美国甚至也是全球最有影响力的企业家之一。他不喜欢整天坐在办公室里，他的大部分工作时间都在一线生产部门了解情况。麦当劳公司曾有一段时间出现严重亏损，克罗克先生发现导致企业经营亏损的一个重要原因是公司各行政职能部门的管理者有严重的官本位主义，

---

① 《毛泽东选集》第3卷，人民出版社1991年版，第1095页。

习惯靠在舒适的椅背上对下级部门和员工指手划脚，很少走出办公室到第一现场，把大部分工作时间耗费在看报、抽烟和闲聊上。为了改变这个局面，克罗克先生做出一个超乎常规的决定，将所有经理办公室的椅子靠背全部锯掉，并立即照办执行。开始很多人不习惯，抱怨克罗克是不是脑子出问题了。经过一段时间之后，大家理解了他的一番苦心，他们纷纷走出办公室深入基层工作现场调查研究，发现问题立刻解决，在经历了短时间的低谷之后，麦当劳终于扭亏为盈。这是麦当劳创造性的企业管理模式——走动管理。

第九章

中国经典应用管理学对汉字解析的智慧

中国汉字被认为是起源于仓颉造字。与西方字母组合文字相比，中国文字不仅是符号，而且形神兼备，还蕴含着深奥的智慧和文化内涵。正因为有了汉字，使中华文明得以流传至今，让后世子孙才有幸参学和领悟古圣先贤经典的微妙智慧。自古以来就有“一字千金”、“字斟句酌”、“惜字如金”等典故。汉字是中国文化的象征和智慧的符号，从传统文化和国学经典中领悟管理智慧不妨从说文解字开始，从研究汉字的本义开始。应该说，汉字包含着现代企业经营管理的智慧，作为企业管理者对中国汉字进行深入地学习研究，除了可以更好地理解国学经典的思想外，还有助于开启心智并提升自己内在的境界与格局。本章选择了24个汉字，通过说文解字的方式解读汉字的本义和延伸扩展的文化内涵，以此来了解汉字的魅力并体会其中的管理心法。

第一节　汉字的智慧与文化内涵

一、汉字是中华民族的智慧结晶

汉字是中国智慧的文字符号，它起源于五千多年前的上古时代。汉字最初是如何创造的说法不一，在历史文献中有五种常见的说法：一是结绳记事，《易经·系辞下》曰："上古结绳而治，后世圣人易之以书契。"上古时代没有文字，人们以结绳的方式记事，以大绳结记录大事，小绳结记录小事；二是伏羲观察天地万物发明了八卦符号，每一卦符号包含着不同含义，也算是一种文字原型；三是河图洛书用不同数量的黑白圆点来描述宇宙万物运转变化规律，是具象的图形符号；四是根据日月星辰和花鸟鱼虫的形态绘制图形表述相应的意义，中国考古发现的象形文字就是以图形方式创建的符号；五是仓颉造字。汉朝许慎在《说文解字》序中说："黄帝之史仓颉，见鸟兽蹄爪之迹，知今之可相别异也，构造书契。"汉字的产生以仓颉造字的传说在中国流传最为广泛。《淮南子·本经训》曰："昔者仓颉作书而天雨粟，鬼夜哭。"仓颉造字是人类文明史上惊天地、泣鬼神的壮举，文字的发明使得民智渐开，人类的文明得以传承。如果说文化是人类在劳动过程中创造的精神财富和智慧的结晶，那么人类文明产生的必要条件就是文字的出现。正是文字的创造与应用，直接或者间接地推动了社会生产力的发展。没有文字，世界几千年来的历史事件、农业技术、工业技术、思想文化和各种圣贤经典著作等文献不可能被为后世传承，所以文字是社会文明发展进程中重要的载体和强大的推动力。世界各国文字最初都是使用简单的图形符号，随着社会发展世界不同地区的文字也逐渐分化演变，形成不同的文字体系。根据文字特点分为拼音文字、表义文字和音义混合三种基本类型。欧美国家和韩国文字属于拼音文字，汉字属于表义文字，日本文字集成了汉字和西方拼音文字并创造了片假名和平假名。在世界文字发展历史进程中，只有中国汉字最具有深邃的思想和艺术魅力，与其他国家的拼音文字相比较独具特色，是中华民族和五千年传统文化的象征，失去了汉字就失去了中国的灵魂。中国是一个多民族国家，在不同地区居住分布着五十六个民族，不同民族的文化风俗和生活方式各有千秋，如果没有汉字作为统一的文字（秦始皇统一中国最重要的举措之一就是统一文字，即"书同文"），在中国漫长的历史长河中，不仅局限于方言，还可能演化出多种类型的语言文字分支，中华民族也不可能保持着长期和谐统一的状态。汉字不但集成了中国传统文化，也蕴含着人类社会的思想、伦理、智慧与艺术，而且汉字永远不会淘汰过时，几乎不受时间与空间的限制，对于古代所发明创造的汉字，无论经历了多少年或者哪一种字体，在今天仍然能被人们认识和理解。但是西方拉丁语系和英语，很多古代英语单词对于现代博学的人都可能无法解读。此外，汉字的字数基本保持不变，《康熙字典》总计收进了 47035 个汉字，常用汉字大约六七千个，不管时代如何变迁，任何新事物都能使用现有的汉字组合来定义，这是拼音文字所无法比拟的。随着社会经济和科技的高速发展，新创造的英语单词也层出不穷，根据国外有关统计资料，英语单词数量将近 100 万个。即便单词数量如此之多，仍然无法使用现有英语单词概括描述新生事物，其中的新思想、新思维和新技术在大众中传播的范围也非常有限。汤因比博士说："中国文字适于作未来世界的统一文字，因为具有思想和观念的中国文字，比拼音文字少受时空的限制，便于灵活使用。"根据他对中国传统文化的深入的研究，还预测公元 21 世纪将是亚洲的世纪，而东亚文明的主体是中国，所以未来的世纪将是中国的世纪。"

二、汉字书写的全息性与笔迹鉴定

一个汉字具有字形、音声、韵律和字义，凝聚了中国劳动人民特有的民族精神与文化特征。汉字是使用最灵活方便的智慧符号，除了甲骨文、大篆、小篆、金文、隶书等众多字形以外，还有优美的字形和动听的韵律，只有中国才有诗词歌赋、书法艺术、戏曲表演，尤其中国诗词讲究平仄工整、音声押韵，读起来朗朗上口。在今天的中小学教育和企业文化建设中，应该有必要从汉字的声韵、字音、本义和吟诵等方面加大投入教育培训的力度，让更多人认识汉字，理解汉字，能写会用汉字，同时有必要将古代繁体字与现代简化字并行应用，尤其是繁体字所包含的内涵更加丰富。汉字一笔一划的书写方式也比较自由，没有非常精确的要求，有时多一笔或者少一笔都不会影响大局，只要字形相似就能为人们认识。因此，一个人的笔迹很少出现雷同，或多或少都存在着差别。由于书写汉字时，笔画、横竖以及手指握着笔杆的细微运笔动作都受到人的大脑思维模式和心理习惯的影响，从而形成各自的笔迹，不同人笔迹的模糊性就像中医诊脉和掌纹诊病一样，是一种生物全息效应的体现。笔迹能很好地反映人的性格、心理特征、为人处事的风格以及身心健康情况。在公安刑侦和司法机构早就将汉字笔迹鉴定作为判断事实真相、破解疑难案件的有效手段。很多欧美国际知名企业把笔迹鉴定广泛地应用于人才招聘和人力资源管理当中，企业至少要安排一名笔迹鉴定师对员工和商业合作伙伴的笔迹进行分析，并且以此作为企业决策的辅助手段。与西方拼音文字相比而言，汉字笔迹鉴定要相对复杂，往往通过分析笔画诸多细节，能够更加全面客观地反映一个人的基本性格与心理特征，真的有这么神奇吗？下面列举几个典型的笔迹鉴定实例。

毛主席的诗词和书法具有独特的风格与魅力，自成一家，称为“毛体”。从他的诗词中不仅可以感受到一代政治家、军事家、革命家运筹帷幄决胜千里的气概，领略挥斥方遒指点江山的伟人风采，更能体会到他对家人、朋友和广大人民群众的真挚感情。尤其他的书法墨迹，与他诗词的风格一样，笔迹飘逸豪放，一笔一划都充满着激情和无限的魅力。从笔迹的细节分析，整个字体向右倾斜，运笔速度比较快，笔压的力度比较重，笔划的横向纵向书写自由，不受任何约束，表现了其为人性格豪放和不惧怕任何压迫的王者风范，如他的七律诗词《人民解放军占领南京》“钟山风雨起苍黄，百万雄师过大江。虎踞龙盘今胜昔，天翻地覆慨而康。宜将剩勇追穷寇，不可沽名学霸王。天若有情天亦老，人间正道是沧桑。”生动体现了他敢于在各种恶劣的环境中突破艰难险阻，带领中国人民夺取中国革命胜利的气魄。再进一步分析撇和捺的笔迹，在刚健有力的笔划中又流露出一缕柔情气质，正如诗词《蝶恋花·答李淑一》“我失骄杨君失柳，杨柳轻飏直上重霄九。问讯吴刚何所有，吴刚捧出桂花酒。寂寞嫦娥舒广袖，万里长空且为忠魂舞。忽报人间曾伏虎，泪飞顿作倾盆雨。”表达了他对夫人杨开慧无尽的思念之情。

蒋介石的毛笔书法正像其名字蒋中正一样中规中矩，笔画横平竖直，墨迹浸透纸背，为人性格刚正固执，缺少浪漫色彩。在婚姻家庭方面缺少圆融和男性胸怀博大的魅力，从“親”和“誠”的末笔的笔锋看，有不破楼兰终不回的气质，分析上面四个字的笔画“横”，都是向右上方倾斜，表明心态积极向上，笔画“竖”比较宽和厚重，处理问题的能力突出，为人比较豁达。笔画“折”、“撇”和“捺”缺少曲线美，仍显得刚直，所以处理重大问题或者其他冲突矛盾时缺少智慧和善巧。从蒋中正先生的笔迹分析他的健康状况，气血通畅、精力充沛，由于笔画过于刚直，性格有偏执倾向，阳气内炽，由此可知其人肝火内盛，容易经常发脾气和晚上出现失眠症状。

最后，再看某家公司财务经理的笔迹，该笔迹初看字间距比较紧凑，字体也稍小，并且笔画不够圆润，表明工作态度认真，生活比较节俭，心胸不够宽广。笔压适中，书写速度快，表示以我为中心的主观性很强，凡事我行我素，性情不免有些固执急躁，同时有几分盛气凌人的傲气。字间距清晰无粘连，行间距比较大，表示比较聪明，思路清晰，有计划性和一定的组织能力，兴趣广泛，追求创新不安于现状。仔细观察笔画“竖”和“撇”都比较直而生硬，代表肝火旺，容易发怒，笔画“横”短直，心胸不开放，包容度不够，在转折和钩处笔画缺少曲折有情，代表脾胃运化功能不好，抱怨心理比较重，与同事的人际关系通常不够和谐，生活中很少有知心朋友。

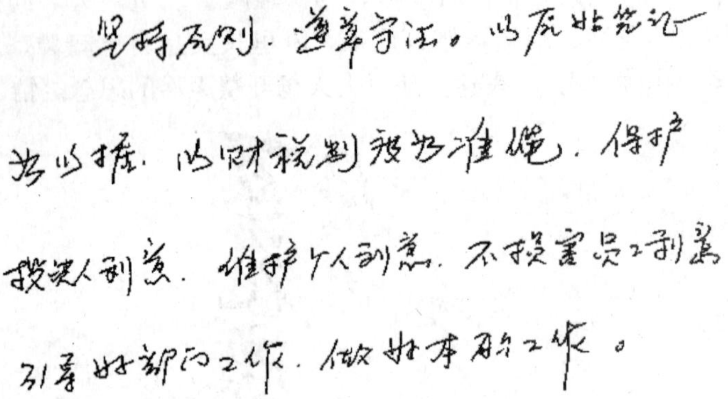

三、说文解字解析“说文解字”

汉字是形、义、音、韵的集合体。作为当今世界文字体系中最具智慧的文字符号，每一个汉字是中国语言文字的基本单元，其中包含着非常高深的思想与精神，汉字的字形、偏旁部首以及字形结构所分解的笔划都有不同的含义，如果一个汉字从最初造字起源和字形结构、声韵、会意等方面进行详细阐述的话，那么可以撰写一部非常有水平的学术专著。所以，要深入理解中国人的思想和传统文化中智慧，从说文解字开始，以此来理解汉字的本义及其应用。对于社会大众、学校教育工作者、企业管理者来说，通过解析汉字及其文化历史渊源，有助于感悟人生智慧和提升企业管理水平。古人对汉字的研究包罗万象，包括拆字、解字和测字都在朝廷和民间有过广泛地传播，而且汉字也因此被蒙上一层神秘的色彩，甚至民间一些江湖术士为了谋取钱财，通过为人测字、解字来预测吉凶祸福。

古代有一位家境富裕的员外，娶了好几房太太，员外年龄已经五十多岁了，却始终没有子嗣，心中焦虑地盼望着太太能生儿育女。街里私塾的教书先生知识渊博，教书先生还精通测字远近闻名，经常为乡邻通过测字解决家里的一些困惑。一日，员外来到私塾向先生请教家里的妻妾是否还能生育。教书先生说道："请写一个字"，员外用毛笔在纸上写了一个"棊"字，教书先生看了看，略作思考说："假设你要是写'碁'字，则指的是围棋，围棋的棋子是越下越多，但是你写的这个棊字是指象棋，象棋在双方对局过程中，棋子越下越少，看来你家人丁不旺啊！"员外连连点头称是，接着问道："那么，请先生看看我还能有子女吗?"教书先生说："那就请你再写一个字。"员外又在纸上写了一个"武"字，教书先生看过之后不禁摇头叹息道："将武字拆开为'一'＋'弋'＋'止'，意思正好是一代无人到此止，看来员外命该如此，一生没有子嗣后代啊！"

测字解字无非是古代江湖术士们为了谋生而使用的小聪明罢了，汉字被人为地赋予了灵魂和预测吉凶的功用。对于相同的汉字，在时间、地点和环境氛围一样的条件下，不同人的解析也绝不会相同。中国汉字由笔划线条构成图形符号，是人们的精神面貌和内心世界的映像。古代人利用汉字形声会意的特点进行拆字解字，构思非常巧妙，在今天看来汉字是五千年传统文化和中国人智慧的体现。在曹雪芹的《红楼梦》第五回中，贾宝玉在太虚幻境翻看金陵十二钗的"终身册籍"时，看到影射王熙凤的一句话是："一片冰山上有一只雌凤"，并有诗曰：

凡鸟偏从末世来，都知爱慕此生才。
一从二令三人木，哭向金陵事更哀。

这是一首汉字拆解作诗的例子，凡鸟组合就是"鳳"，简体字为凤，指的是王熙凤，"一从二令三人木"也是汉字被拆分后所作的诗句，重新组合为"从、冷、休"，暗示着凤姐一生的命运，由开始众人对她的惟命是从到遭受冷落的命运，最后的结局是聪明反被聪明累而被休弃的三个阶段。

汉字解析作为一个文化分支，对汉字拆解与组合也可以在现代企业经营管理和企业文化建设活动中发挥应有的作用，例如，为企业机构或者产品注册命名提供有效的思路，增加企业形象和产品的文化色彩，提升企业无形品牌价值。中国古代解读汉字的第一本经典著作是东汉时期许慎撰写的《说文解字》，这是中国语言文字学历史上第一部解读分析汉字的字形、字义和声韵的字典。同时，《说文解字》一书对中国传统语言文字的应用发展形成了深远的影响，也是汉字的音韵、训诂和注解古文的重要文献，解读分析汉字离不开《说文解字》。在古人和前辈学者研究成果的基础上，这里对汉字（以繁体字为标准）的本义以及其中包含的人生哲理和管理智慧进行阐述分析。下面从解读“說文解字”这四个汉字的开始。

“說”注音为“shuō”，本义为“释也，一曰谈说也。”即言语解说和说明的意思，《墨子·经上》曰：“说所以明也。”“說”的通假字为“悦”，《论语·学而》云：“学而时习之不亦说乎。”从“說”的字形结构看，是由“言＋兑”的左右结构。“兑”有三层含义：一是兑换和兑现。唐代有一种金钱汇兑的方式称为兑便，也叫飞钱，类似汇票的功能，由此引申为说话做事或者金钱交易应该以诚信为本，失信于人很难受人尊敬和立足。二是同“悦”，即有喜悦欢喜的意思。一个人说话能给他人带来喜悦的感受是一种智慧，“兑”是《易经》八卦之一，兑为泽，具象为少女，与人沟通交谈时，怡吾色，柔吾声，如同美丽的少女一样令人赏心悦目，言谈举止给人带来芷若幽兰的感觉。三是有惠泽万物的意思。一言可以兴邦，一言也可以丧邦，兑卦《彖辞》曰：“兑，说（同悦）也。刚中而柔外，说以利贞，是以顺乎天而应乎人说以先，民忘其劳。说以犯难，民忘其死。说之大，民劝矣哉。”这段话的意思是：“君子以内在刚健中正之德，外在示人以柔和的姿态，心存利他利物的德行，坚持正道并合乎人心，以惠泽天下百姓为先，需要百姓为国家效劳时，百姓将不辞劳苦，在国家危难之际，甚至可以奉献出生命”。所以，孔子感慨道：“说之道即惠民之道，太伟大了！”

“文”在《说文解字》中解释：“错画也”，意思是“对事物进行整体描绘，笔画错综交联之象，不可解构。”“文”与“纹”是相通的。“文”在古代有不同字形，正面像一个站立的人形，金文在胸部加入了“心”字，从这一点看，其延伸的含义是指在心里形成对客观事物的整体映像，也是表明一切象由心而生。

甲骨文　　金文　　小篆

“文”在不同的语境里有不同的意义，常见的有几种：一是规律和迹象。《左传》曰：“经天纬地曰文。”例如，天文、水文。二是文德、德行。杜牧有诗：“圣云继之神，神乃用文治。”宋朝著名文学家周敦颐在《通书·文辞》中曰：“文所以载道也，轮辕饰而人弗庸，涂饰也。况虚车乎？文辞，艺也；道德，实也。美则爱，爱则传焉。贤者得以学而至之，是为教。故曰：言之不文，行之不远。”这是文以载道一词的出处。三是礼节仪式。例如，繁文缛节，古代的礼节仪式也是一种文化和道德传播的载体。

“解”在《说文解字》中注释：“判也，从刀，判牛角。”“解”是一个会意字，本义是指分解牛身体，一般指剖开的意思。《庄子·养生主》有“庖丁解牛”的典故，为什么庖丁解牛时，目无全牛却能游刃有余呢？因为熟悉牛肌肉骨骼的走向和纹理，按照纹理去解牛当然顺畅，理解一词的意思就是指要想获得解法，必须明理在前。人生难免遇到问题，对于有智慧、有德行的圣人，在他们解决问题时就像庖丁解牛一样能从微细中见大道，所有症结和困难在挥手之间便迎刃而解。《易经·解卦》彖辞曰：“解，险以动，动而免乎险，解。解，利西南，往得众也。其来复吉，乃得中也。有攸往夙吉，往有功也。天地解而雷雨作，雷雨作而百果草木皆甲坼。解之时大矣哉。”意思是虽然处于险境，当值守中正，以德行事，必然能使得险境得以化解，白果草木得以萌动生长。解的读音为 jiè 时，唐宋时期由地方推荐进士发送入京的称为“解”。明清科举时代，乡试称解试，解试第一名称为解元。还有押解犯人的意思，如京剧曲目苏三起解。此外，还读作 xiè 通“懈”，有松懈倦怠的意思。例如，《诗·大雅·生民》曰：“夙夜匪解，以事一人。”在国学经典中“解脱”也读这个音，意思是息灭贪嗔痴，达到五蕴皆空的无上正等正觉境界。

“字”在《说文解字》中解释：“字，乳也。”《广雅》注释为：“生也。”会意兼形声。本义是“孕育，女人在屋内生孩子。”例如，《易经·屯卦》六二爻辞曰：“屯如邅如，乘马班如，匪寇婚媾，女子贞不字，十年乃字。”字在今天都称作文字，古代单体为文，合体叫字，文与字存在着差别，《说文解字·叙》曰：“仓颉之初作书，盖依类象形，故谓之文，其后形声相益，即谓之字。文者物象本，字者言孳乳而浸多也。”文主要指象形，字在于声韵和会意，现代汉语则没有这个区别。从字所代表的孕育意思看，文字孕育着中华文明和古圣先贤的思想世代相传，没有文字就没有中国五千年的传统文化和人类社会的不断发展。

第二节　“疾病疼痛”企业诊断分析

人为什么罹患疾病？大部分人的答案是人吃五谷杂粮哪有不生病的道理，其实不然！中医理论认为人体产生疾病的外因是“风、寒、暑、湿、燥、火”，内因是“喜、怒、忧、思、惊、恐、悲”，七情六淫使得五脏六腑阴阳不平衡导致各种疾病。中国传统文化博大精深，关于疾病产生的根源可以从中国汉字解读中获得圆满答案。

从“疾”字结构看，内部是一个“矢”，代表“箭弩”的意思，箭的含义如果用在人的性格则表示一个人很急躁，箭在弦上之意，而且说话做事情不懂得曲折有情，一向直来直去不顾及别人的感受，这样不仅伤了别人也伤了自己，这便是是疾患的内在原因之一。在看部首“疒”，这是一个会意字，《说文解字》注释为：“倚也，人有疾病，象倚箸之形。”在古代象形文字中就好像一个人躺在床上，人生病都希望有所依靠。另外，将“疒”的字形进一步分解，是一个“广”字在左侧加了上下两点，“广”是代表心胸宽阔和通达的意思，而加了上下两点表示向上不通，向下也不通，身体上下不通就出了问题，当人的性格比较固执、内敛，不喜欢与人开诚布公的交流就会出现上下不通导致气血淤滞，引起各种疾患。

“病”字内部是“丙”字，“丙”字的阴阳五行为丙火，丙火五行志在心，“病”字结构又进一步更深入地揭示了我们生病的根本原因：“病由心生”，所有疾病的根源都是来自于我们的心，由于心理出现郁滞而不通达导致了各种不正常的情绪，五脏六腑的阴阳平衡遭到破坏。病人也称为患者，“患”是会意字，“串十心”寓意着心里有所忧虑而发生情绪混乱。中医认为：“喜伤心，怒伤肝，忧思伤胃脾，惊恐伤肾，悲伤肺”，当内心处于病态时，就变成了易感人群，外界的六淫“风、寒、暑、湿、燥、火”便会乘虚而入，各种疾病也随之产生了。

“疼”字也是会意字，由“疒十冬”构成，“冬”代表寒冬之象，即疼的原因是寒气凝聚的缘故。有疼就有痛，疼痛是密切关联的，“痛”字是形声会意字，由“疒十甬”构成，甬者道路也，身体内的经络、神经、血管等都是身体内的道路，道路出现了郁滞不通就痛。中医说的“痛则不通，通则不痛”是非常有道理的。关于疾病疼痛的解释，中医教授刘力红在《思考中医》一书中作了更详尽的阐述。[①]

既然病由心生，病当然还要从心治，中医除了针对病人辨证施治开具药方外，还善于调心治病，真正的中医高手往往是大医无方。下面是一则中医妙法治病的典故：

一位中年家庭妇女患了忧郁症，每天茶不思，饭不想，原因是她的丈夫忙于工作和事业，对她疏于关心，两人相互不理解，还经常为此吵架。后来这位女人日渐消瘦便一病不起，丈夫便领着她看一位老中医。老中医诊脉之后，开了半个月的中药，并一再叮嘱丈夫这个药必须由他来熬，而且要把药亲手端给妻子服用，否则，喝多少中药也没有用。回家以后，丈夫按照中医

① 刘力红：《思考中医》，广西师范大学出版社 2006 年版，第 151—153 页，第 406—407 页。

的嘱咐，每天按时亲自熬药并端给妻子。几天以后，她被丈夫的细心照料感动得痛哭流涕，吃饭、睡觉越来越好，不到十天身体全部恢复。丈夫也在侍候妻子过程有了新的认识，改变了过去对妻子的态度。后来两位上门向这位老中医表示感谢，老中医道出了治病的妙法，开的那些中药不过是非常普通的健脾开胃的药方，妻子病根在于心情忧思抑郁，丈夫的悉心照料让妻子感动，自然化解了她的心结，中药作用不过是引子罢了。

这里不是想要讨论中医治病的方法，而是通过类比取象的方式借鉴中医学的思想，找到企业管理中所遇到诸多问题的根源并思考有效解决方案。对于企业或者组织机构来说，出现各种弊端和问题就像人生病一样，需要找到病根。在企业经营管理活动中，除了要解决技术难题外，所遇到的大部分问题究其原因主要源于两方面：

一是企业伦理关系。作为一位企业领导者善于平衡和理顺各种关系不仅是管理的艺术，还需要管理的智慧。理顺关系的目的在于疏通阻滞，使各种关系畅通，工作效率和人际关系自然和谐。当上下级、各部门和同事之间关系出现了障碍与不和谐，在对内对外的沟通交流、生产合作、市场拓展等多方面必然存在着阻塞，所以企业管理的根本在于通达明理，通达明理才能达到理事无碍的境界。企业管理单凭严格的规章制度并不能使问题得以规避。随着企业经营规模扩大，遇到问题也有所增加，各种规章制度也越来越细化的同时，解决方案也却越来越复杂。由于企业领导者的思维模式和管理体制决定了企业的运转方式和工作氛围，最好的方式是化解，使各方面关系通达无碍。关系通达不能仅仅依靠健全管理制度，过分地强调制度有时可能变成了一种桎梏，这也是为什么走进某些制度管理严格的企业里，总让人有一些冷漠森严的感觉，因为企业管理缺少了人性化的心法，过多的企业规章制度导致冷漠的气息凝集而缺少了热情，使得企业不同部门、上下级、员工之间以及对外交流等很多通道发生病态的郁滞，试想这样的企业氛围里长此以往还能不出现疾病吗？员工在压抑的环境里工作意味着痛苦。

二是企业管理模式与领导者心智。既然病由心生，解决问题的根本还要从心开始。中医讲："不治已病治未病，不治已乱治未乱。"一个有能力的企业领导者不仅是出色的管理者和领导者，有时更像一位睿智的老中医能提前预知和发现企业"疾病"的根源，在问题出现之前及时得到化解。因此，卓越的企业领导者应该读一读中医经典，从中医治病救人的心法和辨证施治的思想中体悟企业管理智慧。"管"从汉字本义看有通达的意思，而"理"即是规律和运行治理。企业管理的要旨和根本应该是对心境的修炼和关系的理顺，所以就管理本身而言，这也是领导者对自我内心境界的修炼和智慧的觉悟。

《六祖法宝坛经》云："不识本心，学法无益，若识自本心，见自本性，即名丈夫。"企业管理的最高境界全在于心的觉悟，如果见自本性的心对了，那么理自然由心而生，从理上能达到明心见性的觉悟境界，各种关系必定能被理顺而畅通无阻，这样企业才能不断腾飞，前景无限美好。

第三节 "心安神明"企业管理心法

"心"在《说文解字》里注解为："人心也。在身之中，象形。"下面是心的四种字体，不得不惊叹古人造字之时在不了解人体解剖学情况下，心的甲骨文和金文字形竟然与心脏外观多么相似，古人靠的是什么？靠的就是内证实验所觉悟的智慧。

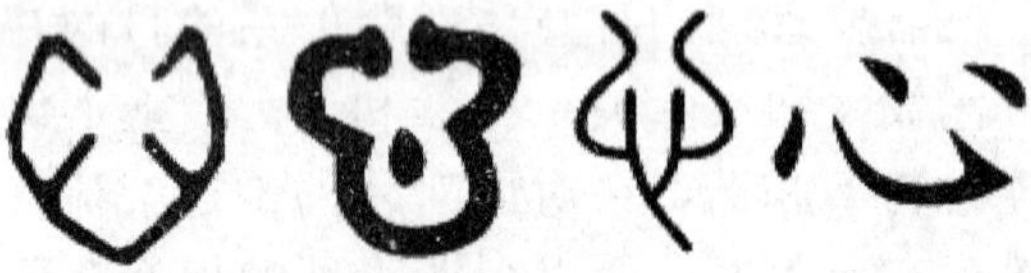

甲骨文　　金文　　小篆　　楷体

中医经典认为："心主神明，君主之官。"心并不是指医学上的心脏，而是含藏于人的身体无形地主宰着人的运动和情感活动的心性。病字包含"丙"字是因为丙代表南方之火相，情志在心，人心出了问题，自然就会生病。无论中医治病救人，还是企业经营管理、市场营销、人际沟通、人力资源优化等，都追求"攻心为上"。再看人体五脏六腑的名称"肺胃脾肝胆肾膀胱肠"，这些字中全部带"月"字旁，月代表肉体的意思，五脏六腑是体内有形的器官。唯独"心"没有"月"字偏旁，心是无形的，心主火，火曰炎上。所以《易经·系辞》曰："形而上谓之道，形而下谓之器。"古代君子重道不重器，而不少现代人是重器不重道。五脏六腑为有形之器，心为无形之道，《道德经》曰："天下万物生于有，有生于无。""无中生有"的说法是很有道理的，并非贬义词。常言道："明心见性，心主神明"，如果一个人能达到明心见性的境界，一切病症便无所不察了。

"安"在《说文解字》里注解为："静也，从女在宀下。"一个人静心才能安稳，《道德经》曰："夫物芸芸，各复归其根。归根曰静，静曰复命。"在茫茫大千世界里，只有心地清净方可回归正道，走上正道是安心的根本。有的人按照字形结构将"安"解释为："家里有了女人才能静心安心。"一个人成家立业让父母了却了一桩心愿，自己也就安心致力于工作事业，这样的解释也算合理。其实"安"字还有更深层次的智慧，从字形结构看，"宀"代表身家，“女”以《易经》类比取象视为坤德，坤卦代表大地，也表示女人。如果释义为坤德，“安”的意思就是一个人内心有德行才心安，君子厚德载物方可心安理得。当前对汉字的不正确解释，导致对一些经典误解的现象比较常见，以《诗经·关雎》为例：

关关雎鸠，在河之洲。窈窕淑女，君子好逑。
参差荇菜，左右流之。窈窕淑女，寤寐求之。
求之不得，寤寐思服。悠哉悠哉，辗转反侧。

目前出版的教科书里普遍认为这是一首古代青年男女的爱情恋歌，描写一位痴情君子对心中朝思暮想的恋人执着地追求。雎鸠鸟欢乐地歌唱，在那河中小岛上，善良美丽的少女是君子所追求的对象。河里长长短短的荇菜，顺着水流两边去采收。善良美丽的少女，朝朝暮暮想要去追求。追求没有如愿，日夜思念牵挂着。长夜漫漫，翻来覆去难以成眠。从表面意思解释上面诗句没有问题，诗句蕴含着很深很美的意境，以至于“窈窕淑女，君子好逑”的诗句至今还朗朗上口。但是，上述解释并没有更深层次地体会到古人真正的意境和心声。众所周知，《诗经》是我国第一部诗歌总集，共有风、雅、颂三个部分，写作所运用的表现手法是赋、比、兴，内容是由孔子亲自主持选定的，共收集了305篇诗歌。《论语》曰：“诗三百，一言蔽之，思无邪”，诗就是指《诗经》。古代谦谦君子心胸坦荡，非礼勿视，非礼勿动，具备很高的道德水准以及思无邪的品质。因此，《诗经》的作者是想用美丽的姑娘比喻君子所追求的美德与自身的修养，古代君子将德行视作自己的生命，就像心目中的美丽姑娘一样，正可谓“君子好德如好色者也”。为了修正和提高自己的道德修养，通过不断努力使之完美。当道德修养不够时，自己不断反思改正，甚至彻夜难眠而辗转反侧。如果按照当前出版物所作的这些常规解释，与孔子思无邪的意境和古代君子之风实在是相差太远了。

“神”在《说文解字》里注解为：“神，天神引出万物者也。”天神并非天帝神仙，而是天地运行之道，万物无不是依道而行。神的小篆字形结构为“示+申”，本义是“上天垂相”，所谓上天垂相就是指现代所说的自然万物运转变化过程中显现的各种现象。

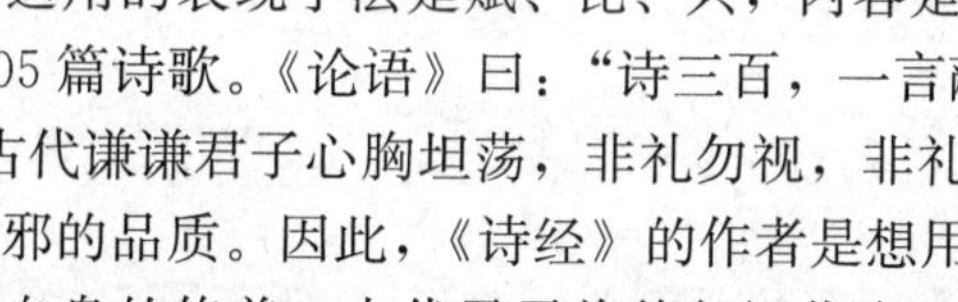

金文　　小篆　　隶书

以上“神”的三种字体都是形声会意字，申形代表天地人三才，用一条直线上下贯通，意思是通达天地人三才的智者，即能了知宇宙自然规律的人就是神，这与民间神话传说中的神仙是不同的。中国老子、庄子、孔子等古圣先贤通达宇宙人生的真理，他们都可以称为神，所以中国是多神或者多元文化共存的智慧文明之邦。

“明”在《说文解字》里注解为：“明，照也。”这个字为象形文字，甲骨文为日月象形组合，表示日月并照，天下光明。小篆字形“明”左边为“囧”，是窗户的象形文字，右边为月亮的象形文字，寓意着当明月临窗时，月光透过窗户照入室内一片光明之象。明的本义是光明遍照，一切事物显露无疑。唐朝武则天为自己重新起名造的字“曌（zhào）”，象征着明月当空之义。我们常说：“人要明事理”，就是能看清事物的运行变化规律，并按照客观规律办事。明事理的最高境界就是中国经典中“明心见性”，能看清看透别人心理不是真正的明心见性，只有心安神明才能真正地看清自己，即心清自明。作为企业领导者，内心清净便是晴天，内心世界的和谐能带给员工们光明的坦途，如果心里充斥着贪嗔痴慢和满是浮华的物欲，如同乌云遮蔽了明月，怎么可能为国家和社会大众带来福祉呢？

第四节　“师道教学”企业育人之道

“师”在《说文解字》中注解为：“师，二千五百人为师。”古代军队的一种编制。《易经·师卦》讲的是用兵用人问题，师卦彖辞曰：“师，众也。贞，正也。能以众正，可以王矣。”作为统领大众的将帅，要以正义才能取得大家的信任。师卦上六爻辞为：“大君有命，开国承家，小人勿用。”在创业之际，力行一条原则就是谨慎用人，尤其不可以任用小人。“师”还有老师的意思，自古以来老师的作用是传道授业解惑，老师被称为人类灵魂的工程师，除了教授知识，还要颐养学生德行和接续慧命，如果老师不认真教学就断了学生的慧命。一个人取得进步和事业成功离不开老师的教导，尊师重教是人生进步的阶梯。孔子曰：“三人行，必有我师焉。择其善者而从之，其不善者而改之。”老子也曾经说：“故善人者不善人之师。不善人者善人之资。不贵其师、不爱其资，虽智大迷，是谓要妙。”圣人无常师，孔子曾经师从郯子、苌弘、师襄、老子。韩愈《师说》曰：“是故弟子不必不如师，师不必贤于弟子。闻道有先后，术业有专攻，如是而已。”孝亲尊师和尊师重教是中国自古以来的优秀传统。中国古代民间大多数家庭在中堂祭祀或者供奉一块牌子，牌子上刻有“天地君亲师”字样，老师与天地、国君和父母放在同样至高位置尊奉，即使是皇帝也要拜师学习。

“道”在《说文解字》中注解为：“道，所行道也。”最常用意思是指人行走的道路，如白居易诗歌：“远芳侵古道，晴翠接荒城。”还引申为水流通行的途径，如《诗经·小雅》曰：“周道如砥，其直如矢。”小篆体的字形结构为“辵＋首”，表示用头脑智慧行事。其次，是指事物内在的性理（性德）与运转规律，中国有茶道、剑道、武道、书道、商道等，每一行业都有各自的道法规则和推行运作模式。“道”不可言说，最让人难以琢磨的是微妙玄通，深不可测。“道”还指宇宙万物的本原和本体。《道德经》曰：“有物混成，先天地生。寂兮寥兮。独立而不改。周行而不殆。可以为天下母，吾不知其名，字之曰道。”与“心”字类似，道无形无相，惟恍惟惚，无法用语言文字表述，唯有用心体会感知。中国传统文化讲究人与自然“天人合一”，“一”便是道，得道者多助，失道者寡助，有道者得天下，无道者失天下。那么怎样才能得道呢？按照自然规律办事就能得道，用中国经典语言来表述就是“佛道为精髓，黄老为骨肉，儒术为外相。”中国古人信奉儒释道三家经典，并以此作为治国安邦之道，这些思想似乎与现代社会意识形态格格不入，也不清楚如何应用以解决当今国内外的诸多问题。实际上古圣先贤已经为后人指出了“修身齐家治国平天下”的大道，每一个中国人都遗传和继承着古圣先贤们的基因，血脉中流淌着五千年的中华文明，今天中国经济之所以能可持续稳步增长，与我们国家领导人的睿智和以道治国的思想密切相关。老子说：“和大怨必有余怨，安可以为善?”，解决各种国际争端崇尚和平谈判方式，并不是中国经济实力和军事实力不够强大，而是不到迫不得已的时候决不先动用武力。中国一向奉行“以和为贵”，懂得“兵者不祥之器，非君子之器”和“大军之后，必有凶年”的道理。美国凭借霸权出兵阿富汗和攻打伊拉克，发动战争不仅没有从根本上解决问题，还给当地的经济和民生造成了巨大破坏，社会生产停滞和秩序混乱，使得老百姓生活质量急剧下降，甚至有些地区民不聊生。还有号称以儒家文化治国的日本自以为经济实力和军事力量比较强大，经常发表不合时宜的言论，采取屡次侵犯中国领土的挑衅行为，这是破坏世界和平的不得人心的失道行为，美国和日本都应该认真研读中国儒释道经典，从中国传统文化中体会治国的智慧，重新洗心革面回归到正确轨道上来。

“教”在《说文解字》中注解为：“上所施下所效也。”“教”为形声会意字，字形结构是“孝＋文”，“教”的字形字义与儒家思想是一致的。《论语·学而篇》曰：“弟子入则孝，出则弟，谨而信，泛爱众，而亲仁。行有余力，则以学文。”古代老师教学生首先就是孝悌，在行有余力的情况下才读书学文。《礼记·学记》曰：“教也者，长善而救其失者也。”古代教学无处不在，教学不仅在学堂私塾里，还体现在皇帝言行及其治国思想、各级官员政务和百姓日常生活当中。古代教学模式主要有三种：一是君主以身教化。封建帝王号令天下，无不上行下效，其言行为天下人做出样板，也是教化臣民、移风易俗的样板。例如，封建帝王登泰山举办封禅大典，祭祀宗庙，推行儒家的五伦八德和宫廷礼乐制度等，皇帝一定要先身体力行，为官员和天下百姓做出典范。帝王的言行和治国思想好比是风，普通百姓像草一样，风行天下，草随之倾倒，这就是帝王教化之风，使得百姓在不知不觉中受到潜移默化的影响。所以，古代开明的君主执政时，往往风调雨顺、政通人和，社会生产力也相对发达。二是圣贤教化。孔子、孟子和老子等圣贤是世人行为处事和安身立命的典范。孔子被后人誉为“大成至圣先师”和“万世师表”，孔子的德行和儒家思想一直教化着一代又一代的中国人。《易经·观卦》彖辞曰：“圣人以神道设教，而天下服矣。”前面讲过只有通达宇宙自然规律的人才称为神，观卦的彖辞的解释：“圣人就是神，以天地自然之道来教化天下百姓，没有不信服的。”《论语·颜渊》曰：“君子之德风，小人之德草，草上之风必偃。”孔子的教学方式也是如此。三是礼乐制度与民间风俗教化。中国从古至今非常重视礼乐制度和各种民间风俗，这些不仅是中国文化传承，也是一种有效的教学形式。在礼教方面，像寻常百姓的家庭宴请、婚丧嫁娶、冠礼、乡饮酒礼、祭拜祖先宗庙礼仪等。在乐教方面，宫廷乐曲、民间音乐、各种地方戏曲等大众喜闻乐见的形式，与礼教共同成为古代君主教化天下百姓遵守伦理道德的重要方式。《论语·泰伯》曰：“兴于诗，立于礼，成于乐。”孔子认为：“一个国家要想和谐稳固发展，必须合乎礼乐。”诗礼可以传家，寓教于礼乐之中。现代社会经济和科学技术日新月异，人们追求物质享受，传统礼乐文化正面临着失传和被抛弃的境遇。“礼教”和“乐教”也逐渐从家庭和社会中淡化退出，当前商业化运营的广播电视、网络、音乐演出和影视媒体在伦理道德方面的正能量传播远远不足，与以利益为重的传媒节目相比，教化人心积极向善的礼乐文化还需要大力弘扬。

“学”在《尚书大传》中注解为：“学，效也。近而愈明者学也。”人只有在学习中才能进步成长，学习是人的天性，一个人从婴儿阶段就开始咿呀学语，效仿父母的语言行为。“学”有两层意思：第一层意思是学问、学说。中国古代的学说众多，浩如烟海，即使穷尽人一生时间也不可能将诸子百家经典全部读完。第二层意思是治学、学习。现代人学习是为了取得优异的考试成绩或者谋求升职，古代君子为了进德修业治学严谨，而且非常精通读书学习之道。《论语》第一篇“学而篇”就是在深入地讲学习方法。古人的学习方法主要有四种：其一，古代教学都是口耳相传，弟子为了求学与老师同吃同住，前三年尽心服侍老师饮食起居，老师对弟子的教学方法就是口传心授，遇到疑难问题直接向老师请教，师徒如父子，确实可以学到真本事，过去私塾的秀才可以教出状元郎，关键是老师教学方法得当。其二，古代读书人非常好学，好学如好色。《论语·学而》曰："君子食无求饱，居无求安，敏于事而慎于言，就有道而正焉，可谓好学也已。"不仅学习勤奋刻苦，而且遍访天下名师，四处参访游学。其三，学而时习之不亦说乎，学习能产生发自内心的喜悦与享受。在《论语》通篇没有一个"苦"字，孔子认为学习是快乐的，就像孔子听闻韶乐而三月不知肉味一样生起喜悦心，学习中喜悦儒家称为学乐，也称之为法喜充满。学习浸淫在喜悦中，一门深入一定能成就。古人学习方法和好学精神在科技发达的现代社会应该得以承传发扬，有利于社会文明传播，直接或间接地促进社会经济和生产力发展。其四，学以致用。古人治学是要做大学问和治国安邦的大事，《大学》开篇曰："大学之道，在明明德，在亲民，在止于至善。知止而后有定，定而后能静，静而后能安，安而后能虑，虑而后能得。物有本末，事有终始。知所先后，则近道矣。""大学"这里指的不是现在的高等教育机构，指的是博学多闻的大人之学和君子之学。学习要能够精通应用，精通的目的全在于应用。毛主席说："读书是学习，使用也是学习，而且是更重要的学习。"[①] 古代很多学问、技艺和民间艺术由于在今天很少有人应用已经几近失传，最好的解决方法就是通过教学来传承其应用，将古代的学问在现代家庭生活和企业经营管理中全面激活，实现古圣先贤的智慧在现代社会得以复兴的目标。

《礼记·学记》曰："玉不琢，不成器。人不学，不知道。是故古之王者，建国君民，教学为先。"国家建设和经济发展需要师道教学，没有师道教学就很难在企业里实现技术创新和将知识转化为生产力。企业经营管理离不开师道，更离不开能转化为生产力的教学。企业践行师道教学的最佳方式就是走高校与企业联合和项目对接的途径，让高校专家教授的科研成果在企业中转化为生产力，校企合作不仅能解决企业技术难题，带来经济效益，还是相互学习、共同提高的交流过程。现在新毕业的大学生分配到企业，能马上独立承担工作任务的人不多，一般都需要在基层学习锻炼一年。企业不仅要通过经营生产获取利润，还要成为人才培养基地，建立专业性、实践性的教学体系，为新职工提供发挥才能的机会，使其能学有所用。过去大部分企业都沿袭以老带新的师徒制度，为每位新员工指定一名师父手把手传授技能，师父毫无保留地教，徒弟也认真学。经过一段时间，新员工很快就能独立开展工作，这也是古代口传心授的教学方法在企业中的具体应用。可惜当今有相当一部分企业只注重谋取利益，很少愿意推行这样制度。不少拥有高学历的人才辞职并不都是因为工资待遇问题，而是所学知识和专业技能难以施展。长期以来，企业用人留人是人力资源部门亟待解决的难题，除了适当提高薪酬

① 《毛泽东选集》第1卷，人民出版社1991年版，第181页。

待遇外，如何让每一位员工都能人尽其才得以重用，关键在于构建企业师道教学体系，师道教学做好了，自然就会解决人才频繁流失的问题。此外，企业除了要重视专业技术人才培训外，还要加强对员工自觉自悟的人文教化。中国古代皇帝几乎都是以儒家文化治国，朝廷大臣也都是饱学诗书的文人出身，有时还要礼请一些大德高僧作为国师来指点江山。文化的能量是不可思议的，虽然专业技术可以为企业创造利润，但是人文教育却能提高员工的品德修养和转识成慧的能力，为企业技术创新提供更宽泛的空间，推行师道教学的企业每天都能在学习中进步提高。

第五节　“福惠益德”企业经邦济世

“福”在《说文解字》中列为“示”部，“示，上天垂象之意，所示之象见吉凶，观乎天文以察时变，示神事也”。从福字的结构看，正如民谣中所说“一口田，衣禄全”，就是把福的“示”部首看成是衣字，可以认为衣食丰足了就是福气。中国民间有五福临门的说法，五福的具体内容是：“一曰寿，二曰富，三曰康宁，四曰攸好德，五曰考终命。”现代人追求的幸福不仅要衣食无忧，更主要的是精神生活上得到满足，对未来美好生活的憧憬向往，每个人都希望趋吉避凶。因此，在古代“福”与“避”本义是相通的，即能避开灾祸就是福。中国每年春节家家户户都有贴“福”字的习俗。新春来临之际，人们在企业大门、办公室、商业店面以及家里贴上福字。怎样贴“福”字才是正确呢？首先，福字的字体字形要端庄厚重，笔迹要有气势，如果笔迹柔弱纤细就显得福气比较薄了。其次，关于福字贴法要搞清楚，福字是正着贴还是倒着贴有一个说法，倒着贴为谐音讨个彩头，“倒”与“到”读音相同，不少人愿意将福字倒着贴，寓意着福到了。但不是所有位置的福字都倒着贴，对于米缸、卫生间可以倒着贴，如果家中以前发生过不幸、亡故或者意外灾难的事情，希望转运者（只是一种心理暗示和安慰作用，没有任何迷信成分）可以倒着贴“福”字。从中国传统文化和民间习俗看，一般在大门上或者办公室的门上还是正着贴，因为大门是人们必经的出入口，“福”字的字形要端正庄重为好，这样才能产生福气临门的正能量。

中国的福文化包含着人们趋吉避凶的心理，封建社会皇帝举行各种祭祀大典也都是为了祈福，希望国运昌盛、天下太平。对于现代人来说，怎样才算是幸福呢？个人价值观不同幸福感不同，有的人认为幸福来自物质金钱享受，有的人认为幸福来自锦衣美食，其实幸福本源自于内心，与物质金钱无关。有一家企业文化标语是：“挑战自我，超越自我，创造精彩明天。”什么是人生的精彩，精彩是幸福吗？精彩不一定幸福，精彩需要付出代价，超越需要不断的竞争，超越有时还要兵戎相见。即便如此，多少人为之痴迷，多少人为之心动，多少人为之忘我。人生的精彩永远是别人的喝彩，人生的幸福却是源自内心的安定祥和与仰俯无愧，她是内心的至真、至善、至美的最高境界，是生命中永远快乐的源泉。所以，企业在创造财富的同时，更要为员工和社会大众带来利益并创造欢乐与幸福。

“惠”在《说文解字》中注解为：“惠，仁也。”“惠”有四层意思：一是仁慈、仁爱。《诗经・小雅》曰：“昊天不惠，降此大戾。”《易经・益卦》九五爻辞曰：“有孚惠心，勿问元吉，有孚惠我德。”人有至诚仁慈的爱心惠及天下人，无须卜问吉凶祸福，德行也得到长养。二是恩惠。《论语・里仁》曰：“君子怀德，小人怀土；君子怀刑，小人怀惠。”三是柔顺。王羲之《兰亭序》曰：“天朗气清，惠风和畅。”四是智慧。唐朝韩愈《送李愿归盘谷序》曰：“曲眉丰颊，清生而便体，秀外而惠中。”从以上“惠”字本义的四种诠释可知，以仁爱之心经营企业不但能让企业自身和社会大众受到恩惠，而且无须卜问未来前途的吉凶祸福，企业一定能繁荣昌盛。

“益”在《说文解字》中注解为：“饶也。”小篆字形为会意字，像器皿中有水漫出。由此引申为自身丰厚充实才有能力饶益于他人。《易经・益》彖辞曰：“益，损上益下，民说无疆。至上下下，其道大光。利有攸往，中正有庆。利涉大川，木道乃行。益动而巽，日进无疆。天施地生，其益无方。凡益之道，与时偕行。”益卦“损上益下，民说无疆。至上下下，其道大光。”点出了“益”字的真实内涵，益如流水至上而下，君主或为官者应该施惠于人，让人民大众获得真实利益，这是惠泽天下的凡益之道。

企业经营管理的目的是为了追求利润和经济效益的增长，有利润才能创造财富和为他人带来实惠。如何理解经济效益？关键就在于“惠”和“益”这两个字，从有孚惠心开始，即以至诚心修身立命才能做出一番利益天下大众的事业，天施地生便是损上益下，万物得以生长，人民受益而喜悦。因此，惠须发乎于心，益则润泽天下。归根结底用一句话概括就是：“全心全意为人民服务。”做一个“福惠（慧）双修”的企业家，让企业成为有益于社会大众的法人机构，这也是企业家的道德和应有的责任。

“德”在《说文解字》中注解为：“德，升也。”道德作为一个词语经常被用于各种场合，“道”是事物真空妙有的本体，“德”则是事物的运行变化规律和所表现的形态。德行也是生活中常用词，《周礼・地官》曰：“德行，内外之称，在心为德，施之为行。”德行就是按道行，依自然规律办事，一个人有德行才能不断提升道德修养；一家企业有德行为社会和自身才能创造出更大的经济效益；一个国家以德治国，不仅社会经济平稳增长，国民也会安居乐业。企业生产经营为了贪图更大利益而不惜一切手段，其行径与市场经济发展规律相背离，这是破坏经济发展的失德做法。温家宝总理在2009年2月访问英国，在剑桥大学的讲话中指出：“道德是世界上最伟大的，道德的光芒甚至比阳光还要灿烂。真正的经济学理论，决不会同最高的伦理道德准则产生冲突。经济学说应该代表公正和诚信，平等地促进所有人，包括最弱势人群的福祉。”

首先，中国古人非常崇尚修德养性，修德就是养德养生，奉行“静以修身，俭以养德。”《易经·否卦》象曰：“天地不交，否。君子以俭德辟难，不可荣以禄。”君子格物修身，俭以养德才能避免灾难。但是俭并不是一味地节俭，《易经·节卦》曰：“苦节不可贞”，过分节俭反倒不是好事情，物尽其用不浪费便是俭。在城市民生工程中，建立垃圾焚烧发电厂和居民生活用水处理再利用工程；在房地产楼盘规划设计中，建设生态节能小区，充分利用太阳能为居民供热，设计小区雨水和雪水收集的环保工程，为小区绿化和防火安全提供水源；在企业整体生产运作规划中，构建循环经济、循环生产和废物再利用的管理模式，可以有效地降低企业固定成本和可变动成本，成本降低就意味着经济效益和利润率的提升。这些都是在同行业推行俭以养德的具体实施形式，能否实现全在于领导者有心无心。

其次，积功累德，厚德载物。不积跬步无以至千里，德行的积累与行路一样，有多大的德行意味着一个人能走多远和成就多大的事业，对于个人职业生涯、企业经营管理和国家发展建设也是如此。《道德经》曰：“修之于身，其德乃真；修之于家，其德乃余；修之于乡，其德乃长；修之于国，其德乃丰；修之于天下，其德乃普。故以身观身，以家观家，以乡观乡，以国观国，以天下观天下，吾何以知天下然哉？以此。”为什么有的企业始终做不大、做不强？从对“德”字的本义解析看，答案自然清楚，一个人能享用的财物和所处的地位与其德行成正比，有多少德行决定着能承载多少财物，德不配位必然财重压身，这在第二章关于财富与德行的不确定性原理已经阐述地很清楚了。领导者的德行和胸怀不够的话，再有实力的企业也可能走向衰落，又怎么可能做大呢？更不用说达到厚德载物、经邦济世的境界了！

第六节　“企业愿景”创造美好未来

“企”是会意字，从人、从止，《说文解字》注解为：“企，举踵也。”本义为踮起脚跟，企盼和企望就是踮起脚跟向远望，非常期盼之义。《道德经》曰：“企者不立，跨者不行。”“企业”则是比较常用词语，字形为“人＋止”

的上下结构，其引申扩展意义有两点。

其一，对于企业内部来说，管理要以人为上，以人为本，人力资源制度制定与优化决定着企业用人之道，关于企业用人问题在第五章已经做过详细阐述，这里不再赘述。对于企业的消费者或者客户来说，就是满足他们的需求。企业生产的产品或提供的服务是否为广大社会消费者需要，这些消费群体的类型是什么，人数有多少？只有经过周密地调查研究，才能确定企业的生产规模和服务模式，企业经济效益也随着消费人群增加而自然提高，一切都是以人为核心。如果一家企业没有人气的话，生产经营也就停止了。所以，企业以人为本的理念与儒家思想是一致的，"儒"字结构分解开来就是人之所需的意思。下面是古代一则以人为本的经营典故：

明朝有一个著名的裁缝名叫厉成，他剪裁的衣服和缝制的工艺无人可比。京城里很多达官显贵的衣服都由他剪裁，衣服不仅合身，而且款式新颖，穿起来更显得雍容华贵。厉成年岁大了以后，不再亲手做衣服了，京城里许多裁缝都纷纷登门向他请教剪裁官服的秘诀。厉成说："我剪裁官员衣服的时候，不但量他们身材高矮肥瘦，更重要的是还要问清楚任职的年数。"闻听此言，裁缝们不禁有些愕然。厉成接着解释道："如果是刚上任不久的官员，不可一世的傲气很盛，走路姿势上仰的时候居多，为他们剪裁衣服要前长后短；任职稍久的官员，心气渐渐平和，衣服要前后长短相等；如果任职长久，而且又一直不升迁的官员，茫然心虚，连见到下级都不敢得罪，见人就躬身作揖，衣服就得前短后长才行。"

其二，止文化与止智慧。止不是简单的停止，而是人生行为处事的一种智慧，也是中国儒家的重要思想，止文化及其智慧关乎一个人荣辱和成功与否。隋朝著名教育家、思想家文中子（本名王通）著有《止学》，书中曰："大智知止，小智惟谋，智有穷而道无尽哉。"精于止学者，运用止学之奥妙，存乎于一心。《易经·艮卦》彖辞曰："艮，止也，时止则止，时行则行，动静不失其时，其道光明。艮其止，止其所也。上下敌应，不相与也。是以不获其身，行其庭，不见其人，无咎也。"孔子对艮卦的注解说明非常入理，止就是在恰当的时机和正确的场合下，做事当止则止，当动则动，与时偕行。止即为定，定是定数，事情有了定数，心中才有底，也就会感到前途光明。艮卦还代表东北方位，取象为山、为止，一般情况下，为了使宅院或者企业园区环境达到藏风纳气的目的，很少在园区的东北方位开大门。止文化并非是圣人高谈阔论的虚妄学说，中国古代对止文化和止智慧的诠释以及具体运用体现在多方面。

古人为了保持生态平衡和物种繁衍生息，决不会过分地砍伐树木和猎捕动物，《淮南子·难一》曰："先王之法，不涸泽而渔，不焚林而猎。"封建社会不少皇帝都有狩猎的爱好，带领群臣到山林中狩猎时，通常都是三面围追，必须留出一面缺口让动物逃脱，不能全部猎杀捕光。现代海洋渔业管理制度严格规定在每年夏季三个月休渔期内不允许渔民出海捕鱼，也是为了防止过度捕捞，以保证鱼类物种正常生长繁育。中国自从开始种植茶叶时起，没有人不喜欢饮茶品茗，茶道与茶文化广泛传播于海内外，给宾客奉茶要遵守这样习俗和规矩："从来茶道七分满，留下三分是人情。"用热茶招待客人时，杯中茶水七分满即可，如果用满满一杯热茶待客，不仅有可能烫着手，也是对客人的欺侮和不恭敬。此外，饮酒在中国和世界各国非常普遍，酒作为一种特殊的文化载体，在各国人际交往中具有特殊的地位和意义。中国人更讲究饮酒文化，在生日祝寿、友人践行、婚礼庆典等活动中，宴请客人无酒不成席。现代人彼此敬酒经常一杯接一杯地喝光才觉得是以诚相待，喝酒无度就变成了酗酒。然而中国古人饮酒要合乎礼仪，在酒席宴上宾客们敬酒很少干杯，喝酒讲究止酒文化。古代有一种用青铜制造的盛酒容器称为爵（见图9.1），爵与现代酒杯不同，相比较而言，爵的外观形状要复杂得多，因为其中还包含了很多中国传统文化的内涵。尤其在爵顶部设计了两个垂直对称的圆柱，除了起到装饰作用外，还为了达到止酒的目的，即提醒人们饮酒适度，不可贪杯过量，相互敬酒饮酒时，爵倾倒一定角度时，两圆柱就触到鼻子上，阻止继续喝光爵中酒。

图9.1　古代酒器爵

古代还有一种奇妙的酒杯叫"公道杯"（见图9.2），斟酒或倒茶至七成满则能正常盛装，酒水超过七分高度就会从杯底流失殆尽。中国古人的智慧确实令人不可思议，原来在设计"公道杯"时，中央竖立一尊龙头，龙头体内有回形空心瓷管，进水口与杯内底部相通，瓷管出水口穿过杯底与托盘容器连通的小孔，瓷管顶部回转弯曲顶部位于七分满的位置，如果杯中水位低于瓷管高度时，水不会漏出去。当水位一旦超过瓷管高度时，即液面超过瓷管上部弯曲处，水通过杯底出水口全部漏光。

其实"公道杯"就是根据现代物理学中液体虹吸原理设计制造的。古时人们用"公道杯"来表法，公道杯之所以公道，因为盛酒时只能七分满，喝酒不可贪杯太过，否则杯中酒就会全部漏掉。这也是告诫人们"谦受益，满

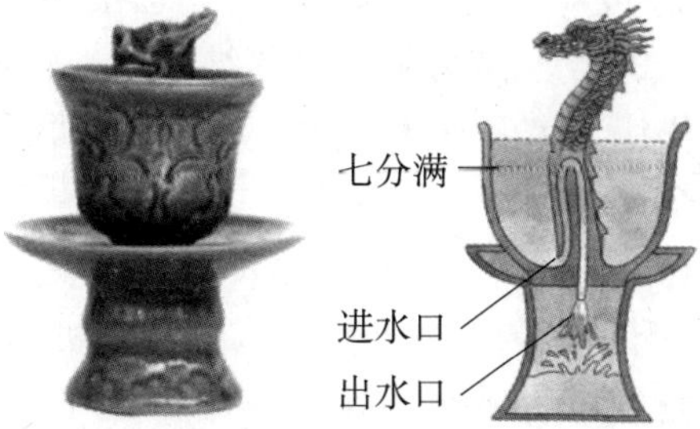

图 9.2　公道杯

招损”的道理，凡事不可贪得无厌，要适可而止才好。做事适可而止是一种境界，领悟止学和止文化是智者，谦谦君子无论走到哪里都会受欢迎。作为一名领导者带领企业走向光明之路，更要深谙止文化和止学的智慧，企业生产的产品在适当时期需要停止转型，根据市场动态做出适当的调整，这也是止学智慧。在金融投资行业中，有两个术语分别是：“止损”和“止盈”。止损也称作“割肉”，是指当投资某一项目或者股票出现亏损达到预定的百分率时，就要及时斩仓出局，将投资损失限定在较小范围，从而避免更大地损失。关于止损经常使用鳄鱼法则来作以形象地比喻，鳄鱼法则是指：当鳄鱼咬住你的一只手时，如果你用另一只手去试图挣脱，鳄鱼便会同时咬住你两只手，而且越是拼命挣扎，身体被咬住得就越多。所以，一旦鳄鱼咬住了一只手（诸如股票套牢），唯一的机会就是斩断这只手。在金融投资领域中，鳄鱼法则是为了让投资者避免更大损失的止损法则。与止损相对应的是止盈，也称止赢。止盈的思想在于收敛对更大利润空间的欲望，只要达到预期利润率，见好就收，不要私欲膨胀追涨到最高点。《道德经》曰：“天之道其犹张弓与，高者抑之，下者举之。有余者损之，不足者补之。天之道损有余而补不足。人之道，则不然，损不足以奉有余。”深入理解老子的损余之道和无为而无不为的思想对于更深入地领悟止损与止盈的智慧是颇有益处的。

“业”在《说文解字》中注解为：“业，大版也。”本义是古时乐器架子横木上的大版，刻如锯齿状，用来悬挂钟磬。在现代汉语中，“业”有“学业、事业、家业、产业和职业”等多种意思。在古代经典中“业“的本义则是指造作的行为，即身体行为、言谈举止和思想意识所产生的作用以及力量。按照“业”所作用的对象产生不同的结果，业又分为善业、恶业、无记业三种。善业可以产生正向对人有益的结果；恶业可以产生负面对人为害的结果；无记业则产生不好不坏的结果。人除了有六识（眼识、耳识、鼻识、舌识、身识、意识）外，还有第七识末那识（思量识）和第八识阿赖耶识（异熟识），业不会消失，而是被记录在第八识阿赖耶识中，有些结果不一定是当下行为立即产生的作用，而是过去多年沉积在阿赖耶识中宿业在因缘成熟时形成不同结果。人们常讲因果报应，善有善报，恶有恶报，不是不报，时候未到，其中的“报”指业报，即善业和恶业产生的结果，人类的一切行为都称为业或者业因，业产生的作用和力量称为业力，业力的大小决定果报的形式。

再看“企业”这个词，在《新华字典》中解释为：“从事生产、运输、贸易等经济活动的部门”，这是“企业”的表面意义。如果以经典中所阐述“业”的本义来解析“企业”会更加准确。作为法人机构，企业每天的行政事务、生产经营、市场营销等各种行为及其作用都是在造业，所造一切业日积月累都会在机缘成熟的条件下产生相应的结果。像全球频繁地发生严重经济危机的情况，都是人们道德缺失的缘故，也是由于在过去数年里造作了大量恶业，恶业的力量积累到一定程度必然形成恶报。如果企业心存善念正念，从有利于社会大众角度出发，为广大消费者提供质量上乘的产品和服务，这样的企业就是在造善业，善业的回报一定是被大众所认同，企业效益自然会越来越好；如果企业为了谋取高额利润而不择手段，不在技术、质量和服务上下功夫，生产假冒伪劣产品，通过广告媒体或者其他营销手段骗取消费者钱财，这是在造作恶业。随着恶业负作用和负能量的传播，企业最终必然会自食恶果。聚财不善，早晚要散，企业要不负债亏损，要不走向破产倒闭，试问全球企业有哪一个能逃脱业力的作用呢？正如佛教经典中所说：“菩萨畏因，众生畏果。”因此，作为一个有良知、有道德、有社会责任感的企业领导者应该时刻警醒自己的一言一行、思想意识以及本企业经营活动所发生一切行为，是否有利于身心和谐、社会和谐与国家和谐，即使个人的思想意识和念头没有具体付诸实施，但是起心动念无不是业，业已经对自身发生了作用。在业力作用下，小到个人、家庭，大到国家、民族，无不受到业力作用，善业恶业终究会有相应的果报，因果规律绝不虚妄，这一点与马克思主义哲学中因果论的道理完全一致。

“愿”在《说文解字》中注解为：“愿，谨也。”本义为“谨慎、老实、质朴”，《论语·泰伯》曰：“狂而不直，侗而不愿，悾悾而不信，吾不知之矣。”孔子的意思是：“狂妄而不正直，无知而不谨慎，表面诚恳却不守信用，真不知道有人会这样。”“愿”常用意思是心愿、愿望和祝愿，苏轼《水调歌头》诗曰：“但愿人长久，千里共婵娟。”还有卓文君《白头吟》诗曰：“愿得一人心，白首不相离。”愿的繁体字为願，是“原＋頁”左右结构，頁”的小篆字形为人的首，即人的头；简体字为“原＋心”上下结构，两种字体都很好地反映了“愿”的含义，人的愿望源自人的内心和头脑的念头意识中。另外，“愿”还有发愿之义，即以正心正念立志要实现远大理想。发愿或者立志的目标越大，未来成就也越高，为此还需要付出相应的努力才能实现。所以发愿存在着一种无形的力量，推动一个人或者组织机构不断前进与提高，这种源自内心的无形力量就是愿力，也是念力的正能量作用。

“景”在《说文解字》中注解为：“景，日光也。”江淹《别赋》中云：“日出天而耀景，露下地而腾文，镜朱尘之照烂，袭青气之烟煴。”除了风景、景象的意思外，还代表南方和光明之象，景门作为奇门遁甲的八门之一，位于南方离宫，五行属火，《易经·离卦》象辞曰：“离，丽也。日月丽乎天，百谷草木丽乎上。重明以丽乎正，乃化成天下。柔丽乎中正，故亨，是以畜牝牛吉也。”景门象征着正当日升中天，大放光明之时，万物生长繁茂，呈现出一派枝叶茂密的盛景，故古人将南方命名为景门。这也是为什么从古至今建筑房宅和楼盘小区朝向时，建筑物规划设计大多数是坐北朝南的格局，大门朝南开在文化内涵上方面，代表着房宅及其主人的前景如日中天，从环境宜人性方面考虑，有利于室内阳光充足，来自南方的和风还能使房间里空气加速循环净化，对居住者的身心健康大有裨益。

什么是企业愿景？每个人有不同的愿望和理想，有谁不对生活幸福、社会安定、国运昌盛以及世界和平充满着期待呢？美好的愿望必然在心中产生对未来的向往与憧憬，每一个心愿都是一幅美丽的风景，这就是愿景。企业愿景是企业领导者和高层管理者根据当前国内外经济走向和市场环境对企业发展前景作出的战略规划，它是一个企业发展既定目标的一种预见和期望，同时也是促进企业不断创新和可持续发展的一种推动力量。顾名思义，企业愿景是企业所有员工的心愿与美好前景相融合，是对企业未来发展的期待与构想，最终能不能实现企业愿景关键在于正确的思想意识和科学有效的实施方案，并依靠企业全体员工同心同德，形成强大的行动力，这就是企业的愿力，愿力大小是企业愿景能否成功实现的重要保障。企业愿景包括两个非常重要部分：

一是发愿，即企业规划未来发展前景。要想成功做好一件事情，首先就是设定预期发展目标，并在短期内不能轻易发生变动。有目标才有方向，目标必须是正心正念，决不是为了企业小团体自身利益，不仅要利己还要利人。如果企业规划的目标包含着对利益的执着与贪婪，那么当企业为实现该目标所付出的一切行为都是在造作恶业，虽然侥幸获得了一时的成功，但是暂时的成功只不过是昙花一现，这样的目标不能称为企业愿景，也不能称其为发愿。所以，一个有利于社会大众和国民经济发展的目标才是发愿，也才能称为愿景。企业愿景就像火把一样，在企业领导者引领下，将愿景传递给全体员工，并使每一位员工都能为实现这个愿景而共同发愿，形成的愿力就是企业的行动力。此外，愿景要与企业实力（经济状况、技术设备、人力资源等）相配，如果实力不足且差距很大，规划的目标和愿景又太高时，企业很难实现就变成了空愿和个人的妄想。

二是行愿，即实现企业愿景所实施的行为。企业规划了愿景，还需要企业领导者与员工共同发愿形成的愿力并与工作实际相结合，达到愿行统一。只发愿不是执行，愿景再美好也是不可能实现的空想。正如智顗（yǐ）大师说："有愿而无行，如人欲度彼岸，不肯备于船筏，当知常在此岸终不得度。"首先，要制定详细的实施方案，从人员配置分工、财务预算、技术研发到市场营销等作出系统分析，并规划任务完成的时间进度。其次，由全息理论可知，企业人财物等都是一体的，实现一个共同的愿景目标，需要每一位员工内化于心并深入地理解企业愿景的内涵，发愿为实现共同的愿景而全心全意做好本职工作，每一位员工都能发愿非常关键，决定着工作的质量和效率。如果每一位员工以正心、正念、正语、正思维、正行为和正精进为企业愿景付出正能量，形成正向的巨大愿力，解决前进路上的各种障碍和危机，就能最终实现美好的企业愿景。因此，行愿主要在于人的心念和愿力。为此，在这个过程中，除了合理的激励制度外，企业文化建设就显得非常重要。文化是软实力，也是加速前进的能量合剂。文化如风不但可以吹散阴霾，而且企业愿景随风而动，必定能入心入行。正如《易经·巽卦》彖辞曰："重巽以申命，刚巽乎中正而志行。柔皆顺乎刚，是以小亨，利有攸往，利见大人。"巽为风，风入万物，无所不至，无所不行。企业领导者和全体员工行愿的执行力与企业文化密切相关，风行中正而志坚，员工必然能从之如风。中国五千年文化的能量是无限的，如何将传统文化落实到企业经营管理活动中，并构建中国本土企业文化，第十章将对此进行详细阐述。

第十章

中国本土企业文化建设与实施方案

企业文化并非是简单LOGO、标语和口号，真正的企业文化犹如春风化雨遍洒甘露般融入企业的方方面面，内化于心，外化于形，神化于物，实化于行。企业文化是企业经营管理的灵魂，是在为企业经营管理注入源动力和软实力，也是企业不断成长的催化剂，企业未来的发展态势必将从技术经济和知识经济时代逐渐向文化经济转变。企业文化的形成与构建是企业永葆青春之道，也是成就百年家业必由之路。所以，中国企业需要融合中国本土文化，尤其是导入儒家文化的精华才能造就具备中国特色的企业。本章将简要地介绍推行中国本土企业文化的意义以及推动企业走向文化经济的必要性和可行性，重点介绍如何将国学经典与传统文化的思想和智慧导入企业经营管理、产品加工和市场营销等各项活动当中，为构建中国本土企业文化提出一些有益的见解和具体实施方案。

第一节　中国文化发展的兴衰规律

一、中国文化发展与封建王朝兴衰的关系

什么是文化？文化是一个宽泛的概念，很难给出明确的定义，通常是指人类在社会历史实践中所创造物质财富和精神财富的总和。文化功能在于以德来治国安邦，以文教化天下。正如《易经·贲卦》彖曰："观乎天文，以察时变；观乎人文，以化成天下。"汉朝刘向《说苑·指武》曰："凡武之兴，为不服也，文化不改，然后加诛。"治理国家一定以文教德化为先，运用武力刑罚可以征服天下，却不会降服人心。中国拥有五千年文明历史，传统文化和国学经典底蕴深厚，博大精深，源远流长。回溯历史，我们发现整个中国传统文化的核心和灵魂就是建立理想的和谐社会，无论哪个朝代的君主执政都期望江山稳固、天下太平、百姓生活安居乐业。所以，传统文化与国学经典是中国封建社会历代君主政权统治稳定的软实力和推动社会经济发展的源动力。从儒家的"孝悌忠信，礼义廉耻"到先民的"天下大同"，从孙中山先生的"天下为公"和"三民主义"到当今中国共产党人的"共产主义"以及"和谐社会"理念，这一切所追求和奋斗的理想社会，无不是从中国儒释道文化的土壤里萌生的，并促进社会生产力不断向前发展。中国虽然地域广阔、物产丰厚，但是适合人们生产劳作、生活居住的区域所占比例较少。西部地理大部分是崇山峻岭，社会生产力和经济发展水平相对落后，发达的文化、科技和经济主要集中在东南沿海区域。中国这块有限的土地养育了56个民族和13亿多人口，这与古圣先贤的智慧以及传统文化深厚的底蕴密切相关，中国文化不但滋养炎黄子孙世代繁衍生息，还推动着社会文明不断地向前发展。在四大文明古国中，古印度、古巴比伦和古埃及等国家的文明都已经消失了，只有中国传统文化经久不衰，至今保持着勃勃生机。

近几年，全国出现了"国学热"，这是一件非常值得赞叹的好事情，但距离力行和应用还有很长一段路要走，毕竟近代中国经历了几次传统文化被严重毁灭的时期，改变固有的思维习惯、思考模式和价值观需要经过长时间的祓濯，在家庭、学校、企业和社会中推广国学与传统文化教学仍然是一项任重道远的工程。作为炎黄子孙，我们的血液里流淌着祖先之德，身体伏藏了三皇五帝和孔子、孟子等古圣先贤的优秀基因。每一位中国人都蕴藏着几千年智慧之光，就像一盏厨房里的灯泡一样，由于长年累月的灰尘和油污使得本有的光明无法映射出来，只有经过清洗才能还得本来面目。这就需要我们

重新归零，清除思想中的微尘与障碍，从中国传统文化和诸子百家的经典中汲取生活、工作和企业管理的智慧。纵观中国历史风云变幻，文化兴起衰落不但与社会生产力发展密切相关，还与国家政权稳定性存在着某种关联，并具有重复性和周期性规律。下面以中国历史上几个典型的王朝为例，简要地论述文化与国家兴衰的关系并揭示包含其中的变化规律，对于现代企业经营管理和企业文化建设也具有参考借鉴意义。

1. 文教德化，国运久长

在远古时代的中国，除了在长江、黄河流域孕育了最原始朴素的历史文化外（例如，河姆渡文化、龙山文化、仰韶文化），还有遍布全国各地的其他区域文化，如南方珠江流域的石峡遗址、北方朝阳地区的红山文化。中国古老朴素的文化不但造就了三皇（伏羲、神农、黄帝）五帝（少昊、颛顼、帝喾、尧、舜），而且成为中国传统文化和华夏文明的源头。文化让人们从愚昧无知走向智慧光明，从而照亮了人类社会发展前进的道路，并且推动了社会经济和生产力不断向前发展。尧、舜、禹时代以禅让方式确立君主，让有德行、有能力的人作为一国之君，以德治理天下。所以，天下百姓都能过着安居乐业的生活。在周文王时代，国家繁荣富庶，百姓安居乐业，取得如此辉煌政绩与崇尚礼仪、道德和先哲文化分不开。尤其周朝的礼制（儒家经典《周礼》为周公旦所著）在历史上备受推崇，建立了比较健全的官制、兵制、刑法、地制和礼仪。周文王姬昌执政期间，他秉承先祖的遗风，以周礼和仁德治理国家，其疆土内的人民尊老爱幼，民风淳朴，夜不闭户，路不拾遗。文王求贤若渴，对贤德的人谦虚礼敬，很多像姜子牙的贤德人士也都来辅佐朝政。有一次虞国和芮国的两位诸侯因为土地发生纠纷，争论了很久也没有一个结果，两位诸侯争执不下，都想去找文王来主持公道，当他们到周朝边境时，看到农夫们互相帮助耕田，路人相遇互相礼让，到了繁华的城镇中心，人们对老人非常尊重，来到朝廷，不同品级的官员以礼相待，上下级关系和谐。两位诸侯见到这些情形以后非常惭愧地说："我们所争执的正是周朝人所羞耻的，像我们这样的不懂礼法小人，怎么能来践踏君子的厅堂呢?"最后，他们把土地全都让了出来。这一典故成为千古美谈，周文王的高尚德行和无为而治很好地教化了各方诸侯和黎民百姓。历史上西周与东周持续时间长达八百年，这是中国历史上国运最长的王朝。

2. 短命的秦朝

西周时期保持着天下共主的威德，周平王东迁以后，东周统治开始，周室渐衰进入了春秋战国分裂时期。公元前 221 年，秦朝以武力消灭了诸侯六国，结束了诸侯列国战乱连连的时代，中国得到统一。秦王嬴政觉得自己的功绩前无古人后无来者，比古代传说中的三皇五帝还要大，过去各种王侯的称呼都不能与之匹配，用“王”的称号太小了，应该用一个更加尊贵的封号，于是取“三皇”之皇，“五帝”之帝，自称始皇帝，定都咸阳，这是中国历史上出现“皇帝”称号的开始，为后世封建帝王开创了新的名头，成为中国第一个皇帝。秦始皇将以前的分封制改为中央集权制，划分天下为三十六郡，由朝廷直接任命各级官吏，不再采用过去的世袭制；又下令统一文字与度量衡，以丞相李斯修订的文字作为统一字体，并经过大规模的移民，消除了语言文字方面的障碍。在秦始皇执政的 12 年当中，最值得学习之处就是勤政的习惯，他每天不辞辛劳地批阅大臣和各地官员的奏章，每天不阅奏章一石重，绝不就寝入睡（一石大约等于 120 斤，纸张在秦朝时期还没有出现，文字都书写在竹简上），如此勤恳敬业的皇帝在历史上还真不多见。

虽然秦始皇统一中国做了历史上第一位皇帝，但是这位始皇帝脾气暴躁，完全不顾百姓疾苦，征集大量民夫修建万里长城、阿房宫和陵墓，大兴徭役使得天下百姓怨声载道。为了巩固中央政权，听信丞相李斯的建议，除了史书、医农和周易占卜等书籍之外，下令烧毁了所有的私人藏书，同时为了消灭要求恢复古制的呼声，一些优秀的社会人才被活埋或者杀害，据资料记载总计活埋了 460 多人，这就是中国历史上有名的“焚书坑儒”。在“焚书坑儒”事件中，很多宝贵的典籍被彻底销毁，《乐经》就是在秦朝被焚毁从此失传，严重破坏了中国传统文化和各种典籍的传承。当然现代也有一些史学家为秦始皇翻案，认为烧毁典籍是为了维护政权稳定，杀的那些文人也都是该杀的人，这种结论并不足为信，只是非主流学者们的一家之言。历史经验证明，文化的消失必然导致政权统治失去灵魂，依靠暴政和强大的军事力量都不可能阻止其迅速衰落。正是由于秦始皇暴政和秦二世的昏庸导致了秦朝仅仅历时 15 年就灭亡了。这是中国历史上最短命的王朝，之所以短命与秦始皇只重视中央王权集中，压制儒家思想文化和忽视民生有相当的关系。如今有不少黑心企业主为了赚取高额利润，违反劳动法随意延长工作时间，工人的劳动强度非常人所能忍受，甚至上洗手间的时间都规定好了，这与秦始皇的暴政可有一比，这样的企业谈不上有经营管理，更不用提企业文化建设了，没有文化的企业只不过是加工间或者称为作坊更适合，文化与道德丧失的企业是不可能长久生存下去的。

3. 儒家文化兴盛的汉朝

秦朝被推翻后，刘邦在张良、萧何和韩信等文官武将的帮助下于公元前 202 年战胜了西楚霸王项羽，最终登上皇帝宝座，建立了统一强盛的大汉王朝，国都定在长安，史称汉高祖。在汉朝近四百年的统治时间里，政治、经济和思想文化都得到了空前的发展，国家强盛，人民安居乐业，是当时世界所瞩目的强国。历史上的中国封建王朝一直是以世界强国的面目屹立于世界之林。汉高祖在位期间，强化中央集权统治，制定一系列“与民休息”的政策，为汉朝强大奠定了基础。到了公元前 183 年，文帝刘恒与景帝刘启都不遗余力地执行汉高祖所制定的这个政策，减轻人民赋税，发展社会经济，维护国家政权的稳定发展，国力在“文景之治”时期大大增强。“文景之治”以后，武帝刘彻登基继位，刘彻也是中国历史上开明的君主，晚年停止征战，大力发展农业经济，实行无为政治，主张法家刑名之学和老子清静无为思想相结合的黄老学说。在汉武帝时期选拔官员的标准：一是以儒家经典为准则，通过考核对儒家典籍精通理解的水平来选择人才。二是举孝廉制度，为选拔和培养官吏人选，规定每二十万户中每年要推举孝廉一人，由朝廷任命官职。被推举的学子，除了博学多才外，更要孝顺父母，行为清廉，故称为孝廉。在汉代，孝廉已经作为选拔官员的一项必须的科目，没有孝廉品德者，学识再好也不能为官。这是汉武帝开辟了以德治天下的典范，汉武帝政权统治是西汉王朝的繁荣鼎盛时期。

西汉时期的政治经济稳定发展得益于儒家文化的推行，手工业、商业以及自然科学都得到了复兴和长足的发展，同时西汉的人文艺术发展也达到了一个高峰。在汉武帝年间，大臣董仲舒提出“罢黜百家，独尊儒术”，著有《春秋繁露》一书；司马迁创作了中国第一部纪传体通史《史记》，被鲁迅誉为“史家之绝唱，无韵之离骚”。儒家学说被作为封建政权统治核心思想被后来的中国历朝历代帝王所采用，成为治国治家的大政方略，为国家政权统治的主流意识形态作出了全新定位。董仲舒提出“君权神授”，皇帝的政权统治是天命决定的，这就为君王号令天下找到了合法依据；他所提出的“天人合一”和“天人感应”学说，在某种程度上也对至高无上的皇权形成了约束和限制，皇帝必须时刻注意自己的举止行为，按照天道和自然之道行事，否则将受到上天的惩罚。同时董仲舒提出“三纲五常”，就是“君为臣纲”、“父为子纲”、“夫为妻纲”和“仁、义、礼、智、信”作为人们处世的道德标准。这一政策使得以后两千多年的封建王朝统治和文化教育几乎都是以尊奉儒家学说为主，对中华民族形成共同的文化信仰产生了深远的影响。虽然独尊儒术有利于国家统一和王权的稳固，但是，单一的儒家文化让中国古代其他诸子百家经典的学术思想发展受到束缚。从汉高祖刘邦的“大风起兮云飞扬，威加海内兮归故乡，安得猛士兮守四方”小农文化到汉武帝时期的独尊儒术在某种程度上遏制了中国文化的多元化发展。然而，西汉统治阶级以儒家为主流文化对于现代大型企业集团化经营有一定借鉴意义，在企业谋求实现集团多元化经营的目标下，企业文化也要重视多元化发展，但是真正重视多元文化建设的企业并不多见。

4. 文化与经济发展的唐宋时代

大唐盛世为当时世界各国所瞩目，在政治、经济、文化艺术方面可以说在当时是国际一流。唐朝是中国历史上繁荣强盛的大国时代，经济发展以及人口规模都有大幅度增长。推行均田制对于稳定和发展农业经济大有帮助，尤其是江南的农业经济增长持续提升，从唐朝开始，中国经济进入到了一个新的发展阶段。唐朝的文化艺术也达到了历史前所未有的新高度。李世民登基即位不久，就在正殿旁边设立了弘文馆，挑选全国精通儒学的人才，任命为弘文馆学士（相当于现代大学教授），给予他们优厚的待遇，不但李世民亲自与他们讨论典籍，还让皇族和大臣们的子孙到弘文馆做学生。李世民又下令在国子监建立孔庙，尊奉孔子为先圣，还招纳天下有才学的儒士，破格提拔任用。国子监学舍有四百多间，大兴儒学教育，李世民甚至还亲临国子监听讲，唐朝儒学是中国历史上最兴盛的高峰期。此外，唐朝早期的人文艺术迅速发展，制陶技术"唐三彩"以其工艺精美著称于世，是中国陶瓷文化的重要组成部分。唐朝的诗歌和书画是中国历史的鼎盛时期，著名诗人有"诗仙"李白、"诗圣"杜甫、"初唐四杰"王勃、杨炯、卢照邻、骆宾王，"田园派"诗人王维、"边塞派"诗人岑参、著名文学家柳宗元、韩愈等。在书画方面有"画圣"吴道子、音乐家李龟年，著名的高僧有玄奘法师、"开元三大士"善无畏、金刚智和不空法师等，没有这些文化底蕴不可能造就大唐盛世的景象。

唐朝灭亡之后，经历五代更替，宋朝开国皇帝赵匡胤开始治理天下，宋朝经济文化、技术工艺、农业生产和商品经济都达到了中国历史的鼎盛时期。国家专门有官员研究经济和商业立法问题，各种经济法令出台顺应了商品经济发展，当时人民生活水平相当高，这些成就与宋朝重文抑武的思想有关。宋朝的诗词绘画和人文艺术发展水平达到了中国历史上的顶峰。虽然宋朝军事力量薄弱，但是，宋朝历代皇帝都有一个不成文的规矩就是不杀文官，这也是促进文化繁荣的一个原因。宋朝在文学艺术和书法绘画等方面名人辈出，北宋的程颢、程颐和南宋的朱熹创立的程朱理学使得儒学走向哲学化和政治化。宋朝理学强调"正心诚意，格物致知"，为元朝和明朝的理学发展奠定了基础。在诗词方面，著名文人有苏洵、苏轼、苏辙父子，欧阳修、王安石、范仲淹、司马光、辛弃疾、陆游以及女词人李清照等人，他们的诗词脍炙人口，千古流传，是中国古典文学中的瑰宝。张择端绘制的《清明上河图》是近六百人长卷，描绘了汴京风土人情，在中国绘画史上有极高的艺术价值，成为中国以及全世界的不朽佳作。虽然秦桧是奸佞之臣，但其诗文和书法颇有功力，秦桧用笔率意自然流畅，在书法上很有造诣，秦桧还是宋体字创始人，书法自成一家，之所以没有被后人称为"秦体"，是由于秦桧卖国求荣，被后世所唾弃，所以其书法和诗词也因有才无德不被人们所认同，收藏价值也不是很高。

5.“只识弯弓射大雕”的元朝

元朝是由蒙古族建立起来的庞大王朝，她是中国历史上第一个在全国范围内建立起来的以少数民族统治者为主的政权。蒙古族是在草原上以游牧生活为主的民族。能征善战的领袖孛儿只斤·铁木真率领其部落以强大的武力征服了西夏和金国，直捣中原及长江以南的南宋地区，其领土控制范围扩展到了整个西亚地区，元朝成为中国历史上领土疆域面积最大的王朝。铁木真死后，元世祖忽必烈统一了中国，国号“元”取自《易经》乾卦的卦辞“大哉乾元”。此后，对缅甸、高丽等国继续征战，这些国家先后被征服都成了元朝的藩属国。元朝皇帝尽管重视吸纳汉族的一些人做官，如刘秉忠、郭守敬等，但为了统治人口众多的汉族人，将汉族人列为最下等的民族，变成蒙古族统治者们驱使和奴役的对象。由于元朝初期经济繁荣，统治者的生活开始变得骄奢淫逸，朝廷内部争权夺势的矛盾更加激化。

元朝皇帝妄图以蒙古族的思想意识统治国家，汉族人民受到沉重的压迫。哪里有压迫，哪里就有反抗。全国各地汉族人揭竿而起反抗元朝暴虐统治。例如，刘福通领导红巾军起义之后，朱元璋、陈友谅、张士诚等人在各地也相继起义。尤其是朱元璋不断招纳贤臣和良将扩充自己的势力，很快占领了江南，接着朱元璋开始北伐，于公元 1368 年率领常遇春等将领攻占了元朝的国都，结束元朝统治，建立了大明王朝。元朝统治历时只有 97 年，一代天骄成吉思汗和他的后辈在骑马、射箭、摔跤等方面擅长，大碗喝酒、大口吃肉是强项，蒙古包里走出来的草原之鹰，除了骁勇善战的本事外，治理国家还欠水平。元朝对汉族文化和百姓十分歧视，这也是元朝短命的重要原因之一。在元朝后期，劳动人民深受压迫和剥削，官员贪赃枉法，全国冤案连连。著名的元曲戏剧家关汉卿的《窦娥冤》六月飞雪反映了当时百姓的心声。看来元朝的灭亡与皇帝的儒家文化和智慧欠缺有很大关系，没有头脑和文化不要紧，要命的是不敢重用汉族人和拒绝推行儒家文化治国，而且只知道穷奢极欲地享受，不亡国才怪呢？再说用马背文化统治国家与小商小贩摆地摊卖货的差不多，想要做强做大势必比登天还难！元朝历代君主在文化建设方面没做过什么好事。除了文化发展不足外，还大肆屠杀北方汉人，杀戮汉人数量远远超过德国纳粹杀害犹太人的数量，这样一个没有德行又缺少文化的朝代能坚持近一百年已经是老天偏爱了。

6. 被汉族文化和儒家思想同化的清朝

公元 1636 年，女真族（满族前身）头领努尔哈赤之子皇太极在沈阳改国号为清，建立了大清王朝，是中国历史上继元朝以后第二个由少数民族统治的政权。明朝山海关总兵吴三桂引清兵入关，年幼的顺治皇帝福临在多尔衮的辅佐下，一举攻占了北京，并确定为清朝的国都。福临在位时，在彻底消灭了李自成的残部和一些反清复明的势力以后，清朝才完全统治了中国。清朝曾经试图用满清少数民族文化统治中国，这样的做法根本行不通，清朝统治者和各级满清官员们终究被汉族文化和儒家思想所同化。从福临登基以后就开始重用汉族官员和全面推行儒家文化，他曾经亲率王公大臣隆重祭奠孔子，行跪拜之礼，并认为："圣人之道如日中天，讲究服膺，用资治理。尔师生其勉之。"他还大加赞赏："天德王道备载于书，真万世不易之理也。"他认为："治平天下莫大乎教化之广宣，文教为先，臣子致君，经术为本。"号令全国研读中国古代经典，文教治国，澄清吏治。福临深谙佛教的教理，曾经因爱妃之死萌生出家的念头，他是否真的出家了，史学界对此还有一些争议，但顺治皇帝所作的出家偈却一直流传至今。公元 1662 年，福临驾崩之后，其子玄晔即康熙圣祖登基，康熙皇帝在位 61 年，是中国著名的皇帝之一，史称康熙大帝。在 16 岁时翦除鳌拜，开始亲政，并平定了"三藩"叛乱，击溃入侵东北的沙俄军，清朝政权得以加强。在农业生产方面，康熙帝废除了圈地制度，鼓励开荒，兴修水利，减少农民的赋税，大大加速社会经济发展。康熙帝病故之后，经过雍正帝 13 年的执政，进入乾隆帝 60 年的统治时期，这是统治时间最长的君主，在位期间，他平定了大小叛乱、巩固了多民族共同繁荣与社会经济发展，六次下江南，文治武功兼修，自称"十全老人"。乾隆时期是当时清朝文化、经济、手工业鼎盛时代，政权统治稳定，百姓生活安居乐业，开拓了康乾盛世的局面。

从顺治到乾隆时期，尽管崇尚汉族文化和儒家思想治国，但是为了压制汉族人的反抗，皇帝和其亲信从诗词中断章取义，大兴文字狱使得一些文人和大臣受到迫害，甚至被满门抄斩和株连九族。最有名的是"清风不识字"和"维民所止"文字狱冤案。翰林院的徐骏，在雍正八年，将奏章里的"陛下"错写成"狴下"，雍正看到后，马上将徐骏革职，后来派人又在徐骏的诗集查出了"清风不识字，何事乱翻书"和"明月有情还顾我，清风无意不留人"诗句，被雍正认为是存心诽谤和大不敬而斩立决。"维民所止"案是查慎行的弟弟查嗣庭到江西做考官所出的一道作文题"维民所止"所引发的冤案。本来这句话是出自《诗经·商颂·玄鸟》中"邦畿千里，维民所止"，意思是"国家有广阔的土地，都是百姓所栖息和居住的处所"，完全宣扬儒家仁者爱人的思想，变相为君主歌功颂德。雍正帝看了以后认为" 维止"两字是"雍正"两字去了头，这是暗示杀自己的头。因此，雍正帝下令将查嗣庭全家逮捕严办，查嗣庭受尽酷刑折磨，最终含冤死于狱中。到了乾隆时期，文字狱更是到了高潮，很多文人墨客被查办，含冤而死者不计其数，被销毁的书有几千种，总计有六七万卷。乾隆时期纂修的《四库全书》所收古代典籍被大量篡改，凡是与清朝统治相关的明朝文学作品都遭到封杀，甚至涉及“胡虏”、“匈奴”等民族词语都是清朝统治者所忌讳的，并且对收录的名家名作进行二次加工。例如，岳飞在《满江红》中有“壮志饥餐胡虏肉，笑谈渴饮匈奴血”。在《四库全书》中改为“壮志饥餐飞食肉，笑谈欲洒盈腔血”。令人看了以后啼笑皆非。清朝文字狱不仅是对传统文化的破坏，也是政权统治的严重倒退。可以这样说，随着文字狱兴起，清朝开始逐渐走向衰败。

在第一次鸦片战争失败以后，清政府为了向英国求和，不得不与英国政府签订了中国近代史上第一个不平等条约——《南京条约》。咸丰帝即位同年，发生了震惊天下的太平天国运动，沉重打击了清朝统治，后来被曾国藩湘军所镇压，太平天国运动宣告失败。在太平天国运动期间，英法等国发动了第二次鸦片战争，咸丰帝逃往热河避暑山庄避难，英法联军攻占北京，火烧了北京西郊的圆明园，咸丰帝也病死避暑山庄，同治帝载淳即位，作为母亲慈禧太后发动了辛酉政变，在恭亲王奕䜣的帮助下处死了肃顺等顾命八大臣，开始了近半个世纪的垂帘听政，即清朝的实际统治一直由慈禧太后控制。在垂帘听政期间，清朝被迫与日本签订《马关条约》，洋务运动也遭受了巨大的挫折与阻碍。同治帝驾崩后，光绪皇帝即位，他立志改变清朝落后腐败的现状，准备进行变法维新，在康有为和梁启超的辅佐下，宣布变法改制，史上称为“戊戌变法”，通过走资本主义道路，以求富民强国。但这次变法遭到慈禧太后等保守派强烈反对，最后光绪帝被囚禁，谭嗣同等六君子被处死，康、梁二人也逃亡国外，这次变法持续了 103 天以失败告终，也称百日维新。“戊戌变法”失败以后，英、美、法、俄、日、德、意、奥八国联军再次进兵中国，并攻占了北京，慈禧太后和光绪皇帝为了保全身家性命不得不仓皇西逃，清政府被迫与八国联军签订了卖国的《辛丑条约》。慈禧太后垂帘听政加速了清政权统治和社会经济的日渐衰落。尽管如此，她仍然穷奢极欲，就连其陵墓建设也花了巨额资金，用了十几年才完工，死后陪葬的金银财宝更是不计其数。面对外国列强的侵略，慈禧太后非但拒绝抵抗，而且一味地割地赔款换得一时的太平。她拒绝改革落后的专制统治，使得清朝腐败日益加深，与外国列强签订诸多丧权辱国的不平等条约，从而使得中国沦落为半封建半殖民地国家。为了维持个人的统治地位，甚至提出了“量中华之物力，结列强之欢心”的卖国方针。尤其是中日甲午战争之后，对内施行更加苛刻的高压政策，很多进步人士被关押和处决，以维持满清的专制统治，使得中国的国运衰败将近一百年，清朝一直延续到宣统皇帝溥仪，中国近代革命的先驱者孙中山先生领导辛亥革命，于 1912 年 1 月 1 日在南京成立了中华民国，彻底推翻了清王朝的封建统治。

综上所述，从中国封建王朝文化发展与国运兴衰的历史规律中可知：道德与文化始终是推动国家、社会、企业发展的软实力。《道德经》云："治大国若烹小鲜，以道莅天下，其鬼不神。非其鬼不神，其神不伤人。非其神不伤人，圣人亦不伤人。夫两不相伤，故德交归焉。"道德和文化的力量总是不可思议的。一些人可能不同意这个观点，认为中国传统文化，尤其孔子的儒家学说是迂腐封闭、愚忠愚孝的糟粕思想。然而，我们看这样一些不争的事实，虽然佛教起源于印度，但是它却昌盛于华夏，如今印度除了恒河水还在流淌以及佛陀讲经的遗址被保留外，印度佛教的教理教义几乎已经不复存在了。同样西方的天主教、基督教自从传到中国以来，其教理教义在中国广泛传播。还有国外的沃尔玛、家乐福等零售企业以及 LV、爱马仕、劳力士、迪奥等各种高端的奢侈品无一不是在中国销路看好。因此，很多国外的思想、文化、教育模式以及各种商品等传入到中国以后，一旦融入了中国文化元素，便如同小苗久旱逢甘霖般茁壮成长。由此说明，中国传统文化尤其是儒家文化是一种能包容万物、境界高雅的经典学说，具有海纳百川的胸怀与格局，在中国土地上，无论哪一种文化传播都会受到儒家学说的滋养或者同化。中国传统文化和儒家思想是几千年以来的中国人的灵魂，在现代科技发达的今天，人们更需要中国传统文化的润泽。国家有文化并以德治国，一定是幸福美丽的国家。企业有文化并以德治企一定是幸福美丽的企业。家庭有文化并以德齐家也一定是幸福美丽的家庭！因此，作为企业领导者思考历史、思考国学经典和学习传统文化是非常有必要的，从历史经验和近代中国一些老字号企业经营发展史看，一个企业没有道德和文化不可能稳固持续发展，企业没有文化、没有思想、没有精神，尤其缺少中国传统文化的滋养与润泽，企业经营管理以及生产的产品就缺少了灵魂与生气，也很难实现企业百年基业常青的中国梦。

二、中国本土企业文化的创新思维及创新智慧

创新是企业发展壮大的永恒主题，《大学》云："苟日新，日日新，又日新"，诗云："周虽旧邦，其命维新"。常言道："斗转星移，风水轮流转"，任何事物发展随着时间和环境变化。企业创新具有其时效性和生命周期，一般都要经历六个不同阶段：孕育期、研发期、投入期、成长期、鼎盛期和衰退期。面对当前国内外先进技术高速发展，市场环境也发生了迅速变化，企业管理、产品研发和文化理念的创新一定有很强的时效性和生命周期。如果不能认识到这一点，企业固守过去创新成就，其行业地位很快就会被社会和市场消费者所抛弃。企业创新同样需要与时偕行、与时消息，在过去很长的一段时间内，由于企业组织结构的不合理以及应对市场变化的滞后性，尤其是

国有大中型企业的决策速度有时很难满足市场激烈竞争的时间效应，很多初期孕育的具有创新性和前瞻性的思想，由于企业管理和领导者的意识不足，或者在实施过程中掣肘不断、反应迟钝以及不敢承担由此带来的责任和风险等原因，导致企业创新被拖延，即使到最后作出了决策由于已经失去了市场先机而变成了无效决策，同行业者可能已先声夺人，其市场竞争力已经成熟。可见，时效性是创新的重要因素。同时，任何一个创新成果都有其生命周期，一旦到了鼎盛的阶段就应该知道衰退阶段即将到来，企业要在原来的基础上善于与时俱进、常见常新，不抱守过去获得的成果，除懒去惰方能醒神益思，正所谓“江山代有才人出，各领风骚没几年”。

不少企业的管理人士对企业创新存在着很多误解，一是认为企业创新就是指生产技术的创新；二是认为只要对产品做了升级换代就是创新；三是认为企业的创新、创意、创异这三个概念混淆不清。很多人炒作概念，提出创新就是创异，创异只是不切实际的猎奇，不合世俗常理的求异行为，不能与创新等同。用苏轼的诗“重楼翠阜出霜晓，异事惊倒百岁翁”概括创异最为合适不过了。创意则是打破常规思路的哲学，需要有一定的感性思维、理性思维和文化底蕴相融合，具有一定新颖性和创造性行为。古人云：“修旧如新”，从旧事物中能诞生新的事物，企业整合过去的技术和产品可以派生出新品牌，大家司空见惯的各种媒体广告创意，很多都是文化创意，产品还是原来的产品，技术还是原来的技术。例如，很多知名的酒产品，只不过是包装和媒体宣传做了改变，仅仅是有创意罢了，不能称为真正的创新。对企业来说，仅仅将创意和创异作为企业创新的主要模式和获取利润的主要手段，恐怕这样的企业走不远。企业经营和产品开发需要有创意，更需要真正的创新，但是不能大搞以前网络一度流行的创异行为，创异可以一时赚取人气而引起关注，但终究是昙花一现。另外，有的企业不在产品技术下功夫，仅仅改变了经营思路或者产品外观，这种所谓的理念创新只是不按常规做事，也根本不能称为创新。创新是促使企业不断向前发展的源动力，也是企业自我否定之否定的过程，否定之否定并不是简单抛弃过去，需要产品技术、管理模式和本土文化等方面系统性的整合。

企业创新涉及多方面、多领域。文化是创新的源动力，创新的灵感和意识往往来自于文化，特别是从中国五千年的传统文化中汲取创新的思想和智慧。一家重视文化建设的企业通常会在技术创新、管理创新、文化创新、战略创新、服务创新、市场创新中不断取得进步。中国传统文化是多元文化并存的体系，企业多样化创新或者跨国企业集团经营更需要建立适应本企业管理模式、不同地理区域、不同员工类型的多元企业文化。将中国传统文化落实到企业并建立多元文化模式，这本身就是一种文化创新和思想意识创新。

如何才能实现？很多企业管理者对此存在着困惑。关于这方面，国内著名家电企业海尔集团做得非常成功。海尔作为跨国经营的企业集团，构建了辨症施治的企业多元文化模式，兼收并蓄汲取东西方不同国家的文化，教育和激励海尔员工。不同国家地区的海尔企业文化总是与当地文化相融合，在南亚地区巴基斯坦海尔工业园内，为信仰伊斯兰教的当地员工建设了“祈祷室”；在日本海尔企业，针对日本员工终身雇佣制，确立了“对年功序列工资制和双向绩效考核”的管理机制；在国内地区，海尔以《中庸》的“致广大而尽精微，极高明而道中庸”的思想指导国内员工做事的风格，将工作流程中每一环节都做得细致入微，并在美国迈克尔·哈默教授“企业流程再造”理论的基础上，创造性推行业务流程再造模式；其他欧美国家的海尔工业园区同样构建符合当地具体情况的管理模式和企业文化。不但让全球海尔工业园区的员工以及消费者都认同海尔文化价值观，而且海尔企业员工每天在工作中参与企业文化建设，真正地达到了内化于心、实化于行、神化于物和从心所欲不逾矩的高度。海尔发展的每一步，都伴随着文化和思想意识的创新，不断地实现在管理、技术和市场等方面有所突破和自我超越。

从中国海尔集团发展看，建设创新型企业要从文化理念和思想意识的改造与解放开始，企业创新需要文化先行。近十几年来，随着科技发展和经济快速增长，企业要面对和解决的问题不仅仅是知识与技术更新，更重要的是文化理念和思想意识的革新。因此，将中国传统文化与现代企业管理融合就显得尤为重要，学习传统文化并不是复古，而是古圣先贤的思想像源源不断的清泉一样涤荡和濯洗着人们内心的烦恼与蒙尘，并以此激发头脑中的灵感和智慧，企业创新往往就在某一时刻灵感的闪光中得以实现。古圣先贤的思想和智慧犹如一棵没有年轮的树永远都不会老去，正如前文所述，中国传统文化绝不是迂腐、封建、过时的糟粕，而是无所不包、无所不容的沃土，无论谁在这片沃土上耕耘都会有不可思议的收获。中国企业创新要从学习传统文化和力行传统文化开始，企业应该为此建立良好的学习氛围，将传统文化学以致用与工作实践紧密结合，在企业应用越多，传播越广泛，企业产生的内在的自我更新动力也就越大，并成为激发和推动企业创新发展的催化剂。21 世纪是文化经济的时代，企业走文化经济发展模式是必然趋势，尤其是在从当前知识经济向文化经济迈进的过程中，诚然创造财富离不开知识和高新技术，然而文化不仅可以创造财富，而且可以开启企业创新的智慧。一家企业几年间的兴衰由社会大环境决定，十几年的兴衰由企业管理模式和发展战略决定，几十年兴衰由技术和人才决定，几百年兴衰则由文化与思想创新决定。在过去几十年里，中国企业向西方学习管理经验和管理体制，建立现代企业管理制度，可是很多企业却倒闭消失了，其中包括一些国内曾经辉煌过的知名企业。当前很多企业面临着各种困惑，企业领导者的危机感和压力感颇为沉重，虽然企业在不断改革中向前推进发展，但是置身于竞争激烈的国际市场环境里，不得不面临着重重困难和危机，西方的管理模式和管理体制并不能完全解决中国企业的根本问题。如何应对和寻找解决方法，相信从五千年的中华传统文化和诸子百家经典中一定能找到圆满的答案！

第二节　中国本土企业文化的原创精神

一、中国制造要脱下“洋马甲”

中国传统文化和诸子百家经典是中华民族的瑰宝，古圣先贤所留给我们的宝贵财富往往被我们忘却或者摒弃。为什么我们的创造力和思考力与欧美国家相比有一定差距，其中的重要原因是缺少民族自信心。向国外学习先进的科学技术以及管理模式没有错误，经过复制、消化吸收成为“中国制造”的产品，这使得技术的原创性和创新性打了折扣。我们有些人总希望本土技术、产品和创新发明被国外机构所认证，尤其是能获得欧美国家的认可，经过某些国外机构的认证之后，感觉要比本国机构的评估更具有权威性和荣誉感。当走在城市街头，经常可以看到国内一些商业连锁店 LED 广告显示屏写着本产品经过某国外权威专家认定。国际奢侈品牌 LV、Dior、Gucci 等商品价格昂贵，一个 LV 箱包高达几万元，这个价钱可以买一百个同样质量国内生产的箱包。虽然这些国际大品牌商品价格不菲，普通工薪阶层的老百姓也根本消费不起，但是在国内却受到很多高收入阶层的青睐，因为它满足了一部分人缥缈虚荣的消费心理。不少国内企业在电视台发布商品广告时，常常邀请一些外国人或者所谓的欧美专家为产品做讲解和宣传，企业确实由此获得了高收益。还有的企业善于将产品重新包装改变国籍和生产地，原产地标明是来自美国、德国、英国等发达国家生产加工，同时不惜血本进行广告宣传和相应的营销策划，产品不仅非常畅销，而且销售价格也高得惊人。在几年前，一家国内企业声称自己销售的是由德国生产的原装进口地板，售价竟然高达 2000 多元 1 平方米，号称行销全球 80 多个国家，该著名品牌地板德国公司总部其实根本不存在，是严重欺诈消费者行为。在中央电视台“3·15”晚会上，向全国消费者揭开了这个内幕，此消息传出后，各大媒体也纷纷深入追踪报道有关该地板企业欺诈消费者的事件，一时炒得沸沸扬扬。在 2011 年 7 月，国内某知名的高端原装进口家具销售企业被曝光涉嫌造假，企业经营者一直坚称是从意大利进口的国际高端品牌家具，实际是委托国内一家普通生产企业加工制作的，完全是不掺假的正宗“中国制造”，这家企业的家具经过出口到了国外，穿上“洋马甲”以后，再通过进口的方式在国内市场以惊人的天价销售。即使如此，仍然有很多富人趋之若鹜前来购买，等到真相大白时，这些有钱的消费者才幡然醒悟。国内不少房地产开发商使用国外城市或者名人为楼盘起名字现象屡见不鲜。例如，一些国内楼盘小区名字：欧洲小镇、普罗旺斯、香榭丽舍、罗马1835等。楼盘小区冠以外国名称作为一种市场营销手段，主要目的是为了提升楼盘高贵形象，吸引更多客户前来购买。

在国内还有多少企业的产品穿着类似的“洋马甲”呢？国际高端知名奢侈品又有多少是国内代加工，国外厂商贴牌销售呢？恐怕这样的企业为数不少，这些贴牌销售的产品大部分被中国市场消费者购买。由此可知，经过外国人的宣传以及包装的确可以增加产品无形的价值，吸引更多的顾客前来购买，我们国内自己生产经营的产品一定要经过国外专家鉴定或者穿上“洋马甲”才能更容易走红市场。这些产品经过国外专家鉴定或者由国外设计生产比“中国制造”更加让我们国人喜爱和追捧。面对这些进口原装产品和“洋马甲”的诱惑，除了满足我们的虚荣心和相互攀比的心态外，还大大助长了国际知名品牌产品在中国的流行，在当今经济快速发展的中国之所以还存在着崇洋媚外的现象，最主要的原因就是我们国内一部分企业和民众缺少对中国文化的认知和中华民族自信心，自己都不肯认同自己的主要原因是我们的企业、学校和家庭在本民族文化教育中出现缺失。最近几年，中国大学每年都要引进大批高端人才，其中一个非常重要的引进人才标准是必须有在国外知名大学留学经历，并且获得博士学位，或者需要有几年的国外工作经验以及取得一定科研成果。从国外留学归来符合招聘条件的毕业生进入国内大学或者科研机构一般都被提供舒适的住房、高级职称和可观的科研经费。这也导致在过去十多年里很多家长为了能让孩子去国外读书求学，千方百计找门路不惜重金攻读国外大学的学位，因为获得国外文凭的留学生回到国内工作机会要相对多些。与此形成鲜明对比的是国内本土大学培养的博士，即使是清华、北大毕业生在国内找工作难易程度以及待遇也要相差不少，然而从国外引进的人才也不一定都比我们国内大学毕业生水平更高。为什么同样的学历出现了国内外的差异呢？究其原因是我们对国内教育水平和科技水平的信心不足。在唐朝时期，国外君主和国民们都以曾经到过长安朝觐或者学习为自豪光荣，在今天我们却以到过欧美和其他发达国家学习和工作而感到比他人优越，诚然欧美发达国家的大学教育水平以及在某些领域研究水平的确要比国内高，但是也并非所有的学科都比国内大学强，某些学科与我们国内水平相比甚至还有很大差距。中国领先世界的科研成果有很多，例如，激光技术、水稻杂交、桥梁建设、陶瓷工艺是世界一流，数学、航空航天、高速铁路机车和高原铁路建设的技术水平处于国际领先地位。因此，习惯了向外看的人们应该转身回头关注我们国家还有那么多值得骄傲的东西。中国的过去、现在和将来都会因为我们古圣先贤的智慧和五千年文化底蕴而风光无限好，相信“长风破浪会有时，直挂云帆济沧海”指日可待。在中国科技和经济不断发展的今天，一定程度上讲，我们不缺少知识和技术，缺少的是中国本土文化教育和民族自信心。构建中国本土企业文化应该从脱下国外的“洋马甲”开始，在管理模式、技术质量、产品包装和市场营销上走中国原创之路。企业不仅是社会财富创造和经济发展的主力军，更要成为中国文化的弘扬者，为重新建立中华民族自信心和为中国走向伟大复兴贡献正能量。

二、莫向外求：通往自主研发的原创之路

以物易心者为普通人，以心易物者为圣人。一个思想和心性能被外界的环境和物欲所改变的人是普通人；能够保持内不动心、外不着相的人则是世间为数不多的圣人。在中国从民间的手工业作坊时代到近代出现过一些知名的百年老店，它们最大的特点是对产品和服务做到精益求精。中国古代创造出了火药、指南针、造纸术和活字印刷术四大发明，当然还有丝绸、织布印染、陶瓷烧制、金属冶炼等精湛的技艺，为世界科学技术发展做出了卓越的贡献，中国的国名英语翻译为China，也是瓷器的意思，这些技术和发明是我们国人一直以来的骄傲。然而，现代国内大部分企业希望引进国外先进技术或者与外资企业合资共同生产经营，诸如汽车、电子、机械等众多行业都有合资和外资控股的现象，甚至日常生活中的牙膏和洗发水都要与国外企业合资。从某个角度看，当今我们国内企业的发明创造力与古人相比不得不说有一定差距，虽然科学没有国界，为人类生产力发展作贡献的技术没有国界，但是科学技术工作者还是有国家和国籍的区分。现在国内每年受理发明专利不计其数，但真正能转化为生产力和实际应用的技术并不多，更不用说做出与中国古人一样为世界瞩目的原创性发明了。有人说在世界贸易和全球经济一体化的大潮中走合作发展的道路是必然趋势，诚然不少国内企业通过合资和花费巨资向国外购买技术在短期内获得了经济效益的快速增长和稳步提高，但是在这个过程中，还有多少产品和多少技术是我们中国原创，还有多少中国民族企业在当今企业现代化进程中再次崛起，还有多少企业领导者像古代中国人那样保持着中华民族自信心，还有多少中国人能放弃对国外名牌商品的追求。由于欧美等西方国家的限制，某些高新技术很难被引进国内，例如，高级精密电子测试设备和材料制造工艺等不可能对我们完全开放，以至于我们的企业产品设计方案非常完美，由于缺少先进设备和材料工艺很难付诸实

践。面对这些壁垒和困惑，国内的企业领导者和科学研究工作者应该仔细思考，从一味地与国外合资和盲目引进中走出来另辟蹊径，真正地走向自主研发和自主创新的道路，才能实现中华民族的伟大复兴。既然存在这些问题和各种障碍，解决方案在哪里才能找得到呢？其实答案很简单，就在我们中国五千年的传统文化和古圣先贤们所著的经典里，用四个字总结就是——莫向外求。莫向外求是国学经典和传统文化中的无上智慧，游览中国名山大川中的古刹寺院，一般在山门牌楼的匾额上都题有“莫向外求”这四个字（见图10.1）。也许游山玩水的人们对此并不在乎其中更深层的含义，当然有些人认为这是告诉善男信女走进寺院内才能拜佛求佛，保佑自己实现富贵平安的愿望，其实这完全误解了其中的真实内涵。

图 10.1　莫向外求牌匾

为了更好地理解“莫向外求”，下文列举一则关于莫向外求的智慧典故：

有一位秀才学识渊博，自认为是天下聪明绝顶，听说在城外深山里有一位多年修行的老禅师智慧非常高深，秀才想去深山里专程拜访这位老禅师。在某一天上午秀才到了禅师的住处，秀才与禅师寒暄了几句以后，为了显示自己的才华，从院子里的草丛中抓到一只蟋蟀握在手里，向禅师问道：“大师，听说您是一位悟道很深的人，无所不知，现在您能否告诉我手中的蟋蟀是活着还是死了呢?”这个问题其实很刁钻，如果禅师回答是蟋蟀活着，他的手轻轻一捏，蟋蟀就死了，要是回答蟋蟀死了，他一松手蟋蟀就会从手心里飞走，无论回答是死还是活，答案都是错的。秀才当然得意地看着禅师如何答复，禅师微笑地看着他握着蟋蟀的手，不紧不慢地说：“答案就在你自己手里呢!”

秀才听了以后，不禁一脸愕然，没想到禅师会如此精妙地回答了他看似绝杀无解的问题。秀才对禅师不由得心生佩服，接下来又请求禅师帮忙看看手相，问其今后命运如何？禅师接过秀才的手认真地看了起来，然后说：“你的手掌和其他人差不多，也同样包含着生命线、事业线和爱情线三条掌纹，分别寓意着未来的健康、寿命、工作和婚姻。”秀才接着问道：“我今后的命运会怎么样呢?”禅师仍然面带微笑说：“请把你的两只手握紧。”秀才依照禅师的话将两只手握成拳头，禅师接着说：“现在生命线、事业线和爱情线都攥在你的手里，未来的命运也都在你自己手中啊!”

当我们个人和企业不得不面对眼前遇到的疑难和困惑时，不要向外界寻求答案，解决问题的方法和掌控未来的命运完全在自己手中，通过对自身的反视和省察，从自身寻找问题的根源和答案，这样才能走向自觉自悟的自由王国，一切问题和障碍自然得到化解。莫向外求说起来容易，在以追逐利益为首要目标的现代企业能觉悟做到者寥寥无几。在 20 世纪 60 年代，当时国家经济处于困难时期，中国“两弹一星”的元勋们在苏联撤走专家和没有任何外援的情况下，原子弹和氢弹相继研制成功，这是中国科技工作者自力更生创造性的科学成果，是令世界震惊瞩目的骄人业绩。国内不少高新技术企业实际上是依靠外包欧美和日本企业零部件的加工制造，没有自己独立的技术和产品，依靠承接国外企业发包的项目生存，一旦出现金融危机等问题时，城门失火必然殃及池鱼，这些企业也随之出现更大的危机。中国社会经济增长要依靠文化教育、本土科技创新和发展实体经济，企业经营发展则要靠人才和自身强大才能创造美好的未来，继承发扬古圣先贤和老一辈科学家们莫向外求和勇于创新的精神是客观需要，如果国有大中型企业和民族品牌企业都能做到莫向外求，相信实现中国大中型企业再次腾飞的梦想将会为期不远！

第三节　中国诗词吟诵在企业形象策划中的应用

企业形象是一个非常模糊的概念，没有一个明确定义，在目前的文献资料中，对企业形象的定义和解释也不尽相同。企业形象从单个汉字进行解析：“形”是人们从企业规模、产品外观和员工形象等方面获得的直接视觉感受，“象”是市场消费者、社会公众对企业整体及其产品和服务所产生的心理映像，并对该企业做出相应的评价。企业形象与自然人一样，需要树立良好的社会公众形象。企业形象包括产品形象、员工形象、服务形象等多方面，形象的好坏直接影响到企业产品和服务被广大市场消费者接受认同的程度。成功的企业形象能够被社会大众所认可，并在广大消费者心里形成深刻美好的印象与记忆。企业形象大多数集中在视觉效应、广告宣传以及产品推广的策划包装，由于缺少由内向外辐射的神韵，这还只是普通层次的形象策划。更高层次的企业形象应该是将企业内在精神与外观特征相融合的策划方案，除了要满足人们的实用性外，还要通过产品优雅的形象和用心的服务传递给消费者思想与文化，让企业形象通过文化载体深入人心，形成良好的公众映像。产品与服务有时效性周期性，文化却能永远固化在心里。企业形象是一种无形的资产，随着企业品牌知名度的不断提高，企业形象价值也将迅速增长，所以，文化是企业形象的灵魂和核心力量。以中国传统文化来提升企业形象的最佳选择和产生全息性辐射效应当归中国诗词莫属。中国诗词无论经过多少年，任何人读起来都朗朗上口，其中的意境和美的享受让人沉醉其中，像陈年的美酒日久弥香而连绵不绝，也只有中国诗词才能带给人们思维记忆的全息性和美感的全息性。当前，大部分人认为作诗吟诗是个人业余爱好的民间文化，无非是附庸风雅、陶冶情操或者宣泄内在情感的一种方式，与生活工作没有多大关系，更不用说与企业经营管理和企业文化建设有什么关联了。其实这是一种误解和片面的想法，中国传统文化和国学经典最大的智慧就是——无用之用实乃大用，很多东西看似没有用，当深入挖掘研究之后，可以做出大文章和解决大问题。在此，将对中国诗词吟诵及其韵律之美进行简要概述，并就诗词如何应用于企业品牌形象构建以及实现企业经济效益增长的推动作用加以论述。这里仅是抛砖引玉，期待更多人能在诗词吟诵和中国传统文化应用方面做出更深入的研究成果。

一、中国诗词格律以及吟诵之美

中国古代诗词创作与吟诵作为中国传统文化的一部分源远流长，诗词艺术其实是来自中国民间，最初起源于先秦时期，鼎盛于唐代。古代写诗作词必须严格按照韵律要求，使用凝练的语言、丰富的情感以及优美和谐的韵律来表现社会现象，抒发和宣泄人们内心真挚的情感。《尚书·虞书》曰："诗言志，歌咏言，声依咏，律和声。"《礼记·乐记》曰："诗，言其志也；歌，咏其声也；舞，动其容也。"诗词创作和吟诵是中国古人几千年以来的传统，古代只要读过书的人甚至普通乡村百姓都会吟诵诗词，常言道："熟读唐诗三百首，不会作诗也会吟。"古人作诗必歌，诗词吟诵往往配上音乐或者通过吟唱形式来增加表现力、感染力和艺术性。然而，古代诗词吟诵方法在科技发达的今天鲜有人知道，很多汉字的字音字义都被错读，更不用说真正懂得古代诗词创作和吟诵的方法了。著名文化学者和诗词吟诵专家张本义先生说："传统是一条河，不能中断，不能干涸。"[①] 为什么中国传统文化有很多珍贵的东西在今天面临着失传或者断灭？主要原因是：很少有人应用，就像一件物品很久被闲置而没有人去使用，要不被丢弃一边，要不自生自灭，逐渐从人们的生活中消失。同样道理，中国传统文化需要在家庭、企业和社会大众中广泛传播，只有加强应用推广力度才能焕发出新的生机和璀璨的光芒。因此，研究学习国学经典和传统文化最关键的是在日常生活和工作中的实践应用，实践应用得越多，流传才会越久远。中国古代诗歌吟诵以及格律诗创作一直流传至今，之所以被人们喜爱，因为诗词以及格律总能与心灵发生碰撞，形

① 张本义：《吟诵拾阶》，广西师范大学出版社 2013 年版，第 3 页。

成美好的感觉和心情愉悦的享受。诗词在现代人的生活中一直有所应用，参加一些聚会活动或者在某些特殊场合下，有的人即兴赋诗，通过吟诗来表达情感，这是因为古代诗词之美是其他表达方式所不具备的。中国诗词吟诵和格律之美主要体现在以下三个方面：

1. 全息性意境之美

外界客观信息经过眼、耳、鼻、舌、身、意在大脑中形成不同的映像和感知信号，在此过程中，通过神经元产生并传导脉冲信号连续地刺激大脑相关的反应区。当我们吟诵诗词的时候，头脑中形成的各种映像和感知信号以不同层次、全方位和多角度形式勾勒出整体思维和记忆的迹象，这种迹象使人感觉全部身心都融入其中，构成一种全息性意境之美。只有诗词艺术才能以简短文字产生这种超越时空、动态连续的全息性意境之美，当一个人的主观意识信息刺激大脑皮层不同反应区发生兴奋时，神经就会释放出相应的脉冲信号，反馈到不同的感官，形成视觉、味觉、嗅觉和不同的心理与生理反应，并在大脑中记录这些信息的迹象，变成贮存在头脑中的记忆。

例如，李白《望庐山瀑布》："日照香炉生紫烟，遥看瀑布挂前川。飞流直下三千尺，疑是银河落九天。"全诗的意境大气磅礴，即使没有去过庐山，也会令人有身临其境的感觉。第一句在头脑中产生的映像是：太阳从东方升起，金色的阳光洒落在庐山香炉峰上，远远望去山峰冉冉升起缥渺缭绕的雾气，在阳光的照耀下，化作紫色的烟霞。第一句诗描绘了整体浪漫美妙的景致，为下一句"遥看瀑布挂前川"创造了一幅蔚为壮观的背景，站在山脚远远望去，瀑布本来是伴随着巨大的水声向下流淌，却非常奇妙地使用了一个"挂"字，将本来动态奔流不息的瀑布完全定格静止，形成为一幅千尺白练挂在山前绚丽壮美的静态图像。第三句"飞流直下三千尺"描绘了瀑布从高高的山顶倾泻急流直下的气势，在头脑中形成山势险峻陡峭的画面被描绘得淋漓尽致。接着最后一句"疑是银河落九天"，飞流直下的瀑布让人怀疑是九天上的银河在流淌倾泻。一个"疑"字将头脑中的映像放大到银河系空间，亦真亦幻引人遐想连绵，更增添了庐山瀑布的神韵和惟恍惟惚的艺术形象。这首诗总计 28 个字，运用了比喻和夸张的手法，而且吟诵这首诗在人们头脑中所感知的全息性映像必然先入为主，即使没到过庐山的人，就已经浮想联翩而心中神往了。苏东坡曾经赞赏这首诗："帝遣银河一脉垂，古来唯有谪仙词"，"谪仙"就是指李白。江西庐山的景色因为李白的诗而更增添无限美妙的神韵，成为古往今来人们向往的旅游佳境。

2. 扣人心弦的情感之美

常言说："真感情，好文章。"在中国诗词吟诵中充满着感情色彩的文字总是能让人产生无尽的遐思，不管是喜是哀、是悲是忧，无不体现着人类情感之美，广袤的土地、草木丛林和山川河流也因此迸发出生机勃勃的灵性。没有人类情感之美，世间拥有再好的美景，一切都会变得冷漠无情和黯然失色。诗词吟诵除了意境之美，情感之美同样具有跨越时空的全息性。人类的情感包括“喜怒哀乐忧思悲”，都是由心而发的情感。外界信息（例如，影像、诗词、歌曲等）处于主观思维意识中而形成各种感觉的萌发、升华、消退，同时刺激和控制着感官产生情绪变化。唐朝诗人孟郊《游子吟》：“慈母手中线，游子身上衣。临行密密缝，意恐迟迟归。谁言寸草心，报得三春晖。”短短几句将母亲对孩子的爱语牵挂写得入情入心，长期远离父母工作在外的子女读了这首诗以后，总能被诗中的情景所感动，并激发回忆起家中母亲的慈爱，一种无尽的伤感在心中不禁油然而生。宋朝著名文学家苏轼的《水调歌头》：“明月几时有？把酒问青天。不知天上宫阙，今夕是何年。我欲乘风归去，又恐琼楼玉宇，高处不胜寒。起舞弄清影，何似在人间。转朱阁，低绮户，照无眠。不应有恨，何事长向别时圆？人有悲欢离合，月有阴晴圆缺，此事古难全。但愿人长久，千里共婵娟。”这首词所表现的情感更多的是伤感，诗中描绘出了一轮明月、一杯清酒和内心的悲凉，情感与意境的交融在心里产生了无限的抑郁和惆怅。苏轼仕途处于失意不得志的时候，又与弟弟苏辙分离各在一方，虽然心情陷于消极悲观之中，但是后面诗句中表现了豁达的人生观，很快就排解了内心的忧患，人有悲欢离合，月有阴晴圆缺，这样的事情自古就难以周全，但愿世上所有人都能健康长寿，虽然彼此远隔千里，还能共享这美好的月光。诗词中情景是发自内心的真挚感受，不仅是人之常情的心理活动和情感反应，还是一种无法用语言表达的人间自有真情在的美感，在诗词吟诵中自然能引起人们情感共鸣。从诗词的意境之美到情感之美，不但是感官到心灵的升华，还是主观情感与意境动态反应形成的美感，这种美感具有全息性，其中曼妙的韵律持续地在诗词吟诵者心里传播复制着。

3. 柔顺润泽之美

任何产生美感事物的色彩、形状、声音、味道等某一种特征给人们感官带来的都是柔顺润泽的舒适感，像抚摩桑蚕真丝一样的柔滑，好比风吹少女长发飘飘的曲美，又如同梨花带雨般的润泽。天地万物本来和谐，自然界中充满生气优美的事物一般都具备柔顺、光滑和润泽的特质。例如，苏州园林的曲径通幽和溪水潺潺的环境使人陶醉其中；在和风细雨、杨柳青青的春天里让人身心愉悦；黄钟大吕的音韵不仅是涤荡心灵的清泉，更能体味到余音绕梁三日不绝的魅力。与此类似，中国诗词格律与吟诵的意境和情感带给人们的感觉就是柔顺润泽之美。中国诗词创作讲究严格遵守格律，与西方朗诵不同，诗词吟诵要求依照韵律低吟浅唱。诗词不仅能给人带来意境和情感之美，还促进身心健康，开展经典诵读、诗词吟诵要从幼儿园抓起更有利于孩子健康成长。根据大量现代科学试验研究，近些年流行一种诗词疗法，李振玉在《健康时报》上发表文章称①，诗词吟诵使血液循环加速，体内生化代谢活跃，增强记忆力，提高肺活量，疏肝理气，不仅有利于心理健康，也能治疗疾病。其中一个重要原因是与中国诗词韵律的柔顺润泽之美以及形成周期性信号波有关联。此外，为了更好地体会中国诗词格律和吟诵韵律的美感，可以通过绘制诗词吟诵韵律的数学曲线直观完美地将其表达出来。

二、中国诗词格律数学曲线之美

中国诗词的格律诗起源于南北朝，从唐朝开始兴盛。格律诗分为五言绝句和律诗、七言绝句和律诗。格律诗的格律主要有几点要求：一是字数固定；二是句数固定（除长律以外）；三是每句平仄位置有规定；四是只谐平声韵，不换韵且谐韵位置固定；五是在规定的位置上必须对仗；六是在规定位置上平仄必须相黏②。字数、句数固定决定了吟诵韵律具有周期性；每句平仄位置有规则使得吟诵的韵律具有节奏性；押韵只谐平声韵令吟诵的韵律悠远飘逸；在规定位置平仄必须对仗相黏，使得诗词吟诵韵律、腔调波动起伏转折非常柔美。如果将诗词平仄格律绘制为数学曲线，诗词吟诵韵律的周期性波动、节奏感和曲韵之美可以很好地描绘出来。五言律诗、绝句和七言律诗、绝句的平仄格式各自分为 4 种，总计 16 种平仄格式，具体平仄格式请参考诗词格律的相关著作，这里仅以五言绝句和律诗的平起平收的格律为例绘制其韵律二维数学曲线（五言诗词其他格律以及七言绝句和律诗也是同样道理）。为了方便绘制诗词格律曲线，将平声数值定义为 0，仄声数值定义为 5，每个字之间节奏相等（横向坐标单位间距），按照诗词格律平仄顺序输入数值，然后应用 Excel 图表功能绘制诗词格律曲线。

1. 五言绝句平起平收（首句入韵）

平平仄仄平，仄仄仄平平。（0 0 5 5 0，5 5 5 0 0）

仄仄平平仄，平平仄仄平。（5 5 0 0 5，0 0 5 5 0）

例诗：

白　鹭

唐代　李嘉祐

江南渌水多，顾影逗轻波。

落日秦云里，山高奈若何。

---

① 李振玉：《李振玉谈诗词吟诵》，《健康时报》2003 年 4 曰 13 日。

② 张本义：《吟诵拾階》，广西师范大学出版社 2013 年版，第 55 页。

五言绝句平起平收（首句入韵）的格律数学曲线见图 10.2（中平仄上标数字代表平仄字音的数量）。

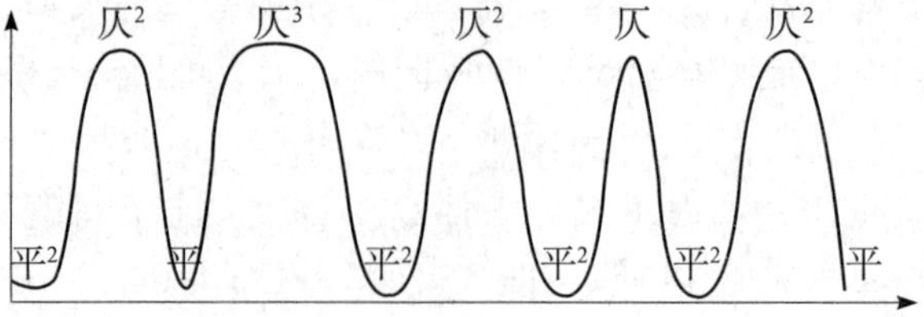

图 10.2　五言绝句格律数学曲线

2. 五言律诗平起平收（首句入韵）

平平仄仄平，仄仄仄平平。(0 0 5 5 0，5 5 5 0 0)

仄仄平平仄，平平仄仄平。(5 5 0 0 5，0 0 5 5 0)

平平平仄仄，仄仄仄平平。(0 0 0 5 5，5 5 5 0 0)

仄仄平平仄，平平仄仄平。(5 5 0 0 5，0 0 5 5 0)

例诗：

答白刑部闻新蝉

唐代　刘禹锡

蝉声未发前，已自感流年。
一入凄凉耳，如闻断续弦。
晴清依露叶，晚急畏霞天。
何事秋卿咏，逢时亦悄然。

五言律诗平起平收（首句入韵）的格律数学曲线见图 10.3。

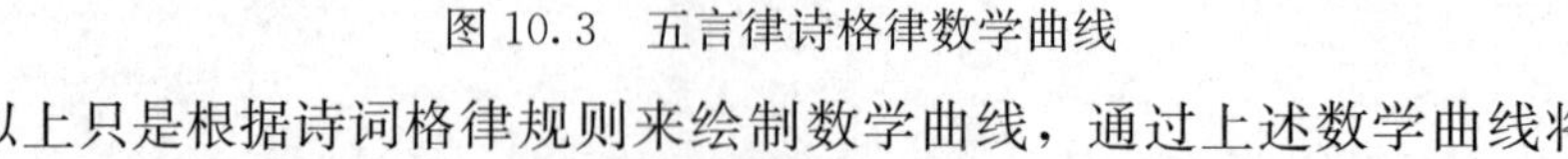

图 10.3　五言律诗格律数学曲线

以上只是根据诗词格律规则来绘制数学曲线，通过上述数学曲线将诗词的韵律、节奏和抑扬顿挫的柔美直观地表现出来。在诗词吟诵过程中，需要遵循吟诵的腔调和韵律（包括破读、谐音、入声），首先要依字行腔达到字正腔圆的水准，诗词韵味自然产生；其次，长短抑扬，即吟诵平声长而低抑仄声短而高扬，尤其在诗句末尾韵脚字都谐为平声韵要悠远低吟，发出的韵律如同一颗小石子投入平静的水面，水面泛起涟漪，连绵不绝的水波纹向四周传播；还有再体会诗词内容所描写的意境，这样诗词的柔美滑润的乐感便被淋漓尽致地表现出来。基于诗词格律数学曲线也能进一步证明，为什么诗词吟诵可以增强记忆力、改善身心健康呢？因为诗词除了意境美和情感美外，诗词格律、吟诵的韵律和腔调等所形成的周期性、节奏性的波动曲线是一种脉冲信号，刺激大脑皮层的不同感应区，能够留下深刻的迹象，并能起到促进大脑与五脏六腑相互协调的放松与舒缓的作用。

综上所述，正是基于中国诗词的这些特色和独有的魅力，将其用于企业文化和企业形象的构建，有利于增强企业对内对外的凝聚力，还有可能提高社会公众和消费者对企业的关注度。此外，企业针对全体员工在适当时间里经常性地开展诗词吟诵活动，除了有益于员工们的身心健康和提升他们的文化素养外，还有助于激发创新思维和提高工作效率。如何把中国诗词艺术应用于企业文化和品牌形象的打造，下面内容将加以阐述。

三、中国诗词与企业品牌命名艺术

企业注册登记要在工商局命名，商品上市之前要注册商标名称，还有商业大厦、楼盘小区、环境景观、店铺、书斋等都涉及命名的问题。当前广告策划公司也越来越重视企业名字策划问题，在国外早就有专业命名公司为企业提供名字策划服务，而且公司云集了语言文字学者、文化艺术高手并结合计算机技术为前来咨询的客户提供全方位的名字策划服务，品牌命名成功与否甚至要超过产品的视觉影像设计，直接关系到市场公众认知度以及企业品牌的商业价值。不少国际知名品牌企业或者商品都曾经为此投入不菲的资金，像日本资生堂、松下、韩国三星、美国宝洁公司旗下众多产品名以及其他一些国际奢侈品牌名称都是经过团队或者专业公司精心策划。孔子曰："名不正，则言不顺；言不顺，则事不成。"像成语名正言顺、名副其实、声名远扬等说明了名字的重要性。企业名字或者商品名是一笔无形资产，在 2013 年国际品牌价值排行榜中，苹果公司以 1850 亿美元雄居榜首；谷歌品牌价值 1140 亿美元位居排行榜第二；IBM 则以 1120 亿美元的品牌价值位居第三。在 2013 年中国品牌最有价值排行榜中，海尔（992 亿元）、国美电器（716 亿元）、五粮液（701 亿元）分别位居榜单三甲。所以，企业除了要重视管理体制和技术创新外，还需要投入精力关注品牌命名问题，作为一家成功企业及其产品，名字是品牌形象的第一要素，因为，最先传递给公众的信息就是名字，好名字有助于广大消费者了解企业和产品特点，从而能有效地提升企业品牌知名度和经济效益。

好的企业命名有哪些特点呢？一是，企业及其商品命名的字义文雅、吉祥，避免晦涩难懂的文字；二是，字形外观优美，笔画简单，这样容易被识别和记忆；三是，与企业经营范围或者产品特征相符，名副其实才能名扬四海；四是，文字讲究格律声韵，读起来押韵顺口，如果读音拗口则不利于他人记忆深刻和引起兴趣。基于以上四点，将中国诗词艺术应用于企业命名策划，为更好地构建企业形象和品牌形象策划方案提出一条新的途径。下面就应用中国诗词对企业命名的具体方法进行简要论述。

1. 文字直接套用

中国古代和现代诗人灿若星河，在古代几乎每一位读书人甚至不少普通百姓都懂得怎样作诗赋词。中国诗词内容涉及多个领域、多个行业，企业命名最快捷的方式就是从中国诗词中直接套用，不但有历史文化意义，而且其意境深远，令人回味无穷。诗词文字套用方法有以下两种：

第一种，引用词牌名字。中国宋词的词牌总计有一千多种格式，是填词要遵守的音韵格式，古代词牌名称平仄格律也有一定规则，而且词牌命名都具有悠久的历史文化典故。直接借鉴引用古人的文化和思想，对商品、道路、景观、店面和某些行业性的企业公司等都可以从中有选择地使用一些词牌来命名，以此为企业的品牌形象增色添彩。下面按照行业特点，总结一些适合现代企业和其他商业行业命名的词牌，仅供各位读者参考。

适合楼盘小区或商业大厦命名的词牌：

满庭芳　映山红　凤凰阁　虞美人
花溪碧　汉宫春　丰乐楼　百尺楼
回心院　清平乐　步蟾宫　家山好
金碧芙蓉　九重春色　玉水明沙

适合文化教育企业命名的词牌：

三学士　好时光　过龙门　泛兰舟
楚天谣　潇湘神　学士吟　鹤冲天
望书归　阅金经　倘秀才　於中好
如此江山　灯月交辉　水调歌头

适合餐饮行业命名的词牌：

喜团圆　望江南　江南春　梦江南
佳人醉　思佳客　相见欢　倾杯乐
玉楼春　临江仙　宴桃源　莫思归
海天阔处　福寿千春　紫萸香慢

适合娱乐行业命名的词牌：

点绛唇　醉花荫　蝶恋花　凤求凰
花想容　杏花天　芙蓉曲　声声慢
金缕歌　浣溪沙　逍遥乐　凌波曲
罗敷夜歌　霓裳羽衣　春风袅娜

适合道路或者景观命名的词牌：

浪淘沙　永遇乐　蓬莱阁　醉春台

绮罗香　西江月　燕山亭　钟离春

一剪梅　鹊桥仙　山亭柳　双飞燕

空亭日暮　洞庭春色　高山流水

第二种，引用诗句部分文字。企业命名引用名诗名句中的部分文字可以有效地提升品牌形象的价值，通过企业产品和服务让消费者仿佛回到诗情画意之中。到杭州西湖旅游的人都知道著名的菜馆楼外楼，始建于清朝道光年间，店主人是一位清朝的落第文人，名叫洪瑞堂，最初只是一个小菜馆，为菜馆命名时，就是引用南宋诗人林升《题临安邸》的诗："山外青山楼外楼，西湖歌舞几时休；暖风熏得游人醉，直把杭州作汴州。"店主就是受这首诗的启发，将菜馆起名为"楼外楼"。这座已经拥有 150 多年悠久历史的中国驰名菜馆，素以"一楼风月当酣饮，十里湖山豁醉眸"的盛景加上美味佳肴而名扬海内外。楼外楼以精致美味的菜品经营有方，成为清朝不少文人墨客游西湖饮酒小聚的首选之地。近代光临过楼外楼的名人有蒋介石、陈立夫、章太炎、鲁迅、梁实秋等人。新中国成立后，周恩来、陈毅、贺龙等国家领导人多次光顾楼外楼，周恩来总理在楼外楼还接待过很多的外国元首和其他国外贵宾。正是因为一首南宋著名的诗词成就了一家享誉国际的中国百年老店，这就是中国诗词的能量与魅力的彰显。

2008 年，在四川成都南部新建城区至少有 20 条道路命名引用了中国古代诗词经典①。例如，繁雄大道东起天府大道北段，西止成昆铁路，"繁雄"取自宋代诗人宋祁的《成都》："风物繁雄古奥区，十年伧父巧论都。""繁雄"是用来歌颂当时成都的繁华富庶的景象，今天引用它来命名也是对成都繁华恰如其分的描写。才俊街东北起萃华南环路，西止益州大道中段，"才俊"取自唐代诗人杜牧《题乌江亭》："江东子弟多才俊，卷土重来未可知。"这些新建道路引用诗词命名，为成都增添了文化色彩和历史名城的深意。

此外，国内不少著名的景观也都引用中国古代诗词来命名。例如，作为中国四大历史名亭之一的北京陶然亭，"陶然"源自唐代诗人白居易《与梦得沽酒闲饮且约后期》："更待菊黄家酿熟，与君一醉一陶然。"宋代著名诗人苏舜钦以四万贯钱买下苏州废园，进行修建改造，傍水造亭，因感于屈原《渔父》："沧浪之水清兮，可以濯吾缨；沧浪之水浊兮，可以濯吾足"，题名"沧浪亭"，自号沧浪翁，并作《沧浪亭记》。

① 《南部新区街名至少 20 条源于诗词典故》，《华西都市报》2008 年 4 月 8 日。

2. 诗词格律谐韵原则

中国诗词创作讲究平仄格律，除了诗中第三句不要求押韵外，诗中其他三句的最后一个字一般都要求押韵且是平声韵，平声字韵和谐悠长，给人以回味。企业命名以诗词格律为基准可以避免读起来拗口，即名字最后一个字为平声，两个字格律用“平平”或者“仄平”；三个字格律用“平仄平”、“仄平平”、“仄仄平”；四个字格律用“仄仄平平”、“平平仄平”、“仄平仄平”、“平仄平平”、“平仄仄平”；五个字名字格律直接套用五言绝句和律诗的格律，即采用仄起平收或者平起平收的格律。此外，三个字以上的名称尽量避免所有字都是平声。企业以此为规则命名非常顺口好记，很多中华老字号的名字都符合这个格律。例如，三个字企业名称：北京烤鸭名店“全聚德”（平仄平）、北京制鞋老店“内联升”（仄平平）、销售绸缎布料老店“瑞蚨祥”（仄平平）、北京生产酱菜老店“六必居”（仄仄平）；四个字企业或者品牌的名称也很常见，大连某家广告传媒公司“国域无疆”（平仄平平）、曾经由崔永元主持中央电视台栏目“实话实说”（平仄平平）、中央电视台品牌栏目“焦点访谈”（平仄仄平）；五个字品牌名称：五个字名称不多见，大部分用于房地产楼盘命名，某城市楼盘名称“东方圣荷西”（平平仄平平）”、某小区名称“阳光世纪城”（平平仄仄平）。

3. 国外企业及其品牌名称翻译

国外企业和商品名称翻译时，最重要的原则就是“信、达、雅”。什么是“信、达、雅”？它是清朝末年思想家严复提出的，他在《天演论》中的“译例言”提到：“译事三难，信、达、雅。求其信已大难矣，顾信矣不达，虽译犹不译也，则达尚焉。”“信”指译文要准确无误、不歪曲、不遗漏，也不要随意增减原文的意思；“达”指译文的文辞通达明了；“雅”是指译文选用的词语要优雅得体。虽然“信”要准确地忠实原意，但是要根据具体情况有所变通。例如，香港服装品牌金利来英文名称 Goldlion，最初翻译为“金狮”，以“金狮”命名的领带和衬衫在香港市场销售一般，赠送朋友时却被婉言谢绝，后来发现“金狮”香港人发音为“净输”，公司研究对策将商标 Gold 翻译为金，Lion 采用音译“利来”，两者合起来为“金利来”，听起来非常吉利。另外，译文中的“雅”是指一种意境之美与情感之美，像法国名酒 Brandy 中文翻译为“白兰地”，苏格兰名酒 Whisky 中文翻译为“威士忌”，进入到中国市场之后，法国白兰地的销量远远超过威士忌。根据有关机构对市场消费者调查分析，由于白兰地是一个充满诗情画意的名字，相比之下，威士忌不仅读音拗口，而且缺少意境美、情感美和柔润美。商品名字美能让消费者心生喜悦，自然会得到大家的认可，这就是译文的“雅”。这种“雅”完全可以通过中国诗词艺术表现出来。

西方文字翻译为中文时，如果遵照中国古代诗词意境优雅、音声柔润和平仄格律相谐的基本原则，那么翻译为中文名称时，做到“信、达、雅”的标准不是难事。例如，享誉美国纽约化妆品品牌 Maybeline，如果直接翻译中文为“可能是线路”，非常不好听，然而直接音译为“美宝莲”，名字不仅具有中国韵味和意境柔美的魅力，还符合诗词格律的谐韵“仄仄平”，名字最后一个字落在平声，令很多爱美的女人对美宝莲充满喜爱之情。国外知名企业或者产品名字很多采用音译，例如，Shangrila 中文译为“香格里拉”（平平仄平）；德国品牌 Metro 中文译为“麦德龙”（仄平平）；法国 Chanel 中文译为“香奈儿”（平仄平）；与直译相比，中文音译更优雅。

四、中国诗词与广告宣传

中国古代皇宫大殿、官府衙门、豪门望族的府邸、商业店铺以及普通百姓宅院通常都在适当位置题写诗词或者楹联。乾隆皇帝在太和殿题写的楹联：“帝命式于九围，兹惟艰哉，奈何弗敬；天心佑夫一德，永言保之，遹求厥宁。”湖北黄鹤楼的楹联：“一楼萃三楚精神云鹤俱空横笛在；二水汇百川支派古今无尽大江流。”清朝乾隆年间文学家、诗人袁枚任江宁县令期间，在小仓山下以三百金购得随园，也是曹雪芹笔下《红楼梦》里的大观园所在。他做了两任县宫，四十多岁便辞宫不做了，就住在随园，自号为随园主人。他在随园门口自己题写了一副楹联：“此地有崇山峻岭茂林修竹，斯人读三坟五典八索九丘。”商业店铺开业最常见的楹联是：“生意兴隆通四海，财源广进达三江。”在古代上至帝王下至百姓的生活中处处充满着书卷气息和诗情画意的氛围，通过诗词表达了对美好未来的憧憬和内心真情实感的吐露。除此之外，诗词作为一种广告宣传手段在古代商业经营中也被广泛应用，有不少商品还成为流传至今的品牌。例如，四川蒙山茶由于“扬子江心水，蒙山顶上茶”这一千古绝句而闻名中外；曹操《短歌行》：“对酒当歌，人生几何。譬如朝露，去日苦多。慨当以慷，忧思难忘。何以解忧，唯有杜康。”这首诗把河南省洛阳的杜康酒推向了中国历史名酒行列。唐代诗人杜牧一首《清明》：“清明时节雨纷纷，路上行人欲断魂。借问酒家何处有？牧童遥指杏花村。”流传千年的诗韵造就了山西杏花村汾酒天下尽知的品牌形象。古代许多诗人创作山水风光的诗词作品成就了众多的中国历史名城和令人神往的风景名胜。以诗词作为展示商业店铺、文化景观和官府机构良好形象的宣传载体在中国古代非常普遍，现代企业品牌形象传播展示的途径众多，通过专业的企业管理咨询公司或者广告媒体策划公司对企业品牌形象推广宣传，利用各种高科技手段在互联网、报纸和广播电视等平台，综合了文字、声音和影像技术为企业品牌形象进行全方位的策划制作，社会公众也由此对企业及其产品形成了深刻的印象，甚至一些企业达到了妇孺皆知的地步。虽然现代企业品牌形象策划与宣传手段丰富多彩，但是随着各种媒体广告和信息的泛滥，人们开始对现代媒体宣传方式越来越产生了听觉和视觉的疲劳，对各种广告宣传的关注度已经大不如从前，而且现代人的生活节奏加快和时间紧迫，对于长篇文案和绚丽多彩的影像缺少耐心观看，越来越热衷于短小有新意的文字与视频，这也是当前微博、微信、微电影受到追捧流行的原因之一。在当前这种流行趋势推动下，企业品牌形象策划推广也应该与时消息、与时俱进，策划方案不仅要短小精悍，还要具有简洁好记和动人心弦的美感。那么，企业采用哪一种方式能实现这个要求呢？当然首选中国古代诗词来作为策划宣传手段更适合，诗词文字精炼、意境优雅和韵律柔美等特点对于企业品牌形象的提升是一种高效的方式。

1. 古代诗词的广告效应

在餐饮业中，有一道历史悠久的名菜称为“东坡肉”，“东坡肉”自然与宋代著名文学家苏东坡有关。据史料记载，他被贬官到了黄州（今湖北省黄冈市），独创以猪五花肉为主料的菜品，吃到嘴里味道鲜香醇厚，肥而不腻，并做了一首诗：“黄州好猪肉，价钱如粪土，富者不肯吃，贫者不解煮。慢着火，少着水，火候足时它自美。每日起来打一碗，饱得自家君莫管。”这首“东坡肉”诗通俗易懂，读起来似乎已经感觉到肉的香味。“东坡肉”经他这么宣传，当地百姓纷纷竞相仿制。后来苏东坡到杭州任知府，他的“东坡肉”又在杭州开始流行，从此逐渐传播到全国各地。今天的“东坡肉”在江南地区餐馆依然有很高的品牌知名度，是食客们所喜爱的美味佳肴。

“兰陵美酒”是由山东省苍山县生产的一种历史名酒，以香气馥郁、色泽纯净透明似琥珀、入口回味悠长，色香味俱佳而誉满华夏，距今天已经有两千多年，在李时珍《本草纲目》和其他文献中都有提及。“兰陵美酒”的美名更因为唐朝诗人李白更加名声显赫，他所作的一首诗《客中作》：“兰陵美酒郁金香，玉碗盛来琥珀光。但使主人能醉客，不知何处是他乡。”诗人李白的名人效应和诗词精准的描述要比现代企业应用高科技手段制作的广告更有鼓动性和诱惑力。古人以诗词形式产生的广告效应就像春天里的潇潇雨丝“随风潜入夜，润物细无声”。其品牌形象的复制传播可以波及上千年，这一点让现代广告望尘莫及。

2. 诗词艺术与近现代企业文化构建

现代年轻人结婚，夫妇二人交换钻石戒指成为一种必需的时尚。正如前面第七章所述，钻石也称金刚石，其成分不过碳元素，与石墨相同都是由碳原子构成的，钻石不过是在地球内部高温高压条件下形成的一种碳元素透明晶体。人类发现和加工钻石不过几百年，钻石是由成立于 1888 年的戴比尔斯跨国公司开采，数量比较少，只有皇家贵族才能佩戴，一度被视为权力和地位的象征，如今它已成为百姓们都可拥有、佩戴的大众饰品。钻石最初与婚姻爱情也没有什么关系，20世纪中期美国出现了经济萧条，钻石消费随之大幅度下滑。为了拓展市场，戴比尔斯公司策划一则精妙的广告宣传语“A diamond is forever”，成功地将钻石与矢志不渝的婚姻爱情绑定在一起，并通过国际明星以及其他各种宣传手段将这个理念融入人们的心里，尤其是赢得了女人的芳心，钻石销量出现了迅速增长。长期以来，中国传统婚恋习俗大部分是以黄金和玉器作为爱情信物。戴比尔斯公司为了进一步开拓中国市场，1993年在香港征集“A diamond is forever”的中文翻译，经过半年多时间对各种译文的评比，一名大学教师以中国古代诗词形式创作的译文入选，即中国人熟知的“钻石恒久远，一颗永流传”。按照古代诗词格律分析，诗句的平仄格律为“仄平平平仄，仄平仄平平”，虽然不符合格律，当是诗句的神韵颇有唐宋遗风。作为深入人心的经典广告语，钻石文化成功地走进并打开了中国市场，至今在将近20年时间里，改变了中国年轻人婚恋以佩戴黄金美玉为主的传统习俗，钻戒已经成为年轻人爱情忠贞的见证。

国内不少百年中华老字号企业以诗词方式对企业文化进行凝练，并策划自己独特的品牌形象，这也是中国传统企业的重要特征之一。历经三百五十多年的北京同仁堂，在各地经销店面门口或醒目位置都题写着一副楹联：“炮制虽繁必不敢省人工，品味虽贵必不敢减物力。”作为祖训已经成为同仁堂历代传人制药的原则，选药和配药坚守“取其地，采其时”的标准。同仁堂的管理制度和企业文化被提炼为一句诗：“修合无人见，存心有天知。”员工发自内心的自律要超过千百条企业管理规章制度。在1892年，著名爱国华侨张弼士先生在烟台投巨资创办了张裕酿酒公司。经过一百多年发展，张裕公司已经成为中国乃至亚洲地区最大的葡萄酒生产加工企业，是中国葡萄酒工业化先驱。企业理念以中国儒家文化为主导，张裕企业之歌《葡萄美酒不夜天》是以诗词形式谱写：“举杯回首望云烟，一八九二到今天，沧桑岁月创业史，溶进芬芳葡萄园，银滩碧海绕青山，沧浪酝酿出诗篇，琼浆玉液醉人处，晶莹汗珠化醴泉。”众多政要名人先后光临张裕公司，并结下了很深的缘分。孙中山曾经为张裕公司题词：“品重醴泉”，取自《礼记·礼运》中“天降甘露，地出醴泉”之义；1992年，江泽民总书记莅临张裕公司亲笔题写了诗句：“沧浪欲有诗味，酝酿才能芬芳”，取自南宋诗歌评论家严羽所撰《沧浪诗画》①。这不但是对张裕公司百年价值观和文化理念的高度肯定与准确概括，而且也大大增加了企业品牌形象的含金量。

---

① 王超逸：《国学与企业文化管理》，中国经济出版社2009年版，第208页。

五、中国诗词与企业品牌形象策划思路

企业从事生产制造、服务行业、商业销售或者其他行业领域，其实质是以产品、技术和服务作为载体将功能、品质、思想和文化传递给消费者，生产技术决定产品质量，文化决定企业品牌形象。企业经营除了满足人们的需求外，更重要的是树立企业产品和服务在社会公众中良好深刻的印象。所以，企业不但是提供产品生产和服务的组织机构，还是文化传播的使者。为了让消费者和社会大众深入地了解企业产品以及文化理念，通过电视、广播、网络等媒体进行广告策划推广是企业品牌形象打造最有效的途径，在绚丽多彩的影像和曼妙音乐的背景里，媒体广告创造的品牌效应至少50%—75%以上来自文案①，简单精炼和意境深远的文案是非常重要的画龙点睛之笔，根据有关机构的统计分析，其中文案以诗词加吟诵的方式要比其他形式更容易产生心灵共鸣和深刻的记忆，而且诗词文字伴随着吟诵的音乐旋律更能持久地记忆在人们脑海中。在最近十几年里，国内有不少专家学者对诗词作为企业品牌形象策划及其广告文案做了初步研究②，一些优秀的文案创意还被企业选用。以诗词作为企业品牌形象推广文案时，要遵守三个基本原则：一是，采用格律诗为好，和谐的韵律能增添愉悦的美感；二是，文字数量尽量简短，诗词句数不超过两句为好，而且每条诗句的字数在3—5个之间，对于七言律诗和七言绝句来说，每条诗句的字数为7个汉字，还是稍显冗长，所以，能用五言诗表达就尽量不使用七言诗；三是，诗词创作要符合平仄格律，并且每句诗的最后一个字韵脚要求为平声韵。此外，运用诗词对企业品牌形象策划的基本思路有以下三种方式。

1. 诗词直接引用

直接引用古代著名诗人的作品，原诗句文字不做任何修改直接使用到广告文案中，不仅可以把诗词优美的意境与企业品牌形象有机地结合起来，还赋予了古代诗词新的含义。同时，也无须任何成本就很好地利用了诗词作者的名人效应，这样不但能有效地提升文案的品味、美感和艺术性，而且无形中增加了企业品牌形象的价值，可谓一举多得。

例一，某城市服装节宣传标语："云想衣裳花想容"，取自唐代诗人李白的《清平调》"云想衣裳花想容，春风拂槛露华浓"，其中"露华浓"还是美国化妆品公司Revlon的音译。

例二，某房地产公司新开发楼盘与高等学府相邻，为了使楼盘名字与文

① 黄合水：《广告心理学》，高等教育出版社2011年版。

② 泓勇：《试论古典诗词名句广告》，《语文教学与研究》2000年第3期，第6—8页。

化有关，公司宣传页的广告语为："谈笑有鸿儒，往来无白丁。"取自唐代著名诗人刘禹锡的《陋室铭》。

例三，某广告公司宣传业务广告词："山重水复疑无路，柳暗花明又一村"，取自南宋诗人陆游《游山西村》。

例四，在智能手机市场营销拓展中，可以套用古诗作为广告词："心有灵犀一点通"，诗词的意境符合现代年轻人经常以手指触点手机屏幕发送短信和微信进行沟通联系的情形，诗句取自唐代李商隐的《无题》。

中国诗词从唐代至今大约有5万多首，各种脍炙人口的诗句在今天仍然朗朗上口，其中很多诗词都可以作为企业品牌形象策划直接引用，是取之不尽、用之不竭的宝贵资源。古为今用，关键在于挖掘如何应用于现代企业和百姓生活中，对于弘扬民族文化具有重要意义。

2. 诗词改编引用

在品牌形象文案中，还有一种将古代诗词的部分文字或者句子重新改编，结合古诗原有的意境美来策划企业品牌形象，这也不失为一种优秀的文案创意。在改编过程中，最好保留原来诗词的格律和意境，同时韵脚还要保持平声字押韵，以避免读起来拗口。

例一，春兰空调的一则广告："春来江水绿如兰"，原诗句为"春兰江水绿如蓝"，出自唐代诗人白居易的《忆江南》。

例二，美菱冰箱产品宣传广告："一片冰心在美菱"，非常有创意的改编，原诗句为"一片冰心在玉壶"，出自唐代王昌龄的《芙蓉楼送辛渐》。

例三，《南方日报》曾经有一则宣传自己的广告获奖，广告词是："春江水暖你先知"，原诗句是"春江水暖鸭先知"，出自苏轼的《惠崇春江晚景》。《南方日报》报社位于广东省，"春江水暖"隐含了当时南方改革开放信息以及谱写着"春天的故事"，广告词巧妙地突出了"你"字，即读者，"先知"反映了报纸信息传递速度及时快捷的特点。

3. 古风诗词原创

国内一些有远见卓识和文化底蕴深厚的企业都喜欢运用中国古代格律诗体裁来编写企业品牌形象的广告文案，将音乐视频与文案配合，特别突出了原创诗词的意境，制作成专业的广告视频在电视台播放往往能获得意想不到的好效果，这也是"承传诗词古韵，谱写企业新风"的方式。如果有的企业也想效仿这种形式，可以投入一部分资金聘用专业人士或者面向员工和社会人士征集诗词原创作品，通过举办这种活动，不仅有利于完善企业品牌形象策划方案，还是更多人了解企业和提高企业知名度的绝佳机会。

如今，国内不少企业都采用格律诗词来打造自己的品牌形象。例如，山东鲁花集团的"滴滴鲁花，香飘万家"；湖南长沙中烟公司的广告语"鹤舞白沙，我心飞翔”；四川沱牌曲酒公司的“悠悠岁月酒，滴滴沱牌情”；山东孔府宴酒业公司的“喝孔府宴酒，做天下文章”；这些采用格律诗词形式打造的企业品牌形象意境高雅，令人回味无限。

当前国内以黄金和玉器为原料制作的各种首饰在销量和认知度方面与钻石饰品相比要稍逊风骚。20 世纪 90 年代以后，钻石逐渐成为年轻人喜爱的主流。最重要的原因是戴比尔斯公司精心打造的“钻石恒久远，一颗永流传”品牌形象和品牌文化深深地植入了对爱情充满美好愿望的人们心中。那么，如何推动黄金和玉器的品牌形象以及市场广度呢？最好的方式就是打造黄金文化和美玉文化，尤其是中国诗词文化的能量是无限的。在此，笔者也试着创作了黄金和美玉品牌形象的格律诗句，为诗词应用在企业品牌形象策划中提供一些有益的思路。

（1）黄金饰品的购买群体以中老年人居多，年轻人更喜欢钻石或者白金饰品，为了将黄金所代表的真挚的亲情、爱情和生命永恒的文化理念融入不同年龄层次的消费者心目中，按五言诗格律创作以下诗句：

黄金情久远，世代永相传。（平平平仄仄 仄仄仄平平）

（2）美玉饰品在年轻人和中老年人等不同年龄层次的消费者中都有众多喜爱者，黄金有价，美玉无价。尝试把爱情真诚不渝的美好祝愿赋予美玉，并以诗词形式传播推广，祝愿天下有情人终成眷属，琴瑟共鸣，永结同心！

美玉赠佳人，悠悠岁月情。（仄仄仄平平，平平仄仄平）

第四节　中国本土企业文化建设的基本思路

一、中国本土企业文化的内容

在过去几年里，国内出现了学习国学和传统文化的热潮，像中央电视台百家讲坛推出与国学和历史相关的系列讲座节目，全国各地创办国学经典教育学校以及各类传统文化公益讲座等，如雨后春笋般应运而生。尤其是在学校、家庭、企业和其他公益组织机构推广传统文化和国学经典学习，的确改变了很多企业、家庭和普通百姓的命运，让人们看到了传统文化的智慧和不可思议的力量，传统文化和经典教育正在中国大地上回归。然而，由于传统文化长期以来出现了断层，开展这方面教学还存在着各种问题和障碍，仅仅由一些热衷传统文化的人士到企业和社区做公益讲座还远远不够。要想在企业中传播推广传统文化和经典教育，关键在于如何落地应用和能否有效地解决企业面临的各种实际问题。因此，构建中国本土企业文化除了系统地开展经典教学以及力行实践外，还要把以下三个方面作为重点研究内容。

1. 重新认识传统文化，树立民族自信心

“国学热”正是因为现代中国教育在传统文化方面严重缺失，同时也说明了人们对传统文化学习的渴望与期盼。在近代中国曾经发生过两次对传统文化严重的否定与破坏，第一次是1919年五四运动时期的新文化运动，一些受过西方教育的人发起“反传统、反孔教、反文言”的文化革命运动，打倒孔家店，推行白话文，甚至就连鲁迅先生也提出要废除汉字，采用拼音符号作为中国文字。第二次是“文化大革命”，“批林批孔”和“砸四旧”的运动从思想上与古代文化体系彻底决裂，严重摧毁了人们对传统文化的正确认识，以至于各种国学经典书籍被认为是封建遗毒遭到焚毁，甚至使一些绝版经典就此失传。这两次运动使得传统文化几乎走向了毁灭的境地，中国也是世界上唯一在过去特殊的历史时期主动放弃自己本民族文化的国家，也正是因为民族文化和民族信仰的缺失，中华民族的自信心也随之丧失掉了。传统文化在现代社会许多人头脑中印象是陈旧过时的封建思想，有这样的认识也是很正常的，因为大部分人根本就没有读过经典，甚至连《四书五经》是什么都不清楚。西方享乐主义和资产阶级自由化的思想意识被现代大多数年轻人认为是先进科学的文化，如果这些西方的思想文化和资产阶级价值观一旦成为中国社会主流，那么中华民族就真的到了最危险的时候。当一个国家走向灭亡时，不仅仅是失去了国土和国家主权的问题，更严重的就是一个民族的思想文化彻底沦丧了，思想文化的断灭意味着国家开始走向了沦丧。试问现代某些中国人还有多少中国人的气味呢？吃西餐、过洋节（情人节、圣诞节）、穿洋服，就连结婚典礼都已经西化了。再看中国有多少企业的管理体制、经营模式、文化理念和价值观是完全的中国模式，恐怕都是以西方管理学作为依据，然后根据企业自身情况进行复制运作。孔子曰：“攻乎异端，斯害也已！”（《论语·为证篇》）在中国古代有“八端”的说法，“八端”是指：“孝悌忠信礼义廉耻”八德，异端就是与八德相背离的思想文化和价值观，如果当西方的异端思想作为武器来攻占我们每个中国人的心地时，不亚于清朝时期的八国联军攻占北京，这是真正的大祸害啊！中国古代的兵法讲究“攻心为上，攻城为下”，在心里和思想上被征服是真正的征服。因此，作为炎黄子孙应该对此有深刻清醒的认识和反思。重新思考和学习中华传统文化的精髓，树立正确的人生价值观，让中国古圣先贤的智慧和中华民族本有的思想文化在现代得以复兴。当中国走进21世纪时，中华传统文化被越来越多的人们认识和学习，出现了一批专门从事国学经典教学的老师，为弘扬传统文化做出了积极的贡献。这是非常值得欣慰的事情，也是我们中华民族从沉睡中觉醒。

重新认识传统文化，恢复中华民族的自信心，我们相信在党中央的领导下，不远的将来一定能实现美丽的中国梦！

2. 实现在工作生活中的学以致用

习近平总书记强调指出："培育和弘扬社会主义核心价值观必须立足中华优秀传统文化，牢固的核心价值观都有其固有的根本。抛弃传统、丢掉根本，就等于割断了自己的精神命脉。"传统文化是中华民族生生不息和发展壮大的软实力，关系到社会和谐稳定和国家的长治久安。目前，弘扬优秀传统文化得到了国家和社会大众的支持，这是一项利在当代功在千秋的伟大事业。古人云："建国君民，教学为先"，落实传统文化最好的方法和形式就是教学，教学不是仅仅举办培训讲座，还要在明理的前提下将国学经典智慧落实在企业经营管理的各种行为当中，从而达到学以致用的目的。当一门学问不知道怎样用或者没有学以致用去解决问题时，自然就会被人们弃用而荒废掉了，国学经典本来是古圣先贤智慧的结晶，在现代科学技术发达的今天却因为不懂得如何应用而被作为"糟粕"而丢弃。例如，现代人已经很少有人行叩拜礼，即使在过年时，给老人拜年的形式大部分是电话问候或者一起吃年夜饭，而且就近代的作揖和鞠躬的礼节也逐渐消失了。跪拜礼和鞠躬礼在韩国和日本至今还被保留并一直盛行，而在我们国内不少人却认为这是愚昧落后的封建礼节。在现代国人眼中，古人的跪拜礼看起来似乎是封建等级制度下迂腐的礼教，其实这是对古人良苦用心的误解。跪拜不仅是古代的一种礼制，还是有益于身心健康的运动，北京中医药大学彭鑫博士的《彭鑫谈内壮健康法》[①] 和韩国中医学博士金在成的《每天 108 拜，心宽气顺病不来》[②] 两本专著都对中国跪拜礼治疗疾病的原理和方法作了详细论述。笔者因为长期久坐曾经患有髋关节炎，吃医院开的西药和中药效果都不明显，后来每天早晨坚持古代跪拜礼 108 次，半年以后病症全部消失。这只是在生活中解决身体健康方面的一点应用。国学其实是无用之用实乃大用的智慧，需要有一个觉悟的过程。对于无明者当然是一无所用，悟道者自然能用其大用，在科学研究、技术创新、企业环境规划、时间管理等诸多领域都可以找到直接或者间接的应用解决方案。当然，国学中还有很多被我们认为是"糟粕"的精华等待专家学者们深入研究，将其"大用"用于国家经济建设、企业经营管理和家庭生活中。

3. 开展因材施教的教学方法

孔子在杏坛办学，他的教学理念和方法是"有教无类，因材施教"。古人

① 彭鑫：《彭鑫谈内壮健康法》，第二军医大学出版社 2011 年版，第 57—63 页。

② 金在成：《每天 108 拜，心宽气顺病不来》，吉林出版集团 2010 年版。

教学非常注重因材施教，针对不同人的根基，教学的方式也有所变化。某国学教育机构到大学举办国学公益讲座，结果老师在台上只讲了二十分钟便终止了讲座，因为下面听课的大学生多数在下面看手机，没有谁在听讲，当时冷场的局面令老师非常尴尬，是老师的国学水平不够，还是讲座不够投入？都不是主要问题。近几年，一些企业家通过多次参加传统文化论坛并学习实践以后，对国学开始产生浓厚的兴趣，回到企业以后，为了提高企业员工的文化素质，请相关的老师进入企业对员工进行企业文化培训，由于不懂得变通，而且教学方法死板教条，导致培训成为员工的额外负担。某体育用品销售企业将儒家经典《弟子规》作为企业文化来普及，无论高层管理者、中层部门管理者，还是下面普通员工被要求在每周末晚上必须参加《弟子规》学习，经过一年的培训，调查员工学习效果，该企业员工反馈的结果不尽如人意，大部分人不但不感兴趣，而且对教学内容和讲课形式有些厌倦，因为参加《弟子规》培训是一项工作考核，所以这些员工不得不为了应付领导要求才来参加。可想而知，只是因为企业领导对《弟子规》感兴趣才组织这样的培训，虽然出发点是好的，但是，不当的教学方法对于提升员工道德修养和促进企业文化建设能起到多大作用呢？还有一些企业认为组织国学和传统文化教育是利人利己的积功累德的好事情，对此热情高涨，投入很大精力。然而，具体操作实行与预想的目标和效果差之甚远。古人云："行有不得，反求诸己"，出现问题的原因主要来自两个方面：一是某些老师不懂得因材施教，或者对国学经典的研读和理解程度不够，无论到哪里也不管听众对象是谁，讲座模式和教学内容都一成不变，只要我肯去讲就是有功德的事情，至于听众是否接受和有所收获都不重要，重要的是我在做有德行的事业，以便为自己积功累德。《道德经》曰："上德不德，是以有德。下德不失德，是以无德。上德无为而无以不为。下德为之而有以不为。"二是言教不如身教，说到不如做到。企业领导者只是要求员工学习和贯彻执行，自己却迟迟不见行动，这哪能取得成效呢？老子主张的"是以圣人处无为之事，行不言之教"的无为思想，对于企业文化建设具有重要意义。企业领导者首先要为员工们作出表率和好样子，真正地从我自己开始学习和力行，员工自然会随之落实贯彻执行下去。随着长时间学习熏修，员工们也一定能从中获得真实的利益。

综上所述，构建中国本土企业文化要善于灵活变通，善于解决问题，善于落地执行。首先，要对国学经典和传统文化系统地进行深入学习研究，理在事先，在理上通了才能指导实践。其次，还要结合本企业的具体情况，根据员工的文化素质和根基，因时、因地、因人、因事构建符合本企业特色的企业文化模式，最重要的一点就是避免教条主义，懂得因材施教。再次，在将企业文化导入到员工内心和日常行为的过程中，需要企业制定科学合理的教学计划，而且要重在实践，在学习中工作，在工作中学习。最后，学国学的目的是善用国学，能解决企业实际问题是最终目标，真正实现国学经典与传统文化在企业里的学以致用。因此，国学不缺少教学的老师，缺少的是导师型教练带领员工在工作中实现常态化力行；国学不缺少研究型学者，缺少的是学以致用和能解决企业实际问题的应用型专家。

二、构建中国本土企业文化的途径

企业文化的概念最初起源于日本，二战失败后日本国家经济从废墟中迅速崛起，除了因为国民励志图强的精神外，还有就是重视文化教育。日本大部分企业都推行儒家文化治企，很多日本企业高层管理者都曾经读过中国的《论语》、《易经》、《孙子兵法》或者其他儒释道经典，文化教育对于日本国民经济的恢复起到了重要作用。在韩国企业和民众中，儒家思想和文化氛围也是非常浓厚的，大成至圣先师孔子像就高高耸立在韩国仁川市的中国城。有相当多的韩国和日本企业都以中国儒家思想作为企业文化，并融入企业日常的管理模式当中。诸如日本知名企业松下、东芝、丰田，韩国知名企业三星、大宇、现代集团等在很早时候就已经成为国际知名的企业，生产的产品畅销世界各国，这与它们的企业文化密切相关。不得不承认文化在企业经营管理中的核心地位和灵魂性作用，没有文化的企业走不远也做不大。企业作为社会财富创造的主体，其发展态势不仅影响着国民经济和生产力水平，还反映着企业的经营理念和思想文化模式。以此将企业划分为三种层次和境界：一是唯利是图型。企业把盈利作为第一目标，一切以获取利益为根本目的，为了企业自身利益可以采用各种手段。二是独善其身型。君子爱财取之有道，企业以合理合法的经营方式谋取利益，只关注自身的平稳发展，不愿承担更多的社会责任。三是兼济天下型。企业除了依法经营获取利润外，还以高尚的道德情操以及兼济天下的情怀为社会大众创造并奉献物质财富和精神财富，并以此作为企业文化和核心价值观。尽管在当今时代具备第三种格局的企业还不是很多，但是，目前越来越多有良知的中国企业家已经开始朝向这个目标努力迈进。当人们的道德情操和中华传统文化弘扬学习的意识在逐渐苏醒时，中国企业家和社会大众会越来越真切地感受到道德的光芒和传统文化所带来的巨大力量。

自古以来，中国封建王朝开明的君主都非常重视文化建设，而且治国安邦是以文教化成天下。古代君子向来重道不重器，为什么要重道和以德治国？因为，道与德是国家太平、社会稳定和百姓安居乐业的根本，如果国家失去或者偏离了道德的准绳，社会发展状态和人们的思想观念将不断地发生阶梯层次性、退行性的蜕变，最后必然天下大乱。《道德经》曰："故失道而后德，失德而后仁，失仁而后义，失义而后礼，夫礼者忠信之薄而乱之首。”当国民失去了对道的追求之后，德开始被人们重视宣扬，当所有人都重视德行，并以德行作为标准处事时，没有人不仁义，没有子孙不孝悌的，没有官员不廉洁奉公的；当对德的追求失去之后，仁开始受到重视，所有人都能做到仁者爱人时，天下人不分亲疏和血缘，像兄弟姐妹一样互相敬爱；当对仁的追求失去之后，义开始被人们推崇，没有仁爱的义是有缺失的，人与人之间就出现了远近亲疏和好坏美丑的差别；当对义的追求失去之后，礼制开始被强调，当国家不得不依靠和宣扬以礼制章法治国时，社会秩序早就已经出现混乱了。但是，用礼制来约束规范人们的思想行为，终究不是解决问题的根本。这是老子从过去历史经验中总结出来的治国安邦的智慧，也一语道破了封建王朝走向衰败和社会乱象丛生的主要原因。如果将《道德经》的这句经典之语绘制为下面环形图并结合老子的思想，那么，对于当前国家、社会、企业和家庭中所出现的各种不正常现象能够清楚地找到这些问题的根源所在，并以此能制定出科学有效的应对措施和系统性解决方案（见图 10.4）。

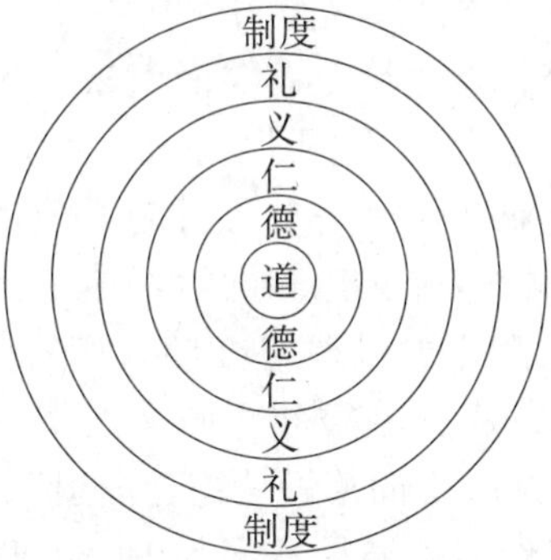

图 10.4　社会道德回归结构图

仔细分析上图，老子的话说明，无论事物发展变化出怎样的外观表象和状态，道德始终处于核心位置。在环形结构图中，道德除了处于中间核心位置外，还具有向外的辐射性、穿越型和可见性。当任何事物变化或者组织机构的行为达到从心所欲不逾矩时，换句话说处于中心道和德的位置时，那么仁、义、礼和制度便自然而然形成，不需要做出任何强制性要求。在上古时期，人们按照自然规律生活，没有德的意识，更没有仁、义、礼和制度的概念，完全在道中行。从原始社会发展到奴隶社会，私有制经济出现意味着人们对物质追求的贪欲远离了道德层面，圣贤便开始出现在世间，推行仁义治国，典型的人物是周文王和周武王，以仁义治理天下。如果仁义盛行，那么礼制和法制就不需要过分强调，上至帝王权贵下至百姓都讲究仁义和以礼行事，天下太平、社会秩序井然。到了先秦春秋战国时期，仁义和礼乐也都逐渐衰落了，这时候社会秩序纷乱，诸侯列国争霸、为了各自利益连年征战，社会经济和百姓生活状况急剧下降，统治者和民众的思想行为距离核心位置的道德越来越远，最后到礼乐都已经崩坏的时候，天下便出现四分五裂的混乱局面。秦始皇消灭六国以后，结束了天下诸侯连年混战的分裂状态。虽然天下得以统一，但是由于礼乐都已经没落，法家思想占据国家政权统治的主要地位就是历史必然的选择，然而完全依靠严厉的法制措施，却只仅仅让秦国维持了 15 年。在春秋末年孔子带领弟子游走于各诸侯国，目的就是为了恢复周礼。只有克己复礼，社会才能回归到仁义，只有仁义复兴，社会伦理道德才能得以回归。社会伦理道德回归依靠什么？唯有依靠符合自然之道以及人类本性至善的传统文化和全民教学。随着时代变迁，尤其进入 21 世纪以后，国际经济秩序发生了巨大变化，整个世界形势在起伏波动中前进。当全球性的金融危机爆发以后，欧美国家的企业在管理中存在的问题和弊端也暴露无遗。这不能不让我们中国企业开始重新审视自己长期奉行以西方管理体制和管理制度为主的企业管理模式，单纯通过建立健全现代企业管理制度来强化管理水平和提高经济效益已经显得力不从心。只有让企业从制度、礼制、仁义逐渐回归到以德治企、以道治企的层面上来，才能推动企业和社会经济走向稳定可持续的发展轨道上来。中国企业如何实现这个回归？通过构建本土管理模式和推行本土企业文化是一条可行的途径，本土管理模式和本土企业文化就是从中国五千年的传统文化和国学经典中汲取营养，从制度完善和礼制推行开始入手，依靠文化力量逐渐推动人们思想境界向道德方向回归，那么，中国本土企业文化的实施路径和方向必然是“从法制走向礼制，从礼制走向义，从义走向仁，从仁走向德，从德走向道”，在这个渐进性的回归过程中，中华传统文化始终作为正能量贯穿其中，由此形成的全息效应必然能让我们的国家、企业和家庭走上和谐有序的发展道路。

第五节　弘扬传统文化　做好中国企业

一、构建中国企业“和商文化”

近些年来，国内外出现了传统文化和国学热，这是值得鼓励和推广的好事情，不仅是中华传统文化复兴的开始，还是我们国家走向春风送暖、百花盛开的时候，而且东风西渐，中华传统文化之风也已经吹拂到了欧美等西方国家。孔子学院作为教学中国文化和汉语言学的教育机构已经在世界各国创办了 500 多所，不少西方国家学者和企业家也都在研究中国的儒释道经典文化。已故的美国苹果公司总裁乔布斯对中国的禅文化有着独到的见解，在经营苹果帝国期间创造了令世人难以逾越的业绩，这与他对禅文化深刻体悟和由心所生的智慧是分不开的。中华传统文化是道法自然的文化，是与宇宙万物和谐的文化，其中的隐藏秩序是让万物回归到和气相容的正能量波。《乾卦·彖传》曰："乾道变化，各正性命，保合太和，乃利贞。首出庶物，万国咸宁。"乾道变化是天道运转变化的过程，是从"元"开始的，万物变化都会按照各自固有的规律和特性表现出不同的形式，各正其位、各得其所。只有这样才能"保和、太和"。太和是阴阳二气交汇而产生的和气，保和就是使得太和之气常行不衰，从而达到和谐融洽的状态。宇宙空间和自然万物只有处于"保和、太和"，才能按照各自固有的内在规律平稳运转，万物才能得以生长。从古至今，中国人的核心价值观之一就是"和"文化，也是儒家文化的主导思想，而且传统文化中的敬天爱人理念不仅信奉与天地万物的和谐关系，还把天下大同的万物和谐、社会和谐、家庭和谐以及每个人的身心和谐作为最终目标，实现不同国家、不同民族以及人与人之间的和睦相处。从中国历史发展进程看，尽管中华民族走过了五千年的风风雨雨，经历了不同朝代的兴替更迭和社会变革，也遭受过大大小小的战争纷乱，但始终没有打破中国的文化体系和思想价值观，社会生产力和经济发展步伐在总体上保持着不断前进的态势。正是因为五千年深厚的文化底蕴使得中华民族的隐藏秩序与和谐常数并没有受到破坏性的干扰和侵蚀，虽然有的西方国家想试图通过他们的文化传播和价值观来全盘西化中国人的思想，但是适得其反，西方国家的文化理念和价值观在中国传播过程中却被我们的思想意识和传统文化所同化。西方天主教的"神爱世人"与儒家"仁者爱人"的思想是相通的，有了共鸣交汇才可能被人们追寻信仰，否则很难在中国传教布道。就像佛教起源于印度，却昌盛于中国，没有五千年传统文化的滋养，尤其是没有儒家文化作为基础，佛教也不可能得到广泛传播和发扬光大。中国儒释道三教宗旨同根同源，文字表述虽然不同，但说的是同样道理，三家思想相互印证，这本身就是"和"文化。中国"和"文化融入不同领域、不同行业以及人们日常的衣食住行等多方面，构成了符合自然之道的社会核心价值观。中国"和"文化与企业经营管理融合就是"和商文化"，中国企业的"和商文化"主要表现在以下两个方面：

1. 人与自然和谐

最突出的表现就是居住环境的规划布局蕴藏着中国传统文化色彩，从外围区域的生态环境规划到内部楼盘小区与住宅格局的设计理念都是以宜人性作为主要标准。所谓环境的宜人性实际就是指环境气场有益于身心健康的"和气"，中国古代风水学改造自然环境和建筑规划设计时以藏风纳气为要旨，也是为了调整环境，聚集宜人的“和气”。北京故宫是中国历史名胜古迹，曾经是明清两朝皇帝处理政务和居住的场所。故宫的建筑环境的布局特别突出了“和”文化，在故宫整体布局的中轴线上，前面三座大殿分别是“太和殿、中和殿、保和殿”，这三座大殿名字都有“和”字，在封建皇帝统治下，天地和谐、万物和谐、社会和谐的天下太平是君主们所追求的理想。故宫的三座大殿在设计时是有说法的，以此也体现了“和”文化是有次序的，前面太和殿也称金銮殿，是皇帝登基即位、举行盛大典礼以及接见文武群臣朝贺的地方，太和之气是阴阳二气相汇而生和气，寓意着皇帝只有按天道行事，才会与太和之气感应道交。中和殿是皇帝举行大典之前休息的地方，“中和”二字取自《礼记·中庸》“中也者，天下之本也；和也者，天下之道也”。“中和”是回归到不偏不倚的中道，如果偏离了中道，阴阳就失去了平衡。这种思想理念与中医使用的治病方法调整阴阳平衡的“中和”思想是一致的，人都有喜怒哀乐、七情六欲，当受到邪气所侵或者因为各种情绪变化，身体的阴阳平衡就会被破坏，疾病也因此而生。中医治病是通过调整人体五脏六腑的阴阳平衡回归到中和状态，疾病就会自然痊愈，中和殿的文化内涵也与此类似。保和殿在明清两代用途不同，明代用于大典前皇帝更衣之所，当册立皇后和太子时，皇帝在此接受祝贺。清代科举考试的殿试在保和殿举行，皇帝在每年除夕和正月十五赐宴王公大臣也在这里操办。“保和”出自《易经·乾卦》的彖辞，意为“志不外驰，恬神守志”，就是以神志专一来保持宇宙间万物的和谐。所以，人与自然和谐，往往就体现在人们所居住的环境中，一座城市环境优美、空气清新，不仅能提高市民的道德修养，还有利于对外招商引资，为经济发展创造一个良好的投资环境；企业环境优美，有利于员工提高工作效率和激发创新意识；家庭环境优美，有利于家人身心健康，生活舒适幸福。

2. 与人为善，和气生财

中国人历来推崇“和”文化，以“和”为尚，以“和”为贵。中国的“和”文化不仅指导着人们的生产劳动和日常生活，而且笃信和气生财之道。在近代中国社会，如果有顾客走进店铺时，虽然店里伙计清楚来人根本买不起东西，但是也一定要奉上一杯热茶招待，来的都是客，讲的就是一个和气。所以，古代那些深谙经商之道而发财致富的人也一定是有德行、有福报的人，千金财富必定是千金人物，德行深厚的人无论走到哪里都能带来一团和气，因为，有德行人的气场（或者生物场）从内向外辐射着和气，其言行举止总能受到众人的欢迎与认可。有德行的人价值千万，无德之人分文不值。中国宋代书法四大家分别是苏东坡、黄庭坚、米芾和蔡京，四个人的书法被认为能代表宋代时期书法的最高成就。其中苏东坡、黄庭坚、米芾三个人书法作品被世人推崇有加，他们的真迹现在拍卖至少是千万元价格。而蔡京的书法就没什么历史地位，即便他的书法作品拿到现在来拍卖，价格要低很多，因为蔡京与秦桧差不多都是宋朝有名的卖国求荣的奸臣，由于品德低下和名声太臭，他的历史地位根本无法与前三位名家相提并论。现代画家齐白石、徐悲鸿的作品也是价值千万元，那是因为两位画家德行价值千万元。有德行的人说出的每句话连声音都听着那么顺耳，做出的每件事情都会让大家信服和拥护，为什么说人微言轻？人微其实并不是权势地位和财富的卑微，而是内在的德行不够。德行深厚的人，他说出的每句话能让大众听起来入耳入心，带来的都是喜悦欢乐。和气就是人气，有人气就意味着有财气，有财气意味着有福气。想想看，有谁不愿意与有福气的人合作交流呢？因为与他合作交流的人越多，创造财富的机会也就越多。判断一家企业或者商业机构经济效益如何，只要观察下面员工们的精神面貌有没有和气就知道了，如果每位员工神态怡然，笑容可掬，说话热情和善，这样的企业效益肯定错不了，企业领导者有德行、有福报，他的和气自然能带给所有员工，最好的企业形象就是上下一团和气。反之，员工们个个愁眉不展，态度冷漠或者说句话都不耐烦，有谁愿意与这样的企业打交道，当然企业经济效益也好不到哪去。原因归结是企业领导者德行不够，没有德行，和气就先天不足，没有和气哪来的人气，员工纷纷离职跳槽，客户也都远离，企业或个人丧失了人气想聚集财富又怎么可能呢。此外，和气还在于保养，和气保养靠什么方法，最简单有效的方式就是积德行善，企业生产优质产品能满足人们的需要，而且坚决抵制假冒伪劣产品流向市场，这是积德行善的一种方式，好产品能为人们带来益处，自然就创造了人气与和气。企业依此积累的财富除了用于提高员工们的福利待遇外，还要将富余的财富善用于社会大众，帮助那些真正需要财富解决困难和摆脱痛苦的人们，这也是财布施。为什么财布施得财富？不少大企业家还是大慈善家，都经常在做财布施的善事，企业越布施反倒越兴旺发达，道理很简单，因为财布施让受者欢喜而心生和气，这些和气都是企业的人气。行善积德不光是布施者自身的境界和品德提高了，积德也是在积累人气与和气，企业市场营销最重要的环节是吸纳更多的客户与人气，多做行善积德的事情人气自然增加，要比在电视台、报纸和网络等媒体做广告宣传更有效果。

以上简要介绍了和气生财的基本原理，企业有没有经济效益根源不在于管理制度和管理体制，全在于企业有没有德行以及有没有和气。中华传统文化是与天地万物和谐的文化，作为企业领导者首先自己要身心和谐，然后才能与人和谐、与自然和谐，和谐就是以道行事，以德修身，和气便从和谐中来。所以，中国本土企业文化建设要从营造和气开始，和气是不会对人产生任何损害，并且能形成多赢和共赢效果的能量场。如果企业能保持这个和气的能量场不衰减，那么企业就像八九点钟的太阳一样普照大地，明媚的阳光哺育着万物生长，企业的生命也将永远年轻。

二、打造中国企业“儒商文化”

儒家与商业似乎是风马牛不相及的两种境界，因为儒家主张“君子喻于义，小人喻于利”，商人的买卖活动一直被认为是与儒家思想相悖的。古往今来，虽然商人腰缠万贯，但是，买卖经商一直被看做是无益于生产和社会财富增长的行业。韩非子在《五蠹》中将商人列为“五蠹”之一，认为是不劳而获的社会蛀虫，《二十四史》没有单独为商人立传的内容。古代统治阶级将社会分为士、农、工、商四个阶层，商人地位排在最后。在唐代诗人白居易所作的《琵琶行》诗中提到商人：“商人重利轻别离，前月浮梁买茶去。去来江口守空船，绕船月明江水寒。”几千年来，对商人的这些负面评价使得人们对商人的认识停留在无情无义、唯利是图的小人层面，形成了无商不奸的印象。这是历史的误会，其实儒家思想与商业活动不但不相互违背，而且，正是由于商人的推动使得商品在各地流通，促进了不同地区生产力的发展和社会经济的繁荣。“儒”字为形声会意字，虽然《说文解字》本义注释为“柔也，术士之称（术士相当于现代从事研究工作的学者）”，但是从字形结构看，“亻＋需”就是满足人们需求的意思。“儒”是在春秋时期从巫史祝卜中分化出来的一个行业，即精通诗书礼乐为贵族服务的人。“儒”是利用自己一技之长来满足人们的需求，那么商人到各地从事买卖经营活动，把商品卖给需要的人，也是一种满足他人需求的行为。所以，商人的经营理念从本质上看与“儒”并不矛盾，也不违背儒家思想。在中国历史上，儒家思想虽然是古代帝王治国治家所奉行的道德标准，但是孔子对经商并不反对，主张“君子爱财，取之有道”，他说：“富与贵是人所欲也，不以其道得之，不处也。”孔子门下一位最富有的弟子名叫端木赐，字子贡，也是最受孔子器重的弟子之一，位列“孔门十哲”。子贡的财富是从哪里获得的？绝大部分是依靠经商所得。子贡 17 岁师从孔子，深得孔子真传，他出生于商业世家，受祖辈影响对经商非常感兴趣，子贡还曾做过鲁国和卫国的宰相，具有崇高的社会地位。拜孔子为师以后，遵循老师的教导，跟随孔子周游列国 14 年，子贡在跟着老师学习儒家文化的同时，对各地的商品信息和风土人情做了大量了解并收集，为以后经商铺垫了广阔的市场资源。子贡精通儒家学说，又谙熟经商之道，使得二者得以完美结合，开辟了儒家君子之“义”与商人经营所求的“利”彼此相通融合的渠道，实现“义者利之和也”，即创立了义利合一的儒家商业文化。正是因为子贡精通儒家学说，才有条件、有能力将所学所知应用在商业经营活动中，为古代“儒商”思想的形成奠定了深厚的理论基础。因此，后人称子贡为儒商的开山鼻祖。

在今天全球经济一体化以及竞争激烈的条件下，如何在企业构建儒商文化呢？首先，要学习并精通儒家学说，儒家学说不仅仅只局限于孔子的《论语》、孔子治六经之学（诗、书、礼、乐、春秋、易），到了宋朝又增加一些经典，成为十三经。儒家学派代表人物有很多，除了孔子三千弟子外，著名的儒家思想集大成者还包括春秋战国时期的孟子、荀子，著有《春秋繁露》的汉朝大儒董仲舒，创立程朱理学的程颢、程颐和朱熹，明朝开创心学的王阳明等。其次，在企业经营管理活动中善于应用儒家学说和儒家文化，如果一种学说或者理论不能指导工作实际和解决面临的问题，这样的学说没有立足之地，也不可能代代承传。在现代企业和企业家当中，认为儒家学说是社会进步的枷锁和落后迂腐的封建遗毒的也大有人在。原因是很少有人关注儒家经典怎么应用在生活工作当中，就像一件再贵重的美玉，没有人愿意佩戴而闲置一旁，美玉与顽石一样也就自然没有什么价值了。所以，构建企业儒商文化要分两步走：第一步，以儒家经典为主，教学为先，请儒学专家帮助企业搞文化建设和开展培训教学工作，教学的首要目的在于对儒家学说的精通；第二步，学习儒家学说的目的是为了精通，精通的目的全在于学以致用。学以致用是要解决企业经营管理中的生产加工、人力资源优化、团队建设、薪酬与财务管理等诸多方面的问题。儒家学派经典众多，以哪一部经典为基础或者以哪种方式来构建企业儒商文化呢？中国古人的读书学习方法是："广学多闻，一门深入"，对于企业儒商文化建设来说，应该重点放在儒家的核心思想——五伦八德。五伦是指："君臣有义，父子有亲，夫妇有别，长幼有序，朋友有信。"八德是指："孝、悌、忠、信、礼、义、廉、耻"。五伦八德是古代君子所遵守的处事原则，所阐述的君臣关系、家庭伦理和朋友关系似乎与企业儒商文化不相干。其实并非如此，主要是因为人们对五伦关系理解的广度和深度不够，五伦八德是国家、社会和家庭走向和谐的具体行为规范，同样适用于企业儒商文化建设。关于企业儒商文化建设与实施方案，以下内容对此进行简要论述。

1. 五伦关系

（1）君臣有义：君是指古代君王皇帝，臣是作为辅佐皇帝的大臣，君主正直有德行，臣子则忠义，君臣关系自然有义。唐朝李世民是中国历史上最开明的君主，为后世树立了君臣有义的典范。现代企业是否还存在君臣关系？当然存在，就是上下级领导与被领导的关系。例如，企业总经理与各部门经理以及基层员工的关系，政府部门主管与下级行政职员的关系，教育机构校长与老师的关系等。古人常讲君仁臣忠，企业领导者处处能从下属角度考虑问题，尽可能为他们提供宽松的工作环境和优厚福利待遇，下属的工作积极性和对领导的感恩之心自然生起。同时，下属能以“处江湖之远则忧其君”的意识体谅领导者高处不胜寒的处境，双方自然相互感恩。做到君臣有义的企业必定上下通达，不仅和气滋养着每一位员工，而且君臣之义与利相合为一，即义利合一，企业不会因为利益分配出现纷争矛盾，实现利和同均的境界并非难事。

（2）父子有亲：父母对子女要仁慈，子女有义务侍奉孝顺父母，父慈子孝就是父子有亲。父子有亲本来属于家庭伦理关系范畴，对于企业来说怎么有父子关系呢？看不到这个关系是因为将父子有亲想得比较狭窄，在企业里，无论是领导者还是普通员工，只要是中国人都是国家和人民大众的儿子，国家和人民大众是我们每一位中国人的“父母”，企业领导者带领员工为国民经济发展和为提高人民生活水平而努力工作，就是在为“父母”尽忠尽孝，国家繁荣富强了，作为国家和人民之子的个人自然也会幸福平安。放下个人或小集团的私利，国家和人民的利益高于一切，从国家和人民利益出发，全心全意为国家和人民努力工作，这就是“父子有亲”。

（3）夫妇有别：在家庭中，古代夫妇二人分工不同，男主外女主内，男人在外耕种劳动赚钱养家，女人相夫教子，在家做一位好太太。这还是讲家庭伦理关系，与企业经营管理似乎也不相干。在企业里，夫妇有别即男女有别，男性员工与女性员工在生理、心理和身体状态差别很大，不是所有的工作岗位都不用区分性别地用人，像护士、文秘和某些对外企业形象推广宣传的岗位的确只有女性更适合，机械类、软件编程类或者某些重体力工作岗位也只能适合男性。因此，企业人力资源优化配置考虑男女性别的差异，有利于发挥各自优势，提高员工的工作效率。

（4）长幼有序：长为兄，幼为弟，《弟子规》曰：“兄道友，弟道恭”，兄长爱护弟弟，弟弟恭敬兄长。长幼有序不仅是家庭兄弟伦理关系，还是企业处理同事关系的准则。在同一家企业或者同一部门工作的同事，参加工作时间有先有后，先参加工作者为兄长，后来者为弟弟，同事长幼有序与年龄无关，这一点与过去师父收徒弟类似，先入门者为师兄，后入门者为师弟，师兄弟之间是长幼有序的关系，如果师父不在，师弟就要听从师兄的吩咐。在韩国和日本企业里仍然保持着这种长幼有序的关系，先参加工作者被称为前辈，作为后辈的后来者要虚心向前辈请教。如果企业里长幼有序做得好，那么团队建设和内部沟通就会变得很容易。

（5）朋友有信：朋友多了路好走，与朋友交往关键是言而有信，信就是讲究信义和信用。企业与个人类似，以诚信为本，与外界合作交流的朋友越多，人气与和气都会随之聚集，有人气的企业市场会越来越广阔。企业要善于广结善缘，与讲信用的朋友交往，各种意想不到的机会也许就在曾经打过交道的朋友当中。

实际上，企业经营管理是否和谐以及工作效率的高低与落实五伦关系密切相关，只是有一些企业将大部分精力集中在与利润直接相关的市场客户关系上，忽略了企业内部更重要的五伦关系构建。它不是束缚人们思想意识的封建枷锁，而是企业的经络和血脉，经络和血脉畅通，和气自然生起。正确理解和协调企业对内对外的五伦关系，有利于提高管理水平和经济效益，因为关系就是生产力，是影响企业发展的重要因素之一。

2. 正解八德

（1）孝：本义为“善事父母之道曰孝”，父母给予子女生命，作为子女应该知恩、感恩和报恩，有孝心、感恩心的人懂得“身体发肤，受之父母，不敢毁伤，孝之始也”。“孝”字是形声会意字，“孝”字的金文和小篆，为子承老形，形似子背着父母，子能承其亲，并能顺其意为孝。父母年老生活非常不容易，“老”字下面是一个“匕”，年老体弱的状态如同坐在匕首上一样，用“子”替换了“匕”就构成了“孝”字，寓意着作为子女能够化解老人的困惑和痛苦就是孝。

金文　　　　小篆　　　　隶书

儒家的孝道是指：“在家事父母，能竭其力；在朝堂事君，能致其身。”可见儒家对孝道非常重视，百善孝当先。《论语·学而》曰：“弟子入则孝，出则弟，谨而信，泛爱众，而亲仁。行有余力，则以学文。”作为儒商的典范，子贡为什么经商能富甲天下？与他对老师的孝道圆满分不开。子贡把孔子看做“天纵之圣”，始终不渝地维护孔子的儒家学说。春秋时期，鲁国大夫叔孙武叔称赞子贡，说他的成就超过老师孔子，子贡则说：“譬诸宫墙，赐之墙也及肩；窥见家室之好。夫子之墙数仞，不得其门而入，不见宗庙之美，百官之富。得其门者或寡矣。夫手之云，不亦宜乎？”子贡的意思是说，自己的学识与孔子相比就像矮墙里面的房屋，谁都能看得见，但是孔子的学问则好比高墙里面的宗庙美轮美奂，很少人能找到门进去，怎么可能了解老师呢？后来鲁国三桓（鲁国卿大夫孟孙氏、叔孙氏和季孙氏）毁谤孔子，子贡挺身而出为此辩解说：“无以为也，仲尼不可毁也，他人之贤者，丘陵也，犹可逾也；仲尼日月也，无得而逾焉。人虽欲自绝，其何伤于日月乎？多见其不知量也。”意思是说，孔子不可诋毁，别人的贤德，就像丘陵一样，很容易走过去，孔子的伟大如同日月，只可仰望，不可超越。孔子病危时，子贡外出不在身边。孔子想念子贡，念叨着他的名字。等子贡赶到时，孔子哀怨地说："赐也，来何迟也！来何迟也！"孔子过世以后，三千弟子都来到墓前守孝三年，然后相继离去，惟有子贡在墓前守孝六年。子贡觉得老师病重不在身边，以守墓六年来报答老师生前教诲之恩，一方面说明子贡与老师孔子关系情同父子，尽弟子的孝道，另一方面也体现了子贡尊师重道。

孝道在现代企业里应该大力弘扬推行，作为一名普通员工，对本职工作能够尽职尽责，帮助企业解决一些困惑和难题也是一种孝道；作为企业领导者，要有广阔的胸襟和格局，为国民经济发展尽心尽力，企业以贡献财智来报效祖国是一种孝道；老吾老以及人之老，企业领导者带头将孝道落实到企业员工日常生活中，当员工本人或者家里父母重病以及有其他困难需要帮助时，企业领导者与员工应该共同提供应有的人力财力的帮助，使员工渡过难关，这也是中国传统孝道的具体落实。在计划经济时代，国内大多数企业还执行这样的制度，当员工或者其父母重病住院，企业领导者会指派员工轮流到医院照顾。然而，现在企业已经没有这样的传统了，这些原本优秀的传统应该在现代企业继续传承和发扬。构建企业儒商文化从践行孝道开始，孝乃百行之本，众善之初也。家庭讲孝道，以此治家，则家庭和谐；企业讲孝道，以此治企，则企业和谐；国家孝道盛行，以此治国，则国泰民安。

（2）悌：为形声字、会意字，字形结构是"忄"字和"弟"组合，意味着兄弟之间有情有义，彼此真诚友爱。而弟也有"次第"和"次序"的意思，兄弟之间各尽其道，自然和睦相处。在家庭里，兄弟情同手足，各自成家立业以后，有的居住在不同的城市，兄弟之间见面并不容易，可谓："兄弟能有几回见，一年相见一年老"，有兄弟手足亲情才有家道家业的兴旺。对于企业如何落实"悌"？从企业家名词入手，企业除了经营管理外，创造一种家族模式的企业文化，企业领导者与员工之间、部门与部门之间、员工与员工之间除了在工作业务方面存在上下级和长幼有序的关系外，在个人情感方面构建企业家族式亲情关系，而且有必要实行雇员终身制，让员工在工作中真正感受到企业的家文化。当"悌"作为家族文化融入团队建设与管理当中时，企业全体员工的凝聚力和各部门的协调性也一定能得以提高。《周易·系辞上》："二人同心，其利断金；同心之言，其臭如兰。"落实"悌"的家族文化到企业组织机构，企业上下同心便可无坚不摧。

（3）忠：为形声字、会意字。上为中下为心，本义是敬的意思，以不懈于心为敬，忠于职守称为敬业。曾子每日都多次地反省自己："为人谋而不忠乎？"意思是："别人托付的事情是否忠实、尽心尽力地办到了？"古人认为："忠者，德之正也。"惟正己可以化人，以中正无私的态度尽自己心力做事就是忠心。尽忠者才能以正心敬业，从而达到齐家、治国、平天下的境界。"敬业”并非现代词语，古来有之。《礼记·学记》云：“一年视离经辨志，三年视敬业乐群，五年视博习亲师，七年论学取友，谓之小成。”唐代经学家孔颖达对敬业的解释：“敬业，谓艺业长者，敬而亲之；乐群，谓群居朋友善者，愿而乐之。”宋代理学家朱熹认为：“敬业者，专心致志，以事其业也；乐群者，乐于取益，以辅其仁也。”通用电气前总裁韦尔奇认为，衡量企业能否健康发展的指标不是市场销售额、客户满意度、经营利润率，而是全体员工的敬业度。凡是那些在某一行业中取得成功的企业家，像乔布斯、比尔·盖茨、李嘉诚等人对自己所从事职业无不是全身心投入。现代企业让员工忠于职守、爱岗敬业不太容易，其实在大多数情况下福利待遇和收入并不是恪守敬业精神的唯一条件，员工敬业与否很大程度取决于企业管理体制和企业文化模式。现代企业采取聘用合同制作为人力资源主要的管理模式，由于聘用合同一般都是每年签订一次，根本就没有长期在该企业工作的保障，使得员工从心里就形成了以利为先的思想，并且存在随时准备到其他企业工作的念头，怎么可能让员工发扬敬业精神呢。所以，企业深化改革有必要采用终身聘用制合同，让员工在此工作有回家的感觉，这样才能将“忠”文化的敬业精神在企业里推行开来。

（4）信：字形结构“人＋言”构成，信即是诚。信首先从言语做起，与人交往要固守诚信，不妄语、不轻诺，一言出口绝不食言。诚信是一个人事业成功的基础，也是企业稳定发展的保障。打造企业儒商文化，诚信是儒商文化的根本。《易经·乾卦》九二爻的文言曰：“‘见龙在田，利见大人。’何谓也？子曰：‘龙德而正中者也。庸言之信，庸行之谨。闲邪存其诚，善世而不伐，德博而化。’《易》曰：‘见龙在田，利见大人。’君德也。”孔颖达疏：“闲邪存其诚者，言防闲邪恶，当自存其诚实也。”企业机构或者人讲话要诚实，做事要谨慎讲信用。“闲”在古代是指马厩的围栏，防止马跑掉和外面野兽进入，“闲邪存其诚”是指内心存有诚信才能防范邪恶入侵，此乃君子的美德。企业言信行果才能做出有利于国家社会的事业，否则，最后的结局可能走向衰败的境地。例如，美国安然公司在当年的资产价值 700 亿美元，位列《财富》500 强企业第七名，就是这样一家世界知名的公司却于 2001 年 12 月 3 日申请破产保护，受其牵连，其他一些公司也随之破产倒闭，倒闭的根本原因是由于企业诚信的缺失。企业诚信不能全部依靠制度和建立信用评判等级来约束，企业经营管理的关键因素之一就是诚信，构建企业诚信体系依靠融入内心的儒家诚信文化，没有诚信文化的滋养，企业很难有所发展。

（5）礼：在春秋战国时期，孔子看到类似季氏八佾舞于庭这样礼乐崩坏的事情极为不满，到了是可忍孰不可忍的地步。当国家的礼乐崩坏时，社会秩序也就乱了，孔子和弟子们为了恢复周礼而奔走于各诸侯国之间，目的是使天下回归到仁义治国。礼是由社会道德观念和风俗习惯形成大家共同遵守的行为规范，儒家非常重视礼制，《论语》中“礼”字总计出现了75次。孔子说：“恭而无礼则劳，慎而无礼则葸（xǐ），勇而无礼则乱，直而无礼则绞。”“人不知礼，无以立也。”如果企业制定的规章制度符合人性和客观规律就是礼制，在礼制下工作的员工，不但工作效率高，而且有利于身心健康。否则，为了获取利润，制定各种高压政策以及奖惩制度只是束缚员工的枷锁，制度越多越是企业发展的桎梏。中国古人最讲究礼仪，凡事都依礼而行，孔子说：“生，事之以礼；死，葬之以礼，祭之以礼。”礼仪也是企业儒商文化建设的具体表现形式，企业员工上下以及对内对外应当以礼待人，在公共场合中还要重视得体的礼仪形象，现代礼仪中有一部分是西方礼仪，在这些众多的礼仪中，最重要、最值得推崇的礼仪就是微笑，现在各行各业都在推广微笑服务，因为，微笑面孔产生的是和气，企业建设儒商文化不在于大张旗鼓的形式主义，可以从员工发自内心的微笑表情开始，当每一位员工都能发自内心微笑时，便是企业儒商文化建设圆满成功的时候。

（6）义：企业以礼治企便开始逐渐向“义”回归，人们对儒家思想的印象大多数是儒雅柔弱的书卷气，其实并非都是这种形象，儒家的“义”便是一种大丈夫气概。孔子曰：“君子义以为上，君子有勇而无义为乱，小人有勇而无义为盗。”《左传》曰：“君子动则思礼，行则思义，不为利回，不为义疚。”君子不以私利做事，为人公道就是善行义举。如果有多余的财物布施给大众扶危救困，造福于国家、社会和桑梓都是义举。儒家思想强调获取利益以义取之，不仅利己更要利人。义是勇者所为，也是儒商文化一种无畏精神的彰显，胸怀天下的企业家对待利的态度是“见得思义，见利思义，义然后取”。由此可见，儒家的义从本质上来讲也是“益”，企业与个人的任何行为都要以有益社会、有益大众为目的，“利者义之和也”，当义利合一而能兼济天下，企业定然有大乘气象，和气生焉。

（7）廉：是指人的品行端正峻洁，气节清高，人一生洁身自爱、廉洁奉公如同清泉涤荡心灵，洗除贪嗔痴慢疑的习气与欲望。古人说：“吏不畏吾严而畏吾廉，民不服吾能而服吾公，公则民不敢慢，廉则吏不敢欺，公生明，廉生威。”为官清廉以身作则，即可明达通理，政通人和。无论是企业领导者还是政府官员都应以廉洁为本。《周礼》对于为官者公正廉明提出了非常全面明确的要求：“一曰廉善，二曰廉能，三曰廉敬，四曰廉正，五曰廉法，六曰廉辨。”一名官员具备“善良、有能力、敬业、公正、守法、明辨是非”六种品格才能称为廉。没有廉洁的品行作为前提，推行儒商文化的五伦八德等于空谈。为官者清正廉洁犹如一杯清水，虽然追求名利似乎是人之常情，但是贪婪腐败之风需要防微杜渐，即使是如毫发大小的贪欲也像一滴墨水滴入到一杯清水中，杯中清水会变得浑浊不清，很难再被净化。因此，面对名利地位，真正的廉者不会生起一丝一毫的贪心。

（8）耻：繁体字为“恥”，本义为“辱”，字形结构为“耳+心”，即闻到自己过失，心中惭愧而耳赤面热。《中庸》有“知耻近乎勇”的说法，孔子说：“行己有耻，使于四方，不辱君命，可谓士矣。”有知耻心才可以修心、养心和防心离过，知耻之心是人之天良。做人时刻警醒一言一行是否有过失，知耻心是一个人道德底线和行为端正的守护神。不知耻者当然无所畏惧，社会秩序在无耻中遭到破坏，企业在无耻中衰落破产，人在无耻中丧失了良知，人性本善，每个人都有良知，只有知耻才能唤醒良知。明朝理学家王阳明先生曾经提出了“致良知”学说，这是阳明先生心学的主旨。有一次阳明先生外出，路上被盗贼绑架，当盗贼得知他是阳明先生时，非常敬重，于是就问他：“您说人人都有良知，我们作为强盗也有良知吗?”阳明先生肯定地回答：“当然有了。”盗贼反问：“拿什么能证明呢?”“你们现在按照我说的去做就能证明。”于是阳明先生让他们把身上穿的衣服一层层地脱掉，最后只剩下一条遮羞内裤的时候，还继续命令他们脱掉。这些盗贼喊道：“先生，这个不能再脱了!”阳明先生笑着说：“知耻就是你们的良知啊!”知耻才能做到“诸恶莫作，众善奉行”，这也应该是企业推行儒商文化的重要组成部分。

综上所述，构建中国本土企业文化要认祖归宗、正本清源。传统文化是中华民族的瑰宝和灵魂所在，文化没有国界，是我们人类共同的财富。当前很多国家政要、国内外企业家和社会大众对中国传统文化越来越敬仰喜爱，尤其随着中国经济高速发展，汉语已经成为国际重要的语言交流工具，如果一家国外企业打算在中国投资发展，不懂汉语和中国文化很难有立足之地，它的企业产品和服务也不容易在中国市场推销。韩国与日本企业管理主要是融入了中国的儒家文化，才有20世纪80年代两国经济的崛起与腾飞。中国的发展成就被世界各国有目共睹，国民经济保持着持续高速增长的态势，其中重要的原因之一就是优秀的社会主义文化（即中华传统文化）的繁荣与复兴，文化像化学反应工程中的触媒剂起到了重要的催化加速作用。作为一种软实力，中华传统文化潜移默化地推动着中国经济稳定持续地发展。著名学者钱穆先生指出：“当知无文化便无历史，无历史便无民族，无民族便无力量，无力量便无存在。所谓民族的争存，底里便是一种文化争存。所谓民族力量，底里便是一种文化力量。若使我们空喊一个民族，而不知道做民族生命渊源根柢的文化，则皮之不存，毛将焉附。”钱穆先生所说的文化就是指中华传统文化，传统文化在国家和社会发展进程中具有全息性的渗透扩散效应，其精髓和思想已经内化于一代又一代中国人的心中，以至于在世界各国看来，提到中国就会想到孔子、汉字、瓷器和万里长城，书写汉字、翻阅诸子百家经典和看到长城、故宫等建筑，也自然会想到这是中国人独有的民族特征，绝不会想到韩国人和日本人。无论世界发生怎样的风云变幻，只要我们中华民族的文化、精神和思想还在，中国将会生生不息地向前发展，永远充满着生机活力。作为中国人，特别是有历史责任感的企业家和政府官员们不仅要为国家的繁荣富强干好本职工作，更要肩负起传承和弘扬中国优秀传统文化的重任。企业不但是创造财富利润的法人机构，更是缔造传播思想文化的实体。儒家学说是中华传统文化的精髓和代表，因此，中国企业本土文化建设应该以儒家文化为核心。此外，打造企业儒商文化不是简单地把儒家学说与企业经营管理捆绑在一起，更不是利用儒家学说作为手段和工具来获取利益，而是将儒家的思想和文化与企业经营管理活动相融合，实现“商即是儒，儒即是商”，达到二者本无差别的至高境界，从而真正地传承中国本土企业文化，做好中国企业！

后记

问渠哪得清如许　为有源头活水来

在经济快速增长和科技发达的今天，有的人认为传统文化和国学经典是陈旧过时的东西，不适应现代社会发展，这是个人的误解。虽然中国历代古圣先贤纷纷作古，有的连尸骨都没有留存下来，但是他们的思想犹如一轮明月永远不会老去，始终在照耀并惠泽着世世代代的炎黄子孙，中华传统文化并没有也不会没落，是当前时代的人们过分追求利润和物质享受而导致了人心的没落。从全球企业的起落兴衰历程看，小胜凭术，大胜凭智，然而企业管理智慧从哪里寻找？国外的专家学者们开始关注古老的东方文化，像英国历史学家汤因比和日本文化学者池田大作在20世纪70年代的《展望21世纪》一书论述了中国儒释道思想在社会经济和人类文明发展中的重要作用，并指出了："在允许贪欲肆虐的社会里，前途是没有希望的。没有自制的贪欲将导致自灭。科学所造成的各种恶果，不能用科学本身来根治。"当前企业出现的各种问题和困惑也不是单纯能用现代管理学所能根治的，需要向古圣先贤汲取能量，从国学经典中寻求完美的解决方案。中国人的智慧是不可思议的；中华传统文化的魅力是不可思议的；诸子百家经典中蕴藏的能量是不可思议的。国学经典和传统文化的智慧得以复兴全在于应用，有远见卓识的企业家们依此而行，抓住当下天时地利人和的机遇，引领企业走向良性循环与可持续发展的道路，相信花团锦簇的盛景将为时不远！

作为曾经长期从事过理科研究的大学老师，本书内容也以理学思维方式书写并比较肤浅地论述了国学经典和传统文化之妙用。学科分类原本不应该有文理之分，二者本来就是不可分离的一体，国学经典中文与理也是因为思维模式不同而形成了这个分别。文依理而存，理以文具象，文以理而有魂魄，理因文而有大美。只谈文而不晓理则不知其用，只说理而不通文则空洞无味。我于2013年11月参加了由张本义先生组办的"辽宁省诗词吟诵师资培训班"，诗词吟诵的优美节奏和韵律让我想到中国古代诗词格律一定存在着周期性谐振波的数学规律，于是课后把五言、七言诗词的格律绘制为数学曲线，从诗词格律的波动曲线更深入地理解了中国诗词创作和吟诵之美，对此，本书在第十章详细论述了诗词在打造企业品牌形象中应用。在第二章的财富全息论中提出的财富不确定性原理公式是受量子物理学的不确定性原理启发；第四章企业环境规划机理以物理学、力学来重新认识和解读中国传统环境规划学的原理及其应用；还有第七章团队结构优化的物理学具象分析是源自材料学的思想。这些内容都是为了说明文理本就是一体的，而并非二元对立，文理融汇贯通才能发挥更大地作用。长期以来，高等教育仍然有文理之分，文科学者与理科学者研究内容和方向一般都没有交集与相互融合，大学教育的专业化、单一化模式在某种程度上也束缚了学生的思考力和创新力的拓展提高。未来有可能的话，如果大学能成立文理学院，培养文理兼修的学生，将为国家打造复合型人才、创新型人才做出新的贡献。

国学之用不是骚人墨客的谈玄说妙，不是才子佳人的风花雪月，也不是仅仅局限于经典诵读，而是无用之用实乃大用的智慧，往往简单几个字却能解决非常复杂的问题，还可能产生深远的社会效益，甚至能获得巨大的经济效益。例如，钻石在中国的营销广告“钻石恒久远，一颗永流传”，其内容是以五言格律诗方式策划的，为钻石在中国市场拓展注入了不可以思议的能量，这是用技术手段和其他广告宣传形式所不可替代的。所以国学之用要落实在国家建设、企业管理和人们的日常生活工作中。

回首过去写作的日子里，感觉每天都在与古圣先贤沟通交流，经常心生灵感。曾经在一个秋天的夜晚，躺在床上望着天棚，头脑中闪现出古人所说的天圆地方的思想，使我忽然生起一个新的灵感——九宫图应该是圆形的，立刻用笔在纸上画出了圆形九宫图，还据此绘制了圆形洛书九宫图的数字周期波动曲线，然后与现代经济学周期论做了比较分析，得出了两者几乎完全一致的结论。不得不惊诧中国古人智慧的高深莫测，现代人之所以认为国学经典和传统文化中有很多“糟粕”，是因为我们不善于发现，更不懂得怎样应用。明月当空却不得见其曼妙毫光，孰之过也？答案就在自己心里，行有不得，反求诸己。

《中国经典应用管理学》只不过是我对中国古圣先贤的思想以及甚深的智慧所作出的非常浅薄地论述和体会，没有自己的任何发明创造，正如《论语·述而》曰：“述而不作，信而好古。”目的是将中国本土管理学与现代西方管理学融汇贯通，构建符合现代企业经营的一门管理学体系。早年在家父的影响下有幸接触并研读一些国学经典著作，曾经因为国学之大美而陶醉其中，并深深地体会到中国传统文化的博大精深。后来又得到大连著名文化学者、图书馆馆长张本义先生的指教，先生曾经教导说：“研究国学和传统文化一定要读经典原著，从汉字本义和训诂方面下功夫。”由此我对国学经典的认识和学习有了更深入地理解与感悟，没有先生的指教不可能完成本书的撰写。在书稿付梓之际，国内著名学者龚鹏程先生在百忙之中对本书做了审阅并亲笔撰写序言，在此对龚先生深表谢意！书稿的写成还得到了大连儒学会和大连吟诵学会的大力支持。在本书出版过程中，得到中国财政经济出版社各位领导的大力支持，各位编辑老师付出了辛勤劳动。特别是在与经济理论中心主任周桂元老师和卢关平老师的多次请教交流中，两位老师对书稿内容提出了很多中肯的建议，让我受益匪浅，在此表示深深的感恩和最真诚的谢意！由于我的悟性不高，而且文字撰写水平也非常有限，书中内容难免有错误与不足，请诸位专家学者和读者们不吝赐教。

该到了收笔的时候，一本书就像十月怀胎的婴儿，一朝分娩终于来到了这个绚丽多彩的世界。孔子曰："学然后知不足"，确实如此，中国传统文化和国学经典中的智慧犹如浩瀚无垠的大海，而我的学识与见解只不过是一根毛发于大海中所沾之水。在现代科技发达的今天，古人很多闪光的智慧和思想就像被埋没在沙土中的黄金美玉一样，自己的德能有限，不敢妄言"为往圣继绝学，为万世开太平"，惟有低下头来作一名孜孜不倦的耕耘者，尽管在国学和中国经典应用管理学的探索道路上会遇到种种困难以及付出更多的辛苦，但是在这条路上我将还要不断努力，虽辛苦但喜悦着，因为能把古人的智慧应用在企业、家庭和社会各行业中，从心底不禁会产生一种不可言说的幸福感！

感恩国家繁荣昌盛！
感恩学校培养获佑！
感恩父母养育之恩！
感恩老师谆谆教诲！
感恩朋友厚爱支持！
感恩帮助过我的人！

末学　王宇新
二〇一四年夏至